영화, 소리의 예술

역사, 미학, 시학

Un art sonore, le cinéma
: histoire, esthétique, poétique
by Michel Chion

Copyright © Cahiers du cinéma 2003

Korean Translation Copyright © Moonji Publishing Co., Ltd. 2024.
This Korean edition was published by Moonji Publishing Co., Ltd. under licence
from Cahiers du cinéma SARL, through Sibylle Books Literary Agency.

All rights reserved. No part of this publication may be reproduced, stored in
a retrieval system or transmitted, in any form or by any means, electronic,
mechanical, photocopying, recording or otherwise, without the prior permission
of Cahiers du cinéma.

이 책의 한국어판 저작권은 시빌에이전시를 통해 저작권사와 독점 계약한
㈜문학과지성사에 있습니다. 저작권법에 의해 한국 내에서 보호받는 저작물이므로
무단 전재 및 복제를 금합니다.

UN
ART
SONORE,
LE
CINÉMA

영화, 소리의 예술
역사, 미학, 시학

미셸 시옹
이윤영 옮김

문학과지성사

영화, 소리의 예술

역사, 미학, 시학

제1판 제1쇄 2024년 7월 26일

지은이   미셸 시옹
옮긴이   이윤영
펴낸이   이광호
주간   이근혜
편집   홍근철 김현주 최대연
마케팅   이가은 최지애 허황 남미리 맹정현
제작   강병석
펴낸곳   ㈜문학과지성사
등록번호   제1993-000098호
주소   04034 서울 마포구 잔다리로7길 18 (서교동 377-20)
전화   02) 338-7224
팩스   02) 323-4180(편집)   02) 338-7221(영업)
대표메일   moonji@moonji.com
저작권 문의 copyright@moonji.com
홈페이지   www.moonji.com

ISBN 978-89-320-4293-0 93680

이 번역서는 연세대학교 학술연구비의 지원으로 이루어진 것임.

월터 머치 Walter Murch 에게
존경과 찬사를 담아

일러두기

1. 이 책은 Michel Chion, *Un art sonore, le cinéma: histoire, esthétique, poétique*, Cahiers du cinéma, 2003을 번역한 것이다. 영어판 Michel Chion, *Film, a Sound Art*, Claudia Gorbman(trans.), Columbia University Press, 2009를 참조했다.

2. 옮긴이가 본문 중에 첨가한 내용은 모두 꺾쇠 표시([ ]) 안에 넣었다. 다만 이중괄호 상황을 피하기 위해, 괄호 속 괄호를 표기할 때는 꺾쇠 표시를 사용했다. 원서에서 이탤릭체로 강조한 표현은 고딕체로 표시했다. 단, 특정 작가감독들을 다루는 장(2, 4, 11, 17, 19, 22, 25장)에서는 원서에 따라 서체를 달리 적용했다.

3. 본문에 나오는 영화 제목은 〈 〉 표시 안에 넣었다. 영화의 한국어 제목은 대체로 한국에서 알려진 제목을 중심으로 했지만, 원어 제목을 직접 옮긴 경우도 있다. 영화 제목이 처음 나올 때만 괄호 안에 개봉 연도를 병기했다(예: 안드레이 타르콥스키의 〈거울〉[1975]). 본문에 나오는 시, 그림, 노래, 기악곡, 오페라, 뮤직비디오 따위의 제목은 영화 제목과 구별하려고 「 」 표시 안에 넣었다(예: 조르주 브라상스의 「행복한 사랑이란 없다」). 소설, 희곡, 신문, 잡지 따위의 제목이나 한국어로 출간된 책 제목은 『 』 표시 안에 넣었다(예: 마르셀 프루스트의 『잃어버린 시간을 찾아서』).

차례

서문   14

1부 역사

1장. 영화가 듣지 못했을 때 (1895~1927)   19

소리 없이 움직이는 것 19 / 소리를 암시하는 영상 21 / 무성영화 시대의
음향효과들 26 / 최초의 후원자, 라이브 음악 28 / 세번째 후원자인 중간
자막과 융통성 있는 말 32 / 중간 자막과 거리 두기 39 / 침입자 43

2장. 채플린: 발성으로 가는 세 걸음   46

3장. 발성영화의 탄생인가, 유성영화의 탄생인가?
(1927~1935)   60

노래하거나 말하거나: 〈재즈 싱어〉 60 / 유성영화 탄생의 맥락 63 / 음악이
멈추는 정확한 순간 66 / 초기 발성영화의 이질성 68 / 동조화의 새로운 황

홀경 70 / 만화 영화에서 아쿠스마틱한 상상계 74 / 디오니소스적인 시기들 77 / X″의 시대 79 / 집단적이고 자발적인 대사 82 / 발성영화에 자연주의가 내포되어 있는가? 84 / 대사를 찍는 새로운 방법 86 / 발성영화 초기 소리의 탐색 88 / 피트 음악의 재도입 98

4장. 비고: 질료와 이상   102

5장. '텍스트-왕'의 지배 (1935~1950)   113

세 가지 말 113 / 텍스트적인 말의 유혹 117 / 고전적인 발성영화, 언어 중심적 예술 123 / 연속의 예술 129 / 〈로라〉에서 보이스오버 내레이션: 열고서 닫지 않은 큰따옴표 134

6장. 바벨탑   140

이제부터 언어에 닻을 내린 영화 140 / 영화에서 언어의 문제 143 / 무국적 영화 144 / 미국 영화: 언어적 대결의 영화 146 / 이탈리아 영화: 통합적인 언어 149 / 프랑스 영화: 세련됨과 자연주의적 민속 사이 151

**7장. 시간이 견고해지는 데는 시간이 얼마만큼
필요할까? (1950~1975)**   159

기술적 유동성 또는 안정성 159 / 음악적 통일성이 산산조각 나다 162 / 음악이 스타가 되다 170 / 기법이 공공연히 드러나다 172 / 시간이 자율화되다 173 / 의례화된 영화의 탄생 179

8장. 감각적인 것의 귀환 (1975~1990)　　　　184

소음이라는 주민들 184 / 데쿠파주의 재편 186 / 다성적 리듬의 탄생 190 / 소리의 물리적인 재확인 195 / 의도적인 불명확성의 미학 199 / 무성영화의 감각적 차원들로 회귀, 몽타주 숭배를 위한 소리 204 / 초기 돌비의 공간적 문제들 210 / 외화면이 흐트러지다 215 / 점점 더 분할되는 소리의 세계 218 / 음향 처리된 영화 221 / 더빙된 영화 224

9장. 스피커의 침묵 (1990~2003)　　　　230

비워야 할 공간 230 / 디지털 혁명이란 있는가 237 / 리믹스의 시대? 240 / 유럽 작가감독들과 돌비 242 / 구로사와: 산은 듣지 않는다 244 / 미사가 끝났습니다Ite Missa Est 248

동요의 소리에 맞춰 252

10장. 〈새〉의 한 시퀀스를 중심으로
: 덧쓰기 예술로서 발성영화　　　　254

멜러니는 듣지 못한다 254 / 과잉 결정된 노래 258 / 무성영화로 과시적인, 또는 신중한 귀환 265 / 시청각 분리 269 / 나를 읽으시오 271 / 내 입술을 읽으시오 276 / 유령의 결혼 같은 시청각 분리… 280 / 무성영화와 유성영화의 몽타주 284

2부 미학과 시학

11장. 타티: 암소와 음매 소리   291

12장. 실망한, 요람 주변의 요정들   309

"단지 대위법적 사용만이 …" 309 / 네 개의 실패 313 / 한 줌의 수사적 효
과 322 / 삼중으로 미심쩍은 예술 329 / 동시성과 몽타주 331

13장. 분리   337

유성영화는 기술적 행위와 미적 의미의 분리를 완수한다 337 / 물질적 기
반은 더 이상 작품이 아니다 340 / 기술과 그 결과물 사이에 생긴 괴리의
예: 몽타주 342 / 어쨌거나 기술의 역사를 알 필요성 345 / 사운드트랙이
란 없다 346 / 소리에 대한 영상의 무저항 352 / 수사법이라기보다는 효과
354 / 어떤 이론의 소묘 355 / 프랑스 비평의 신화들 358 / 시-언-청각의
동조화된 시네마토그라프 362

14장. 실재와 그려내기   363

몸무게의 소음 363 / 청각적으로 그려내는 예술 366 / 도시를 말하는 소리
370 / 소리의 물질화 지수 375

15장. 세 가지 경계　　　　　　　378

공간적 자력磁力 378 / 영상에 대한 두세 가지 관계의 양태 382 / 삼분원 383 / 〈사형수 탈옥하다〉: 기차와 노면전차 388 / 제한되고 용해된 경계 396 / 세 가지 경계 400

16장. 시청각적 프레이징　　　　　　　402

시간의 선형화 402 / 시간적 벡터 407 / 동조화 지점 410 / 시간의 청각적 운율 412 / 결정적 순간 416 / 재현 속의 재현 420

17장. 히치콕: 보기와 듣기　　　　　　　428

18장. 열두 개의 귀　　　　　　　441

듣는 영화는 잘못 듣는 영화다 441 / 청취의 불가시성과 그 효과들 445 / 영화에 상징적인 마이크는 없다 446 / 청점과 주관적 소리 451 / 어디에서 와 누가? 454 / 열두 개의 귀와 아무 귀도 없는 것 459 / 이런 청취들 사이 의 소통이나 불통 472 / 소리의 자각과 전유 474 / 여성의 청취와 남성의 청취 482 / 자기도 모르게 듣기 485

19장. 웰스: 목소리와 집　　　　　　　491

20장. 말하는 기계 500

말하기를 거부하는 영화 500 / 언어의 생성: "지금 나한테 말하는 거예요?" 504 / 컴퓨터의 목소리 507 / 말하는 몸의 가면으로서 실제 몸 511 / 특수 효과로서 목소리 516 / 의인법과 가면 520 / (우리가 많은 목소리를 갖고 있다는 것을 아는) 우리 목소리의 비-불연속성 523 / 말의 어조와 세계 528 / 시간 기록의 영화는 말하는 타이밍이 중요하다 534

21장. 얼굴과 목소리 536

무의미한 말은 없다 536 / 저항 539 / 말 한마디가 모든 것을 흔들어놓을 때 541 / …에게 떨어지는 말들 544 / 말-카메라, 말-스크린 545 / 거짓말의 표면 549 / 나란히 553 / 영화에서 전화소電話素의 유형론 556 / 휴대폰과 비디오폰 566 / 면회실 효과 568

22장. 타르콥스키: 언어와 세계 574

23장. 다섯 개의 권력 584

보인 것, 말한 것 584 / 말한 것과 보인 것 관계의 다섯 가지 패턴 587 / 사라진 말, 행위, 전해진 말 598 / 하지 않고 말하기와 말하지 않고 하기: 과대 언어화와 과소 언어화 602 / 영상을 만들어내는 말: 권력, 유혹, 교태 604 / 영상을 만들어내지 않는 이야기: 말밖에 없다 610 / 권력에서 운명까지 618

24장. 신은 디스크자키다   620

음악은 시간을 구조 짓는다 620 / 시공간 장치 624 / 돌격 나팔은 누구를 위해 울리는가 626 / 기악 음악의 지점을 찍는다는 도전 631 / 내향적 양식과 외향적 양식, 전기 장치 없는 소리와 전기 음향적 소리 634 / 펠리니와 오케스트라 636 / 운명의 암호 639 / 노래는 시청각이 벌이는 권력투쟁에 상징적 지위를 부여한다 646 / 라디오에 제시된 운명 649 / 연주하기, 허밍하기, 노래하기 653 / 감정이입, 비감정이입 659 / 뮤직 박스는 우리에게 무엇을 원하는가 665

25장. 오퓔스: 음악, 소음, 말   670

26장. 빗속의 눈물처럼   691

처음에는, 끝에는 …가 있었다 691 / 영사기 소음을 덮기 693 / 근본적인 소음은 리드미컬하거나 주기적이다 695 / 평등화 699

용어 해설집   709
간략한 참고문헌   766
사진 설명 글   772
옮긴이 해제   781
찾아보기(인명)   811
찾아보기(영화명)   847

서문

처음에 이 책은 같은 출판사에서 나온 두 권의 책(『영화에서 소리 *Le Son au cinéma*』[1985]와 『구멍 난 스크린 *La Toile trouée*』[1988])의 개정 판 정도를 예상하고서 쓰기 시작했다. 결과적으로 작업을 훨씬 더 많이 밀어붙여 현재의 책이 나오게 되었다. 두 책에서 상당 부분 을 가져와 다시 쓰고 재검토했지만, 이 책 전체의 3분의 2 정도는 완전히 새로 썼다. 따라서 두 권의 책을 다시 출간할 필요는 없어 졌다.

'영화, 소리의 예술'이라는 제목은 이 책이 전체로서의 영화 cinéma에 대한 에세이며, 소리의 문제에서 출발한다는 뜻이다. 1 장에서 다루겠지만, 소리의 문제는 영화예술 초창기부터 제기되 었다.

1부는 영화사를 개괄적으로 그린다. 이 영화사에서 특히 나는 영화 연구에서 역설적으로 가장 소홀히 다루어진 최근 30년 동안 소리의 문제에 적절한 자리를 찾아주려고 했다.

전체에서 약간 떨어져 있는 핵심적인 장[10장]은, 앨프리드 히치콕의 〈새〉(1963)의 한 시퀀스에 기대어 발성영화가 무성영화 를 대체한 것이 아니라 무성영화가 발성영화 아래서, 그리고 발성영화에 의해서 계속 살아 있다는 사실을 증명하고자 한다.

이보다 더 심화된 2부 「미학과 시학」은 상당수의 문제(공간, 시간, 실재, 말, 가면, 말하지 않기 따위)에 차례대로 접근해 소리의 예술로서 영화의 초상, 한마디로 영화의 초상을 그려내는 것을 목표로 한다.

이 '집단 초상화'는, 더 자유롭고 더 열린 또 다른 문체로 쓰려 한 장들에서 때때로 영화작가[감독] 한 명이나 영화작품 한 편에 집중한다.

뒤에 실린 심화되고 세분화된 「용어 해설집」은 내가 20년에 걸쳐 작업과 교육, 역사적이고 이론적인 연구를 진행하면서 다듬은 분석과 묘사의 개념 사전이다. 인명과 영화명 찾아보기 그리고 간략한 참고문헌은 발견과 연구의 온갖 경로를 독자에게 제공하기 위한 것이다.

이 책에서 내가 언급한 영화작가들, 영화작품들, 더 일반적으로 모든 작품은 일종의 걸작 모음으로 제시한 것은 아니다. 책의 분량이 터무니없이 늘어나지 않게 하려고 내가 보기에 중요한, 상당히 많은 영화감독을 이 책에서 뺐다. 반대로 걸작이 아닌 영화작품들이 언급된 이유는 이들이 만들어낸 대책이나 어떤 장면들이 테마, 역사적 전기轉機, 문제의식을 보여주기 때문이다.

많은 주요 인사들, 그리고 이런 명칭에 호의가 전혀 없지는 않지만 프랑스에서 종종 '기술자'나 '장인'으로 일컬어지며 진정한 예술가라 할 만한 사람들도 이 전체 그림에 빠져 있다.(나는 이에 대해 또 다른 책을 구상하고 있다.) 가장 중요한 인물 중 한 사람을 통해 나는 이들 모두에게 찬사를 바친다. 시나리오작가, 감독, 이론가인 월터 머치는 유성영화를 다시 발명하는 데 기여했다. 우

리가 나눈 교류와 그의 환대를 기억하면서 이 책을 월터 머치에게
바친다.

2003년 5월 5일
미셸 시옹

이 책의 지은이는 이 작업의 시작부터 오늘에 이르기까지 다음 사람들이 보여준 도움과 관심에 특별히 감사드린다. 릭 올트먼, 레몽 벨루, 존 벨턴, 알베르토 보스키, 로베르 카엔, 구스타보 코스탄티니, 실비오 피슈바인, 클라우디아 고브먼, 자크 케르마봉, 미셸 마리, 코스티아 밀하키예프, 알베르토 스칸돌라, 엘리자베스 와이스, 슬라보이 지젝 그리고 로잔의 에칼ÉCAL, (코스티아 밀하키예프가 이끄는) 파리의 에섹ÉSEC, 파리3대학(소르본 누벨) 영화학과 학생과 교수 들에게 감사한다. 또한 작고한 크리스티앙 메츠도 생각나는데, 내가 처음 쓴 글에 그가 보여준 관심은 아주 큰 격려가 되었다.

1부 역사

1장. 영화가 듣지 못했을 때
(1895~1927)

소리 없이 움직이는 것

최초의 영화들에서 움직임을 보인 것은 배우들의 활기 있는 동작만이 아니었다. 이 동작들 뒤에서 바다와 파도, 바람에 흔들리는 잎이 우거진 나뭇가지들, 곤충 한 마리의 비행도 움직임을 보였다. 바로 이것들 자체, 즉 자연의 자발적인 협력이 시네마토그라프 초기에 관객을 매혹시켰다. 연기자들은 영화를 찍으려고 고용된 사람들이며 도착 장면을 찍으려고 카메라가 기차를 기다린다는 점은 관객이 이미 알고 있었기 때문이다. 그러나 영화 한 편의 출연진도 아니고 연출되지도 않았으며 이들을 위해 프레이밍되지 않은 바다, 나뭇가지들, 나비들, 크고 작은 수많은 것이 영상의 움직임에 참여한다. 바로 이것이 충격이었다… 따라서 영상의 서열은 아직 없었다. 움직임의 민주주의였고, 여기서는 움직이는 모든 것이 영화였다.

잘 알려진 이 최초의 경이驚異에, 훨씬 더 명백하면서 비밀스러운 또 다른 경이가 추가될 수 있다. 그것은 이들이 **소리를 내지 않고** 움직였다는 점이다. 사진이 조용하다는 점은 하나도 놀랍지 않다. 사진은 정지 상태의 추출이기 때문이다. 그러나 생생한 사건이 시간 속에서 소리 없이 전개된다는 것은 훨씬 더 당혹스럽다. 심지어 영화에서 음악의 기원을 이런 식으로 설명하기도 했다. 시각적 움직임에 청각적 움직임을 일치시킴으로써 이런 결핍을 충족할 필요 때문이라는 것이다. 영화음악은 그 후 소리 없이 움직이는 것(감정, 담배 연기, 동작 따위)의 소리로 쓰이는 경향이 있었다.

'무성영화cinéma muet'를 지칭하려고 오래전에 내가 제안한, '듣지 못하는 영화cinéma sourd'라는 표현이 바로 여기서 나온다. 즉 말과 소리는 거기 있었지만, 우리는 듣지 못했다.

> 그는 희열에 가득 차서 소리가 아직 창조되지 않은 거의 낙원 같은 지상 위를 산책한다. […] 엄청난 높이의 폭포들이, 부동의 바다보다 더 고요한, 투명한 층층의 물들을 그의 눈에만 펼쳐 보인다. […] 청각장애인이 창밖으로 보는 건축물(병영, 성당, 시청)은 무대장치에 지나지 않는다. 어느 날 그 건축물이 무너진다면, 엄청난 먼지 덩이와 눈에 보이는 잔해들을 내뿜게 될 것이다. 그러나 얄팍하지는 않은 무대 궁전보다 더 물질감이 없을 것이다. 무거운 돌들의 추락은 그 어떤 저속한 소음으로 순결한 침묵을 더럽히지 않은 채, 그 건축물은 마법의 세계 속으로 떨어질 것이다.*

마르셀 프루스트가 1920년 '완전한 청각장애인'의 지각을 상

---

*   Marcel Proust, *À la recherche du temps perdu*, t. III, *Le Côté de Guermantes*, Édition Quarto, 1920, p. 805.

상할 때, 그가 명시적으로 시네마토그라프를 참조한 것은 아니다. 그러나 그는 자기 시대에 느낄 수 있었던 감각들, 스크린 앞에서 느낀 무성영화의 감각을 떠올리는 것 같다.

소리를 암시하는 영상

이자벨 레노의 지적처럼,* 조르주 멜리에스의 원시 영화에 이미 상당수의 암시적인 소리와 음악이 나타난다. 따라서 듣지 못하는 영화에 나오는 인물들은 말을 했고, 때로는 유성영  화cinéma sonore의 인물들보다 더 많이 말했다. 이때는 대화라는 활동을 눈에 보이게 만드는 일이 중요했기 때문이다. 대략 1910년과 1915년 사이에 나온 최초의 픽션 영화들을 본 몇몇 현대 관객에게, 몸짓을 크게 하는 특성에 다른 이유는 없었다. 담화 내용을 코드된 동작의 몸짓으로 옮긴다——영화관의 변사, 이후에는 연속으로 삽입된 자막이 이런 일을 맡았다——기보다는 말하는 몸 전체로 나타내는 것이다. 유성영화에서는 등 돌린 누군가를 보여줄 수도 있고 그의 목소리만 들려줘도 충분하지만——페데리코 펠리

---

*   Isabelle Raynauld, "Présence, fonction et représentation du son dans les scénarios et les films de Georges Méliès(1896-1912)," in Jacques Malthête & Michel Marie(dir.), *Georges Méliès, l'illusionniste fin de siècle?*, Actes du colloque de Cerisy, Presse de la Sorbonne Nouvelle, 1997, pp. 201~17.

니는 이렇게 하는 것을 좋아했고 이후 많은 러시아 감독이 그 뒤를 따랐다*──, 이렇게 되면 [관객이 듣는 목소리가] 내면의 목소리라는 의심이 생겨나 목소리로 '감각의 유령'**을 만들어내게 된다.

대개는 초기 서부 영화로 일컬어지는, 어쨌거나 최초의 내러티브 영화 중 하나인 에드윈 포터의 〈대열차 강도〉(1903)에서는 총알이 발사되면서 총신에서 나오는 연기를 통해 폭음爆音이 시각적으로 제시된다. 이 연기는 발포 소리를 보여줄 뿐만 아니라 액션 자체를 제시한다. 총알이 발사되었다는 것을 다른 식으로 어떻게 알 수 있겠는가?

듣지 못하는 영화의 역설과 매력은 이 영화가 빠르게 청각적 현상에 중요성을 부여했다는 데 있다. 듣지 못하는 영화는 종종 줄곧 나오는 소음(계속 울리는 초인종 소리, 타종 소리, 기계음)을 불규칙하게 나오는 짧은 '후렴구 숏'으로 그려낸다. '후렴구 숏'은, 이 소리를 듣거나 소리에 둘러싸인 사람들의 영상과 번갈아 15초에서 20초 정도의 간격으로 제시된다.

소리를 암시하는 것은 당시 유행이었다. 소리의 암시는 시, 문학, 심지어 회화, 특히 20세기 초 음악에서 중요한 역할을 한다. 클로드 드뷔시, 마누엘 데 파야, 모리스 라벨 같은 작곡가들에게 악

---

*　알렉산드르 소쿠로프의 〈러시아 방주〉(2002)까지도 그렇다. 이 영화는 많은 점에서 아주 펠리니적인 영화다.
**　「용어 해설집」에서 '감각의 유령' 항목을 보라.

기 소리는 종종 소음의 자리에, 게다가 소음을 흉내 내는 것이 아니라 환기시키는 또 다른 악기 소리 자리에 놓인다. 이 날카로운 피아노 장식음은 물이다, 현악기의 이 떨림음은 바람이다, 오른손으로 연주한 장식 없는 간결한 테마는 목동의 피리 소리다… 무성영화에서 어떤 소리에 대응하는 영상, 예컨대 종소리를 암시하는 종의 영상은 드뷔시에게는 호른 연주곡에 대응하는 피아노 테마와 동등하다.

예를 들어 세르게이 에이젠슈테인의 〈파업〉(1925)에서 노동자 봉기 시퀀스는 울리는 공장 사이렌을 집요하게 반복 클로즈업하여 시각적으로 구조화되어 있다. 한동안 안 쓰이던 인서트가 다시 쓰이게 된 것은 두 가지 기능 때문이다. 한편으로 인서트는 거기에 줄곧 소리가 있다는 점을 상기시킨다.(문제는 소리의 원천을 보여주는 영상뿐만 아니라 그 장면 전체에서 소리가 연속으로 울리고 있음을 느끼게 하는 데 있기 때문이다. 따라서 몇몇 영화에는 이중 인화가 사용된다.) 다른 한편, 소리의 원천을 보여주는 영상은 시각적 후렴구가 되며, 군중이 쇄도하는 이 혼란스러운 시퀀스에 통일성을 부여하게 된다.

어떤 소리가 계속 나고 있다는 점을 환기시키는 이 '후렴구 숏'들은 자기가 보여주는 것과 무관하게 갑자기 형식적이고 리드미컬한 의미를 갖게 되며, 한 번 나왔다 사라지는 일화적인 의미에서 즉시 벗어난다. 이런 작업들은 발성영화가 실제 소리로 하기 힘든 것이었다.

달리 말해서 이 숏은, 일단 자기가 환기시킨 것을 불러오고 나면 형상적 기능에서 해방되어 몽타주 효과가 된다. 거꾸로, 이런 유형의 '후렴구 영상'을 배치할 구실을 만들려고 사람들은 능동적인 청각적 출처를 포함하는 장면을 쓰거나 촬영하기 시작하는데, 그 덕분에 이 '후렴구 영상'을 중심으로 시퀀스를 조직할 수 있게 된다. 마찬가지로 리듬과 몽타주 효과를 배치할 구실을 만들려고 사람들은 특정한 시나리오(탐정물, 액션물 따위)를 쓰는데, 이 리듬과 몽타주 효과는 서사의 자리를 차지하지 않고도 서사와 겹치는 특별한 즐거움을 준다.

한 장면의 '후렴구 영상'이 그 소리와 아무 상관 없을 수 있다는 점도 여기에 덧붙여야 한다. 자크 페데르의 〈테레즈 라캥〉(1928)에서 가로등 불을 붙이는 사람의 영상은, 아벨 강스의 〈철로의 백장미〉(1923)에서 기차 바퀴 영상들처럼 시각적 라이트모티프 역할을 한다. 결과적으로 소리를 환기하는 영상은 시퀀스에서 '후렴구 영상'이 된다는 사실 덕분에 빛이나 속도 효과와 관련된 다른 '후렴구 영상'들과 관계 맺을 수 있었다. 마찬가지로, 소리를 환기하는 시각 효과(권총 총신에서 뭉게뭉게 피어나는 연기)는 또한 총격의 갑작스러움, 에너지, 폭력성을 환기시키고 이를 옮겨주며 '그려낸다.' 발성영화에 실제 소리가 도입되어도 이와 다르게 흘러가지 않을 것인데, 이 소리는 그려내기와 녹음 사이에서 리얼리즘 효과뿐만 아니라 리듬감 있는 구두점으로도 쓰인다.

무성영화에서 모든 움직임(프리드리히 빌헬름 무르나우의 〈일출〉[1927] 속 나룻배 장면에서 재닛 게이너 뒤로 반짝이는 물)은 기계적으로 소리를 암시한다. 즉 위풍당당한 (시끄러운) 기관차와 담배 한 개비에서 피어오른 (조용한) 연기 사이에 연속성이 생겨나게 된다. 이후 유성영화는 본래 소리가 없는 것에 과연 소리를 넣어야 하는가의 문제에 직면하게 된다. 디제시스diegesis에 속하지 않은 음악의 사용은 유성영화가 이 문제에 제시한 답변 중 하나다.*

또 다른 방법은, 빅토르 셰스트룀의 〈바람〉(1928)이나 히치콕의 〈하숙인〉(1927)에서처럼 떨리기 시작하는 물체들을 제시하는 것이다. 이후 유성영화(잉마르 베리만의 〈침묵〉  [1963], 앙드레 델보의 〈브레에서의 약속〉[1971], 안드레이 타르콥스키의 〈솔라리스〉[1972]와 〈잠입자〉[1979])는 때때로 이 방법을 오마주했다. 이것은 프리츠 랑이 자신의 두번째 발성영화 〈마부제 박사의 유언〉(1933) 시작 부분에서 마치 무성영화에 이별을 고하는 것처럼 제시한, 떨리기 시작하는 샹들리에나 움직이는 물병 같은 오래된 효과다. (병들은 식탁 위에서 흔들리지만, 이때 들리는 소리는 리듬감 있는 엄청난 기계음이다.)

그러나 십중팔구 사람들은 행동할 때 나는 소음들, 물소리, 배우의 목소리나 발소리, 배우가 여닫는 문소리 따위를 제시할 필요를 느끼지 못했다. 그렇다고 관객이 이런 소음을 잊어버린 것은 아니었다. 관객이 [무성영화에서] 배우들의 목소리를 꿈꾸고 이를 자기 안에서 들었던 것과 마찬가지로, 영화가 암시하는 모든 소리를 꿈꾸고 이를 자기 안에서 들었기 때문이다. 쉽게 망가뜨릴 수 없는 지각의 자동 연상들이 있다. 따라서 무성영화는, 함축된 소리들의

---

*   또한 '그려내기rendu'의 문제가 있다. 로마 근처에 있는 빌라데스테 분수에서 나는 실제 소리는 부정형의 육중한 소리이며, 실제로 눈에 보이는 다양하고 리듬감 있게 차별화된 형태들과 전혀 부합하지 않는다. 리스트는 「빌라데스테의 물놀이」를 작곡하면서, 피아노를 통해 물소리가 아니라 물의 움직임을 '그려낸다.' 이는 '모방음악'이 불러일으킨 오해다.

소란으로 미세한 소리를 냈다.

그리고 때로 이 소란은 [영화관에서 직접 만들어내는] 음향효과를 통해 **실제로** 들렸다.

무성영화 시대의 음향효과들

행복한 무성영화 시대에는 〈나무 십자가〉를 상영할 때 스크린 아래쪽에서 큰북을 지나치게 학대하면서 포탄 소리를 모방하는 상스러운 남자가 있었다. 때로 열네번째 상영에서 그가 잠들어서, 거리에 들려오는 「라 마들롱」 노래에 맞춰 용감한 군인이 스케이트를 타던 순간에 그가 코 고는 소리가 들렸다.*

산 안토니오가 추억을 떠올리는 이 글에서 프레데릭 다르는 아마도 영화 제목을 착각했지만——내가 알기로 〈나무 십자가〉는 1931년 개봉된 레몽 베르나르의 발성영화다——, 무성영화 시절에 그렇게 드물지 않았으며 일부 문헌에 따르면 영화가 아직 시장터의 대중 예술이던 시기 프랑스에 널리 퍼진 관행을 적절하게 불러온다. 그 관행은, 스크린에서 벌어지는 행위와 연관된 어떤 소리들을 모방해 음향효과를 만들어내는 사람들이 있었다는 사실이다.

『몽 시네*Mon ciné*』지 1930년 호에 따르면, 이렇게 '음향효과를

---

* San Antonio, *Fais gaffe à tes os*, Fleuve noir, 1956, p. 12. [옮긴이] 산 안토니오는 프랑스 범죄소설가 프레데릭 다르의 소설 주인공 이름이다. 다르는 산 안토니오를 주인공으로 내세워 175편의 소설을 썼고 때로는 이 이름을 자기 필명으로 썼다.

만들어내는 사람들'이 프랑스에서 사라진 시기는 제1차 세계대전 초기다. 영화의 발전과 더불어 더 세련되고 [영화관에서] 반주로 나오는 음악이 소음을 더 '숭고화하는' 역할을 담당하게 되면서, 이들에게 요청한 일이 끝나게 되었을 것이다. 그러나 이는 나라마다 다르다. 어떤 영화관은 특수 음향효과 연주가 가능한 파이프오르간을 구비하고 있어서, 영화가 발명되기 전에 널리 퍼져 있던 파이프오르간의 모방적 전통을 이어갔다.

전문 예술가들뿐만 아니라 음악가나 오케스트라의 타악기 연주자들도 영화관에서 음향효과를 맡았다. 릭 올트먼은 이들의 '비환영적' 정신을 복원한다. "음악의 볼륨으로 소리의 볼륨을 모방하면서 (오케스트라의) 타악기 연주자는 스크린에 보이는 특정한 말[馬]의 발굽 소리가 아니라 말 자체의 소음을 만들었다. 즉 그것은 특정한 땅 위에서, 특정한 조건에서 정해진 거리에서 들리는 이런저런 말의 발소리를 모방한 것이 전혀 아니었다. 이와 반대로 관객의 정신 속에서 빨리 달리는 어떤 말의 이념 그 자체를 환기시켜야만 했다."* 여기서 올트먼의 생각은 '그려내기'라는 내 생각과 일치한다.

구두점 역할을 하는 음향효과는 벌레스크 영화나 액션, 스펙터클 시퀀스에서 주로 사용된 것처럼 보이는 반면, 감상적이거나 낭만적이거나 '종교적인' 시퀀스에서는 조심스럽게 사용되었다. 여기서도 귀-속임 trompe-l'oreille을 겨냥한 모방보다는 환기가 목적이었다. 많은 연극이나 오페라에서 오케스트라가 들려주는 소음효과도 있다는 점을 잊지 말자.

---

*   Rick Altman, *Sound Theory, Sound Practice*, Routledge, 1992, p. 245.

물론 1913년 출간된, 영화를 위한 음향효과 도구 목록은 연극에서 영감을 받아 빗소리, 바람 소리, 동물 소리 및 가능한 모든 청각 현상을 만들어낼 수 있는 엄청난 수의 소도구를 제시하면서 이렇게 만든 소리가 실제에 충실하다고 찬양한다. 그러나 아무도 속지 않았다. 발성영화에서와 마찬가지로 타격 소리, 뺨 때리는 소리, 폭발 소리가 정확히 실제 같지 않다는 점을 사람들은 매우 잘 받아들인다.

최초의 후원자, 라이브 음악

무성영화에서 음악의 문제는 수많은 연구의 대상이 되었고, 나는 또 다른 책(1995년 출간한 『영화에서 음악 *La Musique au cinéma*』)의 상당 부분을 이 문제에 할애했다. 따라서 여기서는 이 문제를 다루지 않을 것이다. 단지 어떤 경우에는 음악 자체가 없을 수 있다는 점을 상기해보자.

루이-페르디낭 셀린은 『외상 죽음』에서 유년 시절에 본 로베르 우댕의 영화에 대해 말한다. "우리는 상영이 세 번 반복될 동안 줄곧 자리에 앉아 있었다. 대사도, 음악도, 글자도 없는 100퍼센트 침묵이었다. 단지 영사기 돌아가는 소리만 들렸다."[*]

"영사기 돌아가는 소리"는 이때 이미 영화의 소음이었다. 이 소음은 유성영화에서 실제적으로나 상징적으로 살아남게 될 것인데, 나는 이 소음에 '근본적인 소음'이란 이름을 붙일 것이다. 다시

---

[*]   Louis-Ferdinand Céline, *Mort à crédit*, Gallimard, 1985, p. 69.

말하면, 근본적인 소음은 영화를 상영할 때 영사 자체의 메커니즘을 가리는 소음이다. 〈마부제 박사의 유언〉 시작 부분에서 보이지 않는 기계의 리듬감 있는 소음, 펠리니의 〈달콤한 인생〉(1959) 시작 부분에서 헬리콥터의 진동 소리, 프랜시스 포드 코폴라의 〈지옥의 묵시록〉(1979)에서 (또!) 헬리콥터의 날개 소리 따위가 그렇다.

[무성영화에서] 음악에 지배적인 원칙은, 서로 다른 영화 장면들과 관련지어 대중음악이 클래식 음악 대목을 편곡해서 끝과 끝을 이은 메들리 곡을 사용한다는 것이다. 오리지널 창작곡은 예외로 남게 된다. 다른 한편, 오리지널 창작곡을 사용하는 드문 영화들은 특정 장소나 특정 환경에서만 고유 악곡으로 상영되었고, 이후 그 외의 영화관들에서는 다른 영화들처럼 상영되었다. 게다가 특별히 한 영화를 위해 작곡된 악곡들은, 미국에서 데이비드 워크 그리피스의 〈국가의 탄생〉(1915)을 개봉할 때 연주한 "오리지널 창작곡"이 그랬던 것처럼 베토벤, 차이콥스키, 바그너 등의 선곡을 자기 안에 통합했다.

발성영화 시기에 각 영화마다 달랐던, 이른바 오리지널 창작곡을 사용하는 관행은 사람들 생각과 달리 전혀 지배적이지 않았다. 이는 심지어 1950년대부터 고전적 레퍼토리의 차용 곡을 마구 사용하기 전에도 — 장-피에르 멜빌의 〈무서운 아이들〉(1949)은 드러내놓고 이런 차용 곡을 사용한 최초의 영화들에 속했다 —, 이후 1960년대, 특히 데니스 호퍼의 〈이지라이더〉(1969)부터 기존의 노래들을 통합하기 전에도 그랬다. "오리지널 창작곡"의 작곡가 또한 스스로 한 영화에서 다른 영화로 가면서 자기 음악을 다시 사용한다.(마이클 커티즈의 〈카사블랑카〉[1942] 타이틀 시퀀스 장면에서 존 포드의 〈로스트 패트롤〉[1934]에 쓴 자기 악곡을 다시 사용한 막스 슈타이너, 마르셀 카르네의 〈북호텔〉[1938]에 나오는 자바 음악을 〈안개 낀 부두〉[1938]에서 다시 사용한 모리스 조베르가 그렇다.) 대부분의 오리지널 창작곡 양식에 대해 말하자면, 이 양식은 종종 스트라빈스키, 라벨, 버르토크, 프로코피예프, 비발디 그리고 물론 가장 많이 모방되는 바그너 등의 혼성곡에서 유래한다. 이는 부분적으로는 '임시 사운드트랙'이라는 흔한 관행에서 비롯된 것이다. 즉 작곡가의 오리지널 창작곡이 나오기 전에 고전음악 소품을 얹어 한 시퀀스를 '임시로' 편집하면, 감독이 이 소품에 집착하게 되는 일이 아주 빈번하게 일어난다. 이 때문에 감독은, 이 소품을 직접 사용하지 않을 때는 이를 모방한 악곡을 써달라고 작곡가에게 요구하게 된다. 요컨대, 음악에 관한 한 발성영화는 많은 무성영화의 관행을 영속화시킨다.

무성영화 시기에 살아 있는 음악가들이 영화관에서 직접 반주 음악을 연주하게 되면, 그들이 아무리 단순한 수단을 사용해도 영화 상영 때마다 매번 공연의 성격이 생겨났다.* 이후 7장에서 다루겠지만, 1960년대에 의례화된 유성영화는 이 공연의 성격을 다시 취해서 내면화하게 된다. 이를 제외하고 음악이 영화에 남김없이 녹화된다는 핵심적인 차이를 제외하면, 무성영화의 관행과 규범이 유성영화에 다시 나타나게 된다.

발성영화에서 음악은 사실상 소리가 되며 더 이상 '악보'가 아니다. 즉 클라리넷 음질, 바이올린 연주자의 진동음과 소리, 완벽

---

*　사르트르가 자서전 『말』에서 강조한 것처럼, 어떤 영화관들은 하루 세 번의 영화 상영 전에 오케스트라가 서곡을 연주하게 했는데, 이 영화관들은 의례화된 공연의 성격을 간직하고 있던 용도 변경된 극장이었다.

한 연주나 이와 반대로 자발적인 아마추어리즘(펠리니와 니노 로타의 가냘픈 오케스트라, 어렴풋이 들리는 마르그리트 뒤라스와 카를로스 달레시오의 〈인디아송〉[1975]의 룸바 춤곡, 에밀 쿠스트리차와 고란 브레고비치의 영화에 나오는 숨 가쁜 팡파르)은 그만큼의 음표에 값하는 소리들이다.

다른 한편, 오늘날 무성영화를 보는 사람들은 춤꾼이나 음악가를 보여주는 장면들이 너무 많이 나와서 놀라게 된다. 이때 이 무언無言의 음악을 실제로 우리에게 들려주게 된 것은 무성영화의 피트 음악musique de fosse/pit music*  이었고, 그것은 사용 가능한 수단에 따라 다소 편곡되고 전사되고 양식화된 음악이다. 물론 엄청난 기회가 있을 때만, 영화를 상영하면서 합창단이나 오케스트라가 [영화관에서] 그 음악의 합창이나 오케스트라의 실제 연주를 들려줄 수 있었다. 예컨대 조반니 파스트로네의 걸작 〈카비리아〉(1914) 같은 엄청난 스펙터클 영화가 그랬다. 그렇지 않을 때는, 영화관 스크린 아래서 피아노, 리드오르간, 실내 이중주나 삼중주가 아코디언, 스크린 음악의 합창단이나 오케스트라를 '연주'할 수 있었다. 들리지 않는 대사의 압축적 번역을 중간 자막이

---

*   [옮긴이] '피트 음악'은 디제시스 공간 밖에서 초월적으로 울리는 음악을 가리키는 것으로, 시옹이 명명한 용어다. 여기서 '피트pit'는 오페라를 공연할 때 오케스트라가 자리 잡은 곳(무대와 관객석 사이)을 가리키는 용어로서, 따로 우리말이 없어서 영어를 그대로 썼다. 자세한 내용은 24장 '돌격 나팔은 누구를 위해 울리는가' 절을 보라.

제시한 것과 약간 비슷하게, 이 음악들은 [스크린에 보이는 것에 대한] 일종의 동시 번역을 제시했다. 따라서 이때 영화관에서 들리는 음악은 흉내 내기와는 거리가 멀었고, 전사傳寫와 훨씬 더 비슷했다. 영상이 나오는 동시에 연주되는 피트 음악의 환기 작업을 통해서는, 아무도 스크린 안에서 연주되는 피아노, 합창단이나 오케스트라를 완전히 듣지 못했다. 이 둘 사이에는, 스크린 음악을 영화관의 양식화된 연주로 환원하지 않고서 줄곧 스크린 음악을 꿈꿀 수 있게 해주는, 환원 불가능한 시적詩的 거리가 있었다.

세번째 후원자인 중간 자막과 융통성 있는 말

노엘 버치, 앙드레 고드로, 특히 릭 올트먼의 책이 나온 뒤로, 포터의 〈엉클 톰스 캐빈〉(1903) 같은 최초의 내러티브 영화들은 그 자체로 자립적이지 못했으며 이 영화들에서 행위를 이해하려면 영화관의 누군가가 직접 해설하거나 설명해야 했다는 점이 널리 알려졌다. 이 해설자는 영화 필름과 함께 받은 텍스트를 사용해서 장면이 어디에서 전개되는지 설명하고 이야기를 전하며, 때로는 대사를 직접 연기하기도 했다. 이런 관행은 대다수의 서구 영화에서는 1910년경 '중간 자막'——당시에는 '아래 자막'이란 말을 썼다——으로 대체된다.* 반면 일본에서는 이런 관행이 1930년대(!)까

---

*   [옮긴이] '중간 자막inter-titre'은 주로 무성영화에 쓰였던 것으로, 독자적인 숏의 형태로 제시된 자막을 말한다. 즉 상황이나 대사를 전달하기 위해 영상의 진행을 끊고 숏과 숏 사이에 자막이 삽입된다. 이후 유성영화 시대에 주로 외국어 번역의 형태로 일반화된 '아래 자막sous-titre'은 화면 아랫부분에 영상과 함께 제시된다.

지 지속된다. 일본의 해설자인 벤시ベんㄴ[변사]는 스펙터클의 일부를 이루는 진정한 스타였다. 구로사와 아키라의 큰형은 벤시였고, 구로사와의 회고록에 따르면, 발성영화가 도래해서 직업을 잃게 되자 자살했다.*

변사는 상당히 많은 주도권을 가지고 있었고, 서로 다른 목소리를 흉내 내면서 등장인물들을 말하게 할 때는 종종 현장에서 대강 입을 맞추는 일종의 '더빙'에 몰두했다. 이 모두는 음악 반주와 함께 나왔는데, 아비뇽 페스티벌에서 크리스티앙 블레이그가 이를 복원해서 보여주었을 때 일본의 벤시가 어떻게 했는지 알 수 있었다. 여기서 오슨 웰스와 사샤 기트리, 나아가 장 콕토가 몹시 좋아한 몇몇 효과는 이따금 변사의 정신과 그의 자유로운 개입을 다시 발성영화에 통합시키는 데 있을 것이다.**

그러나 서구에서 변사는 곧 글로 된 자막으로 대체되었다.

약간 '자율적인' 무성영화에서 음악과 변사 이후 등장한 세번째 주요 후원자인 중간 자막은 무성영화의 주요 관행이다. 이른바 '실내극Kammerspiel' 양식을 보여주는 두 가지 예인 루푸 픽의 〈실베스터〉(1923)나 무르나우의 〈마지막 웃음〉(1924)처럼 중간 자막을 없애고자 했던 영화들이 바로 이 때문에 하나의 사건이 되었다는 사실은 중간 자막의 진부하고 기계적인 성격을 강조해준다.

이후 소리가 그랬던 것처럼, 중간 자막은 단지 대화를 들려주

---

* Akira Kurosawa, *Comme une autobiographie*, Michel Chion(trad.), Petite Bibliothèque des Cahiers du cinéma, 1997, pp. 130, 141~42.

** 프랑스 발성영화 초기, '브토브Betove'라는 가명을 쓰던 한 환상 예술가는 대개 열광적인 해설을 영상에 녹음함으로써 단편 무성영화들을 재활용하는 데 전문성을 갖고 있었다.

기 위해 듣지 못하는 영화의 결핍에 일시적으로 대처하는 기능만 가진 것은 아니었다. 중간 자막은 여러 차원에 개입한다. 중간 자막은 대개 이질적 형태[인서트]로 영화에 삽입된다. 요컨대, 중간 자막은 영상과 결합되지 못한다. 이런 상태의 영화가 누리는 장점을 이해할 수 있는데, 그것은 이후의 정화된 단계를 꿈꾸게 해준다는 점이다.

사실상 중간 자막은, 무성영화가 순수해질 수 있으며 말없이 진행됨으로써 말에서 해방될 수 있다는 환상을 유지해준다. 무성영화에서 말은 [영상에] 통합되지 않고 통합시킬 수도 없으며 단지 읽어야 하는 인서트 형태로 자기 자리에 묶여 있다. 말이 영상과 결합되어 영상과 동시에 제시되는 이후의 발성영화에서, 말은 훨씬 더 모호하고 불안정한 지위를 갖게 될 것이며, 영화 자체가 이러한 모호성에 감염된다.

첫번째 단계에서 중간 자막은 요약의 방식으로 대화 텍스트를 제시하는데, 이 텍스트는 언제나 큰따옴표를 넣고 읽어야 할 것으로 나온다. 이 때문에 중간 자막은 일종의 인용이 되고, 소설 텍스트의 발췌가 된다. 관객이 읽는 것이 영상에서 배우가 말하는 장면보다 종종 훨씬 더 짧다는 사실이 숨겨지지도 않고, 이 때문에 상상의 여지가 생겨난다. 심지어 관객은 말이 글로 읽히기 전에 배우의 입술에서 발음된 말을 엿보면서 즐거워할 수도 있다.

중간 자막과 따옴표라는 관습 덕분에 무성영화는, 문학에서처럼 **융통성 있는 말**parole élastique이라 할 만한 것을 실행할 수 있다. 즉 무성영화는 등장인물들의 말을 몇 마디 글로 요약함으로써 그들이 디제시스 속에서 엄청나게 많이 말할 수 있게 하며, 직접화법에서 간접화법으로 넘어갈 수 있다. 등장인물 한 명이 내뱉은

1부. 역사

말을 장악해서 이 말을 울리게 하고, 다시 활기를 띠게 하며, 반향을 일으키게 하고, 영상과 지속 시간 속에서 살아 있게 할 수 있다. 이는 오페라에서 노래가 할 수 있는 것과 마찬가지이지만, 여기서는 노래 없이 한다(영화관에서 연주한 음악이 이 효과를 내는 데 도움을 준다). 말을 반복하고 자르는 이런 유희는 에이젠슈테인, 파울레니, 랑, 강스의 무성영화로 잘 알려져 있다. 그러나 이런 유연성은 초기 유성영화에 잔혹할 정도로 결핍되어 있다. 발성영화 초기 주관적 사운드에 대한 히치콕의 유명한 탐색(〈협박〉[1929])이나, 같은 시기 장 르누아르(〈암캐〉[1931]), 쥘리앵 뒤비비에(〈홍당무〉[1932]), 게오르그 빌헬름 파브스트(〈동지애〉[1931])에게 나타난 즉자적이고 집단적인 대사는 융통성 있는 말의 유연성을 보존하려는 노력의 일환이다. 최근의 영화 발전은 시간의 새로운 조형성을 향해 가고 있지만, 이 유연성은 결코 완전히 복원되지 않았다.

유성영화가 말 한마디를 요약하고 응집할 수 없으며, 반대로 이 말을 길게 늘여서 우리가 원하는 좋은 충격을 줄 수 없다는 점은 유성영화가 겪는 진짜 어려움이다. 이 때문에 유성영화는 때로 노래를 경유하는데, 이는 음악을 위해서가 아니라 **말해진 것에 다른 반향을 주기 위해서다.** 내 생각에, 등장인물이 일상의 모든 말을 노래로 부르는 자크 드미의 영화 두 편(〈쉘부르의 우산〉[1964], 〈도심 속의 방〉[1982])은 다원적으로 결정되었다. 즉 뮤지컬 코미디와 대중적 오페라의 감정을 되찾을 뿐만 아니라, 멜로디를 사용해서 일상의 대사를 우리 기억 속에 반향으로 일으키는 것이다.(멜로디는 예컨대 노래로 불린 말을, 그 음音을 계속 이어가는 악기를 통해 길게 늘일 수 있다.) 이렇게 일상의 대사는 감동적 가치, 즉 늘임표의 가치를 얻게 된다…

〈도심 속의 방〉에서 비올레트의 어머니는 같이 사는 딸에게 자기를 떠나 자유롭게 삶을 살고 결혼하라고 말한다. 그리고 어머니는 [작곡가] 미셸 콜롱비에의 테마를 덧붙인다. "나는 이미 내 인생을 살았다." 여기서 그녀는 '미엔mienne'[내 인생]이라는 말을 기본음 '파'로 노래하는데, [피트 음악으로 나오는] 현악기가 이 '파' 음을 길게 늘이는 동안 그녀는 비올레트와 함께 부엌으로 향하며 방의 불을 끈다. 어머니의 목소리가 얹힌 '파' 음을 그대로 이어받는 기악 반주는 이 대사에 충분히 충격적인 차원을 부여한다. 보잘것없는 처지에 있는 이 여인은, 자기들이 이 세상에 데려온 아이들을 키우려고 올바르게 살아온 모든 사람을 대변한다… 이렇게 유성영화는 탁월한 감독과 작곡가 덕분에 노래라는 간접적 수단으로, 심지어 단순한 문구 위에서 무성영화 시대의 '아래 자막'들이 갖고 있던 상징적 차원을 순간적이나마 되찾을 수 있다…*

때로 중간 자막은 억양을 강조하려고 이탤릭체를 사용하거나 강력한 발화를 환기하려고 볼드체를 사용하는 데서 볼 수 있듯 구

---

* 한스-위르겐 지버베르크의 〈파르지팔〉(1982)이나 브누아 자코의 〈토스카〉(2001) 같은 탁월한 예가 있는 '영화-오페라'는, 기존에 무대에 올리던 작품들을 각색하기 때문에 다른 문제들이 생겨난다.

1부. 역사

어의 특성을 간직한다. 반면 중간 자막은 대사가 들려오는 거리를 고려하지 않는다. 즉 대사가 강도의 관점에서 '절대적으로' 제시된다.

때로 다른 글자체나 그래픽 코드를 쓰는 이유는, 특정 단어가 발음된 방식이 아니라 **들린** 방식을 참조해서 이해해야 한다.

무르나우의 〈일출〉에서 조지 오브라이언은, 자기가 죽이려 했지만 자신에게서 도망친 아내 재닛 게이너를 도시로 데리고 간다. 이 회한에 가득 찬 여행 중 그는 그녀의 사랑과 신뢰를 되찾으려 애쓴다. 두 사람은 결혼식이 열리는 성당으로 들어가는데, 이는 이 커플이 예전에 신 앞에서 한 결혼 서약의 반향이다. 어느 순간 사제는 젊은 신랑에게 그의 신부가 될 여자를 언급하면서 말을 던지는데, 중간 자막은 이 말을 이렇게 옮긴다. "당신은 그녀를 **사랑하십니까?** Wilt thou LOVE her?" '사랑하다'라는 동사를 대문자로 쓴

것은 이 단어가 특별한 방식으로 발음되었다는 뜻이 아니라, 이 단어가 조지 오브라이언에게 준 충격과 연관 지으라는 뜻으로 이해해야 한다. 그는 수치심에 곧바로 의식을 잃는다. 유성영화에서는 예컨대 그 단어를 더 강하게 들리게 하는 것 같은, 이 충격의 어떤 감각적 번역도 있을 수 없고 어쨌거나 이해할 만한 코드가 허용되지 않는다. 이 대문자 표기는 다음

문장과 동등하다. "이 단어는, 마치 칼 한 방이 내리친 것처럼 그에게 떨어졌다…"

2년 뒤 히치콕은 이 효과를 〈협박〉 무성판에서 다시 사용한다.(이웃집 여자가 들려주는 이야기에서 여주인공은 자기가 저지른 범죄 무기인 '칼knife'이라는 단어를, 마치 이웃집 여자가 떠는 수다의 나머지 부분에서 따로 떼내서 강조된 것처럼 듣는다.) 이 영국 감독은 용감하게도 유성판에서 청각적으로 동등한 것을 시도하지만, 이렇게 청각의 충격을 그래픽으로 표현하는 것과 이를 들려주는 것은 서로 완전히 다르다는 점을 보여준다. 읽는 눈에 코드처럼 기능하는 것이, 듣는 귀에는 똑같은 방식으로 작용하지 않기 때문이다.

게다가 무성영화는 유성영화를 그 자체로(영상이나 자막으로) 필요할 때 가끔씩만 떠올릴 수 있는 반면, 발성영화는 언제나 무성영화를 작동시키지 않을 수 없다.

이것이 유성영화 초기부터 유성영화에 핵심적인 또 다른 질문의 기원이다. 즉 청취의 불연속성을, 이 사건을, 어떤 단어(소음)가 소리가 달라서가 아니라 각자에게 그 의미가 달라서 그 단어를 들은 모든 사람에게 서로 다르게 울린다는 사실을, 어떻게 표현할 수 있을까? 어떤 코드도 불가능해 보이는 이유는, 예컨대 마이크처럼 청취의 매개가 되는 상징적인 제삼자의 부재 때문인 것 같다.(이에 대해서는 이후 다시 말할 것이다.) 아니면 직접적으로 이와 비슷한 작업, 즉 훨씬 강하거나 뒤섞인, 종종 연속으로 반복되는 소리를 들려주는 것은 언제나 저속하게, 최소한 순진하게 보일 것이다. 이렇게 우리 청취의 정서적이고 지각적인 편차를 보여주는 표현적 코드를 만들어낼 수 없다는 점이, 발성영화가 겪는 좌절 중 하나가 될 것이다. 정신분석가라면 이를 거세라고 말할 것이다.

유성영화는 심리적인 주관성이 아니라 **생리적인** 주관성을 표현하려고 코드를 만들어냈다. 히치콕의 〈오명〉(1946)에서 잉그리드 버그먼이 들은 왜곡된 목소리는 자기 남편과 시어머니가 그녀에게 독을 먹여서 자신이 아프다는 점을 보여주지, 그녀가 심리적으로 혼란을 겪고 있다는 점을 보여주지는 않는다. 데이비드 핀처의 〈패닉 룸〉(2002) 같은 최근 영화에서 왜곡된 주관적 소리는 한 인물의 **생리적인** 불편함 ── 당뇨병에 걸린 젊은 여자는 발작 상태에서 납치범의 목소리를 왜곡해서 듣는다 ── 을 순간적으로 표현하려고 쓰이지, 쫓기는 두 여성이 겪는 고통을 나타내려고 쓰이지는 않는다.

중간 자막과 거리 두기

발음되고 들린 대사를 옮기는 것 외에도 중간 자막은 다른 많은 역할을 한다.

1. 중간 자막은 행위에 필요한 몇몇 정보를 (때로는 아주 간결하게) 제공한다. 이는 '오후' 같은 문구에서부터 장소, 인물, 행위에 대해 훨씬 자세한 정보를 주는 데까지 다양하게 걸쳐 있다. [최초의 유성영화이지만] 대부분이 무성영화로 이루어져 있는 앨런 크로슬랜드의 〈재즈 싱어〉(1927)에는 이런 중간 자막이 나온다. "뉴욕의 게토, 문명만큼이나 오래된 음악의 리듬에 두근거리는 생활."

또한 일정 시기의 중간 자막은 등장인물뿐만 아니라 배우와도 동일시된다. 크리스티앙 메츠는 이 사실을 상기시킨다. "데이비드 워크 그리피스의 〈폭풍 속의 고아들〉(1921)에서 두 기시 자매가 처음 스크린에 나오기 바로 전에 하나는 '헨리에트: 미스 도로시 기시,' 다른 하나는 '루이즈: 미스 릴리언 기시'와 같은 중간 자막이 나온다. 여기서 디제시스의 단절이 명확히 나타난다. [⋯] 영화에 대해 우리에게 알려주면서 영화와 단절시키는 이 정보는 관객만을 향한 것이다."*

2. 중간 자막 때문에 행위에 대해 아이러니하게 논평하는 초연한 '화자'가 생길 수 있게 된다.

중간 자막의 화자가 언제나 익명이거나 비인칭이거나 은밀한 사람인 것은 아니다. 그는 주저하지 않고 우리 관객의 존재를 떠올린다. 이 인격화는 두 개의 차원에서 이루어졌다.

한편, 자막을 지어내는 사람들도 일본의 변사처럼 때로는 스타가 되었고, 이후 프랑스에서 발성영화의 대사를 쓴 사람들이 그렇듯 타이틀 시퀀스에 이름을 올렸다. 1920년대 미국 무성영화의 타이틀 시퀀스에는 때로 "자막: 랠프 스펜스"라는 문구가 나왔다.

영화작가와 달리, 타이틀 시퀀스에 자막 작성자의 이름이 올라간다는 점 때문에 영화에 일정한 장점이 있었다. 잠재적인 진부함이나 약점이 영화 탓으로 돌려지지 않으면서, 영화는 '처녀 상태'로 남아 있었기 때문이다. 예컨대 르네 클레르는 1923년에 쓴 비평에서 세실 데밀의 〈사기꾼〉(1915)을 옹호하면서 작품의 결함을 면제해주고 자막의 결함을 인정한다. 이는 마치 오늘날 [영화가 잘못된 것이 아니라] '더빙이 잘못되었어'라고 한탄하는 것과 약간

---

*   Christian Metz, *L'Énonciation impersonnelle ou le site du film*, Méridiens-Klincksieck, 1991, pp. 66~67.

비슷하다.*

다른 한편, 화자는 때로 거리낌 없이 아이러니하거나 전체를 가리키는 표현을 사용하는데, 이 때문에 등장인물에 대한 거리 두기가 생겨난다. 예컨대 킹 비더의 〈군중〉(1928)은 보잘것없으면서도 감동적인 조니 심스의 인생을 보여주지만, 그의 아버지는 갓 태어난 조니를 두고 위대한 인물이 될 거라고 예언했다. 랠프 스펜스

가 쓴 중간 자막은 다음과 같다. "그다음 5년 동안 심스가에 두 가지 중대한 사건이 일어났다. 딸아이가 태어났고⋯ 존의 월급은 8달러 올랐다." 아니면, 셰스트룀의 〈추방자〉(1917)는 [평행] 몽타주로 두 특별한 인물을 비교한다. "사랑 때문에 한 사람은 선해졌고, 다른 사람은 악해졌다."

이렇게 무성영화는 종종 화자와 등장인물 사이에 소설에서 볼 법한 거리를 유지하거나 심지어 이를 더욱 늘여놓기도 한다. 디킨스나 톨스토이, 모파상 같은 작가가 한 것처럼, 중간 자막이 행위를 해설하고 나아가 심판하려고 쓰였을 뿐만 아니라 이를 아이러니화하거나 일반화시키는 양태로 수행했기 때문이다. 스탠

---

*   자신의 글 모음집 René Clair, *Cinéma d'hier, cinéma d'aujourd'hui*, coll. 《Idée》, Gallimard, 1970, pp. 98~99에서 르네 클레르가 인용한 것.

리 큐브릭은 〈배리 린든〉(1975)에서 이 후자의 양태를, 간헐적으로 나와서 거드름 피우는 보이스오버 내레이션에 다시 도입하게 된다.

거리를 두고 바라보게 하는 중간 자막은 무성영화가 누린 사치다. 이 중간 자막은 등장인물들의 즉각적 반응에 속지 않는 곳에 영화를 위치시키고, 무성영화에 다소 에밀 졸라, 빅토르 위고, 헨리 제임스 소설의 위엄을 부여한다. 이런 소설에서 저자는 거리를 취하고 등장인물을 보는데, 이는 귀스타브 플로베르마저 『보바리 부인』끝 무렵에서야 샤를 보바리에게 허용했던 것이다. "그[샤를]는 심지어 과장된 욕설을 덧붙였는데, 이는 그가 평생 한 번도 하지 않았던 말이다."

이처럼 무성영화에서는 통제된 투사가 이루어질 수 있다. 우리는 조니 심스이기도 하고 아니기도 하다. 우리는 등장인물을 이런저런 유형이나 신화와 결부시키지만, 이들의 목소리를 통해 이들과 동일시하지는 않는다.

중간 자막의 이런 현상 중 오늘날 우리가 그 중요성을 잊어버리는 경향 하나가 있는데, 그러나 이는 엄청나게 중요하다.* 이 현상은 1920년대 프랑스에서 특히 엄청난 논쟁거리였다. 예컨대 브뤼니위스의 보고에 따르면, "1924년과 1928년 사이에 아래 자막[중간 자막]에 대한 논쟁이 극에 이르렀다. 영화의 친구들은 당시 제작되던 영화에서 오래전부터 중간 자막의 수가 급격하게 증가하는 현상을 걱정했다. 배급사들은 미국 영화들의 프랑스어판에

---

*   Bernard Eisenschitz, "La parole écrite," in Jacques Aumont(dir.), *L'Image et la parole*, Cinémathèque française, 1999의 흥미로운 보고도 보라.

          I부. 역사

중간 자막을 덧붙였는데, 이 미
국 영화들은 본래 중간 자막이
아주 적었다."* 이 저자는 중간
자막 없는 '순수 영화'를 만들
려고 시나리오를 단순하고 명
확하게 하려는 의지가 몇몇 감
독에게 나타났다는 점을 환기시킨다. 그는 또한 서사의 전개에는
너무 실용적인 '며칠이 지났다' 같은 중간 자막을 대체하려고 시각
적 관습이 생겨났다는 점을 알려준다. "천천히 넘어가는 달력 영
상은 '석 달 뒤' 같은 아래 자막[중간 자막]보다 더 나을 게 없다."
브뤼니위스는 "상징적인 시계추나 달력 같은 비정상적인 유행이
영화에 쏟아져 내렸다"**라고도 쓴다. 시계추나 달력이 한 단어나
구문과 동등한 가치를 갖고, 이것들이 하고자 하는 말이 "1월 15
일, X씨는 …를 결심했다," 아니면 "…했을 때는 3시였다"라는 점
이 분명하기 때문이다.

침입자

이렇게 발성영화가 시작되면서 실제 소리가, 자기가 꼭 와야 하는
사람이라고 생각하면서 잔치에 늦게 온 손님처럼 스크린에 들어
왔을 때, 사람들은 (말 말고는) 실제 소리 없이도 영화가 그럭저럭

---

*   Jacques Brunius, *En marge du cinéma français*, L'Âge d'homme, 1987, p. 65.
**   *Ibid.*, p. 66.

잘해왔다는 사실을 떠올리게 되었다. 그 정점 중 정점은, 이 불쌍한 실제 소리가 그 자체로 잉여라고 비난받았다는 사실이다. 그렇다면 무엇에 대한 잉여인가? 물론 영상에 대한 잉여는 아니다.(영상과 소리처럼 본질과 실체가 너무도 다른 지각이 어떤 점에서 서로를 배가시킬 수 있는지 의문이기 때문이다.) 영상에 대한 잉여가 아니라, 그 자리에서 실제 소리보다 앞서 있었던 소리, 즉 정신적으로 재구성하고 꿈꾸던 소리, 개인의 상상에 따라 무한히 유연했던 소리에 대한 잉여다. 바로 이 잠재적 소리에 비해, 실제 소리는 몇몇 사람에게 침입자처럼, 조잡한 하이퍼리얼리즘에서 태어난 것처럼 보였다.

그 인상은 아마도 오늘날 검은 안경을 쓰고 보는 3D 영화가 우리에게 주는 인상과 크게 다르지 않았을 것이다. 3D 영화가, 폴라로이드 기법으로 만든 히치콕의 〈다이얼 M을 돌려라〉(1954)에서 제대로 작동했다고 해도 마찬가지다. 즉 그때 우리는 3D 기법 없이도 아주 잘해왔다는 점을 알게 되었고, 영상에서 너무 구체적으로 규정된 실제 심도의 혜택보다 가상의 심도를 꿈꾸는 것을 선호할 수 있다.

무성영화가 장애를 가진 임시적인 예술 형태에 불과했다고 생각할 수도 있었지만(몇몇 사람은 실제로 그렇게 생각했다), 무성영화는 자기의 결핍을 둘러싸고 실제 소리를 단지 침입자로서만 합류할 수 있게 하는 방식으로 이미 자기를 구성하고 자기 구조를 만들어놓았다. 따라서 소리는, '자리'라는 말의 모든 의미에서 자기 자리(들)를 찾아야 했다.

2장. 채플린: 발성으로 가는 세 걸음

1

성공적으로 발성영화로 이행하기 위해서, 영화의 천재 중 하나인 채플린에게는 그의 가장 위대한 영화들 가운데에서도 그야말로 세 편이 필요했다.

무성영화 시기와 발성영화 시기의 문턱에서 기획되었지만 1931년, 다시 말해서 '토키talkies'가 완전히 지배하던 시기에 나온 첫번째 영화 〈시티 라이트〉는 무성영화 예술을 옹호하는 선언이다. 이 영화는 사운드트랙을 동시녹음된 반주 음악을 받아들이는 데만 사용한다. 음향효과는 최소한으로 쓰고, 어떤 대사도 귀에 들리지 않는다. 몇 개의 간결한 대사는 자막으로 처리된다. 영화 제목 자체가 이 걸작을 단번에 빛, 시각적인 것, 또는 계시의 표지 아래에 놓는다. 이 영화는 알레고리적인 집단 조각상을 보여주면서 시작하고 여자가 눈을 뜨는 장면으로 끝난다. 시작 부분에는 관음증에 대한 한 장면이 나오는데, 찰리는 쇼윈도 안에 있는 여인의 나체상에 경탄한다. 세심하게 촬영한 영상은 여기서 무성영화의 매혹적인 빛과 어둠을 보여준다. 더욱이 여주인공은 앞을 못 보는 꽃 파는 젊은 여자인데, (그녀가 백만장자라고 생각한) 채플린의 도움으로 눈이 보이는 사람들의 세계에 들어서게 된다. 이 젊은 여자가 처음에는 부랑자를 못 알아보다가 결국 '알아보게' 되는 마지막 시퀀스는 영화사에 전혀 등장한 적 없는 가장 충격적인 시퀀스로, 접촉과 시선 위에서 구축된다.

여주인공을 시각장애인으로 선택한 것은 채플린에게 원칙적으로 소리의 세계를 환기하는 좋은 계기가 될 수 있었을 것이다. 때마침 이 젊은 여자의 집에는 축음기가 있고, 축음기를 듣는 것이 그녀의 유일한 낙인 것 같다. 그런데 채플린은 어떤 순간에도 이 축음기에서 나오는 소리를 반주 음악으로 들려주지 않는다. 반면 백만장자가 개최한 댄스파티는 동시녹음된 댄스음악을 사용할 좋은 구실이 된다. 다른 한편, 리무진 문이 닫히는 소음 때문에 꽃 파는 여자는 이 작은 부랑자를 부자로 생각했다.(케빈 브라운로 덕분에, 채플린이 처음의 이 착각을 제대로 표현하려고 시험촬영에다 수많은 촬영까지 하지 않을 수 없었다는 사실이 알려지게 되었다.) 그러나 이른바 '유성'영화, 다시 말해서 영상과 동시에 녹음한 음악이 나오는 이 영화에서 리무진 문이 닫히는 사건은 음향효과로 처리되지 않았고——심지어 무성영화 관습이 이미 받아들인 오케스트라의 구두점 연주도 쓰이지 않았다——디제시스적인 소리의 침묵 속에서 전개되며, 따라서 그것은 닫힌 문(!)에 불과하다는 점을 강조해야만 한다. 이야기의 기반이 되는 바로 이 소음을 들려주는 데 채플린은 아무 관심도 없었고, 그에게는 이를 암시하는 것만으로 충분했다. 문 닫히는 소리, 함성, 클랙슨, 총성 따위가 울리는 윌리엄 웰먼의 〈공공의 적〉, 장 르누아르의 〈암캐〉, 프리츠 랑의 〈M〉과 같은 해에 개봉한 〈시티 라이트〉에서 소리와의 만남은 제기되었지만 동시에 모면되었고, 현존하지만 은연중에 존재한다.

2

이보다 5년 뒤, 즉 발성영화가 결정적으로 정착한 시기에 개봉된 채플린 3부작의 두번째 영화는 경계하는 눈초리를 하고 발성영화로 나아가는 새로운 걸음을 내딛는다. 90퍼센트가 뮤지컬 처리된 〈모던 타임즈〉(1936)의 핵심적인 부분이 사실상 무성영화이고, 대화를 관객에게 익숙한 자막으로 계속 옮기고 있다면, 실제 소리의 난입은 여기서 충격적이지도 않고 그 수도 많지 않다. 실제 소리가 쓰이는 것은 기계나 공장과 결합된 음향효과를 위해서고, 또한 특히 여기서 처음 등장하는 목소리──〈시티 라이트〉에서는 콧소리를 내는 보잘것없는 남자의 짧고 희화화된 연설에서만 목소리가 등장했다──를 위해서다. 특히 〈모던 타임즈〉는 끝 무렵 부랑자가 큰 서스펜스를 겪은 뒤에 난센스풍의 노래 「나는 티턴을 찾아 헤매요」를 부르면서 처음이자 마지막으로 부랑자의 목소리가 들리는 영화다. 이해할 수 없는 횡설수설과 패러디의 경계에 있는 목소리로 노래하기 때문에, 관객들은 이 목소리가 채플린의 진짜 목소리인지도 확신할 수 없다.

무성영화 스타가 영화에서 말을 하는 것은, 잘 알려진 대로 이들의 인기를 잔혹하게 시험하는 계기였다. 즉 스탠리 도넌과 진 켈리의 〈사랑은 비를 타고〉(1952)에 나온 것처럼, 여성 스타들에게는 이전에 대중이 모르던 상태를 드러내어 그들을 보통 사람의 수준으로 떨어뜨릴 수 있는 위험이었다. 남성 스타들이 목소리를 들려준다는 것은, 그들이 가진 걸 보여주려고 바지를 내리는 것과 같았다. 댄 카민은 이렇게 쓴다. "무성영화 시기 채플린과 더글러스 페어뱅크스는 자동차를 멈춰 세우고 행인들에게 가성假聲으로 길을 묻는 것을 즐겼으며, 이들은 자신들의 말투가 이렇다는 것을 들려주어 팬들을 일부러 실망시켰는데, 이런 스펙터클을 벌이면서 즐거워했다."* 채플린이 [자기 분신인] '작은 부랑자'가 말없는 그림자나 실루엣으로 남기를 고집했던 것은 전혀 근거 없는 일이 아니다. 〈모던 타임즈〉 끝 무렵에 그가 '샤를로'**에게 고별 노래를 부른 것은 그가 무성영화의 아름다움을 포기한 것과 일치한다.

더욱이 〈모던 타임즈〉에서 상당수의 목소리는, 암시적인 소리이기를 그치고 동시녹음된 사운드트랙을 방송하는 확성기에서 실제로 나온다. 이 목소리들은 기술적 중계를 통해 행위 속에 들어가는데, 미완성 상태의 비디오-전화기 회로(공장장 사무실), 축음기 나팔(노동자에게 밥 먹이는 기계에 녹음된 감언이설), 마지막으로 감옥의 부랑자 에피소드에서 라디오 수신기 따위가 그렇다. 따라서 이 영화에는 두 종류의 목소리가 있다. 자연스럽게 직접 발성한 목소리와, 무성영화 시기처럼 계속 들리지 않는 목소리(대사는 경우에 따라 자막으로 등장한다)가 그 하나다. 다른 하

---

*   Dan Kamin, *Charlie Chaplin's One-Man Show*, The Scarecrow Press Inc., 1984, p. 53.
**   [옮긴이] '샤를로Charlot'는 프랑스인들이 채플린을 일컫는 애칭이며, 주로 부랑자로 나오는 채플린을 가리킨다. 채플린 스스로 이 인물에 고별 노래를 부른다는 말은, 감독 채플린은 이후에도 계속 영화를 찍지만 그의 영화에 더 이상 부랑자 채플린은 나오지 않는다는 뜻이다.

나는 등장인물이 이 영화의 관객과 같은 조건에서 듣는, 다시 말해서 확성기가 중계하는 목소리다. 중계방송은 채플린이 이후 현대를 배경으로 찍은 영화 두 편(〈위대한 독재자〉[1940]와 〈뉴욕의 왕〉[1957])에서 재평가한 상황이기도 하다. 〈모던 타임즈〉, 나아가 채플린 영화 전체에서 중계방송으로 들리는 첫번째 목소리만 영상과 함께 나온다. 공장, 기계실, 실험실 따위의 거대한 배경들은 사실상 불투명하고 중립적인 표면에 '구멍이 난' 것이고, 작업 속도를 높이라고 요구하거나 화장실에서 꾸물거리는 노동자를 질책하는 사장의 얼굴이 여기 나타날 때까지 이 표면이 도대체 어디 쓰이는지 의문을 가질 수 있다. 그의 목소리, 그의 명령은 '한눈에 다 보는' 감시의 목소리(〈마부제 박사의 유언〉에서 프리츠 랑이 연출한 목소리)지만, 이를 제외하면 프리츠 랑과 달리 채플린은 이 목소리에 영상을 결부시키고, 이를 한 줌의 마술도 없는 순전한 기술적 현상으로 만든다. 사장이 자기 사무실에서 아랫사람들과 면담할 때 그는 다시 다른 사람들과 똑같은 무언의 그림자가 되며, 대사는 자막으로만 제시된다.

'모던 타임즈'라는 제목에서 중요한 것은 '시간'이라는 말이다. 즉 타이틀 시퀀스는 시계추 위에서 전개되고, 공장의 거대한 기계장치는 시계 메커니즘처럼 제시된다. 이것은 아마 동시녹음된 소리의 도래와 관계없지는 않을 것이다. (오래전부터 무성의 예술에 통합되어 구체적 지속 시간에서 해방된 음악이나 노래와 달리) 리얼리즘적이고 동시녹음된 소리와 목소리가 사실상 영화에 가져온 핵심적인 기여가 실제 시간, 즉 계산되고 측정되고 분할되고 연대기적으로 고정된 시간이었다는 점은 아무리 강조해도 충분하지 않을 것이다. 정확히 이 시간이 〈모던 타임즈〉에 집요하게 나타난다. 이 영화의 여주인공 자신, 즉 폴렛 고더드가 연기한 말괄량이는 이 '모던 타임즈'에 호응하여 격렬하게 움직이는 야생마처럼 나오는데, 이는 이전 영화에서 버지니아 체릴이 연기한 시각장애인의 명상적 수동성과 강한 대비를 이룬다. 마지막으로 이 영화 화질은 〈시티 라이트〉 화질보다 더 거칠고 더 강렬하며, 덜 부드럽고 덜 매력적이다. 이후 나온 〈위대한 독재자〉와 〈뉴욕의 왕〉에서처럼, 영화에 출현한 중계방송 목소리가 영상을 납작하게 하고 모든 그림자를 몰아냄으로써 강렬한 광도光度가 여기서 지배적인 것이 되었다고 할 수 있다.

　움직이는 영상이란 전화나 무선통신처럼 직접 중계된 목소리에 익숙했던 1936년의 관객에게 원칙적으로, 또 아직 한 동안은 녹화된 영상이었다는 점을 잊어서는 안 된다. 이때 영화에 중계되거나 녹음된 목소리, 이후에 현대 하이파이가 재현해낸 고음이 제거된 목소리는 전화 음색만큼이나 독특한 음색을 갖고 있었다. 즉 사람들의 생각처럼 아득하거나 흐릿하지 않고, 종종 극도의 음색 처리가 이루어져 강하고 생생했는데, 단지 영화관 상영의 기술적 결함을 보완하기 위해서만 도입되었다.* 이렇게 관객에게 실제 중계된 목소리를 기술적으로 중계된 것으로 제시한다는 것은, 그리고 영화 세계에서 목소리의 출현 양태를 영화관에서 이를 수용하는 관객의 실제 조건과 일치시킨다는 것은, 역설적으로 이 목소리에 추가적 현실 계수를, 일종의 직접 '현존'을, (스크린에서 춤추는 흑백의 그림자들과 관련해서) 추가적이고 구체

---

* 　이와 반대로 1930년대 라디오에서 노래하거나 LP로 녹음하는 가수들은 부드럽고 내밀한 소리를 낼 수 있었다.

적이며 일상적이고 익숙하며 직접적인 '거기-있음'을 부여하는
것이었다. 목소리는 자기가 방금 '구멍을 낸' 영상보다 더 현실적
이었다. 그리고 〈뉴욕의 왕〉의 닉 샤도프를 자기 영화의 마지막
위대한 인물로 이름 붙인 사람[채플린]은 다른 사람들보다 영화
적 존재의 공상적 본성과 목소리가 가진 권력을 훨씬 더 잘 의식
하고 있었다. 이 그림자들에게 모호성과 시詩를 빼앗아 더 노골적
이고 직접적이며 전체적인 인간성을 부여하는 권력을.

3

마지막으로 〈위대한 독재자〉는 상당 부분을 팬터마임에 할애함
으로써 자막을 결정적으로 포기하게 된다. 이 영화는 사실상 완
전한 '토키' 영화(그럴 때가 되었다!)지만, 연설의 문제, 중계방송
된 말들의 문제가 격렬하게 제기되는 영화다. 이는 '말하다'라는
뜻의 라틴어 동사 '디케레dicere'에 어원을 둔 아주 오래된 단어에
서 빌려온 영어 제목 'The Great Dictator'가 보여주는 것이다. 말
하기에 대한 이 영화의 특징을 이루는 것은 사실상 두 번의 주요
연설이다. 먼저 시작 부분에 나오는 힌켈의 연설이 있다. 그리고
마지막 부분에 이발사의 연설이 있는데, 이발사는 단지 독재자와
닮은 사람에 불과하지만 독재자로 간주되어 온 세계가 그의 말을
기다리고 있는 연단에 올라가야 하고, 여기서 세상에 형제애를
호소하려고 유명한 장광설을 내뱉게 된다. 채플린에게 말은 사랑
스러운 대화의 교환이나 통속적인 재담이 아니다. 그것은 범람하
는 폭력과 가장 무거운 내용을 담는다.

〈시티 라이트〉 시작 부분에서 시청이 주최한 군상 제막식 장면은 발성영화에 가하는 발길질이 되려 했다. 그러나 이 발길질은 연설에 대한 것이었다. 이 영화에서 공무원들이 연설할 때 우리가 실제로 듣는 것은 공식적인 장광설을 암시하는, 전혀 알아들을 수 없는 종알대는 소리뿐이다. 색소폰 주둥이로 말하면서 채플린 자신이 이 소리를 냈을 것이다. 그때 그는 자신이 몇 년 뒤 연단 위에서 발언하게 된다는 사실을, 그곳에서 고귀한 진실을 세계 도처에 퍼뜨리기 위해 용감하게도 자기 목소리를 숨기지 않으리라는 사실을 알고 있었을까?

이 세 편의 영화 모두에 내장內臟의 소리가 나오는 장면이 있는 것도 우연이 아닐 것이다. 〈시티 라이트〉에서는 호루라기를 삼킨 채플린이 딸꾹질하면서 독창회를 난장판으로 만든다. 〈모던 타임즈〉에서는 채플린이 근엄한 목사 부부와 함께 차를 마실 때 위장에서 꾸르륵거리는 소리가 난다. 마지막으로 〈위대한 독재자〉에는 케이크 조각 속에 든 동전 개그가 나오는데, 여기서 금속 소리는 자기희생의 임무를 떠맡은 사람이 누구인가를 가리키는 역할을 한다. 이 세 장면에서 우리는 매번 일종의 발성으로 몸을 흔드는 채플린을 보게 되는데, 이 발성은 그에게서 나오기를 원하고 의지와 상관없이 표현되어 그를 위험에 빠뜨릴 정도까지 가게 된다. 인물에게서 나오고 신체의 어두운 격막을 통과하는 이런 소리의 복화술로 채플린은 연설의 극적인 해방을 준비하는 것 같다.

채플린은 최소 두 번에 걸쳐 작은 자기 몸의 영상과 야외에서 거대하게 울리는 자기 목소리를 대조시키는데, 이때 그의 목소리는 전기적 증폭으로 엄청나게 커진다. 거리와 원근법의 법칙을 무시하는 목소리는 모든 공간과 차원을 무화시킨다. 시간상으로는 아주 멀리 떨어져 있지만, 그 제목이 각기 '위대한 독재자'와 '뉴욕의 왕'이기 때문에 이미 서로 가까이 있는 두 편의 영화다. 〈뉴욕의 왕〉에서 샤도프가 브로드웨이 인도를 따라 산책할 때, 확성기에서 나온 한 가수의 목소리(채플린 자신의 목소리)가 그 아래 군중 사이로 울린다. 하늘에서 내려온 것처럼 지나치게 감미롭지만, 그렇다고 두렵지 않은 것은 아니다. 이 목소리에서 벗어나려고 왕은 아무 곳에나 들어가고 싶은 욕구가 생긴다. 〈위대한 독재자〉에서 힌켈은 정치적 계산으로 유대인들을 잠시 평화롭게 내버려두다가 갑자기 태도를 바꿔 라디오에서 살인적 반유대주의 연설을 한다. 길거리 공공 확성기에 중계방송된 그의 끔찍한 목소리가 게토 거리에 울린다. 작은 유대인 이발사는 이 소리를 듣고 혼돈스럽고 경련적인 움직임에 사로잡히는데, 동작으로 진정한 더빙을 실현함으로써 이 움직임은 알아들을 수 없는 힌켈의 목소리와 동조화된다. 마치 '채플린-힌켈'의 목소리가 '채플린-이발사'의 몸을 소유하고 경련을 일으키는 것 같다. 그러나 또한 이발사의 몸이 살인을 부르는 말들을 문자 그대로 자기 안에서 쏟아내는 것 같기도 하다.

겉보기에 〈위대한 독재자〉는 발성영화에 대한 채플린의 딜레마를 해결하려고 만들어진 것 같다. 여기서 채플린은 발성영화를 두 인물로 이중화시키기 때문이다. 한 인물은 팬터마임이란 채플린 자신의 예술을 실현할 기회를 주고, 다른 인물은 연설에 대한 자신의 애착을 만족시킬 기회를 준다. "저는 히틀러 안에서 군중에게 횡설수설로 연설할 수 있었고, 말하고 싶었던 모든 것을 말할 수 있었습니다. 저는 부랑자 안에서 얼마간 말하지 않는 인물로 남아 있을 수 있었습니다."* 작은 이발사는 단지 못된 독재자가 군중을 휘젓는 특권을 갖게끔 내버려두지 않았을 뿐이다. 그를 대체해야 했고, 인물로서의 정체성을 잃을 위험에 처하면서까지 그의 이름으로 사랑과 평화에 대한 훈계를 늘어놓아야 했다. 〈위대한 독재자〉의 참신함은 그가 얄팍한 정당화나 신중한 이행──이런 것들을 통해 감독은 이 급진적 전복에 물질적·심리적 핍진성을 부여했다고 주장할 수도 있었을 것이다──을 경멸한다는 데 있다. 그때까지 이런 역할을 할 거라고는 전혀 예상할 수 없던 이발사가 보편적이고 감동적으로 연설할 영감과 용기를 내자, 그는 다른 사람이 되었다. 무엇 때문에? 책임감 때문에. 천운이나 신이 그에게 내려준 연단을 통해서.

영화 시작 부분에서 힌켈의 연설에 지배적인 장치는 절대 단순하지 않다. 우선 독재자가 자기를 표현하는 언어인 횡설수설──여기서 알아들을 수 있는 용어라고는 '소금에 절인 양배추Sauerkraut' '쪼가리Schnitzel' '계집애Mädel'같이 하찮고 음탕한 말밖에 없다──은 그만의 것이고, 영화의 그 어떤 다른 인물의 것도 아니다. 그러나 그는 연설할 때나 격노할 때만 이를 사용한다. 그렇지 않을 때 그는 '토매니아[〈위대한 독재자〉에서 힌켈이 지배하는 가상의 나라]인'이든 외국인이든 유대인이든 이교도이든 다른 인물과 같은 언어를 사용한다. 연설 장면에는 그의 언어를 이해하고 공유하는 군중을 보여주는 단 하나의 숏도 없는 반면, 영화 관객도 속할 만한 세계의 군중에게 라디오로 호소하는 보이지 않는 스피커의 동시통역을 들려준다. 카메라는 군중 속에서

---

*　　Charlie Chaplin, *Histoire de ma vie*, Jean Rosenthal(trad.), Robert Laffont, 1964, p. 132.

길 잃은 토매니아인들의 시점을 보여주려고 힌켈에게서 멀어지지 않는다. 우리는 채플린이 히틀러주의자의 기본적 재현을 탁월하게 궁지에 몰아넣는 것을 본다. 그에게 이 '영도자'는 엄청나게 증폭된 목소리(그는 이 목소리에 헌신하다가 소진되어버린다)와 결부된 작은 실루엣에 불과하다. 영화 관객인 우리는, 이 '말-카메라'를 통해 영상으로 중계된 울부짖는 독재자를 가까이에서 찍은 날것의 재현을 볼 수 있을 뿐이며, 이 재현은 어떤 의미에서는 착란이다.*

여기서처럼, 채플린의 연설은 영화관 관객에게 직접 제시된다. 이때 채플린은 영화를, 라디오 방송처럼 군중에게 직접 호소하는 매체로 사용한다. 그림자를 춤추게 하거나 수다스럽게 하는 데 그치지 않고, 영화를 어떤 텍스트나 바다에 띄운 유리병 편지의 위탁자로 간주하는 발성영화를 상상해보자. 과도하든 무절제하든 상관없이 연설에 애착을 느끼는 채플린의 취향은, 그가 언어를 진지하게 생각한다는 점을 뜻한다. 〈순례자〉(1923)에서도 이미 가짜 목사의 강론이 무성으로 나온다. 그러나 목소리가 도래하면서 그는 가능한 모든 구실(독재 체제에 대한 고발, 사회나 텔레비전에 대한 풍자)을 들어 연설에 몰두한다. 그의 통합적 재능은 이 모든 구실을 인간적인 것에 대한 자기 진실을 더 마음껏 표현할 기회로 바꾸어놓았다. 베르두, 칼베로, 샤도프[채플린 영화 주인공들의 이름]는 회개하지 않은 채 교훈을 주는 사람들일지 모르지만, 결코 이상화되지 않는다.

---

* 매클루언은 히틀러의 성공, 즉 쩌렁쩌렁한 목소리가 지닌 마술적 권력이 라디오와 결부되어 있으며, 이는 차가운 매체이자 소박함을 강제하는 텔레비전에서는 불가능했을 거라고 주장했다.

채플린의 발성영화, 심지어 그중 가장 멜로드라마적인 〈라임라이트〉(1952)마저 아이러니하고 환상에서 깨어난 모습을 하고 있다면, 그것은 이 영화들을 만든 사람이 나이가 들었기 때문이 아니다. 이제 목소리를 가진 인물들이 완전한 인간성을 갖추었기 때문이며, 애매한 것으로써 더 커지는 환상은 여기 끼어들 여지가 없다.

이 시기 채플린 영화들을 공격하는 사람들은 그의 후기 영화들에서 설교를 늘어놓는 자기만족만을 본다. 어쨌거나 채플린은 여기서 모호하게 숨겨진 목소리, '음성 존재acousmêtre'*의 마력을 사용하려 애쓰지 않았다. 그에게 발성영화는 모든 것이 균등한 빛 아래로 옮겨지는, 성년成年으로 가는 이행을 내포한다. 이것이 채플린과 막스 브라더스의 차이 중 하나다. 막스 브라더스는 발성영화가 도래하자 초기 영화부터 무의미한 언어를 도입한다. 속사포처럼 쏟아내는 말들로 유희하는 콧수염을 기른 음탕한 인물 그루초 막스와 '말하지 않는 인물' 하포 막스——그가 말하기를 거부하는 것은 법 그 자체에 발길질을 하는 것이다——사이에서. 반대로 채플린의 언어에는 조롱하는 말이 없다. 그는 알아들을 수 없고 완전히 물질화된 말(〈시티 라이트〉에서 시장의 연설, 〈모던 타임즈〉의 노래, 〈위대한 독재자〉에서 힌켈의 연설)에 기대는 것을 더 좋아하지, 일상어를 모호하고 변태적으로 쓰는 것을 좋아하지 않는다. 이 때문에 채플린을 발성영화의 가장 위대한 감독 중 한 명으로 본다고 해도 과장은 아닐 것이다. 발성영화에 들

---

* 「용어 해설집」에서 '음성 존재' 항목과 내가 쓴 다음 책을 보라. Michel Chion, *La Voix au cinéma*, Cahier du cinéma, 1982.

어서기 위해 그가 내딛은 발걸음만큼이나 위대한 감독.

　이 발걸음은 정확히 우리를 첫번째 영화 마지막 장면에서 세 번째 영화 마지막 장면으로 이끈다. 즉 〈시티 라이트〉와 〈위대한 독재자〉의 대단원은 서로 반향을 이루는데, 극도로 친밀한 관계에 있는 채플린과 그의 연인을 둘 다 무대에 올린다. 그러나 한 영화에서는 시선의 융합적인 교환이고, 다른 영화에서는 정신을 통해 방문한 멀리서 온 말이다.

　완전한 무성영화인 〈시티 라이트〉에서 시각장애에서 벗어난 여자가 찰리를 알아보고 그와 눈을 맞추는데, 이때 그는 그녀에게 말한다. "당신은 이제 볼 수 있네요." 그녀가 대답한다. "그래요, 저는 볼 수 있어요." 이 순간 부랑자의 시선은 희망으로 가득 찬 아이의 시선이다.

　완전한 발성영화인 〈위대한 독재자〉에서 채플린은 세상에 던지는 연설을 끝내면서 공간의 장벽을 넘어 퍼지는 목소리를 통해 (자기 어머니와 이름이 같은) 사랑하는 여자에게 이렇게 말한다. "해나, 위를 봐요." 이 말은 이런 뜻이다. "어머니, 위를 보세요. 이제는 다 큰 당신 아들이 아니라 우리 둘을 넘어서는 어떤 것을 향해서. 따뜻한 시선으로 내 안에 보이는 작은 존재를 알아보고 이 존재를 끌어낸 당신, 당신은 지금 내가 하는 말, 나를 지나가는 말을 통해 세상의 보이지 않는 법칙을 알아봅니다."

3장. 발성영화의 탄생인가,
유성영화의 탄생인가?
(1927~1935)

노래하거나 말하거나: 〈재즈 싱어〉

"100퍼센트 발성, 100퍼센트 노래 all talking, all singing." 1930년대 개봉
영화를 광고할 때는, 목소리가 영화에 들어온 두 가지 차원을 이런
식으로 구별해 말하곤 했다. 그러나 이제는 잘 알려져 있듯, 이른
바 발성영화는 (부분적으로) 노래하는 것으로 시작되었다. 실제로
'공식적인' 첫번째 장편 발성영화 〈재즈 싱어〉는 노래하는 부분에
비해 말하는 부분이 거의 없다. 본질적으로 무성영화인 이 영화에
서 노래하는 부분은 중요하지만 일시적이고, 사전에 녹음된 반주
음악과 함께 나오는데, 대화하는 거의 모든 장면에 자막이 쓰인다.
　이 영화에서 발성영화라 할 장면은 사실상 단 하나뿐이다. 어
머니에게 하는 앨 졸슨의 생기발랄한 독백이 그것인데, 여기서 그
는 자신이 성공하면 어머니를 여왕처럼 모시겠다고 약속한다. 이
장면에서 불쌍한 어머니는 항변할 시간도 거의 없다. 더구나 이 장
면은 시나리오에 예정된 것도 아니었다. 어떤 사람들은 앨 졸슨이
즉흥으로 말하는 아이디어가 노래하기 전에 하는 입담 형태로 떠
오른 것이라 말하고, 다른 사람들은 앨 졸슨이 촬영 현장에서 어머

니 역을 맡은 배우와 나누는 대
화를 보고 감독이 영감을 받았
다고 말한다.

영화 완성본에서 앨 졸슨
은 막 노래를 마쳤고, 피아노
곁에 남아 왼손으로 줄곧 리듬
감 있는 반주를 한다. 이 반주
에 곁들여 그는 자기를 낳아
준 사람에게 사랑의 선언을 쏟
아낸다.("엄마에게 비단옷을 사
드릴게요. 엄마를 코니아일랜드
에 모시고 갈게요.") 그러니 픽
션 영화에서 말이 처음으로 직
접 등장하는 이 부분은 진짜 대
화라기보다는 중세 서정시인
과 같은 방식으로 독백에 피아
노 반주에 곁들인 것이다. 노래
의 영역 ──이는 플레이백play-
back의 수월성 덕분에 영화의 매끄러운 전개나 유동성을 구속하지
않는다 ──에는 문제없이 상륙한 영화가, 마치 확고한 리얼리즘의
땅에 발을 내딛을 때는 발성의 연안沿岸에서 주저하기라도 하는
것처럼. 동시녹음된 말 속에, 마치 음악 반주만 승화시키고 완화시
킬 수 있는 일종의 상스러움이나 리얼리즘의 예속이 있기라도 한
것처럼.

현재 영화사가들은 오랫동안 영화사 최초의 유성영화로 주

목받은 〈재즈 싱어〉의 역사적 역할을 최소한으로 축소하는 경향이 있다. 이들은 이 영화가 최초의 유성영화가 아니며 ── 비타폰 Vitaphone[축음기를 사용한 디스크식 발성영화기] 방식으로 찍은 다른 단편영화들이 있었다 ──, 심지어 앨 졸슨이 나오는 그다음 영화 로이드 베이컨의 〈노래하는 바보〉(1928)만큼 큰 성공을 거두지 못했다는 점을 상기시킨다. 그러나 방금 내가 묘사한 장면은 상징적으로 엄청나게 중요한데, 미셸 마리가 강조한 것처럼* 여기에는 또한 침묵의 발명이 있기 때문이다.

실제로 아버지가 집에 돌아와 재키가 광적으로 연주하고 노래하는 것을 보았을 때, 그는 단호하게 '그만해!'라고 말하고 이 소리는 그대로 들린다. 이 말은 부인과 아들을 그 자리에서 조각상으로 만들어버린 것 같다. 그리고 몹시 놀라운 침묵이 뒤따르는데, 이는 (이 방의 침묵뿐만 아니라) 사운드트랙에서 모든 소리의 부재를 요구하는 것 같다. 그 후 피트 음악이 점차 커져서 우레와 같은 소리로 차이콥스키의 관현악곡 「로미오와 줄리엣」을 들려준다. 이 장면에 셰익스피어 주인공들에 대한 암시는 전혀 없다. 차이콥스키의 곡은 열정과 긴장의 테마인데, 앨 졸슨이 노래한 재즈곡 「파란 하늘」과 다른 양식, 즉 기악곡으로 노래한 테마다. 그런데 바로 이 재즈 음악에 대해 아버지와 아들은 강렬한 대화로 서로 부딪히게 되고…, 우리는 다시 소리를 들을 수 없게 되고, 단지 자막을 통해서만 그 내용을 따라갈 수 있게 된다.

어쨌거나 근친상간의 함의를 가진 이 짧은 장면 ── 앨 졸슨은 어머니의 입에 키스하고, 아버지는 이 감정의 토로를 금지하는 측

---

*   Michel Marie, "La bouche bée," in *Hors-Cadre*, n° 3, "La voix off," 1985, pp. 115~32.

                 1부. 역사

면에서 개입한다 ── 에 발성이 갑작스럽게 침입했지만 저주받고,
따라서 이상화되어버린다. 발성은 아무도 기대하지 않았다.

유성영화 탄생의 맥락

의도치 않게 시작된 발성영화의 역사에 대해 종종 많은 이야기가
오가고, 엄청난 분량의 책들이 씌어졌다. 워너 형제는 소리의 녹음
과 영화를 동조화同調化, synchronisation할 수 있는 시스템의 저작권을
샀다. 1926년에 음악이 나오는 단편 유성영화들을 제작하고, 그
후 (동조화시켜 녹음한 음악 및 유성 효과를 넣은) 장편 유성영화들
을 제작한 뒤, (노래가 있거나 없는) 발성영화들을 제작하고, 이 때
문에 점차 영화 전체가 '발성'영화로 전환된다. 다른 한편 이 과정
은, 분명 어떤 언어에서도 이 새로운 영화를 지칭할 만족스럽고 완
벽한 용어를 찾지 못한 채로 이루어졌다. 즉 '발성영화parlant/talkie,
talking picture'란 말은 소음과 음악을 빠뜨리고 있으며, '유성영화
sonore/sound film'란 말은 영화에서 소리가 주로 말을 전달한다는 점
을 말하지 못하는 식이다.

영화사가들은 몇몇 '우호적 요인'에 대해서는 동의한다. 영상
과 음악을 더 잘 동조화하고자 하는 관심사, 당시 출현한 전기적
증폭, 라디오 덕분에 스피커로 방송된 음악의 대중화 따위가 그것
이다. 그러나 앞서 보았듯, 영화가 동시녹음된 소리를 갖추게 되었
다는 사실과 우연히 출현한 **발성**이라는 현상은 같은 것이 아니다.
릭 올트먼 같은 가장 탁월한 영화사가가 강조하지만, 발성은 또한
순수하게 영화 내적 발전의 결과도 전혀 아니다. 그는 이렇게 쓴

다. "발성영화는 무성영화를 보면서 말하는 법을 배운 것이 아니라, 1920년대 소리 풍경을 최초의 현대적 소리 풍경으로 만든 다른 유성 매체들을 들으면서 말하는 법을 배웠다." 여기서 그가 하고자 하는 말은, "전쟁 기간에 군사적 목적으로 개발된 '새로운 유성화'의 결과 공적 공간의 유성화가 이루어졌다"라는 점이다.

과도기의 첫 시기가 이를 증언한다. 1927년과 1928년에 "대부분의 영화는 자막과 녹음한 대사 사이를 오갔다. [⋯] 이 시기에 정상적인 대화는 아주 드물게만 동시녹음으로 녹화되었다. 반대로 '메가폰-연설'(이렇게 부를 수 있을 것이다)은 이 특별한 지위의 혜택을 입었다. 영화적 증폭은, 불과 몇 년 전 공공 연설에 사용된 메가폰과 스피커로 알려진 또 다른 증폭에 단순하게 흡수되었을 뿐이다. 예컨대 〈재즈 싱어〉 이전에 나온 로이 델 루스의 중편영화 〈최초의 자동차〉(1926)에서 누군가를 소리쳐 부를 때만, 어떤 결과에 탄성을 내지를 때만, 자기를 구해달라고 소리칠 때만 대사를 녹음한다."*

또한 워너 형제는 배우들을 말하게 하기보다는, 음악과 스크린 행위의 동조화를 완성하려는 관심 때문에 비타폰 방식 유성화의 독점권을 손에 넣었다. (영상 트랙이 아니라) 디스크상에서 이 방식을 장편영화로서는 처음 사용한, 존 배리모어와 함께 찍은 앨런 크로슬랜드의 〈돈 주앙〉(1926)은 어떤 식으로도 말하는 대화를 들려주지 않으며, 훨씬 더 정확하고 (영화관에서 연주자들이 직접 연주하는 오케스트라보다) 장기적으로는 더 경제적으로, 윌리엄

---

* Rick Altman, "Film sonores/cinéma muet, ou comment le cinéma hollywoodien apprit à parler et à se taire," in *Conférence du collège d'histoire de l'art cinématographique*, Cinémathèque française, n° 1, printemps 1992, pp. 137~58, 148~49.

액스트와 데이비드 멘도자가 작곡·편곡한 반주 음악을 동조화할 뿐이다. 따라서 〈돈 주앙〉은 반주 음악을 기계적으로 녹음하고 들려준 무성영화, 즉 무르나우와 로버트 플래허티의 〈타부〉(1931)와 같다.

음악과 영상을 동조화한다는 미묘한 문제는 1920년대에 더욱 집요하게 나타났다. 이 동조화에 도달하려고 영사 속도를 바꿀 수 있는 영사기를 사용했고, 영상이 음악을 기다리거나 따라잡을 수 있도록 했다. 무성영화 시대에 이를 해결하기 위해 개발된 장치로는 적어도 두 개가 있다. 목소리와 음악을 위한 프랑스의 스튜디오 '방드 리트모bande rythmo'의 선조격인 칼 로버트 블럼의 '리스모놈Rhythmonome,' 그리고 아벨 강스의 〈철로의 백장미〉의 반주 소리에 쓰려고 아르튀르 오네게르가 사용한, 피에르 들라 코뮌의 '시네퓌피트르Cinépupitre'가 그것이다.

다음은 단순하지만 중요한 질문이다. 〈돈 주앙〉에서 영화관 스크린을 기준으로 스피커를 어디에 놓았을까? 이후에 놓게 된 것처럼 아마도 스크린 뒤쪽은 아니었을 것이다. 그래야 할 이유가 뭐란 말인가? 피트 음악의 자리에 호응해서 스크린 아래나 옆에 놓았을 가능성이 있다. 새로운 점은, 그때까지 피와 살을 지닌 연주자들이 연주하던 음악을 (당시 '녹음된' 것이라고 했듯) 기계화된 음악으로 대체했다는 것이다. 그러나 이 테크닉은 알려진 대로 영화만큼이나 오래된 것이었다. 즉 축음기 덕분에 유성화된 영화들의 박람회가 널리 퍼져 있었고, 비타폰 방식은 우선 이를 주창한 사람들에게도 기존 기술의 완성으로 여겨졌지 혁명으로 여겨진 것은 아니었다.

음악이 멈추는 정확한 순간

채플린은 앞서 살펴본 것처럼 〈재즈 싱어〉가 나오던 바로 그해에 오늘날 많은 사람이 그의 걸작으로 간주하는 〈시티 라이트〉 기획을 시작했다. 한편 같은 해에 프리츠 랑의 〈메트로폴리스〉, 무르나우의 〈일출〉, 에이젠슈테인의 〈10월〉(1927) 같은, 말하자면 가장 탁월한 무성영화 걸작 몇 편이 나왔다. 또한 1928년은 무성영화계의 걸작 두 편이 성공한 해다. 킹 비더의 〈군중〉── 이 영화 주인공은 채플린처럼 "거대한 군중 속의 작은 남자"다 ── 과 1925년 만들기 시작해 3년 후 개봉된 채플린의 〈서커스〉가 그것이다. 따라서 발성영화가 필요 불가결한 것으로 인식되기 시작했지만, 채플린은 생각을 바꿀 이유가 전혀 없었다. 〈시티 라이트〉에서 우리는 부랑자의 말도, 젊은 시각장애인 여자의 말도 듣지 못한다.

그러나 1930년 완성되어 개봉된 영화 〈안나 크리스티〉에서 그레타 가르보는 쉰 목소리로, 드라이한 위스키를 달라는 최초의 대사를 했다.(클래런스 브라운판에서는 영어로, 자크 페데르판에서는 독일어로 말했다.) 빅터 히어맨의 〈파티 대소동〉(1930)에서 그루초 막스는 속사포 같은 말로 농담을 들려주고 하포 막스는 말하기를 거부했으며, 머빈 르로이의 탐정 영화 〈리틀 시저〉(1930)에서는 에드워드 G. 로빈슨의 투박한 목소리와 함께 포격이 울려 퍼졌고, 폴라 일레리는 르네 클레르의 〈파리의 지붕 밑〉(1930)에서 중부 유럽 악센트로 파리 시민들을 매혹했다.

확고하게 획득한 예술적·재정적 자유의 절정기를 누리던 채플린은 〈시티 라이트〉를 유성영화로 찍을 수도 있었을 것이고, 다른 사람들이 했듯이 무성으로 찍은 장면들을 전체적으로 아니면 부분적으로 재촬영할 수도 있었을 것이다. 그러나 그는 그렇게 하지 않았다. 그렇다고 이 영화가 그가 5년 전에 찍었을 영화는 아니다. 이는 오늘날에는 간과되지만 당시에는 핵심적인 차이 때문이다. 즉 영화에서 우리가 들을 수 있는 반주 음악은 우연히 나온 것이 아니었고, 이 작가감독이 정확히 원하고 작곡한 방식 그대로 나왔다. 그는 자기가 원하는 정확한 순간에 반주 음악이 동시음향으로 나올 수 있도록(그리고 아마도 특히 자기가 원하는 정확한 순간에 음악이 멈출 수 있도록) 이를 편집했다.

앞 장에서 언급한, 온 세상을 울린 마지막 장면을 예로 들어 보자. 얼굴 한 번 본 적 없는 신비로운 보호자는 꽃 파는 젊은 여자가 앞을 볼 수 있게 수술 비용을 대주었다. 그녀는 자기 가게 쇼윈도를 통해 아이들이 비웃는 가련한 사람을 보고, 점차 그가 자기가 백만장자로 알았던, 자신을 구해준 바로 그 사람이라는 사실을 깨닫는다. 감정이 정점에 달할 때, 당시 잘 알려진 곡조인 「꽃 파는 여자」를 절제된 리듬으로 표현하는 바이올린 독주가 반주 음악으로 나온다. 버지니아 체릴이 마침내 상황을 이해하는 바로 그 순간 바이올린 악절이 멈춘다. 절대적 침묵이 찾아오고, 이후 현악 오케스트라가 가장 화려하고 장중한 소리로 악절을 이어간다. 이 침묵은 너무도 정확히 자리를 잡았고 영상과 동조화되어 있기 때문에, 우리는 이 침묵의 숨결을 잊지 못하게 된다. 마치 우리가 경이로운 템포와 은총의 순간, 모든 것이 제자리에 있는 어떤 오페라의 아주 드문 공연에 있기라도 한 것처럼.

대사를 들려줄 가능성을 사용하지는 않았지만, 바로 이것이 이른바 유성영화가 그 시대에 기여한 바다. 발성영화 이전에는 초당 12, 16, 18, 20개의 포토그램 사이에서 속도가 변하는 카메라와 영사기로 촬영하고 영사했지만, (소리의 녹음 때문에) 마침내 초당 24개의 포토그램으로 규격화된 유성영화에서는 영화 상영 속도가 결정적으로 안정화되지 않을 수 없게 된다. 이때부터 영화는 배우 움직임과 그의 팬터마임의 녹화에서 불변성을 기대할 수 있었다. 다른 한편, 유성영화 때문에 당시 '왕'이었던 작가감독들——스튜디오와 골치 아픈 일을 겪기 전의 슈트로하임을 비롯해 무르나우, 강스, 에이젠슈테인, 클레르의 경우가 그렇다——은 자기 영화에 자기가 원한 음악과 침묵을 초 단위로 통제할 수 있었고, 온 세상이 이를 받아들이게 할 수 있었다. 이런 의미에서 당시 유성영화로 일컬어진 것은 무성영화의 궁극적 완성이었고, 바로 이 유성영화와 더불어 채플린은 자신의… 무성영화 걸작을 만들어냈다.

초기 발성영화의 이질성

초기에는 대사가 드물었지만, 이윽고 모든 것이 바뀌게 된다. 브라이언 포이의 〈뉴욕의 불빛〉(1928)이나 프랑스에서 (프랑스 배우들로 영국에서 촬영한) 앙드레 위공의 〈세 가면〉(1929) 같은 최초의 100퍼센트 발성영화는 종종 언급되는 것처럼 '촬영한 연극 pièces filmées'과 닮았다. 이와 비슷한 다른 많은 영화도 있지만, 꼭 이런 영화들만 있는 것은 아니다. 이 시기 가장 놀라운 것은 소리 녹음 방식의 다양성이다. 무성으로 촬영하고 이후 약식으로 유성화한 영화들이 있는데, 여기에 동조화해서 녹음한 음악과 간헐적으로 대사 처리한 장면들이 나온다(아르놀트 팡크의 〈몽블랑의 폭풍〉[1930], 목소리를 후시녹음한 루이즈 브룩스가 나오는 아우구스토 제니나의 〈미스 유럽〉[1930]).* 어떤 영화들은 수다스럽게도 전부 직접음향으로 처리되었고, 몇몇 영화에는 비非디제시스 음악이 전혀 나오지 않으며, 다른 영화들에는 이런 음악이 많이 나온다. 당시 영화제작의 이런 이질적 측면 —— 이런 측면은 한 예술과 다른 예술 사이에서 점차 디졸브되는 것으로, 어떤 영화들과 어떤 영상들이 새로운 테크닉에 적응되는 것이라고 설명할 수 있다 —— 은 물론 오늘날에도 분명 아주 매혹적이며, 더욱이 가장 탁월한 영화들이 그렇다.

오랫동안 엄청나게 비난받은 이 초기 발성영화들도 때로는 전 세계적 복권의 대상이 된다. 예컨대 마르탱 바르니에의 흥미로운 책 『발성영화로 가는 길』에서 그렇다. 그러나 로베르트 시오드막(〈이별〉[1930]), 요제프 폰 슈테른베르크(〈푸른 천사〉[1930]), 랑(〈M〉), 쥘리앵 뒤비비에(〈한 남자의 머리〉[1933]), 강스(〈세상의 종말〉[1931] 같은 가장 우스꽝스러운 영화에서도 열정적인 탐색이 등장한다), 비더(〈할렐루야〉[1929]), 그리고 물론 에른스트 루비치와 루벤 마물리언 같은 감독들의 창의적이며 때로는 천재적인 작품들(스크린에 등장한 최초의 오페레타들) 옆에, 많든 적든 평범하게 찍힌 많은 코미디가 있었다. 이런 코미디들은 어쨌거나 당시 유명한 배우들의 연기를 촬영했다는 장점이 있다. 로제 구피에르의 협력으로 자신이 감독을 맡은 〈실신한 사람〉(1933)에서 처음으로 영화에 직접 출연한 루이 주베의 경우가 그렇다.

장 슈의 〈달의 장〉(1931) —— 이 영화에서 마르셀 아샤르가 쓴

---

* 열정적인 책 『유럽에서 유성영화의 도래 *L'avvento del sonoro in Europa*』(「간략한 참고문헌」을 보라)에서 알베르토 보스키는 히치콕의 〈협박〉 무성판과 유성판을 다채롭게 비교한다.

대사로 미셸 시몽이 대중의 격찬을 받았다 ── 에서 소리의 아주 정확한 탐색은 어쨌거나 이 대단치 않은 영화에서 2분간 이루어진다. 그러나 자크 투르뇌르의 첫번째 발성영화이자 장 가뱅이 나오는 무선전신기에 대한 코미디 〈모든 것은 사랑만 한 가치가 없다〉(1930)에 대해 내가 최소한 말할 수 있는 것은, 이 감독이 이후 미국에서 찍은 걸작 영화들을 이 영화가 전혀 예고하지 못했다는 점이다.

요컨대, 엄청나게 많이 제작된 이런 영화들에서 가장 공감 가는 부분은 종종 영화로 찍은 버라이어티 쇼다. 이는 음악가나 연예인, 당시 '관중을 열광시키는 사람들bêtes de scène'을 소생시킨 것으로, 나는 이런 부분들에 '1930년대의 텔레비전'이란 이름을 붙였다. 어쨌거나 어떤 영화도 쓸모없지 않았다. 모든 영화가, 즉 걸작뿐만 아니라 '토요일 밤의 영화'도 한 예술의 창조에 기여했다.(미적 기준이 바뀌기 때문에, '토요일 밤의 영화'도 오늘날 우리 눈에 때로는 걸작이 된다.)

동조화의 새로운 황홀경

오늘날 모두에게 진부하며 궁색하게도 자명한 것으로 보이는 시청각의 동조화는 특히 1970년대 반反동시녹음의 이데올로기적 '세뇌'를 겪은 사람들에게는 별다른 영화적 관심사가 아니다. 이 이데올로기는 문자 그대로 영상과 소리의 모든 일치에 손가락질하고, 마르그리트 뒤라스의 영화의 부유하는 대사와 불시착한 소리를 예찬한다.* 그러나 동조성synchronisme이 언제나 이런 식으로 이해된 것은 아니었다.

이와 반대로 발성영화의 최초 관객들에게 동조성은 경탄할 만한 현상이었다. 오늘날 소리 녹음 장치의 충실도가 높다는 것이 그렇듯, 영화의 동조성은 광고에서 과시 대상이었다. 따라서 이전에 간헐적으로 등장한 발성영화의 수많은 경험, 예컨대 대략 1906년과 1912년 사이에 파리에서 상영된 고몽 영화사의 '축음기 장면들phonoscènes'은 분명 미진한 점들이 있었음에 틀림없다. 보다시피 당시에는 아직 자동이 아니었던 영상과 소리의 동시적 결합은, 실내음악 리허설에서 완벽한 앙상블의 탐색 시도만큼이나 열정적인 욕망을 불러일으켰다.

그러나 관찰할 수 있는 영상과 소리가 동시에 들린다는 사실은, 심지어 그것이 하루에 수천 번 관찰한 현상이라 해도 애초에 전적으로 자명하지 않았다. 자크 오펜바흐의 오페레타에 나오는 기병처럼, 청각적인 것은 언제나 시각적인 것에 뒤처진다. 즉 언제나 늦게 오며, 그것도 이중적 차원에서 그렇다. 한편으로 청각적인 것은 대체로 원인이 아니라 효과이기 때문에, 극히 작은 차이일지라도 뒤늦게 온다. 다른 한편, 전파가 느리기 때문이다. 즉 소리는 공기 중에서 1초에 340미터밖에 가지 못하고, 빛보다는 거의 백만배 더 느리다! 따라서 소리와 영상이 명백히 하나로 나타나는 것은 우리 인간 지각의 어림셈approximation에서 비롯되었을 뿐이고, 이런 어림셈이 세계에 대한 우리 경험의 기반이다. 요람에 누워 있

---

*   [옮긴이] 대개 마르그리트 뒤라스의 영화에서 카메라는 말하는 사람을 보여주지 않는다. 대사는 스크린 바깥을 떠돌고 있고, 스크린은 소리의 출처를 보여주지 않는다. 소리가 영상과 일치하면서 안전하게 자리를 잡는 것이 아니라 '불시착한' 것과 같다.

는 아이는 처음부터 시각적이고 청각적인 현상의 동시성에 민감하게 반응한다. 영화에서는, 음향효과의 원리 자체가 그렇지만, 시각적인 움직임과 동시에 일어나는 소리가 영상에 자동으로 달라붙는다는 점은 명확하다. 심지어 소리의 질료, 소리의 특성, 소리의 음색이 아주 조잡해도, 나아가 소리와 함께 나오는 현상과 전혀 결합되지 않아도 자동으로 영상에 달라붙는다. 이는 내가 싱크레즈synchrèse라고 이름 붙인 것인데, 이 현상은 추론과도 별개지만, 어느 것이 더 힘 있는가, 어느 것이 원인인가라는 부차적 질문과도 별개다.*

소리와 영상의 동조성이 당시 완전히 새로운 유성영화에 마

술 같은 현상이자, 삶의 광채를 만들어내는 두 원리의 동화적 만남이었다는 사실은 1930년대에 나온 최초의 몇몇 만화 영화cartoon 덕분에 명확해졌다. 월트 디즈니의 〈베티 붑〉〈플립 더 프로그〉〈루니 튠스〉〈멍청한 교향곡〉은 생쥐, 오리, 개구리나 다른 동물들이 귀엽고 감미로운 콘서트를 벌이는 단편영화들인데, 여기에 쓰인 기상천외한 악기들은 때로

---

* 다른 말로 하면 이렇게 된다. 즉 동조성 덕분에 어떤 청각 현상과 시각 현상이 우리의 지각에서 하나로 결합할 때, 무엇이 원인이고 무엇이 결과인가? 무엇이 다른 것을 '불러일으키는가?' 나는 나중에 이 질문으로 다시 돌아올 것이다.

1부. 역사

살아서 움직이고, 스스로 흥분해 그들 혼자서 격정적인 소곡을 연주하기 시작한다. 이는 시청각의 절대적인 동조성 속에서 이루어지는데, 만화 영화에 상당히 빨리 도입된 테크닉에 따라 각 영상이 사전 녹음된 소리와 일치하게끔 그려졌기 때문에 그럴 수밖에 없다.

완전히 새로운 유성영화가 콘서트의 스펙터클에 특권적 지위를 부여한 것은 필연적이다. 동조성의 법칙을 보여주기에 그 어떤 것도 악기 연주의 현상만큼 적합해 보이지 않았기 때문이다. 악기를 연주하는 현상에는 전형적으로 미세 행위들, 작은 시각의 충격들 — 그 각자는 구별되는 소리를 만들어낼 목적으로 행해진다 — 이 연달아 나타난다. 따라서 동조성의 서사시이기도 한 여명기의 유성 만화 영화가 생생한 콘서트, 특히 피아노 콘서트(여기서 동조성을 훨씬 더 잘 볼 수 있기 때문에)를 보여줌으로써 동조성의 법칙을 예찬할 가장 탁월한 수단을 찾아낸 것은 전혀 놀라운 일이 아니다. 예컨대 미키 마우스의 생일 파티를 기발하게 환기시킨 〈생일파티〉(1930)는 싱크레즈의 파티이기도 하다. 미키의 동물 친구들이 그에게 직립형 피아노를 선물하자, 즉시 미키는 유명한 장갑 낀 네 손가락으로 거장의 솜씨로 연주하기 시작한다. 미니는 또 다른 피아노에 자리 잡고, 두 마리 새끼 생쥐는 등을 맞댄 채 광란의 이중주를 연주한다. 또한 이 영화에 나오는 다른 기발한 것 중에는 말처럼 네발 달린 메탈로폰이 살아 움직이면서 혼자 연주하는 것도 볼 수 있는데, 크기가 다른 작은 박판들을

아주 정확하게 등에서 떨어뜨림으로써 격렬한 소곡을 음표 하나하나까지 동조화해서 연주한다. 소리와 영상의 상관관계는 여기서 잘 만들어진 시계의 톱니바퀴처럼 결합되어 있고, 동조화의 새로운 황홀경을 보여준다.

만화 영화에서 아쿠스마틱한 상상계

물론 '만화 영화'는 무성의 형태로도 이미 있었고, 잘 알려져 있듯 무선전신기와 유성영화가 대중화되기 전에 태어났다. 심지어 만화 영화는 만화책과 같은 코드를 사용해서 소리를 시각적으로 형상화하는 사치까지 누리고 있었다. 1920년대 중반부터 동조화되지 않은 디스크를 틀면서 만화 영화를 상영했고, 사운드 효과는 여기서 시각적으로 상징화되었다. 유성영화가 탄생한 1927년 혁명은 동조성의 시동을 걸었을 뿐이다.

이것이 앞서 언급한 영화들이다. 여기서 그림으로 그린 피조물들이 노래하고 모든 것과 리듬을 맞추며, 모든 것을 두드리면서 모든 것에 입김을 불어 넣는다. 우주 전체가 재즈 음악을 위한 관, 진동막, 현이 되며, 이 음악은 살아 있거나 살아 있지 않은 모든 세상에 움직이고 싶은 강렬한 욕구를 부여한다. 이 시기 이러한 음악적 만화 영화 양식은 다수의 대중뿐만 아니라 영화 비평가, 지식인, 에이젠슈테인 같은 감독에게도 인기가 있었다. 모든 사람이 여기서 완전한 상상력의 자유를 보았고, 그중 몇 사람은 때로 실제 촬영을 꿈꾸기도 했다.

그런데 사람들이 잘 모르는 것은, 이 유성 만화 영화의 상상 계가 라디오적인 상상계, 더 구체적으로는 아쿠스마틱한 상상계 에서 자기 힘의 일부를 끌어온다는 점이다.('아쿠스마틱 acousmatique' 은 '그 출처를 보지 못한 채 듣는 소리'를 가리키는 그리스어에서 나 온 단어다.) 당시 대중에게 라디오나 전화에서 나는 새로운 소리들 과 이들 소리가 제기한 수많은 수수께끼가 이 상상계를 자극한 것 이다.

사실상, 아쿠스마틱한 소리는 특유의 내러티브적 모호성 때 문에 상당한 해석의 여지를 남긴다. 나는 말하는 소리를 듣지만, 사람들을 보지 못한다. 이들이 어떤 옷을 입었고, 얼굴이 어떻게 생겼으며, 이들이 있는 곳의 배경은 어떻게 생겼을까? 나는 그때 까지 입을 다물고 가만히 있던 누군가의 목소리를 갑자기 듣는 다.(이는 **아쿠스마틱한 침입**surgissement acousmatique이라 부를 수 있 으며, 많은 발성영화가 이를 이용한다.) 이 남자는 어디서 나왔지? 처음부터 여기 있었을까, 아니면 지금 막 들어왔을까? 마지막으로, 나는 라디오에서 내가 보지 못하는 악기 소리를 듣는다. 이때 나는 시적이거나 우스꽝스러운 방식으로 사람이든 물건이든 동물이든 이 악기의 연주자들과 악기들의 본성과 형태를 자유롭게 상상할 수 있다.

요컨대 이 만화 영화들이 보여주는 것은, 내러티브적 모호성 문제에 대한 얼마간의 자유분방한 답변이며 라디오에서 우리가 느낀 아쿠스마틱한 몽상의 방황과 노고를 반영하는 답변이다.

듣지 못하는 영화는 라디오와 대칭을 이루었다. 듣지 못하는 영화가 영상의 도움을 받아 소리를 암시함으로써 소리를 상상하게 했기 때문이다. 따라서 발성영화는 초기부터 보이는 것(무성영화)과 들리는 것(라디오)의 통합이었을 뿐만 아니라, 상당 기간 자기 고유의 상상계를 보존해온 청각장애인과 시각장애인의 통합일 수도 있었다.

라디오와 전화는 이런 상당수의 단편영화들에서 큰 역할을 한다. 복싱 영화 패러디인 휴 하먼의 〈싸우는 보스코〉(1930)에서 링 위에서 무시무시한 상대를 만나게 되는 작은 보스코는 전화로 여자 친구에게 자신의 용맹을 노래하고 여자 친구는 피아노로 반주를 하는데, 전화는 노래하는 사람과 반주하는 사람을 연결한다. 그리고 여자 친구는 경기의 진행을 라디오로 듣는다. 새끼 곰 커비 베어가 주인공으로 나오는 스티브 머퍼티의 〈미친 노래〉(1933)는 라디오 생방송으로 중계된 프로그램 이야기를 한다. 여기에 나오기로 한 스타들이 불참을 통고하자 커비 베어는 모든 배역과 모든 목소리를 떠맡지 않을 수 없게 되는데, 그는 메이 웨스트나 앨 졸슨, 당시 다른 스타들의 성대 모사를 감행해 청취자들을 속인다. 커비 베어는 자기가 모방하는 인물들의 의상을 입고 동작을 따라 하지만, 그의 목소리만 마이크로 전달되고 또 이것만으로도 라디오 청취자들의 환영에 충분하다는 점이 웃음을 불러일으킨다.

발성영화 초기, 실제 촬영을 한 영화가 이런 시각 효과의 자유를 모방하고 영상이 음악 덕분에 리얼리즘의 속박에서 벗어나는 하나 이상의 예를 볼 수 있다. 예컨대 〈천국의 길〉(1930)이 그러한데, 감독 빌헬름 틸레는 이렇게 설명했다. "노래하면서 자기를 표현하는 두 인물은 통상적인 삶에서 벗어날 수 없을까? […] 영화로 찍은 오페레타 음악 덕분에 시공간을 넘어설 수 있지만, 무성영화에서 이를 위해서는 대개 일련의 긴 영상들이 필요하다."* 〈우리에게 자유를〉(1931)에서 르네 클레르는 뮤지컬 만화 영화에서처럼 메꽃에서 여성의 노래가 솟아나게 하는데, 이것은 고립된 시도일 뿐이었고, 뮤지컬 영화에만 쓰이게 되었다.

디오니소스적인 시기들

동조화된 초기 만화 영화에서 또한 놀라운 것은, 여기서 신화가 만들어낸 디오니소스적 힘을 소리 ── 음악적이고 리듬감 있는 소리가 특히 그렇지만, 반드시 이런 소리만 그런 건 아니다 ── 가 얼마나 되찾는지다. 실제로 이런 영상들, 특히 움직임들은 무언가에서 태어나야만 한다. 무성영화에서 변사의 목소리나, 때로는 빈약하고 때로는 풍부한 자막의 텍스트는 대개 뭔가를 발생시키는(내 표현으로는 '영상을 만들어내는iconogène') 요소로 작용하고, 몇몇 무성 만화 영화(예컨대 데이브 플라이셔의 〈광대 코코〉 연작)에서는 (직접 그리는 행위가 찍힌) 신神과 같은 감독 자신의 손으로 인물과 배경이 생겨나는 모습이 보이지만, 1930년대 초반의 유성 만화 영화에서 움직임을 만들어내는 것은 음악 그 자체고, 때로는 그 음악 자체가 그 발생론적 원인이 되는 리듬감 있는 소음에서 태어난다.
　　1920년대 말과 1930년대 초는 사실상 서로 다른 예술, 특히 음악, 영화, 무용이라는 세 인접 분야에서 리듬과 생명력의 찬양으

---

* 　　Wilhelm Thiele, "Du style de l'opérette filmée," in *Ciné-Journal*, n° 1130, 17 octobre 1930(Roger Icart, *La Révolution du parlant, vue par la presse française*, Institut Jean Vigo, 1988, pp. 335~36에서 재인용).

로 특징지어진 시기였다. 이 생명력은 (가부장제, 나아가 인종주의와 명확하게 선을 긋지 못한 모호한 매혹 속에서) 흑인에게 부여되거나 아니면… 기계에 부여되었다. 생의 도약과 테크놀로지는 오늘날처럼 대립되는 것으로 제시되지 않고, 반대로 동일시되었다. 더 나은 세상을 세우는 데 이바지할 때 기계는 좋은 것이다. 그렇게 동조화된 소음들을 쓰거나 쓰지 않고서, 그러나 대개는 기계적이고 기계화된 성향으로 작곡한 음악을 써서 에이젠슈테인(〈낡은 것과 새로운 것〉[1929]), 지가 베르토프(〈열광 또는 돈바스 교향곡〉[1930]), 알렉산드르 도브젠코(〈대지〉[1930]) 등의 무성영화나 유성영화는 기계를 보여준다. 〈메트로폴리스〉에서 랑이, 〈우리에게 자

유를〉에서 클레르가, 〈모던 타임즈〉에서 채플린이 비판한 것은 기계 그 자체가 아니라 기계가 테일러주의에 쓰이는 것, 시간을 통제하고 노예화하는 거대한 시계(이 세 편의 영화에서 시계라는 상징은 모두 중요하다)처럼 기계를 사용하는 것이다.

한편 이 시기 뮤지컬 만화 영화에는, 자동차가 자주 나오는 것을 제외하면 기계는 거의 나오지 않는다. 반면 여기서 그 자체로 기계 형태를 띠는 악기가, 특히 (메커니즘이 중요하기 때문에 주목할 만한 도구인) 피아노가 엄청난 자리를 차지한다. 소리와 영상 사이를 오가는 끝없는 움직임으로 음악 하나가 어떻게 가장 우스꽝스러운 원천(스스로 연주하는 해골들, 곤충의 오케스트라, 증기선)에서 태어날 수 있는지가 제시되지만, 이와 대칭적으로 소리의 원천을 보여주는 영상들은 어떤 소리의 청취에 작동하는 상상력에서

태어난 듯 보이는데, 우리가 보는 것은 그 소리의 실제 원천이 아니라는 점을 우리는 잘 알고 있다.

이렇게 영화사에서 1930년대 초 만화 영화는 소음/음악의 분리가 완벽하게 무화되거나 최소한 부분적으로 초월된 드문 순간 중 하나다. 더욱이 만화 영화에서 소음과 충돌은 잠재적인 음악으로 제시되었고, 뮤지컬이 생겨나려면 이들을 리듬감 있게 반복하는 것만으로 충분하다. 선사시대 소설에서 부싯돌을 비비는 데서 불이 피어오르는 것과 약간은 비슷하다. 한편 음악은 우리에게 소음과 같은 원천에서 태어나는 것, 때리거나 긁거나 비빈 실제 몸체에서 태어나는 것으로 제시된다.

가장 작은 것부터 가장 큰 것에 이르기까지 1930년대 초 만화 영화를 가득 채운 수많은 피조물이 우리를 기쁘게 하려고 한 일은, 가장 단순한 물체부터 가장 고귀한 악기까지 사용해 세상을 즐겁게 울리게 하는 것이었다.

X″의 시대

실제로 촬영한 영화들에서도 디오니소스가 지배하고 아주 희화화된 소리 형태를 취한 소음, 즉 피에르 셰페르가 X″라고 분류한 리듬감 있는 소음은 이제 막 시작한 유성영화의 에너지를 보여주는 상징이 된다.(X″는 피에르 셰페르가 음악에 관한 기초 교습서에서 쓴 용어로서 "반복되는 덩어리 소리sons itératifs complexes"의 연속, 즉 뚜렷한 음고音高 없이 리듬감 있는 짧은 타격이 이어지는 것을 지칭하는 상징이다.)* 우리는 다양한 영화에서 X″를 듣는다. 〈마부제 박

사의 유언〉(영화 초반부에 들리는 아쿠스마틱하고 리듬감 있는 거대한 소리, 켄트와 릴리를 제거해야 하는 사악한 기계의 똑딱거리는 소리)에서, 하워드 혹스의 〈스카페이스〉(1932)의 기관총 소리, 〈미스 유럽〉에서 타자기 치는 소리, 루벤 마물리언의 〈러브 미 투나잇〉(1932)에 나오는 파리의 아침 종소리(파리의 소규모 가게에서 나오는 리듬감 있는 소음)에서, 캐스터네츠의 리듬(로이드 베이컨과 버스비 버클리의 〈42번가〉[1933])에서, 머빈 르로이의 〈나는 탈옥수〉(1932) 같은 감옥 영화(창살을 때리는 죄수들의 리듬감 있는 소음, 강제 노동 망치 소리)에서, 폭발과 폭음의 화음을 들려주는 제1차 세계대전에 대한 영화(땅에 묻힌 병사들이 되풀이되는 불안한 소음을 듣는 레몽 베르나르의 〈나무 십자가〉 시퀀스)에서, 게오르그 빌헬름 파브스트의 〈동지애〉의 탄광과 구조의 소음에서, 어디서나 리듬감 있는 탁탁 소리, 진동 소리, 펄쩍 뛰는 소리, 철썩 소리… 요컨대, 반복되는 덩어리 소리에 X″라는 표시를 할 수 있다.

이후 이것이 어떻게 발전했는지는 잘 알려져 있다. 즉 소음은

---

*   내가 쓴 다음 두 책을 보라. Michel Chion, *Le Son*, Nathan, 1998; Michel Chion, *Guide des objets sonores*, Buchet/Chastel, 1983. 「용어 해설집」에서 '반복되는 소리' 항목과 '덩어리 소리' 항목도 보라.

훨씬 더 눈에 띄지 않게 되었다. 이와 동시에 1930년대 말부터 가장 단순하고 가장 넓은 의미의 대중음악이 단편 만화 영화들뿐만 아니라 장편영화까지 황폐화시키게 된다. 발성영화 초기에 베티 붑(캡 캘러웨이의 목소리)이나 미키 마우스, 보스코가 노래하고 춤추는 대목들은 오늘날로 치면 브리트니 스피어스나 록그룹의 노래에 비할 수 있다. 〈백설 공주와 일곱 난쟁이〉(1937)에서부터 월트 디즈니의 장편영화에는 언제나 노래와 춤이 많이 나왔지만, 이런 곡목들의 양식은 이 영화들이 만들어진 시기의 대중음악과 거의 조화를 이루지 못했다. 거리가 점점 더 벌어지면서, 영화에서 음악은 점차 소음에서 벗어나 1930년대에는 존중받기 위한 길을 추구하게 된다. 이런 경향은 1970년대 중반 이후에야 비로소 전복되었다.

신선함이 사라졌다고 애도할 필요는 없다. 물론 우리가 기대한 곳에 있지 않다고 해도, 신선함은 언제나 되돌아오기 때문이다. 내가 보기에는 창조적 상상력을 보이는 오늘날의 뮤직비디오가 위에서 기술한 내용과 비슷한 것을 구현하는 듯하다. 몇몇 차이만 제외하면 그런데, 음악은 오늘날 시청각예술의 형식에서 소음의 세계와 급진적으로 분리되고 단절되어 있기 때문이다. 인간과 기계의 직접적 연관이 사라지면서 음악은 더 이상 현대 세계의 리듬이라고 자처하지 못한다. 다른 한편, 정보화되고 전자화된 이 세계에는 더 이상 삶에서 나온 수천 개의 소리를 통합하고 리듬을 부여할 만한 박동搏動이 없다.(내 생각에 '테크노 음악'의 로봇 같은 박동은 세계의 소음을 통합하는 데 쓰이지 않고, 오히려 옛 영토를 되찾으려 하는 케케묵은 방식에 불과하다.) **세계의 리듬**이라는 테마 자체의 이데올로기적 의미도 바뀌었다. 1930년대 초 기술적 진보와 모더니즘이라는 이념뿐만 아니라 미디어적 일체주의unanimisme —
뒤비비에의 〈베를린? 여기는 파리〉(1932)나 당시의 만화 영화에서
보듯 라디오와 전화기는 민족들을 서로 결합시킨다 — 와 관련된
이 테마는, 자연으로 되돌아가는 회귀와 결부된 뉴에이지New Age
의 테마가 되었다.

결국 시청각이 일반화되면서 아쿠스마틱한 몽상의 공간이 줄
어든 것으로 보인다. 그러나 이 공간이 절대 전적으로 사라지지 않
을 것이라고 단언해보자.

집단적이고 자발적인 대사

그러나 새로운 발성영화는 연극이나 뮤직홀의 모방에 그치지 않
는다. 최초의 발성영화들에서 몇몇 특성이 나타나는데, 이는 단순
한 '촬영한 연극'에 맞서 이 표현 방식의 독창성을 각인하려고 한
것이다.

먼저 **언어적 자연스러움**의 추구, 즉 [관객의] 이해를 염두에 두
지 않은 집단적 대화의 추구가 있다. 전선이나 참호 속에서 독일
군과 프랑스군이 토론을 벌이는 제1차 세계대전 배경의 수많은
영화에 나오든, 시장터나 선술집, 작업장, 공장 장면에 나오든, 서
로 중첩되거나 때로 다른 언어가 뒤섞이는 대사에 들어 있는 것은
자발적 흥분에 대한 똑같은 탐색이다. 술꾼들의 수다(〈안나 크리
스티〉), 카바레 장면(〈푸른 천사〉), 군인들의 회합(파브스트의 〈동
지애〉, 루이스 마일스톤의 〈서부전선 이상 없다〉[1930], 〈나무 십자
가〉), 얼큰히 취해서 한 식탁에 모인 사람들, 베이컨과 버클리의 코

미디 뮤지컬에서 여자들의 리허설, 가스펠 강론에서 구두점 찍듯 '아멘'을 하는 신들린 상태의 군중(〈할렐루야〉), 선술집이나 가게 장면, 친구들의 회합(마리오 카메리니의 〈인간 군상〉[1932]) 따위가 모두 그렇다. 초기 발성영화에서는 모든 것이 최소한 순간이나마 평등주의적 대사를 들려줄 구실인 듯 하다.

뒤비비에의 〈한 남자의 머리〉에서 (죄수에게 도망갈 시간 을 주려고) 간수들은 자동차 모터가 고장 났다고 말하고, 모터 주 변으로 몸을 기울인다. 이들은 외화면에서 말하는데, 카메라는 이들이 은밀히 서로에게 던지는 시선에 '대위법적' 위치를 점하 고 있다. "고장이야."/"난 P.J.에서 5시에 약속이 있는데"/"그래 서?"/"그래서 너한테 기름이 있냐고?"/"그래 있어. 아침에 30리 터 채웠잖아."/"네 포인트는 아마 더러울걸."/"아니, 농담 말아. 지난주에 내가 살펴봤다고."/"좋아, 여보게, 이게 네 점화 플러그 야, 자." 그리고 이하 마찬가지로, 이 모든 대사가 맹렬한 속도로 연결된다.

문제는 한 영화 전체를 이런 식으로 만들 수 없다는 점이고, 방금 언급한 종류의 장면들 ——장 르누아르의 〈암캐〉, 랑의 〈M〉, 장 비고의 〈품행제로〉(1933)의 학교 장면을 예로 들 수 있다—— 에서 대화가 더 고전적으로 처리된 시퀀스로 이행하는 것은, 오페 라 아리아에서 레시터티브 곡조로 전환하거나, 코미디 뮤지컬의 노래하는 부분에서 말하는 부분으로 이행하는 것만큼이나 성공하 기 힘들다는 점이다. 사실상 이런 영화에서 언어적 활기가 분출하 는 장면과 대조되기 때문에 단순하게 대사 처리한 장면들이 경직 된 것처럼 보이게 된다.

아니면 이런 궁지에서 빠져나오려고 절대적으로 양식화하거

나, 집단 장면과 내밀한 장면 사이에 아주 규칙적인, 약간 경직된 연쇄를 이루는 작품을 만들어내기도 한다. 〈M〉〈파리의 지붕 밑〉의 어떤 순간들, 모리스 슈발리에와 저넷 맥도널

드가 출연한 에른스트 루비치의 코미디 뮤지컬(〈즐거운 미망인〉 [1934])의 경우가 그렇다. 이런 영화들의 성과는 때로는 눈부시지만, 때로는 숨 막히거나 경직되어 있다. 비고의 〈라탈랑트〉(1934) 같이 자연스러움의 효과, (유연하고 융통성 있는 동시에 엄밀한) 발성영화의 은총과 민첩함을 유지하는 영화는 드물다.

발성영화에 자연주의가 내포되어 있는가?

모든 발성영화가 똑같이 자연스러움의 획득을 목표로 한 것도 아니고, 또 곧바로 이를 목표로 한 것도 아니었다. 오늘날 우리가 충격을 받는 것은, 최초의 유성영화 몇 편에 웅변적인 특성이 있기 때문이다. 〈재즈 싱어〉의 아주 드물게 말하는 장면에서 앨 졸슨의 떨리는 목소리, 〈세상의 종말〉과 1932년 개봉된 〈나폴레옹〉 유성판에서 아벨 강스의 과장된 어법 따위가 그렇다. 이 영화는 황제의 말을 믿는 영화다. 마치 알베르 디외도네의 박력 있고 단호한 목소리가 독수리 같은 그의 시선과 똑같은 효과라도 가지는 것처럼. 그러나 이런 영화 중 일부에서 '웅변적인' 유성영화(안 될 것이 무엇인가?)를 만들어내고자 하는 노력을 기계장치가, 특히 반향음을 만

I부. 역사

들어내지 못하는 마이크가 배신한 것으로 보인다. 발성영화는 재빨리 대사가 웅변의 차원, 토로의 차원으로 울리지 않게 하려고 상당히 웅변적이지 않은 연기 규범을 만들어낸다. 다른 한편, 당시 스크린에 올라간 영화들이 '조롱조' 영화나 비극이 아니라 코미디였다는 점도 주목할 만하다. 한참 후에야 몇몇 감독이 패러디를 포함한 다른 수단들을 이용해서 위대한 웅변에 합류하게 되는데, 셰익스피어 전통 같은 다양한 역사적 이유 때문에 영국 영화들이 이런 차원에 가장 열려 있었다.*

질문 하나가 제기될 수 있다. 이런 자연주의가 발성영화의 근본에 내포되어 있는가? 사람들은 종종 그렇다고 말하지만, 나는 또한 여기에 역사적 요인이 있다고 믿는다. 즉 영화는, 희곡이 점점 더 운문으로 쓰이지 않던 시기, 예술가, 화가, 작가 들이 현실에 점점 더 합류하려고 애쓴 시기인 자연주의 시대에 탄생했다. 발성영화가 생겨났을 때, 영화들은 이 경향을 따랐다.

초기 무성영화는 이미 오페라적이고 멜로드라마적인 경향과 자연주의적 경향이라는 **모순적인 두 경향 사이에 끼어 있었다.** 다른 한편, 때로는 한 작품 안에서 나타나는 이런 모순(무르나우의 〈마지막 웃음〉에서 사소한 것과 과장이 번갈아 나오는 것)은 아주 비옥하고, 활기를 창조한다.

실제로 영화가 발성영화가 되어 마침내 귀가 뚫렸을 때, 실생활처럼 말하고 때로는 거친 실제 목소리를 듣는 리얼리즘 경향이 지배적이었던 것으로 보인다. 그러나 이것은 그렇게 간단하지 않

---

* 로런스 올리비에나 케네스 브래나가 직접 셰익스피어를 각색한 영화들은 말할 것도 없고, 마이크 리의 〈비밀과 거짓말〉(1996)에서 브렌다 블레신의 격앙되고 비자연주의적인 연기만 언급해도 충분하다.

다. 모순이 종종 이어진다. 예컨대 존 포드의 〈밀고자〉(1935)에서 대사는 리얼리즘적으로 씌어졌고 또 그렇게 말해지지만, 막스 슈타이너의 음악은 오페라에서처럼 행위와 내면의 고뇌를 강조한다. 이 상호 보완적인 역할이 고전영화에서 음악을 사용할 때 관건이 된다. 즉 배우 쪽에서는 신중하고 절제된 연기를 하지만, 이와 함께 다정한 음악이 격류처럼 쏟아진다.

대사를 찍는 새로운 방법

발성영화는 말을 하지만, 그러면 어떻게 하는가? 더욱이 무성영화의 대화 장면과 비교하면 이를 어떻게 찍는가? 무성영화에서 인물들은 말할 때 십중팔구 배경 속에서 움직이지 않는다. 무르나우의 〈일출〉에서 오브라이언이 게이너를 따라갈 때처럼 이들은 서로를 부르거나 서로에게 말을 걸면서 움직일 수 있지만, 그것은 대화하는 것이 아니라 부르는 것이다.

스탠리 큐브릭이 〈2001 스페이스 오디세이〉(1968)에서 대다수의 대화 장면에 '움직이지 않고 말하기'를 다시 사용했다는 점을 주목해보자. 이는 이 영화에서 영화의 근원으로 되돌아가고자 하는 감독의 의지를 보여준다.

따라서 발성영화는 조금씩 발견하고 새로 개발한 가능성을 도입한다. 스크린 프로세스 기법 덕분에 인물들이 자동차에 탄 듯이 보이게 할 때처럼 인물들 뒤에 영사한 것이든, 스튜디오에서 지은 것이나 실제 삼차원의 것이든, 배경 속에서 움직이는 인물들을 말하게 하는 가능성이다.

움직이면서 말하는 장면의 출현은 〈안나 크리스티〉를 따라가
면 매혹적이다.

이 영화의 1부는 유진 오닐의 각색에 따라 '촬영한 연극'이라
는 특성을 숨기지 못하고 드러낸다. 2부는 브루클린 다리 근처에
서 그레타 가르보와 그 아버지의 대화를 보여주는데, 이 장면은 배
위, 즉 움직이면서 뉴욕의 항구를 보여주는 영사한 배경 앞에서 전
개된다. 이런 효과가 연극에서, 즉 동화적인 연극과 오페라(바그너
의「파르지팔」)뿐만 아니라 산문으로 된 연극——쥘 로맹의 희곡
『크노크』(1923) 1막은 움직이는 배경으로 한참 주행 중인 자동차
안에서 진행된다——에서도 드물지 않았다는 점을 떠올려보자.

같은 시기에 나온 유럽 영화 두 편, 즉 〈한 남자의 머리〉와
〈인간 군상〉에서 당시 특징적이던 같은 아이디어가 나온다. 즉 인
물들이 자동차 안에서 아주 친근하고 '자연스러운' 톤으로 이야기
를 주고받지만, 우리는 그들을 보지 못하고 이들의 목소리를 아쿠
스마틱하게 듣는다. 우리가 보는 것은 자동차에 탄 사람 중 한 명
이 자동차 측면 창으로 볼 법한 지나가는 풍경이다. 당시 '대위법
적' 탐색의 전형적인 예지만, 이후에 영향을 끼치지는 못한다.

얼마 지나지 않아 스크린 프로세스 기법이 일반화되는데, 이
기법의 원칙은 단순하지만 효과는 탁월하다. 즉 인물들은 자동차
나 기차에 탄 것으로 보이지만, 유리창이나 앞 유리창 뒤에 영사된
풍경이 지나간다. '밀담을 나누는 것'처럼 찍힌 밀도 있는 대사뿐
만 아니라 외부 장면의 움직임을 동시에 갖게 되는 것이다.*

---

*   Michel Chion, *Technique et création au cinéma*, ÉSEC, 2002의 1.9장(「스크린 프로세
    스 예찬」, pp. 71~73)을 보라.

르누아르의 〈암캐〉 시작 부분에서 인도를 따라 걷는 미셸 시몽과 자니 마레즈의 대화는, 짧은 장면이지만 아마도 길을 걸으면서 하는 영화사 최초의 대화 중 하나일 것이다. 이후 야외에서 길을 걸으면서 하는 수많은 대화가 나오게 되는데, 가장 유명한 대화는 맨해튼의 인도 위를 걸으면서 우디 앨런 커플이 서로 다투는 장면(〈애니홀〉[1977])일 것이다. 족히 20여 분에 이르는 가장 긴 대화 중 하나는 '방랑'이라는 게르만 전통 때문에 독일 영화에 나오는데, 그것은 뤼디거 포글러와 한스 크리스티안 블레흐가 표고 500미터에서 산길을 따라 걸으면서 나눈 대화(빔 벤더스의 〈빗나간 동작〉[1974])다.

발성영화 초기 소리의 탐색

1. 청각적 디졸브

청각적 디졸브audio dissolve는 초기 발성영화의 강박관념이었다. 〈암캐〉에서는 한 카페의 기계식 피아노에서 르그랑 아파트의 뻐꾸기시계로 청각적 디졸브가 이루어진다. 〈마부제 박사의 유언〉뿐만 아니라 〈M〉의 상당 부분도 청각적 디졸브를 사용한다. 사운드 믹싱이 아직 초보적이었고 소리가 점차 흐려지는 음색 처리를 할 수 없었기 때문에, 한 시퀀스의 마지막 소리가 다음 시퀀스의 첫소리와 이어지게 하려고 때로 조치를 취한다.

이 청각적 디졸브는 유사성에서, 운韻에서 출발할 수도 있다. 〈마부제 박사의 유언〉에서 켄트와 릴리가 마부제의 은신처에 갇혀 있을 때 시한폭탄이 째깍거리는 소리가 나온다. 페이드아웃이 된 뒤, 같은 성격이지만 훨씬 섬세한 리듬감 있는 소음이 앞의 소음과 이어진다. 어떤 아파트 안에서 실내복을 입은 한 세련된 남자가 삶은 달걀의 아랫부분을 톡톡 치는 모습이다. 그 후에는 릭 올트먼이 잘 보여준 것처럼,* 소리의 연쇄나 청각적 디졸브는 코미디 뮤지컬의 전문 영역으로 남게 되지만, 라스 폰 트리에의 〈어둠 속의 댄서〉(2000)에서도 이에 대한 경의가 표해졌다.

오늘날 미셸 드빌은 코미디 뮤지컬의 틀 바깥에서 청각적 디졸브로 유희하는 최후의 인물 중 한 명인데, 〈책 읽어주는 여자〉(1988)에서 고양이가 가르랑거리는 소리는 오토바이 부르릉거리는 소리로 변형된다.

때로 청각적 디졸브는 말의 연쇄다. 앞에서 언급한 랑의 영화 두 편에서 어떤 인물이 발음한 말은 빈번하게 연쇄의 축이 된다.(한 장면에서 누군가 말한 '유아 살인Kindermörder'이란 단어는 범인을 보여주는 다른 장면을 끌어들이거나 이 말을 퍼뜨리는 또 다른 그룹의 사람들을 보여준다.) 또한 말은 명명命名한 것이 갑자기 나타나게 되는 마법의 기원이기도 하다. 〈M〉과 〈마부제 박사의 유언〉에서 이런 언어적 연결의 실천에는 심지어 편집증적인 뭔가가 있는데, 이는 이 영화 두 편의 주제와 발맞춘 것이다. 〈M〉은 루머를, 〈마부제 박사의 유언〉은 음모를 다루기 때문이다. 다음 장에서 다루겠지만, '텍스트적인 말'은 책임지고 이를 한 방향으로 유도하는 '화자-주인' 없이도 암처럼 널리 퍼질 위험이 있다.

언어적 연쇄는 모든 발성영화에 흔적의 상태로 남게 된다. 마

---

*   Rick Altman, *La Comédie musicale hollywoodienne*, Jacques Lévy(trad.), Armand Colin, 1992.

르셀 카르네의 〈안개 낀 부두〉에서 배의 선장은 가뱅에게 도시에 아는 사람이 있느냐고 묻는데, 가뱅은 '아무도 모른다personne'라고 답한다. 다음 영상은 미셸 모르강을 보여주는데, 그녀는 시장터 축제에서 가뱅을 다시 만난 문제의 인물personne이다… 〈카사블랑카〉에서 활주로를 따라 상륙한 군인들은 릭의 미국 카페를 떠올리는데("모두가 릭의 카페에 가요"), 다음 장면은 우리를 이 카페로 데리고 간다. 데이비드 린치의 〈엘리펀트맨〉(1980)과 〈광란의 사랑〉(1990)에서 또 다른 예를 찾을 수 있다. '빅 튜나'라는 도시에 도착하면서 로라 던은 "이 사라진 구멍에서 우리가 뭘 할 수 있지?"라고 묻는데, 한 숏은 그라피티로 'fuck'이라고 대답한다.

발성영화에서 눈에 덜 띄고 수사적이면서 청각적으로 더 매끄럽고 잘 용해된 연쇄가 상당히 빠르게 발전하게 된다. 이는 융합에 점점 더 호의적인 테크닉의 발전 덕분인데, 클라우디아 고브먼이 잘 보여준 것처럼* 비非디제시스 음악이 여기서 중요한 역할을 한다. 어떤 의미에서 이 음악은 소음과 말에게 장면을 연결하는 역할을 덜어주었기 때문이다.

그러나 말은 언제나 상기시키는 특권적인 역할을 간직하게 된다.

2. 소리의 트래킹

발성영화 개척기는 이상화하기도 쉽지만 희화화하기도 쉽다. 여기서 약속을, 그리고 역동적 의미의 모순을 동시에 보는 법을 배

---

*   Claudia Gorbman, *Unheard Melodies: Narrative Film Music*, Indiana University Press, 1987.

우도록 하자. 모든 것을 바랐기 때문에 매혹적인 시기다. 예컨대 관객이 알아들을 수 있게 대사를 하는 동시에 영상에서 온 기법들을 소리에 적용하려 했는데, 이 둘이 같은 효과를 내지 않기 때문에 이는 대사를 알아들을 수 있게 하겠다는 약속과 모순된다. 이 중에 소리 원근법과 소리의 트래킹이 있다.

이 시기 가장 많이 알려진 영화 중 최소한 다섯 편에서 소리의 트래킹이 나온다. ① 〈파리의 지붕 밑〉에서 일군의 사람들이 노래하는 표제곡이 점점 더 가까이에서 들리고, 카메라는 지붕에서 출발해 거리로 내려온다. ② 〈나무 십자가〉에서 카메라는 「아베 마리아」를 노래하는 성당 성가대에서 트래킹하여 성당 옆면에 자리한 임시 양호실까지 움직이고, 노랫소리는 계속 멀어진다. ③ 〈M〉에서 음산한 동요를 하나씩 들려주는 작은 소녀의 목소리는 계속 희미해지고, 카메라

는 왼쪽으로 패닝해 위로 올라간다. ④〈스카페이스〉의 맨 처음에 나오는 아주 탁월한 플랑세캉스* 장면에서 카메라는 외부에서 출발해 한 레스토랑 내부로 들어가고, 늦게 저녁을 먹는 사람들의 대화를 점점 더 가까이 포착한다. ⑤〈할렐루야〉에서 제케가 여러 카페에서 사람을 찾는 모습이 각기 다른 음악과 함께 나오고, 짐수레에 있는 한 인물이 이 음악들을 듣는다. 마지막 경우처럼 다가감과 멀어짐을 조합하지 않는 한, 때로는 소리의 '트래킹 인'이고 때로는 소리의 '트래킹 아웃'이다. 그러나 다른 것을 제외하고 이 다섯 예에서는 다가가고 멀어지는 소리의 움직임은 카메라의 움직임과 결합되고자 한다. 다른 한편, 이들 모두 무성영화의 유명한 트래킹에 영향을 받았을 수 있다. 그것은 〈마지막 웃음〉에 나오는 트래킹인데, 위층 자기 아파트에 있는 에밀 야닝스와, 길거리에 있는 술 취한 음악가가 연주하는 트럼펫 나팔을 연결한다. 따라서 공중에서 이루어진 이 무성의 트래킹은 소리의 트래킹을 시사했을 것이다.

그런데 이 소리의 트래킹에는 예상치 못한 기이한 효과가 있었다. 즉 소리는 영상의 변모를 모방하고 카메라 움직임과 같이 쓰임으로써 카메라에게 잠재적인 귀를 부여하게 되고, 이 카메라를 약간은 너무 생생한 인물로 만들게 된다. 다른 한편, 관객은 때로 자신이 듣고 자기 청취의 매개성을 의식하게 만드는 것[카메라]의 변모를 어떻게 해석해야 할지 주저하게 된다. 이를 주관적 청취 효과로 받아들여야 하는가 아닌가? 우리가 듣는 것을 듣는 사람

---

*　[옮긴이] '플랑세캉스plan-séquence'는 그 하나만으로도 시퀀스를 이룰 정도로 충분히 긴 숏을 가리킨다. 영어로는 'sequence shot.'

은 누구인가? 예컨대 〈M〉 시작 부분에서 희미해지는 소녀의 목소리는 발코니에서 소녀를 부르는 주부의 귀를 통해 들리는 것인가? 이후에는 사실상 이런 효과들이 점점 더 드물어진다는 점을 인정하기로 하자. 마치 그것들이 영화적 재현의 관행들을 깨뜨리기라도 하는 것처럼. 이런 효과가 가끔씩 영화에 다시 나타나기는 하지만——예컨대 오슨 웰스의 〈악의 손길〉(1957) 시작 부분에 나오는 플랑세캉스가 그런데, 1998년 월터 머치는 웰스가 남긴 메모들을 존중하여 이 시퀀스의 믹싱을 다시 했다——, 엄밀한 조사의 여지는 남아 있다. 미켈란젤로 안토니오니의 〈여행자〉(1975)에서 끝에서 두번째 숏을 구성하는 유명한 트래킹(실내에서 야외로 넘어가는 카메라 트래킹)이 소리의 트래킹 효과와 같이 나오지 않으며 움직이는 귀와는 무관하다는 흥미로운 사실을 강조해보자.

다른 한편, 말이 그 대상이 되면 소리의 트래킹은 전부 아니면 전무라는 성격 때문에 언어적 청취의 불연속적 성격을 명확히 드러내게 된다. 즉 언어적 청취는 점점 더 흐려지는 일이 없고, 우리가 이해하든지 이해하지 못하든지 둘 중 하나다. 대화를 알아듣게 해야 한다는 규칙과 소리 원근법을 존중하겠다는 태도를 화해시키기는 좀처럼 쉽지 않다.

발성영화 초창기에 카메라가 쉽사리 공간을 자유롭게 넘나들지 못하게 했다면, 이것은 장치 문제 때문——당시 마이크와 카메라의 물리적인 분리는 기정사실이었다——이라기보다는, 일관성에 대한 고민 때문이었다. 우선 스크린을, 영상이 가리키는 공간을 소리가 보존하는 장면으로 다루고자 했다. 그러나 동시녹음으로 작업할 때는 수많은 장애물을 만나게 된다. 즉 내화면에 마이크가 보여서는 안 된다는 규칙 때문에 마이크를 놓을 장소가 제한적이었다. 다른 한편 마이크는 가급적 소리의 원천(대개는 사람의 입)에 가까이 놓여야 했지만, 피사체를 알아볼 수 있게 하려면 카메라는 그럴 수 없었다. 동시녹음이든 더빙이든, 언제나 목소리를 '다소 근접한 상태'로 잡는다는 것이 점차 은밀하게 일반화되었고, 초기 발성영화에 점점이 나타났지만 수가 아주 많았던 소리 원근법의 시도를 상당히 빨리 포기하게 되었다. 따라서 목소리에 상대적으로 동등한 모습을 부여함으로써 소리는 몽타주에서 연속성의 요인을 대변하게 되었고, [카메라] 축의 변화와 무관하게 이어지게 된다. 한 문장의 끝이 다음 숏에서 끝나는 겹침의 원칙도 상당히 빨리 도입되어 같은 방향으로 나아간다.

3. 소리의 몽타주

테크닉의 발전 덕분에 발성영화의 선구자들은, 디스크에 녹음된 〈재즈 싱어〉에는 아직 쓰이지 않았지만 곧 일반화될, 특히 광학음光學音이라는 새로운 구체적 가능성에서 출발해 다른 대담한 시도들을 감행했다.

오래전부터 소리를 녹음한다는 것은 소리를 변형시킬 수 있다는 것을 뜻했다. 처음에는 실린더에, 나중에는(1877년경부터) 디스크에 소리를 축음기로 녹음하게 되어 사실상 소리를 '변조'할 수 있었다. 단순히 속도를 바꾸거나 읽는 방향을 전도함으로써 고정된 소리를 변형시켰다. 순전히 기계적으로 작동하는 바늘이 달린 오래된 축음기로도, 모두가 아는 것처럼 하물며 턴테이블로도 누구나 이를 확인할 수 있다. 이렇게 1948년에 나온 최초의 구체음악musique concrète 작품들은 디스크 위에서 만들어지고 실현되었으며, 1926~28년경에 나온 최초의 유성영화들도 마찬가지였다.

그러나 무거운 녹음 기계들이 필요한 값비싼 매체이면서 영화관에만 쓰이는 광학음 사운드트랙(1920년대 말)*으로는 더 많은 것을 할 수 있었다. 소리를 편집하고 조각들을 취해서 이를 다른 곳으로 옮기고, 어떤 순서로든 이를 붙이고 조립할 수 있기 때문이다. 그로부터 20년 뒤에는 자기磁氣테이프가 나와서 훨씬 더 싼 가격으로 이를 할 수 있는 가능성이 열렸다.

발성영화 초기 몇몇 영화에서는 소리의 몽타주에 많은 가치가 부여되었다. 서로 다른 전화기에서 나온 일곱 개의 발신음이 멜로디를 이루고, 좀 뒤쪽에서는 기관차 기적 소리 콘서트가 나오는 뒤비비에의 〈베를린? 여기는 파리〉, 서로 다른 세 개의 숏에서 세 명의 다른 여자가 한 음절씩 발음한 다닐로Da-ni-lo 라는 색골 이름이 나오는 루비치의 〈즐거운 미망인〉, 베르토프의 〈열광 또는 돈바스 교향곡〉이

있고, 물론 발터 루트만의 〈주말〉(1930)도 빼놓을 수 없다. 영상 없는 영화인 〈주말〉은 당시 일체주의 정신으로 어느 주말에 대한 청각적 이야기를 시

---

*   광학음 사운드트랙은 오늘날까지 영화관 상영판을 만드는 데 여전히 사용되고 있고, 아직까지 디지털로 완전히 대체되지 않았다. 처음에는 촬영할 때 소리를 녹음하려고, 음악과 음향효과 따위를 녹음할 때뿐만 아니라 사운드 믹싱을 할 때도 사용되었다.

각 필름 위에 구현해, 이런 이념을 가장 치밀하게 적용한 영화다.

소리를 빠른 몽타주의 대상으로 만들려 할 때 소리와 함께 제기되는 문제는, 소리가 존재하고 발전하려면 시간이 필요하다는 점이다. 반면 영상은 무언가를 1/2초로 보여줄 수 있고, 이 '무언가'(얼굴, 대상)는 정지해 있을 수 있다. 〈낡은 것과 새로운 것〉에서 크림 분리기 시퀀스 같은, 에이젠슈테인 무성영화들의 빠른 몽타주들은 대부분의 영상에서 이어지지만, 그 영상 대부분은 정지화면이거나 부분적으로만 움직일 뿐이다. 이것은 소리에 대해서는 아무 의미가 없다. 1초간 말[馬]의 영상은 말을 재현하고 이를 알아볼 수 있게 하지만, 1초간 말의 울음소리는 아무것도 재현하지 않고 심지어 그것이 무슨 소리인지 알아들을 수조차 없다. 대개 소리의 몽타주는 단지 몰개성적이고 활기 없는 파편적 소리만을 분리하고 이어줄 뿐이다.(다른 한편, 이는 탁월하면서도 엄청난 역사적 가치가 있는* 루트만의 작품에서 명백히 나타난다.) 이 소리 파편들은 시간 속에서 발전될 가능성이 박탈되었기 때문이다.

---

*   제롬 노에팅거가 메탐킨Metamkine 레이블에서 CD로 출시한 이 영화의 프랑스어
     판을 만드는 데 나 또한 기여했다.

그러나 이런 시도들이 막다른 길을 가리킬 수 있다는 구실을 들어 이를 비난하는 일은 우둔한 짓일 것이다. 우리가 막다른 길을 알아볼 수 있다면 그것은 이런 시도들 덕분이다. 다른 한편, 누군가가 아마도 어느 날 그때까지는 짐작조차 하지 못했던 길을 찾게 될 수도 있다.

시각적인 것과 더불어, 우리는 또한 소리를 읽는 속도와 방향으로 유희할 수도 있다. 즉 장 엡스탱은 느린 소리의 가능성을 탐색하고, 〈품행제로〉에서 비고는 거꾸로 뒤집힌 음악(다른 반향을 일으키려고 음악 읽는 방향을 전복할 가능성)을 탐색하는데, 뒤비비에의 〈무도회의 수첩〉(1937)에서 음악을 맡은 모리스 조베르 역시 이런 음악을 사용한다…

4. X-27 효과

마지막으로, 예컨대 문이 닫히거나 한 방에서 다른 방으로 이동하거나 내부/외부를 번갈아 제시하거나 따위의 상황을 이용하여 디제시스 음악 속에서 (시간의 비약 없이) 몽타주하는 효과는 유성영화가 제공한 가장 새로운 효과 중 하나다. 반대로 이 효과는 발성영화에서 크게 성공하게 되는데, 아마도 발성영화 초기에 그 가능성을 가장 잘 개척한 감독은 요제프 폰 슈테른베르크다.

〈푸른 천사〉에서는 어떤 인물이 창문(학생들이 작문을 할 때 주인공 라트)이나 문(카바레 복도에서 사람들이 문을 여닫음으로써 무대에서 연주한 음악을 마치 전등처럼 켜고 끈다)을 여닫을 때마다 디제시스 음악의 단절이 실행된다. 〈불명예〉(1930)에서 X-27 요원인 마를레네 디트리히는 피아노로 베토벤을 연주하는데, 거실에서 그녀가 보일 때 그 소리가 들리고, 이와 번갈아 (빅터 맥라글렌

 이 연기한) 러시아 대령이 뒤지고 있는 옆방에서도 그 소리가 흐릿하게 들린다. 따라서 음악이 끊이지 않고 한창 진행되는 중에 소리의 **위치에서 급변이** 일어나는데, 이는 당시 혁명적 사건이었고 다른 한편 아주 큰 주목을 받았다. 슈테른베르크의 이 걸작에 대한 오마주로 나는 여기에 'X-27 효과'라는 이름을 붙였는데,* 조화와 리듬과 멜로디 진행에서 끊어지지 않은 음악이 음색과 소리의 근접성에서 급변이나 갑작스러운 변조를 겪는 효과를 뜻한다. 영화에서 **비-불연속성**indiscontinu, 다시 말해 그 명백한 대립물로 연속성의 확인을 보여주는 가장 아름다운 예 중 하나다.

피트 음악의 재도입

무성영화에서 음악은 [영화관 안의] 오케스트라 피트에서 왔다. 이 라이브 음악이 영화 속에 제시된 음악적 상황에 반향을 일으켰다고 해도 달라지는 것은 없다. 그러나 음악이 울리는 장소는, 사운드트랙을 동시녹음된 소리와 말로 된 대화들에 (처음에는 조심스럽게) 개방하고 스크린 뒤쪽에 스피커를 설치한 순간부터 골치 아

---

*   [옮긴이] 슈테른베르크의 영화 〈불명예〉의 원제는 'Dishonored'이고 한국어 제목
은 원제를 번역한 것이지만, 프랑스어 제목은 'Agent X 27'[X 27 요원]이다. 시웅은
이 영화에 나온 사운드 효과를 기리기 위해 이 영화의 프랑스어 제목을 따서 'X-
27 효과'라는 이름을 붙였다.

픈 문제가 되기 시작했다. 바로 이때 리얼리즘과 핍진성의 우려가 생겨났다. 반주 음악은 영화의 리얼리즘적 소리와 같은 실제 장소에서 나오기 때문에, 이 장소는 가능한 한 리얼리즘적 방식으로 음악을 정당화해야 했으며, 영화 속 행위는 이 음악에 스크린 음악과 같은 자리를 부여해야 했다. 시나리오는 음악이 들리는 장소를 정당화하는 상황을 도입하려 애를 썼다. 마르셀 레르비에의 〈사랑의 아이〉(1930) 같은 영화는 이런 상황들을 상당수 제시하는데, 이는 아무도 오해하지 않는 관행이다. 즉 이웃집에서 피아노 연습하는 소리(〈암캐〉〈이별〉), 피아노나 자동 피아노, 카페나 카바레의 오케스트라(〈한 남자의 머리〉〈푸른 천사〉), 거리 음악가(〈M〉〈스카페이스〉), 의례와 사람들의 노래(〈할렐루야〉), 라디오 음악(〈공공의 적〉), 오페라(로베르 플로리의 〈길은 아름답다〉[1930]), 축음기, 그리고 물론 뮤지컬 스펙터클의 준비와 공연(코미디 뮤지컬) 따위가 그것이다. 코미디 뮤지컬은 상당히 자유롭게 디제시스 음악과 비디제시스 음악을 뒤섞었다. 다른 장르의 영화에서는 자막이 나올 때나 대사 없는 행위 시퀀스에서 비非디제시스 오케스트라 음악을 허용했지만, 대사가 있는 시퀀스에서 비디제시스 음악의 사용은 훨씬 더 드물었다.

그리고 점차 피트 음악이 다시 나타나면서, 한 스피커로 혹은 같은 음 신호를 발산하는 여러 스피커로 한 사운드트랙의 여러 사운드적 요소를 지각할 때, 관객은 한편으로 행위나 맥락으로 정당화된 스크린의 소리, 목소리, 소음, (때로는) 음악과, 다른 한편으로 피트에서 나온 소리들, 피트 음악, 논평이나 보이스오버 내레이션 목소리를 구별하는 데 익숙해졌다.

따라서 음악의 문제에 대한 주요 사건은 영화에 비디제시스 음악을 재도입하는 것이다. 앞서 봤듯 음악은 영화를 저버리지 않았다. 제1차 세계대전에 대한 몇몇 영화를 제외하고는 그러한데, 이런 영화들에 음악이 없는 것은 의미심장하다. 여기서 음악은 단지 행위의 구체적인 요소로만 잠시 나올 뿐이다.

이때부터 새로운 질문이 제기되었다. 즉 피트 음악, 스크린 음악, 대사와 소음을 어떻게 공존하게 할 수 있을까? 클라우디아 고브먼은 예컨대 어니스트 쇼드색과 머리언 쿠퍼의 〈킹콩〉(1933)에서 이런 질문이 제기하는 문제들을 탁월하게 종합했는데, 나는 다른 글에서 이를 상세하게 다루었다. 〈킹콩〉에서 막스 슈타이너가 작곡한 엄청난 분량의 악곡은 '소리의 모든 것'을 혼합하고 통합한다. 그러나 이 시기 나온 또 다른 영화는 훨씬 더 모자이크적인 형태를 띤 다른 테크닉으로서, 많은 비디제시스 음악의 협력 없이 이와 같은 통일성에 이른다. 발성영화 첫 시기의 절정이자 결실 중 하나로서 프랑스에서밖에 나올 수 없었던 이 영화는 장 비고의 〈라탈랑트〉다.

4장. 비고: 질료와 이상

1

"스테인드글라스." 앙리 랑글루아는 이렇게 오래된 예술 형식에서 빌려온 단어로써, 그에 따르면 시청각적 조합의 관점에서 〈라탈랑트〉가 무엇을 이루어냈는가를 규정했다. 그는 이 영화를 발성영화사를 통틀어 소리와 영상의 진정한 혼합을 보여준 유일한 성공작으로 간주했다.

스테인드글라스는 각기 색채를 입힌 유리창 조각들로 구성되며, 이를 구성하는 조각들의 불연속적 본성이 사라지지 않으면서 전체적으로 하나의 이미지를 형성한다. 랑글루아가 옳다면 〈라탈랑트〉는 색채를 입힌 여러 조각들로 구성된 영화라는 것인데, 사람들이 종종 이 영화의 '대화들'이 서로 어울리지 않는다고 말한다는 점에서 어쨌거나 그의 주장은 옳다.

초연한 말과 문장의 분출인 〈라탈랑트〉에는 수많은 쓸데없는 대사가 나오고——이 점에서 이 영화는 발성영화 초기에 나타난 언어적 자연스러움을 추구한다는 특성에 충실하다——, 적절한 명명은 아니지만 언어적 '소통'의 상당 부분은 혼잣말을 하거나 아무에게나 말하듯 서로 다른 인물들이 내뱉은 것이다. 마치 말하는 사람이 그 자리에 있는 누구도 말로 설득할 생각이 없는 것 같다. 이 영화에서는, 다른 순간에는 말 못 하는 아이로 보였던 수송선의 견습생까지 포함해 모두 자기 목소리를 낼 수 있지만, 각자 자기 차례가 있다. 실제로 선장 부인 디타 파를로가 한 마디도 안 하는 장면들이 있고, (빨래하고 싶을 때) 그녀가 자기 말을 하는 다른 장면들에서는 다른 사람들이 바로 이 순간 입을 다문다.

〈라탈랑트〉는 이런 식으로 발성영화 초기 프랑스에서 발성에 대한 영화가 되었다. 이 나라에서 사람들이 입을 여는 것은 반드시 교류하기 위한 것만은 아니다. 자기 자신을 드러내고 자기가 말한 것에 애착이 있다는 점을 표명하기 위한 것이기도 하다. 비고가 현실로 돌아왔을 때 그는 프랑스가 변하지 않았다는 점을 보았을 것이고, 그의 영화에서 그렇듯 프랑스는 이런 나라, 즉 여기서는 여전히 모두 각자, 반드시 뭔가를 얻어내기 위해서가 아니라 원칙적으로, 투덜거리고 잔소리하고 항의하고 불평하고 중얼거리고 항변하고 격렬히 비난하고 싫은 티를 내고 화를 내는 나라——이 점에서 프랑스어에 동의어가 그렇게 많다는 점도 놀라운 일은 아니다——라는 점을 보았을 것이다. 이 영화는 내뱉었지만 되돌아오지 않고 사라진 말들로 가득 차 있고, 다른 사람이 단지 앵무새같이 따라 하는 말만을 하게 만들고 각자의 고독을 무너뜨리지 못하는 말들로 가득 차 있다…

또한 이 영화에서 목소리는 서로 다른 우주에 속하기 때문에 각기 고립되어 있으며 무엇보다 지역 억양으로 구별된다. 사투리든 외국어든 억양은 초기 프랑스 영화(특히 뒤비비에, 클레르, 르

누아르, 모리스 투르뇌르의 영화)에서 중요한 역할을 하지만, 내가
아는 한 〈라탈랑트〉는 미셸 시몽의 필모그래피에서 유일한 경우
다. [그가 맡은 배역인] 쥘 아저씨란 인물은 결코 스위스인이 아
니지만 이 제네바 출신 배우는 패러디에 가까울 정도로 자기 출
생지의 대중적 억양을 과도하게 사용하기 때문이다. 디타 파를로
의 경우, '좋은 녀석'에 이끌린 프랑스 시골 소녀 역할이지만, 가
장 긴 대사를 할 때 독일어 억양이 들린다… 비고에게는 피토레
스크나 이국성이 아니라 다른 사람들의 말과 관련해서 한 사람의
말이 고립되어 있음을 강조하는 것이 중요하다. 여전히 불연속
성, 스테인드글라스다.
　　〈파리의 지붕 밑〉에서 온갖 장면을 시청각적 이념으로 구축
한 르네 클레르 같은 단호한 형식적 체계나 뚜렷한 교리도 없이*
장 비고는 보리스 카우프만이 찍은 탁월한 영상들에, 요리에 쓰
는 표현처럼 말이 '눌어붙지 않게' 하려고, 말이 단단하게 굳지
않게 하려고, 말을 중심으로 모든 것이 재조직 ― 이는 '언어 중
심적인verbo-centré' 위대한 고전영화의 운명이 된다 ― 되지 않게
하려고 모든 일을 다 한다. 이런 목적으로 그는 문장 사이에 자주
침묵을 도입함으로써 언어의 연속성을 깨뜨리고, 인물들이 말할
때는 대개 그들의 등을 찍거나 멀리서 찍거나 움직이는 모습으로
찍는다. 따라서 입술을 통해 동조화되는 것처럼 시선을 말의 원
천으로 이끄는, 이 시청각을 '나사로 조이는'** 양이 현저히 적다.

------

*　　아마도 히치콕은 발성영화 초기의 모든 질문에서 비롯된 이념이나 개념에서 출발
　　해 탁월한 영화를 만든 유일한 영화감독일 것이다.
**　[옮긴이] '나사로 조이기vissage'와 '끈으로 묶기ficelage'는 마르그리트 뒤라스가 만
　　든 개념이다. '나사로 조이기'는 목소리로 들리는 말과 그 말을 하는 사람의 영상

페데리코 펠리니는 특히 〈8과 1/2〉(1963) 이후 빈번하게, 배우가 등을 보이거나 걷는 상태에서 대사를 찍거나 대사와 관련해서 몽타주를 어긋나게 처리함으로써 이런 기법을 체계적으로 적용하게 된다. 이런 의미에서 〈라탈랑트〉는 내가 '언어 중심적이지 않은 영화'라고 이름 붙인 바를 지향한다.

당시 이미 그랬던 것처럼, 〈라탈랑트〉에서는 무성으로 찍은 영상 위로 그럴듯하게 더빙이 이루어졌기 때문에, 여기서 더빙은 펠리니의 영화에서처럼 염치 없이 영상에 들러붙었다는 특성을 느낄 수 있다. 영화 초반 결혼 행렬 참가자 중 한 사람이 던지는 돈호법("자, 어머니, 한탄하지 마세요.")은 앞서 언급한 후시녹음된 무성영화의 특성 때문에 발성영화 초반에 빈번하게 나타난 유성의 채색화가 이루어진 예일 것이다.

〈라탈랑트〉에는 대사를 주고받는 일정 수의 장면이 있지만, 미셸 시몽의 압도적인 발성 때문에 이 영화는 종종 독백의 영화로 기억된다. 시몽은 말할 때 높은 목소리로 명백히 [말의] '되새김질'(내적이고 혼돈스럽고 끊임없이 지속되는 되새김질)을 드러낸다. 도시에 사는 백치들을 향해 저주의 말을 쏟아내며 그는 소리와 음악을 만들어내고, 장난감과 아코디언, 동작으로 자기 말을 연장하고, 방금 자기가 들은 말을 되씹고, 마치 소화하려는 것처럼 이 말을 반복하고, 결론은 절대로 맺지 않는다.(그가 자신의

을 함께 보여주는 방식(인 사운드)으로서, 말과 육체는 여기서 단단하게 결합된다. 반면 '끈으로 묶기'는 말과 그 말을 하는 사람의 영상을 느슨하게 결합하는 방식으로서, 말은 여기서 외화면 사운드나 오프 사운드의 공간에서 울리며 말하는 사람의 모습과 거의 함께 나오지 않는다. 뒤라스의 영화는 특히 '끈으로 묶기'의 방식을 개척한다.

행운과 불행을 언급함으로써 카드 점에서 '성공하는' 장면을 보라.) 그가 어린 수련생을 질책하는 목소리는 심지어 이 영화에서 말하는 첫번째 목소리이고, 말 없는 결혼 행렬이 진행되기 오래전부터 그는 말하기 시작한 것으로 보인다. 그는 혼자만으로 합창단을 이룬다.

많은 작은 조각으로 이루어진 〈라탈랑트〉의 또 다른 독백은 질 마르가리티스가 연기한 행상行商의 독백인데, 이 독백은 그 당시 분위기로 '노래하는 것처럼 말하기'의 억양이 있었고 수많은 초현실주의자(로베르 데스노스)가 좋아한 광고적 시의 양식으로 박자를 맞추고 운韻을 붙였다.(파브스트의 〈서푼짜리 오페라〉[1931]가 여기서 크게 멀지 않고, 이 시기는 또한 '노래하고/말하는' 사람들의 시기였다.) "한 번, 두 번, 세 번, 아무도 말 못 하네."

이 '노래하는 것처럼 말하기'는 르네 클레르의 몇몇 초기 발성영화(특히 〈백만장자〉[1931])에 이미 나타난 것인데, 그와 달리 비고에게는 악구樂句로 처리된 문장이 극도로 유연하다.

이 영화의 유일한 여성 쥘리에트는 성가신 두 남성 목소리 사이에 끼어 있는데, 하나는 혐오감을 주고 억압적이며 불안을 만들어내는 늙은 선원(미셸 시몽)의 목소리, 다른 하나는 세상을 매혹하고 최소한의 단어, 최소한의 물건을 빛나게 할 능력이 있는 행상의 목소리다. 또한 그녀는 전파를 타고 파리 백화점 진열장을 찬양하는 라디오에 흥분한다. "여보세요, 여보세요. 여기는 파리입니다… 올해 모자는 베레모가 유행입니다." 한 사람의 장광설과 다른 사람의 감언이설 사이에서 그녀는, 결론적으로 말이 거의 없는 사람에게, 이런저런 관계에서 약간은 자기 분신이자 쌍둥이 같은 존재인 선장 장(장 다스테)에게 되돌아가게 된다.

내가 세운 유형학에서 '주관적 내면의 목소리'라고 이름 붙일 강박적인 내적 목소리의 기법에 따라, 속삭이는 행상과 장의 말이 쥘리에트를 사로잡고 침대까지 그녀를 따라온다. 다른 한편, 등장인물을 홀리는 말들은 초기 발성영화에 자주 쓰인 소리의 탐색이다.(클레르의 〈백만장자〉에서 '자격지심의 목소리,' 마물리언의 〈러브 미 투나잇〉에서 저넷 맥도널드가 듣는 목소리, 장 슈의 〈달의 장〉에서 '달의 장Jean de lune'이란 이름을 둘러싼 유희를 보라.)

앞서 말했듯 〈라탈랑트〉에는 '앵무새처럼 따라 하는 말 psittacisme'이 지배적인데, 이것은 대화를 음악적으로 만들고, 대화를 자연주의에서 은밀하게 떼어내는 데 이바지한다. 어떤 인물은 종종 다른 인물이 방금 말한 것을 의문문의 양태로, 다시 말해서 단순 반향의 어조로 다시 말한다. "선장 부인을 찾으러 갈게요." "당신이 선장 부인을 찾으러 가겠다고?" 아니면, "당신은 뭘 해야 하는지 아시잖아요." "내가 뭘 해야 하는지 안다면!"

앵무새처럼 따라 하는 말은 각 인물의 서로 다른 세계를 연결하지 않는다.(앵무새처럼 따라 하는 말은 스탠리 큐브릭의 마지막 영화 〈아이즈 와이드 셧〉[1999]에 아주 많이 나오는데, 여기서 의미는 완전히 다르다.) 반대로 폐쇄성이 더 강화되는데, 각자 공통의 대화에서 담화를 연장하지도 않고 공유하지도 않으면서 자기 목소리로, 자기 개인적인 억양으로 방금 말해진 것을 차지하기 때문이다. 이런 반향 체계의 좋은 예는 삐친 쥘 아저씨가 다른 사람들과 같이 식사하겠다고 결심한 저녁 장면이다. 선장 장이 그에게 "심통 부리지 마세요"라고 말할 때, 미셸 시몽은 삐침에서 벗어날 기회를 잡은 잊지 못할 아이의 목소리로 "심통 안 부려요…"라고 대답한다.

이 수송선 승무원들(장과 쥘리에트, 쥘 아저씨, 견습생, 작은 고양이 무리)이 구성하는 작은 세계의 인물들은 협소하고 불편한 공간에서 서로 떼밀고, 건드리고, 접촉하고, 부딪치고, 충돌하고, 껴안고, 드잡이하지만, 목소리상으로 이들은 서로 낯선 세계 속에 있다. 드물게 찾아오는 집단적 공모의 순간에 끊어지는, 물리적 뒤섞임과 정서적 고립의 대조는 내 생각에 〈라탈랑트〉의 핵심인 것 같다.

2

질 마르가리티스의 말이 그렇듯 말이 매혹시키는 순간도 있지만 전반적으로 말이 분리시키고 고립시키는 비고의 영화에서, 모리스 조베르의 음악은 통합시킨다. 이는 단지 하늘에서 떨어지는 '영화음악'이 아니다. 〈라탈랑트〉에 고유한 것은 여기서 음악이 중심 요소라는 점인데, 이 영화는 여기서 출발해 리얼리즘에서 벗어나 서정성, 상상성, 시적인 것에 접근할 수 있게 된다. 이 영화는 우리에게 다른 무엇보다 힘들고 실망스러운 현실에 대해, 절대적 사랑에 대해, 하나에서 다른 하나로 가는 지속적 이행에 대해 말하고 있기 때문이다. 내 생각에, 사람들은 이 영화의 타이틀 시퀀스에 합창으로 나오는 샤를 골드블라의 가사를 충분히 듣지 않는다.(이 영화 사운드를 복원한 판에서도 솔직히 이 가사는 거의 알아들을 수 없다.) 이 가사는 우선 "우리가 빈둥거리려고 수송선에 탄 것은 아니다. 일해야 한다"라는 점을 상기시킨다. 그다음에는 더 낭만적으로 선원들이 "땅에서 훔친" 아름다운 젊은 여자들에 대해 얘기한다. 아주 혹독한 산문적인 것에서 시적인 것으로 가는 이행은 특히 결혼식을 치르는 첫 장면에서 실행된다. 행렬 영상에서 서투른 아코디언 연주로 빈약함이 드러나는 결혼의 가냘픈 (디제시스) 스크린 음악이, 복잡한 양식의 서정적 피트 음악으로 확장될 때가 그렇다.

이 점에서 비고의 영화 전체를 장 르누아르의 1930년대 영화 전체와 대비시킬 수 있다. 아마도 〈위대한 환상〉(1937)과 〈시골에서의 하루〉(1946)를 제외하면, 르누아르에게 음악은 근본적으로 아이러니하고 종종 끊어지고 숨 막히고 기계화된다. 그 이상적인 형식에서 음악은 마치 사라진 천국처럼 말로 한 묘사로써는 존재하지만, 우리는 이를 들을 수 없을 것이다.(나는 〈게임의 규칙〉[1939] 끝부분에서 크리스틴의 지휘자 아버지가 연주한 콘서트에 대해 옥타브가 한 이야기를 염두에 두고 있다.) 반대로 비고와 모리스 조베르에게 "대부분 상황(무도회, 카페, 라디오, 아코디언, 축음기) 속 음악은 종종 암시적이고 중단되고 일시적이지만, 이상의 상실이라는 의미가 아니라 오히려 살아 있는 잡동사니라는 의미에서 그렇다. 이 잡동사니 속에 쥘 아저씨가 이국적 여행을 하면서 가져온 물건들이 잔뜩 쌓여 있는 것처럼, 음악은 언제나 뭔가 놀라운 것을 만들 준비가 되어 있다. 그리고 음악은 여기서 현실과 단절되는 게 아니라 현실을 연장한다."*

르누아르의 인물들이 공유하는 '음악적 감각의 부재amusie'와 달리 〈라탈랑트〉에서는 모든, 거의 모든 주요 인물이 음악을 하거나 최소한 음악을 듣고 음악에 '접속'한다. '인간-오케스트

---

*   Michel Chion, *La Musique au cinéma*, Fayard, 1995, p. 344.

라'(견습생)가 연주하는 아코디언이 그렇고, 쥘리에트 또한 동전으로 작동하는 기계에서 노래를 튼다. 비고는 고의로 비현실적이고 모호한 방식으로, 그때 거기 있던 건물에서 이 영화의 테마 음악을 이어폰으로 듣는 디타 파를로를 보여주는데, 그녀가 혼자 듣던 바로 그 음악이 이 건물 문 위의 나팔을 통해 빠져나와 야외에 울려 퍼지면서 [그녀를 찾던] 쥘 아저씨의 주의를 끈다.

영화가 진행되면서 미셸 시몽은 축음기를 재조립해 작동시키려 하고, 마침내 성공한다. 이후 자크 타티의 상상처럼, 쥘이 시청각적 농담의 대상이 되는 유명한 개그가 잘 알려져 있다. 그는 78개의 홈이 파인 LP판 위에서 바늘이 아니라 손가락을 돌리는데, 음악 소리를 듣고 깜짝 놀란다. 그러나 이것은 외화면에 있는 견습생이 쥘의 동작을 따라 아코디언을 연주한 것이다. 화가 난 미셸 시몽은 투덜거린다. "나는 손가락으로 축음기를 돌리는 것보다 더 터무니없는 것도 봤어." 마침내 그가 축음기를 작동시키자 디스크 위의 음악이 변모한다. 마치 이 영화 시작 부분에서처럼 음악은 교향곡으로 변하고 장이 [센강 속에서] 헤엄치는 장면에 깔리는 음악이 된다…

디타 파를로의 실종 에피소드 때, 또한 조베르의 음악은 각자 자기 침대에 누워 있는 장과 쥘리에트의 분리된 몸을 성적 특성, 심지어 양성애적 특성이 가득 찬 놀라운 평행 몽타주로 다시 통합하는 데 이바지한다. 다시 만난 이 부부가 마지막으로 포옹할 때, 1930년대 프랑스 영화음악에 자주 나오던 '입 다물고 부르는' 여성의 노래가 말이 직면한 곤경을 종결시킨다.

그렇다면 이 영화에서 소리의 세번째 요소인 소음은 어떠한가? 소음이라는 말을 협소하고 기능적으로 받아들여서 순수하게 소거법으로 정의한 뜻(다시 말해 말도 음악도 아닌 것)으로 제한해 쓴다면, 〈라탈랑트〉에는 기대할 만큼 많은 소음은 없다. 수송선에서 나는 소음 몇 개, 물속 풍경의 다양한 소리 몇 개에 불과하지, 1930년대 초반 프랑스 영화에서 들을 수 있는 세상의 온갖 소음이 아니다. 그러나 듣는 법을 안다면, 〈라탈랑트〉는 음향효과를 가진 영화라는 점을 인정하게 될 것이다. 쥘 아저씨의 쉰 목소리, 소리가 흔들리는 결혼식 장면의 아코디언 소리, (행상이 젊은 부부에게 말을 거는) 춤추는 카페의 기계적인 리듬에 따른 오케스트라 연주 따위가 물질적이고 승화되지 않은 소리라는 의미에서 소음이다.

아주 진부하게도, 사람들은 종종 로베르 브레송의 영화 같은 영화들(관객이 사운드의 운율, 전반적인 리듬감을 느끼는 영화들)에서 마치 소리가 음악 같다고 말하고, 심지어 자신이 무슨 말을 하는지도 모르면서 그것이 구체음악 같다고 덧붙인다.(〈라탈랑트〉이전의 완전 초기 발성영화에서 이런 전반적인 리듬성을 찾으려는 시도가 빈번하게 있었지만, 그 시도가 언제나 성공한 것은 아니었다.) 나는 비고의 바로 이 영화가 약간은 이와 반대라고 말한다. 우리가 듣는 모든 것, 즉 대사, 음악, 소음은 소리로 남아 있고 각기 자기 물질성을 유지하지만, 이 물질성은 지속성 없는 물질성, 아니면 증명하려는 공격성이 없는 물질성, 음향효과라고 선언할 의지가 없는 물질성이다.

물론 이 마지막 생각을 아주 신중하게 전개할 수 있다. 즉 비고의 영화는 개봉 시기가 아니라 (제작사가 강요한 '거룻배가 지나간다'라는 제목의 당시 유행가를 포기하고) 조베르의 음악이 복원된 1950년대의 귀에, 그리고 이 영화를 완전히 복원하면서 소

4장. 비고: 질료와 이상   III

리를 청소하고 명확히 한 1990년대의 귀에 울리게 될 것이다. 1930년대에는 소리 복제 채널 전체가 오늘날과 달랐고, 소리를 잘 감지하지 못했을 뿐만 아니라 날카로운 소리가 훨씬 더 깎여 나가던 앰프와 스피커의 특성이 오늘날과는 딴판이었다. 심지어 역사적·문화적 상대화가 필수 불가결하다는 점을 말하지 않더라도, 내 생각에는 영상의 차이보다 훨씬 더 급격했던 소리의 차이를 확인해야만 하고, 또 이를 확인하는 것이 적절하다. (1930년대의 관객은 오늘날 우리가 소리를 듣는 것처럼 듣지 못했다. 어떤 소리의 테크닉과 조합이 1930년대 관객에게 새로웠다면, 다른 것들은 이들에게 익숙했다.)

〈라탈랑트〉는 위대한 영화이지만, '스테인드글라스'의 영광 속에서 이 영화가 제시한 인물들만큼이나 혼자였다. 영화는 고전적 시기에 접근하기 시작했고, 발성은 자기를 중심으로 영화를 완전히 재조직하게 된다.

5장. '텍스트-왕'의 지배
(1935~1950)

세 가지 말

발성영화의 첫 10년 동안, 그리고 그 이후의 진화를 더 잘 이해하기 위해 영화에 나오는 목소리의 용법 세 개를 구분할 것을 제안한다.

1. 연극적인 말

우선 어떤 부정적인 함의도 없이 내가 '연극적'이라고 이름 붙인 용법이 있다. 이 연극적인 말parole-théâtre은 영화에 가장 널리 퍼져 있는 말이다. 이 용법에서 인물들은 관객이 전체적으로 알아들을 수 있는 대화를 교환하는데, 이 대화는 언제나 행위와 관련해서 중요하며, 설령 그것이 거짓말, 침묵, 은폐 따위라고 해도 말하는 사람을 인간적으로, 사회적으로, 정서적으로 부각한다. 이 용법을 사용하는 고전영화에서 연극적인 대화의 유형은 너무나 핵심적이어서, 심지어 대화를 분절하는 것이 종종 영화적 데쿠파주* 자체를 조직할 정도다. 즉 카메라 시점의 변화와 언어 중심적 장면들의 편집은, 질문과 대답의 연기演技, 웅변적 침묵, 사건의 급변을 불러

일으키는 발언권의 장악 따위를 강조하고 여기에 구두점을 찍는
다… 발성에 데쿠파주를 순응시키는 가장 단순한 경우는 카메라
가 대화하는 인물 각자의 얼굴을 차례로 보여줄 때 쓰는 숏/리버
스숏 패턴이다.

그런데 영화에서 대화의 무게는 연극의 그것과 같지 않다. 영
화에 고유한 클로즈업은 정의상 담화 내용과 (듣는 사람의 얼굴뿐
만 아니라) 말하는 사람의 얼굴에 극히 순간적으로 나타나는 표현
사이에 대위법을 창조하기 때문이다.

이른바 모던한 영화 또한 대부분 연극적인 말을 사용하지만,
언어 중심적이지는 않다.**

2. 텍스트적인 말

이보다 훨씬 드물지만 나타날 때 훨씬 눈에 띄는 두번째 용법
은, 내가 텍스트적인 말parole-texte이라 이름 붙인 용법이다. 여기서
말소리는 텍스트 자체의 가치를 갖는데, 소설 텍스트처럼 어떤 단
어나 문장의 발화만으로 자기가 거론하는 영상을 불러낼 수 있다.
텍스트의 이런 차원은 대개 보이스오버 내레이션용으로 예정된
것이지만, 주요 인물이든 부차적 인물이든 행위 중인 인물의 입에
서 나오는 일도 벌어진다. 소리는 이때 전형적으로 일순간 모든 창
조물을 솟아오르게 하는 말씀의 담지자, 로고스의 담지자다. 어떤
목소리가 "나는 로라가 죽었던 주말을 결코 잊지 못할 것이다…"

---

* [옮긴이] '데쿠파주découpage'는 한 장면을 숏이나 시퀀스로 나누는 활동을 가리키
며, 이것은 영화 촬영의 기본 단위가 된다. 주로 연극적인 말을 사용하는 언어 중
심적 영화는 대사의 전달을 중심으로 영화의 숏을 나눈다.

** 「용어 해설집」에서 '언어 중심적 영화' 항목을 보라.

라고 말한다. 그러자 하나의 이야기가 시작된다…

발성영화는 텍스트로서 말한 것의 전능성을 따로 간직하는데, 말한 것은 이때 각각의 말 아래로 영상들을 분류할 능력이 있다. 발성영화는 이 전능성을 풀어주려 애쓴 이후에야 비로소 이를 억제하는 법을 배웠다. 이 전능성은 사실상 시각적인 것의 자율성을 부정하고, 영화적 디제시스 세계의 물질적 특성 자체를 부정하는 경향이 있기 때문이다. 영화적 디제시스 세계는 이때 문장이나 단어의 지시에 따라 한 장씩 넘어가는 영상에 불과하게 되어버릴 것이다… 따라서 내가 이후 살펴볼 예들을 제외하면, 영화는 텍스트적인 말을 특정 지점에 할당하는 방식으로 사용하게 된다. 예컨대 영화의 시작 부분에만, 도입하는 보이스오버 내레이션에만 사용하는 식인데, 배경이 자리를 잡게 되면 이 내레이션은 조심스럽게 사라지게 된다.

3. 발산의 말

겉보기에 두번째 용법과 정반대인 세번째 용법은 내가 발산의 말parole-émanation이라 이름 붙인 용법이다. 즉 대화가 마치 인물들에서 나온 분비물처럼 그들 존재 방식을 보완하는 측면이 되거나 그들 실루엣의 한 요소(대화가 단편적으로만 들리는 자크 타티의 영화에서처럼)가 될 때가 그렇고, 그 내용은 핵심적이지만 대화가 영화의 진행에 기여하지 않거나 영화적 데쿠파주를 주도하지 않을 때도 그렇다. 이때 영화적 데쿠파주는 대화를 나누거나 말의 강력한 지점들을 강화하는 데 무관심하고, 숏들의 연속은 말해진 담화와 무관한 논리로 이루어진다. 페데리코 펠리니나 안드레이 타르콥스키 같은 작가감독과 〈2001 스페이스 오디세이〉 같은 몇 안

되는 영화에서, 보이는 것보다 훨씬 드물게 나타나는 이 확고한 태도를 순수 상태로 만날 수 있다. 이른바 액션 영화에서 특히 액션이 말없이 이루어지는 순간들이나 거의 말하지 않는 순간에만 영상이 자율성을 되찾고, 다시 대화가 나올 때는 대화 중심으로 영화적 데쿠파주와 영화적 공간을 조직하게 된다. 그리고 장-뤽 고다르가 한 번 이상 한 것처럼, 이런 목소리의 장악에서 벗어나려면 목소리를 단지 소음에 잠기게 하는 것으로는 충분하지 않다. 〈남성, 여성〉(1966)이든, 〈주말〉(1967)이든, 〈열정〉(1982)이든, 이 순간에도 부분적으로 가려진 텍스트에 관객의 주의를 집중시키려고 여전히 모든 것이 조직되어 있기 때문이다.

펠리니의 영화들에서는 대화에 대한 영화적 데쿠파주의 진정한 탈중심화가 이루어진다. 그에게 시각적 커팅은 인물들이 말한 담화의 분절이나 담화의 교환에 완전히 '무관심한' 상태에서 이루어진다. 이 때문에 담화가 확연히 드러나 있고 알아들을 수 있으며 아주 많고 이야기에 의미가 있다고 해도, 때로 담화를 따라가는 데 일정한 어려움이 생겨난다. 〈8과 1/2〉의 감독에게 종종 '다성적多聲的'이라고 부를 만한 상황(서로 다른 지점에서 돌출한 수많은 대사가 겹치는 다성적 대화)이 나타나기 때문이다. 펠리니는 (〈인터뷰〉[1987]의 프랑스어 자막에 소송을 걸었던 데서 알 수 있듯) 자기 영화에서 말의 무게에 극도로 관심이 있었지만, 동시에 그의 영상, 커팅, 앵글 변화는 완전한 자율성을 갖고 있다. 이런 의미에서 펠리니는 로버트 올트먼과 함께, 복수複數의 목소리로 자기 영화를 '쓴' 드문 감독 중 하나다.

이후 자세히 살펴보겠지만 타르콥스키의 경우는 이와 비슷하면서도 다르다. 그의 인물들은 삶의 의미에 대해 철학적 말을 던지는 것으로 보이지만, 이들은 카메라가 그려내는 잔인하고 예측할 수 없으며 수수께끼 같은 우주에 잠겨 있다. 이 우주에서 이들의 말은 다소 하찮게 울리지만, 동시에 인간의 가장 순수한 표현이다. 타르콥스키의 영화들에서 언어는, 타티 영화들에서처럼 상대화되어 있지 않으며 영상을 조직하는 심급도 아니다. 그러나 비장하게 세계의 바탕에 새겨져 있다.

때에 따라 이 세 가지 경우가 어떤 유성영화에도 다채롭게 균형을 이루면서 배합될 수 있다는 점은 말할 필요조차 없을 것이다. 그러나 첫번째 용법인 연극적인 말이 가장 자주 나타나고, 세번째 용법인 발산의 말은 가장 드물다. 반면 종종 영화의 전략적 지점, 특히 시작과 끝에 지배적으로 나타나는 두번째 용법은 특히 사라지는 양태로 쓰이기 때문에 아주 눈에 띈다. 즉 한쪽에서 다른 한쪽으로 영화를 관통하지만 항상 있는 경우는 아주 드물고, 오히려 결정적 순간에 양탄자의 잘 보이는 면에서 튀어나와 주된 짜임새를 드러내게 된다.

텍스트적인 말의 유혹

앞서 봤듯 발성영화 초기는 풍요로우면서도 모순적이었다. 엄청나게 많은 말을 풀어놓은 유성영화의 도래 때문에 영화는 연극의 모델에 가까워졌을 뿐만 아니라, 대립하는 두 가지 가능성과도 대면하게 되었다. 이야기는 영상으로써(소리가 개입될 때는 소리로써) 연속으로 진행되고 있다고, 우리가 목격하고 있다고 여겨지는 장면으로 우리를 옮겨놓는다.(그 순수한 예는 앨프리드 히치콕의

〈로프〉[1948]나 알렉산드르 소쿠로프의 〈러시아 방주〉처럼 '실시간'
으로 전개되는 영화다.) 아니면 (들리거나 암시된) 보이스오버 내레
이션이 행위의 다양한 순간과 일치하는 영상들을 연결하는데, 온
갖 사회적 함의를 표현할 목적으로 혹은 어떤 인물의 상승을 이야
기할 목적으로 몇 개월에 걸친 사건들의 전개를 뜻하는 몽타주를
사용한다. 이 경우 아주 명백히 숏의 의미를 읽게 해주거나 '읽는'
것은 **텍스트**다. 영상을 만들어내는 텍스트적인 말이나 중간 자막
의 배열, 완전히 영상으로 옮겨진 숨겨진 텍스트 따위로 구현된 텍
스트.

    이렇게 1930년대 할리우드 영화는, 실제 시간이 아닌 시간으
로 전개되는 소설의 유연한 서사와 경쟁하기 위해 강력하고 과대
조직된 체계를 이용했다. 에른스트 루비치의 〈천국의 말썽〉(1932)
은 특정 순간(예컨대 케이 프랜시스가 연기한 마담 콜레의 상황과 행
운을 환기할 때)에 영화적 스토리텔링의 제한된 방식을 보여주는
탁월한 예증이다. 여기서 숏들은 (실제 시간이나 유사 시간의 **장면**
이라는 생각에 기반을 둔) 익숙한 디제시스 시공간의 경계에서 벗
어나 실제로 문장과 완벽한 등가물인 기호들의 연속에 지나지 않
으며, 숨겨진 텍스트의 짜임새가 훨씬 더 명확하게 읽힌다. 또한
머빈 르로이의 〈성냥 하나에 세 사람〉(1932) 같은 놀라운 예도 있
다. 이 영화에는 신문 타이틀, 군중 영상들, 행위와 동시대에 전개
되는 시사물들의 인용이 인물들의 개인적인 이야기를 둘러싸고
진정한 소설적 조직을 만들어내는 것을 목표로 한다. 그러나 매번
몇 초 정도로 흘깃 나타나는 그룹, 군중, 배경 영상들의 표현은, 이
후 미국인들이 '몽타주 시퀀스montage sequence'라고 일컫는 아주 협
소한 형식으로 살아남았을 뿐이다. 미국인들은 이 용어로 음악이

나 보이스오버 내레이션의 지휘 아래 연결된, 실제 소리를 제거한 영상 몇 개로 행복의 시기나 몰락의 시기 전체를 응축하는 짧은 시퀀스를 지칭한다.

어떤 장면의 한계를 넘어서 숏들을 기호처럼 묶는 방식은 무성영화에서 획득한 지식이다. 이 지식은 상당수 발성영화에서 확증되어 다시 강력하게 쓰이지만, 소리가 제공하는 정보를 덧붙일 가능성 때문에 이 지식은 증대된다. 〈성냥 하나에 세 사람〉에서 사건의 일부를 우리에게 알려주는 신문 타이틀은 근본적으로 자막의 대체물이다.

다른 경우는 이렇다. 발성영화 초기 온갖 실험의 교차로였던 프리츠 랑의 〈M〉 시작 부분에서 경찰서장과 장관은 전화로 논의한다. 경찰서장은 장관에게 소녀 연쇄살인범을 격퇴하는 데 쓸 방법들에 대한 정보를 제공한다. 이들의 대화가 진행되는 중에 무성으로 나오는 영상들은 수색하고 증언을 모으고 따위를 수행하는 경찰관들을 보여주면서, 경찰서장의 말에 따라 정렬된다. 즉 이 시퀀스에서는 텍스트적인 말이 지배적인데, 여기서 우리는 이 말이 전화로 상대에게 말하는 사람의 진술이라는 점을 잊어버리게 된다. 한편 이 말은 서로 모순된 증언을 하는 증인들이 맞부딪히는 장면으로 끊기는데, 이는 믿을 만한 증언을 확보하기 어렵다는 경찰서장의 진술을 예증한다. 그 뒤 다시 이어지는 '전화 통화' 두번째 부분에서 텍스트적인 말이 이끄는 영상들은 처음에는 무성영화 영상처럼 말없이 나오다가, 나중에는 은밀하게 소리를 내기 시작한다. 우선 경찰견 짖는 소리가 들리고, 역과 간이 숙박소를 감시해야 한다고 경찰서장이 언급하자 이윽고 군중의 웅성거림이 들리고 영상이 곁들여진다. 경찰서장의 말에서 들리는 마지막 단어들은 도둑의 무리가 있는 지역의 감시를 암시하고, 영상은 우리를 바로 그곳으로 데려간다. 그곳은 황폐하고 수상쩍은 밤거리다. 그러나 이번에는 거리 소음들이 몇 초 정도 지속되는데, 관객들은 영상과 장면을 이끈 것이 경찰서장의 말이라는 사실을 잊게 된다. 즉 영상을 만들어내는 텍스트적인 말의 '콜론, 큰따옴표 열고'로 시작된 이 장면은 자율적 장면으로 존재하기 시작하고, 영화는 큰따옴표 닫는 것을 '잊어버리게' 된다.

그렇게 빈번하지는 않지만 우리가 〈M〉에서 마주치는 것은 영상들을 묶는 주인이 될 수 있는 권력이 경찰서장 같은 부차적 인물에게 부여된다는 점이고, 이 권력이 반드시 '주인-화자'의 자리를 차지하는 보이스오버에 부여되지는 않는다는 점이다.(쥘리앵 뒤비비에의 〈망향〉[1937] 시작 부분에도 같은 원칙이 적용되는데, 이제 막 도착한 수사관에게 카스바가 어떤 곳인지 묘사하는 뤼카 그리두 목소리의 주도로 그곳의 영상들이 환기된다.)

그러나 랑의 다음 영화 〈마부제 박사의 유언〉에서 사태는 특히 충격적이다. 말의 마술적인 힘이 때로는 가장 보잘것없는 인물들의 대사를 통해 작용하는 것처럼 보이기 때문이다. 수사관 로만은 "나는 호프마이스터를 미치게 만든 범죄자가 누구인지 알고 싶어"라고 소리치고, 다음 숏은 그 범인인 마부제의 영상을 보여준다. 영화의 또 다른 순간에 가장 보잘것없는 사람일 마부제의 하수인이, 커튼 뒤에 숨어서 보이지 않는 보스가 부하들에게 말하고 있다고 언급하는데, (그가 지금 말하고 있는 것을 보여주려고) 다음 숏으로 나오는 것은 이 커튼의 영상이다. 누가 했든 이 영화의 모든 말은, 마치 자기 차례가 되면 순식간에 영상들의 연쇄를 불러오고 이를 통제할 수 있는 권력을, 특히 언급된 것을 디제시스적 실재

속에서 솟아나게 할 수 있는 권력을 가진 것 같다. 마부제가 쓴 글을 바움이 큰 목소리로 읽음으로써 자기 눈앞에서 유령 같은 마부제의 영상을 드러낼 때처럼.

세르게이 에이젠슈테인의 〈전함 포템킨〉(1925)에서 그런 것처럼, 무성영화에서 자막은 영상들의 연쇄를 결정하는 '주인-화자'의 담론을 품을 수 있었다. 그러나 나는 여기서 발성영화를 다루고 있다. 발성영화에서 디제시스 속에 구현된 말은 디제시스 자체에 대해 이런 권력을 갖게 되는데, 이것은 훨씬 더 당혹스럽다. 픽션의 한 인물에게 영상의 연쇄를 조정하고 영상의 주인이 될 수 있는 권리를 준다면, 영상들 사이의 연결은 어떤 고유한 논리도 갖지 못한 채 '텍스트-왕'과 그 고삐 풀린 권력에 좌우되게 된다.

정확히 〈마부제 박사의 유언〉에서 이야기는 한 텍스트 —— 이는 시나리오 텍스트와 유사하다 —— 의 출현에 근거를 두고 있다. 그것은 미쳐버린 마부제 박사가 독방에서 자동기술법으로 기록한 유명한 문서로, 이 문서의 내용은 영화에서 일어나는 사건들을 미리 알려준다. 이 영화 자체가 프로그래밍된 텍스트처럼 전개된다. 그리고 극한까지 밀어붙인 양식화의 의지 때문에 랑의 연출은 이런 '영화-텍스트' 효과를 강화한다. 맨 벽이 나오는 배경, 극도로 드물고 아주 제한적으로 쓰이는 주변 음향ambiance 효과, 너무도 추상적으로 쓰여서 어떤 순간에는 낮인지 밤인지 전혀 알 수 없는 조명 따위가 그렇다. 그리고 굉장히 강조된 배우들의 발성법, 귀로 읽는 텍스트처럼 아주 강렬한 단어들의 분절도 마찬가지다. 인물들은 살아 있는, 자신이 체현한 대사를 한다는 인상을 주는 것이 아니라, 관객이 정신적으로 읽는 무성영화의 자막 텍스트를 말한다는 인상을 준다. 마지막으로 이 영화에서 진짜 발성으로 말하는 유일한 목소리, 발성영화 특유의 목소리는 '커튼 뒤의 남자der Mann hinter dem Vorhang'의 목소리뿐이며, 그마저 〈모던 타임즈〉와 마찬가지로 중계방송된 것으로 밝혀지면서 '말하는 기계'의 목소리 혼자서 들리게 된다.

주인의 숨겨진 목소리(사실 이 영화의 능동적 인물, 즉 [마부제 박사가 영적으로 점유한] 정신과 의사 바움의 목소리)에 근거를 둔 이 이야기에서 주목할 만한 사실은 이 목소리의 특성화 문제가 전혀 제기되지 않는다는 점이다. 문 뒤에서 말소리를 들은 인물은 "주인님의 목소리다Das ist die Stimme des Chefs"라고 소리친다. 주인의 목소리는 맞지만, 어떤 점에서 그러한지는 전혀 언급되지 않는다. 이 목소리는 음색도, 특별한 억양도 없는 발성이라는 생각을 구현한 것이다.

이후 연극적 대사의 규칙에 탁월하게 도전하려면 사샤 기트리 같은 감독(〈어느 사기꾼의 이야기〉[1936])이 있어야만 할 것이다. 이 작품에서 감독의 부드러운 목소리를 통해 서사를 전개하는 끝없는 텍스트가 이 영화의 지속 시간 전체를 지배하고, 영화 세계의 물질적 특성을 부인한다. 이 텍스트는 자기가 원하는 대로 영상을 불러내고, 대부분의 영상에는 무성영화 시기처럼 영상과 일치하는 소리가 없다. 이후에도 이보다 더 멀리 가려고 감행한 시도가 드물고, 기트리의 찬미자인 프랑수아 트뤼포도 이 같은 기법을 단지 지나가는 것처럼 썼을 뿐이다(〈쥴 앤 짐〉[1961], 〈여자들을 사랑한 남자〉[1977]).

내가 주장하는 테제는, 고삐 풀린 텍스트적인 말이 침입하면서 발성영화가 자기를 파괴할 뻔했다는 것이다. 다른 한편, 〈라탈랑트〉에서 멋지게 성공한 것처럼 발산의 말을 체계적으로 쓰게 되면 새로운 자연주의적 아카데미즘에 길을 열어줄 위험이 있었다. 고전영화는 '제3의 길'로 가게 될 것인데, 그것은 연극적인 말이라는 언어 중심적 영화의 길이고, 여기서 때로 텍스트적인 말이 짧지만 강렬하게 되돌아올 것이다.

고전적인 발성영화, 언어 중심적 예술

그때 율법학자들과 바리사이파 사람들이 간음하다 잡힌 여자 한 사람을 데리고 와서 앞에 내세우고 '선생님, […] 우리의 모세법에는 이런 죄를 범한 여자는 돌로 쳐 죽이라고 하였는데 선생님 생각은 어떻습니까?' 하고 물었다. […] 그러나 예수께서는 몸을 굽혀 손가락으로 땅바닥에 무엇인가 쓰고 계셨다. 그들이 하도 대답을 재촉하므로 예수께서는 고개를 드시고 '너희 중에 누구든지 죄 없는 사람이 먼저 저 여자를 돌로 쳐라' 하시고 다시 몸을 굽혀 계속해서 땅바닥에 무엇인가 쓰셨다.(「요한복음」 8장 3~8절)

『신약성서』를 다룬 많은 영화에 등장한, 「요한복음」에 나오는 아주 '시청각적'인 이 에피소드는, 아직은 설익은 상태지만 이미 언어 중심적 영화에 속한다.

언어 중심적 영화란 무엇인가? 나는 발성영화의 고전적 형식의 특징을 이 용어로 규정하는데, 1930년대 말경에 정착되어 아직도 폭넓게 사용되고 있다. 언어 중심적 영화란 말이 주의注意의 중심에 놓여 있는 영화지만, 그렇게 보이지 않는 이유는 말이 자기와 평행하게 전개되는 시각적 행위와 함께 나오기 때문이다.

서로에게 말하는 두 인물이 나오는, 대화를 촬영한 장면이 있다고 하자. 그러나 이들 중 한 명은 대화를 이어가면서 카드로 성을 쌓고(존 휴스턴의 〈크렘린 레터〉[1970]), 당구를 치고(프랜시스 포드 코폴라의 〈럼블피쉬〉[1983]), 볼링을 하고(르네 클레망의 〈빗속의 방문객〉[1970]), 테니스를 치거나 카드놀이를 하거나 룰렛 게임을 하고(많은 제임스 본드 연작), 타자기로 글을 쓰고(오슨 웰스의 〈시민 케인〉[1941]), 식당에서 아침을 먹고(오토 프레민저의 〈로라〉[1944]), 환자의 등에 흡각을 붙이고(앙리-조르주 클루조의 〈까마귀〉[1943]), 설거지를 하고(로런스 캐즈던의 〈새로운 탄생〉[1983]), 정원에서 삽질을 하거나 운전대를 잡아 운전하고(거의 모든 발성영화), 기계 장난감을 조작하고(장 르누아르의 〈게임의 규칙〉), 혼자 옷을 입거나 다른 사람이 옷을 입혀주고, 구두끈을 매거나 풀고,

거울 앞에서 채비하고(후안 안토니오 바르뎀의 〈자전거 주자의 죽음〉[1954], 마르셀 카르네의 〈천국의 아이들〉[1945]), 쌍안경으로 바라보고(대니 보일의 〈트레인스포팅〉[1996]), 춤의 동작을 실행하거나 전화선으로 장난을 치고(미켈란젤로 안토니오니의 〈어느 사랑의 연대기〉[1950], 히치콕의 〈새〉), 커피를 마시고 따위처럼 끝없이 이어질 수 있다. 이 모두 대화와

평행하게 전개되고 대화 내용과 직접 관계가 없는 행위들이지만, 때에 따라 중단되거나 움직임을 멈추고 다시 시작하거나 아니면 대화를 잊어먹거나 회피하는 것처럼 사용되어 대사나 침묵에 구두점을 부여하는 데 쓰인다. (한 인물이 운전을 하거나 '볼링' 공을 잡으려고 했다면, 말하고 나서, 아니면 침묵을 지키고 나서 자기 일을 다시 시작하고 거기 집중한다.) 그

리고 행위들이 대사와 침묵에 구두점을 부여함으로써 영상에 중계 역할을 한다. 이 중계는 장면을 '영화처럼' 보여주고, 사실상 본질적인 것이 지금 행위가 아니라 대사 속에 있다는 점을 우리가 잊게 한다.

이것이 언어 중심적 영화의 간계다.

이 모든 행위의 공통점은 그것이 정지 동작(손에 든 카드, 잔, 담배 따위를 멈추는 행동)이나 반대로 쓸어버리거나 파괴하는 동작(이는 언쟁이라는 고르디우스의 매듭을 임시로 끊어버리는 '말의 종결'을 상징한다)을 유발할 수 있다는 것이다. 외투 하나가 떨어지고, 인내심을 가지고 쌓아 올린 카드의 성城이 무너지고, 체스 두는 사람이 체스판 위에 있는 말들 전체를 쓸어버리고, 글씨를 썼던 칠판을 지우고, 출발하기 전에 커피 잔에 든 커피를 쏟아 모닥불을 끔으로써, 이와 동시에 의지의 대립, 언어적 대결에 종지부를 찍는

다(앤서니 만의 〈머나먼 서부〉 [1955]에서 빙하를 가로지르기 전에 모닥불을 둘러싸고 벌인 논쟁과 대결의 장면).

들리는 것과 보이는 것 사이에서 이루어지는 이런 왕복을 통해, 토론의 (일반적인) 내용과 (물질적인) 장면의 유희 사이에 언제나 **아무런 관계도 없이**(이것이 핵심 조건이다), 언어 중심적 영화는 말과 행위를 교착시키고 본 것과 들은 것을 하나로 '엮는'* 시청각 양식의 창조나 다름없다. 이렇게 관객은, 다른 식으로 처리했다면 아주 추상적이라고 생각했을 대화를 주의 깊게 따라가고, 나아가 만족한다. 관객은 영화 속에 있는 것이다!

물론 오랫동안 언어 중심적 영화의 가장 인기 있는 소품은 파이프, 시가, 담배였다. 즉이 중 하나에 불을 붙이거나, 상대방이 아직 들고 있는 성냥 불을 입김으로 끄려고 그의 손을 잡거나(히치콕의 〈북북서로 진로

1부. 역사

를 돌려라〉[1959]), 성냥불을 입으로 가져가거나, 한 문장을 마치고 담배 연기를 내뿜거나, 자기 담배에 불을 붙이면서 상대방의 담배에도 불을 붙여주거나(어빙 래퍼의 〈가자, 항해자여〉[1942]), 담뱃불을 입으로 가져가려는 동작을 멈추거나, 꽁초를 재떨이에, 신발 밑창에 짓이기거나 달걀프라이에 끄는 것(히치콕의 〈나는 결백하다〉[1955]), 이 모든 것이 구두점이고, 언어를 중심에 놓는 행위다. 담배는 순간적으로 말과 같이할 수 없거나 같이하기 힘든 입[□]의 행위를 가리키며 말을 변형시키기 때문이고, 언제든 이루어질 수 있는 말의 단절, 말의 휴지부를 시각화하기 때문이다. 어떤 인물이 말하거나 들을 때, 관객은 그의 입에서 나오는 연기의 소용돌이를, 말하거나 들은 단어의 시적이고 음악적인 연장처럼 지켜볼 수 있다.

먹거나 마시거나 다른 사람 입술에 자기 입술을 포개거나 따위와 같이, 결과적으로 말의 잠재적 중단을 암시적으로 표현하는, 입을 내포한 다른 행위에 대해서도 같은 말을 할 수 있다. 대화 상대가 뭔가 특별한 말을 했을 때 마시던 움직임을 중단하는 것은 방금 들은 내용에 구두점을 찍는 행위다. 꿀꺽 삼키려고 결심한 것, 이것은 화자와 관객에게 방금 말한 내용에 대해 생각할 시간을 주거나 방금 말한 내용에 울림을 주려고 하는 등의 행위다. 이렇게 마이클 커티즈의 〈카사블랑카〉 같은 영화는 술이나 담배를 무절제하고 매혹적인 용도로 처리한다. 위대한 언어 중심적 영화들은 사실상 알코올중독, 니코틴중독이다.

이런 용법이 너무도 견고하게 자리 잡은 나머지, 프랑스에서

---

* 이 말에 대해서는 「용어 해설집」에서 '엮기' 항목을 보라.

1950년대와 1960년대 영화들의 모더니티를 가르는 거의 유일한 기준은 이런 언어 중심적 기법들 목록과 구두점을 찍는 장면 연기 목록을 부분적으로나 전면적으로 포기했는가 아닌가에 달려 있게 되었다. 고다르의 〈네 멋대로 해라〉(1959)에 나오는 긴 '호텔 방의 대화'가 되었든, 트뤼포의 〈피아니스트를 쏴라〉(1960) 시작 부분에서 알베르 레미와 그를 구해준 사람의 즉흥 대화가 되었든, 에릭 로메르의 초기 영화들(〈수집가〉[1967])에서 백수와 예술가와 지식인들의 대화가 되었든, 여기서 말은 세계에서 분리된 활동 그 자체로 부각된다. 이런 영화들에서는 '관습적인' 영화에서처럼 말하지 않고, 앞서 언급한 목록이 전혀 소환되지 않는다.

물론 시선, 동작, 대화의 이중·삼중 유희와 함께 나오는 언어 중심적 영화는 연극 속에, 초기 발성영화 몇몇 속에 이미 있다. 그 가장 유명한 예는 마르셀 파뇰이 시나리오를 쓰고 알렉산더 코다가 연출한 〈마리우스〉(1931)의 카드놀이 장면으로, 한 비평가에 따르면 이 영화는 "장면, 동작, 눈짓 모두 [⋯] 탁월한 팬터마임이다."* 그러나 고전적 발성영화는, 물론 이를 위해 클로즈업을 엄청나게 사용하면서 그 온갖 가능성을 발전시키게 된다.

1부. 역사

연속의 예술

발성영화 고전주의의 또 다른 특성은 여러 세계 사이를 매개하는 수문水門이나 통로를 창조하는 것이다. 예컨대 비非디제시스 음악 시퀀스의 끝은 종종 그 장면에 나온 소음을 이용해서 다리를 설치하는 방식으로 쓰인다.

〈카사블랑카〉 시작 부분에서 막스 슈타이너의 교향곡은 저음으로 가라앉아 콘트라베이스의 무성 지속음으로 변하는데, 이는 땅에 착륙하는 비행기 프로펠러의 요란한 소리와 음악 없는 첫번째 대화 시퀀스 사이를 잇는 다리 역할을 하기 위해서다. 다른 한편, 이 유명한 영화 시작 부분에 주목할 만한 소음은 세 가지밖에 없는데, 그것은 (용의자를 체포하려고) 프랑스 경찰관이 부는 호루라기 소리, 도망치는 레지스탕스를 쓰러뜨리는 총소리, 서로 다른 인물들의 고개를 들게 만드는 프로펠러 비행기의 윙윙거리는 소리다. 그러나 이 소음 세 가지는 나머지 모든 것이 이를 중심으로 조직되는 세 개의 지점과 같다. 풍성한 교향곡은 호루라기 소리를 준비하고, 총소리를 예감하게 하고(총소리가 나올 때는 이 소리가 들리도록 교향곡이 잠시 멈춘다), 마지막으로 점점 줄어들어 비행기의 요란한 소리와 뒤섞이고, 이 도시의 비행장에서 음악 없이 전개되는 대화 장면에 자리를 내준다. 여기서 소음은 분위기의 지속적인 짜임새를 이루는 것(이는 음악이 맡는다)이 아니며, 소음 자체가 사건이다. 즉 용의자를 봐서 호루라기를 불고, 총을 쏴서 사람

---

* René Bizet, "Un grand film français," in *Pour Vous*, n° 152, 15 octobre 1931(Roger Icart, *op. cit.*, p. 265에서 재인용).

을 쓰러뜨리며, 비행기가 슈트라세 소령을 태우고 카사블랑카에 착륙한다.

그러나 이 비행기 소리는 다른 것도 구현하고 있다. 내가 **근본적인 소음**이라고 일컫는 것인데, 이런 의도에서 관현악곡으로 작곡된 슈타이너의 음악은 이 소음 속으로 사라지게 된다.

이렇게 고전영화가 도달한 소리의 통일성은 위계화되었다. 주변 음향과 소음 들을 희생해서 만든 것이기 때문이다. 즉 소음은 점과 같은 기능, 과도기적 기능, 짧은 사건의 기능을 갖는데 종종 음악에 통합되고, 음악은 오페라에서 그렇듯 정확한 자리, 한정된 자리를 소음에 부여한다.

그러나 고전적인 언어 중심적 영화는 때로 소음에 '독주獨奏'의 기회를 부여하는데, 여기서 소음은 훨씬 충격적인 시퀀스에서 국부적으로만 개입한다. 르누아르의 〈게임의 규칙〉에서 대사 없이 지속되는 2분간의 총소리(사냥 장면)가 그렇다. 이 2분의 시간은 우리에게 그 나머지 부분에서 소리의 세계가 그 자체로 존재하지 않는다는 사실을 잊게 만든다. 동시에 말이 아주 많은 나머지 부분의 맥락은 말 없는 살육이 진행되는 이 2분에 잊지 못할 힘과 냉담성을 부여한다.

고전영화 고유의 또 다른 효과는, 디제시스 음악과 비디제시스 음악 사이에 감지할 수 없을  정도로 다리를 놓는 것이다. 장 가뱅과 미셸 모르강이 축제에서 만났을 때 벌어지는 〈안개 낀 부두〉 첫번째 키스 시퀀스에서, 4분의 3박자의 리듬을 유

I부. 역사

지하면서 우리는 점차 한 음악에서 다른 음악으로 옮겨간다. 즉 소음을 동반해 회전목마 손풍금에서 나온 것처럼 울리는 시장터 축제의 디제시스 자바 음악에서, 마찬가지로 모리스 조베르가 작곡한 교향곡 왈츠의 피트 음악으로 이행한다. 입을 다물고 부르는 합창곡을 포함한 이 왈츠는 유명한 키스 장면에 나온다. 그러나 각기 떨어져서 떠나는 인물들의 이동에 맞춰 축제 소음들이 멀어질 때 독주로 나오는 아코디언 소리가 음악적 다리 역할을 수행한다. "아시죠? 당신은 눈이 참 예뻐요"라는 가뱅의 말에, 모르강은 ("말씀 그만하세요"를 뜻하기도 하는) "키스해주세요"로 대답하는데, 이 대화는 순간적으로 이 두 인물을 몇 초간 시간 밖으로 데리고 가는 정확한 이행의 순간에 나온다. 그리고 키스가 끝난 후 강타하는 듯한 축제 음악이 고의로 분위기를 깨면서 인물들을 다시 현실로 되돌려놓는다. 이런 순간들은 카르네에게나 커티즈에게나 놀라울 정도로 실행되는데, 사람들은 종종 고전영화라는 구실을 들어 이를 관찰하거나 그 예술의 음미를 등한시한다.

더 일반적으로 사람들은 부당하게도 고전영화에서 소리의 예술을 업신여긴다. 그것이 연속의 예술이기 때문이며, 어떤 모더니즘은 불연속적인 것만 이해하려 들고 불연속적인 것만 존중하기 때문이다. 고전적인 언어 중심적 영화는 종종 감지할 수 없는 이행, 디졸브, 무난한 연결arrondi을 놓고 작업한다. 고전적인 가창 예술이 음표를 정확하게 노래하는 것으로 환원되지 않고 **가창의 선**線을 창조하는 데 있는 것처럼, 고전영화에서 소리의 예술은 상당 부분 선線의 아름다움에 근거를 두고 있다. 즉 히치콕의 〈이창〉 (1954)에서 그레이스 켈리가 방에 들어오는 장면의 특징 — 성악가의 발성 연습은 자동차 소음과 뒤섞이면서 **점점 약하게** 고음으로 사라진다*──을 이루는 청각적 디졸브나, 〈카사블랑카〉에서 장면들 사이의 전이, 또는 〈안개 낀 부두〉의 첫 키스에 나오는 축제 장면의 전이 따위와 같은 '청각적 디졸브'는 다시 평가하고 음미하고 연구할 가치가 있다. 다른 한편, 이 예술은 사라지지 않았지만──랜다 헤인스의 〈작은 신의 아이들〉(1986) 끝부분에서 말리 매틀린과 윌리엄 허트가 재회하는 장면을 떠올려보자──, 여전히 거의 인지되지 못하고 있다.

1930년대 말과 1940년대 말 사이는 영화사에서 영화들이 가장 연속적인 시기였다. 가장 탁월한 영화들이나 평범한 영화들, 그리고 이보다 좋지 않은 영화들에서 같은 속도로 말하는 대화들, 대화들, 대화들만 나왔다. 대화가 없을 때는 음악이 빈칸을 채우고 시간을 균등하게 만들었다. 영상은 광택 있고 균형 잡힌 흑백이었다. 데쿠파주는 각기 자기 자리와 자기 의미를 가지는 수사학처럼 기능했지만, 배우들의 연기는 엄격하게 한정되고 프레이밍되었다. 따라서 이런 영화들 몇몇은 완벽했지만, 지나치게 매끄러웠다. 이는 어디서 온 것인가? 아마도 말에서 온 것이다. 말은 무성영화에 침입해서 문제를 일으켰고, 이 문제를 없애기 위해 모든 것이 말 중심으로 다시 조직되어야 했고, 행위를 보는 것과 말을 듣는 것 사이의 빈틈이나 고르지 않아 보이는 것은 모두 메워져야 했다.

말이 들리기 전, 이른바 무성영화일 때 영화는 한결같은 리듬에 종속되지 않았다. 영화는 자기 속도를 늦추거나 빠르게 할 수 있었고, 인물들이 말하지 않는 순간이 구멍이 되지는 않았다. 이런

---

*   당시 개봉된 이 영화의 프랑스어판에서는 내가 전혀 알 수 없는 이유로 이 '점점 약하게'를 무시하고, 성악가의 가창을 '아주 세게'에서 갑자기 중단시키는 쪽을 선택한다.

영화들의 맥박은, 이후 다시 불균등해진 데서 알 수 있듯 균등하지 않을 수 있었다. 그리고 소리가 왔다. 소리는 이미 영화가 속도를 안정화시키도록, 탄력적이고 유연해질 때까지 시간을 고정하도록 기계적으로 강제했다. 그러나 영화가 일단 말하기 시작하자 시간을 멈추거나 느리게 하거나 빠르게 할 수 없었다. 〈파리의 지붕 밑〉처럼 대사가 간헐적으로 나오는 유성영화들은 불안감을 불러 일으켰다. 말과 미장센 사이에 공백이 생기는 것을 피하려고 말하는 부분이 지속적으로 지배할 의무가 있었고, 때로 산만한 내러티브적 음악이 말하는 부분을 이어받았다. 이렇게 영화는 조화롭고 아름다운 산문에 들어 있는 연속적 리듬을 획득했다. 따라서 리듬의 단절과 더불어 시적 영화의 가능성이 존속할 수 있었던 코미디 뮤지컬을 제외하고, 발성영화는 영화의 시간을 매끄럽게 하는 경향이 있었다. 부득이한 경우 행위가 종결될 때 영화 끝부분에서 약간의 가속이면 충분했다. 아니면 소음, 시선, 행위 들만 말하기 시작하는 '진실의 순간'에 음악은 멈추고 대사가 조용해졌다. 연극적인 말은 이 순간 최고치에 이르렀다.

이와 동시에 바로 이 시스템 내부에서 균열과 틈의 가능성이 생겨났다. 특히 누아르 영화에서, 텍스트적인 말로서 보이스오버 내레이션이 출현한 것이다. 대화가 나오는 영화의 한가운데서, 이 보이스오버 내레이션은 공백을 만들고 부재를 파고들기 시작했다. 때로는 서툰, 때로는 당황스러운, 약간은 내밀하고 떨리는, 아니면 건조하고 예리한 보이스오버 내레이션은 (때로는 몇 초에 불과하지만 값진) 최소한의 개입으로 또 다른 차원을 열었고, 영화를 순간적으로 자기 내러티브 초기 체제, 즉 변사의 체제로 되돌렸다.

⟨로라⟩에서 보이스오버 내레이션
: 열고서 닫지 않은 큰따옴표

영화사가들은 발성영화 초기(마물리언의 ⟨도시의 거리⟩[1931])부
터 보이스오버 내레이션의 흔적을 추적했지만, 몇 사람은 정당하
게도 더 멀리까지 거슬러 올라갔고, 변사(일본의 벤시)와 함께 영
화사의 완전 초기에서 그 흔적을 찾는다. 이런 영화들과 발성영
화에 나오는 보이스오버 내레이션(특히 빌리 와일더의 ⟨이중배상⟩
[1944]이나 자크 투르뇌르의 ⟨과거로부터⟩[1947]같이 더 유명한 누
아르 영화들에 나오는 보이스오버 내레이션)의 차이는, 후자가 정확
히 불연속성, 간헐성, 순간성, 나아가 비논리성을 갖는다는 점이다.
누아르 영화의 보이스오버 내레이션은 아주 빨리 사라지지만 흔
적을 남긴다.(오토 프레민저의 ⟨로라⟩ 전체에서 보이스오버 내레이
션은 얼마나 지속될까? 삼사 분 정도지 그 이상은 아니다…) 그러나
그 자취는 이 영화 전체에 계속 남아 있고, 그 침묵은 당황스럽게
한다.

⟨로라⟩ 같은 고전영화에서 보이스오버 내레이션 체제는 어떠
한가? 촬영 이전에 나온 최초 시나리오에서는, 이 영화에 영감을
준 비라 캐스퍼리의 소설에서처럼 서로 다른 화자 세 명이 나오기
로 되어 있었다. 내가 아는 이 영화에는 목소리 하나만 남아 있는
데, 그것이 클리프턴 웹이 연기한 월도 라이데커(로라의 피그말리
온)의 목소리다. 이 목소리는 공식적으로는 두 번만 개입하고, 세
번째는 몰래 개입한다.

먼저 이 중에서 두번째 개입부터 다루기로 하자. 이것은 가장
고전적인 경우인데, 월도가 형사 마크 맥퍼슨(데이나 앤드루스)에

게 자신이 어떻게 로라 헌트(진 티어니)를 알게 되었고, 그녀의 출
세를 이끌었는지를 이야기할 때 나온다. 식당에서 전개되는 이 에
피소드에서 그의 목소리는, 과거로 되돌아가는 장면들을 이끌고
지탱한다. 이는, 고전적인 경우가 언제나 영화에서 간직하고 있는
모호성과 더불어 이루어진다. 우리가 보는 장면들, 이를 소개하는
월도가 불러들인 장면들을 사실상 실제라고 간주해야 하는가, 아
니면 히치콕의 〈무대 공포증〉(1950)에 나오는 유명한 가짜 플래
시백처럼, 이 영화가 나중에 이런 영상들을 뒤엎고 허구적 본성을
폭로하게 될 것인가? 그러나 '이건 이렇게 된 거야'나 '화자가 지어
낸 거야'라는 문제를 넘어, 이보다 훨씬 더 중요한 또 다른 문제가
영화에 제기된다. 이야기의 앞뒤를 에워싸는 큰따옴표를 닫는 문
제가 그것이다. 한 서사가 다른 서사 속에 끼어드는 에드거 앨런
포의 단편소설이나 디드로의 『운명론자 자크와 그의 주인』에서
는 텍스트 속에, 아니면 우리 눈앞에 지속적으로 존재하는 구술성
의 표지나 이야기의 표지가 종종 나온다. 그런데 영화에서 이 표지
들은 지워지는 경향이 있고——이야기한 것처럼 처리된 '큰따옴표
사이의' 영상이라는 시각 코드를 만드는 것만큼 쉬운 일은 없기 때
문이다*——, 아니면 보이스오버 내레이션이 나온 영화들은 내러
티브의 큰따옴표를 열고 이를 다시 닫는 것을 빈번하게 '잊어버리
는' 습관이 있다.

　　영화에서 우리가 보는 많은 시퀀스의 내러티브적 지위——이
시퀀스들은 인물의 이야기 속에 있는가? 그 자체로 존재하는가?

---

* 　어떤 영화에서는 컬러 장면에서 흑백으로 전환하거나, 그 반대로 한다.(프레민저
　　의 〈슬픔이여, 안녕〉[1958]에서 현재는 흑백으로, 과거는 컬러로 나온다.)

──는 모호함 속에 있고, 이 모호함이 게임의 일부를 이룬다. 이는 영화에서 어떤 이야기를 시작한 큰따옴표나 연결부호 닫는 일을 감추는 것이고, 그다음 '마치' 예컨대 그것이 하나의 이야기라는 점을 잊어버린 양 처리함으로써 예고 없이 내러티브 체제를 바꾸는 것이다. 이런 의미에서 발성영화는, (장편소설, 단편소설, 서사시, 연극, 오페라를 포함하는) 모든 극적이고 내러티브적인 형식 중 관객의 동의 아래 가장 지속적으로 이중 유희를 하는 예술이다. 관객은, 자신에게 제시된 것을 취해서 다른 식으로 다시 진술하거나 또 다른 차원에 놓는 것을 받아들일 준비가 되어 있다.

월도가 마크에게 이야기하는 장면은 우리의 인지 영역에 있다. 즉 월도의 목소리는 몽타니노 식당이라는 구체적인 장소에서 이륙했다. 이야기를 끝내려고 목소리가 착륙하는 곳도 바로 그곳이다. 얼마 지나지 않아 식당 앞에서 두 남자가 서로 헤어지는 모습이 보이는데, 이때 월도의 보이스오버 내레이션은 (조금 뒤에 보게 될 것처럼, 거의) 끝난 것이다.

이 '플래시백' 공간에서 또한 영화의 매력을 보여주는 자가당착 하나가 출현한다. 제비족 셸비 카펜터(빈센트 프라이스)와 로라 사이에 전개되는 장면 하나가 나오는데, 이것은 이 장면들을 말하는 사람인 월도가 (그가 지붕 아래를 꿰뚫어 보는 악마 아스모데우스가 아니라면) 보고 있지 않은 것으로 여겨지는 장면이다. 그러나 이것은 보이스오버 내레이션에서 '고전적 왜곡'이라고 부를 법한, 영화가 결코 스스로 포기한 적 없던 왜곡이다.

월도의 첫번째 개입은, 유념해서 보면 영화 전체의 보이스오버 내레이션 역사에서 물론 훨씬 더 특별하다. 이 내레이션은 영화를 멋지게 개시한다.

"나는 로라가 죽은 주말을 절대로 잊지 못할 것이다. 은빛 태양이 거대한 확대경처럼 하늘에서 타오르고 있었다. 내가 기억하는 한 가장 더운 일요일이었다. 내가 뉴욕에 남아 있는 유일한 사람이라는 생각이 들었다."

과거형과 문학적 양식을 사용하는 이 목소리는 어디서, 즉 어떤 시간상·공간상의 지점에서 말하는가? 보이스오버 내레이션의 이 첫번째 개입은 여느 개입들과 달리, 월도가 다른 누군가에게 하는 고백이나 〈이중배상〉처럼 녹음기에 대고 하는 고백으로 자리 잡은 것이 아니다. 또는 편지 ── 막스 오퓔스의 〈미지의 여인에게서 온 편지〉(1948)를 보라 ── 와 연관된 것도 아니고, 누군가 손에 움켜쥔 글(유언, 고백, 서류, 일기)이나 수많은 영화에서처럼 누군가 잠깐이나마 끄적거리는 글과 연관된 것도 아니다. 결론적으로 그것은 이 말이 뱉어진 장소와 시간으로 귀착된 것도 아니다. 이야기를 끌어들이고 나면("그 경찰들 하나가 다시 나를 보러 왔다"), 공중에 떠 있게 된다. 큰따옴표는 결코 다시 닫히지 않았다.

어떤 의미에서 우리가 듣는 이 텍스트가 뭔가와 결부된다면, 그것은 살아 있는 월도와 결부되고, 그의 집을 뒤지던 마크가 목욕탕의 작은 판자 위에 놓여 있던 타자기 앞에서 발견한 텍스트와 결부되는데, 이 텍스트는 결코 우리에게 제시되지 않는다. 다른 한편, 이 장면에서 글의 물질성에 대한 어떤 참조 지점도 없다. 즉 타자기 탁탁거리는 소리도, 종이 구기는 소리도 없다. 그렇다면 월도가 자신의 현재를 과거형으로 썼을까? 그는 그 순간에 "나는 살짝 열린 문틈으로 경찰을 볼 수 있었다"라고 썼을까? 그러나 현재를 이런 식으로 그 자리에서 조각상처럼 만드는 방식은 그와 잘 어울릴 것이다. 아무튼 이 장면의 프레임이 글쓰기의 일정한 지점을 잘 보여준다는 점은 변함이 없는데, 그 지점은 월도가 말하는 장소이며, 그가 만들어내는 동시에 그 주변에서 시간과 장소를 중단시키는 지점이다.

상당히 불확실한 지위로 영화에 들어온 월도의 목소리는 그래도 역시 특별하고 거의 마술적인 방식으로 영화에서 나가게 된다. 그것은 머리를 매만지면서 로라가 듣는, 월도 자신도 그녀를 '다시 죽이려고' 준비하면서 듣는 '라디오 강연'이다. 월도는 이 강연을 실제 시간에 위치시킴으로써("15분 뒤에 나올 내 방송을 들으시오") 등장인물들이나 관객보다 앞서 이를 예고한다. 영화적 시간의 양식화 덕분에 이 강연은 겨우 5분 뒤에 우리에게 들리지만, 그 이후 행위는 중단 없이 이어진다. 귀에서 조금 더 멀리 떨어져 있고 조금 덜 음악적이며 약간은 더 건조한 어조이지만, 그것은 우리가 시작 부분에서 들었던 것과 같은 목소리이고, 전혀 '라디오방송'으로 처리되지 않은 목소리다. 여기서 '라디오방송'으로 처리되지 않았다는 말은, 필터링과 반향음 기법 덕분에 라디오 스피커에서 나오는 것처럼 구체적 배경의 공간에 자리 잡지 않은 소리라는 뜻이다. 로라가 아무 생각 없이* 머리를 매만질 때 그녀가 듣는 라디오 프로그램 목소리는, 그녀에게뿐만 아니라 우리의 귀에 대고 이렇게 말한다. "사랑은 삶보다 훨씬 더 강력하다. 사랑은 죽음의 어두운 그림자를 뛰어넘는다." 우리의 것이기도 한 이 목소리는, 로라에 대한 우리 명상의 목소리다.

영화 시작 부분에서 그런 것처럼, 월도는 건조한 디제시스 속

---

* 그녀가 아무 생각도 하지 않는다는 것을 내가 어떻게 아는가? 이 단언은 분명 순전히 자의적인 투사일 뿐이고, 그냥 그렇게 받아들이자. 한 가지 분명한 점은, 로라가 어떤 감정이나 특별한 걱정을 외적으로 드러내지 않는다는 것뿐이다.

목소리로 자신의 보이스오버 내레이션에 개입할 생각을 하고, 자기에게서 벗어난 자기 말의 매력을 스스로 깰 생각을 한다. 이는 간결한 대사를 던짐으로써 이루어지는데, 그것이 "그  렇게 되는 거야, 안 그래, 로라?"라는 대사다. 이것은 (첫 부분에서처럼) 이상화된 과거도 아니고 (라디오방송에서처럼) 시간을 벗어난 영원한 현재도 아니라, 바짝 마른 그의 몸의 경계를 둘러싼 오만하고 신경질적인 지금 여기에서 나온 말이다.

따라서 〈로라〉에는 이 영화의 대극에 놓인 두 장면이 있고, 여기서는 화자의 목소리가 황폐한 영상(첫 부분에서 월도의 빈 아파트)이나 관조적인 영상(자기 거울 앞에서 밤에 잘 준비를 하는 로라) 위에 울림으로써, 대화가 언어 중심적으로 처리된 매끄러운 완숙성을 깨뜨리고 공백을 만들어낸다. 그러나 이 모든 것은 이 영화 한가운데 위치한 장면 하나를 중심으로 조직된다. 그것은 큰 변화가 일어나는 세번째 장면(마크가 로라의 아파트에서 어슬렁거리는, **대사 없이** 전개되는 유명한 장면)인데, 여기서는 공백이 말의 침묵 자체에서 솟아오르고 사랑의 가능성이 솟아난다. 이때 일종의 빈 틈이 이 영화를 침범하고, 정교하게 쓰인 대사와 절제된 연기, 편집광적 연출 따위의 무거운 구속을 넘어선다. 그 빈틈은 돛을 부풀어 오르게 하는 바람처럼 형식을 확장하고 부풀어 오르게 한다. 영화 〈로라〉는 이 돛 세 개로 항해한다.

6장. 바벨탑

이제부터 언어에 닻을 내린 영화

비평가이자 감독인 루이 델뤽은, 1920년 당시까지 무성영화*라고 일컫지 않았던 영화의 한복판에서 다음 관찰을 했다. "관객은 영화를 절대적인 것으로, 다시 말해서 날짜도 기원도 사투리도 없는 것으로 간주한다. 관객에게 이 드라마가 영어로, 이탈리아어로, 프랑스어로 촬영되었다는 사실을 우격다짐으로 들려준다면entendre[원문 그대로의 표현이지만 '암시한다면sous-entendu'이 맞을 것이다. 즉 일정한 방식으로 보여주고 연기해서] 관객은 불만을 품게 될 것이다."

자막으로 나오는 말이 드물고 목소리가 없었기 때문에, 무성영화에서 많은 경우 인물과 사건은 추상적이라는 일정한 특성을 간직하면서 본질에 머무를 수 있었다. 이때 타이틀 시퀀스나 중간 자막에는 가랑스, 렛 버틀러나 움베르토 D. 같은 고유명사가 아니

---

* 이 용어는 '유성영화'나 '발성영화' 초기 이후 상당히 급속히 나타난 것으로 보인다.

라, 사랑하는 자기(데이비드 워크 그리피스의 〈편협〉[1916]), 부랑자(채플린 영화), 도시 여자(프리드리히 빌헬름 무르나우의 〈일출〉), 중국인(그리피스의 〈짓밟힌 꽃〉[1919]) 같은 말들이 나왔다. 행위의 장소도 대개 국제적 장소였고 아니면 집, 도시, 평야…같이 구체화되지 않는 비국가적 장소였다. 발성영화가 도래하면서 이 모든 것이 바뀌었고, 인물들에게 목소리를, 따라서 언어를, 인종적 정체성을, 대개는 고유명사를 부여했기 때문에 이제 인물들은 훨씬 더 일상적이고 구체적으로 자리 잡은 현실 속에 잠겨들었다.

따라서 발성영화는 영화에 바벨탑의 분할을 도입했다. 뱅자맹 퐁단은 1931년 이렇게 지적했다. "발성영화 테크닉은 나라 수만큼의 생산물로 영화를 분할했다."

영화의 국제적 배급으로 인해 초창기에 도입된 해결책은 아주 많고 혼란스러웠으며, 이는 각기 고도로 다양하고 혼합적인 전략을 사용한 영화들 자체를 반영한다는 점이 알려져 있다. 즉 두세 장면만 발성이고 80퍼센트 정도가 무성이거나(최초의 공식 '발성' 영화인 〈재즈 싱어〉의 경우), 무성으로 촬영한 뒤 사후에 스튜디오에서 그 나라의 말로 부분적으로나 전체적으로 녹음하거나, 단호하게 이중 언어 판으로 제작하거나(한 수도首都에서 다른 수도로 전화하는 두 젊은이가 주인공인 〈베를린? 여기는 파리〉에서처럼), (자주 도입되고 비용이 많이 드는 해결책이지만) 각기 다른 나라 배급을 염두에 두고 같은 배경에서 둘 이상의 판으로 촬영하거나, 마지막으로 자막이나 더빙을 도입하는 것이다. 더빙은 문화적이거나 경제적인 이유로 줄곧 몇몇 나라에만 남아 있다. 예컨대 아이슬란드나 네덜란드, 남미 대륙 대부분에서는 자막 처리가 지배적인데, 이는 시장의 양적 취약성이나 ─더빙은 너무 비싸다─, 사투리나 배급 기관 같은 복잡한 문제 때문에 어쩔 수 없이 도입한 것이다.

발성영화 초기에는 많은 영화가 이중 언어나 삼중 언어였고, 더욱이 제1차 세계대전에 대한 프랑스-독일 합작영화들이 그랬는데, 이런 영화들에서는 각자 자기 나라 말을 한다. 이 때문에 역설적으로 언어의 장벽을 넘어, 여기나 저기나 군인들이 모두 남자라는 점이 돋보였다(게오르그 빌헬름 파브스트의 〈서부전선 1918〉[1930], 〈나무 십자가〉). 또한 이중 언어 코미디(〈베를린? 여기는 파리〉), 이중 언어 멜로드라마(존 포드의 〈플레쉬〉[1932]) 따위의 시도도 있었다. 이 문제는 분명 만족스럽게 해결되지 않았고, 관객이 로만 폴란스키의 아름다운 영화 〈피아니스트〉(2002)에서 폴란드인들은 영어로 말하고 독일인들은 독일어로 말한다는 사실을 받아들이는 것과 같은 약간의 이해심이 필요했다. 이것도 다른 관습처럼 관습이다. 때로는 문화적이고 사회적인 주장을 할 목적으로 각자 자기 진짜 언어를 말하는 것이 중요하다.(파업 중인 스페인인들이 스페인어로 말하는 허버트 비버먼의 미국-멕시코 합작영화 〈세상의 소금〉[1954]이나 수족族이 자기 언어로 말하고 이를 자막 처리한 케빈 코스트너의 〈늑대와 춤을〉[1990]이 그렇다.)

야닉 무랑에 따르면, "존 휴스턴의 〈크렘린 레터〉에서는 매번 새로운 장면이 나올 때마다 인물들이 러시아어로 말하기 시작하고 자막으로 영어 번역문이 나오다가, 몇 초가 지나면 러시아어가 사라지고 영어에 자리를 넘겨준다. 그러나 이런 기법이 수없이 반복되면, 관객은 영어를 듣고 있을 때도 이 인물들이 러시아어권 사람들이라는 점을 절대 잊지 않는다."* 아모스 지타이는 〈케드마〉

---

* Yannick Mouren, "Le don des langues," in *Positif*, n° 453, novembre 1998, p. 67.

142   1부. 역사

(2002)에서 이윽고 그들의 나라가 될 땅에 배로 상륙하는 이민자들을 제시함으로써 이스라엘의 탄생을 보여주려고 한다. 이들은 처음에는 러시아어, 이디시어, 독일어, 히브리어 따위의 온갖 언어로 말하고, 불가피하게 서로가 서로를 이해하지 못한다. (어쩔 수 없지만) 불행하게도 프랑스 관객에게는 프랑스어 자막이 모든 언어를 매끄럽게 만들어서 통합시킨다.

영화에서 언어의 문제

한 영화의 언어와 그 배우들의 국적이 반드시 행위의 국적을 말하지는 않는다. 대략 1930~50년대에 프랑스에서는 프랑스어를 쓰는 프랑스 배우에게 러시아인 연기를 시켜도 십중팔구 문제가 되지 않았다. 오늘날 이런 경우가 아직도 있지만, 미하엘 하네케의 〈피아니스트〉(2001) 같은 영화에만 상당히 드물게 나온다. 이 영화의 행위는 오스트리아 빈에서 전개되지만, 이자벨 위페르와 브누아 마지멜이 프랑스어로 오스트리아 인물들을 연기했다. 불로뉴 스튜디오에서 찍은 줄스 다신의 〈토프카피〉(1964)는 튀르키예 이스탄불에서 전개되고, 영국인 피터 유스티노프, 그리스인 멜리나 메르쿠리, 오스트리아인 막시밀리안 셸이 프랑스어로 말한다. 그리스에 군부독재가 시작된 사건을 환기하는 콘스탄틴 코스타-가브라스의 〈Z〉(1969)는 이브 몽탕, 자크 페랭, 장-루이 트랭티냥 같은 배우가 프랑스어로 연기했다. 한편, 이 감독은 다른 영화에서도 칠레(〈계엄령〉[1973])나 체코슬로바키아(〈자백〉[1973])를 배경으로 행위가 벌어지도록 설정했고, 그곳에서 프랑스 배우들이 프랑스어로 연기하는 것을 듣는 게임에 동참하라고 우리에게 요구했다. 앙드레 테시네의 영화 〈브론테 자매〉(1979)에서는 브론테 자매들이 프랑스어를 쓰며, 이자벨 위페르, 이자벨 아자니, 마리-프랑스 피지에의 용모를 하고 있다.

마찬가지로 그리스 감독 미카엘 카코야니스는, 니코스 카잔차키스의 소설을 각색한 〈그리스인 조르바〉(1964)에서 앤서니 퀸에게 영어로 말하게 하고 조르바 역을 시키는데, 이 배우는 잘 알려져 있듯 경력 내내 에스키모 역, 아랍인 역, 인도인 역, 이탈리아인 역(펠리니의 〈길〉[1954])을 맡았다.

오리지널판에 대한 (이해할 만한) 숭배와 영화 애호는 때로 기이한 오해를 만들어낸다. 독일 관객에게는 베르톨트 브레히트와 쿠르트 바일의 오페라를 각색한 〈서푼짜리 오페라〉의 행위가 영국 런던에서, 소호의 악명 높은 지역에서 전개되는 것이 잘 이해된다. 인물들이 서로를 제니, 몰리 피첨, 매키라고 일컫고 배경에 영어 간판들이 있지 않은가? 이와 반대로, 공영방송 아르테 채널에서 독일어 오리지널판으로 이 영화를 본 프랑스 관객 대다수에게 이 영화는, 모두 독일어로 말하고 노래하기 때문에 독일에서 전개되는 영화다.

무국적 영화

특정한 나라에서 행위를 전개하지 않으려고 온갖 애를 쓰는 발성영화들이 있다는 사실은 잘 알려져 있지 않다. 사람들은 이런 영화들에 고집스럽게도 지리적 정체성을 부여하려 하지만, 그건 이들

영화의 것이 아니다. 이런 무국적 영화들은 우리 생각보다 훨씬 많다. 오슨 웰스의 〈심판〉(1962)은 프란츠 카프카가 원했던 것처럼 불특정 나라에서 전개된다.* 마르크 카로와 장-피에르 죄네의 〈잃어버린 아이들의 도시〉(1995)는 무국적 이야기이고, 프랑스 관객은 바로 그렇게 받아들였지만, 이 영화를 자막이 붙은 오리지널판으로 보면서 도미니크 피농의 '괴상한 얼굴'을 알아보는 미국 관객이나 아르헨티나 관객은 무국적이라 이해하기 훨씬 어려워진다. 반면 프랑스 시네필들은 안드레이 타르콥스키가 찍은 일곱 편의 영화 중 세 편(상당히 많은 편이다), 즉 〈솔라리스〉(1972), 〈잠입자〉

(1979), 〈희생〉(1986)이 의도적으로 모호한 나라에서 전개되는 무국적 이야기라는 것을 기이하게도 인식하지 못한다. 이 작가감독은 고의로 인물들의 이름을 범세계적인 것으로 설정하고 배경, 대화, 제목 따위에서 한 나라의 특징을 드러내지 않으려 많은 애를 썼다. 분명 배우들은 러시아 배우들이고, 그들이 말하는 언어도 러시아어이며, 감독의 영혼도 러시아의 것이지만, 행위는 전혀 러시아적이거나 스웨덴적이지 않다. 등장인물 이름이 크리스 켈빈, 스나우트, 헨리 버튼, 지바리언인 〈솔라리스〉 같은 영화는 러시아인에게 정확히 러시아에서 전개되는 것으로 받아들여지지 않는다. 그러나 기이하게도, 서구 비평계나 관객 일부

---

* 인물들의 이름은 십중팔구 독일 이름인데 더 상세한 설명은 없고, 소설에서 도시, 거리, 나라의 어떤 이름도 제시되지 않는다.

는 언어적 이국성 때문에 이 작품의 보편적 정신 속에 들어가기를 거부한다. 〈잠입자〉에서 세 인물은 잠입자(영어에서 빌려온 별명), 작가 그리고 교수다… 소련의 검열을 피하기 위해서였을까? 그러나 스웨덴에서 제작되고 (국제적 캐스팅이 이루어졌지만) 스웨덴어로 말하고 연기한 〈희생〉에서 행위의 국적을 특정하지 않으려는 똑같은 의지가 나타난다. 어떤 스웨덴 도시나 지방도 알렉산더, 오토, 아델라이드, 작은 소년, 빅토르, 마르타처럼 지나치게 한 국가를 드러내는 고유명사도 없다…

이브 몽탕이 나오고 대부분을 파리 라데팡스 국제 구역에서 찍은 앙리 베르뇌유의 〈이카루스의 비밀〉(1979)은 서구의 불특정 국가를 배경으로 한다. 그러나 파리 지하철을 배경으로 프랑스 배우들이 연기하고, 인물들의 이름이 프레드와 헬레나인 뤽 베송의 〈서브웨이〉(1985)는 어디서 전개되는가? 이와 반대로 자크 타티의 〈플레이타임〉(1967)은 국제적 제목이 붙었지만, 반드시 무국적 영화는 아니다. 이 영화 아이디어 전체가 파리에 있다는 사실에 기반을 두고 있고, 현대식 건물들의 유리창에 반사된 형태로 파리 모습도 얼핏 볼 수 있다.

미국 영화: 언어적 대결의 영화

발성영화가 도래하자 각 나라 영화는 다소 빠르게 영화 속에 고유한 전통 및 대화와 텍스트를 이용하는 자기만의 방식을 만들었다. 나는 여기서 발성영화와 관련된 국가적 관행과 양식의 다양성을 철저하게 고찰할 수 없으므로, 단지 특별하게 시사적이라고 판단한 세 가지 경우만 빠르게 검토하는 데 만족할 것이다. 그것이 미국 영화, 이탈리아 영화, 프랑스 영화다.

미국 영화는 겉보기에 역설적이다. 전 세계에 '액션 영화' 모델을 제시한 것처럼 보이는 동시에, 생각보다 끝없는 대화들에 훨씬 더 의존하기 때문이다. 그러나 이 대화들은 언제나 상황 속에 있고 인물들 간의 소통이나 대결 상황과 이어져 있기 때문에 묵직하지 않다. 또한 미국 영화는 기꺼이 소송을 걸기 좋아해 논쟁, 설교, 연설(프랭크 캐프라의 〈스미스 씨 워싱턴에 가다〉[1939])을 아주 좋아하고, 말할 것도 없이 논고, 조사, 변론과 함께 전개되는 재판을 아주 좋아한다. 미국 대통령이 될 운명을 타고난 젊은 변호사 에이브러햄 링컨의 첫번째 소송을 다룬 존 포드의 〈청년 링컨〉(1939)처럼, 위대한 법정 영화들은 미국에서 나왔다. 〈세 부인에게 보낸 편지〉(1949)의 조지프 맹키위츠 같은 '말의 감독'에 대해 그와 작업한 배우 마이클 케인은 이렇게 말한다. 그는 "말을 보여줄" 줄 알고 대사, 보이스오버 내레이션, 모순적 증언을 방대한 소송의 조각처럼 대결시키는 감독이라는 것이다. 미국 영화에서 말을 즐기는 취향은 사실상 근본적으로 구어적이며, 각자 자기 할 말이 있을 수 있다는 민주적 체계에 대한 믿음을 가리킨다.

종종 시나리오 구조 자체가 정正과 반反의 원리에 호응한다. 미국 영화는 대개 설득하고 자기 말을 듣게 하기 위한 90분이다. "내 말 좀 들어봐요." "잠깐만." "내가 말 좀 하게 해줘"는 미국식 대화의 일상을 이루는 대사들이다.(그리고 더빙을 통해 프랑스식 대화에는 "너는 나한테 이렇게 말하고 있는데…"로 옮겨진다.) 대사 사이의 침묵과 이런 침묵을 지탱하는 숏은 듣는 강도強度를 담당하고 있어서 방금 전에 말한 것을 울리게 하거나 반박할 말을 준비하게 한다. 영상, 소리, 특수 효과, 몽타주에서 나타나는 기술적 실행의 '완벽한' 측면은 모두 영화에 대한 구어적口語的 구상에 참여한다. 사물이나 배경은 유럽 영화에서 나타나는 실체성, 존재감이 거의 없고 단지 증명의 증거일 뿐이다. 반면, 여기서 배우들의 몸은 총체적이고 사회적이며 민족적인 개인의 위엄을 갖고 있으며 아일랜드인, 스웨덴인, 노르웨이인, 폴란드인, 스코틀랜드인같이* 출신을 가리키는 고유명사로 지칭된다. 종종 성은 없고 이름만 있는 유럽 영화, 특히 프랑스 영화와 달리, 미국 영화에서 인물들은 성과 이름이 모두 있으며, 이들은 대중 앞에서뿐만 아니라 배심원단 앞에서, 나아가 서로에게, 심지어 친밀해질 때까지 자신 있게 성과 이름을 말할 수 있다.

이 때문에 [프랑스어 따위로] 더빙할 때 적절한 대응어를 찾는 까다로운 문제가 제기된다. 빅터 플레밍의 〈바람과 함께 사라지다〉(1939)의 오리지널판에서 스칼릿의 아버지는 자기 딸에게 아일랜드 조상을 떠올리게 하려고 엄숙하게 말한다. "스칼릿 캐시 오하라, 네가 아일랜드인임을 기억해라." 프랑스어판에 더빙한 사람들은 이 문장을 엄숙한 존댓말로 말하기를 선택했고, 따라서 아버지인 인물이 "당신은 아일랜드인입니다, 스칼릿 오하라"라고 말했다. 반면 그때까지 프랑스 자막에서 그는 딸에게 반말을 했고 딸은 그에게 존댓말을 했다. 가까운 사람이나 부모를 가족의 성姓으로 부르는 것은 미국 영화에서 통용되지만, 프랑스인들의 귀에는 거슬리게 들린다. 이 때문에 존댓말에 의존하게 된 것이다.

---

*   그러나 아프리카 이름은 없다. 알려져 있듯이 흑인 노예들은 자기 이름을 빼앗기고 주인 이름으로 불렸다.

I부. 역사

미국 영화나 연속극의 프랑스어판이 아주 인위적이고, 어쨌거나 새로운 프랑스어를 만들어냈는가를 연구하는 일도 흥미로울 것이다. 상당히 다른, 나아가 대립하는 소통 양식과 구문의 완전한 타협을 보여주기 때문이다. 〈바람과 함께 사라지다〉의 프랑스식 대사는 '더빙한 프랑스어'에만 속하는 새로운 언어를 들려주었다. 사실상 이 언어는 문법적 표현에서 주목할 만한, 나아가 현학적인 과잉 정정 ── "사실 제가 당신에게 고백할 것은, 당신의 말이 나를 너무 흔들어놓아서 그때부터 제가 다른 누구도 생각할 수 없는 지경에 이르렀다는 점입니다" ── 에서 나온 것인데, 반면 이런 대화의 기능 자체, 즉 논쟁에서 자기 말로 다른 사람을 받아치는 방식은 전형적으로 미국적이다.

이탈리아 영화: 통합적인 언어

주로 제2차 세계대전 이후 이탈리아 영화는 후시녹음 방식을 최대한 쉽게 개발한 덕분에 발성영화의 세계적 지형에서 독자적 자리를 차지하게 되었다. 이 때문에 로마나 시칠리아에서 전개되는 이탈리아 드라마에 출연하려고 가장 다양한 국제적 출연진이 모일 수 있었다. (로베르토 로셀리니의 〈무방비 도시〉[1945]같이) 거리에서 찍은 이른바 최초의 네오리얼리즘 영화들이 대개 더빙되었다는 사실이 알려져 있다. 이는 사투리로 말하는 비전문 배우를 고용함에 따라 전문 배우가 후시녹음을 해야 했기 때문이고, 다른 한편으로는 거리나 야외의 소음을 걱정하지 않고 야외에서 촬영할 수 있었기 때문이다.

〈흔들리는 대지〉(1948)에서 시칠리아 사투리로 배우들과 카타니아 어부들의 목소리를 동시녹음한 루키노 비스콘티 자신도, 배역으로 미국인 팔리 그레인저(오스트리아인 역할)와 프랑스인 크리스티앙 마르캉이 이탈리아 배우들과 함께 나오는 〈애증〉(1954)에서는 빠르게 후시녹음으로 전향했다. 이러한 배역의 국제주의는 세계에서 거의 유일한 경우로 남아 있고, 결과적으로 필립 누아레, 미셸 피콜리, 아누크 에메, 베르나르 블리에, 아니 지라르도 같은 상당수 프랑스 배우들이, 프랑스에서 쌓은 경력과 나란히 이탈리아에서 두번째 경력을 쌓게 되었다. 그러나 이들은 이탈리아에서 이탈리아 인물들을 연기해 더빙되었지만, 이탈리아 배우들이 프랑스에서 연기할 때는 자신들의 목소리, 출신, 억양을 간직하는 역할들을 배정받았다. 레아 마사리에서부터 라프 발로네, 알도 마치오네, 레나토 살바토리를 거쳐 마르첼로 마스트로얀니까지 모두가 그랬다. 단테의 언어에는 일종의 통합적 관용이 있어서 마리오 모니첼리, 펠리니, 비스콘티, 베르나르도 베르톨루치 같은 감독의 영화에서 미국인 버트 랭커스터, 프랑스인 알랭 들롱, 또는 캐나다인 도널드 서덜랜드가 연기한 인물들이 모두 이탈리아인으로 받아들여지는 관습이 스크린에서 만들어졌다.

반면 1990년대 젊은 이탈리아 감독들은 점점 더 무선 마이크

의 새로운 가능성을 실험하면서 동시음향으로 촬영했다. 이 동시음향suono diretto은 타이틀 시퀀스에 명시되고, 이는 특히 로베르토 베니니, 난니 모레티 같은 감독의 가장 유명한 영화

에서 볼 수 있다.

프랑스 영화: 세련됨과 자연주의적 민속 사이

프랑스 발성영화사에서 언어는 아주 독특한 자리를 차지하는데, 이는 문학과 맛깔스러운 언어, 잘 선택된 단어를 즐기는 취향과 이어져 있다. (미국 영화처럼) 다른 사람을 설득하기보다는, 스스로 언어의 미식가임을 보여주는 게 중요하다. 아마도 이 때문에 전 세계 영화 중 유일하게 프랑스 영화는 오랫동안 '대사작가 dialoguiste'의 기능을 시나리오작가의 기능과 분리해서 특권화  시켰다. 이는 앙리 장송이나 미셸 오디아르 같은 대사작가를 통해서 이루어졌는데 이들은, 인물에게 생동감을 불어넣거나 플롯을 구축하는 재능은 상당히 평범했지만, 대사를 만들어내는 능력으로 당대에 인정받았다.

　프랑스 영화에서 말 잘하는 인물에 대한 숭배의 반대편에, 말은 잘하지만 불량배나 변태에 불과한 인물이 종종 세간의 지탄을 받게 된다. 1930년대에서 1940년대 사이 쥘 베리가 연기한 사기꾼 인물들(장 르누아르의 〈랑주 씨의 범죄〉[1936], 마르셀 카르네의 〈새벽〉[1939], 루이 다캥의 〈만신절의 여행자〉[1942])은 '말 잘하는,' 말을 너무 잘해서 정직할 수 없는 남자들이다. 이들에 맞서 종종 장 가뱅이 연기한, 단순하게 말하는 노동자가 여러 번에 걸쳐 쥘 베리, 미셸 시몽 또는 미레유 발랭 같은 이에게 "입 다물어"라고 말하게 된다.

다른 한편, 다른 어떤 나라의 영화에서도 그렇게나 많은 언어 예술가(작가, 극작가)가 영화 연출에 뛰어든 역사가 없다. 마르셀 파뇰, 사샤 기트리부터 장 지오노, 물론 장 콕토를 거쳐 마르그리트 뒤라스와 알랭 로브-그리예까지. 심지어 파뇰과 기트리는 프랑스 초기 발성영화에서 연극적 경향을 구현하면서 다소 거만하고도 강하게 이를 요구했는데, 당시 순수영화(다시 말해 시각적 영화)를 옹호하는 사람들이 이의를 제기했지만, 이후 누벨바그 계승자들은 파뇰과 기트리가 독창적이며 스크린 예술을 쇄신했다는 점을 인정했다. 또한 자크 프레베르 같은 위대한 시나리오작가는 카르네나 장 그레미용, 르누아르 같은 감독에게 대사를 써 주면서 시인의 감수성을 불어넣을 줄 알았다.(이는 윌리엄 포크너처럼 영화 시나리오를 쓰려 한 미국 작가들과 비교되는데, 이들이 시나리오를 쓸 때는 작가로 남고자 하는 의도 자체가 없었다.) 이후 장 외스타슈(〈엄마와 창녀〉[1973])나 에릭 로메르(〈수집가〉부터) 같은 누벨바그 감독들은 영화 관습에 맞서 감히 긴 대화, 나아가 독백, 종종 댄디나 젠체하는 여자의 신앙고백을 엄청난 시간을 할애해서 찍으려 했다. 이런 긴 대사들은 행위를 진행하거나 미국인들처럼 논쟁에 재료를 더해주려고 구상한 것이 아니고 그 자체로 존재하는 것이다. 이는 '엮지 않은' 영화*의 정점인데, 여기서 말은 다른 영화처럼 많지만 미장센과 다른 방식으로 연결된다. 마지막으로 프랑수아 트뤼포(기트리를 예찬하는 인물)나 장-뤽 고다르 같은 감독의

---

*　「용어 해설집」에서 '엮지 않은 영화' 항목을 보라.

세계에는 책과 말이 큰 자리를 차지한다.

앞서 말했듯이 이러한 말의 지배는 직접적인 것도, 전면적인 것도 아니었다. 앙리 랑글루아가 프랑스 발성영화의 첫번째 시기 ——그는 이를 〈파리의 지붕 밑〉과 〈라탈랑트〉 사이로 규정한다 ——에 대해 강조한 것은 옳았다. 즉 이 시기는 "본질적으로 무성영화가 정복한 것과 단절되지 않으려는 의지, 영화언어를 보존하면서 무성영화에 소리와 말을 연결하려는 의지, 영상의 지배를 영상 안에 보존하려는 의지로 규정되었다." 예컨대 자크 페데르 같은 감독에게 소리는 역설적으로 "자막을 제거할 수 있게 해주었고, 따라서 영상의 가치를 강화할 수 있게 해주었으며, 더 이상 영상의 연쇄를 중단하지 않게 해주었다."* 랑글루아에 따르면, 대사작가의 지배가 예고된 것은 파뇰의 〈안젤라〉(1934)(매미 울음소리와 미디 지역 억양[사투리]에 푹 빠진 페르낭델이 나오는 남프랑스의 비극)가 성공한 이후였을 것이다.

프로방스 출신 작가가 프랑스 영화에 말을 즐기는 취향을 가져왔다는 점이 시사적이다. 사실상 프랑스에서 지역(거의 언제나 파리 지역이나 미디 지역)의 억양 문제와 언어 문제는 긴밀하게 이어져 있는 것 같다. 그 증거로 프랑스 대중 영화에서 미셸 오디아르 같은 '스타 대사작가'가 사라진 이후 일어난 일정한 어조의 고갈이 있다. 이들이 사라지면서, 심지어 프랑스 남부 지역에서 전개된 영화들까지 포함해서 모든 지역 억양의 포기가 동시에 일어났다. 심지어 아를레티와 쥘리앵 카레트 같은 배우들의 영광과 일

---

*   Henri Langlois, *Trois cents ans de cinéma*, Cahiers du cinéma/Cinémathèque française, 1986, pp. 261~62.

정 시기 프랑스 영화의 대중성에 크게 일조한 파리 지역의 억양마저 사라지고, 지리적 위치가 없는 중립적 발성법이 등장했다. 따라서 파뇰의 각본을 각색한 클로드 베리의 〈마농의 샘 1〉(1986) 같은 영화는 사건이 1985년에 전개되는데, 여기서 이브 몽탕이나 다

니엘 오퇴유가 그들의 본래 억양이 아닌 미디 지역의 억양을 말하는 것이 들린다. 반면 미국 배우들이 등장인물의 출신 지역 억양을 흉내 내는 것은 논할 가치조차 없었다. 이보다 2년 전, 같은 지역에서 행위가 전개되는 장 베케르의 〈킬링 오브 썸머〉(1983)의 대화는 지역의 어떤 **억양**도 나타내지 않는다. 몇 년 후 일부 감독은 파리 교외 지역의 말하기 방식(마티외 카소비츠의 〈증오〉[1995]), 파리 상티에 지구의 유대인이 말하는 방식(토마 질루의 〈내가 속인 진실〉[1996]), 마르세유의 북아프리카식 말하기 방식(뤽 베송이 제작한 〈택시〉 연작[1998, 2000, 2003])을 통해 다시금 민속적인 것을 만들어낸다. 그러나 이와 동시에, 피토레스크한 효과가 아니면 프랑스 많은 지역과 사회 계급이 말하는 방식은 프랑스 영화에서 줄곧 들리지 않았는데, 어쨌거나 프랑스 영화의 가장 '상업적인' 부분에서는 그랬다.

시네필들은 영화에서 특정한 말하기 방식을 듣는 데 익숙하지 않은데, 이 때문에 프랑스 영화에 대한 역사적 연구에서 부조리한 일이 벌어진다. 즉 파리에서 통과된 한 박사 학위논문은 숭고한 비극인 브뤼노 뒤몽의 〈휴머니티〉(1999)와 멜로드라마인 로베르 게디기앙의 〈마음의 자리에서〉(1998)를 두고, 이 영화들의 행위가

전개되는 지역(뒤몽에게는 북부, 게디기앙에게는 마르세유의 한 구역)에서 배우들이 지역 억양으로 말한다는 단순한 구실을 들어 터무니없게도 '지역주의' 영화라는 환원적 딱지를 붙인다.

다른 한편, 오디아르가 대사를 쓴 조르주 로트네의 영화들이 1990년대에 스무 살가량의 프랑스 관객에게 유행으로 되돌아온 것은 놀랍다. 맛깔스러운 대사의 영화가 되돌아온 것은 일정 수의 풍속 코미디가 준비한 것이었다. 그러나 프랑스 영화는 또한 종종 다른 극단을 통과한다. (특히 제라르 드파르디외와 피에르 리샤르가 나오는 프랑시스 베베르의 〈또 아빠래?〉[1983] 같은) 1980년대 프랑스 영화 중 가장 명성이 자자한 코미디를 오늘날 다시 보면, 언어를 순전히 기능적으로 사용하고 언어를 추상화시키겠다는 확고한 태도를 보고 놀라게 된다. 즉 어떤 말도 단지 '한마디' 하려고, 나아가 단순히 말하는 즐거움을 주려고 쓰이지 않으며, 모든 것이 상황과 서사를 위해 존재한다. 마찬가지로 앙드레 테시네의 몇몇 영화에서는 좋은 말과 구체적인 말에 대한 거부가 아주 멀리까지 나아가, 모든 언어적 효과의 기름기를 걷어낸 대화에 이른다. 거꾸로 이는 프랑스 영화에서 수사법의 특별한 기능을 보여준다.

크리스티앙 뱅상의 〈베일 속의 여인〉(1990), 에릭 로샹의 〈동정 없는 세상〉(1990), 아르노 데플레생의 〈나의 성생활: 나는 어떻게 싸웠는가〉(1996) 같은 영화 ── 이 영화의 주인공들은 고집스럽게 말하는 사람들이다 ── 에서 알아차릴 수 있는 엄청난 양의 대사는 종종 아주 추상적이고 맥락에서 벗어나 있으며, 사회적으로 위치 짓고 정박시키는 모든 것을 피하면서 그 자체로 '영화적이고' '문학적인' 언어로 말하며, 개인어의 성질을 띤다.

프랑스 누벨바그는 초기에 명백히 새로운 것들, 즉 다른 어조,

단절적인 어조, 예측할 수 없는 어조를 도입했다. 서로 다른 감독의 첫 영화들은 가장자리에서 유희하는데, 여기서 대사는 종종 마치 코미디 뮤지컬을 시작할 것처럼 노래 가사의 경계에 있다. 인물들은 기꺼이 일상생활의 표현들로 유희하고 일상의 사소한 것을 받아들이기 좋아한다. 아녜스 바르다의 〈5시부터 7시까지의 클레오〉(1962)에서 클레오가 마주치는 인물들은 종종 간결한 표현, 농담, 참신한 언어 표현, 언어의 유희적인 사용, 발음에 대한 유희 따위로 말한다. 마찬가지로 트뤼포의 〈피아니스트를 쏴라〉와 고다르의 모든 초기 영화에서 경구나 격언을 말하기 좋아하는 취향은 인물들의 젊은이다운 냉정함을 돋보이게 하지만, 동시에 각자가 자기 목소리를 즐기는 프랑스 전통에 포함된다.

고다르는 끝없는 곤경의 상황에서 한 가지 유형의 대화를 만든다. 그것은 예컨대 한 인물이 내용보다는 형식으로 다른 사람이 말하는 방식을 다시 취하는 데 있다. "너는 그걸 떠올려, 너는 그걸 기억해, 그러나 너는 그걸 못 떠올려."(〈네 멋대로 해라〉) 여기서 사람들은 종종 언어의 모호성과 끝없는 오해 가능성을 비난한다. 천사가 말한다. "마리아야, 네 길을 따라가라." 이 문장은 맥락상 어떤 오해의 여지도 없지만, 마리아가 트집을 잡는다. "내 길을 따라가요? 아니면 내 목소리를 따라가요?"* 처음에는 아주 유희적이고, 노래와 기발한 것과 이어져 있는 이 고다르의 체제는 반복과 체계화를 통해 삶에 대한 아주 암울한 비전의 표현이 된다.**

---

*   [옮긴이] 프랑스어에서 길voie과 목소리voix는 발음이 같다.

**   고다르 영화들의 대사에 대해서는 Michel Marie, "Les dialogues d'À bout de souffle," in L'Image et la parole, op. cit., pp. 99~111을 보라. 미셸 마리는 특히 고다르의 작품 전체에서, 그리고 누벨바그 전체를 통틀어서 장 루슈의 영화 〈나, 흑인〉(1958)이

자크 드미는 환희와 단조로움이라는 프랑스 영화의 두 극極을 조화시키는데, 이는 앞서 말한 것처럼 노래하는 대화라는 기발한 생각뿐만 아니라 대화를 그려낼 때 진실성과 정확성에 대한 염려 ——〈도심 속의 방〉에서 엄마와 딸의 대화는 놀라운 현실성을 보여준다 ——를 통해서도 화해가 이루어진다. 알랭 레네 같은 다른 감독들은 오페라에서처럼 듀엣이 나오는 〈히로시마 내 사랑〉(1959)에서든,〈지난해 마리앙바드에서〉(1961)에서든 명확하고 성공적으로 '텍스트-대본'의 방향을 찾는다. 다른 한편 아주 탁월한 〈지난해 마리앙바드에서〉에서 로브-그리예의 각본은 드러내놓고, 동시에 아주 평범하게 말이 별로 중요하지 않다는 점을 강조한다. "우리는 아무거나 말했습니다. […] 마치 문장에 아무 뜻도 없는 것처럼 대화는 공허하게 전개되었습니다. 아마도 우리는 같은 지점에서, 아니면 다른 곳에서 그다음을 이어갈 수 있었습니다." 그러나 장 케롤이 쓴 〈뮤리엘〉(1963) ——이 핵심적인 영화는 클로드 베이블레, 미셸 마리, 마리-클레르 로파르가 탁월하게 분석했다* ——시나리오는 프랑스어로 씌어진 가장 아름답고 진실한 대사들에 속하며, 드미의 영화처럼 프랑스 영화 전체를 떠도는 세련됨과 자연주의의 이분법에서 벗어난다.

프랑스 영화에 나타난 '대화-대본'의 고정관념을 프랑스 감독만 갖고 있는 것은 아니다. 감독 안드레이 줄랍스키는, 작곡가이면서 특히 쥘리앵 클레르의 작사가인 에티엔 로다-질에게 〈정신 나간 사랑〉(1985)의 대사를 써달라고 요청하는데, 이 영화는 도

중요한 역할을 했다고 강조한다.
*   Claude Bailblé, Michel Marie & Marie-Claire Ropars, *Muriel, histoire d'une recherche*, Galilée, 1974.

6장. 바벨탑   157

스토옙스키 『백치』의 아주 자유로운 각색이다. 이 때문에 체키 카료가 파리의 거리를 미치광이처럼 내달리면서 빠른 속도로 말하는 다음 대사가 나왔다. "네 주변에 해변의 묘지를 만들어줄게 / 모래언덕의 패인 부분에 검은 다이아몬드 하나 / 재칼에게는 다시 차가워진 독毒을." 한편 감독 베르트랑 블리에는 분명하게 들리는 데 신경을 쓰지만, 신도송信徒頌 같은 방식으로 배우들에게 (대개는 고의로 거칠게) 말들을 반복시켜 운율이 만들어지게 한다.

(프랑스 지방 억양보다) 외국어 억양으로 프랑스어 말하기를 즐기는 프랑스 영화의 고집스러운 취향——마치 미국인, 독일인, 이탈리아인의 억양이 목소리와 언어 사이에 간극을 만들어냄으로써 오래된 언어[프랑스어]에 다시 매혹을 불러일으키는 것처럼 모든 유파를 통틀어 나타나고, 이 점에서는 누벨바그나 그 어디에도 '가담하지 않은' 감독들의 영화나 특별한 차이가 없다——은 내 생각에 상당수 프랑스 영화, 특히 작가영화가 현실에 접근하는 어려움을 보여주는 증상이다.*

---

* 내가 쓴 다음 글을 보라. Michel Chion, "Quelques accents d'actrices dans le cinéma français," in *Positif*, n° 495, mai 2002, pp. 9~12.

7장. 시간이 견고해지는 데는 시간이 얼마만큼 필요할까? (1950~1975)

기술적 유동성 또는 안정성

고전영화를 뒤흔들어놓은 모더니티modernité는 종종 단일한 동질적 현상으로, 쉽게 식별할 수 있는 어떤 일반적 기준들에 부합하는 것으로 기술된다. 지금 내 글은 제2차 세계대전 이후 영화의 근본적인 변화를 기술하면서, 오히려 여러 가지 모더니티들이 있었으며 이 모더니티들이 나라, 언어, 맥락, 실천… 그리고 작가의 복수성複數性을 보여준다는 생각을 주장할 것이다.

또 다른 질문이 제기된다. 이 모더니티들은 그때까지 없던 기술적 가능성의 출현과 연결되어 있는가? 별로 그렇지 않다. 오늘날 우리 기술 지상주의 시대에는 기술적 혁신이 당연히 미적 혁신의 원동력이라고 믿는 경향이 있다. 그런데 영화에서 미적 전복이 가장 활발하던 시기 중 하나인 1940년대 후반부터 1960년대 중반까지 소리에 대해서는 단 하나의 진정한 기술적 변동(촬영, 편집, 믹싱에서 광학적 녹화로부터 자기적磁氣的 녹화로 가는 이행)만 일어났고, 이 변동은 아마도 미적 전복에 필수적이지 않았다는 점을 확인해야 한다. 심지어 이와 반대로 제2차 세계대전 이후 새로운 미적 경향들의 만개는 1945년부터 1975년까지 자그마치 30년 동안의 상대적인 기술적 안정에 기반을 두고 있다. 그렇다고 자기磁氣 테이프가 도래하면서 생겨난 변화들을 부정할 수는 없다.

1940년대 말과 1950년대 초반에 영화, 라디오뿐만 아니라 디스크 위에서 녹음을 실현하기까지 자기테이프가 일반적으로 통용되기 시작한 이래, 연속적 복제와 복잡한 혼합을 할 수 있었고 녹음 결과물을 즉시 들을 수 있었는데, 이는 촬영장에서 사용한 광학적 방식으로는 할 수 없던 일이다. 마지막으로, 녹음을 지우고 매체를 다시 사용할 수 있었는데, 이것은 이전의 어떤 매체도 할 수 없었던 일이다.

자기음磁氣音, son magnétique이 도래하면서 생겨난 귀결은, 영화에서 주변 음향을 풍부하게 사용하고, 소리의 층들을 겹쳐 만들어낸 소음이나 주변 음향을 들려줄 수 있게 되었다는 점이다.

1940년대 말에 나온 몇몇 미국 탐정 영화(루이스 드 로슈먼트가 개시한 '다큐멘터리' 경향의 영화들)에서 종종 직접 현장 녹음한 것으로 보이는 문소리, 거리 소음, 복싱 경기장의 관중 소리 같은 도시 주변 음향의 놀라운 밀도는 (성가시기만 한 '한 트럭분의' 광학적 소리와 달리) 소리를 훨씬 더 유동적으로 녹음하는 수단들이 도래하면서 만들어졌다고 생각할 수 있다. 헨리 해서웨이의 〈다크 코너〉(1946), 〈콜 노스사이드 777〉(1948) 같은 몇몇 영화는 최근의 많은 영화보다 훨씬 더 소리 사건들événements sonores로 가득 차 있다.

잉마르 베리만의 〈침묵〉에서 탱크 소리는 자기음으로 만들어낸 것 같다. 즉 그것은 수천 개의 층이 모여 있으며, 각기 독립적으로 녹화한 수많은 소리 층의 혼합물이다. 이 때문에 베리만은 그 변주음을 극적으로 들려줄 수 있었고, 탱크가 다시 출발하거나 멈출 때에는 다른 소리를 들려줄 수 있었다. 마찬가지로, 페데리코 펠리니의 〈달콤한 인생〉 시작 부분에서 헬리콥터 윙윙거리는 소리는 독자적인 소리(프로펠러 날개 소리, 모터 소리)의 층 몇 개를 조합한 것인데, 음향 기술자가 이 소리의 층들을 자유롭게 사용했기 때문에 그 시퀀스 안에서 소리가 같지 않게 되었다. 즉 다소 묵직한 한두 개의 모터 소리를 때에 따라 구별해서 들려주고, 때로는 프로펠러 날개 소리, 때로는 모터 소리 따위만 들려준다.

자기음이 도래하면서 생긴 이보다 더 불행한 귀결은, 일부 국가에서 기술적 특성이 서로 다른 소리의 녹음 매체(자기테이프)와 최종 매체(광학) 사이에 **채널의 연속성**이 끊어지게 되었다는 점이다. 일정 기간 동안 채널은 동질적이었다. 즉 우리가 영화관에서 광학음光學音, son optique으로 들었던 것은 광학음으로 녹음되고 편집되었다. 자기음이 도래하면서 한 매체에서 다른 매체로 보내는 전송에 꼼꼼하게 신경 쓰지 않거나, 광학음이 잘 통하는 테이프 위의 녹음에 처음부터 주의를 기울이지 않으면, 소리가 지나친 포화 상태에 이르거나 귀에 거슬리게 들릴 위험이 있었다. 이렇게 1950년대의 상당히 많은 프랑스 영화(다행히 전부는 아니다)가 기술적 규범을 엄밀하게 준수하지 못했기 때문에 영화관에서 청각의 즐거움을 주지 못하고 불쾌하고 투박스럽게 들렸다. 반면 독일이나 미국에서는 기술적 연속성을 존중하는 데 신경 쓰는 전통 때문에, 자기녹음의 도래가 너무 건조한 소리와 동의어가 되지 않았다.

이 때문에 소리의 국가적 전통이 유럽의 한 나라에서 다른 나라까지 극도로 다양해졌다는 점을 강조할 수 있다. 그만큼 영상을 다루는 방식에 상대적인 국제주의가 존재하고, 유럽의 촬영감독

(독일인 로비 뮐러, 프랑스인 필립 루슬로, 이탈리아인 비토리오 스토라로)이 미국에서 그곳 촬영감독 조합의 관행에 적응하면서 그 나라 스태프들과 작업할 수 있었다. 그만큼 각 나라는 자기만의 역사와 노하우가 있고, 가장 가까운 이웃 나라의 역사와 노하우에 대해서는 아무것도 모른다.

여기에는 무엇보다 언어적인 이유가 있다. 소리 때문에 우리는 온갖 차원에서 바벨탑의 세계에 머물게 된다. 더욱이 영화의 소리를 실현하는 방식 자체는 처음부터 끝까지 펼쳐져 있고, 많은 단계로 흩어져 있으며, 작업이 서로 겹치지 않는 많은 책임자(촬영장의 녹음기사에서부터, 영화에서 소리의 주요 창조자인 소음 전문가, 음향효과를 만드는 사람, 사운드 편집자, 음악가, 특히 배우들을 거쳐, 믹싱하는 사람들까지) 사이에 분산되어 있다는 점 때문에 역사가의 작업이 복잡해진다.

소리에 대한 협동적이고 기술적이며 미적인 역사에서 나타난 이탈리아와 프랑스의 차이는, 프랑스와 미국의 차이만큼이나 크다. 문제는 사람들이 이를 잘 모른다는 점이다. 프랑스에만 한정하면, 많은 사람이 프랑스의 기술이 세계에서 유일하고 '자연적인' 규칙에 가장 잘 기반을 두고 있으며, 다른 나라에서 배울 것이 전혀 없다고 믿는 경향이 있다.

음악적 통일성이 산산조각 나다

모더니티는 세계에서 온갖 종류의 모습을 취했다. 그러나 이런 경향들 사이에 몇 가지 공통점이 있다. 즉 주요한 것은 **음악의 존재**

와 개입에 공공연히 쇄신이 나타났고 이것이 전면화되었다는 점이다. 쇄신은 다양한 형태를 띠었다. 먼저 더 '모던'하거나(무조음악, 전자음악), 이와 반대로 더 '대중적인' 음악의 새로운 양식에 대한 탐색이 있다. 다음으로 재즈, 고전음악 목록, 이전과 다른 기악곡 방식(캐럴 리드의 〈제3의 사나이〉[1949]의 키타라 솔로에서처럼 악기 연주자들의 정원을 한두 명의 솔리스트로, 아니면 아주 작은 실내악단으로 제한하는 것) 같은 새로운 영역에서 차용借用이 있다. 세번째로 음악의 지위에 변화가 있다. 들리는 음악의 대다수는 발성영화 초기처럼 다시 스크린에 나온 것, 즉 술집, 라디오, 전축 따위에서 나오는 것[스크린 음악]이 된다. 마지막으로 몇몇 영화에서 음악을 아예 포기하거나 아주 드물게 사용하는 경향이 매우 두드러진다. 1950년대, 특히 1960년대에 잉마르 베리만, 로베르 브레송, 루이스 부뉴엘, 미켈란젤로 안토니오니의 많은 영화가 그렇고, 또한 앙리-조르주 클루조의 영화(〈공포의 보수〉[1953])도 그런데, 여기서는 실제로 음악이 거의 나오지 않는다. 이런 급격한 변화가 [영화인이나 음악가] 사전이나 히트곡 모음집compilation에 언제나 나오는 것은 아닌데, 히트곡 모음집이 언제나 해당 작품에 나온 음악의 양을 보여주지는 않기 때문이다. 작곡가 앨프리드 뉴먼의 풍요로운 필모그래피 ——그는 조지 스티븐스의 〈강가딘〉(1939)과, 존 포드와 헨리 해서웨이가 시네라마로 공동 연출한 대서사시 〈서부 개척사〉(1962) 따위에 나온 잘 알려진 권위 있는 영화음악을 작곡했다—— 를 보면 그가 1949년 줄스 다신의 〈도둑의 고속도로〉에 영화음악을 작곡했다는 점을 알 수 있다. 그러나 당시 누아르 영화의 새로운 다큐멘터리 경향을 대표하는 전형적 작품인 이 잘 알려지지 않은 걸작을 보면, 타이틀 시퀀스 부분에만 2분 30초가량이나 음악이 나온다는 점을 알 수 있다… 부분적이거나 전면적인 음악의 배제까지 포함해서 음악의 기능과 용도를 쇄신하는 일은 아마도 제2차 세계대전 이후 가장 큰 관심사다. 왜 그런가?

이는 강제수용소에 대한 공포뿐만 아니라 핵 위협의 출현과도 관련이 있을 수 있다. 더 이상 세계를 이전과 같은 방식으로 그려낼 수 없었기 때문이다. 또한 스튜디오를 벗어나 실제 배경에서 로케이션 촬영이 점점 더 늘어나면서, 영화는 새로운 장소에서 찍은 영상과 새로운 주제에 더 잘 어울리는 새로운 음악 양식을 찾아야 했을 수도 있다.

따라서 1950년대는 영화사에서 영화음악을 쇄신하기 위한 음악적 실험이 가장 풍부했던 시기 중 하나다. 이탈리아, 폴란드, 일본, 프랑스는 이런 실험이 가장 많이 일어난 나라일 것이다.

물론 이런 경향에서 가장 유명하고 겉보기에 역설적인 예외는, 실제 배경에서 찍은 자기 형 로베르토 로셀리니의 영화들을 위해 오케스트라 교향곡을 작곡한 렌조 로셀리니다.

영화적 모더니티를 보여주는 등대 같은 영화인 로베르토 로셀리니의 〈스트롬볼리〉(1950)는 소리를 놓고 보면 우리가 모더니티와 결부시킨 어떤 기준에도 부합하지 않는다. 더욱이 여기서 들리는 것은 반쯤은 오페라풍이고 반쯤은 인상주의적인 렌조 로셀리니의 지나치게 많은 음악이다. 이 음악 양식은 바다나 강을 묘사하는 교향시(예컨대 베드르지흐 스메타나의 「몰다우」)의 무의식적 차용을 보여준다. 그러나 믹싱은 전혀 두드러지지 않고, 행위와 느슨하게 맞춰져 있다. 음악은 인물 사이의 대화나 대립에 구두점을 찍지 않는다. 음악은 넓은 시간대를 포괄하면서 한 시퀀스 전체에 조잡하게 붙는 것처럼 보인다. (아마도 후시녹음된) 대사는 명확히 들리고 장면 앞으로 나온다. 소음의 경우는 종종 내러티브적 기능에 제한된다.(이것은 이탈리아 영화에서 자주 나타나는 특징이며, 주목할 만한 예외는 루키노 비스콘티의 영화들과 특히 안토니오니의 영화들이다.) 프랑스 영화의 전통과 다르게 대화 주변에 소리 풍경 paysage sonore이 없다. 남편이 〈스트롬볼리〉의 여주인공을 데려간 가난한 마을에서 아기 울음소리가 들리면, 이는 그녀가 임신할 운명이라는 점을 보여주기 위한 것이다. 더욱이 남편은 그녀에게 곧바로 아기에 대해 말한다. 음악은 소음과 뒤섞이지 않고 믹싱은 아주 간결하며 거친 소리를 다듬지 않았다. 이 때문에 오케스트라 음악이 상대적으로 풍부하고 상황과 기법에서 멜로드라마의 특성을 보여도, 로셀리니의 영화에서 우리는 객관적 단순성의 인상을 받게 된다.

1950년대부터 1960년대 사이, 여전히 이탈리아에서 안토니오니는 알랭 레네와 더불어 아마도 음악의 사용을 쇄신하려고 의식적으로 가장 많이 탐색한 감독일 것이다. 이를 함께한 사람이 작곡가 조반니 푸스코였는데, 그는 또한 레네의 〈히로시마 내 사랑〉에서 위대한 영화음악을 작곡했다. 이런 협력의 결과는 때로 아주 놀랍다. 그러나 기존 용법에서 벗어나기 위한 탐색에 대해서는 절대로 경멸조로 말하면 안 되고, 내가 안토니오니·푸스코의 실험 중 어떤 것은 나이를 잘못 먹었다고 말할 때 여기에는 어떤 경멸도 없다. 나는 단지 〈외침〉(1957), 〈동백꽃 없는 숙녀〉(1953), 〈어느 사랑의 연대기〉에서 푸스코가 작곡한 음악의 기능이 이제는 완전히 이해할 수 없는 것이 되었다고 생각한다. 왜 이런 기악 편성을 했을까? 이 색소폰 5중주는 왜 나왔을까? 심지어 이 순간에 왜 음악을 썼을까? 이는 단지 영화의 나머지 부분이 이런 탐색을 따라가지 않았다는 것을 뜻한다. 명백해 보이는 것은 이것이 단지 관습적이라는 점이다.

어떻게 어떤 음악이 나이를 잘못 먹었다고 말할 수 있을까? 몇 년이 지나 그 영화를 볼 때 음악이 단지 일화적 측면만을 갖고 있는 경우가 그렇고, 예컨대 그 음악의 정신이 아니라 전적으로 부차적 디테일(예컨대 아주 또렷하게 나오는 색소폰 연주자 마르셀 뮐의 시대에 뒤떨어진 비브라토)을 보고 내가 충격을 받는 경우가 그렇다. 그러나 '모더니즘'도 늙었다는 사실은 모더니즘이 유파를 만들지 못했다는 점을 뜻하고, 모더니즘이 제안한 것이 소수파로 남았다는 점을 뜻한다. 어쨌거나 모더니즘은 다른 것을 시도한다는 장점이 있었다.

안토니오니는 또한 〈밤〉(1961)의 타이틀 시퀀스에서 조르조 가슬리니의 전자음악을 사용한다. 그런데 전자음악은 사실상 가장 빨리 늙었다. 소리의 합성 기술은 빠르게 바뀌고 이는 최근의 몇몇 영화도 그렇다. 스탠리 큐브릭은 〈2001 스페이스 오디세이〉에서 음악 양식을 모색할 때 이미 이 질문을 곰곰이 생각했고, 마침내 그는 기악곡으로 결정했다.

이런 혁신들의 핵심적 귀결 중 하나는, 한동안 엄청난 수의 연주자가 필요한 화려한 영화음악을 부분적으로 포기하는 동시에, 대중적 디제시스 음악과 복잡한 비非디제시스 음악의 양식적 타협이라는 방법을 버린다는 점이다. 카르네의 〈안개 낀 부두〉 속 무도회에 나오는 대중적 자바 음악은 점차 '고귀한' 교향곡 왈츠가 될 수 있고, 마이클 커티즈의 〈카사블랑카〉에서 재즈의 표준이라고 할 수 있는 「세월이 흐르면」은 명백한 양식적 단절 없이 막스 슈타이너 교향곡의 조직 속에 들어온다. 물론 언제나 이렇지는

1부. 역사

않을 것이고, 같은 영화에 개입하는 서로 다른 음악들 사이에 점차 심연이 파이게 된다.

안토니오니의 〈어느 사랑의 연대기〉에 이런 심연이 전면적으로 드러난다. 즉 색소폰과 피아노 듀엣을 위해 쓰인 조반니 푸스코의 모던하고 미니멀한 음악은 몇몇 장면에 마치  갇힌 것처럼 들어 있다. 이는 단지 비디제시스적인 사용 때문만이 아니라, 무도회나 바의 장면이 나오자마자 당시 유행한 대중적 남미 양식의 스크린 음악이 들리고 등장인물들은 이 음악에 맞춰 춤을 추는데, 이는 푸스코의 음악과 절대적 차이를 나타내기 때문이다. 이것은 완전히 다른 세계다. 펠리니 영화에 나오는 니노 로타의 음악들은 이런 의미에서 예외가 될 것이다. 한 양식에서 다른 양식으로 넘어갈 수 있고 자기만의 속도를 유지하며 전체에 음악적 통일성을 보장해줌으로써 장면의 필요에 따라 바의 음악, 교향곡 음악과 비슷하기 때문이다.

따라서 이와 정반대의 대극에서 일어난, 몇몇 영화에서 대중음악(예컨대 록의 형식)이 폭발적으로 등장하고 일반 대중을 위한 영화에 훨씬 더 아방가르드적 양식이 도입된 양상은, 내 생각에 몇몇 역사가의 눈에 더 중요한 또 다른 현상을 가리고 있다. 그것은 온갖 양식을 혼합하고 흡수해서 음악 전체를 단 하나의 대륙으로 만들겠다는 (영화음악이 어떤 순간에 가졌던) 고귀한 포부를 포기했다는 점이다.

예컨대 당시 아주 유명한 '위험한 학교'에 대한 영화인 리처드 브룩스의 〈폭력 교실〉(1955)에는 스크린 음악밖에 없지만, 온갖 양식의 음악이 나온다. 즉 고전적 재즈(수학 교사로 나온 인물은 디스크 수집가다), 가스펠송(시드니 포이티어가 이끄는 보컬 그룹), 록(영화 시작과 끝에 나오는 빌 헤일리의 「록 어라운드 더 클록」), 감미로운 음악(글렌 포드가 연기한 인물이 부인과 함께 식사하는 식당의 주크박스에서 나오는 음악)이 그렇다. 그러나 공통의 양식 속에 넣어서 혼합하려 하지 않는 이런 음악들은 거의 화해할 수 없는 세대, 문화, 준거 들의 분리를 명확히 보여준다. 다른 한편, 상징적이게도 반란을 일으킨 학생들은 수학 교사의 소중한 디스크들을 파괴해 '늙은이'와 '젊은이' 사이에서 소통의 희망을 없애려 한다. 음악은 더 이상 혼합하고 통합하는 것이 아니라 나누는 것이 된다.

그 당연한 결과로, 브룩스는 이 영화에서 마치 소음으로 음악을 만들려는 것처럼 소음을 극적으로 사용하려 한다. 이렇게 글렌 포드의 교실 위 작업장에서 벌어지는 소란은 이 영화의 가장 극적인 순간, 즉 교사와 무장한 학생 사이에서 벌어지는 대결의 순간을 이끄는 데 쓰인다. 정확히 절정의 순간에 작업장의 난리법석이 멈추고 시계추 소음만 들리는데, 똑딱거리는 소리는 위협적 침묵을 강조한다.

어떤 의미에서 우리는 오늘날 언제나 다음의 상황 속에 있다. 즉 동시대 주제를 다루는 영화들에서 한 영화가 우리에게 잘 통합되고 통합시키는 음악 세계를 제시하는 일이 아주 드문 상황이다.* 각 음악은 자기의 문화적이고 양식적인 틀 속으로 들어간다.

---

*   기이하게도, 영화음악의 위대한 영국적 전통 속에 있는 켄 로치나 마이크 리의 영국 영화는 여기서 예외다.

가장 최근의 영화——특히 엔니오 모리코네의 유명한 곡을 사용했고 정확하게 통합주의 문제를 다룬 영화인 롤랑 조페의 〈미션〉(1986) 이래로 필립 글래스의 음악을 사용한 마틴 스코세이지의 〈쿤둔〉(1997)도 마찬가지다——에서 통용되는 '월드 뮤직'은 음질, 리듬, 멜로디 라인, 음악적 논리 따위를 뒤섞으려 하지 않고 병치시킨다. 물론 이런 것들이 서로 용해되려 하지 않고 다른 장소에서 온다는 점을 우리가 잘 느낀다고 해도 마찬가지다. 보편주의는 산산조각이 나버렸다.

그러나 예외 하나가 있는데, 즉 일정 기간 코미디 뮤지컬은, 한 작곡가가 가장 섬세한 작곡을 통해 가장 대중적인 것에서 가장 복잡한 것까지 모든 양식의 혼합을 계획할 수 있는 전형적인 장르로 남아 있었다. 가장 탁월한 예는 〈웨스트 사이드 스토리〉(1961)의 악곡인데, 이는 레너드 번스타인이 브로드웨이를 위해 쓴 것으로서 1961년 제작된 영화에 나온다. 그러나 이는 단지 특별하고 영광스러운 예일 뿐이었다.

오늘날에는 피터 잭슨의 〈반지의 제왕〉(2001~2003) 연대기 같은 서사적이고 역사적인 영화들에서만 한 작곡가가 동질적인 (아마추어들 표현으로) '스코어'(악곡)를 작곡할 수 있다. 그러나 어떤 영화가 동시대에서 전개되기만 하면, 서로 다른 음악적 양식이 병치되는 일은 드물지 않다. 데이비드 핀처의 〈세븐〉(1995)에서 재즈 비밥, 버라이어티, 요한 제바스티안 바흐, 프로그레시브 록, 하워드 쇼어가 지은 어두운 스코어가 들린다. 이 영화의 오리지널 사운드트랙을 담은 CD는 이런 뒤죽박죽의 특성을 보여준다.

음악이 스타가 되다

1950년대 말 영화에 재즈를 통합하려는 시도에 대해 많은 글이 씌어졌다. 이런 시도는 히트곡 모음집 형식을 띠든, 현장에서 즉흥형식을 띠든, 마지막으로 극도로 정교하게 표현된 교향악적 재즈형식을 띠든 했다. 다른 한편, 이 맨 마지막 경우에서 현재의 관객들은 더 이상 오늘날 재즈라고 말하는 것을 식별하지 못할 것이다. 예컨대 엘리아 카잔의 〈욕망이라는 이름의 전차〉(1951)를 위해 쓴 알렉스 노스의 악곡, 나아가 오토 프레민저의 〈살인의 해부〉(1959)를 위해 쓴 듀크 엘링턴의 악곡이 그렇다. 그러나 관련된 영화들 수는 상당히 제한적이다.(프랑스에서는 마르셀 카르네나 로제 바딤의 몇몇 작품과 장-뤽 고다르의 〈네 멋대로 해라〉가 포함된다.) 이와 동시에 작곡가들에게, 음반을 팔기 위해 가사를 얹을 수 있는 성악곡을 쓰라고 요구하게 된다. 그러나 가사는 이후에 덧붙여지는 일이 많다.

그렇게 프레드 진네만의 〈하이 눈〉(1952), 니컬러스 레이의 〈자니 기타〉(1954), 자크 베케르의 〈현금에 손대지 마라〉(1954), 데이비드 린의 〈콰이강의 다리〉(1957), 신도 가네토의 〈벌거벗은 섬〉(1961)의 음반이 판매에 성공했다.

서로 가장 대립하는 경우들은 이렇다. 즉 영화의 1부에서 멜로디는 고의로 비정형적이고 단절적이며 서정적으로 사용되지만(루이 말의 〈사형대로 가는 엘리베이터〉[1958]와

〈네 멋대로 해라〉) 테마 없는 양식 때문에 멜로디가 깨지는 반면, 다른 부분에서는 스타가 된다. 고전영화의 전형적인 음악은 멜로디가 절반쯤만 있었다semi-mélodique고 말할 수 있을 것이다. 구상과 사용한 수단은 서로 달랐지만, 프랑스에서 조베르의 테마, 미국에서 슈타이너의 테마는 모두 다음과 같이 구상되었다. 즉 우리가 즉시 식별할 수 있고, 노래로도 만들 수 있는 후렴구처럼 울리지 않게 한다는 것이다. 이것은 타협이다. 그러다 1950년대에는 더 이상 통용되지 않았는데, 이때는 음악이 한 영화에서 다른 영화로, 아니면 한 영화 안에서도 서로서로 멀어지는 다른 경향들로 분열되던 시기다.

1960년대에 점차 나타난 현상은 **음악을 하나의 '소리**sonorité**'로 이해하는 것**이고, 이는 분명 엔니오 모리코네가 큰 계기가 되었다. 그의 소리 **전략**(예컨대 세르조 레오네의 〈석양의 갱들〉[1972]의 음악에서 사람의 발성으로 낸 개구리 울음소리)뿐만 아니라 악기나 기악 파트의 적나라한 사용(하모니카, 전기기타, 레오네 영화의 기계식 피아노, 피아노, 현악기 파트)도 그렇고, 마지막으로 반향, 음색, 소리의 고유한 질감을 영화음악에 전면화한 그의 방식 때문에 이후 다음과 같은 의식이 통용되게 되었다. 즉 영화에서 음악은 영화를 구성하는 다른 요소들처럼, 구체적이고 견고하며 육화된 어떤 것이라는 의식이다. 따라서 음악은 수사적인 목적이나 표현적인 의도를 넘어서, 그리고 마지막으로 음악을 씌어진 담론으로 간주하는 고전적 음악 개념을 넘어서 그 자체로 존재하는 어떤 것이다.

기법이 공공연히 드러나다

다양한 얼굴로 나타난 모더니티의 또 다른 특징은, 사실상 시청각 기법과 수단이 그대로 노출되는 것이고, 이는 결과적으로 불연속성의 가치를 갖게 된다. 이는 온갖 방법으로 이루어진다. 즉 내러티브 목소리의 문학적 성격과 가장 일상적 대화의 성격 사이에서 나타난 톤의 차이(브레송의 〈어느 시골 사제의 일기〉[1951], 또한 루이 말의 〈연인들〉[1958]), 피에르 파올로 파솔리니 감독이 클래식 음악을 민속의 틀 속에 억지로 끼워 넣어 클래식 음악과 고의로 단절을 일으키는 것, 고다르의 영화들에서 소리와 음악에 날카로운 단절을 도입하는 것, 스크린에서 전개되는 것과 차이를 드러내는 작가의 목소리가 확실히 드러나는 것(장 콕토, 고다르, 마르그리트 뒤라스) 따위가 그렇다.

앞 장에서 서술한 언어 중심적 기법을 포기했기 때문에 말은 그 자체로 더욱 적나라하게, 인물들이 움직이는 세계와 단절된 활동으로 나타나게 되었고, 더 이상 말하지 않는데도 영화가 때로는 더 수다스럽다는 인상을 주었다.

이 모든 것이 모여 내가 '[기법이] 과다 노출된 영화cinéma surexposé'라고 이름 붙인 것, 다른 사람들은 '매너리즘'이나 '영화화된 영화cinéma filmé'(비평가 루이 스코레키의 표현)라고 이름 붙인 것이 만들어진다. 이런 영화에서는 영화의 수사법이 공공연히 드러난다. 유럽에서는 다른 누구보다 레오네, 베리만, 큐브릭이 그렇고, 일본에서는 구로사와 아키라, 젊은 감독들 중에는 오시마 나기사, 이마무라 쇼헤이가 그렇다. 이것은 고다르처럼 대사나 음악을 중간에 끊는 것에서부터, 쇼헤이(〈붉은 살의〉[1964])가 드러내놓고 음향효과를 사용하는 것(내면의 목소리, 촬영 뒤 녹음을 주장하는 것 따위)을 거쳐 큐브릭이 〈2001 스페이스 오디세이〉에서 음악/영상의 관계를 자의적으로 상정하는 것(미래의 영상에 「아름답고 푸른 도나우」를 입히는 것)까지 걸쳐 있다. 이로부터 이제는 같은 경향이 대중 영화와 창조적인 영화를 관통한다고 결론을 내릴 수 있다.

그러나 이전에 음악을 넣었던 곳에 더 이상 음악을 넣지 않는다는 단순한 사실이 보여주는 것은, 고전적 수사학의 틀 아래서 실제 시간이 견고해질 시간을 맞았다는 점이다.

시간이 자율화되다

모더니티 경향과 더불어 사실상 이보다 눈에 띄지 않는 현상이 만들어졌다. 이는 작가영화에만 국한된 현상이 아니지만 내 생각에는 작가영화만큼이나 중요하다. 즉 시간의 견고화, 그리고 내가 '의례화된 영화film ritualisé'라고 이름 붙인 것이 만들어졌다. 의식적이고 과시적이며 합의된 결정이었던 이전 관점들에 비추어보면 이 현상은 아무도 원하지 않았고, 누군가가 강력하게 주장하지도 않았다.

대략 1926년과 1933년 사이 발성영화 전환기의 가장 중요한 귀결 중 하나는, 앞서 말한 것처럼 그 전까지 상대적으로 자유롭고 유동적이었던 촬영과 영사를 초당 24개의 포토그램으로 안정화해야 한다는 필요였다. 이 때문에 시네마토그라프는 시간 기록의 시네마토그라프chrono-cinématographe, 즉 움직임뿐만 아니라 시간을 기록하는 예술이 되었다.

　그런데 시간을 고정시킨다는 점을 완전하고도 의식적으로 생각해 이를 극적이고 표현적인 요소로, 완전한 의미에서 예술적 요소로 만든 최초의 영화들, 즉 시간이 몽타주와 음악과 배우의 리듬으로 만들어지는 것이 아니라 장면을 구성하는 모든 것을 **포함할 만큼** 시간 그 자체로 존재하는 최초의 영화들은 오히려 1950년대와 1960년대에 나타난다. 즉 히치콕의 몇몇 서스펜스 장면들(〈열차 위의 이방인〉[1951]이나 〈이창〉)뿐만 아니라 구로사와 아키라(베네치아 영화제에서 상영되고 수상하면서 영향력이 막대해진 〈라쇼몽〉[1950])에게서, 베리만(〈제7의 봉인〉[1957])에게서, 안토니오니(〈외침〉)에게서, 펠리니(〈달콤한 인생〉)에게서, 레네(〈히로시마 내 사랑〉)에게서 나타난다. 몇몇 비평가, 이론가, 그리고 오늘날 널리 읽히는 질 들뢰즈는 시간이 물질적이고 확실한 요소로서 영화사의 어떤 순간부터 비로소 영화에 개입한다고 보았지만, 이들이 그 사실을 시간의 진정한 기원에 연결하는 일은 드물다. 이 기원의 효과는 지연되었지만 시간의 진정한 기원은 촬영과 영사의 고정된 속도가 영화에 출현한 데에 있으며, 이는 불가피하게 소리 때문에 등장했다. 이 표준화의 미적 효과를 예술가들 자신이 충분하게 깨닫기에는 오랜 시간이 걸렸다. 마치 시간이 견고해지기 위해 영화에 시간이 필요하기라도 했던 것처럼, 기다리는 동안 시간에 부목副木이, 성장의 버팀목이 필요하기라도 했던 것처럼. 그 버팀목은 바로 시간 감정의 위대한 조직자인 음악인데, 음악은 자기 보호막 아래서 시간이 천천히 견고해질 수 있게 해준다.

　1950년대에 나타난 이 의례화된 영화가 실제 시간을 고려하지는 않았다.(실제 시간은 연속 촬영[롱테이크]이나 실제 시간으로 전개되는 지속적인 소리라는 유일한 테크닉의 보증으로 획득한 것이다.) 그러나 이 영화는 점차 이런 느낌의 구축을 목표로 한다.

오랫동안 일본 바깥에서 가장 중요한 일본 영화로 여겨지던 〈라쇼몽〉은 아마도 영화가 지속 시간 그 자체를 표현적 요소로 의식하게 하는 데 가장 많이 기여한 영화 중 하나다. 주지하다시피 이 영화는 중세를 배경으로 전개되는 이야기고, 라쇼몽羅生門의 문 아래로 비를 피하러 온 사람들이 논의를 시작해 같은 사건 하나를 서로 다른 판본으로 보여주는 모순적인 플래시백으로 이루어진다. 따라서 특정 지점에서 시작한 이야기는 과거로 거슬러 올라가는데, 이 지점은 전혀 추상적이지 않다. 그 지점은 다른 소리들을 집어삼킬 것처럼 위협하는 엄청난 비의 강렬한 소리(근본적인 소음)*로 구체화된다. 여자, 도적, 살해당한 남편의 유령, 나무꾼이 이야기하는 같은 이야기의 다른 판본을 전개하려고 영화가 과거로 되돌아갈 때마다 우리는 비에서 벗어난다. 현재로 되돌아올 때는 빗소리 전체가 다시 들린다. 마지막으로 이 영화가 끝날 무렵 비는 그치고, 이 비와 함께 소리가 유지해준 청각의 압력 또한 그친다.

아주 강력하게 틀 지어진 이 형식에서 시작해, 우리는 각 에피소드 길이가 이 영화 자체를 구성하는 것으로 느끼게 된다. 장면들의 지속 시간은 통상적인 수준을 넘어서 조정되고 길어지게 되는데, 일반적 구성보다는 그 순간의 필요성에 따른다. 예컨대 영화 시작 부분에서 라벨의 「볼레로」를 모방한 비디제시스 음악이 나올 때 숲을 걸어가는 나무꾼을 보여주는 서로 다른 숏들이 그렇다.

---

* 「용어 해설집」에서 '근본적인 소음' 항목과 26장을 보라.

내러티브 기능만 따진다면 이 시퀀스는 **너무** 오래 지속되지만, 관객은 이 지속 시간을 그 자체로, 이 영화 형식의 요소로, 이 이야기에 들어 있는 수많은 사건과 정보에서 독립적으로 존재하는 이야기의 시간적 틀로 존재한다고 느끼는 정신 상태에 놓이게 된다.

라쇼몽 문 아래서 현재에 있을 때, 음악은 없고 빗소리만 있다. 과거로 들어가면 매번 서로 다른 내러티브 음악 양식이 나오는데, 때로는 (행위를 따르고 구두점을 찍는) '미키마우징mickeymousing' 기법[만화 영화처럼 음악과 행동이 일치하는 기법]을 보여주다가 때로는 시간을 늘여서 엄숙한 지속 시간을 만들어내고, 때로는 단조롭고 지루하다. 그러나 이 사건의 궁극적 판본인 나무꾼 이야기에는 음악이 없다. 남편과 도적이 서로 싸우는 장면이 그런데, 이는 마치 음악의 부재와 함께 시간을 발견하려고 그 마지막 베일, 마지막 장식을 걷어낸 것과 같다.

〈달콤한 인생〉은 이런 차원에서 분명 중요성이 과소평가된 또 다른 영화다. 이 영화에도 비가 나오는 시퀀스 두 개가 있다. 그러나 그 두번째 시퀀스의 비는 조용히 내리는 보슬비다. 끝이 없고 또 끝이 없게 되기를 바라는 영화——현재의 프랑스 매체에서처럼 이 영화를 요약본으로 보는 것은 아무 의미가 없다——에서 시퀀스를 길게 늘이는 것은 종종 기상학적이고 '자연적인' 현상으로 귀착된다. 마치 삶의 시간이 자기 권리를 되찾은 것과 같다. 펠리니의 영화에서 여러 차례에 걸쳐 해가 뜨는 것은 시나리오상 필요해서가 아니라 인물들이 낮과 밤의 리듬을 잊어버려서이고, 이 리듬이 이들을 따라잡기 위해서다.

펠리니의 이 영화에서 첫번째로 비가 내리는 곳은, 두 아이가 성모마리아를 보았다고 주장하는 장소다. 군중, 저널리스트, 텔레비전 촬영 팀이 여기로 모여든다. 갑자기 폭우가 내려서 모여 있던 인간들이 혼란스럽게 흩어지고, 이렇게 비 고유의 지속 시간이 부과된다. 그다음으로는 사치스러운 집 안에서 조용히 가짜 비가 내리는 것인데, 즐기려고 여기 모인 손님들은 진짜 축제를 벌이는 데 이르지 못한다. 이 사회의 기생충이자 어릿광대가 된 보잘것없는 시골 출신 마르첼로 루비니(마르첼로 마스트로얀니)는 기진맥진한 난교 파티에서 쿠션을 찢어 하얀 깃털의 눈을 비처럼 내리게 한다. 그리고 밖으로 나오는데, 어쨌거나 날이 벌써 밝았다. 반면 바다의 파도 소리는 이 자연의 호흡에 강한 인상을 남긴다. 비록 실제 시간에서 아주 멀리 있지만——행위는 몇 주에 걸쳐 진행되지만 이 영화는 우리 생애 중 단 세 시간을 차지할 뿐이다——, 단지 상징적이지만은 않은, 분명하게 분위기적인 어떤 것이 되게 하려고 시간에 충분한 시간을 준 셈이다.

〈달콤한 인생〉은 아주 구체적인 구성을 보여주는데, 우리를 시간에서 벗어나게 만드는, 구조를 상실한 시퀀스에서 더 긴 시퀀스로 나아가고, 다른 때보다 약간 더 긴 모임의 상황으로 끝난다. 이 바닷가 모임은 날이 스스로 밝는 시간을 보여줄 정도로 약간은 고의로 너무 길다.

이 영화 시작 부분에서 트레비 분수에 빠진 마스트로얀니와 아니타 에크베리는 서로 키스를 하는데, 큰 소리를 내면서 분수의 물이 갑자기 빠진다. 시네마스코프로 찍은 롱숏은 인물들 모르게 날이 밝았으며 분수의 물이 끊겼다는 점을 보여준다. 영화가 끝날 때 바다의 소음(우리가 끊을 수 없는 소음)은 영화의 지속 시간을 넘어 열린 결말로서 시간의 느낌을 영원하게 만들 것이다.

펠리니의 영화가 나온 지 2년 만에 나온 안토니오니의 〈밤〉에서는 한 커플이 서로 싸우고, 각자 길을 잃고, 하루의 한나절과 하룻밤 동안 한 발짝도 나아가지 못한 상태에서 다시 만난다. 그러면서 이 커플은 자신들을 둘러싸고 자신들 없이 흘러간 시간을 의식하게 된다. 그러나 어쨌거나 새벽이 오고 우리는 간략하게 시간의 의식을 되찾는데, 이 시간은 서사의 필요성 때문에 결정된 것도 아니고 권태의 우려 때문에 압축된 것도 아니다.

안토니오니의 다음 영화 〈일식〉(1962)의 마지막은 해가 뜨는 장면이 아니라, 약속 장소에 오지 않아 주인공들이 없는 도시에 밤이 오는 장면을 보여준다. 그러나 묵시록의 징후를 보이는 분위기에서 주인공들이 없는 채 저녁이 온다.

묵시록은 정확히 베리만의 유명한 영화 〈제7의 봉인〉의 주요 준거다. 이 영화의 첫머리 말은 「요한묵시록」의 예언적인 이야기에서 빌려온 것이다. "어린 양이 제7의 봉인을 열었을 때, 30분가량의 긴 침묵이 있었다." 이어지는 영화 시작 부분(기사와 죽음이 벌이는 유명한 체스 게임)은 바닷가에서 핵 위기의 예언이 떠돌던 냉전 시기에 특징적이었던 영원의 시간, 이와 동시에 만질 수 있을 것처럼 생생한 시간의 분위기 속에서 전개된다.

히치콕의 〈새〉에서 음악의 부재(이후 내가 분석할 디제시스 노래가 나오는 짧은 에피소드를 빼면)와 대사 없는 수많은 시퀀스 덕분에 우리는 시간을 물리적으로 느낀다. 새가 공격할 때 인물들이 깨닫는 유일한 사실은, 이 공격이 인간의 행위나 상황과 별개로 자율적인 리듬에 따라 이루어진다는 점이다. 예컨대 영화의 마지막 장면에서 주인공들은, 공격할 때가 아니라는 이유로 공격하지 않고 자신들을 지나가게 해주는 수천 마리의 새들 한가운데서 도망친다. 내 생각에 이것은 이 영화와 세계의 시간이 인물들의 행위와 결부되기를 그치고 자율성을 획득한다는 점을 보여주는 아주 강력한 은유다. 이 시간은 인물들과 무관하게 존재한다. 예전 영화들에서는 이야기의 심리적인 필요성 때문에 밤이 오고 천둥이 쳤지만, 이제 영화의 시간은 그 자체로 존재하는 순환이 되었다.

의례화된 영화의 탄생

브레송은 〈사형수 탈옥하다〉(1956)를 통해 구로사와 이후 의례화된 영화를 체계화시킨 최초의 감독 중 한 명이다. 이 의례화된 영화에서는 대사가 드물고 간결한 데다, 음악이 차지하는 시간이 지극히 짧아서 귀가 뚫리며, 소음과 영상 속 움직임으로 시간을 조직하는 방식이 들리게 된다.

브레송의 영화들에서 우리가 소음들(〈사형수 탈옥하다〉에서 감옥에서 나는 소리, 〈소매치기〉[1959]에서 파리의 보도를 걷는 소리, 〈무셰트〉[1967]에서 오토바이 부르릉거리는 소리와 여주인공의 구두 소리, 〈호수의 랜슬롯〉[1974]에서 갑옷이 철꺽거리는 소리)에 주목한다면, 이 소음들이 시간에 구두점을 부여하고 시간을 의례화시킨다면 그것은 이 소음들이 절대로 (아니면 거의) 음악과 **뒤섞이지** 않기 때문이다. 그러나 이는 또한 이 소음들이 존재감과 밀도가 있고, 영화에서 아주 드문 물질성을 갖고 있기 때문이다.

어떤 사람들이 브레송의 영화들을 들으면서 음악에 대해 생각하게 되는 이유는 무엇일까? 이는 브레송에게 소리들이 종종 되풀이되는 형식으로 나타나기 때문이고, 모든 소리의 반복은 음악을 강하게 떠올리게 하기 때문이다. 그러나 이는 또한 브레송이 쓰거나 연출한 장면들이 열을 지어 행진하고, 보도 위를 걷고, 학교에 가고, 문들을 열고, 돈을 주고 쥐고와 같이 되풀이되는 방식으로 제시된 행위를 포함하고 있기 때문이다. 마지막으로, 이런 영화들에서 대사의 비자연주의적 발성법 때문에 언어의 의례적인 특성이 돋보이게 되기 때문이다. 요컨대 브레송은 삶에서 비슷한 행동이나 되돌릴 수 있는 행동의 지속적인 반복을 이루는 모든 것에 가치를 부여한다. 즉 문을 열고 닫는다, 올라가고 내려온다, 떠나고 돌아온다 따위. 음악적 감정은 여기서 크게 멀지 않다. 외적 인과율에서가 아니라 시간 속의 과정처럼 소리 자체에서 생겨나는, 소리에 내재된 반복의 법칙을 지각하는 것이 이런 감정을 만들어 내는 데 충분하기 때문이다.

따라서 다음은 최초의 반응이다. 어떤 소리들의 리듬감 있는 회귀가 브레송에게 맹아적인 음악적 감정을 만들어내고, 이 감정은 사실상 의례화된 시간의 형식이 주는 인상이다.

그러나 의례화된 영화는 1960년대에 명확히 나타난다. 구로사와에게 명시적으로 영감을 받은, 패러디적인 동시에 엄숙한 서부영화들을 포함한 세르조 레오네의 대중 영화들은 여기에 커다란 기여를 하게 된다.

이 현상은 모든 장르 영화를 관통하게 된다. 즉 '코믹 영화' 자크 타티의 〈플레이타임〉, '액션과 추격의 영화' 피터 예이츠의 〈불릿〉(1968), 'SF 영화' 큐브릭의 〈2001 스페이스 오디세이〉, '서부 영화' 레오네의 〈옛날 옛적 서부에서〉(1968), '탐정 영화' 장-피에르 멜빌의 〈암흑가의 세 사람〉(1970) 따위는 장르의 차이, 시네필의 호평 정도의 차이를 넘어 1960년대 말에 제작되었다는 공통점만 있는 것은 아니다. 우리가 주의를 기울이지 않는 또 다른 공통점이 있는데, 때로는 너무 엄격한 방식으로 생각한 작가주의 때문에, 때로는 영화에 딱지를 붙이고자 하는 강박관념 때문에 진정한 비교의 역사를 만들지 못하게 된다. 첫째로, 이 영화들은 모두 상대적으로 말이 적다. 여기서는 말이 억제되어 있고 간결하거나, 압축되어 있지만 구체적인 장면에 놓여 있거나, 여기저기 흩어져 있지만 인색하게 나오거나, 많지만 거리를 두고 있어서 거의 들리지 않는다. 둘째로, 이 영화들은 **순간적으로 화려한 대목**이 들어 있는 진정으로 의례화된 영화들이라는 점이다. 〈2001 스페이스 오디세이〉에서 프랭크 풀의 시체를 거둬들이는 무성의 장면(대사도 음악도 없는 6분간의 기술적 조작), 레오네 영화 도입부의 역에서 기다리는 장면(몇몇 강박적이고 거슬리는 소음 속에서 한마디도 하지 않고 디제시스 음악도 없이 기다리는 사람들의 15분),* 〈암흑가의 세 사람〉

에서 카르티에 보석 가게의 '침입'(거의 20분에 달하는, 당연히 음악이 없고 말 한마디 없는** 정교한 활동), 〈플레이타임〉에서 '유리창 너머의 아파트 내부 풍경'을 보여주는 긴 장면(단지 외부에서 지나가는 자동차들 소리와 행인들의 말소리만 들리는 상태로, '듣지 못하는 영화'에서처럼 외부에서 유리로 보이는 인접한 아파트들 안에서 전개되는 10여 분에 이르는 조용한 행동)이 모두 그렇다. 이 네 시퀀스는 내러티브적 필요성을 넘어 길게 늘인 것으로, 순수 시간의 의례다.

〈플레이타임〉의 경우에는 제목에 이미 나오는 시간이 그 주제이며, 채플린(〈모던 타임즈〉)에 한 번 더 반향을 일으킨다는 지적만으로는 충분치 않다. 이 탁월하고 시적인 영화는 그보다 8년 전에 나온 〈달콤한 인생〉과 관계없지는 않다. 집단적 상황이 많고, 피날레는 아주 긴 밤 장면으로 구성되어 있으며, (로열 가든의) 파괴와 붕괴를 향해 나아가고, 매일매일 하루를 다시 시작할 시간을 갖고, 마지막으로 수많은 디테일을 영화적 묘사 속에 배치하는 방식까지 그렇다. 이 영화적 묘사는 영화의 지속 시간을 이야기를 위

* 이 시퀀스에 대해 내가 한 분석을 보라. Michel Chion, *Le Son*, *op. cit.*, pp. 79~81.

** 이브 몽탕이 수위에게 '플루비에!'라고 호명하는 것을 빼고.

한 것으로 설정하지 않고 **시간을 그 자체로 이미 존재하는 틀로서 간주한다.**

요컨대 의례화된 영화는 틀을 벗어난 영화다. 즉 영화는 보기 위해 피트 음악의 갑옷, 보이스오버 내레이션의 갑옷, 또한 영상과 얽혀 있는 대사의 갑옷을 벗었다. 여기서 우리는 초당 24개의 포토그램으로 고정되고 안정화된 시간이 시멘트처럼 견고해졌다는 점을 깨닫게 된다.

멜빌이 내러티브적인 보이스오버 내레이션을 탁월하게 사용한 장편영화 두 편(〈바다의 침묵〉[1947], 〈무서운 아이들〉)으로 시작해서 이후에는 점차 보이스오버 내레이션 없이 작업했다는 점은 시사적이다.(〈도박사 봅〉[1956], 〈맨해튼의 두 사람〉[1959]에는 아직 남아 있다.) 한편 〈킬링〉(1956)과 〈롤리타〉(1962)에서 복잡한 보이스오버 내레이션을 조작할 수 있다는 점을 보여준 큐브릭은 〈2001 스페이스 오디세이〉에 보이스오버 내레이션뿐만 아니라 알렉스 노스의 내러티브적인 음악을 사용하겠다고 예고했지만, 이 둘 다 포기했다. 이 두 감독은 같은 모험을 했다. 갑옷을 벗겨내고 그 안에 무엇이 있는지 보는 것이다.

이 견고해지고 의례화된 시간의 영화는 재능이 고르지 않은, 다양한 세대의 몇몇 감독에게 채택된다. 테오 앙겔로풀로스, 안드레이 타르콥스키뿐만 아니라 미클로시 얀초, 샹탈 아케르만이 그렇고, 이후에는 짐 자무시, 아키 카우리스마키, 왕자웨이 같은 감독이 그렇다. 1960년대 이후 의례화된 영화는 더 이상 낡고 특수한 형식이 아니게 되며, 끝없이 절대적인 것, 준거를 이루는 형식을 재현하게 된다.

8장. 감각적인 것의 귀환
(1975~1990)

소음이라는 주민들

돈 시겔의 고전영화 〈신체강탈자의 침입〉(1956)을 필립 카우프먼이 돌비 사운드로 리메이크한 같은 제목의 영화(1976) 장면 하나를 언급해보자. 위험에 빠진 도널드 서덜랜드가 피로를 이기지 못

해 야외 벤치 위에서 잠든다. 이 때문에 지구를 위협하러 우주에서 온 생물 하나가 자기 일 (본래의 인간을 또 다른 서덜랜드로 대체하는 것)을 시작할 수 있었다. 이때 이 영화에서 가장 인상적인 장면이 시작된다. 이 장면은 날씨가 온화한 샌프란시스코에서 전개되는데, 저녁에 식물 같은 무언가가 열리더니 들릴 듯 말 듯한 소음을 내면서 아직 촉촉하고 툽상스러

운 실물 크기의 어른을 낳는다. 이것과 도널드 서덜랜드, 원본과 천천히 모습을 갖춰가는 모방물이 같은 숏 안에서 하나가 되어 나타난다.

내가 작은 화면으로 이 영화를 다시 보면서 영화관에서 처음 볼 때와 똑같은 인상을 떠올린 것은 바로 이 소음 때문이었다.

무엇으로 만들었는지는 모르지만 사운드 디자이너 벤 버트가 만든 소음은 중요하다. 주름을 펴는 소리, 기관이 펼쳐지는 소리, 막이 벗겨지는 소리, 바스락거리는 소리 따위이면서 동시에 이 모든 것인 이 소리는 실제적이고 뚜렷하며, 고음에서 선명하고 섬세하며 촉각적인데, 마치 이를 들으면서 만지는 듯하고 (누군가에게는 공포를 불러일으키는) 복숭아 껍질 촉감 같기도 하다.

수년 전인 1973년이었다면 아마 감독은 그런 소리를 쓸 수 없었을 것이고, 그렇게 또렷하고 생생하며 고음에서 찌르는 듯하고 만지는 것처럼 생생한 **그려내기**를 보여줄 수 없었을 것이다. 이는 심지어 거리까지도 뛰어넘어 영화 세계의 지각을 바꿔놓고 이 지각을 더욱 즉각적으로 만든다. 이전 영화에는 이런 것이 전혀 없었다. 그리고 고음高音의 '작은 주민들petit peuple'이 (심지어 모노-스탠더드판에서도) 영화 속으로 들어올 때는 자신들과 함께 삶에 대한 또 다른 질료, 또 다른 느낌을 데리고 왔다. 지금 나는 스테레오와 함께 온 공간 처리의 새로운 방식이나 돌비Dolby가 가능하게 만든 우렛소리 같은 효과에 대해 말하는 게 아니라, 영화를 극도의 직설법 현재 상태로 만들고 극도의 구체성으로 굴절시킨 세계의 떠들썩한 소리를 미세하게 그려내는 효과에 대해 말하는 중이다. 뭔가가 움직였고, 어디에도 기록되지 않은 소리에서 도래한 변화는 〈신체강탈자의 침입〉에 나온 대체를 본떠 이루어지면서 영상의 지위를 변화시켰다. 이는 부드러운 혁명이었다.

영화의 패배와 승리들, 그 영웅과 무명 병사들, 이전에 벌어진 일과 이후에 벌어진 일(발성영화의 단절, 네오리얼리즘, 누벨바그) 양쪽 모두에 걸쳐 지표가 될 만한 날짜들을 기록한 공식적인 영화사가 있다면(하나는 있어야 한다), 영화사가 새롭게 씌어져야 할 것이다. 이 영화사는 주목받지 못한 채 지나간 사건들을 밝혀내고 부드러운 혁명들의 점진적·기술적·경제적·미적 변동을 밝혀내게 될 것이다.* 우선 그것은 실재를 그려내는 혁명이고, 돌비 이전에 시작된 혁명이지만 돌비 때문에 빨라진 혁명이다.

1930년과 1975년 사이 영화적 복제의 기술적 특성에는 무슨 변화가 있었을까? 모두가 알고 있다. 즉 실재를 복제하는 입자가 더욱 촘촘해졌는데, 이는 소리의 복원 때문에 무성영화의 초당 16~18개의 포토그램이 발성영화의 24개의 포토그램(비디오에서는 25개의 포토그램)으로 어쩔 수 없이 바뀐 **시간의 입자**에서부터, 필름 화질을 개선하면서 생긴 **공간의 입자**까지 모든 차원에서 이루어졌다. 소리의 경우, 음폭과 대역폭(최저 주파수와 최고 주파수 사이의 공간) 그리고 녹음과 재생에서 정밀성을 획득했다.

데쿠파주의 재편

이것이 한 번에 이루어진 것은 아니다. 돌비는 탄생 이전과 이후

---

*   이런 생각에서 나는 *Technique et création au cinéma*(ÉSEC, 2002) 끝에 역사적 연대기를 작성했다.

로 역사를 나눠 기술할 수 있는 예수 그리스도 같은 존재가 아니다. 이는 훨씬 더 점진적으로 이루어졌다. 처음에는 촘촘했고 주파수의 좁은 띠 속에 서로 가까이 있었기 때문에 구성원 모두(목소리, 음악, 소음)를 수용하는 데 애를 먹었지만, 사운드트랙은 천천히 넓어지기 시작했다. 처음에는 청각적으로 단순화되었고, 아주 작은 코넷을 통해 지나갔다. 그것은 눈이 한쪽밖에 없는 색맹이 본 삶이었다. 영화에 목소리가 도입되었을 때, 떠들썩한 소리와 소음은 지워져야 했다. 미국 영화와 달리 삶의 소음을 옮기려고 애쓴 프랑스 발성영화 초기에 말은 때로 다른 소리에 덮여 불명료하고 알아들을 수 없었다.

주파수 띠의 확장, 소리를 혼합하는 테크닉의 정교화 같은 선적이고 양적인 변형은 예측할 수 없던 질적 비약의 형태로 귀결되었다. 소리의 복수 층이 균등하게 공존하게 되면서 특히 다성多聲이 더 잘 들릴 수 있게 되었다. 브라이언 드 팔마와 미국 코미디들의 '분할 화면' 같은 몇몇 임시적 시도를 제외하면 영화에서 영상은 거의 항상 하나였던 데 반해, 소리는 언제나 **복수**複數로 있었다. 적어도 예전에는 소리를 위계화시켜야 했으며, 대화에서 세계의 떠들썩한 소리를 침묵시키고 음악을 완화해야 했다. 그러나 리들리 스콧의 〈블레이드 러너〉(1982) 같은 1980년대의 몇몇 영화에서 청각적인 것은 동등한 존재감을 가지는 두서너 개의 층으로 존재하는 데 반해, 시각적인 것은 추가로 단지 하나의 층만 가질 뿐이었고 그마저 항상 주요한 것이 아니었다. 이 광대한 소리의 수족관 속에서, 불쌍한 작은 물고기인 영상은 때로는 떠돌기에 이르렀다.

그러나 심지어 돌비 이전에도 발성영화의 역사가 진행되는 동안 소리는 주파수에서 저음과 고음을 향해 천천히 펼쳐졌고, 밀도가 높아졌으며 영역을 넓히고 섬세해졌다. 우리는 여기서 아무것도 보지 못했다. 소리가 다르다는 말은 서로 하지 않던 말이었다. 그러나 사람들은 스크린에서 사물이 훨씬 구체화되고 시간이 훨씬 긴급하게 흐르는 것을 감지했다. 소리에서 고음의 출현, 주변 음향의 얇은 층들과 목소리 아래 디테일의 출현은 훨씬 더 섬세하게 미세 현재를 살려놓았다. 호흡, 마찰 소리, 걸쇠 소리, 시끌벅적한 소리, 미세한 소리를 내는 모든 주민이 천천히 자기 차례를 기다렸고, 소리의 주민이 되었다. 어떤 경우에는 아마도 소리가 이겼을 것이다. 영화의 중심을 자기 쪽으로 옮겨놓았고, 스크린의 프레임을 더 이상 특권적인 장소로 만들지 않으며, 반대로 상황을 감시하고 탐지하는 프레임('모니터')로 스크린의 프레임을 바꿔놓았고, 아무도 식탁 위에 있던 것이 움직이는 걸 보지 못했지만 식탁보를 자기 쪽으로 당겼다.

스크린에서는 모든 것이 자기 자리에 있는 것처럼 보이지만, 데쿠파주에서는 모든 것이 변했다. 영상은 공간을 정당화하기는커녕(이제 이런 일을 맡는 것은 소리다) 공간에 대한 시점들을 제시할 뿐이다. 히치콕이 장면의 마지막에 두기를 좋아했던 유명한 롱숏(확실한 효과)은 더 이상 같은 의미를 갖지 않는다. 즉 소리가 이미 안정적인 롱숏을 당연히 자기 방식으로 규정하고, 멀리서 들리는 주변 음향으로 이를 둘러싼다.

롤랑 조페의 〈미션〉 같은 영화는 음악이 없는 순간까지도 소리 위에 구축된 뮤직비디오 같은 공간으로 구조화되었는데, 사태는 여기서 명백하다. 이런 발전은 경향적일 뿐이고 순수하게 등장하는 일은 드물다. 그것은 대부분의 영화에서 데쿠파주의 관습적인 수사학과 문제없이 뒤섞이지만, 점차 그 기반을 잠식한다.

영상에서 때때로 배경과 프레임 전체를 보여주거나 다시 보여주는 것이 사실상 불필요해졌다. 이를 느끼게 하는 데는 소리만으로 충분하기 때문이다. 〈블레이드 러너〉의 많은 장면에서, 특히 해리슨 포드가 길에서 조애나 캐시디를 추격하는 동안 군중 전체를 보여주는 롱숏은 아주 드물다. (우리를 정확히 거리에 잠기게 하는) 상당히 근접한, 또는 부분적인 숏의 연속만 있을 뿐이지만, 이 시퀀스의 아주 풍요롭고 풍족한 소리가 각각의 숏을 넓은 전체 속에 포함시켜준다.

그러나 소리가 규정한 공간은 영상이 구성한 공간과 같지 않다. 소리가 규정한 공간은 디테일이 풍부하고 다성적인 동시에, 윤곽과 경계가 흐릿하다. 다시 말해서 청각적이다. 앞서 봤듯이 소리는 위치를 정해줄 수 있는 시점 개념을 없애버린다. 발성영화 초기에 여기에 이르고자 하는 몇몇 시도가 있었지만, 소리는 또한 유클리드 원근법을 모른다.

돌비의 멀티트랙이 만든 소리 공간 속에서나 또한 현대 영화에서도, 소리는 르네상스 이전에 시각적 공간에서 물체들이 그랬던 것처럼 빽빽하게 들어서고 배열된다. 각 육체를 분리하는 빈 공간은 구축되지 않는다. 그러나 소리의 시간적 섬세함——이와 반대로 영상은 시간의 조잡한 표본에만 만족한다——덕분에, 몇 개의 소리 층은 속도의 많은 단계에 주의를 기울이게 할 수 있다.

이 모든 것에 변증법이 없을 수 없고, 반격의 채찍이 없을 수 없다. 시각적인 것의 중요성이 다시 확립되고, 한 번 이상 요구되는 일이 일어난다. 영상은 동어반복으로 "당신은 당신이 볼 것을 보게 될 것이다"라고 말한다. 그러나 영상이 공간과 장면을 구조화하는 기능을 상당히 많이 상실했기 때문에, 데쿠파주가 더 이상 기능적이지 않기 때문에 연속된 숏들은 이미 그 자체로 드라마가 아니며 이 숏들이 보여주는 행위들에 영향력을 행사하지 못한다. 반면 더 이상 구조를 부여하지 못하는(어쨌거나 이전과 같은 방식으로) 영상은 흥미로운 무위도식을 하고, 예뻐지려고 하며, 선정적이 되려고 한다. 영상은 예전 영화에서 조명의 '룩look'을 다시 취해 자기를 시대착오적으로 꾸민다. 비록 몇몇 감독이 시각적 **리듬**과 **질감**texture의 독창적인 탐색으로 영상 작업을 했지만, 1980년대 영화적 영상은 겉보기만큼 큰 혁명의 무대는 아니었고, 자발적으로 보수적이며 예전 영상들을 인용했다. 이 현상의 기원들을 살펴보기 위해 잠시 뒤로 되돌아가 보자.

다성적 리듬의 탄생

1971년에 이름이 알려지지 않은 젊은 감독이 내놓은 미국 SF 영화가 개봉되었다. 프랑스 언론에서 좋은 평가를 받았지만 배급은 제한적이었고 큰 성공은 거두지 못했다. 이 영화가 조지 루카스의 〈THX 1138〉이었다. 이 영화 시작 부분에서 우리를 놀라게 한 것은 먼저 로버트 올드리치의 〈키스 미 데들리〉(1955)처럼 위에서 아래로 내려오는 타이틀 자막이었고, 다음으로 첫 시퀀스(깜빡거리는 경고등의 익스트림 클로즈업, 보호 장비와 기계 팔을 착용한 노동자들의 시선, 하나로 연결하기 힘든 것들로써 동질적인 공간을 만드는 숏들)에서 소리의 서로 다른 속도를 혼합한 점이었다. 즉 느린 종교적 양식의 합창이 또 다른 리듬에, 특히 또 다른 시간에 속해 있는 것 같은 미래주의적 신호음과 겹쳐졌다. 수수께끼 같고 의례적인 특성이 있는 이 영화는 분명 그보다 3년 전에 나온 〈2001 스페이스 오디세이〉와 장-뤽 고다르의 영향을 두드러지게 보여주었지만, 똑같은 효과를 정반대의 수단들로 탐색하는 지성이 있었다. 레오네와 멜빌의 연장선에 있는 〈2001 스페이스 오디세이〉가 거의 말 없는 영화인 데 반해, 〈THX 1138〉은 때로는 아주 수다스러운 작품——이 영화에서 도널드 플레전스가 연기한 회개 불능의 수다쟁이와 로버트 듀발이 연기한 말 없는 불순분자의 대립을 보라——이었다. 더욱이 철창이 없으며 끝없는 흰색만 펼쳐진 감옥이 나오는 고통스러운 시퀀스에서 말은 스스로 무화되는 것 같다.

그러나 루카스의 첫 장편영화이자 모노 재생 방식의 영화 〈THX 1138〉은 멀티트랙을 듣는 것 같은 외양을 하고 있었다. 이 영화의 몇몇 시퀀스에 다성적 리듬이 강하게 들어 있고, 같은 장면 안에서나 모순적인 리듬으로 대립하는 평행 몽타주 안에서 일관되게 속도의 충돌이 나타난다. 소리 몽타주는 종종 (〈지난해 마리앙바드에서〉의 오르간 음악과 같은 효과, 즉 시간에서 벗어나게 만들고 마취하는 효과를 내는) 지나치게 감상적인 일종의 '엘리베이터 음악'과, 이

와 반대로 긴급하다는 감정을 만들어내는 소리 효과를 번갈아 보여준다. 이는 가속과 감속이 함께 나오는 마지막 추격 장면의 역설에서 정점에 달한다. 즉 지하 세계에서 벗어나고 싶은 로버트 듀발이 지구의 지상으로 올라오려고 아주 빠른 차를 훔쳐서 로봇들의 추격을 받고 있을 때, 몽타주는 끝없이 아주 급한 소리들(추격당하는 쪽에서 윙윙대는 역동적인 소리)과 천천히 흘러가는 소리들(추격하는 쪽의 통제 센터에서 나는 끈적끈적한 배경음악)을 번갈아서 들려준다. 도망가는 사람은 아주 빨리 운전하지만, '애착 자체가 없고' 실용적인 회사는, 추격이 단지 프로그램을 적용하는 것으로 충분하고 회수 비용이 파손 비용보다 더 커지면 체포를 그만두게 될 것이다. 쫓기는 자의 차와 익명의 평온한 하수인들이 일하는 통제 센터를 번갈아서 보여주는 교차 몽타주는 계속해서 가속이라는 생각 자체를 거부한다. 몽타주와 믹싱에서 속도 차이를 여러 지점에 사용함으로써 〈THX 1138〉은, 모노 재생 방식의 영화인데도 〈2001 스페이스 오디세이〉보다 더 다성적이라는 느낌을 준다.

이 영화가 개봉되었을 때 나는 감독의 이름뿐만 아니라 편집자의 이름도 기억해두었다. 이 편집자는 이 영화의 사운드를 만들어내기도 한 〈THX 1138〉의 공동 시나리오작가, 월터 머치였다. 따라서 나는 3년 뒤 프랜시스 포드 코폴라의 〈컨버세이션〉(1974)의 타이틀 시퀀스에서 이 천재적 인물의 이름을 다시 발견했을 때 전혀 놀라지 않았다. 이 영화에서 진 해크먼이 겉보기에는 목적도, 두서도, 구체적 대상도 없이 녹음하는 커플의 강박적인 대화와, 진 해크먼이 살고 일하는 샌프란시스코의 리듬을 병치해서 제시한 것은 이 영화에 지속적인 다성성을 부여한다. 나 자신이 오래전부터 구체음악 믹싱 작업을 해왔기 때문에, 이 영화의 리듬감 있는 믹싱의 새로움에 충격을 받았다. 주제 자체 때문만이 아니라 몽타주와 믹싱 테크닉 때문에도 그랬다. 바로 이 영화는, 어떤 소리의 층도 전체를 지배하는 리듬을 강제하지 않은 상태로, 서로에게 미끄러져 들어가는 소리의 층들을 관람자가 의식하게 되는 영화였다.

그 전해에는 전 세계의 엄청나게 많은 관객이 루카스가 새롭게 감독을 맡은 역사상 최초의 디스크자키 영화 〈청춘낙서〉(1973)를 보았고, 월터 머치의 이름이 타이틀 시퀀스에 다시 나왔다. 이번에는 30여 곡의 노래들과 서로 다른 사람들 사이에서 평행하게 전개되는 장면의 병치가 온갖 종류의 탐색 대상이 되었다.

따라서 내가 보기에 돌비 이전에 나온 몇몇 영화로 이룩한 머치의 가장 큰 기여는, 몽타주와 소리로 다성적 리듬과 다성적 음질——이는 어트랙션이 이루어지는 복수의 지점들에 기반을 두고 있다——의 새로운 모델들을 만들어내서 영화 전체의 얼굴을 바꾸어놓은 점이다. 이것은 흔히들 대위법적이라고 말하는 소리와 영상의 선적 대립과 다르고, 영화 속에 리듬의 중심을 부여해야 한다는 강압적 생각을 무너뜨리는 훨씬 더 큰 단절이다.

한편, 로버트 올트먼은 〈긴 이별〉(1973), 〈캘리포니아 갈등〉(1974), 〈내쉬빌〉(1975) 같은 영화에서 음향 기술자 짐 웹의 도움을 받아 오랫동안 언어적 다성성을 탐색했다. 이런 영화들에서 웹이 배우들에게 부착하는 발신용 마이크 체제를 만들어낸 덕분에 배우들은 자유롭게 어디나 움직이고 다른 사람과 동시에 말할 수 있었다. 〈긴 이별〉의 경찰이 엘리엇 굴드를 심문하는 장면에서 이미 여러 명이 동시에 말하는 대사, 겹치는 대화들이 치밀하게 사용되었다. 프랑스에서는 클로드 를루슈가 이런 분야의 개척자였다. 한편 〈제3세대〉(1978) 같은 라이너 베르너 파스빈더의 많은 영화에서 인물들이 말하는 대사들과, 배경에 켜놓은 텔레비전이나 라디오의 수다를 철저하게, 일부러 억압적으로 병치한 작업은 혁명적 언사에 대한 비판이자 세계에 대한 있는 그대로의 묘사이기도 하다. 이렇게 그 자체로 새로운 세계와 일치된 새로운 영화가 나타난다.

1960년대와 1970년대에 소리의 세계는 변했다. 즉 트랜지스터와 휴대용 전축 덕분에 이전에는 들어갈 수 없었던 장소들에 대중음악뿐만 아니라 클래식 음악이 들어가게 되었고, 이들 음악을 자연적이거나 산업적인 소리들과 병치할 수 있게 되었는데, 이전까지 이런 소리들은 믹싱의 대상 정도로만 생각할 수 있었다.

더욱이 카스테레오auto-radio가 민주화되었고, 자동차가 달려가는 길의 영상과 함께 노래가 나오기 시작했다. 이런 노래는 올드리치의 〈키스 미 데들리〉 타이틀 시퀀스에 이미 나온다(공포에 질린 승객 마이크 해머의 헐떡임과 함께 비감정이입*의 오버랩 방식으로 밤길 위에 깔리는 냇 킹 콜의 노래). 그러나 영화는 몇 년 뒤에야 이런 능력들을 비로소 능숙하게 사용할 수 있었다. 그 후 음악과 함께 여행할 가능성이 더 커졌기 때문에 사실상 하나의 세계가 만들어진다. 이 세계에서는 온갖 종류의 시간적 벡터**가 시간의 지평에 제공한 약속들인 우연한 마주침의 기회가 늘어나면서, 독자적인 요소들(노래의 가사, 멜로디의 곡선, 인물들의 궤적)의 진정으로 우연적이고 대위법적인 병치가 관례적인 것이 된다. 1970년대

---

* 「용어 해설집」에서 '비감정이입 효과' 항목과 24장을 보라.
** 「용어 해설집」에서 '시간적 벡터' 항목과 16장을 보라.

부터 많은 영화, 특히 로드 무비들의 소리 미학은 이런 현상 없이
는 이해할 수 없을 것이다.

그러나 관객이 이를 의식하기 시작한 것은 돌비 영화의 도래
와 더불어서다.

소리의 물리적인 재확인

1970년대에 폭발적으로 늘어난 돌비 기술의 기술적 디테일로 들
어가지 않고, 돌비 스테레오라는 이름의 혁신이 영화에 기여한 것
을 간단하게 말해보자.

◊ 주파수대가 넓은 소리란 저음에서 훨씬 아래로, 고음에
서 훨씬 위로 갈 수 있다는 뜻이다.
◊ 음폭이 확대된 소리란 반드시 훨씬 강한 소리라는 뜻이
아니고, 가장 부드러운 소리에서부터 가장 강한 소리까
지 대조 단계가 있는 소리라는 뜻이다.
◊ 멀티트랙 소리, 다시 말해서 일정 수의 독자적 트랙에서
다시 출발한 소리는 같거나 다른 신호를 옮길 수 있다.

그 미적 귀결은 다음과 같다. 즉 소리를 '그려낼' 때 섬세함이
훨씬 더 커졌을 뿐만 아니라 그때까지 영화의 소리 전달 경로를
통과하지 못한 소리(바스락거리는 옷감, 작은 곤충, 보슬비 따위의
소리)를 들려줄 가능성, 훨씬 더 구체적이고 선명한 소리 디테일로
소리를 훨씬 더 '개성화할' 가능성이 생겼다. 또한 소리 강도의 대

조 단계가 훨씬 더 커졌고, 마지막으로 (19세기 말부터 서구 음악사에서 일어난 것처럼) 이 대조에 훨씬 더 격렬하고 정제된 표현적 가치를 부여할 가능성이 생겼다.

모노트랙에서 멀티트랙으로 가는 이행에서 급진적 귀결들이 일어났는데, 가장 극적인 귀결들은 알려졌지만 그중 어떤 귀결들은 대개 알려져 있지 않다. 즉 이 때문에 스크린 경계 바깥의 (더 이상 가상적이지 않고) 실제 지점에서 나오는 스크린 뒤의 어떤 소리를 들려줄 수 있게 되었고, 영화관 공간에서 소리를 움직이게 할 수 있었을 뿐만 아니라(〈지옥의 묵시록〉에서 모든 사람이 주목한 공기를 가르는 헬리콥터 효과들), 훨씬 더 많은 소리가 서로 불화하지 않고 공존할 가능성이 생겼으며, 배경의 요소, 구두법의 요소, 표현의 요소로서 **소음**에 더 중요한 자리를 부여할 가능성이 생겼다. 여기서 이것들이 전반적인 다성적 리듬polyrythmie에 우호적인 환경을 조성하는데, 이 다성적 리듬은 월터 머치가 모노트랙의 수단들로 편집한 영화들이 미리 보여주었던 것이다.

처음에 돌비는 단지 켄 러셀의 〈토미〉(1975) 같은 팝 영화의 저음들과 엄청나게 많은 소리를 전달하기 위한 수단으로 출현했다. 그러나 1920년대 말 처음에는 아무도 예상치 못했지만 음악이 만들어낸 자리를 말이 가로챈 것과 마찬가지로, 소음은 록 음악을 위해 만들어놓은 자리를 이용했다. 이는 다시 한번 아무도 원하지 않았던 것이다.

돌비는 소리라는 존재의 재확인이기도 했다. 1930년대 초반에 두드러졌지만 이후에는 진부하게 변한 소음이란 존재는, 또한 물리적 현상의 존재이기도 했다. 만약 우리가 〈스카페이스〉와 기관단총 일제사격, 킹 비더의 〈할렐루야〉와 가스펠송, 버스비 버클리의 〈1935년의 황금광들〉(1935)과 규칙적인 캐스터네츠 소리, 〈M〉과 마지막 장면에서 군중의 외침과 페터 로레의 절규하는 목소리, 지가 베르토프의 〈열광 또는 돈바스 교향곡〉과 기계 교향곡 따위를 카세트테이프나 DVD로 연구한다면, 이들 영화가 개봉 당시 실제로 들린 방식을 우리가 정확하게 파악했다고 믿어서는 안 된다. 관객으로 가득 찬 설비가 잘된 영화관에서 들리는──얼마나 큰 혁명인가──이 엄청난 소음에 대해 새로운 역동성을 상상하려고 애써야 할 것이다.

그때 이 역동성은 리듬감 있는 박동으로 정리되었고, 추상적으로 '재즈'라는 이름의 음악 장르와 많든 적든 관련되었는데, 여기서 '재즈'란 1920년대 말부터 당김음을 사용하는syncopée 온갖 종류의 대중음악에 적용한 단어다. 1975년 돌비 초기에는 이 역동성에 다른 이름이 붙었는데, 그것은 '록'이나 '팝'이라는 말이다. 이데올로기적으로 참신한 점은 그 후 이 역동성에 이름이 붙거나 음악 장르로 동화되지 않았다는 점이다. 소리는 물리적 현실(소리의 위력, 근접성, 물리적 존재)로서 구체적이고 음악적이며 리듬감 있는 틀과 연관되지 않았다. 아니, 다음 표현이 더 나을 수도 있다. 즉 1970년대에 소리의 역동성은 음악에서 벗어난다.

인상적이지만 일시적이었던 '센서라운드Sensurround'는 마크 롭슨의 〈대지진〉(1974)이나 잭 스마이트의 〈미드웨이〉(1976) 같은 영화에서 폭격이나 지진 장면에 순간적으로 활성화된 아주 낮은 주파수의 초저주파음 기술인데, 이 센서라운드는 한동안, 관객의 몸과 영화관 의자를 떨리게 함으로써 스크린과 관객의 몸 사이의 거리, 영화의 공간과 영화관 공간 사이의 거리, 몸의 내부와 외부 사이의 거리를 없애는 소리의 신화를 구현했다.

스티븐 스필버그의 〈미지와의 조우〉(1977)는 센서라운드를 사용하지는 않았지만, 놀랄 만한 침묵 속에서 엄청난 비행접시가 도착하는 장면은 초저주파음을 사용함으로써 앞에 제시된 생각을 다시 취한다. 이 영화 전체가 마치 다음과 같이 말하는 순간에 도달하려고 구축된 것 같다. '신사 숙녀 여러분, 이것이 바로 소리 그 자체입니다.' 그 후에야 비로소 존 윌리엄스의 음악이 다시 돌아와 전개된다.

또한, 돌비와 더불어 소리에 대한 일종의 공기역학적 미학이 가능해진다. 이는 강약의 단면들이 훨씬 선명하고 더 잘 통제된다는 뜻이다. 어떤 영화에서 '사운드 디자인'은 시각디자인 영역에서의 의미와 비슷한 의미를 취할 수 있다. 예컨대 〈스타워즈〉 연작인 어빈 커슈너의 〈스타워즈 에피소드 5: 제국의 역습〉(1980), 리처드 마퀀드의 〈스타워즈 에피소드 6: 제다이의 귀환〉(1983)을 위해 벤 버트는 광선검 떨리는 소리뿐만 아니라 우주선 모터 소리, 공기로 열리고 닫히는 문소리를 만드는데, 여기에는 조형적 특질과 인상적인 에너지가 있다.

물론 로베르 브레송(특히 〈사형수 탈옥하다〉의 걸쇠 부딪히는 소리)과 자크 타티(〈트래픽〉[1971]의 연쇄 충돌 시퀀스) 같은 감독들이 표준 모노트랙 소리로 만든 영화들은 탁월하게 외형을 갖춘 소리-물체를 만들어낼 줄 알았다. 이를테면 돌비는 이런 쪽의 작업을 쉽게 해준다.

소리의 엄밀도, 저음과 고음의 풍부함은 또 다른 가능성을 만들었는데, 그것은 정반대쪽에서 나온 보상이다. 즉 조화를 이루는 풍부한 소리를 낼 수 있기 때문에 흐릿하고 빈약한 소리의 사용이 표현적 효과와 특수한 미학을 만들어낼 수 있다는 점이다. 이는 리

1부. 역사

들리 스콧이 감독을 맡은 〈에이리언〉(1979)의 많은 대목에서 벌어지는 일로, 소리는 의도적으로 불분명하고 활기가 없다. 여기서 소리의 불명확성을 통제하는 미학이 가능해지는데, 그 전까지 이런 불명확성은 당시 테크닉의 한계에서 나온 결과에 불과했을 뿐이었다.

의도적인 불명확성의 미학

〈에이리언〉에서 약해지고 늦춰진 온갖 소리의 효과는 디제시스적 구실에 따른 것이다. 예컨대 영화 시작 부분에서 인물들은 악조건의 행성 표면을 탐사하려고 우주복을 입고서, 중간중간 잡음이 끼어드는 소통 체계로 서로에게 말을 한다. 톰 스커릿, 베로니카 카트라이트, 존 허트가 라디오로 부드러우면서도 가시 돋친 말을 주고받는 장면에서 부분적으로 필터 처리된 목소리가 나오는데, 도대체 누가 말하는지 식별하는 일이 언제나 쉽지는 않다. 스커릿이 "자, 해치워버리자"라고 말할 때, 그의 목소리는 다른 사람들 목소리보다 더 가까이에서 들린다. 우주복을 입은 그의 손동작은 그가 말한 것을 뒷받침하지만, 말과 동시에 이루어지지 않는 것처럼 보이면서 시청각 관계에서 불안정성과 긴장의 인상이 만들어진다.

더 기이한 것은, 우주선에 남은 네 승무원과 행성의 땅을 탐사하는 세 승무원을 평행 몽

타주로 보여주는 장면에서 벌어진다. 영상이 견고한 우주선 노스트로모의 내부를 보여주면, 우리는 행성을 휩쓰는 가혹한 바람 소리(누가 들은 것인가?)가 완전히 '끊긴다'고 예상하게 될 것이다. 그러나 영상이 우주선 내부를 보여주는데도, 계속 이 소리가 약간씩 들린다.

20세기폭스사가 제작한 〈에이리언〉은 많은 비평가에게 미국 영화였다. 그러나 나는 단연 영국 영화라고 말한다. 이는 감독의 국적 때문이거나 두 일급 영국 배우 이언 홈과 존 허트가 나오기 때문만은 아니고, 목소리의 녹음과 실제 소리를 포착하는 기술이 사회 영화와 다큐멘터리라는 위대한 영국 전통의 혜택을 입고 있기 때문이다.

이 영화의 많은 부분은 스튜디오에서 직접음향으로 녹음된 것 같고, 뒤죽박죽으로 서로 섞이는 대사의 실제 성격을 보전하려고 통제된 것 같다. 〈에이리언〉은 인물들이 서로 말을 자꾸 끊는 다큐멘터리처럼 촬영되었다. 관심은 분명 우주 공간과 먼 미래에서 전개되는 이 믿기 힘든 이야기에 즉각적이고 일상적인 진실 효과를 만들어내는 데 있었다. 또한 〈에이리언〉은 소리의 측면에서 민주적인 영화다. 즉 지배적인 목소리voix-maître가 없다. 미국 배우 톰 스커릿이 연기한 장교 댈러스는 다른 사람들보다 더 확신 있는 목소리로 말하지 않으며, 지치고 이미 패배한 목소리로 말한다.

돌비 덕분에 역설적으로 〈에이리언〉은 테크놀로지가 항상 최상의 상태는 아닌 미래를 생생하게 그려낸다. 즉 인물들이 인터폰이나 전파 연결로 소통할 때, 이들의 목소리가 종종 망가진 우주선 소음에 덮이는 식으로 영상과 소리의 소통에 불순물이 끼어들어 스트레스의 분위기를 만들어낸다. 그것은 더럽고 불명료한 미학이지만, 이 불명료성이 선명하게 묘사되고 영화 자체나 제작의 결함으로 돌려지지 않는다.

타이틀 시퀀스부터 조화롭지 않게 필터 처리된 우주선 노스트로모의 윙윙거리는 소리와 귀가 먹먹한 기계 소리와 함께, 우리는 영화 진행 내내 생기 없고 창백하며 활기가 없고 또 활기를 없애는 소리를 듣는다. 그러나 이 생기 없는 소리는 '더 잘할 수 없는' 소리 테크닉의 불행한 결과가 아니라, 반대로 그 소리 테크닉 덕분에 생겨났고, 심지어 그 소리 테크닉이 만들어낸 것이다.

다른 한편, 대사의 경우 (내가 펠리니에 대해 말한 것처럼) 탈중심화되지 않았다. 〈에이리언〉에는 목소리가 중심을 차지한다. 다만 파리가 잼 속에 빠진 것처럼 잡음, 페이드 효과, 소음들에 잠겨 있을 뿐이다.

배우들 자신의 연기에서 큰 웃음, 헐떡거리는 소리, 호흡, 말할 때 입술 사이로 새어 나오는 숨결 같은 모든 것의 중요성은 이 영화의 '청각적 배경décor sonore' 속에서 비슷한 효과들이 이어받는데, 이는 이들의 목소리를 육체적 연속체, 그 자체로 숨 쉬고 호흡하는 이를 둘러싼 기술적 배경들과 이어준다. 많은 고전영화와 달리 여기서 목소리는 배우들의 몸을 넘어 추상적인 세계 속에 떠돌지 않는다.

〈에이리언〉의 소리 몽타주에서는 **외적 논리***의 중요성 또한 나타난다. 이 때문에 몽타주가 이끄는 소리의 갑작스러운 분출이 생겨난다. 흥미로운 것은 이 소리의 분출이 행위 자체에서 비슷한 효과들로 중복되고 배가된다는 점이다. 괴물이 부화하는 이 적대 행성에서 갑작스럽게 연기를 내뿜는 작은 간헐온천들이 방문객 주변에서 예고 없이 솟아 나오고, 우주선 안에서는 파커(야펫 코토)가 조작하는 관쯀이 갑작스럽게 연기와 소리를 분출한다. 소리 몽타주와 이 영화의 영상, 그리고 영화에서 인물들이 받는 감각과 소리의 본성은 똑같은 법칙을 따른다. 그것은 '노획물 위로 일제사격décharges-sur-prises' 효과, 내가 '스프레이' 효과라 이름 붙인 것이다.

'스프레이'란, 단순한 압력으로 대량 에너지가 집중적이고 갑작스럽게 분출하는 것이다. 물론 지각에는 매번 작은 충격으로 느껴진다. 에너지가 점진적으로 나타나지 않고 갑자기 최대치로 분출하기 때문이고, 그 이후에 진정되지 않기 때문이다. 〈에이리언〉의 세계는 소리뿐만 아니라 영상에서도 '스프레이' 체제 속에 넉넉하게 자리 잡고 있다.

마지막으로 〈에이리언〉은 청취를 겨냥하는 영화다. 잘 알려져 있듯, 이 영화의 광고는 유명한 슬로건 —— "우주에서는 아무도 당신의 비명을 듣지 못한다" —— 에 기반을 두고 있었다. 이 슬로건은 '당신'의 모호성을 내포하기 때문에 매력적이다. 즉 '당신'은 등장인물들인가, 관객인가? "'마더,' 내 목소리가 들려요?"라고 마지막에 유일한 생존자 리플리는 외친다. 우주선 컴퓨터 '마더'는 (적어도 오리지널판에서) 목소리가 없고, 겉보기에는 귀도 없다. 이 영화의 마지막에 두 개의 카운트다운을 들려주는 여성의 목소리는

---

* 「용어 해설집」에서 '외적/내적 논리' 항목을 보라.

개성화된 목소리가 아니라 진
부한 목소리를 녹음한 것이다.
반면 우주선에 탄 두 '승객'은
청각 과민증으로 제시된다. 첫
번째 승객은 동물이다. 이전에
이 행성에 좌초한 우주선에서
우주 비행사가 발견한 마스코트 고양이 존스인데, 들리는 것이 전
혀 없는 순간에도 귀를 쫑긋 세운다.(이것이 이 작품에 유일하게 나
오는 짧은 절대적 침묵의 순간이다.) 또 다른 승객은 안드로이드 애
시(이 영화 중간에 그렇게 폭로된다)인데, 시고니 위버를 질식시켜
죽이려 하기 직전에 땡땡 소리를 내는 배경의 한 요소로 마치 동
물의 반사 신경처럼 머리를 돌린다.

　온통 턱이고 손이고 꼬리인 괴물에게, 시선이나 귀가 있다고
간주하기는 불가능하다.

　이렇게 〈에이리언〉은 역설적으로 감각적인 것이 어디에나 있
고 성가시게 끼어드는 영화로, 동시에 이 감각적인 것은 괴물 하
나를 둘러싸고 구축되어 있다. 그리고 이 괴물의 지각적 주관성은
절대로 영상이나 소리로 상징화되지 않는다.(이는 제임스 캐머런
의 〈터미네이터〉[1984]나 파울 페르후번의 〈로보캅〉[1987]의 로봇이
나 사이보그는 말할 것도 없고, 마이클 워들리의 〈늑대인간의 습격〉
[1981]이나 존 맥티어넌의 〈프레데터〉[1988] 따위 1980년대 많은 영
화와 다르다.) 여기서 이 '에이리언'은 문자 그대로 슬로건의 '아무
도no one'이며, "당신의 비명을 듣지 못한다." 들을 소리가 더 많은
영화, 동물이나 로봇 말고는 아무도 더 많은 소리를 들을 수 없는
영화에서 돌비 덕분에 '에이리언'은 거대한 귀를 위임받은 인물이

다. 에이리언은 전형적으로 듣지 못하는 귀다.

무성영화의 감각적 차원들로 회귀,
몽타주 숭배를 위한 소리

물론 돌비가 청각적 감각을 이끌었다고 주장하는 것은 전혀 아니
다. 예지 카발레로비치의 〈천사들의 수녀 요안나〉(1961) 한 장면
에 이미 청각적 감각이 나온다. 그것은 두 속죄자가 서로 채찍질하
는 장면인데, 1968년 바르텔미 아망갈이 이를 정확하게 묘사했다.
"채찍질의 건조한 찰싹 소리, 수고와 고통의 신음 아래로 (세탁물)
건조대 장치 사슬이 삐걱거리는 소리가 들린다. 침대, 요람, 해먹,
또는 파도와 바람 아래 돛단배 따위에서 나는 끔찍할 정도로 부드
러운 삐걱거리는 소리. […] 이후 집단적 신들림과 귀신 쫓는 소동
이 일어날 때, 포석 위를 걷는 젊은 여자들의 발걸음이 내는 조용
한 슈슈거리는 소리가 이 신비스럽고 관능적이며 약간은 변태적
인 구겨짐 소리로 이끌게 될 것이다."* 이런 종류의 묘사를, 칼 테
오도르 드레이어의 〈오데트〉(1955)(영화 시작 부분에 프랑시스 라
미레즈가 언급한, 하얀 리넨 천이 마르면서 '축축하고 무디게 사각
거리는 소리'를 내는 장면)**나 브레송, 안드레이 타르콥스키(특히
〈거울〉[1975])의 영화들을 대상으로 할 수 있을 것이다. 〈연인들〉
에서 루이 말은 당시 수단을 이용해서 이미 소리의 관능성(숨소리

---

*   Barthélemy Amengual, *Du réalisme au cinéma*, Nathan, 1997, p. 765.

**   Jacques Aumont(dir.), *L'Image et la parole*, *op. cit.*, p. 174.

와 스치는 소리)을 탐색했다. 오늘날에는 구식이 되었지만 이 영화에서 소리의 관능성은 분명 영상 속의 성적 암시만큼이나 자극적이다. 단지 돌비는 특정 시퀀스를 한정하지 않고 청각적 감각들을 배가시키며, 이를 진짜 환경으로 만들 수 있을 뿐이다.

　나는 이미 소리에서 섬세한 고음의 도래가 촉각적인 소리를 어떻게 복원했는지 언급했다. 관능성에 관해서는, 베르나르도 베르톨루치의 영화들(〈마지막 황제〉[1987])뿐만 아니라 장이머우의 〈홍등〉(1991)에서도 옷감 소리다. 혐오에 관해서는, 웨스 크레이븐이 만든 후속작(〈나이트메어 2: 프레디의 복수〉[1985])에서 청소년의 몸을 위협하는 프레디 손톱 끝에 달린 면도날이 다양한 표면을 마찰하는 소리다. 불쾌한 유기체에 관해서는, 스필버그의 〈레이더스〉(1981)에서 거미와 전갈 들이 불결하게 우글거리는 소리다. 초고속 테크놀로지에 관해서는, 휴대전화 컬러링과 함께 우리 현실에 침입하기 전에 이미 영화를 침범한 수많은 신호음이다. 현실보다 더 현실적인 소리로는, 자전거나 그네가 삐걱거리는 소리, 녹슨 것에서 나는 소리, 얼어붙는 소리, 눈 위를 걸을 때 나는 소리(프레드 진네만의 〈파이브 데이즈 원 서머〉[1982])고, 데이비드 린치의 〈광란의 사랑〉에서 담배가 지글거리는 무한하게 작은 소리 ── 여기에 총을 쏘고 때로는 폭력적인 소리의 폭발이 뒤따른다 ── 며, 윌리엄 프리드킨의 〈광란자〉(1980)의 '동성애 SM' 세계에서 가죽이 부스럭거리는 소리와 체인이 땡그랑거리는 소리다. 그러나 그것은 또한 스티븐 프리어스, 켄 로치나 마이크 리같이 사회적 주제를 다룬 영국 영화에서 아주 구체적인 일상의 소리들이고, 또한 마누엘 지 올리베이라의 〈아브라함 계곡〉(1993)에서 에마의 손이 장미를 휘저을 때 나는, (믹싱으로 얻은) 거의 외설에 가까운 미세

하고 당혹스러운 구겨지는 소리이기도 하다. 프랑스에 오랫동안 유지된 전설과는 반대로, 돌비 효과는 거대 스펙터클 영화나 폭력 영화에 한정되지 않는다.

명백한 역설은, 관능적인 것과 감각적인 것의 확산 덕분에 발성영화는 또한 무성영화의 마지막 시기와 다시 관계를 맺게 되었다는 점이다.

발성영화 초기에 이미 독일 감독 빌헬름 틸레는 무성영화 언어와 발성영화 언어의 차이를 아주 타당하게 강조하면서 "무성영화 형식의 다양성을 곧 유성영화에서 복원하게 될 것"*이라는 희망과 기원을 표명했다. 그리고 이런 무성영화 형식 중에는 시간과 움직임으로 자유롭게 유희할 가능성이 있다.

이런 무성영화 형식의 복구는 1970년대 경향 속에서야 비로소 명확하게 나타나기 시작했다고 말할 수 있다. 이것은 한 예술의 역사라는 층위에서는 긴 시간이 아니다.

한 주변 음향에서 다른 주변 음향으로 옮겨가는 '컷-컷'의 평행 몽타주는 1950년대부터 이미 상당히 많이 사용되었지만(예컨대 앤드루 스톤의 〈공포의 외침〉[1958] 같은 서스펜스 영화), 감각적 단절을 선명하게 드러내고 증폭할 수 있는 돌비는 이런 몽타주에 신선한 터치를 더하게 된다.

---

*   Wilhelm Thiele, "Pour vous," in *Ciné-Journal*, n° 1103, 17 octobre 1930(Roger Icart, *op. cit.*, p. 336에서 재인용).

1980년대와 1990년대의 유성영화는 빈번하게 '감각-플래시 sensation-flashes,' 소리의 폭발, 두드러진 단절 따위에 의존하게 되는데, 이는 시각적 몽타주에 구두점을 찍음으로써 여기에 다시 가치를 부여하게 되고, 무성영화 말기 몽타주의 대향연 ──아벨 강스, 세르게이 에이젠슈테인, 장 엡스탱, 프리드리히 빌헬름 무르나우의 몇몇 장면들에서 특징적으로 나타난다 ──과 예기치 않은 방식으로 다시 이어지게 된다. 예컨대 맥티어넌의 〈프레데터〉에서 몽타주가 우리를 외계 사냥꾼의 시각에 놓을 때마다, 컷할 때 '채찍질' 같은 양식의 짧은 소리가 울린다. 이것은 오늘날 한 기법(디제시스적 원인도 없고 음악적 지위도 없는 소리로 받아들여지는 기법)에 상응하는데, 급속한 패닝, 동작의 거침이나 민첩성, 커팅의 날카로움을 강조하고 느끼게 하는 것 외에 다른 기능은 없다. 공포영화(샘 레이미의 〈이블 데드 1〉[1981])에서 눈에 띄고, 고바야시 마사키, 신도 가네토, 이마무라 쇼헤이 같은 감독들과 함께 1960년대 일본 영화에서 미리 행해진 '소리를 통한 강조surlignage sonore' 효과는 액션 영화(오우삼의 영화들)를 특징짓고 결국에는 표준적 관행이 될 수도 있다.

마찬가지로, 마틴 스코세이지의 〈분노의 주먹〉(1980)의 마지막 복싱 경기에서 마그네슘 플래시가 터지는 소리는 수직 몽타주의 지점이라는 아이디어를 강화하고, 따라서 1980년대 영화가 감각주의와 몽타주의 가치 부여(무성영화의 빛나는 시기에 고유한 두 가지 특징)로 되돌아가는 성격을 띤다. 따라서 일석이조다. 종종 1920년대 말의 빠른 몽타주 미학이 (오늘날 광고용이라고 규정짓게 될) 감각적 서정성과 짝을 이룬다는 점을 잊어버리기 때문이다. 즉 온갖 형식으로 이루어지는 질료적인 것textural에 대한 가치 부

여, 즉 금속적인 것과 매끄러운 것(에이젠슈테인의 〈낡은 것과 새로운 것〉에서 크림 분리기), 만지기 부드러운 것(프세볼로트 푸돕킨의 〈아시아의 폭풍〉 [1928]에서 여우 꼬리), 끈적끈적하고 축축한 것(〈마지막 웃음〉에서 비와 에밀 야닝스의 방수복), 살과 빛(무르나우의 〈타르튀프〉[1926]에서 릴 다고버), 그리고 물론 강스(〈철로의 백장미〉)와 엡스탱(〈세 면을 가진 얼음〉[1927]), 빅토르 셰스트룀(〈바람〉) 같은 감독의 영화에서 속도 따위에 대한 가치 부여는 빛나는 무성영화의 부차적이거나 일화적인 특색이 아니다. 이 모두는 내가 감각적 서정성이라고 이름 붙인 것의 성질을 띠고 있고, 소리의 새로운 능력 때문에 포스트 돌비 영화가 이 감각적 서정성과 다시 관계를 맺게 된 것이다.

나는 또한 이 같은 전환기에 모험 영화들(휴 허드슨의 〈그레이스토크: 타잔의 전설〉[1984]과 스필버그의 〈레이더스〉)과 거대 풍경 영화들의 귀환을, 멀티트랙 소리 덕분에 고음에 소리 장을 열어줌으로써 훨씬 더 생동감이 있는 자연의 소리라는 인상을 줄 수 있었던 사실과 결부하려 했다. 즉 곤충 울음소리, 파리 윙윙거리는 소리, 새들이 고음으로 우는 소리, 풍경의 배경 소리는, 비록 자연의 소리에 충실하지 않더라도 훨씬 더 큰 존재감을 획득한다. 돌비의 가능성을 의식하게 한 결정적인 영화 한 편은 테런스 맬릭의 비극 〈천국의 나날들〉(1978)이었다.

그렇다고 새로운 감각의 온갖 층위, 영화가 재발견한 감각의 온갖 층위는, 플로베르 이래 소설에 감각적인 것이 들어온 일 이상으로 퇴폐적이고 매너리즘적인 영화를 만들지 않았으며, 장르 영화의 쇠퇴를 보여주지도 않았다.

따라서 로제 오댕처럼 〈매드 맥스〉나 〈록키〉 연작을 두고 "조형적 차원들과 음악적 차원들이 화자의 보조물로 기능하기는커녕 자기 자신을 위해 기능하기 시작하는"* 영화가 도래했다고 쓰는 것은 적절해 보이지 않는다. 로랑 쥘리에가 조지 루카스의 영웅담에서 "이야기와 내러티브 의지는 뒷전으로 물러나" "최소한의 것"**이 되어버린다고 쓰는 것도 훨씬 더 큰 논란거리다. 〈스타워즈〉의 성공을 만든 관객은 대부분 이 영화에서 인물들의 운명을 믿고 이를 따라간다는 점을 인정해야 한다.

단지 영화는, 무성영화 말기에 중요한 자리를 차지했지만 고전영화가 거리를 둔 감각성과 다시 관계 맺은 것이다. 마를레네 디트리히가 나온 슈테른베르크의 영화들(특히 〈진홍의 여왕〉[1935])은 사실상 질료, 질감, 옷감 따위에서 아주 풍요로웠으며, 그렇다고 관객들이 이야기를 주의 깊게 따라가는 데 아무 문제도 없었다.

마찬가지로 기술적 체계 덕분에 "정확한 소리의 분신들[현실의 소리를 암시]을 만들 가능성이 유지되었다"라고 쓰는 것도 도를 넘는 일이다. 영화에서 들리는 소리는 우리가 그 현실의 출처 앞에서 듣는 소리인 경우가 아주 드물기 때문이다. 소리가 고전영화들에서보다 더 현실적인 것도 아니다. 소리가 더 감각적이고 더 많은 정보를 담고 있을 뿐이다. 이 때문에 (예컨대 공간에 대해) 언제나 리얼리즘에 맞게 만들어진 것도 아니다.

---

*   Roger Odin, "Du spectateur fictionnalisant au nouveau spectateur," in Marc Vernet(dir.), *Iris*, n° 8, "Cinéma et narration I," 2e semestre 1988, pp. 133~34.

**   Laurent Jullier, *Les Sons au cinéma et à la télévision*, Armand Colin, 1995, p. 116.

초기 돌비의 공간적 문제들

모노트랙이었던 고전기에는 공간적 자력磁力이 사태를 쉽게 만들어, 소리가 측면에서 움직이지 않는다는 사실을 정당화해준다. 즉 자동차 한 대가 왼쪽이나 오른쪽에서 스크린으로 들어오고 인물들이 스크린을 가로질러 지나가도 실제로 소리는 이같이 움직이지 않았지만, 아무도 이 상황이 거슬리지 않았다.

그런데 사운드트랙들과 독자적 스피커들이 늘어나면서 이런 이동과 가상의 위치 설정이 현실이 된다면, 이 모든 것이 끝나게 된다. 이런 상황은 영화의 법칙을 보여준다. 즉 지각의 차원에서 더 현실적이 되면 될수록 믿음의 한계에, 아니 이보다는 영국인들이 아주 잘 표현한 것처럼 '불신의 자발적 유예voluntary suspension of disbelief'에 더욱 가까이 가게 된다는 것이다. 이때 영화 관습들은 이런 과도한 리얼리즘을 견뎌내지 못한다. 예컨대 1981년에 나온 프랑스 영화 한 편을 예로 들어보려 한다. 이 영화는 이를 만든 감독의 가장 뛰어난 영화도 아니고, 심지어 서투르게 만들어서 이 문제의 여건들을 훨씬 더 명확히 보여준다는 차원 말고는 별다른 흥미가 없는 영화다. 이는 알랭 코르노의 〈악의 미로〉(1981)다.

〈지옥의 묵시록〉이 나온 지 2년 만에 바그너의 「발퀴레의 기행」이 다시 스크린에 울렸지만 이번에는 프랑스의 도로 위, 젊은 여자가 운전하는 자동차 안 볼륨을 최대한으로 올린 카스테레오에서 나왔다. 이때 도주 중인 불한당 제라르 드파르디외가 도로에서 튀어나와 자동차를 강제로 멈춰 세우고 차에서 여자를 끌어 내린 뒤 자동차를 타고 도주한다. 그러나 카세트테이프에서 나오는 바그너의 소란이 신경에 거슬린 그는 이 음악을 끄고 자기에게 더 잘 맞는 디스코 음악을 튼다.

〈악의 미로〉에서 코폴라에게 던진 바로 이 윙크를 통해 이 프랑스 감독은, 조지프 로지의 〈돈 조반니〉(1980) 이후 자기 영화가 프랑스에서 거의 최초로 돌비 스테레오를 갖췄다면 이는 고래고래 소리를 지르는 오페라의 거드름 피우는 효과를 위해서나, 스크린을 오른쪽에서 왼쪽으로 가로지르면서 윙윙거리며 날아가는 헬리콥터의 효과를 위해서가 아니라는 점을 우리에게 알려주는 것 같다. 처음으로 불결한 교외 지역, 황무지, 고립된 집 따위의 잘 알려진 세계가 컬러 시네마스코프로, 스테레오로 살아 움직였다. 이런 기술들을 취해 내밀한 이야기를 하겠다는 설정은 나쁘지 않은 아이디어이지만, 이 아이디어를 어떻게 발전시킬 것인가? 물론 이 영화에서 이런 기술이 만든 소리와, 영상의 선명도pique를 고집하는 피에르-윌리엄 글렌이 촬영에서 취한 확고한 태도를 대응시킬 수도 있다. 눈으로 이브 몽탕의 주름 하나하나를 셀 수 있었던 것처럼, 고음의 결핍으로 약간 모호해지긴 했지만 귀는 온갖 종류의 작은 일상의 소음을 당시에는 새롭고 선명하게 포착할 수 있었다. 즉 설탕 조각을 깨 먹는 이브 몽탕의 말, 카트린 드뇌브의 비단 잠옷이 구겨지는 소리 따위가 그랬다. 그러나 이 영화는 멀티 사운드트랙의 수단을 이용해서, 영화관 공간에서 소리가 소리 출처의 궤적을 따라가는 것으로 이 리얼리즘을 확장하려 했다.

그러나 바로 여기서는 명백한 것이 아무것도 없었다. 인물이 내화면을 오른쪽으로 나가면서 그의 목소리와 발소리 또한 스크린 중심을 벗어나 영화관 오른쪽 스피커로 간다면, 이로부터 이를테면 **무대 옆 효과**가 나온다. 즉 스크린 소리의 '무대 옆'이 갑자기 현실이 되는 것이다. 도망가는 자동차 세 대가 거대한 스크린을 왼쪽에서 오른쪽으로 가로지르면서, 모터 소리가 무대 왼쪽 옆에 도착해 중앙을 지나 무대 오른쪽 옆으로 사라지는 것처럼 보일 때도 똑같다. 내가 이 처음 효과를 들었을 때는 그 저속함에 충격을 받았다. 이는 영화의 외화면 공간을 영화관 공간 자체(관객의 귀가 외화면 사운드를 감지하는 장소)에 실제적이고 구체적으로 위치 지어버리는 귀결을 낳기 때문이다. 반면 보통의 모노트랙 영화나 〈악의 미로〉 모노트랙판에서는, 영화의 다른 소리와 같은 장소에서 나오는 외화면 사운드는 공간적 자력 때문에 관객의 머릿속에서 순전히 가상의 지점을 점유한다. 멀티트랙을 이렇게 사용하는 방식과 함께, 이 영화가 보여주는 실내나 야외의 어떤 배경도, 이로부터 마당 쪽이나 정원 쪽을 통해 나가고 들어오는 장면이 되는 경향이 있다. 영화가 연극과 달리 한 장면에서 카메라 각도를 끊임없이 바꾼다는 사실 자체를 고려한다면, '논리적으로' 당연히 같은 각도에서, 반대 방향에서 주변 음향을 전복하고 방향을 전환해야 할 것이다. 이때 주변 음향 역시 측면으로, 즉 오른쪽과 왼쪽으로 규정되어야 하기 때문이다.

　　이 영화 속 한 장면에서 드파르디외는 카페에 있다. 오른쪽의 핀볼 소리와 함께 주변 음향은 선명한 스테레오로 나온다. 그가 카페에서 자신을 축으로 한 바퀴 돌 때 카메라는 그의 움직임을 뒤쫓고 같은 각도로 돌지만, 핀볼 소리는 여전히 오른쪽에서 나온다! 주의 깊게 지켜보면 그 결과는 움직이는 이미지에 고정된 이 주변 음향이 자기가 채워야 하는 공간에서 유리되어 이 공간과 불화 상태에 빠지고 영상에서 독립해 떠돌게 된다. 다음 두 숏의 연결에도 같은 문제가 있다. 그러나 여기서 알랭 코르노와 사운드 믹싱 기사는 리얼리즘을 시도하고 싶었던 게 분명하다. 드파르디외의 주관적 시점 숏으로 찍힌 롱숏에서 그는 자갈 위를 걸어 시골집 대문을 향해 조심스럽게 나아간다. 이 남자의 발소리는 외화면에 있지만, 주관적 카메라를 넘어서 오른쪽 스피커로 나아간다. 다음 숏에서 정면 미디엄숏으로 보이는 드파르디외는 그가 방금 거칠게 연 문 앞에 있다. 이때 그가 낸 소리는 갑자기 중앙 스피커에서 나오는데, 이는 당시 낯선 비약이었다. 관객은 이런 비약을 갑자기 바로잡아야 한다. 소리 때문에, 동시에 영상 때문에 공간적 지표들이 뒤죽박죽되어버렸고, 숏 변화의 불연속성 효과가 강하게 드러났다. 이는 관습에 어긋나고 발성영화의 고전적 문법과도 어긋나는데, 고전적 문법에서는 숏들을 서로 연결하고 동질적 공간이라는 인상을 주기 위해 소리의 안정성을 많이 이용한다.

영화가 개봉되었을 때, 이 불연속성 효과가 리얼리즘적 강박관념 때문에 저지른 서투름이었는지 연출적 선택이었는지는 확실하지 않았다. 이 예가 데카르트의 나라에서 믹싱된 영화에서 나왔다는 점도 아마 우연이 아니다. 미국이나 영국 기술자들은 '숏과 숏의 연결'이라는 귀찮은 문제를 실용적으로 해결한 것처럼 보이기 때문이다. 즉 그들은 이 어쩔 수 없는 딜레마를, 양자택일 — 리얼리즘적 소리를 공간화시킨 것이지만 동시에 불안정하고 혼란스러운 소리인가, 아니면 더 안정적이고 연속적이지만 '진짜가 아닌' 소리인가 — 에서 후자를 선택함으로써 실용적으로 해결했다. 실제로 그들이 공간적 소리의 논리를 곧이곧대로 따르지 않게 된 것은, 이 기술이 처음 나왔을 때 돌비로 찍은 수많은 영화가 취한 해결책이었던, 소리를 범람泛濫시킨다는 확고한 태도 덕분이었다. 빠른 몽타주, 수많은 대화, 쇄도하는 음악, 음향효과 따위로 가득 찬 사운드트랙의 밀도와 급속한 변화가 여기서 벌어지는 소리의 잘

못된 연결을 아주 효율적으로 가려주었던 것이다. 게다가 이런 영화에서 특히 목소리에 대해서는 너무 눈에 띄는, 중심에서 벗어난 위치 짓기 ─이는 장면 안에서 숏 변화가 있을 때마다 공간의 비약을 낳는다─를 포기한 것으로 보인다. 외곽의 주변 음향과 순간적 효과를 제외하면, 소리는 더욱더 스크린의 중심 쪽으로 보내진 것으로 보인다.

멀티트랙 소리가 가져온 더 큰 공간적 리얼리즘의 환상은 이렇게 깨졌다. 순수성을 고집하거나 새로운 기반에서 영화적 데쿠파주 전체를 재고하는 것만 빼고 그랬는데, 이런 작업은 거의 아무도 할 준비가 되지 않았다. 이때 사람들은 특히 더욱더 큰 현실감 impression de réalité을 획득했다는 것을 알게 되었고, 이는 공간적 리얼리즘과 아주 다른 것이다.

알랭 코르노의 영화가 개봉되었을 때, 나는 내가 보기에 서투른 것에 불과했던 이런 '무대 옆 효과'를 아주 신랄하게 비판하는 비평을 『카이에 뒤 시네마』에 썼다.* 더 일반적으로는 돌비라는 질문에 대해 지나치게 데카르트적인 접근을 신랄하게 비판하는 것이었다. 『영화에서 소리』의 초판이 나온 이래로, 앞서 행한 묘사와 추론에서 어떤 것도 철회하지 않은 채, 이제 나는 이보다 덜 규범적이고 더 경험적인 접근을 한다. 이렇게 내가 1981년에 [『카이에 뒤 시네마』에서] 지나치게 아카데믹한 방식으로 이 문제에 접근한 점이 잘못된 것으로 보이고, 예컨대 알렉산드르 소쿠로프가 〈어머니와 아들〉(1997) 같은 영화에서 드러내놓고 사용한 '무

---

*   Michel Chion, "À propos du Dolby Stéréo," in *Cahiers du cinéma*, n° 328, octobre 1981, p. 12.

대 옆 효과'는 적법할 뿐만 아니라 아주 흥미로워 보인다. 데이비드 투이의 〈에이리언 2020〉(2000), 알레한드로 아메나바르의 〈디아더스〉(2002), 나이트 샤말란의 〈싸인〉(2002), 롭 보먼의 〈레인 오브 파이어〉(2001), 나카타 히데오의 〈검은 물 밑에서〉(2002) 같은 영화들에서 아쿠스마틱한 존재acousmate의 청각적 존재감과 마찬가지로, 유령, 귀신, 외계인 들이 스피커를 통해 영화관에 떠도는 것과 마찬가지로, 이들은 '무대 옆 효과'를 일종의 규칙처럼 쓴다! 아쿠스마틱한 존재들의 시간이 왔다. 멀티트랙 영화에서 사운드 몽타주 특유의 문법에 대한 탐색이 광범위한 문제로 남아 있을 뿐이다. 이 몽타주는 아직 명확한 수사법을 만들어내지 못했기 때문이다.

외화면이 흐트러지다

1980년대 돌비 영화에서 외화면 사운드의 지위는 트랙을 확대하면서 흐트러지는 경향이 있었다. 외화면 사운드는 더 이상 '다른 곳'이 아니고 '바로 옆,' 소리의 리얼리즘적 무대 옆이었다. 영상의 중심에서 일어난 폭발이 소리의 폭발음으로 다시 떨어지는 것(〈레이더스〉는 이에 대해 좋은 예를 제공한다)같이 외화면 사운드가 내화면에서 벗어난 모든 것을 주워 담는 쓰레기통으로 사용되지 않을 때, 이 무대 옆은 주변 음향으로 행위의 장소를 제한하고 이를 군중, 도시, 정글의 떠들썩한 소리 속으로 에워싸는 것 외에 다른 기능이 없는 것으로 보였다. 이런 '외화면 쓰레기통' 효과*는 구로사와 아키라의 〈숨은 요새의 세 악인〉(1958)의 스테레오판, 즉 퍼스펙타** 기술에서 이미 나타나고, 1960년대 자기음磁氣音으로 찍은 어떤 영화들에 일시적으로 나타난다. 다른 한편, 블레이크 에드워즈는 〈빅터 빅토리아〉(1982)에서 이를 패러디했는데, 이 영화에서는 한 인물이 외화면으로 던져버린 과일 심이 측면 스피커의 소리로 땅에 떨어진다.

이 주변 음향으로 생겨난 또 다른 새로운 기능 중 하나는, 이야기가 영화 속에서 관중들과 함께 액자 구조를 이루는 스펙터클 ──실베스터 스탤론의 〈록키〉 연작에서 복싱 경기(특히 〈록키 2〉 [1979]), 존 휴스턴의 〈승리의 탈출〉(1981), 마크 라이델의 〈로즈〉(1979)를 포함한 수많은 영화에서 록 콘서트 ──을 중심으로 전개될 때 나타난다. 경기장에 설치된 스피커를 통해 스크린 밖에서 들리는 관중들의 떠들썩한 소리가, 이전에 연극에서 박수 부대가 했던 것처럼 영화 관객들의 참여를 자극한다.

이렇게 외화면 사운드는, 주변 음향의 확산기로서든 무대 옆으로서든 배출구로서든 이런 영화들에서 십중팔구 **수동적 외화면** hors-champ passif으로 기능하게 된다. 이는 고전영화에서 보이지 않는 소리로 나타난 **능동적 외화면**hors-champ actif과 대립되는데, 이 보이지 않는 소리는 자기가 현존과 부재로서 거주하는 영상의 중심 자체에 질문을 제기한다. 그리고 구조 짓는 기능을 미장센에 부여하고, 효과로서 자기 역할에서 벗어날 기회를 갖는 것으로 보인다. 그러나 영화는 발성영화 초기에 과잉, 즉자성, 빈 것에 대한 공

<hr>

* 「용어 해설집」에서 '외화면 쓰레기통' 항목을 보라.

** 대략 1955년과 1961년 사이에 사용된 '퍼스펙타Perspecta'는 사실상 현재적 의미의 멀티트랙 소리보다는 모노트랙 소리의 공간적 방향 전환 체계였다. Claude Lerouge, *Sur cent années, le cinéma sonore*, Dujarric, 1996, pp. 192~93을 보라.

포, 재현의 해결 따위의 미학을 훨씬 더 급진적으로 알고 있지 않았던가? 따라서 이 새로운 소리가 주로 프랑스에서 마주친 유예와 불신은 오랫동안 미적인 관점에서 정식화되었다.

내러티브 목소리에도 같은 문제가 있다. 사실상 보이스오버 내레이션과 외화면 목소리가 1980년대 초반에 수많은 영화의 돌비 스테레오판에서 언제나 제대로 작동한 것만은 아니다. 이는 단순히 소리를 위치 짓기 위해 제공한 서너 트랙 중에서 실제로 하나에만 이런 목소리를 배치하려고 고집했기 때문이다. 결과적으로 이런 목소리는 장소 없는 목소리, 스크린 전체에 있을 수 있는 목소리가 될 수 없었다. 〈블레이드 러너〉의 비할 데 없이 풍부한 소리와 음악 중에서도 하나만은 전혀 설득력이 없는데, 그것이 미국 누아르 영화의 보이스오버 내레이션을 모방한 주인공 릭 데커드의 보이스오버 내레이션이다. 이 목소리의 임의성 측면에서는 거슬리게도, 멀티트랙 소리의 미로 속에서 이 목소리에 강제로 하나의 자리만을 부여했기 때문이다. 그 후 '감독판'이 영화관과 비디오로 출시되었는데, 여기서는 이 목소리를 없애버렸다. 클로드 를루슈의 〈사랑과 슬픔의 볼레로〉(1981)는 내게 그보다 더 나쁜 것으로 보인다. 초반부 타이틀 시퀀스에서도 나오는 이 목소리는 스테레오 최초의 증명에 걸맞게 탁구 치듯 오른쪽 트랙과 왼쪽 트랙을 번갈아가며 흔들리면서 나온다. 이 마지막 경우는 솔직히 말해 이 감독이 종종 그렇듯 (대담하고 따라서 아름다운) 아이디어가 문제가 된다기보다는 이를 적용할 때 예술적 기교와 엄격함이 부족해서 문제가 된다.

이후 보이스오버 내레이션은 1980년대 말에 하나, 둘 또는 세 목소리로 이야기하는 엄청나게 많은 영화에서 강력하게 되돌아온다. 이런 영화 중에는 브라이언 싱어의 〈유주얼 서스펙트〉(1995), 샘 멘더스의 〈아메리칸 뷰티〉(1999)가 있고, 또한 아마도 이를 보여주는 가장 경탄할 만한 예가 되는 스코세이지의 〈좋은 친구들〉(1990), 〈카지노〉(1995)도 있다. 〈카지노〉에서 보이스오버 내레이션이 개입하는 맥락은 1980년대와 전적으로 다르다는 점에 주목할 수 있다. 이 목소리 위치의 단발적 성격이 관객의 주의注意에 대해 피라미드적이고 위계적인 개념에 따르지 않고, 소리와 인상의 산만한 특성을 떠맡는 영화에서 우리에게 거슬리지 않기 때문이다. 이런 영화는 다성적 리듬을 만들어내는데, 여기서는 대사나 보이스오버 내레이션과 뒤섞인 노래 가사를 듣는 것을 받아들인다. 이는 이전에는 생각조차 할 수 없었고 뒤죽박죽의 인상만 만들어냈을 것이다.

또한 논리적으로 이 '다多장면성multiscénisme'은 더 이상 소리의 특권화가 아니고 영상을 획득하는데, 이는 최근의 몇몇 영화에서 분할 화면에 대한 많은 탐색으로 이끈다(피터 그리너웨이의 〈필로우 북〉[1996], 마이크 피기스의 〈타임 코드〉[2001], 로저 애버리의 〈뒤로 가는 연인들〉[2002]). 분할 화면은 예전에는 1960~70년대의 낡아빠진 것으로 보였다.*

점점 더 분할되는 소리의 세계

〈좋은 친구들〉이 보여주는 것처럼, 다채널은 하나의 경향을 만들

---

*   내가 쓴 *Technique et creation au cinéma, op. cit.*, p. 144와 책 뒤의 연대기를 보라.

어내는 게 아니라 이 경향을 유리하게 만든다. 이는 월터 머치가 이미 한 것으로서, 비非디제시스 음악과 소음, 노래 가사와 대사 따위를 녹여낸다기보다는 병치하는 경향이다. 소리의 혼합이라는 생각에서 멀어지는 것이고, 종종 새로운 영화들에서 소음, 피트 음악, 대화는 어떻게 보면 분리된 장면들에 정착해 편안함을 누리며 더 이상 자기 리듬들을 소통하거나 서로에게 동조하려 하지 않는다.

이때부터 이들 사이에서 소리의 서로 다른 요소들의 통합을 실현하겠다는 태도가 아예 배제되는 것 같다. 1930년대 모노트랙 영화가 대사, 음악, 소음 사이에 연속체를 실현하려 하고 모든 소리가 단 하나의 우주에 속한다는 감정을 만들어내려 했을 때, 이런 미적 탐색은 (관객들이 다소 의식적으로 느낀) 당시 영화들의 근본을 이루는 소리가 통주저음通奏低音이나 접착제 역할을 한다는 사실에 도움을 받았다.

오늘날에는 이와 반대로, 소리들끼리 서로 분리되는 데 모든 것이 기여한다. 즉 복수의 트랙 위로 소리의 분산, 정밀성, 대조의

격차, 소리 사이 침묵의 구멍 따위가 그렇다. 다른 한편 더 이상 아무도 세상의 리듬상의 통일성을 믿지 않는 것 같다. 영웅담 〈스타워즈〉 연작의 정점인 〈스타워즈 에피소드 5: 제

국의 역습〉 시작 부분에서 존 윌리엄스의 교향곡이 신화적이고 전설적이고 바그너적인

시간 ——여기서 음악이 이념과 포스의 맹아들을 뒤흔든다 ——에
작용하는 반면, 벤 버트가 만든 소음은 이야기를 현재에 구현하고,
소행성의 추락 소리, 로봇들이 삐삐거리는 소리, 스파이 기계가 윙
윙거리는 소리, 마크 해밀이 타고 가는 동물 울음소리 따위를 스크
린 위에서 생생하고 있음 직한 것으로 만든다. 이렇게 우리는 구별
되는 두 장면에 작용하는 두 시간성을 갖게 되는데, 물론 이를 유
리하게 만드는 것은 존 윌리엄스의 음악이, 당시 SF 영화들이 반주
음악에 대해 품고 있던 통념에 맞서 고의로 클래식 기악 음악만
사용한다는 사실이다…

　　〈스타워즈〉 첫 편이 나온 시기, 즉 1977년에 사람들은 SF 영
화에 사실상 전자음이나 다른 음악이 필요하고 음향과 음악의 동
화가 내포되어 있다고 생각하면서, 이런 네오 바그너적인 양식의
음악을 사용했다고 루카스를 비난했다. 예컨대 1956년에 나온 우
주 오페라인 프레드 윌콕스의 〈금지된 혹성〉에서 루이스와 베베
배런의 전자음이 우주적인 소음인지 아니면 음악적 배경인지 말
하기는 불가능하다. 타르콥스키의 〈솔라리스〉에서 에두아르트 아
르테미예프의 전자음악은 우주적 음향으로 울리고 배경의 떠들썩
한 소리와 조화를 이루도록 구상되었다. 반면 스티븐 소더버그가
2002년에 만든 리메이크판 〈솔라리스〉에서, 〈2001 스페이스 오디
세이〉에서 큐브릭이 사용한 죄르지 리게티의 음악을 대폭 모방한,
다시 말해서 발전적인 연속성으로 만든 클리프 마르티네스의 음
악은 확고한 태도를 취하지 않고 디제시스 소리에서 분리된 음악
이라는 생각을 고수한다.

　　따라서 〈스타워즈〉 최초 3부작에 구현된 뛰어난 아이디어는
음향이 반주 음악에 종속되지 않은 채 아주 구체적인 자체의 세

계로 존재한다는 것이다. 〈스타워즈 에피소드 6: 제다이의 귀환〉 마지막 부분에서 로봇 C-3PO는 이워크들에게 이 영웅담의 이전 에피소드들을 그들의 언어로 이야기하지만, 소리로도 이야기한다. 광선검 윙윙거리는 소리, 전속력으로 전진하는 우주선이 포효하는 소리, 숨소리가 섞인 다스 베이더의 목소리, 지저귀는 듯한 R2D2의 소리 등. 이 시퀀스는 이 영웅담의 음향(이 음향은 주요 등장인물 중 하나다)에 바친 찬사다.

때로 대사/음악/소음의 유기적 통일성이라는 생각을 다시 찾으려는 영화가 나타난다. 내 생각에 〈블레이드 러너〉는 이를 시도해 성공시킨 드문 영화 중 하나다. 이는 무엇보다 반젤리스의 합성음악과 전자음 음향효과의 질료적 유사성 덕분이지만 이 영화 전체에 대한 리듬 구상 덕분이기도 한데, 이는 큰 폭의 저음 음파에서 초고음의 빠른 전자적 지저귐에까지 걸친, 일종의 리듬 피라미드 구상 덕분이기도 하다. 또한 교향곡 같은 유기적 구상 덕분이며, 영국 음향 기술자 그레이엄 하트스톤이 실현한 경이로운 믹싱 덕분이기도 하다.

음향 처리된 영화

조지 루카스의 〈스타워즈 에피소드 1: 보이지 않는 위험〉(1999)의 촬영에 대해서는 아주 아름다운 이야기가 떠돈다. 젊은 오비완 케노비 역을 맡은 이완 맥그리거는 이 연작의 초기 영화들이 나왔을 때만 해도 어린 소년에 불과했으며, 다른 많은 아이처럼 장난감 광선검으로 루크 스카이워커를 흉내 내며 놀았다. 그는 촬영장에서 자기 무기를 조작하면서 입으로 쉴 새 없이 광선검 소리를 냈다. 조지 루카스가 그에게 다가가서 이렇게 말했다고 한다. "이완, 입으로 소리를 낼 필요는 없어. 후반 작업에서 소리를 다시 만들 수 있는 충분한 돈이 있거든." 이 이야기는 이 영화, 그리고 〈스타워즈〉 연작의 진실을 보여준다. 즉 그것은 음향 처리된 영화cinéma bruité라는 것이다.

　이 표현의 의미에 대해 합의를 해야 한다. 경멸적으로 들릴 수 있고, 거의 모든 영화가 음향 처리되어 있어서 동어반복으로 들릴 수 있기 때문이다. 그러나 여기서 이 말은, 스스로 그렇게 주장하고 또 공공연히 그렇게 드러나는 영화라는 뜻이다.

　분명 소리가 입혀지고 말하는 영상은, 언제나 소리가 입혀지고 더빙되었다는 의심을 받는다. 스크린에서 움직이는 것에는 "그 자리에서" 딴 소리였을까라는 의심이 겹쳐지고, 걸어가는 배우의 영상에는 걸어가지 않고 만든 발소리라는 생각이 겹쳐진다. 관객이 고정된 스피커에서 나오는 정지된 발소리를 물리적으로 듣는다는 적당한 이유가 있기 때문이다.

　테리 길리엄과 테리 존스의 〈몬티 파이튼의 성배〉(1974)에서 공개된 음향효과를 보여주는 유명한 개그가 잘 알려져 있다. 비탈길 뒤편에서 접근하는 말발굽 소리가 들린 후, 말을 타지 않고 어

린아이처럼 타는 시늉만 하며 다가오는 아서왕이 보이고 그 뒤에서 야자열매로 말발굽 소리를 내면서 뛰어오는 그의 시종 팻시가 보인다. 이 개그는 텍스 에이버리가 제작한 만화

영화 〈외로운 이방인〉(1940)에 이미 다른 형태로 나온다. 관객이 외화면에서 빠른 말발굽 소리를 듣고 영상처리 장치의 카메라가 오른쪽에서 왼쪽으로 패닝을 하면, 말 한 마리가 앉아서 자기가 달리는 소리를 그 자리에서 만들어내려고 발굽을 리듬감 있게 두드리는 모습이 나온다.

나는 이때 〈스타워즈〉의 가장 독창적인 발상 중 하나가 모든 개그를 넘어서 이런 음향효과의 즐거움과 관객을 연결하는 것이었다고 말할 수 있다. 빠른 우주선이 우주에서 윙윙거리거나 포효하거나 부르릉거리는 것을 우리에게 믿으라고 요구하는 게 아니라, 이를 믿는 **놀이를 즐기라고** 요구한다는 것이다. 이때 우리가 듣는 소리는 자기 입과 몸으로 장난감 자동차, 무기, 군대, 인형에 활기를 불어넣으면서 노는 아이들처럼, 소음을 만들어내는 우리 에너지의 대체물이다.

음향 처리된 영화는 이 점에서 1930년대와 1970년대 사이에 일어난 소리의 지위 변화를 보여줄 수도 있을 것이다. 이 변화는 이렇게 말할 수 있을 것이다. 즉 소음은 더 이상 세계의 맥락과 결부되지 않는다. 소음은 음향효과이며, 우리 몸에서 나온 표현적이고 역동적인 첨가물이다. 또한 소음은 우리 주변 환경의 변화를 보여준다. 즉 어떤 행위를 강조하고 눈에 더 띄게 만들 목적으로 감각의 중복을 통해 전자 기기에 신호음을 덧붙이는데, 이 신호음은 행위 자체의 소리가 아니다.

1960년대의 기계식 금전등록기를 손으로 칠 때, 행위에 구두점을 찍으면서 들리는 소리는 터치하는 소리 그 자체다. 오늘날 점원이 레이저로 제품의 바코드를 찍을 때 행위 그 자체에서는 어떤 소리도 나지 않는다. 이 행위와 동시에 들리는 신호음은 전자적으로 덧붙인 것이다. 현금인출기 자판을 누르거나 전화기 자판을 누를 때 덧붙인 소리도 마찬가지다⋯ 사물의 소리를, 대개는 으뜸음으로 나오며 이와 겹쳐지는 고음의 음향효과가 독자적으로 대체한다. 음향 처리된 영화는 음향 처리된 이 기술적 세계에 대응한다.

또한 목소리에 대해서는, 목소리가 덧붙여진 것이라는 점을 의식하게 되는 더빙된 영화를 말할 수 있을 것이다.

더빙된 영화

1970년대에 나온 미국 영화 세 편은 영화에서 이런 목소리의 변화를 미리 보여주거나 예증했다.

모노트랙으로 찍은 영화, 프리드킨의 〈엑소시스트〉(1973)는 몸에 목소리가 첨가되었다는 점을 관객이 의식하게 하는 데 큰 기여를 했다. 이 영화의 주제 자체(많은 목소리를 내는 악마에게 씌인 소녀)가 이런 이질적 요소들의 접목이었다. 관객은 외설적인 말들*과 곱게 자란 소녀의 몸에서 '거꾸로 나오는 목소리'까지 포함해 여러 말을 동시에 듣게 되는데, 이미 목소리가 자연스러운 요소가 아니라고 생각할 준비가 된 상태다. 코미디 뮤지컬 〈사랑은 비를 타고〉──알다시피 이 영화의 배경은 발성영화의 탄생이다──의 플롯은 진 헤이건이 연기한 배우의 본래 목소리가 아주 저속해 그녀

---

*   광범위한 대중을 대상으로 만든 영화 중에는 아마도 최초인 것 같다. "Your mother sucks cocks in Hell"과 같은 끔찍한 말들을, 이후 전쟁 영화나 탐정 영화의 남주인공들이 말하기 전에, 스크린에서 한 소녀가 말했다.

가 무성영화에서 연기한 스타 이미지에 걸맞지 않는다는 사실에 기반을 두고 있다. 이 영화에서 데비 레이놀즈는 스크린에서 조화로운 상을 만들어낼 수 있도록 진 헤이건에게 자기 목소리를 빌려준다. 이 이야기는 꿈, 트릭 또는 판타지를 통해 자연스러운 통일성을 재창조하고 '좋은' 몸에 '좋은' 목소리를 찾아줄 수 있다는 믿음에 근거를 두고 있다. 바로 이런 믿음이 1970년대에는 사라지는 것처럼 보인다. 꼭 맞춰진 목소리는 없다. 모든 목소리는 구성이며 몸에 특별하게 혼합된 것이다. 배우는 각자 자기 배역의 요구에 따라 다른 목소리를 만들어낼 수 있다.

각 배역에 맞는 목소리의 재창조에서 두드러진 최초의 배우는 아마도 더스틴 호프먼일 것이다. 그는 존 슐레진저의 〈미드나잇 카우보이〉(1969)에서 작은 이탈리아계 미국인의 역할을 맡았다.*

그러나 목소리의 조제助劑라는 관념이 가장 많은 관객에게 충격을 준 것은 코폴라의 〈대부 1〉(1972)에서 말런 브랜도의 연기다. 가까이에서 들리는 이 쉰 목소리는 목소리 자체와 음색뿐만 아니라 만들어진 성격까지 의식하게 만든다. 돈 코를레오네의 목소리는 이 목소리를 중심으로 모든 공간을 드러내놓고 재조직해서 당신이 듣지 않을 수 없게 하는 목소리이고, 당신이 듣는 것을 의식

---

* 그러나 존 보이트의 텍사스 억양("To tell you the truth, I ain't a real cowboy")도 전혀 나쁘지 않았다.

하게 되는 목소리다. 이 목소리
는 목소리의 클로즈업으로만
존재하기 때문에 영화에서만
느낄 수 있는 독특한 목소리다.
1970~80년대 영화 최초의
위대한 속편인 〈대부 2〉(1974)
에서 로버트 드니로가 젊은 코를레오네의 배역을 다시 맡았을 때,
그리고 거의 전부 시칠리아어로 하는 대화에서 말런 브랜도가 연
기한 훨씬 나이 든 인물의 목소리와 긴밀하게 결합된 목소리가 만
들어졌을 때, 이런 효과는 더 강화되었다. 다른 한편, 이 두 영화의
프랑스 더빙판은 잊지 않고 이들 목소리를 모방했다(늙은 코를레
오네를 더빙한 미셸 뒤쇼수아)…

　　이전에는 목소리의 클로즈업도, 속삭이는 목소리도 사용하
지 않았다고 주장하는 것은 아니다. 즉 〈악의 손길〉이나 〈심판〉에
서 오슨 웰스 목소리의 매력적인 소용돌이, 펠리니 영화들의 당황
스러운 더빙이 그 예가 될 수 있을 것이다. 그러나 내가 말하는 영
화들이 스스로 원치 않은 채 게임의 규칙을 바꿨다면, 이 영화들이
그때까지는 관객이 어쩔 수 없이 감내하고 혼돈스럽게 느낀 효과
를 두드러진 효과로 바꾸어놓았기 때문이다. 이는 레오네가 관객
에게 데쿠파주와 미장센의 메커니즘을 의식하게 만든 것과 약간
은 비슷하다…

　　다른 한편, 이런 변화가 코폴라를 통해 이탈리아와 연관되었
다는 점은 우연이 아니다. 이 나라에는 두 개의 전통이 있는데, 하
나는 접목된 성격을 숨기지 않고 몸에 목소리를 빌려주는 꼭두각
시 연극이고, 다른 하나는 노래하는 목소리와 멀리서 보이는 몸의

　　　　　　1부. 역사

관계가 자연스러운 것으로 간주될 수 없는 오페라다.

유명한 목소리를 입힌 만화 영화(존 머스커와 론 클레먼츠의 〈알라딘〉[1993]에서 '지니' 목소리를 연기한 로빈 윌리엄스)의 유행, 말하는 동물 영화(크리스 누넌  의 〈꼬마 돼지 베이브〉[1995])나 말하는 아기 영화(에이미 해커 링의 〈마이키 이야기〉[1989])의 유행은, 목소리를 첨가된 것으로 새롭게 의식하는 데 기여했다. 이런 영화들이 다른 언어들로 더빙될 때는 관객이 잘 아는 목소리(예컨대 해커링 영화의 프랑스어판에서 브루스 윌리스의 목소리를 더빙한 다니엘 오퇴유)의 원칙을 고수했다…

〈스타워즈〉는 프리드킨과 코폴라와 더불어 내가 결정적이라고 판단하는 세번째 영화다. 더욱이 이 영화는 가면을 쓴 수많은 인물을 집중적으로 사용한다. 이들 목소리는 움직이는 꼭두각시 목소리처럼 우리에게 도달한다. 즉 영국의 '집사' 억양을 한 말 많은 로봇 C-3PO, 육중한 호흡과 함께 나오며 가까이에서 들리는 다스 베이더의 목소리, 제임스 얼 존스*의 무심하고 아름다운 목소리.

특수 효과와 트릭이 점점 더 큰 자리를 차지하는 영화에서 억양과 목소리 음색에 대한 특히 미국 배우들의 작업은 이들이 자기 임무에 다시 적응하는 방식이기도 하고, 자신들이 단지 분장의 대

---

* 코폴라의 〈병사의 낙원〉(1987)에 나온 이 배우는 아마도 타이틀 시퀀스에 다스 베이더의 목소리로 자기 이름이 나오는 것을 거부했을 것이다.

상이 아니며 자기만의 기술로 몸과 목소리를 스스로 다시 창조하고 통제한다는 것을 보여주는 방식이기도 하다.

이런 작업의 가장 스펙터클한 측면은 장애인이나 자폐증 환자, 괴물 역할을 맡은 영국 배우들이 목소리를 만들어내는 것이다. 즉 린치의 〈엘리펀트맨〉에서 존 허트의 곱게 자란, 울먹이는 목소리, 배리 레빈슨의 〈레인맨〉(1988)에서 더스틴 호프먼 목소리의 금속성 있는 울림, 짐 셰리던의 〈나의 왼발〉(1989)에서 대니얼 데이-루이스의 빠르고 혼란스러운 말 따위*는 배우가 만들어낸 것이다. 억양에 대한 작업도 주목할 만하다. 즉 스콧의 〈델마와 루이스〉(1990)에서 지나 데이비스와 수전 서랜던의 미국 남서부 억양, 스코세이지의 〈케이프 피어〉(1991)에서 드니로의 남부 억양, 그리고 메릴 스트립의 다양한 억양(앨런 퍼쿨러의 〈소피의 선택〉[1982]에서 폴란드 억양, 프레드 셰피시의 〈어둠 속의 외침〉[1988]에서 오스트레일리아 억양)이 그렇고, 제인 캠피언의 〈피아노〉(1993)의 보이스오버 내레이션에서 홀리 헌터의 스코틀랜드 억양, 제임스 그레이의 〈리틀 오데사〉(1994)에서 팀 로스의 러시아계 유대인 억양, 스코세이지의 〈갱스 오브 뉴욕〉(2002)에서 다양한 억양 따위가 그렇다.

프랑스에서는 배우가 배역에 따라 자기 목소리, 특히 자기 억양을 바꾸는 일은 드물다. 다니엘 오퇴유는 특히 클로드 베리의 〈마농의 샘 2〉(1986)에서 위골랭 역을 맡아 이를 시도한 드문 배우 중 한 명이고, 특히 이를 아주 설득력 있게 해냈다.

---

* 그러나 〈플라이〉(1986)에서 데이비드 크로넌버그는 제프 골드블럼이 괴물이 되어도 목소리를 변형시키지 않고, 그에게 괴물의 목소리를 내라고 요구하거나 괴물의 목소리를 입히지 않겠다고 결심한다.

그 귀결은 관객이 더욱더 목소리를 몸과 구별되는 실체(심지어 영상의 한가운데서 나온 목소리마저)로 의식하게 된다는 점이다. 즉 관객은 1950년대의 상황과는 달리 새로운 영화에서 로버트 드니로나 메릴 스트립이 어떤 목소리를 낼지 예측할 수 없다.

또 다른 귀결은 오늘날 프랑스어로 더빙된 미국 영화에서, 같은 성우가 언제나 한 스타의 목소리를 더빙한 오래된 관습(예컨대 커크 더글러스가 나온 모든 영화의 프랑스어판 더빙을 맡은 로제 뤼델)을 더 이상 필수로 지키지  않는다는 점이다. 숀 코너리 같은 몇몇 스타를 제외하면, 더빙해야 할 특정한 역할에 맞게 성우를 선택한다. 따라서 미국 영화를 프랑스어판으로 보여주는 대중 영화관의 관객은 자기가 좋아하는 배우들을 보게 될 때 더 이상 철저하게 똑같은 목소리를 듣지 않으므로, 더빙 과정 자체를 기술로 의식하게 된다.(다른 한편 다양한 판과 텔레비전 인터뷰 따위를 제시하는 DVD는 이들 스타가 자기 본래 언어를 어떤 식으로 말하는지 들려준다.)

이렇게 자기가 받아들인 몸과 완전히 다른 목소리, 아니면 목소리가 한 영화에 받아들인 몸과 완전히 다른 목소리에 대한 의식이 대중적이고 광범위하게 퍼져나갔다. 이는 최근 영화뿐만 아니라 텔레비전과 시청각의 발전에서 가장 중요한 현상 중 하나인 것 같다.

9장. 스피커의 침묵
(1990~2003)

비워야 할 공간

멀티트랙 돌비가 출현했을 때, 사람들은 처음에는 시네마스코프가 출현할 때와 같은 일을 했다. 즉 멀티트랙 돌비에 가치를 부여하려고 이를 가능한 한 꽉 채워야 할 새로운 청각적 공간으로 다룬 것이다.

그러나 이와 동시에 여기에 작동하는 전도된 변증법이 있었다. 시네마스코프가 만들어낸 채워야 할 넓은 공간이 점점 더 명확하게 더 많이 비워야 할 공간으로 나타난 것(시네마스코프로 찍은 최초의 공식 영화인 헨리 코스터의 〈성의〉[1953]에 나타난 '꽉 찬' 영상과, 마찬가지로 와이드 스크린을 사용한 조지 큐커의 〈스타 탄생〉[1954]에 종종 나오는 '비어 있는' 영상을 비교해보라)과 마찬가지로, 사람들은 비워야 할 새로운 소리 공간을 만들어냈다는 점을 상당히 빨리 생각하게 되었다.

1950년대에 70mm 필름과 자기음磁氣音을 사용하는 영화들에 비슷한 가능성을 시험한 몇몇 감독은 즉시 침묵의 힘을 이해하게 되었다. 즉 로버트 와이즈와 제롬 로빈스의 〈웨스트 사이드 스토

리〉 시작 부분에서 '아주 세게'로 끝나는 오케스트라 서곡이 나온
뒤 안무가 제롬 로빈스의 무용수들이 손가락을 꺾으면서 내는 미
세한 소리는 자기음에서 마술
적 효과를 낸다. 〈2001 스페이
스 오디세이〉에서 큐브릭은 인
물들 사이의 침묵을 강조하려
고 종종 주변 음향을 아주 희박
하게 사용하고, 컴퓨터 '할HAL9000'이 원격으로 프랭크 풀의 살인
을 명령할 때는 심지어 몇 초 동안 절대적 침묵을 감행하기도 한
다. 당시 이 절대적 침묵은 특히 자기음을 틀 수 있는 영화관에서
괄목할 만하게 느껴졌다.

70mm 필름과 여섯 개의 멀티트랙 자기음을 사용한 〈플레이
타임〉에서 자크 타티 또한 여러 차례에 걸쳐 최소한의 소리와 최
대한의 침묵을 사용한다. 그런데 이 감독은 〈나의 아저씨〉(1958)
에서 아들에게 말할 줄 모르는 아버지, 〈윌로 씨의 휴가〉(1953)에
서 더 이상 서로 말하지 않는 늙은 커플처럼 서로에게 자기 감정
을 쉽게 말하지 못하는 인물들을 보여준다. 〈플레이타임〉에서 몇
몇 장면은 〈파리의 지붕 밑〉처럼 인물들이 하는 말을 들려주지 않
는다. 재밌는 점은, 르네 클레르의 〈7월 14일〉(1933)과 〈파리의 지
붕 밑〉에 나오는 변두리의 파리가 〈플레이타임〉에서 작은 조각이
나 반영상反影像으로 유령처럼 나오는 바로 그 파리라는 것이다.

앞에 든 세 가지 예에서 스피커의 침묵이 인상적인 것은 상징
체계와 이야기를 보여주기 때문이다. 즉 와이즈와 로빈스의 〈웨
스트 사이드 스토리〉에서 이 상징체계와 이야기는 두 파벌 사이
에서 기대로 가득 찬 적대적 침묵이다. 큐브릭의 영화에서는 은폐

와 거짓말의 테마와 결부된 '사유의 침묵'이다. 타티의 영화에서는 서로 소통하거나 말을 교환하는 데 어려움을 겪는 사람들의 침묵이다…

물론 돌비와 더불어 사람들은 이 새로운 침묵을 발견하고 체계화시킨다. 월터 머치가 '사운드 디자인'한 〈지옥의 묵시록〉을 예로 들어보자. 가장 유명한 시퀀스인 베트남 마을 폭격 시퀀스에서 헬리콥터 윙윙거리는 소리와 폭발음 그리고 바그너 오케스트라가 분출되는 장면이 포만의 효과와 청각적 과잉을 고양한다면, 독주자의 소리 하나만을 들려주려고 거기 있지만 연주를 멈추는 거대한 오케스트라처럼 모든 스피커가 소리를 멈추는 미니멀 아트 같은 시퀀스들이 있다. 예컨대 이 영화 마지막에서 말런 브랜도가 독백을 할 때 울리는 목소리가 그렇다.

따라서 돌비 영화는 새로운 표현적 요소를 도입한다. 즉 스피커의 침묵, 요컨대 그 반영인 관객의 주의 깊은 침묵이 그것이다. 영화에서 모든 침묵은 우리에게 폭발한다. 마치 우리의 청취 능력을 무장해제시키는 것처럼, 또한 우리의 가장 작은 소리까지 감지하려고 거대한 귀가 열리는 것처럼. 우리가 그 영화를 듣고 있을 뿐만 아니라, 그 영화도 우리 소리를 듣고 있다.

그 이듬해인 1980년에 구로사와 아키라 또한 〈카게무샤〉에서 돌비를 탁월하게 사용해 깃발들이 펄럭이는 소리를 들려주고, 훨씬 심오하고 수수께끼 같은 침묵을 배경으로 장군들이 부르짖듯 명령하는 소리를 들려준다. 갑옷의 소음과 그가 풀어준 말들의 소음은 일종의 인상적인 무無 속에 기입되어 셰익스피어적인 무게를 갖게 된다.

필립 카우프먼의 〈프라하의 봄〉(1988)에서 쥘리에트 비노슈와 레나 올린이 누드로 포즈를 취하는 장면에서 드물게 나오는 소음(리플렉스 카메라의 찰칵 소리, 멀리서 들리는 천둥소리), 얼마 안 되는 대화, 레오시 야나체크의 실내악곡은 모두 두 여자 사이에서 침묵의 밀도를 강조해주는데, 이는 명확히 에로틱한 의미가 있다.

테오 앙겔로풀로스의 〈율리시즈의 시선〉(1995)에서 하비 카이틀은 폭격당한 사라예보에 도착한다. 폭격 소리, 발소리, 주민들에게 길을 묻는 카이틀의 목소리는 소리를 죽인 채 아득하게 들리는데, 이는 소리의 선명성 때문에, 그리고 내가 '스피커의 침묵'이라고 이름 붙인 것 때문에 정지된 삶이라는 탁월한 인상을 만들어낸다.

데이비드 린치 같은 감독이 종종 소란스럽다(〈광란의 사랑〉과 〈트윈 픽스 파이어 워크 위드 미〉[1992]에 대해 자주 나온 언급)는 인상을 줬다면, 이는 그가 끝없이 요란한 소리를 냈기 때문이 아니다. 반대로 두 영화에서 의도적으로 소리 강도의 급격한 대립을 사용하기 때문이다. 린치의 인물들은 종종 남들(어둠 속의 제삼자)이 듣고 있는 듯 말하는데, 관객인 우리가 듣고 있으니 그게 맞을 것이다. 그러나 이 말은 또한 자기들의 말을 듣고 있는 우리를 이들이 엿보는 것 같다는 뜻이기도 하다. 이때 이들은 자기 목소리 속에 빈틈, 빈 공간을 만들어내는데, 이후 등장하는 소리는 바로 여기서 강하게 울리게 된다. 예컨대 〈로스트 하이웨이〉(1997) 시작 부분에서 빌 풀먼의 색소폰 솔로가 재즈 클럽에서 들리는데, 그 앞에 소리가 거의 들리지 않는 그의 집 장면이 나오기 때문에 이 연주는 폭발적으로 들린다.

리들리 스콧의 〈델마와 루이스〉에서 자동차로 도망치던 지나 데이비스와 수전 서랜던이 자동차를 탄 채 밤에 모뉴먼트밸리(그녀들이 오랫동안 보기를 꿈꿨던 광경)의 말 없는 압도적인 바위들 위로 몸을 던질 때, 두 여자 사이에 침묵이 들어서고 단지 자동차 모터와 몇몇 벌레 소리만 들릴 때, 우리는 감동한다. 이번에도 돌비는 괜히 있는 것이 아니라, 우주적인 공허 직전의 현기증을 표현하려고 있다.

Tu es pleine de colère depuis ton enfance.

랜다 헤인스의 〈작은 신의 아이들〉 마지막 장면은 헤어진 연인 말리 매틀린과 윌리엄 허트를 보여준다. 이들은 밤에 야외 호숫가에서 다시 만나는데, 매년 연중행사*가 열리는 청각장애인과 언어장애인을 위한 학교에서 멀지 않은 곳이다.

마크 메도프가 쓴 희곡을 각색한 이 아름다운 멜로드라마는 말하기를 거부하는 청각장애인과 귀가 들리는 교사의 사랑 이야기에 기반을 두고 있다. 이 영화는 보는 것과 듣는 것 사이에서 아주 혼란스러운 관계를 제시한다. 수화로 표현하는 말리 매틀린의 말을 그녀의 연인 윌리엄 허트가 관객을

---

* 잘 모르는 사람들도 있지만, 청각장애인들은 저음과 동시에 진동하는 리듬을 아주 잘 지각하기 때문에 음악을 아주 크게 튼 축제다.

위해 큰 목소리로 번역해주고, 그 역시 자기 대사를 한다. 저음으로 들리는 허트의 음색은 매틀린의 몸과 영상을 에워싸는데, 그가 매틀린의 단어들을 목소리로 다시 말하지만 단어들에는 여전히 신비가 남아 있다. 우리의 눈은 그가 번역해주는 여성의 말을 영상에서 동작의 형태로 찾게 된다. 단어는 건조한 간단명료함에서 벗어나 춤이 된 것 같다. 청각적으로 현존하는 그녀의 몸은 침묵을 강조하고, 영화 속 인물처럼 실제로도 청각장애인인 배우 말리 매틀린이 말하는 목소리의 부재를 강조한다. 그녀가 수화로 말할 때 격렬하고 은혜로운 움직임이 내는 의복의 조용한 소리를 돌비 덕분에 우리가 들을 수 있다는 점이 중요하다.

크시슈토프 키에슬로프스키의 〈베로니카의 이중생활〉(1991)에서 이렌 자코브는 학급 아이들과 꼭두각시 공연을 보고 있다. 디지털 덕분에, 공연과 함께 나오는 피아노 소리 주변의 침묵이 들릴 뿐 아니라 주의 깊은 이 작은 관객들이 내는 조용한 소음도 들린다. 여기서 천진난만한 관객들이 내는 소음은 조심스럽다는 점에서 특히 감동적이며, 주의를 집중하는 우리 자신을 비춰준다.

전체가 인간적 교류로 만들어진 마이크 리의 영화 〈비밀과 거짓말〉에서 진실의 순간은 종종 세 가지 침묵 속에서 울린다. 인물들의 침묵, 스피커의 침묵, 감동할 때 관객의 침묵이 그것이다.(곰곰이 생각하던 브렌다 블레신은 자기 기억 속에서 자신이 어떤 흑인과 관계 맺었을 순간을 떠올린다. 티머시 스폴은 가족 모임에서

자기 진실을 말하던 순간 천둥소리가 멈춘다는 사실에 놀란다.)

대개 돌비는 인물들이 서로에게 함께 나누는 비밀 이야기 장면에 가치를 부여한다(린치의 〈멀홀랜드 드라이브〉[2001]에서 '여자들의 비밀 이야기').

이로부터 침묵과 속삭임의 경계에 있는 꿈꾸는 목소리, 쉰 목소리, 조심성 있는 목소리도 늘어간다. 프랜시스 포드 코폴라의 〈럼블피쉬〉에서 미키 루크, 린치의 〈사구〉(1984)에서 카일 매클라클런, 웨인 왕의 〈스모크〉(1995)에서 하비 카이틀의 흐릿한 목소리 ——이 목소리를 예리하고 정확하게 포착하는 일이 '영상을 만들어내지 않는non iconogène'* 이야기에 엄청난 강도를 부여한다——가 그렇다.

물론 1930~50년대의 영화들에서도 내밀한 목소리의 사용을 찾을 수 있다. 자크 투르뇌르의 〈나이트폴〉(1957)에서 알도 레이, 특히 장 그레미용의 〈레이디 킬러〉(1937)와 마르셀 카르네의 〈새벽〉에서 장 가뱅도 그런 식으로 말했다. 앨프리드 히치콕의 〈이창〉 또한 대부분 속삭이는 말로 하는 영화이고, 제임스 스튜어트의 민첩한 목소리는 탁월하게 우리가 인물과 함께 있다는 느낌을 제공했다. 일종의 전반적인 시적 안개와 배경음이 여전히 1930~40년대 영화의 소리를 둘러싼 반면, 1970~80년대의 소리는 기술적 변화와 더불어 점점 더 분석적이 되고, 각 요소가 다른 요

---

*   「용어 해설집」에서 '영상을 만들어내지 않는 목소리나 이야기' 항목과 23장을 보라.

소들에서 분리되어 있으며, 소리들 사이의 침묵이 훨씬 더 잘 느껴지게 된다. 이는 특히 1980년대에 디지털 사운드son numérique가 도래하기 때문이다.

디지털 혁명이란 있는가

이른바 디지털 사운드 ── 이를 단수單數로 말하면 잘못이라는 점을 이후 살펴보게 될 것이다 ── 는 멀티트랙 이후에 왔다. 이 소리가 무슨 기여를 했을까? 사람들이 디지털 사운드의 기여로 돌리는 것 전부는 아니며, 단지 새로운 작은 것들만 기여했다. 그러나 때로는 이 작은 것들이 큰 결과들을 만들어낸다.

데이터를 추상적 수치로 코딩하는 원리 때문에 디지털 사운드는 복제가 진정으로 원본의 클론이 될 수 있게 한다. 즉 다른 기술은 복제를 거듭하면 아무리 작은 것이라도 미세한 잡음, 파손, 상실이 어쩔 수 없이 초래되어 연속으로 복제하는 횟수가 줄어들게 된다. 디지털은 실제로 배경의 소음을 제로로 만들 수 있고, 따라서 거의 완전한 침묵을 만들어낼 수 있다.

디지털은 많은 믹싱 콘솔 위에서 모든 행위, **모든 시행의 기억을 보존**할 수 있고, 무한대로 믹싱의 뉘앙스를 다듬을 수 있다. 디지털은 오늘날 일반적으로 통용되는 몽타주 소프트웨어와 연동되면 다른 소리와 관련해서 한 소리를 아주 정확하게 낮출 수 있고, 다른 소리 및 영상과 관련해서 위치 지어진 한 소리를 어떤 순간에나 다시 낮추거나 늦출 수 있다. 따라서 작업에서 거의 완전한 유연성을 가질 수 있다.

따라서 한편으로는 디지털 사운드의 현실이 있고, 다른 한편으로는 신화들이 있다. 즉 이 현실과 신화는 어느 수준까지는 참이지만, 서로 아무 관계가 없다.

디지털 사운드의 신화 중 하나는, 이 소리와 함께 아무 상실도 없고 심지어 기원조차 없는 완벽한 소리, 소리의 무임수태無任受胎에 도달할 수 있다는 신화다. 즉 디지털 사운드는 미세한 시간의 단면으로 해체된, 소리의 절대적 통제로 특징지어지고, 다루기 어렵던 일상의 소리가 디지털 사운드의 도래로 인해 전적으로 주인의 의지에 복종하게 되며, 특히 시간에서 끌려 나오게 될 것이다. 이것은 환상이다.*

소리의 탈물질화 신화, 소리가 기술적 한계를 넘어설 거라는 신화도 있다. 디지털 수단과 더불어 실제로 배경의 소음을 제거할 수 있지만 어쨌거나 녹음하려면 마이크가 있어야 하며, 이 마이크가 그 자체로 특징과 한계를 가진다는 점은 마찬가지다. 앰프와 스피커도 마찬가지다. 스피커는 모델에 따라 각기 고유한 색깔이 있고 성능이 다르다. 따라서 사람들은 디지털 사운드로 완벽한 탈물질화의 단계, 테크닉의 중성화 단계에 전혀 이르지 못했다. 테크닉은 여전히 있고 또 언제나 있을 것이다.

다른 한편, 기술자들은 잘 알고 있지만 디지털 사운드는 매번 '표본 추출율'과 이어진, 또한 녹음하고 재생하며 해독하는 기자재의 어떤 특성들과 이어진 청각적 특성들(이는 컴퓨터 프로그램, 시기, 장치에 따라 달라진다)이 있다. 20년 전에 이루어진 디지털 녹음은 이미 시대에 뒤떨어지고 퇴색되었다. 오늘날 영화들의 디지

---

* 내가 쓴 책 *Le Son, op. cit.*, pp. 149~50을 보라.

털 사운드는 20년 후에는 고색창연해질 것이고 시대의 색깔을 입게 될 것이다.

합성 영상으로 만든 최초의 영화들(예컨대 스티븐 리스버거의 〈트론〉[1982])과 사카구치 히로노부와 사카키바라 모토노리의 〈파이널 환타지〉(2001) 사이에는 보이는 것에 큰 차이가 있는 것과 마찬가지로, 1980년대 초에 디지털 사운드라고 일컬어진 것과 앞으로 20년 후에 이렇게 일컬어질 것의 차이는 점점 더 커지고 늘어날 것이다.

몇 년 전부터 많은 영화관에서 필름에서 분리된 다른 매체나 디스크 위에서 읽은 디지털 사운드를 들을 수 있는데, 여기에는 일정한 장점(탁월한 음질, 복제본의 물질적 부침에서 벗어난 소리)이 있지만 여러 문제를 제거할 수는 없다. 이런 문제들은 조정이 잘못 이루어지거나 앰프, 특히 스피커, 접속, 스위치 따위 소리를 전파하는 기자재의 품질이 떨어져서 생길 수 있다. 요컨대, 비물질적인 '완벽한' 소리는 쉽게 이루어질 일이 아니다.

그렇다면 영화에서 디지털 사운드의 미적 귀결 중 우리가 무엇을 간직해야 할까? 이를 고려하기에는 너무 이르다. 그러나 지금으로서는 두 가지만 강조하고자 한다.

먼저, 앞서 보았듯이 **영화에서 침묵의 새로운 특성**이 있다. 디지털 사운드 덕분에, 키에슬로프스키나 린치는 무한한 우주적 침묵 속에서 가냘프고 미세하게 자기 존재를 요구하고 외치는 소리를 우리에게 들려주었다.

〈멀홀랜드 드라이브〉에서 디지털 침묵은 신비와 공포로 채워져 있고, 또한 다음 질문과 이어진다. 어떻게 소리 하나가 무에서 생겨나 다시 무로 돌아갈 수 있는가? 어떤 것이 어떻게 저기 있고 거기에 더 이상 없을 수 있는가?

브라이언 드 팔마의 〈미션 임파서블〉(1996)에 나오는, 디지털 정보 비행을 보여주는 유명한 장면에서 톰 크루즈는 거꾸로 매달려 있다. 그는 소리 탐지 시스템을 깨우지 않으려고 가능한 한 아무 소리도 내지 않아야 하는데, 내 생각에 이 장면은 분명 디지털 침묵의 품질에서 상당히 많은 힘을 끌어내고 있다.

두번째 효과는 극도로 짧은 소리 파편들의 **마이크로몽타주**가 ─이런 몽타주는 1950년부터 가능했지만* 디지털 덕분에 훨씬 쉬워졌다─제공한 가능성 쪽에 있을 것이다. 예컨대 조지 루카스의 〈클론의 습격〉(2002)에서 아주 풍요롭고 매력적인 외계 언어의 어떤 억양이 들리는데, 이는 촘촘한 몽타주 작업 덕분이기도 하지만 소리의 역동적 형식을 조각하는 작업(아주 짧은 시간 동안 점점 커지거나 줄어드는 소리 강도의 기울기를 만드는 것) 덕분이기도 하다. 컴퓨터에서 수행한 소리 몽타주는 여기서 흥미 있는 지평들을 열어준다.

리믹스의 시대?

DVD로 판을 만들거나 새로 영화관에서 개봉하기 위해 옛날 영

---

* 전문 녹음기가 초당 76센티미터를 돌던 시기에 카를하인츠 슈토크하우젠은 피에르 셰페르가 창립한 구체음악 그룹 스튜디오에서 구체음악 연습곡을 만들어냈는데, 이는 피아노 소리를 음審의 아주 작은 조각들로 쪼개는 작업에 기반을 둔 것이다. 아마도 소리 강도의 기울기에서 통제가 부족했기 때문에 그 소리의 결과는 크게 흥미롭지는 않았지만, 아이디어는 이미 그때 있었다.

화들을 디지털 '리마스터링'한다는 예민한 문제가 있다. 그 고유한 품질을 이루던 것을 파괴할 위험을 무릅쓰고, 때로는 당시 소리를 새로운 가능성에 적응시킬 수 있다. 나는 반드시 옛날 영화들의 소리를 청소하거나 배경의 모든 소음을 제거해야 한다고 생각하지 않는다. 본래 소리를 죽일 수 있기 때문이다. 필름에서 비디오나 컴퓨터로(아니면 이와 반대 방향으로) 전송하는 영역에 비할 수 있는 이 영역에서 나는 어떤 일반 법칙도 제시할 수 없다.

관객에게 미리 알려준다는 조건을 지킨다면 흑백 영상을 컬러로 바꾸는 일을 수용할 수 있는 것과 마찬가지로, 유일한 규칙은 스크린에 제시한 것에 대해 관객에게 언제나 정직하게 알려주는 일이다. 또한 시네필, 애호가, 전문가 측에서 소리의 역사적 문화를 만들어야 한다.

조르주 로트네의 두 영화 〈무슈 갱스터〉(1963)와 〈그레이트 스파이 체이스〉(1964)가 DVD로 다시 출시되었을 때, 이들이 모노 트랙 녹음/광각 표준으로 찍은 영화인데도 광고에는 이 DVD판의 소리가 'THX 인증'을 받았다고 씌어져 있었다. 이때 우리는 질문의 핵심에 있는 셈이다. 즉 원본의 모노 사운드를 존중했는지 아니면 DVD에서 종종 벌어지는 것처럼 가짜 멀티트랙을 창조했는지를 정확하게 말하지 않는 한, 'THX 인증'이 아무 의미도 없다는 점이다.

세르게이 에이젠슈테인의 영화 〈알렉산더 네프스키〉(1938)의 최근 판이 있다. 여기서는 현대 오케스트라와 디지털 수단을 통해 세르게이 프로코피예프의 악보를 새로 녹음했고, 심지어 본래 영화에 없던 음향효과까지 덧붙였다. 에이젠슈테인의 영화에서는 아무 소리도 없던 곳에서 깃발 펄럭이는 소리가 나고 바람 부는 소리가 난다. 이는 소리를 착색한 것에 불과한데도, 이를 잘 모르는 비평가들은 이 기회에 언론을 통해 마치 그림을 복원하듯 '복원'했다고 말했다.

알다시피 사실상 우리는 '리믹스'의 시대에 들어와 있다. 이를 명확히 밝히는 것, 해석과 충실성이라는 복잡한 문제에 대해 토론하는 것이 중요하다. 영화의 소리에 대해 모두가, 주로 언어적이고 문화적인 요청 때문에 불가피해진 더빙의 문제를 잘 알고 있고 더빙을 부득이한 수단으로 받아들인다.

유럽 작가감독들과 돌비

이른바 작가영화에 속한 유럽 감독들에게는 어떤 일이 벌어질까? 〈화니와 알렉산더〉(1982)의 잉마르 베리만, 〈인터뷰〉의 페데리코 펠리니, 〈사탄의 태양 아래〉(1987)의 모리스 피알라는 이 시기 돌비로 믹싱한 중요한 작품들을 만들어냈지만, 마치 돌비가 이들에게 어떤 기여도 하지 않은 것 같다. 이들은 분명 이 기술적 부가물 없이도 이런 일을 할 수 있었을 것이다.

그러나 이들은 베테랑 감독이었다. 더욱 당혹스러운 점은 새로운 프랑스 감독들 세대인데, 에릭 로샹에서 아르노 데플레셩과 세드릭 클라피슈를 거쳐 크리스티앙 뱅상에 이르기까지 이들 대다수는 자기들이 돌비에 관심이 없다는 사실을 숨기지 않는다. 각자 자기만의 이유와 특별한 재능이 있지만, 전체적으로 그 결과는 프랑스 영화가 소리 영역의 미적이고 기술적인 차원에서 점점 더 지체된다는 점이다. 이 지체는 1990년대에 와서야 해소되기 시작했는데, 그러나 이때에도 여전히 돌비와 대대적 블록버스터 효과(특히 뤽 베송, 그리고 마티외 카소비츠의 〈크림슨 리버〉[2000])를 혼동하고 있었다. 반면 프랑스 감독들의 통념과 달리 미국 쪽에서는 오래전부터 이 기술의 내밀한 가능성을 발견했다.

키에슬로프스키 같은 폴란드 감독은 프랑스로 오면서 돌비의 새로운 표현 가능성을 가져왔다. 그가 막바지에 찍은 영화들에서 소리는 난입亂入이고 삶의 소란이다. 즉 〈세 가지 색 블루〉(1993)에서 생기에 찬 아이들이 조용한 수영장으로 시끄럽게 뛰어드는 와중에 쥘리에트 비노슈는 자기 이웃들의 죽음을 잊으려 애쓰고 있고, 아이들 목소리와 이들이 물에 뛰어드는 소리가 마치 살아 있는 소리 얼룩처럼 울려 퍼진다. 새 아파트 붙박이장에서 새로 태어난 생쥐들의 미세하고 날카로운 소리가 그녀를 괴롭히지만, 이 소리들은 또한 그녀가 마비 상태에서 깨어날 수 있도록 해준다. 막대 사탕을 깨물며 숨 쉬는 소리가 들릴 때, 이 소리는 아이 같은 감각의 신선한 강도를 갖고 있다. 키에슬로프스키는 단조로운 세계에서 소리와 음악(플루트 솔로나 가늘게 이어지는 소프라노 목소리)에 난입의 가치를 다시 부여한다.

하지만 이 모든 건 무無에서 나온 것이 아니다. 키에슬로프스키는, 인상적 효과를 만들어내려고 1950년대부터 후시녹음과 음향효과를 아주 창조적으로 사용한 폴란드의 풍요로운 소리 전통에서 이를 끌어냈다. 안제이 바이다의 〈지하수도〉(1957)의 소리, 안드레이 줄랍스키의 〈밤의 제3부분〉(1971)의 소리, 예지 카발레로비치의 〈천사들의 수녀 요안나〉의 소리, 로만 폴란스키가 폴란드에서 찍은 중·장편영화들의 소리(〈물속의 칼〉[1962])는 모두 사운드 효과를 드러내놓고 두드러지게 사용하는 특성이 있다.

위대한 포르투갈 감독 마누엘 지 올리베이라는, 키에슬로프스키와 같은 디지털 수단을 써서 내밀한 범위에서 언제나 다른 표현을 끌어낸다. 〈아브라함 계곡〉에서 숏들의 지속시간은 일상 속 조용한 소음(무거운 벽시계의 똑딱 소리, 새끼 고양이의 걸음 소리, 오리가 간헐적으로 우는 소리 따위)의 시골스럽고 섬세한 짜임새 덕분에 질 좋은 돛이 펴진 것처럼 팽팽하다. 다른 한편, 이 때문에 이 영화는 아주 짧은 숏들로 끊어져 있는데도, 많은 비평가와 관객이 롱테이크로 찍은 플랑세캉스를 보았다는 환상이 생겨난다. 이는 정확히 돌비 소리 때문에 실제 시간이 연속된다는 느낌이 눈에 띄지 않게 만들어진 것이다.

기타노 다케시(〈하나비〉[1997])는 터무니없이 작은 사건들을 강조하는 데 디지털 사운드를 쓴다. 끝내 터질 것 같지 않던 작은 불꽃놀이 장난감이 갑자기 '펑' 하고 터질 때의 소리가 그렇다.

구로사와: 산은 듣지 않는다

1910년에 태어난 구로사와 아키라는 자신의 명성을 충분히 활용해 돌비로 할 수 있는 일들에서 아주 빨리 개성적 표현을 끌어낸, 자기 세대에서 거의 유일한 감독이었다.

1990년 여덟 개의 시퀀스로 개봉된 영화 〈꿈〉에서 주목할 만한 것은 소리의 풍성함 — 음악이든 소음이든 말이든 소리가 거의 없고, 종종 한 번에 하나씩만 나온다 ──이 아니라, 이 감독이 각 소리의 선명성, 그리고 배경음의 전반적인 축소를 통해 만들어낸 소리의 활용이다. 이 때문에 목소리, 특히 소음은 다른 소리에 대해 훨씬 더 개별화되고, 더 심오한 침묵의 배경 위에서 훨씬 더 섬세하고도 확고하게 울릴 수 있었다.

그러나 이 침묵은 다른 방향을 취할 수 있다. 앞서 언급한 대부분의 영화에서 속삭이거나 조심스러운 목소리 자체를 둘러싼 침묵은, 우리에게 귀를 쫑긋 세우고 이를 듣고 있는 공간의 존재를 느끼게 했다. 이와 반대로 〈꿈〉은, 다른 소리에 대한 소리의 절대적 방수성防水性 때문에 세계가 인간의 소리를 듣고 있지 않다non-écoute는 점을 명확히 한다. 이 영화에서 소리를 둘러싼 공허는 린치의 영화에서처럼 마술적인 청취로 채워지는 것도, 키에슬로프스키의 영화에서처럼 형이상학적인 것도 아니다. 그것은 단지 공허일 뿐이다.

구로사와는 열정적인 도보 여행자였다. 〈꿈〉에서 삶의 여러 단계에 걸쳐 감독 자신을 재현한 인물도 종종 걷는다. 따라서 아주 어릴 적 나막신 딱딱거리는 소리, 길에서 죽은 장수의 발걸음이 마찰하며 내는 소리, 귀신 군대의 중장비들이나 눈보라 속에서 산사람들의 등산 도구들이 부딪히는 소리나 후지산의 잿더미 속에서 고립된 채 걷는 도보 여행자의 발걸음이 내는 슈슈 소리 따위가 울린다. 산속을 걷는 사람들은 〈꿈〉에서 그렇게 잘 묘사한 감정을 이해할 것이다. 그것은 자갈, 눈, 얼음, 풀 속에서 당신 자신의 걸음이 내는, 분명한 위치가 정해져 있으며 구체적이고 익숙한 소음과, 당신을 둘러싼 약간 으르렁거리거나 무언의 광대함 사이에 측량할 수 없는 무한성, 절대적 단절이 있다는 느낌이다. 대지의 몸 위를 성큼성큼 걸어가는 인간 개미의 소음을 '심리화'하고 극화하며 이 소음에 서스펜스, 기대, 의심의 가치를 부여하거나——이것이 프레드 진네만이 오스트리아의 산에서 감독한 영화 〈파이브 데이즈 원 서머〉가 성공한 이유다——, 아니면 그 이상도 그 이하도 아닌 가치를 부여하는 것인데, 배경에서 산이 으르렁거리는 소리나 발자국을 둘러싼 자연의 침묵은 구로사와에게 청취나 지시의 의미가 없다. 이 감독이 선호하는 배경 중 하나인 산은, 듣지 않는다.

그러나 〈꿈〉에서 피고인의 위치에 놓인 주인공 앞에서 귀신 집단의 인상적인 침묵이 두 번 나온다. 먼저 작은 소년 앞에 나타난 잘린 복숭아나무 영혼들의 침묵이 있다. 그리고 특히 터널의 어둠에서 나타나, 살아남은 죄책감에 떨고 있는 장수에게 차려 자세를 하는, 눈이 파여 죽은 병사들 군대의 침묵이 있다. 여기서는 반대로 침묵이 인간의 말을 듣고 받아들이며, 어떤 의미로는 이 말을 녹음한다. 말해진 것은 보존된 것과 같다.

이 두 장면에서 구로사와는 세계들 사이의 청각적 분리를 유지한다. 출현한 것에게는 반향을 일으키고 공간 속에서 울리는 목소리를 부여하며, 다른 이, 즉 꿈꾸는 자에게는 반향으로 연장되지 않는 목소리를 부여한다. 더 일반적으로 말하면, 주로 야외에서 전개되는 여덟 가지 꿈의 소리 구상은, 이 영화가 겹치게 하거나 연달아 나오게 하는 소리 공간들 사이로 **칸막이 세우기**cloisonne-ment(디지털 사운드와 돌비는 이를 위해 사용된다)에 가치를 부여하는 데 있다.

〈꿈〉에서는 음악들조차 서로 소통하지 않는다. 예컨대 마지막 에피소드 '물방앗간이 있는 마을'에서 스크린 음악(장례 행렬과 같이 나오지만, 오히려 '즐겁다'고 말하는 게 나은 고적대 음악)이 들린다. 그리고 얼마 지나지 않아 영화의 마지막 자막을 이끄는 피트 음악이 나온다. 다른 감독들이 한 음악에서 다른 음악으로 다리를 설치했을 곳에서 구로사와는 반대로 이 음악들을 새지 않는 기포 속에 가둬버린다. 고적대 음악은, 야외에서 연주되는 음악이 그런 것처럼 반향도 없고 증폭도 없다. 서구의 난해한 오케스트라 양식으로 씌어진 피트 음악은, 고적대 음악과 달리 두드러진 반향음에 잠겨 있다. 이 체계의 정점은 아름다운 눈보라 에피소드에서 나타나는데, 조용히 흔드는 소프라노 목소리 하나가 피로에 빠진 등산가 주위로 줄곧 눈을 쌓으면서 휘파람을 부는 바람 소리를 '중단시킨다.' 침묵 속에서 파닥거리는 눈이 계속 보인다('정지suspension' 효과). 바람 소리는 난폭하지 않게 중단되지만, 소리를 점진적으로 바꾸거나 모호하게 하려는 노력 자체가 없다. 예컨대 안드레이 타르콥스키가 수도 없이 한 것과 달리, 구로사와는 소프라노 노래가 자연의 소음과 점진적이고 연속적으로 이어지게 하려 하지 않는다. 그리고 으르렁거리는 눈보라 소리가 강력하게 되돌아오고, 죽음의 유혹에서 벗어난 늙은 등산가에게 살고자 하는 의지를 다시 불어넣는다. 노래하는 목소리는, 이 소란 속에 다시 녹아들지 않고 선명하게 멈춘다. 여기서도 또한 돌비 덕분에 가능해진 소리의 그래픽적 선명성과 순수한 역동성이, 존재들을 소리 공간에서 엄격하게 분리하는 데 이바지한다.

이런 선명한 노선의 미학(이 점에서 〈꿈〉은 걸작이다)에서 감정은 순수하게 강조한 비통한 디테일에서 생겨난다. 예컨대 '복숭아 과수원'의 꿈에서 주인공 누나의 죽음을 형상화한 은은한 방울에 특별한 의미를 부여할 수 있다. 영화 시작 부분의 방울과, 영화의 끝에서 노인이 자신이 사랑한 여자의 장례 행렬에 섞여들면서 흔드는 작은 요령은 같은 것이거나 최소한 같은 것의 상징이다. 듣지 않는 세계 한가운데서, 스피커의 침묵 속에서 이 둘 다 부서지기 쉬운 인간이란 작은 존재가 내는 소음 자체이기 때문이다.

미사가 끝났습니다Ite Missa Est

마이클 베이의 〈더 록〉(1996) 같은 거대 액션 영화든, 왕자웨이의 〈화양연화〉(2001) 같은 내밀한 작품이든, 엘리아 술레이만의 〈신의 간섭〉(2002) 같은 팔레스타인 영화든, 현대 영화의 전형적인 상영은 종종… 끝에서 시작한다. 현재 프랑스 어디서나 볼 수 있는 멀티플렉스든, 전통적인 모노트랙 영화관이든 아무 곳에나 가보자. 우리는 좀 일찍 도착해서 기다려야 하고 ─ 각자 자기가 원할 때 언제든 들어갈 수 있었던 불변의 영화관 전통은 프랑스에서 끝나버렸기 때문이다 ─, 우리가 바깥에서 입장을 기다릴 때 영화관 안에서 갑자기 우레 같은 오케스트라 피날레, 리듬감 있는 록의 한 대목, 향수 어린 발라드 곡이 울려 퍼진다. 이전 상영을 본 관객들이 나오기 시작한다. 이것이 마지막 자막[엔딩 크레디트]의 의례이고, 여기서 수십 개, 때로는 수백 개 이름이 퍼레이드처럼 스크린 위로 올라간다. 자기 자리에서 즉시 일어나는 사람들, 조금 더 앉아 있는 사람들, 자기들이 느낀 감정의 어떤 것을 연장하려고 스크린에서 다음 마지막 언급들이 나오기 전에 일어나지 않는 사람들이 영화관에서 구별된다. 이 마지막 언급은 N시와 시청 관계자들의 협조에 감사드린다, 이 영화는 '엄선된 극장에서' 돌비로 상영된다, '촬영 중 어떤 동물 학대도 없었다' 따위다. 줄곧 음악이 나오고, 때로는 마지막 침묵에서 소음 하나, 즉 **근본적인 소음*** 이 나온다.

　여기서 영화 상영은 그 대가가 있는 새로운 의례를 제안한다. 숨 쉴 시간도 주지 않는 이 세계에서 일상적 삶의 시간과 영화의 시간 사이에 갑문閘門을 설치하는 간극이 여기 있기 때문이다. 때로 순전히 형식적이지만 여전히 귀중한 순간이다. 마치 라틴어로 하는 가톨릭 미사에서 신부가 '이테 미사 에스트Ite Missa est'(미사가 끝났습니다)라고 말할 때, 그렇지만 미사가 완전히 끝나지는 않았다는 것을 알 때, 아직 더 기다려야 하지만 퇴장을 기다리는 일은 그 대가가 있다는 것을 알 때와 같다. 성당에서 퇴장은 그랜드 오르간 소리로 부드럽게 둘러싸이며, 감싸지고, 이런 식으로 고양된다.

　텔레비전이 이런 영화를 방영하면서, 조금도 기다려주지 않는 스폿광고나 방송 예고를 눈에 띄게 배치하겠다고 마지막 자막이 다 올라가기도 전에 영화를 중단시킬 때 이를 우리가 야만으로 경험하는 것은 너무나 옳다. 서사적으로 무용한 이 순간은 단지 참여자 전체의 이름들을 제시하거나 성공한 노래를 배치하는 데만 쓰인다고 생각할 수도 있지만, 우리에게는 바로 이것이 필요하다. 게다가 불을 다시 켠 영화관에서 마지막 자막들이 거의 항상 검은 배경 위의 추상적인 열거로만 끝나기 때문에, 이 자막들은 이때 영화관에서 펼쳐지는 영화 사운드에 대해 다른 의식意識을 우리에게 제공한다. 공간적 자력에서 해방된 소리는 더 이상 스크린에서 전개되는 행위들에 달라붙지 않고, 우리는 더 이상 이 소리를 평평한 표면[스크린]에 다시 투사하지 않는다. 이제 이 소리는 삼차원을

---

* 　「용어 해설집」에서 '근본적인 소음' 항목과 26장을 보라.

유지하고, 이를 이용해서 자기의 시각적인 '투사 매체'에서 떨어져 나와 마지막으로 공간을 자유롭게 채운다.

우리는 이렇게 영화를 자기 행위 밖으로 연장하는 마지막 자막에서 현대 영화관 상영의 한 시적 측면을 보는 즐거움을 누리게 된다.

보통 프랑스에서 영화관 상영에 대해 말하는 것은, 옛날 호화로운 영화관 건물의 시기나 동네 작은 영화관, 막간극과 어트랙션의 황금시대를 애석해하기 위해서일 뿐이었다. 그리고 이를 (자동화된 영사나 비어 있는 영사실과 함께) 현재 상영의 기능적 차가움과 대립시킨다. 그러나 내 생각에, 영화관 상영의 마술은 쇄신되어 그 두번째 숨결을 찾았다.

나는 1947년에 태어나 소리가 반향을 일으키고 윙윙거리는 영화관을 경험한 세대다. 이런 영화관에서는 스크린에서 나온 소리가 일정한 울림을 통해 영화관으로 연장되었다. 아직도 이탈리아에는 이런 영화관이 많이 있는 것 같다. 우리가 프랑스에서 볼 수 있는 무미건조하고 정확한 음향효과를 내는 현대 영화관들은 뭔가 새로운 현상이다. 한편, 이 영화관은 사실상 상영에서 집단적이고 공동체적인 특성을 없애버린다. 영화관의 음향 시설 때문에 소리가 더 이상 이런 특성을 띠지 않고, 관객의 소음과 영화에서 나온 소리가 하나로 섞이지 않기 때문이다. 다른 한편, 이 영화관들은 거의 명상적이고 수도사 같은 새로운 유형의 주의注意를 만들어내는데, 이는 환영할 만하다.

19세기 말에 터무니없는 규모로 커진 클래식 오케스트라의 확장——이 때문에 전체 합주의 굉음, 비극의 절정, 알프스의 폭풍이 맹위를 떨치게 되었다——덕분에 악기 소리 하나가 훨씬 더 큰 침묵 속에서 울릴 수 있게 된 것처럼, 오늘날 한 장면이 감동을 줄 때 주의 깊게 지켜보는 관객의 명상적인 침묵보다 더 인상적인 것은 거의 없다. 린치나 키에슬로프스키, 마이크 리, 미야자키 하야오(〈천공의 성 라퓨타〉[1986]에서 라퓨타에 도착할 때)가 갑자기 소리의 문을 닫고, 투명한 침묵 속에서 약간의 한숨과 가벼운 떨림, 나아가 아무것도 아닌 것만 들려줄 때가 그렇다.

이런 은총의 순간에, 귀찮은 수다쟁이나 휴대전화 벨소리가 영화 상영에 혼란을 일으키지 않는다면, 우리는 문자 그대로 관객이 듣는 것을 듣는다. 중간치 정도의 좁은 돌비 상영관에서 스크린 크기, 소리의 공간적 분배와 출력, 영화관 용적 사이에 정확한 균형을 찾을 때 특히 그렇다. 영화, 관객과 더불어 새로운 유형의 근접성이 만들어진다. 우리는 관객이 집중하는 것을 느낀다. 어떤 가식도 없이 그 영화에 대한 열정과 주의라는 단순한 미덕만으로, 관객이 거기 있음에 만족하는 것을 느낀다.

예술 작품과 맺는 관계에서 무언가 종교적인 것을 다시 찾을 수 있는 몇 안 남은 장소 중 하나가 영화관이다.

아마도 내가 작곡가이기 때문일 텐데, 공동의 상황으로 모인 가지각색의 사람들의 침묵(그것이 동물적 복종이나 순전한 타성이 아닐 때)만큼 내게 감동을 주는 것은 거의 없다. 디지털 사운드 덕분에 실현된 압도적 침묵(물론 아무도 이런 귀결을 미리 계산하거나 고안하지 않았는데도)은, 영화관 상영에서 주의를 파고들고 문장과 단어 사이의 빈 공간을 파고들며, 사람들을 각자 자기 고유의 침묵과 자기 청취의 진실로 돌려보내고 이를 지속되게, 오랫동안 지속되게 할 수 있었다.

동요의 소리에 맞춰

10장. 〈새〉의 한 시퀀스를 중심으로
: 덧쓰기 예술로서 발성영화

멜러니는 듣지 못한다

앞서 봤듯 앨프리드 히치콕의 〈새〉는 알랭 레네의 〈히로시마 내 사랑〉, 미켈란젤로 안토니오니의 〈밤〉〈일식〉, 루이스 부뉴엘의 〈타락 천사〉(1962), 페데리코 펠리니의 〈달콤한 인생〉〈8과 1/2〉* 과 거의 동시대에 나온 묵시록적 영화다.

　〈밤〉에서 밀라노의 부르주아 잔 모로는 새로 지은 건물의 거대한 흰 벽 앞을 지나가는데, 제트기에서 나온 것 같은 소리 세 개가 연속으로 들린다. 그녀는 눈을 들지만 영상 속 무엇도 이 '감각의 유령'을 뚜렷하게 보여주지 않는다. 이후 남자들과 산책하러 가던 그녀는 작은 로켓들이 '프싯' 소리를 내며 날아가는 것을 보고, 군중이 이를 조용히 지켜본다.

　안토니오니의 이 영화에서 제트기 소리와 로켓 소리의 고유한 점은, 이 소리들이 무無, 즉 이 영화 배경의 소음에서 생겨나 여

---

* 　사람들은 이 펠리니 영화의 주인공 마르첼로 마스트로얀니가 찍고 싶어 한 영화가 핵폭탄으로 파괴된 땅에서 시작된다는 점을 종종 잊어버린다.

기로 돌아간다는 점이다. 이것은 소리의 작은 섬들이고, 사라지기 위해 만들어졌다. 이 소리 섬들은 '냉전' 시기 당시 떠돌던 관념 하나를 상기시켜준다. 그것은 궁극적인 소멸과 파괴의 관념, 물질이 추상으로 되돌아간다는 관념이다.

이 영화처럼 묵시록 이전이나 묵시록 이후의 분위기에 젖어 있는 영화 〈달콤한 인생〉 시작 부분에 나오는 헬리콥터의 엄청난 소음은, 안토니오니 영화처럼 침묵에서 생겨나지만 이후 두 가지 방식으로 쓰인다. 즉 여자들이 남자들의 말을 듣지 못하게 하는 (그 역도 마찬가지다) '배경의 소음'으로, 또한 이로부터 다른 소리와 다른 에너지가 밀물처럼 생겨나는 에너지의 원천으로 쓰이는 것이다.

안토니오니와 달리, 헬리콥터 그림자는 벽을 따라 지나가면서 들리는 소리의 가시적인 흔적을 영상에 남긴다.

히치콕의 〈새〉에서도 우리는 하늘에서 온 소음을 듣는다. 그것은 비행기도 헬리콥터도 아니고, 무정형의 집단적 울음소리와 함께 온 새들이다.(〈새〉는 사실상 소리로 무정형의 것을 표현하고자 하는 탐색을 가장 멀리까지 밀고 간 영화 중 하나다.)

또한 〈새〉는 촬영 현장에서 만들어낸 어떤 장면에서, 안토니오니의 제트기처럼 거의 소리로만 나타나는 새들의 공격이 나오는 영화다. 카메라는 미치 브레너의 집 안에 있고, 여기서 모든 인물(멜러니, 미치, 그의 어머니와 여동생)이 온갖 방향으로 도망가면서 바리케이드를 치고 있고, 집을 덮치는, 아예 보이지 않거나 거의 보이지 않는 새들의 공격은 소리로만 들린다. 공격자들의 끔찍한 소리와 이어지는 문 쪼는 부리의 타격은 영상에 그 흔적을 남기려 하고, 스크린 천을 뚫는 것 같은 소리를 연상시킨다. 이 시퀀스는 그 바로 앞에 나온 또 다른 장면의 정확한 대칭인데, 여기서 나는 이 장면을 자세히 보고 또 들으려 한다.

요컨대 〈새〉는 한 여자의 절규(시체를 보고 농장에서 뛰쳐나오는 제시카 탠디, 엄청나게 많은 새 앞의 티피 헤드런)가 여러 차례에 걸쳐 목에 걸려 나오지 않는 영화다.

따라서 253쪽 사진에서 뒤에서 두번째 숏은 절규, 더욱이 여자의 절규를 암시하는데, 이 영화는 발성영화라서 이 절규를 들려줄 수 있지만 들려주지 않는다. 물론 그렇다고 관객이 이 소리를 떠올리지 못하는 것은 아니다. 무성영화에서도 이미 소리를 암시했기 때문이다. 이 예는 〈새〉(점점 더 많아지는 새들이 분명한 이유 없이 인간들을 공격하고 죽이는 한 마을의 이야기)가 소리의 층으로 덮여 있는 위장한 무성영화일 수도 있음을 보여주는 것이 아니다. 〈새〉는, 오! 그렇게나 많은 발성영화를 적절하게 대변하는 진정한 유성영화다.

이 영상이 등장하는 시퀀스는 일정 수의 공격이 행해지고 난 뒤에 나오는데, 여기서 멜러니(티피 헤드런)는 작은 자동차를 타고 학교에 가서 미치 브레너의 여동생인 캐시를 찾아 집으로 데려오려 한다.

그러나 합창 수업은 아직 끝나지 않았고, 교사 애니 헤이워스(수잰 플레셋)에게 자기가 왔다는 것을 알린 멜러니는 다시 나와서 교실 밖에서 기다려야 한다. 그녀는 작은 학교 주변의 벤치로 걸어가 앉아서는 담배에 불을 붙인다.

교사가 아이들 합창을 지도하는 교실에 방금 그녀가 들어갔을 때, 거의 모든 아이가 들어온 사람을 보려고 고개를 돌렸지만, 기이하게도 단체로 하는 합창의 연속성은 깨지지 않았다. 영화관 관객이 의식적으로 지각하기에는 너무 빠른 분리 때문에 영상과 소리는 순간 모순적인 것이 되었고, 이는 영상과 소리 각각이 다른 것을 보완한다고 말하기 위해서다. 소리는, 아이들이 중단 없이 노래한다고 말한다. 영상은, 멜러니가 들어오면서 아이들의 주의가 산만해졌다고 덧붙인다.

멜러니는 벤치에 앉아 있고, 근처에 있는 학교 안에서 아이들이 제창으로 부르는 노래는 참기 힘들 정도로 여러 차례 들린다.

아일랜드에서 대중적인 지그 춤곡 양식인 이 아이들 노래는 몇 차례 반복되는지 헷갈리지 않기 위해 손가락을 꼽아가면서 부르는 노래다. 노래는 거의 이 시퀀스의 끝까지 중단되지 않고, 소리 전개의 '비-불연속성'을 하나의 블록으로 연결하는데, 이는 영상에서 시점의 변화와 단절로 강조된다.

학교 놀이터에 있는 멜러니 뒤에는 아이들을 위한 정글짐이 있다. 히치콕의 데쿠파주는 한 번, 두 번, 세 번, 처음에는 비어 있던 이 정글짐 위로 소리 없이 날아와 앉는 까마귀 한 마리, 다음에는 '이미 거기 있는' 까마귀 세 마리와 합류하는 또 다른 까마귀 한 마리를 보여주고, 이런 식으로 이어진다. 이와 번갈아 멜러니는 기다리고 담배를 피우며, 마치 우리가 듣지 못한 소리를 듣기라도 하는 것처럼 자기의 왼쪽, 즉 학교 쪽으로 두 차례 고개를 돌리지만, 그녀 뒤에서 일어나는 일을 보지 못한다.*

(그러나 그녀 뒤의 정글짐에 하나하나 내려앉는 이 까마귀들의

---

* 히치콕은 먼저 멜러니와 아직 비어 있는 그녀 뒤의 정글짐을 한 숏으로 보여주려 애쓰고, 이 숏과 더 가까운 멜러니의 미디엄숏(이때는 정글짐이 프레임 속에 들어오지 않는다)을 연결한다. 그리고 기다리는 멜러니와 새들로 채워지는 정글짐을 분리된 숏으로 번갈아서 보여준다.

날갯짓 소리를 그녀가 어떻게 듣지 못하게 되었을까?)

　이 노래(끝나지 않을 것처럼 보이는 이 노래는 같은 것의 반복이다)가 끝나기 전에 멜라니는 눈을 들어 하늘을 보고, 자기 시선의 방향에서 소리 없이 날아오는 검은 새 한 마리를 눈으로 쫓는다. 이 새를 눈으로 따라가면서 오른쪽으로 90도 몸을 돌려 이 새가 자기 뒤의 정글짐에 앉는 것을 본다. 여기서 그녀는 100마리도 넘는 검은 새들이 조용하게 우글거리는 것을 발견하고 질겁한다. 앞서 말한 것처럼, 그녀는 무성의 절규를 지르려고 입을 벌린 채 학교 쪽으로 걸어간다.

　멜러니가 학교 밖 작은 계단으로 향할 때, 우리는 이 아쿠스마틱한 노래가 끝나는 것을 듣는다. 중단되지도, 시간의 생략으로 끊어지지도 않은 노래는 마침내 종지형으로 끝나고, 아이들에게 밖으로 나가라고 말하는 교사의 목소리가 학교 안에서 들린다. 멜러니가 들어가서 수잰 플레셋을 따로 불러 정글짐 위에 새들이 무더기로 모여 있다는 사실을 알려준다.

　아이들은 밖으로 나가서 교사의 신호에 맞춰 도망친다. 무더기로 모인 검은 새들이 아이들의 주행에 맞춰 정글짐에서 날아오르고, 혼란에 빠진 아이들을 습격한다. 완전한 공포다.

과잉 결정된 노래

지금까지 일어난 일을 어떻게 분석할 수 있을까? 유성영화의 이 시퀀스(대사 없는 시퀀스)에 분명 디제시스적인 이 노래(즉 행위하는 인물들이 부르고, 새들의 습격 바로 전 장면에서 현재형으로 진행된 이 노래)는 무엇을 하러 왔을까?

유일한 대답은, "이 노래는 이러저러한 이유로 쓰일 뿐이고 그게 전부다"라는 말이 여기서 아무 의미도 없다는 것이다. 사람들이 기능이란 단어를 쓰고자 한다면, 이 노래의 '기능'은 수없이 많고 실제로 무한하기 때문이다.

'쓰인다'는 단어 역시 적당하지 않다. 독자에게 미리 일러주자면, 음악과 소리의 요소들에 대한 내 접근은 기능주의가 아니다. 따라서 내가 시청각 상황의 효과들을 열거하는 것은 "소리가 이러저러한 이유로 쓰인다"라고 말하는 것이 아니다. 소리는 쓰이는 것이 아니고, 단지 거기 있기 때문이다.

이 장면에서 내가 찾아낸 이 노래의 서로 다른 '효과' ── 어떤 효과도 다른 효과를 희생시키면서 선택해서는 안 된다 ── 중 다음을 언급해보자.

1. 시간의 연속성

컷으로 편집된 숏들 몇 개로 나뉜 시퀀스에서 관객을 끈질기게 괴롭히는 이 노래는, 멜러니가 정글짐(아직 여기에는 새 한 마리도 없다)을 등지고 있는 벤치 앞에 도착하는 순간과, 자기처럼 수업이 끝나기를 기다리는 수많은 것이 있다는 점을 그녀가 발견하는 순간 사이에 생략 없는 시간적 연속성의 감정을 유지시킨다.

여기서 시간은 서스펜스의 기반이다. 이 모든 새를 보면서 느낀 공포는, 새들이 모여드는 데 필요했던 짧은 지연의 감각과 이어져 있다. 히치콕이 채택해 무성영화(멜러니에 숏 하나, 그녀 뒤 정글짐에 숏 하나)를 계승한 데쿠파주는, 시간의 연속성을 전제하지만 숏들의 '접합면'이 겹치는 곳에서 생략의 가능성, 이와 반대로 동시성의 가능성을 숨기고 있고, 시간을 느끼게 하지 못한다. 여기서 노래 덕분에 시간은 매끈하고 구체적인 블록으로 지각된다.

이 시퀀스에서 시각적 데쿠파주――멜러니가 교실 안으로 들어와 교실 안쪽 카메라에 잡힌 뒤 다시 밖으로 나오는데, 우리는 몽타주를 통해 그녀에게서 그녀 뒤로 이동한다――는 시간의 비약을, 그리고 크리스티앙 메츠가 '괄호 연결 통합체'(…하는 동안)라고 지칭한 것을 믿게 할 위험이 있다. 그런데 여기는 그래서는 안 된다… 서스펜스는 첫번째 새가 앉았던 순간과 멜러니가 100마리 이상의 새를 보는 순간 사이에서, 손에 시계를 들고 잴 때 **95초 이**상 걸리지 않는 축적의 감정에 기반을 두고 있다.

이것은 우리가 시간을 느끼는 시퀀스다. 그것은 대사가 없는 무언의 시퀀스이며, 멜러니와 미치 어머니(제시카 탠디)의 길고도 밀도 있는 대화 바로 다음에 나온다. 이 대화가 끝날 때, 세계와 사물[의 소리]을 듣기 위해 빈자리가 만들어질 때, 시간이 흘러간다는 우리의 느낌도 돌아올 수 있다.

2. 기대의 고조

물론, 단조롭고도 되풀이되는 이 동요의 특징이 신경의 긴장을 고조시킨다. 사람들은 각 절이 뭔가 흥미로운 것을 새롭게 들려주는 노래처럼 이 노래를 들을 수 없고, 이 노래를 들으면서 제자리를 맴도는 느낌을 받게 된다.

3. 시간의 수학적 구조

이 노래는 시간의 수호자고 보증인이지만, 이는 지속의 문제만이 아니라 구조의 문제기도 하다. 손꼽아 세어야 하는 이 노래의 방식, 그리고 반복과 더불어 이 노래는 수학적 예견이라는 생각을 만들어낸다. 수학적 유형의 서스펜스가 작동하고 있고, 이는 계산의 문제로 제기된다. 멜러니의 영상과 번갈아 나오는 숏들을 통해 멜러니 뒤에 세 마리, 네 마리, n마리의 까마귀가 보인다는 것을 아는 상태에서, 그녀가 몸을 돌릴 때 정글짐 위에서 몇 마리의 새를 보게 될지 세어보라. 화면을 정지한 상태로 세어보면 100마리 이상이 보이는데, 이는 노래의 구조를 염두에 두고 우리가 어림짐작한 수보다 훨씬 더 많다.

4. 공간의 통일성

시간의 연속성 이외에도, 이 노래는 공간의 근접성을 구체화하는 데 '쓰인다.' 즉 멜러니는 벤치에 앉아 있고, 정글짐은 저쪽에 있지만(이 숏이나 저 숏이나 모두 프레임 속에 학교가 보이지 않는다), 아이들의 노래는 공간을 통일시켜주고, 학교가 가까이 있으며 학교가 새들의 희생자가 될 운명에 처한 아이들로 가득 차 있다는 점을 우리에게 쉬지 않고 떠올리게 해준다.

노래하는 아이들의 아쿠스마틱한 목소리 **효과**는, 간헐적 영상으로 멜러니 뒤로 모여드는 날개 달린 공격자 집단과, 지속되는 노랫소리로 보통은 정글짐 위, 즉 새들의 자리에 있어야 하는 공격당하는 인간 집단을 두 차원에서 같은 순간에 공존하게 한다. 감각의 두 유령인 새들과 아이들은 같은 공간에서 충돌한다.

5. 매혹과 마법

음악이 괴물을 매혹하는 신화들처럼, '모든 것은 마치' 아이들의 노래가 학교에 접근하는 새들을 끌어당기고, 이와 동시에 이 새들을 제지한 것'처럼 진행된다.' 음악이 멈추자 새들이 공격한다. 음악은 휴지休止의 시간을, 장벽을 세워둔 것 같다.

방금 나는 '모든 것은 마치 …처럼 진행된다'에 작은따옴표를 넣었다. 어떤 영화가 그 속에서 이처럼 행해지기 때문이다. 이야기에서나 현실에서 실제로 그렇다고는 확신할 수 없다. 어떤 것도 정확한 의미를 가진다고는 말할 수 없다.

음악은 종종 질서와 혼돈의 가장자리에서 이루어지는 예술이기 때문이고, 음악이 멈출 때 모든 것이 아무렇게나 일어날 수 있다는 점을 강조할 수 있기 때문이다. 실제로 이것이 조금 뒤에 벌어지는 일이다.

여기서 우리는 마법적 암시의 영역에 있다. 뤼시앵 레비-브륄과 다른 민족학자들은 몇몇 민족들에게 이 마법의 논리를 부여했지만, 이는 우리 모두 유년 시절에 가졌던 논리이고 따라서 우리의 몸에 간직되어 있다. 영화에서 특히 한 장소, 한 순간에서 다른 장소, 다른 순간으로 넘어가는 컷은 어떤 욕망의 마술적 투사로 이해될 수 있다.

6. 유령 같은 소리를 위한 구실

이것이 전부인가? 그렇지 않다. 아직 핵심적인 것이 빠져 있기 때문이다. 이 노래는 영화에서 우리가 새들의 날갯짓 소리를 듣지 못하고 멜러니 또한 이를 듣지 못한다는 사실에 알리바이를 제공한다. 아이들의 목소리는 사실상 야외의 모든 소음, 특히 새들의 소음을 덮는 것 '같고,' 경계 상태에 있지만 하는 일이 없는 멜러니가 아무 소리도 듣지 못하게 만드는 것 '같다.'

내가 '같다'라고 쓴 것은, 영화제작의 엄밀한 기술적 관점에서 새들의 소리도, 자연의 소리도, 근처의 바닷소리도 들리지 않는다면 이는 단순히 이 소리들을 영화에 편집하지 않고 이들을 아이들의 노래와 섞거나 겹쳐놓지 않았기 때문이다. 영화는 이를 할 수 있다. 영화는 자연의 청각 법칙들을 모르고, 미세한 소음이나 강력한 굉음을 사운드트랙 하나에 공존하게 할 수 있다.

내 수업을 들은 학생들이 이 장면에 대해 말하고 쓴 것("아이들의 노래는 새들의 소음을 **덮는다**")을 나는 [다른 책에서] 여러 번 언급하곤 했다. 더 곰곰이 생각해보면 한 차원, 즉 기술적 현실의 차원에서 학생들이 틀렸다(어떤 영화의 소리는, 들리지 않는 다른 소리를 덮지 못한다) 해도, 다른 차원에서는 옳다. 즉 울리는 모든 소리는 다른 소리를 덮는 것 같다. 그러나 학생들은 자신들이 무슨 말을 하는지 몰랐고, 이 말이 어떤 차원에서 옳은지를 몰랐다는 점에서 틀렸다. 어쨌거나 이 때문에 나는 많은 점을 성찰하게 되었는데, 더욱이 들리는 소리의 층을 정신적으로 자극해 들리지 않는 지층과 연결하려는 이 완강한 경향에 대해 성찰하게 되었다.*

이 말은 사람들이 언제나 유성영화 영상에서 나오지 않는 소

---

* 거의 들릴 수 없는 문제의 소리를 누군가 들었다고 주장한 경우도 있다. 미국판 『프리미어 *Première*』 기자가 이런 경우인데, 그는 새들의 '날갯짓 소리'를 듣는다. 그런데 이 소리는 내가 가진 복제 필름 어디에도 없고, 내가 가진 DVD에도 없는데, [일부러] 그 소리를 뺐을 거라고 생각할 어떤 이유도 없다. 원본과 프랑스어판은 이 장면에서 들을 수 있는 대화가 없고 ── 멜러니와 교사는 서로 손짓으로 말을 나누고, 입술로 말들을 표현하지만 소리를 내지는 않는다 ──, 따라서 원본과 프랑스어판은 완벽하게 같다. 엘리자베스 와이스를 포함해서 내가 문의한 미국인 연구자들은 나처럼, 까마귀 [날갯짓] 소리가 들리는 이 영화의 판을 본 적이 없다. 『프리미어』 편집장은 스스로 환상에 사로잡혔음에 틀림없고, 아니면 내가 모르는 '리믹스'판을 봤을 것이다. 듣고 싶은 소리를 듣는 일, 영상이 암시한 소리를 듣는 일은 그리 드물지 않다.

리, 사람들이 절대로 구체적으로 들을 수 없는 소리를 듣는다는 뜻이다. 또한 〈새〉가 개봉된 해인 1963년에도, 심지어 2003년에도 발성영화 속에 언제나 무성영화가 있고, 이 무성의 영상은 절대 들리지 않는 소리로 진동하고 있다는 뜻이다.

이렇게 히치콕에게 학교와 정글짐 시퀀스는 발성영화에 대한 내 이론의 많은 부분을 요약해준다.

1) 덧쓰기palimpseste 효과, 표현의 두 양태의 겹침. 무성영화는 유성영화 아래서 살고, 무성영화 데쿠파주의 의미는 발성영화에 완전히 녹아들 수 없다.

2) 시간의 이중화, 특히 두 맥락의 존재.

3) '사운드트랙'이란 표현의 부적합성과 이 표현이 유도하는 사유 방식의 부적합성. 여기서 다른 무엇보다 터무니없는 것은, 들리지 않지만 영상이 암시하는 소리(그렇지만 들리는 소리만큼 중요한 소리)를 신경 쓰지 않는다는 점이다.

4) 기능주의가 아닌 내 가설. 이 가설에 근거하면 "소리는 어디에 쓰는가"라는 질문은 답이 없고, 답이 있어서는 안 된다. 지속적인 과잉 결정이 있고, 이 때문에 시청각의 기표는, 어떤 의미도 다른 의미보다 더 중요하다고 선언하지 않은 채 겹으로 복수의 의미를 축적한다.

그러나 여기서 특히 모든 진정한 유성영화는, 〈새〉나 히치콕의 다른 모든 유성영화처럼, 감춰진 무성영화를 자기 안으로 옮긴다는 이념이 있다. 사실상 유성영화는 부분적으로는 무성영화이며, 들을 수 있고 동시에 나오는 수많은 소리의 층이 이 무성영화에 덧붙여진다. 물론 이 때문에 영상이 자기에게 고유한, 들을 수 없는 소리를 계속해서 발산하지 못하는 것은 아니다. 이와 반대로 나는 이렇게 말한다. 즉 유성영화는 암시된 소리를 훨씬 더 웅변적으로 발산한다.

나는 이런 의미에서 유성영화는 층 하나가, 들려지기를 원하는 것 같은 다른 층을 뒤덮는 덧쓰기 예술art-palimpseste이라고 말할 수 있다. 이 예술에서는 발성영화의 소리 재갈 아래서 무성영화가 계속 우렁찬 소리를 낸다.

무성영화로 과시적인, 또는 신중한 귀환

마틴 스코세이지의 〈택시 드라이버〉(1976) 첫 시퀀스에서 트래비스 비클(로버트 드니로)은, 작고 좁은 골방에서 회사 직원과 짧은 인터뷰를 마친 뒤 택시 운전사로 취직한다. 트래비스는 서 있고, 직원은 사무실 뒤쪽에 앉아 있다. 이 두 남자 외에도 트래비스 뒤로 힐끗 보이는 뚱뚱한 사람은 구석에서 팔걸이 없는 의자에 앉아 있다. 짧고 건조한 인터뷰는 숏/리버스숏으로 찍혀서 서 있는 트래비스에서 직원으로 이동한다. 이들이 나누는 대화가 들리고, 택시를 보내달라는 고객의 요청에 어디서 나오는지 위치를 알 수 없는 '아쿠스마틱한'* 거친 목소리가 배경에서 고래고래 소리를 지른다. 거꾸로, 트래비스를 맞이한 회사 직원이 보일 때마다 유리창

---

* 「용어 해설집」에서 '아쿠스마틱' 항목을 보라.

너머의 운전사 두 명이 이 직원 뒤에서 격렬하게 말을 주고받고, 아마도 말다툼을 하는 것 같지만 관객은 마치 유리가 소리를 가로막은 것처럼 이들의 말을 듣지 못한다.

나는 이때 이 취직 장면의 소리 환경에서 디제시스적인 두 감각의 유령 사이에 의도적인 대칭이 있다고 말한다. 즉 구체적인 소리의 출처를 파악할 수 없는 상태 ─ 팔걸이 없는 의자에 앉아 있는 뚱뚱한 남자의 독자적인 숏에 불쾌한 목소리가 일시적으로 머무르는 이 장면의 끝까지 그런데, 이 목소리는 그에게서 나온 것 같지 않다 ─ 로 우리가 듣는 불쾌한 목소리와, 우리는 들을 수 없지만 격렬하게 말하는 두 택시 운전사의 무성無聲 영상이 그렇다. 이 둘 사이에서 마치 양쪽이 집게로 잡힌 것처럼, 들리고 말하는 모습이 보이는 사람들(트래비스와 회사 직원)이 있다.

다시 한번 더 발성영화 속의 무성영화다. 그리고 그것은 발성영화의 밑을 파고들어간다…

처음에 무성영화는 불완전한 발성영화였고, 이 발성영화는 자기의 불완전성에서 통일성에 대한 약속, 통일성을 꿈꾸게 할 수 있는 능력을 끌어냈다. 처음에 이른바 발성영화는 완전한 영화가 아니었고, 단지 소리를 입힌 무성영화, 즉 자기 안에 남아 있는 무성영화 때문에 '시청각이 분리된audio-divisé'* 무성영화에 불과했다.

여기서 〈알렉산더 네프스키〉보다 더 명확한 예를 찾기는 힘들 것이다. 이 영화는 공식적으로는 발성영화지만, 빙판 위에서 전개되는 전투의 가장 많은 부분을 포함해 여러 시퀀스에서 무성영화 구조를 유지하려고 프로코피예프의 음악을 탁월하게 사용한다. 그리고 〈42번가〉같이 도시의 영광을 위한 버스비 버클리의 숭고한 뮤지컬 곡목 중 몇 개, 특히 〈1935년의 황금광들〉에서 「브로드웨이의 자장가」라는 곡 또한 그렇다.

유성영화 자체의 역사 속에, 발성영화 속 무성영화로 가는 명백한 회귀, 많고도 일화적인 명백한 회귀가 있다. 〈파리의 지붕 밑〉에서 르네 클레르는 침묵 속에서 전개되는 온갖 종류의 디제시스적 구실(유리로 가로막아 행위를 분리한 채 보여주거나, 말한 것을 듣지 못하게 하는 시끄러운 맥락 속에서 보여주거나)을 고의로 만들어냈고, 이 구실들은 영상의 특권을 회복하는 것으로 여겨졌다.

히치콕은 그가 찍은 모든 유성영화에서 최소한 한 장면의 도입에 집착하는데, 이 시퀀스는 무성이다. 그것은 거리距離를 구실로 하든, 대화의 소리를 덮는 전반적 소음을 구실로 하든, 아니면 단순하게 시퀀스가 어떤 대화도 포함하고 있지 않아서 조용한 주변 음향이 우리의 주의를 해방시켜 시각적 데쿠파주에 주목하게 하든 관계없이, 무성의 시퀀스다. 여기서 무성영화는 다시 발견된 것처럼 등장하는 동시에, 소리 덕분에 다른 시간에, 재현의 시간에 기입된다.

〈이창〉에는 많은 촌극이 나오는데, 이는 깁스를 한 채 소파에

---

* 「용어 해설집」에서 '시청각 분리' 항목을 보라.

앉아 있는 제프(제임스 스튜어트)가 이웃들의 삶을 멀리서 본 것이다. 〈북북서로 진로를 돌려라〉에서 야외에서 벌어지는 유명한 비행기 공격도 그렇고, 레오 캐럴이 비행장에서 케리 그랜트에게 설명하는 장면도 그런데, 비행기가 윙윙거리는 소리 때문에 우리는 이를 듣지 못한다. 〈새〉에서 멜러니가 미치 집에 가려고 바다의 만灣을 건너는 모터보트 장면*도 그렇다. 〈찢어진 커튼〉(1966)에서 폴 뉴먼과 줄리 앤드루스 사이에 설명이 이루어지는 장면은 제삼자의 매개를 통해서 멀리서 보이지만 들리지는 않는다. 〈토파즈〉(1969)의 쿠바 호텔에서 '뒤부아'의 미션은 프레더릭 스태퍼드의 시선으로 멀리서 보인다 따위. 〈가족 음모〉(1976)에서는 묘지 장면이 그렇다. 그러나 르네 클레르와의 차이는 히치콕에게 이 장면들이 특히 아주 수다스러운 영화들에 포함되어 있다는 점이다.

〈오명〉의 리셉션 파티에서 클로드 레인스는 자기 부인 잉그리드 버그먼을 감시하는데, 그는 그녀가 케리 그랜트와 연애하고 스파이 수작을 부리고 있다고 의심한다. 우리는 이들을 멀리서 레인스의 '시선으로' 본다.(그의 귀는 너무 멀리 있다.) 그리고 우리는 이들을 가까이에서 보는데, 레인스와 달리 이들의 말을 듣는다. 단지 우리는 앞서 이들이 말한 것을 이들 입의 영상에서 끌어내야 하는 심리적 상황에 놓였을 뿐이고, 이는 "내 입술을 읽어라"의 유희로 남편이 멀리서 짐작한 것을 상상하기 위해서였다. 이제 다시 말하는 영상은 이전과 같지 않을 것인데, 그것은 그 전의 영상이 무성으로 보여졌기 때문이다.

---

* 레몽 벨루는 이 시퀀스에서 영감을 받아 유명하고 아름다운 분석을 펼쳤고, 이 분석은 그의 글 모음집에 실렸다. Raymond Bellour, "Système d'un fragment," *L'Analyse du film*, L'Albatros, 1979, pp. 81~122.

더빙과 후시녹음이란 질문 때문에, 후시녹음한 발성영화 아래 무성의 층이 존재하게 되었고, 이 층은 추가적인 신비를 만들어낸다. 루키노 비스콘티의 〈애증〉에서 이탈리아어로 더빙된 미국인 팔리 그레인저, 〈로코와 그 형제들〉(1960)에서 이탈리아어로 더빙된 프랑스인 알랭 들롱은 마치 변모한 것처럼 탁월하다. 물론 비스콘티의 시선과 천재성 때문이지만, 아마도 이 배우들이 가진 의식 때문이기도 할 것이다. 스스로 자기 목소리를 통제할 필요가 없고, 이를 다른 누군가가 맡을 거라는 의식 때문에 그들 안에 있던 무엇이 해방된 것일까?

시청각 분리

발성영화에서 무성영화의 계기들을 찾을 수 있는 다른 방식은, 내러티브 목소리[보이스오버 내레이션] 앞에서 디제시스 소리들이 지워질 때 '텍스트적인 말'이 이야기하는 영화다. 내러티브 목소리는 중간 자막처럼 쓰이고 영상과 동시에 나오는데, 사샤 기트리의 〈어느 사기꾼의 이야기〉나 브레송의 〈어느 시골 사제의 일기〉에서처럼 많든 적든 영상을 만들어낸다…

고전적이거나 모던한 발성영화 한가운데서 피트 음악의 관습도 무성영화 세계와 유성영화 세계 사이에서 형상의 비약을 이루어낼 수 있다.

자크 베케르의 〈황금 투구〉(1952)에서 여주인공 마리(시몬 시뇨레)는 자기가 사랑하는 망다(세르주 레지아니)를 다시 만나러 왔고, 그의 가게 밖에서 그를 기다린다. 레지아니가 가게를 나가 밖에서 자기를 기다리는 시뇨레를 향해 (유리창 너머에서) 조용히 걸어가는 것이 가게 안에서 보인다. 컷을 하면, 카메라는 이제 바깥에 있다. 이 커플 근처에서, 시뇨레와 레지아니의 시선이 만나고 마주치는 모습이 보이지만, 오케스트라 피트 음악 '때문'*에 실제 소음은 모두 사라지고 시선의 교환이 무성으로 보인다. 문 닫히는 소리가 우리를 이 꿈에서 끌어낸다. 망다의 약혼녀가 가게에서 나오는데, 이 때문에 피트 음악이 끊어지고 소음, 대사, 구체적인 모든 것이 다시 돌아온다. 우리는 낭만적인 무성영화의 짧은 순간에서 떨어져 나와 다시 발성영화의 발치로 떨어진다. 여기서도 유리창이라는 아이디어 덕분에 모든 발성영화의 영상 속에 있는 무성의 영상을 유희시킬 수 있게 되었다.

그런데 이 모든 것에서 실재는 어디에 있는가? 실재는 왜 무성의 영상 쪽에 있지 않은가? 필립 K. 딕의 그노시스 소설(『시바신』)에서처럼, 실제 세계는 섬광처럼 솟아나 몇 초 동안 모습을 드러낸다. 여기서 발성영화의 무성의 현실이 섬광처럼 드러난다.

클로드 샤브롤의 〈앨리스 혹은 마지막 가출〉(1977)에서 사고에서 무사히 빠져나온 실비아 크리스텔은, 햇빛 가득한 들판과 숲으로 둘러싸인 한 프랑스 저택 근처에서 기이하고도 마음이 편해지는 세계 속을 산책한다. 하나 이상의 장면에서 실제 세계에서 나온 구체적이고 마음이 편해지는 소리가 들린다. 오솔길 자갈 위를

---

* 이는 기상적이고 상상적인 원인이다. 발성영화에서 실제 소리와 비非디제시스 음악을 겹쳐서 동시에 들려주는 것만큼 쉬운 것은 없지만, 여기서 비디제시스 음악은 실제 소리를 덮을 기세다. 이 장면에 대한 주관화된 해석, 즉 인물들이 사랑에 빠져 실제 소음들을 잊어버렸기 때문에 이 소음들이 들리지 않는다는 말은, 내가 보기에 모든 심리적인 해석처럼 단순화된 해석으로 보인다.

1부. 역사

걸어가는 앨리스의 발소리, 부엌의 끓는 주전자에서 나오는 소리도 있지만, 모두 아주 큰 침묵 속에서 울린다. 이것은 다른 곳에서 언급한, '정지' 효과다.

여주인공이 자기를 맞이한 성에서 (헛되이) 멀어지려고 자기 자동차를 탈 때, 피에르 얀센의 극적인 오케스트라 음악이 울린다. 그러나 이 피트 음악은 자동차 소리에 첨가되지 않고 이를 대체한다. 이렇게 이 음악 때문에 우리는 이 시퀀스 시간 동안 여주인공이 차를 타고 숲에서 돌아다니는 세계에서 소리가 실제로 울리는지 아닌지 알 수 없게 된다. 이것은 내가 **청취 영역의 불확정적 범위**라고 이름 붙인 것에 속한다.

무성영화의 숏은 부재하는 소리로써 정신적으로 채워져, 관객은 이들이 하나가 되는 통일성을 꿈꿀 수 있었다. 그러나 발성영화의 소리가 나오는 숏은 여기서 들리는 것이 우리가 들을 수 있는 전부가 아니라는 의심 때문에 쪼개지고 분리된다. 피트 음악으로 생겨날 수 있는 소리의 중첩도 상황을 악화시킨다. 이것이 **시청각 분리**l'audio-divisuel다.

나를 읽으시오

〈시민 케인〉에는, 미셸 마리가 정확하게 언급한 것처럼, 관객에게 뭔가 읽을 것을 제공하는 숏과 읽고 있는 인물을 보여주는 숏이 많다. 마리는 이렇게 덧붙인다.

"어떤 인물도 읽지 못하는 유일한 텍스트가 있는데, 그것이 썰매 위에 쓰인 글씨 '로즈버드'다. 레이먼드는 이때 막 썰매를 잡은 노동자에게 말한다. '던져버려.' 그는 그 의미를 모른다. 마치 영화를 마무리하는 '출입 금지'라는 텍스트처럼 관객만이 그 의미를 의식한다."*

앞서 봤듯이 무성영화는, 읽은 텍스트의 정신적 발음 과정(언어학자들은 이를 '내음內音, endophonie'이라고 일컫는다) 덕분에 서구 관객들이 머릿속에서 발음한 텍스트로 가득 차 있었다.

발성영화와 함께 자막은 사라지지만, 전적으로 사라진 것은 아니다. 자막은 특히 〈진홍의 여왕〉, 이후에는 〈바람과 함께 사라지다〉 같은 역사 영화에서 살아남지만, 자막은 대화를 다시 그대로 옮기는 데 쓰이지 않고 선언문의 장중함을 획득한다. 이런 자막은 발성영화 초기에 많은 영화의 시작 부분에서 교훈적 형식으로 나온다.

이보다 약간 후가 되어서야 이런 자막의 역할이 다소 거드름을 피우는 목소리로 대체된다. 이렇게 〈카사블랑카〉 시작 부분의 남자 내레이터는, 당시 뉴스릴 필름에서 영감을 받은 억양으로 상당히 복잡한 역사-지리적 상황을 제시한다.

1970년대 서사시 영화가 되돌아오면서 자막에 가치가 부여되었고, 알려진 대로 〈스타워즈〉의 새로운 에피소드는 시작하는 텍스트 없이 전개될 수 없다. 1970년대 말 이후 알려진 변수 하나는 실제나 가상의 모니터 위로 컴퓨터 데이터를 제시하는 것이고, 이는 일종의 게임의 규칙이 되었다…

영상으로 제시된 글은 스크린 모니터를 보여주는 온갖 영화

---

*   Michel Marie, "La Séquence, le film," in Raymond Bellour(dir.),*Cinéma américain*, Flammarion, 1972, p. 42.

때문에 1980년대 영화에서 진부할 정도가 되었다. (1950~60년대 SF 영화에서는, 당시 표현대로 쓰자면 '전자두뇌'가 말을 했다.) 예컨 대 〈에이리언〉의 우주선 노스 트로모의 컴퓨터는 〈2001 스페 이스 오디세이〉의 컴퓨터 '할' 과 달리 목소리가 없고 스크린 에 대답을 제시한다. 댈러스(톰 스커릿)가 자신의 생존 확률을

컴퓨터에 타이핑하자, 무성의 글이 초록색 대문자 글씨로 "계산 불 가DOES NOT COMPUTE"라고 답한다.

이 문장은 프랑스어판에서는 컴퓨터의 목소리라고 여겨 지는 여성의 준엄한 목소리로 청각적으로 반복("Programmation impossible")되었다. 또한 더빙을 맡은 사람들은 자기가 쓴 글을 프 랑스어로 다시 말하는 사람이 댈러스이기 때문에, 그의 머릿속에 서 나오는 목소리[내면의 목소리]로 이 말을 읽게 할 수도 있었을 것이다. 그러나 이 기법에 공존하는 이중 언어, 읽는 영어 텍스트 와 듣는 프랑스어 텍스트 사이의 구멍은 무엇보다 무언증의 끔찍 한 어떤 것을 간직하고 있다. 그러나 보이는 것처럼, 이 영화의 의 미는 더빙을 할 때 바뀐다. 즉 컴퓨터에 목소리가 없는 영화가 프 랑스어판에서 컴퓨터가 말하는 영화가 된 것이다.*

세르조 레오네의 〈원스 어폰 어 타임 인 아메리카〉(1984)에 서 누들스(로버트 드니로)는 그랜드센터역 수화물 보관소에서 지

---

* 컴퓨터 '마더'가 프랑스어로 말하는 비개성적 목소리는, 문법적으로는 기계의 정 신으로 말한다고 표방하지 않고 자동 음성 처리 체계로 말한다는 뉘앙스가 있다. 따라서 본래 의미는 상대적으로 존중되었다.

폐 다발로 가득 찬 가방을 꺼낸다. 이 다발 중 하나는 무성의 글씨로 감싸여 있다. "An advance for your next job."(다음 일에 대한 선불.) 더빙판에서 이 영화를 이해할 수 있게 하려고 프랑스어판은 관습적으로 누들스가 프랑스어로 말하는 내면의 목소리("À valoir pour ton prochain contrat")를 첨가한다. 원본에서는 당연히 이 글을 음성으로 처리하지 않았다.

대략 1950년대까지 텍스트(글자, 간판 따위)의 인서트는 프랑스어판에서 프랑스어 인서트로 대체되었다. 이런 용도는 폐기되었고, 오늘날 더빙하는 사람들이 사용하는 관습이 들어섰다.

오슨 웰스의 〈시민 케인〉에서 영지 재너두의 철제 격자에는 "No trespassing"(출입 금지)이라고 쓰여져 있고, 여기서 그 위로 올라가는 카메라는 어쨌거나 우

리를 들여보내려 하는 것 같다. "Lucky to be alive"(살아남은 건 행운이다)라고, 빌 하포드가 방금 샀지만 읽지 않은 타블로이드 신문의 타이틀 페이지에 큰 글씨로 인쇄되어 있다(스탠리 큐브릭의 〈아이즈 와이드 셧〉). 발성 영화의 필름 위에 새겨져 있고 원칙적으로 말해지지 않은 이 경고문들은, 들려줄 수도 있었지만 그러지 않았기 때문에 글로 제시되고, 읽어야 하는 무언의 메시지를 크게 외친다.

〈일식〉 끝부분도 그렇다. 여기서 『레스프레소 L'Espresso』 신문 타이틀은 "La gara atomica"(핵 경쟁)라 쓰여져 있고, 리버스숏으로 나오는 신문 안쪽에는 "La pace è debole"(평화는 취약하다)라 쓰여져 있다.

건물 광고판들은 경고를
던지는 무성의 외침처럼 발성
영화 속에서 깜빡이고(히치콕
의 〈싸이코〉[1960]에서 베이츠
모텔), 우리는 배경 속 기묘한
벽보에 적힌 무성의 슬로건(펠
리니의 〈진저와 프레드〉[1985])이나, 빛을 발하는 문구(하워드 혹스
의 〈스카페이스〉에서 "The world is yours"[세상은 너의 것])나 그라피
티 따위를 읽었거나 머릿속에서 말했다. 이는 인물들에게 운명, 경

고, 충고, 전조, 아이러니한 논
평 따위의 의미를 담고 있는데,
인물들은 종종 자기들한테는
불리하게도 이를 읽지 않거나
[머릿속에서] 말하지 않았다.

따라서 때로는 우리의 머
릿속에서 재갈을 물린 영상처럼 울리는 무성의 글은 종종 경고
와 결부된다. 〈2001 스페이스 오디세이〉에서 무성의 살인이 이
루어지는 유명한 시퀀스의 깜빡거리는 표시판 세 개가 그렇다.
"Computer malfunction"(컴퓨터 오작동), "Life functions critical"(생
명 기능 위험), "Life functions terminated"(생명 기능 종료).

클로드 샤브롤의 〈도살자〉(1970)에서 아이들 살해자(장 얀)
는 죽어가다가 밤에 자신이 절망적으로 사랑하는 교사(스테판 오
드랑)를 만난다. 그녀는 그 밤에 그를 자기의 2마력 차로 병원에
데려간다. 가는 길에 그는 조수석에 누워 그녀에게 말을 하고, 병
원에서 간호사들이 그를 들것에 올려놓고 엘리베이터를 향해 밀

고 갈 때도, 그는 줄곧 그녀에게 말한다. 오드랑은 줄곧 그의 말을 듣는데, 간호사들이 엘리베이터 안으로 들어가고 엘리베이터 자동문이 건조한 소리를 내며 닫힌다.* 교사는 1층 문 앞에 말없이 혼자 있는데, 'occupé'(사용 중)란 빨간 경고등이 깜빡인다. 그녀를 보여주는 숏들, 빨간 경고등을 보여주는 리버스숏들. '사용 중'이 깜빡이는 것을 멈출 때, 우리는 뭔가 일어났음을 직감한다. '사용 중'은, 큐브릭에게서 '생명 기능 종료'라는 경고등처럼 말 없는 임종의 순간을 크게 외친다. 읽어야 하는 무성의 영상은 루이스 캐럴의 책에서처럼 "Read me"(나를 읽으시오)를 간청한다.

내 입술을 읽으시오

데이비드 크로넌버그의 〈네이키드 런치〉(1991)에서 이언 홈은 피터 웰러에게 이렇게 말한다. "Read my lips."(내 입술을 읽으시오.) (이 아이디어는 여기서 기발한 것 이상이다. 크로넌버그의 다른 영화들처럼, 이 영화는 쓰고 읽는다는 행위에 대한 은유이기 때문이다.) 그리고 몇 초 동안, 우리가 보는 입술의 움직임과 우리가 듣는 단어의 명백한 시차 때문에 우리는 듣는다는 사실 자체에서 우리가 듣지 못하는 것에 민감해지게 된다. '내 입술을 읽으시오'는 내가 언제나 소리가 말하는 것과 다른 것을 말한다는 뜻이다. 모든 발성영화의 역사에는 그것이 있었다.

---

* 이 영화 제작 당시에 이런 유형의 엘리베이터는 아직 공공건물에만 있었고, 사적 주거 건물에는 드물었다.

〈블레이드 러너〉 시작 부분에서 해리슨 포드는 타이렐 코퍼레이션의 거대한 홀에 방금 들어온 레이철(숀 영)에게 날아가는 올빼미에 대해 묻는다. "It's artificial?"(인조 올빼미지요?) 숀 영은 약속 장소로 가면서 짧게 대답한다. "Of course, it is."(물론, 그렇지요.) 이 영화제작에 대한 폴 새먼의 조사*에 따르면, 숀 영은 촬영장에서 실제로는 다른 답변, 즉 시나리오가 예정한 답변을 했다. "Of course, not."(물론, 아니지요.) 후반 작업을 하면서 영화와 더욱더 긴밀하게 연결하려고 이와 반대로 말하라는 결정이 내려졌을 것이고, 몽타주의 윤곽이 잡히게 되었다. 주의를 기울이면, 들리는 'it is'로 재갈이 물린 단어 'not'을 보게 될 것이다.

들리는 '예' 때문에 간단하게 위조된 보이는 '아니요,' 이 또한 유성영화의 은유다.

마찬가지로, 시나리오작가 어니스트 레만에 따르면 히치콕의 〈북북서로 진로를 돌려라〉 기차 식당에서 에바 마리 세인트는 모호한 대사를 한다. "I never make love with an empty stomach."("나는 절대 빈속으로는 섹스를 하지 않아요.") 헤이스 검열법으로 수정되고, 후반 녹음에서 다시 만들어진 좀더 정숙한 판본은 다음과 같다. "I never discuss love on an empty stomach."("나는 절대 빈속으로는 사랑을 논하지 않아요.")

〈시민 케인〉 시작 부분에서 윗입술이 콧수염으로 둘러싸인 남자의 입이 'rosebud'(로즈버드) 같은 말을 하고 우리는 이 말에 대한 반향으로 이 영화의 마지막에 불타는 썰매 위에서 우리가 읽은 것과 똑같은 단어를 듣는데, 이 글씨는 영화에서 들리지는 않지만

---

* Paul Sammon, *Future Noir: The Making of Blade Runner*, Orion Media, 1996, p. 126.

"Bouton de Rose"

우리는 이를 정신적으로, 내음內音으로 말하게 된다.

그러나 입을 보여주는 짧은 숏에서 들리는 것이 보이는 것과 같다는 점은 확실하지 않다. 영화의 모든 유성 영상, 발성 영상에 더빙의 의심이 있지 않을까? 이는 더빙의 의심, 덧쓰기의 의심 때문이 아닐까?

〈시민 케인〉의 이 유명한 예에서 영어에 그렇게나 많은 단음절 명사인 "bud"(봉오리)가 결정적인데, 동조화가 보여주고 결합하는 것은 바로 이 단어가 드러나는 순간이지, [스크린에서] 읽지 않은 "rose"(장미)가 아니기 때문이다… 그런데 다른 영화의 더 전복적인 순간에 여자의 입에서 발음되고, 그녀가 정확히 모

방한 또 다른 '버드'가 발성영화 아래서 무성영화를 솟아오르게 한다. 그것은 엘리아 카잔의 〈초원의 빛〉(1961) 마지막 장면에서다.

윌마(내털리 우드)는 젊은 버드(워런 비티)를 절망적으로 사랑하지만, 이들은 절대 함께 있지 못한다. 이 영화의 끝에서 서로 헤어진 뒤 오랜 시간이 지나 ──윌마는 정신병원에서 사제를 따라가고, 버드는 농장주가 되어 다른 여자와 결혼했다 ──이들은 다

시 만나서 옛사랑을 떠올린다. 이들은 서로 말을 주고받고 그녀는 친구들과 다시 떠나려 한다. 자동차에 앉아 영원히 떠나려는 순간 그녀는 자기를 배웅한 버드에게 사랑의 시선을 던지고, 차창 뒤의 침묵 속에서 이 단음절의 이름을 발음한다. 우리는 그녀가 그 앞에 서나 그가 없을 때 자신이 열광한 사랑하는 이름으로 이 말을 너무도 자주 발음하는 것을 보았고, 이 발음은 두 입술을 분리시키고 다시 합치게 하는 이름이다. "버드."

이때 내털리 우드는 서투르고 무방비 상태인 워런 비티에게 침묵 속에서 은연중에 말한다. '내 입술을 읽으시오.'

같은 방식으로, 사형수 숀 펜이 치사 약물을 주입받는 순간 방음 처리된 유리로 자신과 분리된 수녀(수전 서랜던)의 입술에서 얻은 말 "I love you too"("나도 당신을 사랑해요")를 우리는 내음으로 읽는다(팀 로빈스의 〈데드 맨 워킹〉[1995]).

〈부도덕한 이야기〉(1974)의 에피소드 중 발레리안 보로브지크가 찾은 '소리/영상' 몽타주의 아름답고도 당혹스러운 아이디어는 다음과 같다. 즉 파브리스 뤼키니가 수줍은 젊은 사촌에게 에로

틱한 입문 수업을 제안하자 그녀가 하는 말, "나도 하고 싶어"는 한 번 들리지만, 사람들이 '잘못된' 연결이라고 일컫는 것을 이용해서 두 개의 축으로 두 번 보인다. 동의하는 문장을 발

음하는 움직임이 사실상 반복
되고, 처음에는 들리지 않다가
두번째에 들린다.

　잉마르 베리만의 〈침묵〉
에서 잉리드 툴린은 입술을 움
직이지만 뭔가가 꼭 들리는 것
은 아니고, 마찬가지로 히치콕의 〈로프〉에서 팔리 그레인저는 무
성의 절규를 내뱉는다. 이는 외국어판으로 더빙하는 사람들에게

는 당혹스러운 영상들인데, 사
람들이 자기들의 잘못이라고
믿으면 안 되기 때문에 이들은
종종 어쩔 수 없이 이런 입술에
어떤 발음을 덧붙이게 된다.

유령의 결혼 같은 시청각 분리…

조르주 프랑쥐의 〈한 살인자에 관해〉(1961)에는 성城 전체에 '소리
와 빛'을 쏘는 스피커 장비가 설치되어 있다. 밤에 진행되는 한 아
름다운 장면에서 관중들은 빛을 비춘 성벽 앞에 열을 지어 의자
위에 앉아 있지만, 조명의 변화와 동조화되어 녹음된 음향효과들
과 목소리 덕분에 이들은 아무것도 아닌 스펙터클에 참석하게 된
다. 이것은 말발굽 소리, 무기들 소리, 아쿠스마틱한 소리의 스펙
터클이다. 이 아이디어의 아름다움은 영화에 고유한 아쿠스마틱
한 효과를 이야기 내부에서 갱신했다는 점에 있다.

온갖 가능한 공포에 대한 면밀한 탐색(비록 이 탐색이 우스꽝스럽고 패러디적인 양태로 이루어졌지만)인 샘 레이미의 〈이블 데드 2〉(1987)에서, 이미 거의 모든 잔혹한 일을 겪은 귀신 들린 집 방문자들은 삐걱거림이나 비웃음의 형태로 공중을 떠다니는 아무 것도 아닌 것의 소리를 듣는다. 어쨌거나 인물들에게 봐야 할 일은 어떤 것도 일어나지 않는다. 카메라가 이 유령의 소리 궤적을 표현하기 때문이다. 나이트 샤말란의 〈싸인〉에 나오는 외계인들도 마찬가지다. 앞서 봤듯, 아쿠스마틱한 존재들은 일부 공포 영화와 밀레니엄 전환기 SF 영화에서 권력을 차지하는데, 영화관의 공중을

떠돌면서 자기들에게 부여된 실제 외화면 공간을 이용한다.

1920년대에 밀레나 예센스카(그녀는 카프카와 유명한 편지들을 교환했다)는, 자신이 프라하에서 본 채플린의 아름다운 무성 멜로드라마 〈파리의 여인〉(1923)의 가장 주목할 만한 장면을 한 신문에서 다음과 같이 묘사한다.

영화적 '양식'에 관해 내가 가장 인상적으로 본 것은 역의 장면이다. 나는 이 장면의 아름다움에 매료되었다. 헐벗은 벽 말고는 아무것도 안 보이지만, 이것은 분명 역이다. […] 그리고 기차가 도착하지만 보이지 않는다. 단지 불 켜진 창들의 기하학적 그림자만이 여주인공의 얼굴에 순간적으로 줄무늬를 그린다. 그녀는 기차에 오르지만(이 또한 보이지 않는다), 그녀가 뜨거운 눈물을 터뜨리기 위해 어떤 구석으

로 도피하러 갔다는 느낌이 든다.*

예센스카가 언급한 장면에서 불 켜진 창문들의 그림자는 두
가지 기능이 있다. 즉 보이지 않는 기차와 들리지 않는 움직이는
기차 소음을 환기하는 기능이다.

『어제의 영화, 오늘의 영화』에서 클레르는 발성영화 초기에
자신이 해리 버먼트의 영화 〈브로드웨이 멜로디〉(1929) 한 장면에
서, 특히 아쿠스마틱한 소리와 얼굴 하나를 병치하는 이제는 진부
해진 효과에서 영감을 받은 글 하나를 싣는다. 여기서 여주인공은
자기 희망을 앗아가는 자동차 떠나는 소리를 듣는다. "스크린에
서는 베시 러브의 고뇌에 찬 얼굴이 창 옆에서 보이지 않는 출발
의 동정을 살피는 동안, 자동차 문 닫는 소리, 떠나는 자동차 소리
가 들린다."** 자동차의 외화면 사운드가 이 시기, 즉 외화면 사운
드를 발견한 창립자적인 시기에 영상 위로, 얼굴 위로 보이지 않는
그림자처럼 지나간다고 사람들은 말하지 않았을까?

그런데 그림자, 아쿠스마틱한 목소리, 아쿠스마틱한 호루라기
소리는 무성영화에서 발성영화로 가는 전환기에 서로 긴밀한 관
계를 맺고 있다. 즉 누군가를 보여주지 않으면서 그를 재현하고자
할 때, 그림자는 소리에 바통을 넘겨준다. 예컨대 〈M〉이 유명한
것은 살인자가 작은 엘지에게 말을 건넬 때 그의 목소리와 결부된
그림자를 먼저 보여주기 때문이다⋯ 이후 이 영화에서, 이미 시각
화되었지만 등으로 나온 살인자는, 그에게서 나오고 '그림자'의 특

---

*   Milena Jesenska, *Vivre*, Lieu commun, 1986, p. 122.

**   René Clair, *op. cit.*, pp. 204~205.

성이 있는 호루라기 소리로 재
현된다. 마치 그것이 그의 불길
한 유령인 것처럼.* 이 영화는
말하는 또 다른 그림자를 보여
주는데, 구스타프 그륀트겐스
가 연기한 불한당 우두머리의
그림자다.

혹스의 〈스카페이스〉 시작 부분에서 아마도 영화사 최초의
플랑세캉스 끝 무렵에 모자를 쓰고 휘파람을 부는 그림자가 내화

면에 들어오지만, 전화 통화를
요구하는 어떤 갱의 목소리가
아쿠스마틱하게 들린다. 이 그
림자가 반 정도 아쿠스마틱한
목소리로 갱에게 말한다. "루이
스 선생, 안녕하신가?" 그리고

이 그림자는 총을 한 방 쏘고, 이탈리아 오페라 곡조를 휘파람으로
불면서 가버린다.

그림자, 아쿠스마틱한 목소리, 휘파람 소리(소리를 내는 사람
에게서 언제나 분리된 소리)는 각기 하나의 유령이다.

---

*   호루라기 소리가 죽음의 사건들과 결부되는 미신들이 있다. Eloïse Mozzani, *Le
Dictionnaire des superstitions*, coll.《Bouquins》, Robert Laffont, répertorie, 1995, pp.
1639~40.

무성영화와 유성영화의 몽타주

발성영화는 무성영화에서 물려받은 형상 몽타주의 의미를, 그 본래의 의미를 남겨놓은 채 다시 손질한다.

무성영화에서 몽타주에는 통합의 의미가 있다. 비교하고 대립시킬 때에도 몽타주는 공간, 시간, 인과율, 논리적 연결을 구성한다.

소리 자체만으로 영상들 사이에 공간의 통일성과 시간(들리는 시간과 컷들을 뛰어넘는 시간)의 연속성을 구성하는 발성영화에서, 이 컷들은 그 자체로 훨씬 더 두드러진다. 시각적 컷의 분리 기능은 명백해지고, 그 대립물(무성영화에 남아 있는 조립 기능)과 겹쳐진다. 무성영화에서 몽타주는 통합시킨다. 발성영화에서도 몽타주는 여전히 통합시키지만 이와 동시에 분리한다.

잉마르 베리만의 〈페르소나〉(1966) 프롤로그에서 보이지 않는 수도꼭지에서 규칙적으로 떨어지는 물방울 소리는, 같은 공간 안에서 유일한 시간의 흐름 속에서 서로 완벽하게 별개인 (몸의 일부, 얼굴의 일부, 그리고 침대 시트 아래 있는 작은 소년의 몸 전체를 보여주는) '고정' 숏들을 하나로 연결한다. 물방울 소리는 이 숏들을 같은 공간의 일부로 만들고, 이 숏들을 시간 속에서 연결한다. 동시에 이 소리는 연속으로 나오기 때문에 오히려 각 영상을 돌이킬 수 없게 나누는 컷cut을 강조한다.

예컨대 시간과(이나) 공간에서 비약을 이용하여 갑작스러운 소리의 컷이 시각적 컷과 일치하는 영화들로는 무엇이 있을까? 우리는 이 이중의 컷(이른바 '컷-컷cut-cut')이 자기와 대립하는 것을 통합하고, 이와 반대로 시각적 컷과 밀접하게 관련된 소리의 컷을 실행함으로써 영화에 무성의 근본 구조를 다시 확인한다고 생각한다. 평행 몽타주(1유형이나 4유형의 전화 장면*에서 영상에 추격당하는 사람들이 나오는가 추적하는 사람들이 나오는가에 따라 서로 다른 자동차 모터 소리의 음색을 번갈아서 사용하는 피터 예이츠의 〈불릿〉처럼, 액션 영화의 추격 장면)에 사용된 '컷-컷'은, 불연속성을 통해 연속성을 창조하는 구조를 몽타주에 다시 부여한다.

알려져 있듯 평행 몽타주는 무성영화 시기에, 무성영화에 의해 태어났다. 발성영화에 뛰어든 평행 몽타주는 무성영화 몽타주의 추상적 구조를 상기시키고 확인한다.

발성영화의 미행 장면(자크 투르뇌르의 〈캣 피플〉[1942], 프랑수아 트뤼포의 〈훔친 키스〉[1968], 장-피에르 멜빌의 〈한밤의 암살자〉[1967])은 그 좋은 예가 된다.

브누아 자코의 〈일곱번째 하늘〉(1997)에서 뱅상 랭동은 파리의 거리에서 상드린 키베를랭을 쫓는데, 그녀는 혼자서 약속 장소에 가고 있다. 랭동은 지나가는 여자에게 뭔가를 묻지만, 교통이 혼잡해서 그들이 나누는 말이 들리지 않는다.

말이 없는 미행 장면, 아니면 여기처럼 말이 있지만 거리가 멀거나 포화 상태의 주변 음향 때문에 들리지 않는 미행 장면은 유성영화에서 새로운 의미를 획득한다. 유성영화는 이런 장면을 가짜 실시간 속에 새기고, 이 시간은 데쿠파주의 추상적 유희를 배가시킨다. 다른 한편, 발성영화와 유성영화의 연속성 속에서 무성영화의 계기들이 솟아나게 된다.

1960년대에 나온 말이 적은 영화는 음악과 대사를 아주 적게

---

* 「용어 해설집」에서 '전화소' 항목을 보라.

사용하고 사운드 몽타주를 없애버림으로써, 발성영화 아래에 무성영화가 있다(벽이나 바닥을 부수면 전기 배선이나 배관을 발견하게 되는 것처럼)는 점을 모순적인 방식으로 드러내게 되었다. 이와 동시에 이런 영화는 이 무성영화가 시간 기록의 무성영화가 되었음을 드러내게 되었다.

이 책의 다른 곳에서 언급한 1960년대에 나온 말이 적은 영화 세 편(타티의 〈플레이타임〉 대기실 장면, 큐브릭의 〈2001 스페이스 오디세이〉의 우주 공간에서 데이브가 풀의 시체를 되찾아오는 장면, 멜빌의 〈암흑가의 세 사람〉에서 보석상을 터는 장면)에서 전자적으로 웅웅거리는 소리가 똑같이 쓰이는데, 이 소리는 닫힌 장소를 보여주는 서명署名이고, 몽타주가 내부를 보여주느냐 외부를 보여주느냐에 따라서 들리거나 들리지 않는다.(대개 영상에 대한 소리의 겹침 효과들로 뒤섞인) 시각적 몽타주가 갑자기 다시 나타난다.

이 책의 2부를 이루는 장들에서 잊지 않으려고 하는 점은 다

I부. 역사

음과 같다. 즉 한쪽에 무성영화가 있고 다른 한쪽에 유성영화(또는
발성영화)가 있는 것이 아니라, 이 둘이 서로 연루되어 있다는 점
이다.

2부 미학과 시학

11장. 타티: 암소와 음매 소리

1

자크 타티의 〈트래픽〉에서 이 순간은, 이 영화에서 특별히 잘 알려진 순간도 아니고, 사거리에서 자동차 바퀴 뚜껑들이 온갖 방향으로 굴러가며 벌어지는 탁월하고 화려한 대목도 아니고, 심지어 개그도 아니고, 기발하거나 익살스러운 어떤 효과도 아니고, 단지 아침에 시골에서 깨어나는 인상일 뿐이다.

윌로 씨가 근무하는 작은 자동차 회사인 알트라의 트럭이 암스테르담으로 가는 길에 고장 나는데, 윌로 씨는 암스테르담에서 열리는 자동차 전람회에 신형 캠핑카 모델을 배달해야 한다. 트럭 운전사는 뚱뚱하고 소심한 작은 프랑스인이고, 약간 투덜거리는 인물인데, 시골 한가운데 있는 자동차 정비소 창고에서 불편한 밤을 보내야 했다. 그는 삐걱거리는 문을 열어 잠이 덜 깬 채로 건물에서 나오고, 햇볕 아래서 하품을 하다가 자신이 거기 있다는 것에 놀란 듯 고개를 돌린다. 내화면 안쪽에서 그는 초원에 잘 심긴 나무들 속의 출입문으로 무엇을 보는가? 그것은 암소다. 우편엽서나 어린이용 색칠 그림책에 나올 것같이 작은 진짜 암소는, 화면에 너무 잘 놓여 있어서 비현실적이기까지 하다.

그가 이 동물에 시선을 던지다가 고개를 돌리자마자(그는 제대로 보지 못하고 잠깐 봤다), 음매 소리 때문에 그는 다시 고개를 돌린다. 그제야 다시 조용해진 이 암소를 그가 진짜로 의식한다고 말할 수 있을 것이다. 다른 한편, 우는 모습이 진짜로 보인다고 하기에 암소는 너무 멀리 있고, 이 소리만이 우리에게 이 암소에 대해 알려준다. 이게 전부다. 사실 너무 작지만, 이는 마치 작은 '사토리さとり'[홀연한 깨우침] 같다.

이 장면이 무의미하다고 간주할 수도 있지만, 당신이 다른 사람들처럼 처음으로 배운 것 중 하나──어렸을 때 어린이책이나 당신의 부모는 이를 중요하게 생각했다──를 떠올려보라. 오리는 '꽥꽥,' 개는 '멍멍' 하고 우는 것처럼 소는 '음매' 하고 울며, 웃기려고 하는 말이 아니라면 이 모두를 뒤섞어서는 안 된다. 집요한 조작 속에서 독서와 되풀이되는 놀이의 힘으로, 당신은 동물의 형상, 이들의 이름, 이들의 상징적 음향 사이에 있는 자의적이면서도 논란의 여지가 없는 삼각관계를 완벽하게 외웠다. "소는 어떻게 울지?" 여기에는 "음매" 말고는 다른 어떤 대답도 없다. 마치 삶의 비밀이 거기 있는 것처럼.

당신은 또한 여기서 환유를 배웠다. '멍멍'은 개를, '꼬꼬댁'은 닭을 말하는 데 쓰일 수 있다⋯ 이와 동시에 당신은 의성어 '음매'를 구성하는 음절이, 소가 실제로 우는 소리와 피상적이고 나아가 자의적인 관계가 있을 뿐이라는 점을 점차 깨닫게 된다. 그러나 이때부터 프랑스인에게는 암소 소리 속에 '뫼meuh'[음매]가 있게 될 것이고, 당신은 계속해서 이 순진한 모방적 음절을 통해 암소 소리를 듣게 될 것이며, 이를 통해 언어의 세계에 들어오게 된다.

　부모나 선생님은 아마도 당신에게, 사물과 존재가 이들의 신호이기도 한 소리를 낸다면, 사물이나 존재와 그 신호 사이의 관계는 경험적 사실이며 논리적 설명의 온갖 필연성을 벗어나는 자의적 관계라고 말하고 싶었을 것이다. 이들은 또한 당신에게 이런 관계를 가르치면서 암소와 '음매,' 개와 '멍멍,' 영상과 소리라는 쌍의 우연성과 익살스러움을 다시 발견하고 웃었을 것이다.

　이렇게 소와 음매, 보아야 하는 것과 들어야 하는 것의 관계에 논란의 여지가 없다는 점에 끊임없이 놀라고, 때로는 여기서 웃고, 아니면 단순하게 이를 다시 발견하는 사람들이 있다. 이 관계에 심연이 파여 있다는 사실은 명확하기 때문이다. 타티는 바로 이런 사람들에 속한다. 그리고 관객, 연구자, 감독으로서 우리는 타티와 같아져야 한다. 어떤 것도 우리에게 진부하게 나타나서는 안 된다.

　문제의 숏에서 암소는 멀리 있고 소리는 선명하다. 겉보기에는 잉여 같고, 너무 솔직해서 웃기는 이 '음매 소리'는 명확히 이 암소를 가리키면서 이를 선명하게 드러낸다. 아주 어린 아이들이 어름어름 그림책을 읽으며 세계로 들어가는 것처럼, 알트라의 운전사는 약간은 너무 현실적이면서도 일반적인 이 암소라는 존재의 부드러운 환영을 경험한다.

　비평가들이 아마도 충분하게 말하지 않은 것은, 타티의 세계는 환영적인 세계지만, 이것은 모호해서가 아니라 오히려 강렬할 정도로 선명한 프레임과 조명 속에서, 명확한 음향효과 속에서 나타나는 환영적인 세계라는 점이다. 이 명확한 음향효과는 목소리와 대사까지 영향을 미치는 영원한 페이딩(출현과 소멸의 순환)

과 대조된다. 다른 한편, 타티 영화들의 많은 장면에는, 자기들을 둘러싼 세계에 음산한 시선을 던짐으로써 이 느낌을 옮기는 인물들이 있다. 〈플레이타임〉 시작 부분에서 견딜 수 없을 정도로 '깨끗한' 오를리 공항 로비에 있는 뚱뚱하고 말 없는 청소부, 아니면 〈트래픽〉에서 자기 붓을 산만하게 페인트 통에 휘저으면서 주변을 지켜보는 무심한 젊은 페인트공이 그렇다. 이 영화 뒷부분에서 세관의 장은 자기 부하들의 기이한 행동을 걱정스럽게 지켜보지만, 알트라의 활기찬 홍보 담당자 마리아는 실제로는 자기 안경알에 묻은 얼룩이 캠핑카의 유리창 위에 묻어 있다고 믿는다. 그리고 알트라의 선량한 운전사는 아침에 깨어나 암소를 보고 깜짝 놀란다.

타티는 이른 아침 아직 인간의 지각이 제대로 결합해서 작동하지 않을 때 우리가 느끼는 메스꺼운 인상들을 묘사하는 데 탁월하다. 그런데 그는 감각들의 모호함이 아니라 당혹스러운 선명성으로 이 인상들을 표현한다.

이와 동시에 내화면에서 울리는 암소 울음소리는 타티 영화 전체를 요약해준다. 타티의 영화에서 들리는 소리, 그리고 문제를 제기하는 소리가 있다면, 유일하게 할 수 있는 대답은 그 소리의 출처를 내화면에서 찾아야 한다는 것이다.

그러나 이 하이퍼리얼한 음매 소리는 실제로 영화에 나온 것처럼 찍혔는지가 의심스럽다. 이 소리는 사후에 편집되어 덧붙여진 것이기 때문이다.(타티의 영화들에서, 그리고 대부분의 영화에서 거의 모든 소리는 후시녹음된다는 점을 상기시킬 필요가 있을까?) 이미 이 감독은 목가적 영상에서 짹짹거리는 새들을 의심스럽게 묘사했다. 타티는 이 새들의 소리를 다른 곳, 즉 암스테르담 자동차 전람회의 알트라 전시 부스에서 녹음된 상태로 이미 들려주었기 때문이다. 도로에 묶인 캠핑카가 오기를 기다리는 전시 부스는 테이블 하나, 초록 식물 하나, 베니어합판에 그려진 가짜 나무줄기 장식 따위로 구성되는데, 음향은 화면에 잘 보이는 녹음기에서 나오는 새들 노래로 처리되어 있다. 이때 이 쓸데없는 장식에 놀란 알트라 사장은 "프랑수아, 참새 소리 꺼!"라고 소리 친다.

이렇게 작은 운전사가 아침에 깨어난 진짜 시골은 자동차 전시 부스에서 두드러진 가짜 자연과 평행하게 제시되는데, 이와 똑같은 '짹짹 소리'로 가볍게 인공성에 전염된다. 이런 인상을 뒷받침하는 것은, 멀리 보이는 암소 장면에서 그 어떤 것도 암소가 다름 아닌 바로 그 순간에 울었다는 점을 알려주지 않는다는 사실이다. 편집자의 관점에서 말하자면, 이 암소에게 부여한 음매 소리를 어떤 순간에 놓을지 결정하는 데서 이 암소의 주둥이에는 동조화의 어떤 지표도 없다. 이 때문에 암소 울음소리를 운전사의 두 시선 사이에 놓음으로써 몽타주에서 이 장면의 의미를 정확하게 재조정할 수 있게 된다.

아마도 운전사가 암소를 바라보는 연속된 두 시선은 처음부터 예정된 것이 아니었고, 심지어 따로 떨어진 시선이었을 것이다. 그리고 고개 돌리는 동작의 머뭇거림을 보고 이 음매 소리의 위치가 떠올랐을 것이다. 이것은 타티가 영화의 기법을 드러내놓고 보여줌으로써 영화는 영화일 뿐이라는 사실을 우리에게 특별히 제시하려고 한 것이 아니다. 오히려 그가 우리에게 세계에 대한 자신의 재현을 전해주었다고 할 수 있을 것이다. 이 세계에서는, 윤곽선을 마구 넘어가는 아이의 색칠처럼 소리가 대상의 자리를 정확하게 채우지 않고, 음매 소리는 암소의 실루엣을 넘쳐 흐른다.

따라서 우리는 영상과 소리의 관계에 대해 말하는 대신, 암소와 음매 소리의 관계에 대해 말해야 할 것이다. 암소와 음매 소리의 관계는 너무나도 모호해서 더 밀도 있는 진술이다. 이 진술은 '암소'라는 말에 동물의 영상, 즉 영화의 관점에서 식별된 동물(관객은 암소를 보는 것이지, 암소의 영상을 보는 것이 아니다)을 갑작스럽게 융합시키기 때문이다. 마찬가지로 그것은 음매 소리에 동물 울음의 환기와 인간의 언어로 된 그 특유의 전사轉寫를 갑작스럽게 융합시키기 때문이다. 영화에서 무엇보다 흥미로운 것은 암소의 영상과 암소의 소리가 아니라 음매 소리와 암소의 관계인데, 영화에서는 암소의 영상이 이 동물 자체와 동일시되기 때문이다.

2

놀라운 사실은, 타티가 자신의 사운드 작업을 설명해달라는 요청을 받았을 때, 물론 다른 사람은 아무도 소리를 그렇게 사용하지 않았지만, 그가 소리에 대해 다른 사람들과 똑같이 말했다는 점이다. 그는 소리의 강조 효과들에 대해* 말하고, 영상을 만드는 것에 대해, 이후 소리를 첨가하는 것에 대해 다른 사람들처럼 말한다. 이 두 단계에 대한 설명은, 몇몇 사람이 이상理想이라고 생

---

*   Entretien avec Jacques Tati, in *Cinématographe*, n° 85, janvier 1983, pp. 52~55.

각했던 두 단계 사이의 끝없는 왕복과 일치하지 않는다… 두 단계가 뜻하는 것은, 가장 위대한 영화 중 어떤 것은 유성영화cinéma sonore라기보다는 음향효과를 넣은 영화cinéma sonorisé('음향효과를 넣는다'라는 말에 결부된 어떤 불명예의 함의 없이), 즉 소리가 첨가된 영화라는 점이다. 이 두 단계는 촬영 순간에 직접 포착한 현실의 단면을 제공하지 않는다. 즉 이 두 단계는 분리하고 재구성하는 프리즘을 통해 실재를 관찰하고, 이후 어긋난 요소들을 다시 완벽하게 일치시키지 않는다. 이런 관점을 가장 잘 보여주는 타티의 작품이 〈플레이타임〉이다. 이 영화에서 이 작가감독은 유리를 끼우고 방음 처리된 배경을 만들었는데, 이는 자신의 출발점인 현대 세계의 풍자를 위해서라기보다는, 세계를 두 단계로 해체하고 물체와 존재에 대한 소리의 관계를 해체하는, (이 배경이 그에게 제공한) 내러티브 구실들 때문이라고 해야 할 것이다. 그 가장 아름다운 예 중 하나는 분명 닫힐 때 소리가 나지 않는 문이다. 이 문은 한 독일 발명가가 가정 공예 전람회에 전시한 것으로, 전시 슬로건이 "황금의 침묵 속에서 문을 마음껏 닫으시오"였다. 어떤 소리도 내지 않고 있는 힘껏 닫을 수 있는 이 문의 코믹한 측면은, 문으로 자기 분노를 표현하고 싶은 사람의 몸짓을 명확히 무화시킨다는 점이고, 또한 우리가 이 소리를 우리 안에서 듣지 않을 수 없고 소리의 부재를 채우지 않을 수 없다는 점이다. 이와 동시에, 우리가 보고 있는 영화는 무성영화가 아닌데, 무성영화였다면 이 듣지 못하는 영화의 본성을 완전히 아는 상태에서 조용한 문이 자연스러운 것으로 인지되었을 것이다. 〈플레이타임〉에서 우리는 이 전람회의 주변 음향과 방문객들의 말들을 듣는다. 이 모든 것 속에서 이후 소리가 덧붙여지지 않아 감각의 유령으로 남아 있는 이 무성의 문은 유일하게 비현실적인 것이 된다. 〈플레이타임〉에는 이와 비슷한 다른 많은 개그가 나온다.

타티의 세계에는 실험실적인 측면이 있다. 너무 선명한 영상들, 하나하나 다시 만든 소리들, 흠잡을 데 없이 깨끗한 유리가 끼워진 배경들이 그렇다. 타티의 영화는 유성영화의 실험실이다. 여기서는 위생과 격리라는 가장 탁월한 조건에서 소리와 그 출처의 관계가 연구된다. 타티가 좋아하는 실험 중 하나는 '사물의 소리를 끊으면 어떤 일이 벌어질까?'다.

〈플레이타임〉 밤 장면 중 도로에서 보이는 것은 인접한 두 아파트 내부인데, 유리가 막고 있는 아파트 내부의 뚫린 공간 뒤에서 행위들이 동시에 전개된다. 거리 쪽에 있는 관객을 위해 전개되는 무성의 장면들이지만, 그 환영적 효과는 정확하게 이것이 무성영화가 아니라는 점에서 나온다. 게다가 이 장면과 함께 나오는 밤거리 소음들은 드물고 선명하며 깨끗하다는 특성이 있고, 실제 소리도 아니다. 지구상의 그 어떤 곳에서도 그처럼 맑은 침묵은 불가능하다. 〈플레이타임〉의 도시는, 대기의 밀도와 탄력성 때문에 결과적으로 소리가 독특하게 전파되는 행성 위에 세워진 것 같다.

이는 특히 영상의 내화면을 가로지르는 저녁의 자동차들이, 현실에서 관례적으로 그렇듯 소리를 앞세우지 않는다는 점에서 특징적이다… 물론 〈트래픽〉은 많은 장면이 큰길에서 진행되기 때문에 이런 원칙이 가장 체계적으로 적용된 영화다.

윌로 씨가 사람이 많지 않은 시골 국도 옆을 걸어가는 장면을 예로 들어보자. 그는 석유통을 들고 주유소를 찾고 있다. 평지인 배경을 보면 〈북북서로 진로를 돌려라〉에서 케리 그랜트가 누

2부. 미학과 시학

군가와 만나기로 약속한 국도의 배경이 떠오를 수도 있지만, 어쨌거나 여기서는 통행이 약간 더 있다. 그런데 영화 관객은 이 황량한 길에서 자동차 소리를 들려주는 방식이 전혀 자명하지도 자동적이지도 않다는 점을 거의 알아차리지 못한다. 현실에서 장소가 조용하면, 이런 종류의 소리는 들릴 듯 말 듯한 차원의 소리에서 출발해 아주 멀리서 오고, 오고 나서는 오랫동안 정점에 오르고, 또한 자동차가 멀어지면서 서서히 사라진다. 영화에서 이 긴 '델타' 음(즉 상승하다가 감소하는 음)의 윤곽은 분압기의 도움을 받아 더 역동적인 전개 곡선으로 더 짧은 시간에 모아져야 한다. 그 지속 시간과 레벨의 변동 폭을 통제하려고 콘솔에서 이런 종류의 소음을 빚어내는 것은 믹싱 담당 사운드 기술자의 기본이다. 그런데 〈트래픽〉에는 만들어야 할 서스펜스는 없고 단지 코믹한 상황만 있다. 히치콕이 대개 엄청난 도로의 길이와 자동차의 출현을 강조하려고 깊이를 보여주는 방향으로 도로를 프레이밍한다면, 타티는 대개 정면 숏에 비해 도로를 약간 기울어지게 포착함으로써 도로의 훨씬 적은 부분들만 프레이밍한다. 다음으로 타티는 지나가는 자동차가 내화면에 들어오기 전에 소리로 예고하는 시간과, 내화면을 나가면서 소리로 들리는 시간을 주저 없이 최대한 줄인다. 때로 지나가는 자동차는 그 숏의 지금 여기에서만 청각적 존재감이 있을 뿐이다. 이렇게 무성영화 시대에 사물들이 존재하는 방식이 소리를 덧붙여서 다시 나타나게 된다. 무성영화에서는 내화면에서 나간 것은 없어져버리고 단지 우리의 기억이나 예측 속에서만 존재했다. 더욱이 무성영화에서는 사물, 인물은 대화나 상황의 결과가 아니라면 출현하기 전에 미리 존재하기 어려웠다. 따라서 타티의 영화에서 이런 기법은 롱숏의

체계적 사용과 결합되어, 듣지 못하는 영화의 활인화活人畵 초기
시대로 우리를 데리고 간다. 이때에는 숏이 읽어야 할 것으로, 전
체적으로 훑어봐야 할 것으로 주어졌다.

　노엘 버치는 이런 초기 영화 중 어떤 것들은 선형적 서사가
아니라 회화의 연쇄처럼 위상학적으로 읽어야 하는 것으로 나타
났다는 점을 상기시킨다.* 그는 데이비드 워크 그리피스의 유명
한 단편영화 〈피그 앨리의 총사들〉(1912)의 한 장면을 언급한다.
이 장면은 특히 현대의 관객들이 파악하기 어렵다. '주요' 행위가
나머지로부터 또렷하게 부각되지 않은 채로, 사람도 많고 활기
넘치는 화면의 아주 작은 구석만을 차지하기 때문이다. 이 행위
는 타티의 영화에서와 같은 순간적인 종류의 주의注意만을 요구
하고 있고, 타티의 영화에서처럼 위계화된 시간 속에 들어 있지
않다. 그런데 타티는 이 추가된 소리로 무엇을 하는가? 그는 화
면의 디테일을 떼어내기 위해, 동시에 시각적 해결책은 남겨놓은
채 소리의 출처를 속이기 위해 소리를 사용한다. 이렇게 그는 관
객에게 영상을 빠르게 탐색하라고 요청한다. 소리가 어디서 오는
지 찾지 못해도 어쩔 수 없다. 다음 숏이 곧바로 이어지고, 이 숏
은 이전에 제기된 질문에 더 이상 답하지 않고서 새롭게 자기 특
유의 질문, 자기 특유의 맥락을 도입한다.

　어떤 영화에서 숏과 숏의 고전적 연결은 십중팔구 요청과 응
답으로 기능한다. 다시 말해서 A숏에서 제기된 질문의 답을 B숏
에서 기다리는 것이다. 이것이 영화가 앞으로 나아가는 데 기여
한다. 즉 어딘가를 보는 한 인물의 클로즈업이 있다. 그는 무엇을

---

*　Noël Burch, *La Lucarne de l'infini*, Nathan, 1990, pp. 148~49.

　　　　　　　2부. 미학과 시학

보는가? 이것이 다음 숏의 대상이다. 아니면 아직 얼굴이 나오지 않은 누군가가 말한다. 그가 누구지? 다음 숏에 대답이 나온다. 그러나 타티가 이런 식으로 편집하는 일은 드물다. 그 주목할 만한 예외는 무엇보다 〈트래픽〉에 나오는 아름다운 장면이다. 여기서 알트라의 운전사는 저녁에 자동차 정비소 근처에서 할 일 없이 걷다가 어디서 오는지 모르는, 창공에서 말하는 것처럼 들리는 미국인들 목소리에 사로잡힌다. 대답은 패닝이 제공한다. 자동차 정비소의 텔레비전에서 인간의 달 착륙을 실황으로 중계하고 있다.

고전영화에서 겹침의 원리와 함께 쓰이는 숏/리버스숏 방식은 소리를 원심적으로 사용하는데, 이는 공간과 시간 속에서라는 이중의 의미에서 그렇다. 그 숏에 나오는 외화면 사운드는 외부를 향한 긴장을 유발하며, 그 숏 외부에 있을 거라고 상상되는 시각적 보완물의 형태로 그 대답을 부르는 요청이다. 또한 외화면 사운드는 이어지는 숏에서 나오는 대답을 기다리게 함으로써 미래를 향한 긴장을 유발한다. 이와 반대로, 타티의 영화들에서는 (주변 음향, 새소리, 시끌벅적한 소리 같은 수동적 외화면 사운드를 옆으로 치워두면) 능동적 외화면 사운드*가 드물어서 소리에 이중으로 구심적 기능이 부여된다. 즉 대답을 그 영상 내부에서 찾아야 하는 질문을 제기함으로써 공간 속에서 그렇고, 예측이나 연장으로 쓰이는 소리가 없기 때문에 시간 속에서도 그렇다. 따라서 모든 것이 관객에게 소리 사용의 재치와 소리의 출처를 찾으려면 내화면을 빠르게 탐색하라고 요청하는데, 때로는 너무 빠르

---

* 「용어 해설집」에서 '수동적 외화면 사운드' '능동적 외화면 사운드' 항목을 보라.

거나 너무 눈에 띄지 않아서 관객은 종종 너무 늦고, 본 것과 들은 것의 순간적이고 에로틱한 관계는 이미 지나가버린다. "두 속옷 사이의 / 맨가슴의 시간을 / 보지도 알지도 못하고."* 따라서 이런 집착 같은 매혹 때문에, 타티는 개그를 통해 소리 배분의 가짜 명백성, 빠른 자동 연상 장치의 가짜 명백성, 소리를 끊임없이 그 출처와 관계시키는 접합 과정의 가짜 명백성에 의문을 제기하는 것이다.

3

〈나의 아저씨〉에서 반복되는 유명한 개그 중 하나는, 아이들이 길거리에서 행인들에게 걸면서 즐거워하는 장난이다. 길 위쪽 비탈에 잘 숨어 있다가 누군가 지나가는 모습이 보이면, 아이들은 이 행인이 자기 뒤에 누가 있다고 믿게 하는 방식으로 휘파람을 분다. 행인은 고개를 돌리다가 앞에 있던 가로등에 꽝 하고 부딪힌다. 이 장난의 원리는 희생자를 혼란에 빠지게 만들어서 소리가 어디서 나오는지 정확히 특정하지 못하게 하는 데 있다. 특별한 울림 때문에 소리가 진짜 출처가 아닌 다른 곳에서 오는 것처럼 들리는 일정한 장소들이 실제로 있다. 타티는 이런 분리分離에 매혹되어 여기서 상당수의 변주를 끌어냈다. 더욱이 〈트래픽〉에 나오는 독창적이고 중요한 두 장면은 서로 반향을 이루는데, 하나는 이 영화 중간에, 다른 하나는 마지막에 있다.

---

*   Paul Valéry, "Le Sylphe," *Charmes*, Gallimard, 1922.

첫번째 장면에서는 상당히 복잡한 상황의 일치(이는 우연의 일치를 가정하고 있기 때문에 더욱 주목할 만하다) 덕분에 같은 상황 속에서 한 숏 안에 세 인물이 한곳으로 모이게 된다. 영화 마지막에 윌로 씨와 팔짱을 끼고 함께 떠나는 알트라의 미국 홍보 담당자 마리아, 그녀를 낚을 기회만 엿보는 젊은 바람둥이 피터, 마지막으로 화면 속에 숨어 있는 그의 '라이벌' 윌로 씨 자신이 그 주인공이다. 때는 밤, 이 장면은 네덜란드의 작은 집 앞에서 전개되는데, 그 집 정면은 지지대 위에 설치한 덩굴 장막에 덮여 있다. 윌로 씨는 위로 잡아당겨서 이 장막의 모양을 손상시키는데, 그는 손상된 모양을 고치고 싶어 한다. 그는 덩굴 장막에 매달려 벽을 타고 위로 올라가서 덩굴 장막을 지지대에 제대로 걸어두려고 한다. 집 안쪽 2층에서는 그 집에 사는 나이 든 부부의 목소리가 들리고, 이들은 윌로 씨가 밖에 있다는 것을 모른다(근원적 장면 효과, **자기 의지와 무관하게 포착한 근원적 대화**의 효과). 윌로 씨는 중심을 잃고 곡예 자세로 벽에 붙어 있게 되는데, 머리가 아래쪽으로 향하고 두 발이 덩굴에 걸려 있다. 이때 거기 사는 나이 든 남자의 짐을 옮겨주려고 마리아의 작고 노란 스포츠카가 도착한다. 오는 길에 그 집 아들인 피터가 그녀에게 접근해서 그녀를 유혹하려 했다. 이들은 윌로 씨를 보지 못한 채 집 앞에 차를 세우는데, 윌로 씨는 여전히 난처한 자세로 있고 자기가 거기 있다는 것을 알리지 못한다. 따라서 한 번 더 '근원적 대화'를 포착하는 사람이 된 윌로 씨는 피터가 마리아를 유혹하려는 시도를 지켜보는 목격자가 된다. 피터는 마리아를 껴안으려 하면서 "당신 손은 부드럽고, 밤은 정말 아름답네요"라고 말한다. 이때 머리를 아래로 하고 있던 윌로 씨의 호주머니에서 종잇조각들이 떨어지지만 소리를 내지는 않는데, 다음으로 동전, 열쇠 들이 집 앞 시멘트 바닥으로 땡그랑 소리를 내면서 떨어진다. 이 소리를 들었지만 어디서 났는지를 파악하지 못한 피터는 불안하다. 동요한 그의 행동, 자기 발을 바라보고 손을 호주머니에 넣어보는 식의 어설픈 동작들은 자신이 뭔가를 잃어버리지 않았나 하고 자문한다는 점을 보여준다. 이 불안 때문에 피터는 당황하고, 마리아는 그의 포옹에서 벗어나 자동차를 타고 다시 떠날 수 있게 된다.

이 시퀀스는 어둠 속의 집 전체, 덩굴 속에서 거의 식별하기 힘든 윌로 씨의 실루엣, 아래쪽에 있는 마리아와 피터를 롱숏으로 우리에게 보여준다. 이 장면은 한 인물이 제대로 그 위치를 탐지하지 못한 소리를 중심으로 전개된다. 그는 자기 자신도 등장하는 내화면에서 그 답을 찾아야 한다는 점을 알지 못한다. 탁월하게 연출한 이 장면에서 윌로 씨가 올빼미가 되는 것으로 끝난다는 점, 다시 말해서 위쪽에 앉아 밤에 활동하며 숨어 있는 이 새의 자세를 취하고 있으며, 그가 올빼미의 남성형 이름을 갖고 있다는 점을 주목하면 재미있다.*

그러나 〈트래픽〉 마지막, 소리의 출처가 잘못 부여되는 새로운 장면에서 이번에 아래에 있는 사람은 윌로 씨고, 위쪽에 앉아 있게 되는 것은 또 다른 새(이 경우는 '휘파람을 부는 페인트공')다. 이 장면은 자동차 전람회가 막 끝난 암스테르담의 거대한 전시 홀에서 전개된다. 알트라의 시연 차량은 너무 늦게 도착했고, 이제는 가소로운 숲 장식물 비용과 함께 쓸데없이 공간 대여료를

지불해야 한다. 알트라 사장은 자신이 불만을 터뜨릴 분노의 희생양이 필요하다. 그는 전시 홀 문 앞에서 자신과 몇 미터 떨어져 등을 돌린 채 조용히 기다리고 있는 자기 회사 직원 윌로 씨를 알아보고 그의 느긋한 휘파람 소리를 참을 수 없게 된다. 사장은 그에게 걸어가 어리둥절한 윌로 씨에게 갑작스럽게 해고를 통보하는데, 심지어 휘파람 소리가 줄곧 들리고 있고 따라서 그의 직원이 낸 소리가 아니라는 점을 알아차리지도 못한다. 풀숏으로 전시 홀 정면을 보여주는 리버스숏은 우리에게 (최소한 이를 잘 보고 싶어 하는 사람들에게) 윌로 씨의 것으로 부여된 소리를 낸 사람이 밖에서 사다리 위에 올라가 있는 노동자라는 점을 보여준다. 다른 한편, 이 해답은 상당히 눈에 띄지 않게 제시되었기 때문에, 많은 관객은 알트라 사장처럼 기만당한다.

타티나 채플린(〈시티 라이트〉에서 젊은 시각장애인 여자가 문소리 때문에 부랑자를 백만장자로 착각한 것)처럼 잘 알려진 감독의 걸작에서 소리의 출처를 잘못 배분하는 데 기반을 둔 이런 오해의 역할에 대해 생각하지 않기는 어렵지만, 이런 오해 개그의 의미는 여기서 다르다. 즉 요점은 사회적 지위나 역할의 교환이 아니다. 여기서 지배적인 것은 환영 효과다.

먼저 타티는 소리 출처의 본성*에 대해 만들어질 수 있는 오류(예컨대 인간이 낸 소리를 기계 소음으로 간주하거나 그 반대)가 아니라, 그 소리를 낸 사람에 대한 의심이나 오해로부터 어떤 결과가 만들어지는지에 관심이 있다. 알트라 사장은 휘파람 소리에

---

* 〈트래픽〉에서 울리는 방울 소리를 언급해보자. 이 소리는 사제의 영상과 결합되어 미사의 거양성체를 떠오르게 하는데, 사실은 자동차 연쇄 충돌 이후 혼자 굴러가는 바퀴 뚜껑에서 나는 소리다.

서 휘파람 소리 외에 어떤 것도 듣지 못하지만, 그는 윌로 씨가 범인이라고 생각한다. 피터는 자기가 제대로 인지한 물건 떨어지는 소리가 자기에게서 나온 것이라고 생각한다. 그리고 〈트래픽〉의 또 다른 개그에서 마리아는 자신에게 네덜란드어로 말하는 전화 목소리를 듣고, 이 소리가 자기 옆에 있는 파리 출신 노동자가 낸 소리라고 착각한다. 이들이 공간적으로 방향을 상실하는 것은 코믹한 동시에 당혹스러운데, 이는 그 소리를 낸 사람이 누구인지에 대한 질문을 불러일으키고 엉뚱한 사람이 지목될 수 있기 때문이다.

　실제로 엉뚱한 소음들이 있다. 방음 처리되고 깨끗한 형태를 한 현대 세계(모든 것이 보이고 들리는 세계)에 타티가 그렇게나 관심을 가진 것은, 여기서는 최소한의 작은 소음도 거북스럽고 유기적인 소리가 되기 때문이다. 〈플레이타임〉의 대기실에서 자리에 앉거나 일어설 때 비닐 코팅된 의자들에서 나는 '프쉬식' 소리가 그렇다. 이 소리로 윌로 씨와 또 다른 방문객은 서로에게 무성의 호의를 베풀면서 방귀 소리의 대화를 한다. 그러나 타티는 이 영화 모든 곳에서 나오는 배관 소음, 트림, 방귀, 꾸르륵거리는 소음을 약간은 즐기지만, 이 소리들에 풍자나 사육제 같은 거대한 차원을 부여하지 않도록 주의를 기울인다. 그가 관심을 가진 것은 소리를 낸다는 현상 자체다. 각 암소에게 그만의 음매 소리를 배정하는 것이 이 익살의 법칙이다. 그리고 타티가 말한 것처럼 [영화에서] 소리가 물체나 디테일을 '강조하는 데 쓰일' 때 강조된 디테일을 동요시키지 않고, 약간 모호하게 하지도 않으며, 공간 속에 소리의 정확한 위치를 지정하는 데에도 어려움을 느끼지 않으면서 소리가 이런 일을 할 수는 없다. 따라서 **시청**

306　　　　　　　　　　　2부. 미학과 시학

각 분리*의 느낌이 남게 된다.

세계와 현상들에 대한 이 기이한 시선은 또한 프레이밍의 문제다. 시선의 방향, 내화면, 연기 범위가 제한된다. 내화면에 포착되는 것을 알지 못하는 사람들과, 소리의 위치를 잘못 탐지하게 하는 트릭으로 장난감이 되는 사람들을 보고 관객은 즐거워한다. 그러나 이와 동시에 관객은 충분히 주의를 기울이지 않음으로써 이 게임에, 자신도 보지 못할 위험에 연루된다. 이렇게 관객 자신도 얌전하게 내화면의 일부가 된다.

타티는 너무나 잘 정돈되어 있으면서도 너무나 불분명한 세계와 자연의 질서를 가지고 유희한다. 그는 소리를 길게 늘여놓은 사람에게 의심을 만들어내면서 '이게 누구 소리야?'라고 묻는 것을 즐긴다. 그리고 얼떨떨한 일군의 사람들 앞에서 땅에서 주운 손수건을 흔들어대는 것처럼, 그는 공간 속에서 '영원한 소의 울음소리'를 흔들어댄다.

---

* 「용어 해설집」에서 '시청각 분리' 항목을 보라.

12장. 실망한, 요람 주변의 요정들

"단지 대위법적 사용만이…"

발성영화의 문턱에 까칠하고 가혹한 요정들이 경비를 서고 있다. 몇몇 요정은 세르게이 에이젠슈테인, 프세볼로트 푸돕킨, 그리고 리 알렉산드로프와 같은 러시아 이름을 갖고 있다. 이 세 요정은 1928년부터 70년이 지난 오늘날까지 너무나 자주 인용되는 아주 짧은 텍스트[「유성영화 선언」]의 저자들이다. 이 텍스트는 발성영화들이 어느 정도까지 자기 약속을 지키지 못했는지 증명하는, 피할 수 없는 글이다.

실질적으로 이 텍스트는, 몽타주가 영화의 근본적 표현 도구이고 따라서 발성영화에서 몽타주의 원리를 '소리/영상'의 관계로 옮겨야 한다는 점을 상기시키면서 시작한다.

(연극을 촬영하고 녹음하려고) 소리를 사용하는 것은 몽타주 문화를 파괴할 것이다. 소리를 시각적 몽타주에 첨가하는 모든 행위는 몽타주의 단편으로서 소리의 무기력을 증대시킬 것이고, 소리가 갖는 의미의 독자성을 증대시키기 때문이

다. 이는 어쩔 수 없이 몽타주를 파괴하게 될 것인데, 몽타주는 무엇보다 몽타주 단편들에 작용하는 것이 아니라, 이들의 병치에 작용하기 때문이다. 시각적 몽타주 단편들과 관련해서 단지 소리의 대위법적 사용만이 몽타주를 발전시키고 완성할 새로운 가능성을 제공하게 될 것이다.

소리로 행한 최초의 실험적 작업은 시각적 영상과 분명한 비동조화 원리로 이끌어야 할 것이다.*

괜찮기는 하지만, 이들이 대위법과 비동조화라고 말한 것이 정확히 무엇인지가 문제다.

그 이듬해 씌어지고 이보다 덜 인용되는 푸돕킨의 또 다른 텍스트에는 더 자세한 내용이 담겼다. 이 텍스트는 동조화와 유성영화의 진전을 인정하면서 시작하지만, 기술적 발전이 반드시 표현의 진보를 뜻하지는 않는다는 사실을 경고한다. 푸돕킨이 말하길, 영화는 무성영화가 자막으로 텍스트를 명확히 진술하는 곳에서 말하는 사람의 목소리를 들려줌으로써 영상의 리얼리즘을 증가시키는 데 만족해서는 안 된다. 이보다 더한 것을 이뤄내야 한다. 즉 소리와 영상은 노예적으로 서로 중복되어서는 안 되며, 서로 다른 리듬을 따를 수 있고 서로 다른 의미를 가진 채 대결할 수 있다.

이 감독이 제시한 예는 다음과 같다. 도시에서 자란 한 남자가 사막에서 길을 잃고 도시를 생각한다. "무성영화에서 우리는 도시를 보여주는 숏 하나를 편집하려 했을 것이다. 이제 유성영화에서

---

* 『영화 사운드, 이론과 실천 *Film Sound, Theory and Practice*』에 실린 제이 레이다의 영어판 번역을 내가 프랑스어로 옮긴 것이다.

우리는 도시와 연계된 소리를 사막에서 들려줄 수 있고 사막의 자연스러운 소리가 들어갈 자리에 도시의 소리를 편집할 수 있다."*

정확히 여기서 어려움이 생겨난다. 즉 영상이 디제시스의 구체적인 현실을 보여줄 때, 아쿠스마틱한 소리를 정신적이고 상징적으로 지각하게 해야 한다는 어려움이 그것이다.

푸돕킨의 선언은 삶에서 실제적인 심리적 경험과 결부된 비동조화의 예를 제시하며 이어진다. "예컨대 독자인 당신은 현실에서 갑자기 도움을 요청하는 호소를 들을 수 있다. 당신은 단지 창문만을 본다. 그리고 창밖을 본다. 먼저 당신은 운행 중인 차량 말고는 아무것도 보지 못한다. 그러나 당신은 자동차와 버스가 내는 실제 소리를 듣지 못한다. 당신은 그 자리에서 처음에 당신을 벌떡 일어나게 했던 외침을 듣는다. 마침내 당신의 눈은 소리가 나는 지점을 발견한다. 군중이 있고 누군가가 이제는 조용해진, 부상을 입은 남자를 들어 올린다. 그러나 차들이 오가는 것을 보면서 당신은 차량 운행의 소란을 의식하게 되고, 이 소음 한가운데서 점점 더 커지는 앰뷸런스의 날카로운 신호음을 의식하게 된다. 이때 당신은 부상당한 남자의 옷에 주의를 기울이게 된다. 당신은 이제 떠올리게 되는데, 그가 입은 옷은 2시에 당신을 방문하기로 한 당신 동생의 옷과 비슷하다. 뒤따르는 끔찍한 긴장 속에서 아마도 죽어가고 있는 이 남자의 신원(그는 당신 동생인가?)에 대한 걱정과 불확실성이 커지고 모든 소리가 중단되며, 당신의 지각은 이제 완전한 침묵이다. 지금이 2시인가? 당신은 벽시계를 보고 동시에 시계가

---

* 이것이 정확하게 프리드리히 빌헬름 무르나우의 〈일출〉에서 벌어지는 일이다. 즉 도시 여자가 습지에서 남자를 만날 때 그녀는 도시의 매력을 떠올리고, 도시는 처음에는 이중 인화로, 나중에는 숏들의 '몽타주'로 그려진다.

똑딱거리는 소리를 듣는다. 이것이 당신이 고함 소리를 들은 이래 벽시계가 불러일으킨, 영상과 소리가 일치되는 최초의 순간이다."

푸돕킨이 상상한 이 멜로드라마적 장면은 어디에 이르는가? 객관적 세계만 있는 것이 아니고 인간의 부분적 지각도 있으며, 소리의 주관적 선택이 있다는 점을 떠올리게 하는 데 이른다. "영상은 세계의 템포를 반영할 수 있지만, 사운드트랙은 인간 지각의 변화하는 리듬을 따라가고 그 역도 마찬가지다. 이것이 소리와 영상의 대위법을 보여주는 단순하고도 명백한 예다."*

사실상 발성영화에서, 앨프리드 히치콕의 〈이창〉에서 미켈란젤로 안토니오니의 〈여행자〉 마지막 숏을 거쳐 자크 타티의 〈플레이타임〉에 이르기까지 많은 영화는 푸돕킨이 제안한 것처럼 인물을 중심으로 세상, 도시, 자연 따위의 소음을 변화시키게 되고, 푸돕킨이 상상한 장면은 그 후 수백 번도 넘게 실현되었다. 문제는 이런 소리를 주관적인 것, 즉 한 인물의 특정한 지각으로 필터링된 것이라 판별하게 할 수 있는 코드를 어떻게 확립할 것인가와 함께 시작된다.

이 프로그램이 실현되었다면, 이때 실패는 어디에 있는가? 실패는 이 문제를 아무도 알아차리지 못했다는 점에서 나온다. 또한 실패라는 자각은, 시청각 관계와, 소리와 영상의 동시적 대립 효과를 기술하는 데 **몽타주** 모델이 적합하지 않다는 점이 드러났다는 데서도 나온다. 이전에 일어난 일은 아무리 흥미로워도 소용없고, 이는 선험적인 지적 도식과 일치하지 않았다. 이것이 모든 발성영화의 역사다.

---

*   *Ibid.*, pp. 87~89.

네 개의 실패

음악과 동조화를 이루려고 구상된 '유성'영화는 말에 대한 공간을 열어주었는데, 이는 미리 계획된 것이 아니었다. 이후 마찬가지로 록 음악과 그때그때의 '공간화된' 사운드 효과를 내려고 구상된 돌비 영화는 소음과 감각적 효과를 위한 자리를 열어주었고, 이 또한 미리 계획된 것이 아니었다. 모든 실제 역사가 그런 것처럼, 발성영화의 역사는 사태가 기대하는 지점에 도달하지 못한 역사다.

유성영화는 사실상 그 실패 위에서 구축되었다. 적어도 실패라는 말이, 완전히 다른 곳에 도달함으로써 누군가 계획한 것이 이루어지지 못했다는 사실을 의미한다면 그렇다.

세 러시아인과 다른 요정들, 즉 이론가 요정, 감독 요정, 때로는 장 엡스탱이나 르네 클레르처럼 그 둘 다인 요정이 발성영화의 요람 주변에서 각자 여기에 관심을 기울였고, 이들이 예언하거나 꿈꾼 것, 만들어내려 한 것은 계획대로 실현되지 않았다. 그렇다고 단지 이 요정들이 '틀렸다'라고 말하고 싶은 것은 아니다. 이들에게는 자신들이 원한 것을 말할 만한 이유가 있었고, 이상과 비전이 있었다. 단지 이전에는 발성영화가 다른 것이 되기를 바랐다는 구실을 들어 발성영화 예술에 불만을 드러내기보다는, 많은 저자처럼 70년이 지나는 사이 영화가 어떻게 되었는지를 비난하려고 테오도어 아도르노와 한스 아이슬러, 세 러시아인, 지가 베르토프를 무한히 인용하기보다, 이전에 꿈꾼 것과 관련해서 영화에 실제로 어떤 일이 일어났는지를 찬찬히 살펴볼 때가 왔다.

내가 고찰하고자 하는 것은 바로 이 실패들이다.

1. 소리의 통합. 유성영화는 자기가 연결하거나 병치하는, 어울리지 않는 소리의 세 가족을 통합한다고 여겨졌다. 즉 음악, 말과 목소리, 소음은 하나의 유일한 흐름, 전반적으로 음악적인 사운드가 되어야 했다는 것이다. 영화는 여기에 이르지 못했다.

사람들은 말, 소음, 음악 사이에 난 구멍을 메우고자 했다. 이런 야망은 1930년대 초반(장 엡스탱, 마르셀 레르비에)부터 표명되었지만, 노엘 버치, 미셸 파노, 프랑수아 조스트, 자크 오몽, 티에리 밀레…와 안드레이 타르콥스키 같은 다양한 저자는 40년 뒤 같은 용어를 써서 이를 다시 취했다. 국지적으로 여기저기서 나온, 이런 이상을 탁월하게 구체화한 예들이 있고, 이를 옹호하는 사람들이 (예컨대 〈블레이드 러너〉 같은 작품을) 언제나 인정할 줄 아는 것은 아니지만, 통계적으로 이는 완벽한 실패다. 즉 위대한 영화들까지 포함해 거의 대부분의 영화에서 말, 소음, 음악은 계속 따로따로 만들어지고 특히 따로따로 들린다.

따라서 파노가 청각적 연속체라는 이상의 구현을 미조구치 겐지의 〈지카마츠 이야기〉(1954)에서 찾아냈다고 믿은 것은 순전한 문화적 환영이었다.* 이는 단순히 파노가 일

---

* 　더욱이 티에리 밀레, 클로드 베이블레와 진행한, 『앙트르락』에 수록된 좌담회에서 그렇다(Claude Bailblé, Michel Fano & Thierry Millet, "Le Film audiovisuel," in *Entrelacs*, n° 3, "Musique de film," janvier 1998, pp. 9~10). 가장 기이한 사실은, 내가 표명한 반대 의견이 있을 수 있다고 말하면서도 파노가 자기 견해를 끝까지 고수했다는 점이다.

본어를 몰랐고, 일본어 대사들이 그에게는 소음이나 음악과 혼합된 것으로 보였기 때문이다. 대사의 의미를 이해하기 시작하자마자 청취는 쪼개지고 소리들은 서로에게서 멀어진다.

〈마부제 박사의 유언〉 시작 부분은 발성영화 초기에 소음과 음악의 연속성에 대한 탐구를 찾을 수 있는 수많은 예 중 하나다. 즉 타이틀 시퀀스에 나오는 교향곡 서곡(피트 음악)은 이 영화에서 리듬감 있는 소음과 단절 없이 이어진다. 이 소음은 영화에서 출처를 알 수 없지만, 모든 점을 고려해보면 영화 속 행위에서 나온 소음, 엄청난 기계에서 나온 소음이라는 점을 알 수 있다.

음악에서 소음으로 이행하는 원리는 단순하다. 즉 교향곡 음악을 팀파니 세 박자 리듬으로 줄이고, 고음의 지각을 제한하는 것이다. 이 음악은 팀파니 리듬과 마찬가지로 세 박자인 기계의 리듬이 '된다.' 음악과 소음의 통일성은 리듬의 축이라는 차원으로 보장되었다. 동시에 이 상대적 통일성은 연쇄가 되면서 중첩이 아니라 명확히 연속으로 드러난다.

오늘날 우리는 소리의 청각적 차원에서 말과 소음의 재료와 사람들이 음악이라고 말하는 서로 다른 표현 형식 사이에 절대적 차이가 없다는 사실을 알고 있다. 피에르 셰페르는 『음악적 대상 논고 *Traité des objects musicaux*』에서 소음, 말, 음악의 차이에 크게 신경 쓰지 않는, 소리의 보편적 분류 체계를 제안할 수 있었다. 반면 소리가 연결되는 방식과 소리가 들리는 방식, 또한 출처의 유형에서 차이가 나타난다. 즉 인간의 목소리가 원천이라는 것을 우리가 인지하고 인간 목소리의 원천이 분절화된 소리를 만들어내면, 모르는 언어나 가상의 언어로 발화되었다고 해도 우리는 이것이 말이라는 것을 추론한다. 암호화된 언어로밖에는 들을 수 없는 문자주의 시*가 그 예가 된다.

마찬가지로 음악이라고 식별할 수 있는 기준들은 부분적으로는 소리의 출처에 대한 인지와 이어져 있다. 나는 올라가는 글리산도glissando가 들리는 잉마르 베리만의 〈페르소나〉 발췌본을 종종 학생들에게 보여주었다. 음악적 소양이 있는 학생들은 이 글리산도에서 현악기가 만들어내는 소리임을 알아보고 음악에 대해 말했다.(참고로 이 음악은 작곡가 라스 요한 베를레가 작곡했다.) 다른 학생들은 바이올린 소리를 인지하지 못하고 이 소리를 사이렌 소리로 식별했다… 질문은 다음과 같다. 즉 이 학생들이든 저 학생들이든 극적이고 형식적인 차원에서는 이 시퀀스를 같은 방식으로 경험한다. 그렇다면 어떤 차이가 있는가?

우리는 오늘날까지도 대부분의 영화에서 소리의 세 가족[음성, 음향, 음악]의 사용을 대체로 구별할 수 있다. 질문은 다음과 같다. 이 세 가족은 어떻게 공존하는가? 이 세 가족 사이에서 통일성을 찾아야만 하는가? 예컨대 음악과 소음 사이에 다리를 놓아야 하는가? 아니면 반대로 이들의 절대적 차이를 강조해야 하는가? 우리는 어떻게 영화사에서 다양한 해결책을 도입했는지 보았다. 위계적이지 않은 병치 속에서 말, 음악, 소음의 절대적 차이를 분명히 드러내든, 아니면 한 요소(대개는 음악이나 말, 특히 보이스오버 내레이션)가 다른 요소들을 통합하거나 종속시키는 위계화된 공존을 택하든, 마지막으로 이 세 요소 사이에서 혼합이나 상대적인 연속성을 탐색하든. 이런 해결책들은 시대에 따라 한편으로는 문화적 맥락으로, 다른 한편으로는 더 일반적인 사회적 맥락

---

* 일련의 고함 소리를 나열하는 이른바 '극단적 문자주의' 경향에서도 그렇다.

으로, 마지막으로는 기술적 가능성으로 결정되었다. 이런 다른 요인들이 같은 방향으로 수렴될 수도 있었지만, 항상 그런 것은 아니었다.

오랫동안 광학음 질료뿐만 아니라, 많은 소리를 동시에 들려줄 수 없었던 모노트랙의 특성 때문에 영화는 소리의 위계화된 통합의 방향으로 나아갔다. 나는 이를 통해 소리들이 서로 자연스럽게 접합되었다고 말하고자 한다. 즉 같은 조직으로 혼합되어 배경의 소음을 통해 연결되지만, 이와 동시에 각 장면에서 주요한 소리의 요소가 나타난다. 주요한 소리로서 대개는 보이스오버 내레이션, 대화 또는 음악이 차례차례 자리를 차지하며, 소음이 그렇게 되는 경우는 훨씬 더 드물고 지엽적이다.

그리고 우리는 앞서 소리들을 분산시키고 파고들어가며 소리의 경계를 설정하는 돌비와 디지털 프로세스의 등장으로, 분명 소리의 요소들을 서로서로 **혼합**하려는 모든 꿈을, 최소한 일시적으로 어떻게 포기하게 되었는지 보았다. 그러나 데이비드 린치의 〈멀홀랜드 드라이브〉 같은 영화에서, 총체적 소음의 부정인 침묵으로 대변될 수 있는 근본적인 소음은 거기 언제나 있으며, 이 소음은 처음에 있고 마지막에도 남아서 자기가 진행되는 중에 모든 차이와 이분법을 날려 보내고 띄워 보낸다.

2. 무성영화를 자율적 표현의 새로운 형식으로 대체. 유성영화는 무성영화를 통합하고 인도하며 나아가 대체하는 것으로 여겨졌다. 그런데 히치콕의 영화로 살펴본 것처럼, 무성영화는 유성영화 아래에서 살아 있을 뿐만 아니라, 소리는 여기서 영상에 대해 압력솥 뚜껑처럼 기능한다. 영상이 분출한 질식한 소리, 들리지 않는

소리는 실제로 들리는 소리의 압력 아래서 끓어올라 삐익삐익 소리를 낸다.

훨씬 나은 경우, 겉보기에는 유성영화의 형식 아래서 무성영화가 승리한다. 에른스트 루비치의 〈즐거운 미망인〉 같은 뮤지컬 영화나 버스비 버클리의 가장 아름다운 뮤지컬 시퀀스 몇몇(특히 〈1935년의 황금광들〉의 「브로드웨이의 자장가」 시퀀스), 또한 어떤 액션 영화들의 가장 볼만한 대목 다수가 몽타주 위에 구축한 영화가 가진 이상의 완성이다. 이는 1920년대 무성영화  의 이상이기도 한데, 영상과 음악의 동조화가 데쿠파주를 강화하고 데쿠파주에 운율을 넣기 위해 사용된다.

따라서 유성영화는 둘로 나뉜 예술, 층들이 겹쳐 있는 '덧쓰기 예술,' 따라서 불만족스러운 예술이 되었다.

3. 언어적 요소를 통제한 통합. 유성영화는 모든 장면에 나오지는 않는 **말을 자기가 원할 때는 없앨 수도 있는 요소로 만든다고 여겨졌다.** 시작도 끝도 없이 혼합된 '자연스러운' 말을 만들어내는 것이 중요했고, 드물게 혹은 반대로 너무 나오게 해서 말을 상대화하거나 탈신비화하는 것이 중요했다. 르네 클레르는 1929년에 이렇게 썼다. "조용한 영화의 정복을 포기하지 않고도 영상에 말을 부여할 수 있을 것이다. […] 말로 한 텍스트가 글로 쓴 텍스트(자막)의 자리를 차지하는 영화, 말로 한 텍스트가 영상의 하인으로만 남아 있는 영화, 말로 한 텍스트가 '비상용' 표현 수단으로서만,

2부. 미학과 시학

짧고 중립적인 텍스트로서만 개입하는 영화, 이 짧고 중립적인 텍스트 때문에 시각적 표현의 어떠한 탐색도 희생되지 않을 영화를 상상해보자."*

〈파리의 지붕 밑〉에 이런 구상이 작동하고 있다. 여기서는 말이 주인이 되지 못하게 하려고 모든 종류의 효과가 동원된다. 언어적 모호성, 집단적 소음, 디제시스 효과라는 구실로 대화를 가리는 것 따위가 그렇다.(인물들이 말하고 듣지만, 들리지 않는다. 이들이 귀에 대고 속삭이기 때문이고, 이들의 대사가 집단적 소음으로 뒤덮이기 때문이며, 유리창 뒤에 있기 때문이다.) 끝내지 못하거나 중간에 가려진 문장들로 행해진, 말의 자연스러움에 대한 탐색(지금 와서 보면 참 고생스러운 작업이었을 것 같다)은 멀리서 자크 타티를 예고한다. 타티는 여기에 도달하려고 많은 것을 찾고 또 희생해야 했는데, 내가 보기에는 탁월한 성공을 거두었다.

그러나 사람들은 말이 영화에 용해될 수 없다는 점을 알게 된다. 말이 드물어질수록 들리는 말이 더 중요해지고, 들리지 못하는 말도 더 중요해진다. 〈2001 스페이스 오디세이〉가 그 증거다. 감독의 의지에 따라 '외계인'이라는 단어가 한 번도 발화되지 않았고 그로 인해 더 강조된다. 〈라탈랑트〉는 말이 이 영화의 의미를 결코 파멸시키지 않게 하려는 끝없는 곡예다. 오페라는 오랫동안 텍스트를 희석시키는 대본 텍스트에서 말의 반복으로, 아니면 언어를 흡수하는 인상을 주는 노래로 곤경에서 빠져나왔다. 그런데 영화는 노래의 길이 아니라 자연주의의 길을 선택했기 때문에 그럴 수 없었다.

앞서 내가 구별하자고 제안한 세 방향(연극적인 말, 텍스트적인 말, 발산의 말)은 이 질문에 대한 예증들이다. 연극적인 말은 전적으로 언어적인 것의 함축성을 받아들이지만, 시청각의 짜임새 속에 언어 중심적 원리를 숨긴다. 텍스트적인 말은 더 교활하다. 언어적인 것에 종속된다는 핑계로, 텍스트적인 말은 텍스트에 종속되는 체하면서 대개는 영상과 영화를 텍스트에 맞서는 것으로 받아들이기 때문이다. 말을 상대화하려는 시도인 발산의 말은 최선이면서 최악이다. 다른 한편, 여기서 상대화된 말이 부메랑처럼 되돌아오는 한마디 말로 종종 보복한다는 점은 충격적이다.

따라서 언어에 종속되고 음악으로 오염된 영화를 청산하고 쇄신하자는 생각, 해방시키자는 생각이 영화사에 주기적으로 되돌아오는 것은 전혀 놀라운 일이 아니다. 유성영화사에 정기적으로 되돌아오는 어떤 미적 프로그램, 쇄신과 도덕화 프로그램은 연초에 하는 의례적 결심과 같다.

——음악을 드물게, 나아가 아예 사용하지 말 것. 잉마르 베리만, 루이스 부뉴엘, 로베르 브레송, 앙리-조르주 클루조, 아바스 키아로스타미, 장-마리 스트로브, 시드니 루멧… 또한 장-피에르 멜빌도 이것이 가능하다는 점을 증명했다.

——대사를 드물게, 나아가 아예 사용하지 말 것. 여기서 문제는 다르다. 대사가 불가피하지 않은 상황들을 그럴듯하게 창조해야 하기 때문이다. 말을 거의 하지 않는 인물들이 나오는 1960년대 의례화된 영화들(이들은 일부 현대 아시아 영화에서 되돌아온다)과 입을 벌리지 않는 사무라이들은 이런 길과 가장 가까울 것이다.

──영상을 촬영한 순간에 녹음된 동시녹음만을 사용해야 한다는 요구.

그리고 이런 주장을 한 감독들이 결정적으로 '나쁜 습관'으로 되돌아간다⋯

4. 시청각 언어의 창조. 유성영화는 명확하고 이해하기 쉬운 수사법을 만들어낸다고 여겨졌다. 지성에 호소하고, 관객이 포착할 수 있으면서도 의미의 생산과 결합되는 수사적 표현을 제안한다는 것이다. 그런데 탄생한 지 70년이 지나도 발성영화는 여전히 관객의 기만적 조작을 주선하는 효과들만 획득한, 수사법 없는 야만적 예술이라는 느낌을 준다.

보이는 것과 들리는 것의 비동조성이나 간극은 분명 수사법을 만들어야 한다. 그러나 사실상 이들이 만드는 것은 외화면 공간뿐이다. 요정들은 영화가 표현적인 동시에, 영화에서 명석함이 허용되기를 바랐다. 사람들이 결국 도달한 곳은 의심스러운 예술인데, 이는 성찰을 그 대가로 치르고 나서야 표현적인 예술이 될 수 있는 것으로 보인다.

발성영화는 코드가 아니라 효과로 존재한다. '그 위치가 탐지된 기표signifiant localisé'가 없을 때 그것은 단지 효과일 뿐이다. 영화의 숏, 시각 축의 변화는 그 위치가 탐지된 기표이고, 이런 자격으로 언어와 닮은 요소가 될 수 있었다. 그러나 시청각적으로 생성된 대부분의 효과는 그 위치가 탐지되지 않았다.

한 줌의 수사적 효과

수사적으로 포착된 동시에 정서적으로 효력 있는 몇몇 효과가 있다.

1. 비감정이입 효과. 가장 많이 알려진 것은 내가 **비감정이입 효과*** 라고 이름 붙인 것이다. 예컨대 기예르모 델 토로의 〈악마의 등뼈〉(2001)에서 카를로스 가르델이 노래한 탱고의 무심한 소리에 맞춰 아이들이 어른을 죽인다.

내가 이름 붙인, 세 러시아인의 선언에서는 '대위법적 효과'로 환기된 이 효과가 영화사나 이론화에서 가치 부여의 대상이 되는 이유는 눈에 띄기 때문이다. 섬세하게 조정된 감정이입 효과들에 비해 종종 과다한 가치가 부여될 정도다. 다른 말로 하면, 감정이입 음악을 통해 감정이 기교와 감수성으로 인도되는 감성적인 장면(히치콕의 〈북북서로 진로를 돌려라〉에서 어둡거나 낭만적인 대목들에 쓰인 버나드 허먼의 음악)은 비감정이입 효과의 투박한 적용에 비해 과소평가되는 경향이 있다.(쥘리앵 뒤비비에의 〈망향〉에서 기계식 피아노 소리에 맞춰 일어나는 레지스의 살해 장면은 진부하게 처리되었으며 이 영화의 가장 탁월한 대목은 아니다.) 이런 과시적 효과의 미학은 때로는 장-뤽 고다르 같은 현대 작가에 대한 과대평가를 이끌어내기도 했는데, 그의 영화들에서는 거칠게 실현된 효과들이 종종 전면에 나선다.

---

* 「용어 해설집」의 '비감정이입 효과' 항목과 24장을 보라.

　　　　　　　2부. 미학과 시학

2. 보여줄 수 없는 것의 아쿠스마틱화. 눈앞에 보이는 사람이 살해를 당하거나 자살한다. 총을 발사하는 순간 몽타주는 다른 방이나 야외 영상을 보여주고, 소리만이 일어나는 일을 이야기해준다(〈공공의 적〉에서 토미의 살인, 〈북호텔〉에서 루이 주베의 자살, 존 휴스턴의 〈아스팔트 정글〉[1950]에서 루이스 캘헌의 자살).

3. 소음의 상징적 사용은 제한되어 있고, 사실상 상징적인 것으로 파악되지 않는다. 루벤 마물리언의 〈러브 미 투나잇〉에서 모리스 슈발리에가 남작이 아니라 비천한 평민("남작은 재단사예요!")이라는 사실을 저넷 맥도널드와 그의 부모가 알게 되었을 때, 부인 한 명이 벽난로 위의 꽃병을 떨어뜨린다. 꽃병 깨지는 소리와 동시에 천둥소리 비슷한 소리가 들린다. 아이디어는 명확하다. 즉 이 소식은 "천둥소리처럼 떨어진다." 그러나 오늘날 이 영화를 보여줄 때, 관객은 대개 여기에 특별한 주의를 기울이지 않는다. 어쨌거나 관객은 추락 영상을 보면서 온갖 종류의 다양한 소리를 듣는 데 익숙한데, 이 소리가 1930년에 구상된 현실적 음향효과가 아닐 이유는 무엇인가? 따라서 이 효과가 인지되려면 종종 우스꽝스러울 정도로 이를 강조해야만 하고, 이때 이 효과는 모든 섬세함을 잃어버린다.

루이 말의 〈사형대로 가는 엘리베이터〉가 진행되는 내내, 폭풍이 오고 있음을 예고하는 천둥소리가 들린다. 전체적으로 이 영화를 보면, 줄곧 이 소리가 되돌아오는 덕분에 실제로 폭풍이 온다는 사실을 알게 된다. 강의나 콘퍼런스에서 참가자들에게 한 유명한 시퀀스(잔 모로가 모리스 로네의 소식을 묻고 카페에서 나와 거리를 걸어가는 장면)를 나머지에서 따로 떼서 보여줄 때, 바의 내부와 외부에서 모두 울리는 천둥소리가 천둥소리로 식별되는 경우는 드물다. 이 장면에 폭풍 치는 날씨를 식별하게 해줄 요소들이 없기 때문이다. 많은 사람이, 가능한 온갖 다른 이유로 생겨난 '큰 소음'을 듣고, 때로는 심지어 이 소리를 어디서 나온 것으로 여겨야 하는지 자문한다. 그러나 동시에 이들은 이 소리가 잔 모로가 자기 애인을 찾고 있는 시퀀스를 종결하는 데 쓰이고, 마일스 데이비스의 트럼펫 연주가 들려오며 그녀가 되는대로 파리를 걷는 시퀀스를 여는 데 쓰인다는 점을 잘 파악한다… 소리의 구두점 기능은 식별되었지만, 그 원인의 본성(천둥소리)은 이해되지 않았다.

거꾸로 이 영화 전체를 보여주면, 천둥소리는 쉽게 식별되지만 이때는 그 상징적이고 은유적인 가치가 제대로 평가받지 못한다.(그녀는 천둥소리처럼 자신이 혼자라는 사실을 갑자기 깨닫게 된다.) 감독의 의도에서 그 소리는 과잉 결정된 것이었고, 현실적이면서 동시에 은유적이었다…

이 두 가지 예는 문제의 복잡성을 보여준다. 즉 어떤 소리는 그것이 형상화한다고 여겨지는 것과 꼭 닮지는 않고, 그 소리가 형상화하는 것을 식별하게 하는 데는 (시각적, 극적 따위) 맥락이 엄청나게 중요하다. 이 소리는 수많은 변종을 내포하고 있고, 사실상 현실적인 소리와 현실적이지 않은 소리 사이에서 완전하고 점진적인 강등降等이 존재한다.

4. 주관적 소리

발성영화사에서 **주관적 소리**에 대해 수많은 일시적 탐색이 있다. 분명한 것으로 여겨지는 탐색은 예컨대 난청難聽을 상징적으로 처리하는 것처럼 가장 희화적이다. 프리츠 랑의 〈M〉에서 앞을 못

보는 거지는 손으로 귀를 막는데, 그를 불쾌하게 만든 불협화음이 나오는 [핸들을 돌려 연주하는] 크랭크 오르간 소리가 잠시 들리지 않는다. 아벨 강스의 〈베토벤의 위대한 사랑〉(1936)에서 베토벤은 마을의 바이올린 연주자 소리를 듣지 못하는데, 우리가 이를 이해할 수 있도록 베토벤이 이 음악가에게 접근할 때 강스는 (우리가 들을 수 있을 정도까지) 소리를 약화시킨다. 이 질문을 가지고는 책 한 권도 너끈히 쓸 수 있을 것인데, 나는 다른 장(귀에 대한 장)에서 이를 다룰 것이다. 여기서도 '주관적 소리'의 사용은 종종 (그 효과는 느끼지만) 그 모습 그대로 잘 식별되지 않거나, 그 모습 그대로지만 거친 수사법으로 식별된다.

5. 수단들을 드러내는 수사법과 관행들의 과시도 때로 쓰이는데, 개그나 패러디의 양태나 시적 방식으로 쓰인다. 베르트랑 블리에, 제리 루이스, 우디 앨런, 멜 브룩스, 몬티 파이선, 또는 주커 형제와 짐 에이브러햄스의 패러디(〈특급비밀〉[1984])에서도 그렇지만 고다르 영화에서도 그런데, 인물들이 자신들은 듣지 못한다고 간주되는 피트 음악을 갑자기 호명하고, 이들이 음향효과의 관행들, 달리 말해서 들리는 소리의 진짜 출처가 자기가 아니라는 사실을 의식하고 있음을 드러낸다. 때로는 시적 효과로 사용된다. 예컨대 히치콕의 〈무대 공포증〉에서 여주인공의 아버지가 딸과 벌이는 논쟁을 자기 아코디언으로 연주하거나 연주로 구두점을 찍을 때, 아녜스 바르다의 〈5시부터 7시까지의 클레오〉에서 미셸 르그랑이 자기 친구가 체리 증류주를 흡입하는 것에 맞춰 피아노로 음계가 흘러넘치듯 짓궂게 연주할 때('미키마우징'의 패러디)가 그렇다… 이것은 경쾌하고 유희적이며 이 두 영화에 완벽하게 적용

되어 있지만, 전체적으로는 아주 적고, 어쨌거나 언어가 되지는 못한다.

　문제의 근본은, 시청각의 수사법이 눈에 띌 때는 (체계나 연속성 속에 기입되지 못하고) 일시적이고 일화적인 것이 되어버리거나, 반대로 이 수사법이 숨겨지고 은밀할 때는 (결과적으로 이는 더이상 수사법이 아니다) 아주 효율적인 효과가 되거나, 둘 중 하나라는 점이다.

6. 소리를 이용한 기표의 구두법

　인증된 수사법의 부재를 보여주는 예로는 **소리를 이용한 기표의 구두법**이라는 기법이 있는데, 이 효과는 드러내놓고 제시되면 저속하고 아방가르드적이며, 시대에 뒤떨어진 것이나 뒤떨어지게 하는 것으로 간주된다. 반대로 두드러지지 않거나 드러내놓고 하지 않을 때는 느껴지기는 하지만, 영화 크레디트에 실리는 것도 아니고 세련된 언어로 향유되는 것도 아니다.

　〈이창〉에서 그레이스 켈리의 첫 등장을 예로 들어보자. 이때 그녀는 자기 명품 옷을 자랑하려고, 제임스 스튜어트가 연기한 사진사 애인의 눈앞에서 움직인다. 자신이 좋아하는 남자, 자신이 방금 포옹한 남자(그는 그녀에게 연기하는 투로 "당신은 누구시오?"라고 묻는다)에게 보여주는 척 연기하면서, 그녀는 아파트 안을 걸으면서 자기 이름을 열거한다. "리사"(그녀는 램프를 켠다), "캐럴"(그녀는 다른 램프를 켠다), "프리몬트"(세번째 램프를 켠다). 오리지널판을 제대로 들으면, 램프를 켜고 이름을 각각 열거한 뒤, 차량이 이동하는 배경의 연속적인 소음 가운데 거리에서 들려오는 조심스러운 클랙슨 소리 세 개가 두드러진다. 이 클랙슨 소리, 즉 이 주조음향主調音響*은 음표처럼 작동하고 오페라 악보에서 구두점에 해당하는 것을 나타내지만, 자연스럽고도 우연히 나타나는 방식으로 편집되었다. 이것은 소리의 일화적인 구두점 역할을 보여줄 뿐만 아니라, '조직된 우연'의 미학을 보여주는 웅변적인 예다. 나도 모르는 이유로 프랑스어로 더빙된 판뿐만 아니라 이탈리아어판에서도 빠져 있는 이 효과는 비평가들이나 시네필이나 이론가들이 그 모습 그대로 식별하는 일이 드물다. 이 효과는 수사가 아니다. 수없는 관찰을 통해서만 이를 끌어낼 수 있기 때문이다.

　　요제프 폰 슈테른베르크의 〈제트기 조종사〉(1957)에서는 이와 반대로 같은 효과가 아주 두드러지게 나타나고 솔직히 우스꽝스러운 것으로 변모한다. 재닛 리가 연기한 러시아 비행사는 알래스카에서 체포되어 존 웨인이 연기한 미군 앞에 출두하는데, 그는 그녀에게 제복을 벗으라고 요구한다. 그녀가 내화면이나 외화

* 　　이 단어의 용법으로는 「용어 해설집」에서 '주조음향' '회전축의 차원' 항목을 보라.

면에서 하나씩 옷을 벗을 때마
다 제트기가 건물 위로 윙윙거
리는 소리를 내면서 지나가는
소리가 들린다. 관객은 즉시 그
효과를 이해한다. 즉 **마치** 감탄
한 제트기 조종사들이 이 여자
에게 휙 하고 휘파람을 분 것**처럼**, **마치** 그녀가 자기 몸을 드러내
는 것이 폭탄인 것**처럼**, 또는 **마치** 존 웨인이 그녀가 보여주는 것
에 깜짝 놀란 것**처럼**. 분명 이 서로 다른 '마치 …처럼' 중에서 하
나를 선택할 필요는 없다. 여기서 구두점은 엄청나게 크고, 전면에
나와 있으며, 코믹하면서도 수사적인 효과를 만들어낸다.

내 생각에, 분명한 수사법의 부재는 또한 영화에서 소리에 대
한 우리 청취에서 상징적 매개자의 부재와도 이어져 있다. 이 매개
자는 우리가 효과에 참여하는 동시에 이 효과와 거리를 유지할 수
있게 해주는 '상징적 마이크'가 될 것인데, 소리에는 이것이 부재
하고, 반대로 '상징적 카메라'*는 이를 할 수 있다.

이 부재 때문에 숨겨진 영향과 막후의 법칙에 따라 작동하는
시청각 모델에 특권이 부여되는 경향이 있다. 즉 소리는 스스로 완
전히 지워지면서 영상에 영향을 미친다. 더욱이 '추가된 가치valeur
ajoutée' 효과가 작동한다. 내가 이 효과를 입증한 이래 아무도 이 원
리를 부인하지 못하지만, 이를 설명할 때마다 종종 소리의 패배로
느껴지고, 미적으로는 의심스러운 동시에 전적으로 관습적으로
느껴진다.

---

* 18장을 보라.

　　　　　2부. 미학과 시학

삼중으로 미심쩍은 예술

내가 **추가된 가치**라고 이름 붙인 것은, 실제로는 '청각적으로 보는 audio-voir' 것을 이 장면에서 본다voir는 인상을 만들어낼 정도로 한 장면에서 들린 소리가 우리에게 영상에 투사하도록 이끄는 감각적·정보적·의미론적·내러티브적·구조적·표현적 가치다. 아주 많이 쓰이는 이 효과는 대개 사람들이 무의식적으로 경험한다. 그 메커니즘을 의식하고 다시 발견하려면, 같은 시퀀스에서 소리와 영상을 따로따로 관찰함으로써 시청각 믹싱을 해체해야 한다. 그래야만 비로소, 소리가 다양한 효과를 통해 보이는 것에 끊임없이 영향을 미친다는 점을 알아차리게 된다.

예컨대 흔들리고 헐떡이는 모터 소리 때문에 굴러가는 탱크가 기진맥진 상태에 있는 것으로 보이지만, 눈으로만 보면 완전히 정상적이며 연속으로 굴러가는 것처럼 보인다(베리만의 〈침묵〉). 아니면 길의 구석을 보여주는 영상 위에 들리는 군중 소리는, 열 명 남짓한 인물들이 지나가는 일부의 공간을 엄청나게 많은 사람이 북적거리는 거대 도시의 일부처럼 상상하게 한다(리들리 스콧의 〈블레이드 러너〉).

추가된 가치는 부분적으로 양방향(영상은 거꾸로 소리에 대한 우리의 지각에 영향을 미친다)이지만, 영화 관객이 의식적으로 스크린이나 시각적인 것에 집중하기 때문에 십중팔구 영상에서 소리로 가는 영향의 결과는 결정적으로 **영상에** 다시 투사된다.

이와 반대로 예컨대 콘서트(여기서는 문화적 전통에 의해 우리의 의식적인 주의注意가 청각으로 향한다)에서와 같이 **시-청각 단일지각**visu-audition의 문화적 상황에서 추가된 가치는 주요하게는 다른 방향으로 작동한다. 예컨대 악기 연주자의 에너지 넘치는 동작을 보면 우리는 소리를 더 강력하게 듣게 될 것이다.

가장 근본적 효과 중 추가된 가치가 만들어낸 효과의 대열에, 우리가 보는 것의 이런저런 디테일, 추상적이거나 구체적인 이런저런 측면을 말로 가리킴으로써 말이 영상을 일정한 방식으로 지각하게 하는 효과도 잊지 않고 포함시켜야 한다.

안목이 있는 시네필이 몽타주 수사법을 탐지하거나 의식한다고 해서 몽타주 효과가 없어지지 않는 것과 마찬가지로, 추가된 가치의 효과들을 부각한다고 해서 환멸이 느껴지는 것은 아니다. 반대로 이런 작업은 이 효과들을 이해할 수 있게 해주고 진정한 시청각 분석의 길을 열어준다.

구체적 의미 작용을 일정 유형의 시각적 연결과 결부시키는 몽타주 코드에 대해 말할 수 있다면, 이와 반대로 **추가된 가치 효과의 코드**라는 생각에는 훨씬 더 신중해야 할 것으로 보인다. 이런 효과들의 일부에만 코드가 있다. 다른 한편 음향효과 담당자, 음향기술자, 몇몇 감독은 이 코드들을 잘 알고 있고 이를 그대로 사용한다. 그러나 추가된 가치가 탐지될 때(대개 추가된 가치를 인지하지 못한 채 이를 경험한다), 추가된 가치에는 여전히 효과와 결부된 파렴치의 인장이 찍혀 있다.

충직하고 명확한 예술이 될 것으로 여겨진 유성영화는, 트릭으로서 효과라는 개념과 조작의 의심을 받는 추가된 가치의 관행 때문에 우회적이고 비뚤어진 외양을 갖게 되었다. 영화 이론과 비평 담론의 일부는 오늘까지도 줄곧 지금 상태의 유성영화 대부분을 삼중으로 미심쩍은 예술로 간주한다.

2부. 미학과 시학

──특히 음악을 흡수함으로써 관객의 지각을 기만적으로 조작한다는 의심.(이런 견해의 적절한 대표자인 자크 드리용은 영화 음악이 '사기'라고 쓴다.)*

──영상의 '방향을 바꿔서' 영상 그 자체에 들어 있는 것과 다른 의미를 부여한다는 의심. 이런 의심은 정당하지만…소리에 대해 반응하지 말라고 영상에게 요구하는 것, 반대로 영상에 대해 반응하지 말라고 소리에게 요구하는 것은 불가능을 요구하는 일이다. 다른 한편, 몇 사람이 시도한 것처럼, 소리가 전혀 없는 영화를 만들라고 요구하는 것이다.

──숨겨진 자연스러운 소리를 '덮거나' 나아가 '대체한다'라는 의심. 이것이 앞에서 다룬 덧쓰기 예술이다.

이 모든 것은 시청각 관계가 동시에 전개되기 때문에 생겨난다. 소리와 영상에 동시성이 있을 때 이들은 서로 응집되고, 이를 따로따로 지각하는 것은 훨씬 더 어려워지고 심지어 불가능하다. 이 현상에 나는 **싱크레즈**synchrèse**라는 이름을 붙였다.

동시성과 몽타주

싱크레즈는 즉각적이고 반사적이며 보편적인 심리생리적 현상이다. 이 현상은 우리 신경상의 연관에 달려 있고, 어떤 문화적 조정

---

*   Jacques Drillon, "Contre la musique de film," in *Cahiers du cinéma*, hors-série, "Musique au cinéma," 1995.

**   [옮긴이] 시옹의 조어. '동시에 일어나는synchro-'과 '합성synthèse'을 조합한 단어.

에도 영향받지 않는다. 싱크레즈는, 순간적인 청각적 사건과 순간적인 시각적 사건의 공존을, 이 둘이 동시에 일어나는 순간(이 조건 하나면 필요충분조건이 된다)부터 이를 시각적이면서 청각적으로 나타나는 하나의 동일한 현상으로 지각하는 데 놓여 있다. 이는 통제할 수 없는 현상으로서, 따라서 싱크레즈는 즉각적으로 상호의존성의 밀접한 관계를 확립하는 데 이르며, 현실에서 종종 거의 관계없는 소리와 영상이 그 본성과 출처가 완전히 다른데도 공통의 원인과 결부되는 데 이른다. 영화는 특히 후시녹음과 음향효과를 가능하게 하는 이 효과를 엄청나게 많이 사용하고, 예컨대 종종 아주 멀리 떨어진 발소리를 어떤 인물의 걸음과 일치시켜 그의 발소리로 믿게 하는 데 쓰이고, 물론 그 배우의 것이 아닌 더빙된 목소리에도 쓰인다.

싱크레즈는 또한, 그것이 없다면 '청각'과 '시각'의 단순하고 순전한 분열로 귀결될 모순되고 간극 있는 효과(로브-그리예 영화들에서 몸과 관련된 목소리의 배분, 성性의 전도, 어떤 소리 대신 들리는 소리)를 끌어낼 수 있게 된다.

이 효과는 또한 논리적이거나 우연적인 사실 때문에 일상적으로 만들어진다. 물론 들리는 것이 보이는 것이나 동시에 행해지는 것에서 나오는 습관적인 경우뿐 아니라, 들린 소리가 다른 곳에서 나오는 우연적인 경우 ── 누군가 물건을 떨어뜨려서 나는 소리는 우리가 뭔가를 하는 그 순간에 울린다 ── 에도 이 효과를 경험한다. 우리는 즉석에서 싱크레즈 효과를 경험하고, 그 특별한 충격은 감각의 중복 효과redoublement sensoriel와 이어져 있다.

싱크레즈는, 시네마토그라프의 초당 24개 포토그램들 사이에서 연속적인 움직임의 지각이 그런 것처럼 이데올로기적으로 중립적이고 통계적으로는 보편적인 사실이다. 이 사실 자체는 영상에 대한 소리의 어떠한 종속도 내포하지 않는다.

싱크레즈에 의한 소리/영상의 조합 효과에 관해 사람들은 이를 (동시적인) 수직 몽타주라고 말했다. 그런데 둘은 같지 않다. [수직 몽타주에서는] 영상들의 몽타주의 연속 때문에 무엇이 영상들을 통합하는지 읽으면서도 이들을 각자 따로따로 볼 수 있다. 반면 [싱크레즈에서는] 시청각 관계를 주재하는 동시성은 각 요소를 따로따로 파악하기 어려운, 혼합되고 오염된 지각을 만들어낸다.

이를 다른 식으로 말할 수 있다. 즉 수직 몽타주는 존재하지만, 이는 사람들이 꿈꾸던 것보다도 훨씬 더, 언제나 작동한다. 그러나 수직 몽타주는 동시에 작동하기 때문에 지각되지 못한다. 수직적 소리/영상 관계의 '동시성'은, 수평적* 시각적 몽타주의 '연속적으로'와는 완전히 다른 지각과 이해의 조건들을 만들어낸다.

〈새벽〉같이 잘 알려진 영화를 예로 들어보자. 고전인 이 마르셀 카르네 영화의 독특하고 몽환적인 분위기는 상당 부분 배우들, 특히 장 가뱅의 조용한 발성과 억제된 목소리에서 나온다. 이 '억제된 목소리' 효과를 주목하는 사람들은 오늘날에도 아주 적다. 감독이 이 효과를 원했고 명시적으로 표명했으며 배우  들이 의식적으로 이를 실행했지만, 이 효과는 영화 전체에 스며들고, 내가 '추가된 가치'라고 이름 붙인 투사 과정에 따라 관객이 영

---

* 「용어 해설집」에서 '수평적 관계' 항목을 보라.

상을 다르게 보도록 이끈다. 이때 영상은 마치 자기가 이 분위기를 끌어내는 것처럼 보인다.

동시에 이 과정을 드러내는 것은 종종 한 예술을 이해하는 것으로 받아들여지지 않고, 기교를 드러내는 것으로 받아들여진다.

음악과 비교해보면 소리와 영상의 관계, 이들의 협동 작업은 종종 전통적인 화성적 멜로디처럼 작동한다. 즉 음악광이 아닌 아마추어는 멜로디 그 자체(그것이 비틀스의 「예스터데이」의 멜로디든, 텔로니어스 멍크의 주제곡이든, 리하르트 슈트라우스의 「네 개의 마지막 노래」든) 때문에 감동했다고 믿을 수 있지만, 그는 사실 화성과 멜로디의 조합 때문에 감동한 것이다. 즉 그 조합 속에서 '노래'의 각 음이 특별한 가치를 갖게 되는데, 이는 숨겨진 화성적 궤적 때문에, 다시 말해서 각 음 아래 놓인 정확한 화음뿐만 아니라 화성적 연쇄의 선線 때문에 만들어진 것이다. 잘 알려진 것처럼, 이를 감지하기 위해서 화성 기법에 대한 기술적 지식을 소유할 필요는 없다. 영화의 경우 영상은 종종 노래처럼 작동하고, 소리는 화성처럼 작동한다. 영상과 소리는 서로 분리할 수 없지만, 분명 전반적인 효과를 '지탱하는' 노래와 영상이 스타가 되고, 사람들은 의식적으로 이것을 기억한다.

노래에 대한 책 『음악 앞으로En avant la zizique』에서 보리스 비앙은 노래 멜로디를 휘파람으로 불거나 머릿속에서 콧노래를 부를 때 사람들은 멜로디에만 관계하고 있다고 생각하지만, 사실상 그 아래에서 화음을 듣고 있다고 쓴다. 마찬가지로 누군가가 영화 영상이나 배우의 표현을 떠올릴 때, 그와 함께 나오는 소리나 음악을 그 아래에서 듣고 있다.

여기서 함께 나오는 멜로디를 심하게 경멸하거나 아니면 멜로디가 퇴폐적인 것이라고 생각할 수도 있다. 캐나다 피아니스트 글렌 굴드는, 화성을 명백히 노래에 종속시키고 이를 수직적으로 응집시킨 모차르트 소나타에 나오는 멜로디 음악보다, 구별되는 목소리들을 따라갈 수 있는 바흐의 대위법 음악을 더 좋아할 것이다. 어떻게 할 것인가? 종속이든 권력이든, 각자 자기 마음에 드는 은유를 본다. 단지 영화에서 소리가 영상에 봉사한다고, 아니면 어쨌거나 추가된 가치에 의해 영상에 대가 없는 의미를 부여한다고 비난하는 사람들이, 노래 한 곡을 듣거나 슈베르트의 가곡을 들을 때 멜로디에 대한 화성의 종속에 대해서도 똑같이 까다로운 요구를 하고 있는지 아닌지를 물어보자.

나는 아주 위대한 영화들이 언제나, 한 차원이든 다른 차원에서든 출현과 권력이라는 질문들에 대한 은유라고 말한다.

발성영화는 또한 역설적 예술이다. 사람들은 들리는 것에서 보이는 것을 지적으로, 추상적으로 분리할 수 있다고 믿지만, 발성영화는 보이는 것과 들리는 것을 각기 분리된 방식으로 사용함으로써 이해하고 느낄 수 있는 것을 재현할 수단들을 갖지 못했다.

어떤 영화를 보면서 음악이 없었다면, 아니면 또 다른 음악을 사용했다면 그 영화가 훨씬 더 나았을 것이라고 혼잣말을 하면서 음악을 정신적으로 고립시키는 일이 빈번하게 일어난다. 그러나 목욕물을 버리면서 그 속에 든 아기까지 버리지 않았는지 어떻게 알 것인가?

수많은 언어로 된 더빙판들의 존재, 그 영화의 맥락과 다른 맥락('차용한' 기존 음악이든 디스크로 배포된 오리지널 창작곡이든)에서 음악을 들을 가능성 따위의 모든 것은, 그 영화에서 소리를 분리할 수 있고, 더욱이 더 나은 음악 선곡을 상상하면서 영화를 정신적으로 개선할 수 있다는 인상을 만드는 데 이바지한다.

실제로 어떤 영화를 영화관에서 전체적으로 보자마자, 마치 이 영상을 처음 발견한 것처럼 맥락을 생각하지 않고 그 숏 중 하나를 따로 떼서 보는 일은 아주 어렵다. 이와 마찬가지로, 심지어 소리를 물리적으로 제거한다고 해도 들었던 소리의 기억을 지우면서 어떤 영화를 다시 보기는 아주 어렵다. 대다수의 소리는 보였던 것에 대해 (추가된 가치로) 지워지지 않는 의미를 투사했다. '지워지지 않는'이란 말은 오점汚點 같은 단어다.

13장. 분리

유성영화는 기술적 행위와 미적 의미의 분리를 완수한다

무성영화에 비해 유성영화가 당황스러운 것은, 기술적 원인과 표현적 효과 사이의 단절뿐만 아니라 물질적 기반과 작품 사이의 단절을 완수함으로써 기술에 대해 자기를 다르게 규정하고 있기 때문이다. 실제로 『영화의 실천 *Une praxis du cinéma*』에서 노엘 버치가 서로 다른 제작 방식(예컨대 동시녹음된 소리와 후시녹음된 소리)의 변증법적 대립을 통해 의미 있는 효과를 만들어내야 한다는 생각을 꿈꾼 것과는 달리, 유성영화에서 영화제작 과정과 완성된 결과물 사이의 관계는 없다. 동시녹음이라는 외양은 후시녹음된 영화에도 부여될 수 있고(예컨대 파트리스 셰로의 〈부상을 입은 남자〉 [1983]), 거꾸로, 특히 초소형 송신기 마이크를 사용하게 된 이후 동시녹음으로 녹음되었지만 후시녹음된 것처럼 보일 수도 있다.

베트남전쟁을 배경으로 한 유명한 영화 두 편, 즉 마이클 치미노의 〈디어 헌터〉(1978)와 프랜시스 포드 코폴라의 〈지옥의 묵시록〉 중 하나는 동시녹음으로 촬영되었고 다른 하나는 후시녹음된 영화다. 그러나 뭐가 뭔지 어떻게 알겠는가? 문헌이나 감독, 기

술자, 영화 관계자 같은 사람들의 증언 덕분에 우리는 여기에 대답할 수 있지만(치미노 영화는 동시녹음, 코폴라 영화는 후시녹음), 전문가들의 전문 지식이 없다면 귀와 눈으로 이를 탐지하는 것은 불가능하다.

더 복잡한 점은, 촬영한 배경의 진실과 녹음된 소리의 진실 사이에 반어적인 엇갈림이 있다는 것이다.

리얼리즘이란 단어는 종종 영화에서 동시음향의 도래와 결부된다. 그러나 목소리와 소음들이 제공하는 것으로 보이는 현실감——바쟁 이후 장-루이 코몰리는 「기술과 이데올로기」라는 유명한 연작 논문에서 이에 대해 기술한다*——이란 성과는 즉시 의심스러운 것이 된다. 더빙, 음향효과, 소리의 혼합을 빠르게 할 수 있는 기술들은 이른바 디제시스적인 소리를 인위적으로 **사후에** 재구성하는 수단을 제공하기 때문이다. 이는 문제를 제기하고, 이 문제는 언제나 동시녹음에 대한, 촬영 시의 진짜 소리에 대한 생생한 논쟁의 원천이다. 한 언어에서 다른 언어로 가는 이행뿐만 아니라 스타가 다른 사람의 목소리를 빌리거나 스타 자신이 촬영 이후 후시녹음한 노래 시퀀스에 대해서도 더빙의 관행은 특히 언론 때문에 빠르게 알려지고 이 때문에 관객이 눈치를 채게 된다.

1930년 1월 9일에 발간된 『몽 시네』는 한 미국 영화에서 영국계 독일 배우 콘라트 바이트가 빠뜨린 대사를 베를린에서 전

---

* Jean-Louis Comolli, "Technique et idéologie," in *Cahiers du cinéma*, n° 229~31, 233~35, 1971~72.

2부. 미학과 시학

화와 무선통신기를 이용해 원격 더빙하고, 다시 로스앤젤레스에서 녹음과 재동조화 작업을 했다며 독자들에게 폭로했다. 같은 해 4월 3일 자에는 "사람들이 말하기를, 발성영화의 어떤 배우들은 목소리가 아름다운 듯하지만, 들리는 것은 숨어 있는 다른 사람의 목소리로 알려져 있다"라고 쓴다.

따라서 '리얼리즘 효과'를 강조하는 동안, 동조화된 소리 기술은 이 효과의 기원이 인위적인 것은 아닌가라는 의심을 불러일으킨다. 앞서 말했듯 유성 애니메이션 영화(동조화의 축제뿐만 아니라 트릭으로서 동조화된 소리의 과시이기도 했던 영화)로 이것이 선명하게 나타나지 않았던가?

또한 역사적 사실 중 다음 사실보다 동시녹음 —— 다시 말해서 촬영할 때 녹음한 소리 —— 의 역설적 측면을 명확하고 아이러니하게 보여주는 것은 거의 없다. 즉 이탈리아 네오리얼리즘 영화의 발전은 현실적이지 않은 소리, 다시 말해서 후시녹음된 소리의 가능성에서 비롯했다. 이렇게 로베르토 로셀리니의 〈무방비 도시〉(1945)나 폐허 속의 베를린(〈독일영년〉[1947])이 영화로 찍힐 수 있었고, 거리에서 캐스팅한 아마추어 배우들이나 외국 배우들이 기용될 수 있었다. 기계적으로 동시녹음을 하염없이 옹호하는 사람들 —— 나는 스트로브와 위예, 에릭 로메르, 자크 리베트처럼, 이를 헤아려보고서 진짜로 미적이거나 상업적인 수단들을 갖게 된 사람들에 대해 말하는 것이 아니다 —— 은 전반적으로, 1940년대에는 스튜디오나 아직 현대적인 소음 공해의 피해를 겪지 않은 야외에서만 촬영했기 때문에 이런 원칙 —— 이들은 장 르누아르가 이런 원칙을 엄밀하게 지킨다는 점을 예찬한다 —— 을 쉽게 지킬 수 있었다는 점을 잊어버리곤 한다. 거꾸로, 누벨바그 덕분에 널리 퍼졌지만 실내든 야외든 실제 배경에서 촬영하면 본래의 직접음향이 어려워지고, 장-뤽 고다르의 〈네 멋대로 해라〉, 프랑수아 트뤼포의 〈400번의 구타〉(1959), 〈피아니스트를 쏴라〉의 경우처럼 종종 후시녹음된 소리를 끌어들이게 된다. 경제적인, 문화적인, 나아가 정치적인, 또한 미적인('진짜' 배경을 즐기는 취향) 다양한 이유 때문에 2003년까지도 전 세계에서 만들어진 대다수의 영화는 계속 후시녹음된다.

물질적 기반은 더 이상 작품이 아니다

다른 한편 **발성영화가 도래하면서 물질적 기반은 더 이상 작품과 같지 않게 되었다.** 무성영화에서는 필름이 곧 영화다. 유성영화에서 스크린 주변의 사운드트랙은 소리가 아니라 소리를 재생산하는 코드다. 무성영화에서 영화가 어디에 있는지는 잘 알려져 있었다. 즉 이때 영화는 스크린(이것이 이런 표현 양식의 기지奇智다)에 있지 숏들 사이에 삽입된 중간 자막에 있지 않으며, 상영할 때 영화관에서 연주한 음악에도 있지 않다.(그러나 중간 자막이나 음악은 무성영화에 필수적이다.) 발성영화에서 영화는 '어디 있는지는 모르지만' 소리와 영상 사이 어디에나 있다. 발성영화를 단지 영상과만 동일시하려는 많은 노력(질 들뢰즈가 『시네마』에서 '영상–시간 image-temps' '영상–운동image-mouvement' 개념을 확대시켜 '시청각 영상'에 대해, '시각적 영상의 4차원'*으로서 소리에 대해 과도하게 말하는

---

*   Gilles Deleuze, *Cinéma 2: l'image-temps*, Éd. de Minuit, 1985, pp. 305, 329.

2부. 미학과 시학

데 이르기까지)이 있었지만, 유성영화는 더 이상 영상과 구체적인 관계를 맺지 않는다.

게다가 유성영화는 한편으로 몽타주의 기술적 과정과, 다른 한편으로 형식적이고 표현적인 결합 사이의 분리에 몰두한다.

어떤 사람이든 촬영할 때 컷을 하고 이를 다시 이어 붙인다. 이 때문에 숏들이 만들어지고, 숏들을 모은 그 모습 그대로 스크린에서 인지될 것이다. 촬영할 때 컷, 촬영 카메라의 중단, 사후에 가한 실제적인 또는 가상의 가위질은 기계적으로 숏을 만들어내고, 이는 엄청나게 중요하다. 그 영화 제작자에게 부여된 의도(제작자의 의도intentio auctoris)에도, 관객 각자의 개인적 지각에도 의존하지 않는, 객관적인 **중립적 차원**을 만들어내기 때문이다.

이제 소리에 대해 생각해보자. 어떤 사람이든 소리에도 컷을 하고 이를 다시 이어 붙인다. 그러나 이 때문에 그 사실 자체ipso facto는 만들어지지 않는다. 소리의 몽타주는 영상에서처럼 '소리의 숏'을 만들어내지 않는다. 소리들도 서로 연결될 수 있고, 마치 시간의 연속선상에서 만들어진 것처럼 보일 수 있다. '어떤 것이 만들어진 방식'과 '어떤 것이 지각되는 방식' 사이에 심연이 파이고, 이를 메우기는 불가능하다.

사람들이 말하듯 고다르의 영화들이 소리에 '작업한' 영화라는 느낌을 불러일으키는 것은 그가 소리에 컷을 했기 때문(이것은 모두 다 한다)이 아니다. 고다르가 언어적 연쇄에, 소음 시퀀스에, 음악적 연속성에 컷을 했기 때문이다. 이 때문에 각 연쇄의 고유한 차원(말에 대해서는 언어적 차원, 음악에 대해서는 음악적 차원)을 고려해야 하고, 그 차이를 확인해야 한다. 반면 편집하는 것은 필름에 컷을 하는 것이고, 또는 영상의 흐름에, 질료 그 자체에 컷을

하는 것이다.

고다르 영화에서 가장 유명한 최초의 컷 중 하나는 〈네 멋대로 해라〉 시작 부분에서 루이 아라공의 시에 붙인 조르주 브라상스의 노래(「행복한 사랑이란 없다Il n'y a pas d'amour heureux」) 일부다. 벨몽도는 훔친 자동차를 운전하면서 라디오 채널을 계속 바꾸는데, 카스테레오를 구실로 들어 이 시의 마지막 음절, '-eux'가 끊긴다. 이 예 자체가 주목받는 것은 문장이 중단되었기 때문이지, 자기테이프나 광학적 필름을 끊어서가 아니다.

기술과 그 결과물 사이에 생긴 괴리의 예: 몽타주

일상의 청취에서 우리는 소리를 들을 때 소리의 단위를 정신적으로 잘라내게 되는데, 이는 우리가 각 범주에 습관적으로 도입하는 청취의 특별한 양태에 따라 이루어진다. 언어적인 소리라면, 언어적 기준에 따라 음소, 단어, 문장으로 잘라낸다. 또한 (실제적인, 가정된, 가상의) 소리의 출처와 원인의 청취에 따라 우리가 듣는 것을 범주화한다. 즉 우리는 우리가 듣는 것을 **수직적으로**(우리는 많은 것을 동시에 듣기 때문이다), 이와 동시에 (시간에 대해) **수평적으**

로 고립시키는데, 이는 생애 초기부터 흡수해서 이후 계속 풍요로
워지고 개편되는 형상적 소리의 기억 사전을 사용하기 위해서다.

영상에 대한 몽타주 단위인 숏은 영화에 고유한 것으로서, 영
화가 만들어내는 시각의 단위다. 그런데 소리의 몽타주는 특수한
영화적 단위를 불어넣은 것이 아니다. 결과적으로 한 영화의 사운
드트랙을 각 구성 요소들로 분해하려면 우리가 일상의 경험에서
사용하는 것 같은 단위들에 의존할 수 있을 뿐이고, 이 단위들은
비영화적인 청취 범주(응답, 문장, 단어, 음절, 악절, 악기들의 특성,
소리 사건 따위)와 관련된다.

시각적 숏이라는 단위의 정의는 분명 모호한데, 시간의 차원
과 공간의 차원을 동시에 포괄하기 때문이다. 숏은 영상의 프레임
속에, 그 공간 속에 있으면서 이와 동시에 두 접합면 사이에서 시
간적 연속성의 일부를 형성한다. 이 때문에 숏이 분석의 단위, 이
해의 단위, 심지어 지각의 단위로 적합한지에 대해 이의가 제기될
수 있다. 그렇지만 숏 덕분에 영화적 연속체상에서 모든 사람이 즉
각 알아보고 보편적으로 수용하는 그리드grille를 부과할 수 있다.
이 그리드의 선들은 어떤 것을 진술하고 관찰하고 구상할 수 있는
아주 실용적인 좌표들을 보여주지만, 동시에 어떤 것은 묘사 도구
로서 그리드를 거부할 수 있다.

예컨대 안드레이 타르콥스키는 숏의 개념에서 출발해 숏의
경계에 주목하면서 이보다는 덜 형식적인 또 다른 단위를 제안할
수 있었는데, 그는 여기에 **영화적 형상**figure cinématographique이란 이
름을 붙인다.*

---

* 　프랑스어로도 번역된 그의 글 모음집 『봉인된 시간Le Temp scellé』을 보라. 이 프랑

소리에 대해서는 전혀 그렇지 않은데, 이는 단순한 이유 때문이다. 즉 아주 드문 예외를 제외하면, 한 영화에서 대개는 영상이 보이면서 여러 층의 소리가 동시에 들린다. 이 소리들은 서로 다른 유형의 주의를 요청하며 특별하게 말이나 음악, 소음이라는 지위에 따라 서로 다른 '단위'로 지각되지 않는다.

영상에 대해서는 보이지 않는 접합(다른 말로 하면, 일정한 시간 간격으로 촬영한 숏 두 개를 눈에 띄지 않게 이어지는 방식으로 편집하는 것)을 실행하기 어렵지만, 반대로 시간차를 두고 녹음한 소리 두 개를, 접합면이 들리지 않게끔 자연스럽게 합하는 것은 쉬울 뿐만 아니라 널리 실행되고 있기도 하다. 이는 인터뷰를 압축할 때 라디오에서 매일매일 행하는 일이다. 따라서 한 영화의 소리에서 몽타주를 지각하는 문제는 영상의 몽타주에 비해 훨씬 더 복잡해지게 된다. 이는 영상과 달리 **조작의 단위**(자기테이프나 가상의 디지털 매체의 단편)가 자동으로 **지각의 단위**가 되지 않기 때문이다.

다른 한편, 영상의 몽타주는 '시선/본 것'의 연쇄나 '디테일/전체'의 연쇄 같은 일정 유형의 근본적인 논리적 연쇄에 해당하지만, 소리에는 이런 것이 없다. 다른 말로 하면, 지각된 것에 대해 지각하는 주체의 관계, 포함된 대상을 포함하는 전체의 관계, 행위자와 대상의 관계 따위가 그렇고, 이 관계는 이념의 매개체가 될 수 있다. 이 때문에 지적 몽타주의 극단적 시도들이 가능했고, 가장 단순한 리버스숏, 즉 지금 우리가 보는 것이 이전 숏에 나온 인물들이 보는 것이라는 점을 우리에게 이해시켜줄 수 있는 추상적 관습

스어판에서는 내 생각에 아주 모호한 '영화적 이미지image cinématographique'라는 번역어가 사용된다.

2부. 미학과 시학

이 가능했다. 반대로 몽타주나 병치로 소리 두 개가 만들어낸 관계는 이런 유형의 추상이 이루어질 수 없다. 다른 소리 뒤에 나오는 소리나 이 소리와 병치된 소리에서는, 자기들끼리 편집한 영상들을 통합하는 유형의 관계를 추론할 수 없다.

어쨌거나 기술의 역사를 알 필요성

미학의 역사를 이해하려면 이와 동시에 기술의 역사를 따라갈 필요가 있다. 릭 올트먼은 미국 영화에서 소리의 역사를 연구하면서 이를 면밀하고 설득력 있게 수행했다. 이런 영화를 이해하려면 당시 기술의 상태를 이해하는 일이 아주 유용하다.

영화의 말에 대한 흥미로운 논문에서 크리스토프 퐁스는 예컨대 "르누아르의 〈위대한 환상〉은 아마도 관객에게가 아니라 서로에게 말하는 배우들을 보여준 최초의 영화 중 하나다"*라고 쓴다. 이 글을 읽으면서 나는 소스라치게 놀랐다. 발성영화 초기에 똑같은 효과를 노린, 앞서 내가 언급한 일련의 프랑스 영화들이 있지 않았던가? 그러나 물론 이 영화들이 다르게 들리는 것은 맞다. 장 르누아르의 〈암캐〉와 장 비고의 〈라탈랑트〉에서 미셸 시몽은 웅얼거리듯 말한다고 여겨지기는 해도, 그가 마이크를 향해 자기 목소리를 다르게 투사한 것도 맞다. 녹음 기술과 배우가 고려해야 하는 방식이 같지 않기 때문이다. 4년 뒤 〈위대한 환상〉이 제작되

---

* Christophe Pons, "Nouvelles vagues de paroles," in *Iris*, n° 3, "La Parole au cinéma," 1985, pp. 71~75.

는 시기에 영화 사운드 기술이 진보했고, 훨씬 더 자연스럽고 즉자적인 발성이 이루어지게 되어 결과적으로 피에르 프레네, 장 가뱅, 쥘리앵 카레트, 마르셀 달리오는 초기 발성영화에 나온 모든 배우보다 더 **서로에게** 말한다는 느낌을 주게 되었다.

크리스토프 퐁스가 소리의 기술적 역사를 더 명확하게 알고 있었다면, 〈위대한 환상〉의 배우들은 이전보다 (관객을 보고 말한다기보다는) '마이크를 보고' 말한다는 느낌을 덜 주게 되었다고 썼을 것이다. 이는 영화에서 기술적 현실에 대한 심각한 무지를 보여주는 현상인데, 나는 귀(마이크의 귀)에 대한 장에서 이를 다시 다루게 될 것이다.

사운드트랙이란 없다

시각적 숏과 소리에 대한 그 대응물 사이에 또 다른 근본적 차이가 있다. 시각적 숏이 정해진 시공간의 테두리를 가진 채 시공간을 포함하는 **용기**contenant라면, 소리는 이와 반대라는 점이다. 우선 소리는 어떠한 실제적 프레임도 없는, **내용**contenu이거나 '**담을 수 있는 것**contenable'이다. 사실상 영화에서 '영상'이라는 단어가 가리키는 것은 용기 안에 들어 있는 것이 아니라 용기, 즉 프레임이다.*

---

* 사진에서 유추해 무성영화에 사용한 아이리스iris(마스킹 따위로 둘러싸인 영상)가 부분적으로는 여전히 그랬다. 프레임 전체가 꽉 찬 영상은 발성영화에서 일반화되고, 따라서 영상은 줄곧 프레임으로 구조 지어진다. 〈롤라 몽테스〉(1955)에서 막스 오퓔스, 〈스타 탄생〉에서 조지 큐커는, 시네마스코프 스크린 전체를 계속 채우라는 제작사의 요구에 맞서 이를 피할 수 있는 수단을 찾았고, 배경과 조명으로 속임수를 쓰지 않을 수 없었다.

2부. 미학과 시학

프레임 속에서 영상의 흐름은 수많은 단절로 구획 지어지는데, 이 단절 덕분에 우리는 그 영화를 '숏'으로 끊을 수 있게 된다.

영상에 프레임이 미리 존재한다는 점은 영화에 고유하고, 영화에서 프레임은 보이는 것에 판형을 맞추지 않는다. 이렇게 프레임이 미리 존재한다는 사실에서 출발해 우리는 영상이 가득 차 있거나 비어 있다고, 영상이 간결하거나 한 지점에 집중되어 있다고 말할 수 있다. 그러나 소리에 대해서는 이처럼 말할 수 없다. 영상의 프레임은 영상에 위계를 짓거나 영상의 방향을 정해서 영상을 단수單數의 단어로 만드는데, 프레임은 (예컨대 영상 속 한 요소를 '오른쪽 아래'나 '내화면 중심'에 있다고 말할 수 있게 하면서) 이 영상 전체를 고려하고 구조 짓는다. 이와 달리 영화의 소리는 틀에 넣어지는 것이 아니며, 소리가 영상에서 독립되면 비정형의 청각 층이 겹쳐 있다는 인상을 준다.

소리에 소리의 프레임이 없다는 사실은 보이는 것과 들리는 것 사이에 어쩔 수 없이 비대칭성을 만들어낸다. 이 비대칭성을 절대 위계화로 해석해서는 안 된다(흔히 저지르는 오류).

너무 깨끗한 유리로 만들어진 완벽한 수족관을 상상해보자. 이 수족관은 유색 액체로 채워져 있을 때만 테두리가 보일 것이다. 숏은 시공간을 담고 있는 수족관이다. 반면 몇몇 사람이 '사운드트랙bande-son'이란 말로 이론화하려 한 것은 테두리가 없고 따라서 일관성이 없다. 즉 어떤 영화의 소리는 미리 존재하는 사운드트랙에 들어 있지 않다. 어떤 영화의 순간에 한두 개의 소리가 동시에 들릴 때, 여기서 열 개나 열다섯 개의 소리도 들릴 수 있다. 소리에 소리의 프레임이 없는 것처럼, 소리의 용기도 없기 때문이다.

그러나 '소리 프레임'이 있을 수 있다. 이를 '소리 장면scène

sonore'이라고 이름 붙여보자. 이 소리 장면은 들린 소리들에 공통된 어떤 색채일 것인데, 일정 공간에 울리는 것으로서 이 소리들을 통합한다. 이것이 장-마리 스트로브와 다니엘 위예의 〈오통〉(1969) 같은 영화의 경우다. 이는 동시음향 그 자체 때문이 아니라, 동시음향을 사용하는 일정한 방식 때문에 생겨난 것이었다. 그러나 발성영화는, 초기에는 소리 장면에 한참이나 몰두한 뒤에 다양한 이유(그 가장 명백한 이유는 대사를 명확히 들리게 해야 한다는 선택)로 이런 소리 장면, 즉 통합적인 소리 원근법의 지각을 축소하는 경향이 있었다. 사실상 시각적인 장면을 교란하지 않는 것이 중요했다. 그리고 오늘날 몇몇 다성적 영화들이 여기에 이르렀다면, 이는 모든 소리를 다시 집결하는 동질적인 소리 환경을 구축함으로써가 아니라, 반대로 이질적인 소리 장면들을 증가시킴으로써였다.(이것은 폴 토머스 앤더슨의 〈펀치 드렁크 러브〉[2002] 같은 영화에 명백히 나타난다. 여기서 소리들은 몇 개의 동시적인 장면들에서, 서커스에서 사용하는 의미로 몇 개의 '무대' 위에서 만들어지는데, 그렇다고 단일한 공통의 장면에 속하지는 않는다.)

소리 프레임이 없다는 점은 **사운드트랙이 존재하지 않는** 수많은 이유 중 하나다. 사운드트랙, 다시 말해 소리들이 다시 집결되며 공동 전선을 펴게 되는 장소는 없다. 영상에 대해 '각자도생' 같은 관계를 맺게 될 위험에는 처하지 않는다고 해도.

이 '사운드트랙'이란 개념은 수많은 이론적 글에서 오랫동안 영화의 사운드적 요소를 특별한 영토처럼 규정하는 데 사용되었다. 소리의 고유 법칙들을 정당화할 수 있으며 [영상에 대해] 상대적이거나 절대적인 '자율성'을 주장할 수 있다는 것이다. 자크 오몽이 바로 이런 의미로 1983년에 소리가 "영상과 다양한 유형으로 조합될 수 있는" "그 영화의 자율적 표현 요소"로 간주되는 영화를 고려해야 한다고 말했을 때, 그는 이 문제에 대해 쓰어진 가장 명확한 종합 중 하나로 사운드트랙이란 개념을 제시했다. 이는 고전적 관념과 대립되는데, 그에 따르면 고전적 관념에서 "영화의 소리는 […] 현실 효과들을 강화하고 증대하는 방향으로 나아가며" "시각적 요소들이 제공한 장면적 유사성의 단순한 보조물로" 사용된다. 그는 이어서 쓴다. 따라서 "오늘날에 지배적인 고전영화의 모든 작업과 그 아류들은 영상에 소리의 대응물을 제시함으로써 사운드적 요소들을 공간화하는 목표를 가지고 있었고, 따라서 영상과 소리에 '잉여적인' 일대일 관계를 보장하며," 이런 공간화는 "소리의 디제시스화와 짝을 이루는데," 다시 말해서 "소리가 서사에 봉사하는 데 연루되는 것이다."*

사실상, 오히려 이와 반대라고 해야 할 것이다. 한 고전영화에서 대부분의 소리(다소 자유로운 보이스오버 내레이션, 피트 음악)는 디제시스적이지 않다. 반면 심지어 작가영화들에서도 영상의 극히 일부만 디제시스적이지 않다… 영화 전체의 소리가 영상에 종속된다(고전적 공식)고 말하는 대신, (권력의 관계를 유혹의 관계로 전복시키고, 소리를 영상을 유혹하는 일종의 도깨비불로 만든 베로니크 캉팡의 『영화적 청취 L'Écoute filmique』와 같이) 이 공식을 뒤집는 데 만족하는 대신, 영상과 소리 모두가 서사적이고 영화적인 시공간을 구성하는 데 종속된다고 말할 수 없을 것인가?

나아가 디제시스화된 소리, 다시 말해서 행위 속에 기입되고 정당화되고 시각화된 소리가 어쨌거나 자기만의 특성들(느낄 수

---

*   Jacques Aumont, *Esthétique du film*, Nathan, 1983, p. 33.

있는, 조형적인, 리드미컬한, 음악적인 특성들)을 간직하고 있다는 점을 강조해보자. 영화 영상이 뭔가를 '재현'하면서도 그 질감, 조명, 구성에서 미적인 작업 대상이 될 수 있는 것과 마찬가지다. 따라서 소리가 영상에서 '분리될' 때만 자기 고유의 특성들로 사용되기 시작한다는 암시를 할 때는 가짜 딜레마를 제기하는 셈이다.

사운드트랙은 없지만, 기술적으로 말해서 혼동을 피하기 위해 **사운드 채널**piste sonore이라고 명명하고 싶은 뭔가가 있다. 영상의 흐름과 평행하게, 아니면 영상과 동조화되어 다양한 출처와 다양한 본성에서 녹음된 소리 흐름이 있으며, 이 소리 흐름은 서로 다른 실제적 매체나 가상적 매체 위에 하나로 모여 있다.

이 사운드 채널은 대개 여기저기서 긁어모은 요소들(촬영할 때 포착한 소리, 녹음실에서 만든 목소리, 음향 라이브러리에서 따오거나 특수한 음향효과, 오리지널 창작곡이나 기존 음악, 다양한 출처에서 나온 소리)로 구성되어 있다는 점이 알려져 있다. 이 여기저기서 긁어모은 요소들에는 많은 음향 기술자, 예술가나 전문가가 많든 적든 조직적인 작업을 해야 한다. 믹싱 작업 이후 사운드 채널에 최종 상태로 나오고 병치되는 소리의 요소들은 다른 소리와 관계 때문에 선택되고 작곡되는 것(왜 그럴 것인가?)이 아니고, 영상의 몽타주와 관계 속에서, 디제시스와 관계 속에서 선택되고 작곡된다. 따라서 사운드트랙은 그 영화가 영사되자마자 그 요소들 각각이 영상과 관련하여 스스로 재조직되고, 단독 행동을 하게 된다. 'bande'라는 프랑스어로 언어유희를 하자면, 소리의 무리는 없다.*

---

*   [옮긴이] 사운드트랙soundtrack의 프랑스어는 bande-son인데, bande는 '띠'나 '대帶'라는 뜻도 있지만, '무리' '떼' '도당'이란 뜻도 있다.

사운드트랙을 만들어내려면, 몇몇 사람이 믿는 것처럼 영상이 자기 공간 밖에 있는 모든 소리를 완벽하게 무시하거나 거부해야 할 것이다. 그것은 최소한 의도만을 보자면 마르그리트 뒤라스의 〈캘커타 사막에서 그의 이름은 베니스〉(1976) 같은 특별한 경우다. 이 영화에서 그 어떤 영상(버려진 장소의 방문)도 스피커에서 나온 서로 다른 목소리, 음악, 때로는 소음에 가시적인 몸과 실체를 주지 않거나, 이 소리들을 맞아들일 가능성을 제공하지 않는다. 그러나 심지어 이런 경우조차 독자적인 몇 개

의 숏 위에서 '사운드트랙'이 지각되는지는 명확하지 않다. 이 '사운드트랙' 각각은 서로 겹쳐지는 다른 소리들끼리 관계보다, 영상과 (리드미컬한, 공간적인, 극적인, 조형적인 따위의) 관계를 훨씬 더 강하게 맺는다.

사실상 이것이 사운드트랙이란 이름에 걸맞은 기준이 될 것이다. 즉 최소한 소리들 사이에 맺어지는 관계가, 이 소리들 각자 영상의 내화면과 맺는 관계만큼 강하고 함축적이 되는 것이다. 이런 경우는 심지어 〈캘커타 사막에서 그의 이름은 베니스〉에서조차 아주 드물다. 이 영화에서 카메라 움직임과 악절의 관계가 만들어질 때마다 문제의 사운드트랙은 '나뉜다.'

'급진적인 것'으로 간주된 또 다른 작품, 즉 데릭 저먼의 장편 영화 〈블루〉(1993)에서 스크린은 움직이지 않고 파란색으로만 채워진다. 소리나 음악과 혼합된 감독의 영어 독백이 들린다. 그러나 이 경우에도 스크린은 계속해서 영상(우리가 지켜보는 파란색 프

레임)으로 작동하고, 소리들은 이 영상과 관련해서 다르게 위치를 잡는다. 예컨대 우리는 이 작가감독의 보이지 않는 목소리(그것이 한 인물의 목소리이기 때문에)가 우리가 스크린에서 보는 것을 **본 다**고 상상할 수 있다. 반면 다른 소리들은 이 파란색 스크린과 마찬가지로 특수하게 물리적인 우주에 참여하고 있을 수 있다. 형상과 배경의 관계는 계속해서 재구성되며, 소리를 계속 나눈다.

내가 포기할 수 없는 이 '사운드트랙이란 없다'라는 부정적 제안의 귀결은 많다. 이 제안은, 영상과 소리를 보완적인 두 요소로 나누려는 통합적 영화 이론의 가식을 산산조각 내고, 그 대신 불완전하고 유동하는 영화의 모델이 만들어지게 된다. 이 모델에서는 기술적 모델(서로 구별되며 평행한 영상의 매체와 소리의 매체)을 자기와 다른 차원으로 옮길 수 없으며 지각, 담화, 효과, 이론의 차원과 기술적 차원 사이에 급진적 단절이 만들어진다.

또 다른 귀결 중 하나는 [소리는 들리지 않지만] 영상에 함축된 '들리지 않는 소리들'에 중요성을 부여하라는 권유인데, 이것은 영상으로 암시되지만, 실제로 들리는 다른 소리들로 가려지고 배제되는 것처럼 보이는 소리들이다. 이것이 덧쓰기 효과다.

소리에 대한 영상의 무저항

많은 사람이 특히 비디오 아트와 설치 영역에서, 또한 카르멜로 베네, 베르너 슈뢰터, 요나스 메카스 같은 이른바 실험영화에서 '자유로운 중첩'의 원리를 시도했고, 이것이 때로는 긴장과 반응(요컨대 고전음악에서 불협화음이 만들어내는 효과)을 만들어낸다고 생각했다. 그러나 여기서도 예기치 않은 문제가 생겨난다. 즉 시청각의 불협화음은 드물고, 소리에 대한 영상의 저항은 없다. 만약 공간상으로나 디제시스상으로 영상 속에 뿌리를 내리고 있지 않거나 비동조화된 소리들로 뒤덮이지 않으려는 영상의 저항이 있다면, 화성적 불협화음과 유사한 이 저항은 그 폭력성 자체로 우리에게 뭔가 강력한 것을 호소할 것이다. 그러나 진정한 당혹감의 원천은, 모든 것이 문제없이 통하고 저항은 절대로 없고 단지 이 수동적 중첩을 받아들이는 소리와 영상의 굴복만 있다는 점이다. 이 중첩은 지엽적 즐거움을 주기 위해 여기저기서 생겨나는 괴상한 효과들을 만들어낸다.

다른 한편, 1990년대 10년 동안 파리에서, 특히 루브르 미술관 강당에서 열린 '콘서트로 보는 무성영화'의 수많은 행사는 무성영화들에 현대적 악곡을 병치해 들려줌으로써 이 점을 충분히 증명했다. 이 악곡들은 종종 그 영화에 대해 자율성을 획득하는 데 많은 어려움을 겪었고 또 의심할 여지 없이 자율적이었다. 따라서 한 영화와 다른 영화의 악곡을 상호 교환할 수도 있었을 것이다. 모든 것이 통하고, 영화와 악곡의 어떤 것도 서로 맺어지지 않는다.

이는 무엇보다 '소리/영상'의 우연적인 병치가… 실생활에서 우리에게 익숙하다는 점에서 나온다. 우리가 보는 것과 듣는 것은 서로 대립하지도 않고 용해되지도 않는다. 나는 조용한 방에서 책을 쓰고 있지만, CD 플레이어는 내가 하는 일이나 내가 보는 것에 낯선 음악을 틀어준다. 어떤 충돌도, 어떤 문제도 없다. 아니면 나는 조용하고 움직이지 않는 풍경을 보고 있지만, 내 뒤의 아이들은 즐겁게 뛰놀고 있다. 내가 듣는 것을 나는 보지 못하고 내가 보는 것을 나는 듣지 못하지만, 이 모든 것은 평화롭게 공존한다.

13장. 분리

수사법이라기보다는 효과

1990년에 **청-시각 단일 지각**audio-vision이라는, 그 자체로 아주 단순한 개념을 만들어내고 이를 환영의 위치에 놓음으로써 나는 일정한 선線을 넘었다. 즉 이제는 더 이상 영상에 대한 소리의 관계가 아니라 다른 것을 말하는 것이었기 때문이다. 이 개념은 새로운 이론적 견해를 구현한 것으로, 영화를 환영주의적 전체로 이해하는 것이다. 소리와 영상에 대한 내 작업(1985년 출간된 『영화에서 소리』의 초판까지 포함해서)에서 갑자기 이전보다 더 솔직하고 더 의식적으로, 나는 현대 영화 이론의 영역에서 (그 이론이 레프 쿨레쇼프라는 이름과 결부될 때만 제외하고!) 오늘날까지 평가 절하된 개념을 전면에 내세웠다. 그것은 **효과**라는 개념이다.

내 생각에 사실상 시청각 관계는 90퍼센트가 일반화된 쿨레쇼프 효과다. 그러나 시청각 관계는 '수평적인' 것(어떤 요소의 의미나 효과가 자기 앞이나 뒤에 나오는 또 다른 요소에 대한 투사)이 아닌 '수직적인' 쿨레쇼프 효과(즉 다른 요소에 대해 동시적으로 한 요소의 투사를 통해 이루어낸 효과)일 것이다. 결과적으로 시청각 관계는 훨씬 더 즉각적이며, 잉여라는 지속적인 환상을 만들어낸다.

이 효과의 지위는 무엇인가? 이 효과에 이름을 붙이기 위해, '숏'이나 '숏과 숏의 연결'처럼 지금 통용되고 인정된 용어들(이 용어들에 대한 이론적 정의가 주기적으로 의문에 부쳐지고 있다고 해도)을 다시 사용해야 할 것인가? 조종하는 꼭두각시 끈들을 교묘하게 숨기고서, 환영적인 성격을 통해 작동하는 것처럼 보이는 석연치 않은 효과들 대신, 시청각 관계의 공공연한 수사법이 입증되는 일을 보게 될 것인가? 이 또한 고려될 수 있을 것이다. 이제는 이런 효과들에 이름이 붙여졌기 때문이고, 의식적으로 탐지되었다고 해서 그 효과들이 전혀 힘을 잃지 않기 때문이기도 하고, 영화의 온갖 발전이 이 방향으로 가고 있기 때문이기도 하다. 그러나 나는 단지 그렇게 발가벗긴다는 사실 자체 때문에 해방적인 성격이 생겨나는지에 대해, 특히 **예외들의 수사법**이 진정으로 전복적인 힘을 갖는지에 대해 회의적이다.

시청각 언어라는 게 있다면, 그것은 어쨌거나 시각의 언어로 고찰되거나 코드화할 수 있는 것이 아니다.

대화 장면에서 이른바 '180도 규칙'을 존중하는 숏/리버스숏 연결이라는 표준적 숏의 패턴을 예로 들어보자. 이 패턴은 일상적이고 고전적이고 진부하고 모든 사람이 인정하고 또 엄격하기 때문에, 이 패턴에서 약간만 어긋나도 환상적인 힘이 생기게 된다. 이것은 음악의 특정 시기에 음정의 간극이 그랬던 것만큼이나 강한 간극이다. 반음半音만 벗어나도 모든 것이 바뀐다. 내 생각에 시청각 효과(아니면 '시청각 생성audio-visiogènes' 효과)는 전혀 그렇지 않다. 이 시청각 효과에서 우리는 지속적인 강등降等과 대면하고 있다. 숏/리버스숏의 연결 같은 엄밀한 규범은 없다.

어떤 이론의 소묘

이제 우리는 유성영화 고유의 특성들을 떠올릴 수 있다.

1. 어떤 기표적 조합들의 자연적이고 심리생리적인 성격

유성영화의 문화적인 체계는 싱크레즈 효과, 공간적 자력磁力,

소리에 대한 소리 프레임의 부재와 같은 자연적인 기반 위에서 구축된다.

2. 기의들보다 월등한 기표의 과정

시-언늠-청각audio-logo-visuel 전체에서 소리와 영상은 서로를 강화시키고, 서로를 밝혀주거나 서로에게 영향을 주는데, 이는 기의뿐만 아니라 기표의 과정에 따른 것이기도 하다. 기표의 과정에서는 종종 자의적이고 기계적인 기준뿐만 아니라 다음과 같은 형식적 기준이 우선시된다. 시간의 일치나 불일치, 평행적인 관계나 리듬상의 대립 관계, (시간의 축에서) 그들 각각의 예측 가능성의 수렴이나 발산에 기반을 둔 '시간적 벡터'의 창조, '질료,' 짜임새 따위의 강화나 보완성 등이 그것이다.

따라서 탐지될 수 있는 형상들은 어떤 구체적이고 한정된 의미로 제한되는 것이 아니며, 나는 이전에 〈새〉에서 끌어낸 예로 이를 살펴보았다.

3. 시청각 분리와 초감각성

소리와 영상은 '초감각성'*의 차원에 따라 서로 결합되는 동시에, 소리와 영상이 대면할 때조차 하나가 다른 하나로 환원되지 않는 것으로 나타나며, 각기 그 만남에서 자기와 구별되는 다른 것을 드러낸다. 이 때문에 영화나 인접 매체가 만들어내는 현재 상태의 시청각 관계는 불만족스럽고 언제나 자의성, 조작, 강제적 병치라는 의심을 받을 뿐이다.

---

* 「용어 해설집」에서 '초감각적 지각' 항목을 보라.

2부. 미학과 시학

4. 오인의 계수

혼합이자 분리의 반응이기도 한 시청각 분리는 대개 지각하는 주체(청중이자 관객)가 최소한 즉자적으로는 전혀 알지 못한 채 만들어진다. 지각하는 주체는 대개는 존재하지 않는 잉여 ── 예컨대 이 잉여 때문에 그에게는 영상이 이미 말하는 것을 소리가 반복하는 듯 보인다 ── 를 경험한다고 착각하지만, 요컨대 시청각 상황에서는 있는 그대로의 영상을 보는 것도 아니고 있는 그대로의 소리를 듣는 것도 아니다. 주어진 시퀀스에서 소리와 영상을 다시 분리해서 이 둘을 따로 관찰하는 평범한 경험을 해보면 이를 쉽게 알 수 있다.

5. 시청각 효과의 언어에서 '작가영화'와 '상업영화' 사이에 명확한 구분선의 부재

로랑 쥘리에, 프랑수아 조스트, 베로니크 캉팡, 클로드 베이블레, 미셸 파노처럼 나와 같은 주제로 글을 쓴 수많은 저자는, 서로 이론적인 차이가 있지만, 관습적인 상업영화와 더 모험적이고 창의적인 작가영화 사이에 서로 화해할 수 없는 간극이 있다고 고집스레 주장한다. 이들이 쓴 글들은 작가영화, 이른바 '비관습적인' 영화에 공통되고 독특한 시청각적 특징들이 있다고 상정한다. 그런데 내가 보기에는 시-언-청각 도식의 사용이라는 점에서 '고전적이고 할리우드적인' 영화와 '현대적이고 실험적인' 영화는 특별하게 구별되지 않는 것 같다. 이들은 같은 기법을 사용하고, 반대로 각 영화를 하나하나 따로 떼서 보면 비로소 차이가 보인다.

내 생각에는 분명 이러한 이분법 때문에 프랑스에서 소리에 대한 연구가 진척되지 못했는데, 프랑스에서는 집단적 현상인 영화언어 langage cinématographique 연구와 작가 연구를 혼동한다. 이들은 영화언어가 예술가들 손아귀에 있어서, 예술가들이 영화 한 편 한 편을 만들면서 영화언어를 자유롭게 재창조한다고 생각하고 싶은 것뿐이다. 작가들에 대한 총론에서 출발하지 않고, 내가 한 것처럼 영화작품들에서 출발해 작가들에게 거슬러 올라가는 식으로 소리를 연구한다는 사실만으로도 어떤 연구들의 더 협소한 작가주의적 관점이 전복된다. 즉 앞서 말했듯, 사실상 아주 이질적인 단계들—여기에는 배우들이 자기 목소리로 수행한 중요한 역할까지 포함된다—을 거쳐 만들어진 소리는 특별히 감독의 전능성을 보여주는 영화의 측면이 아니다.

프랑스 비평의 신화들

내 접근에 대한 응답으로서, 나는 프랑스 쪽에서 '사운드트랙'이라는 당황스러운 문제와 내가 이를 거부하는 것에 대해, 토론이라기보다는 왜곡을 종종 확인했다. 따라서 이런 오해들이 만들어진 것은, 내가 출간한 책들이, 꼭 자발적으로 그런 것은 아니지만 비평의 신화들과 충돌하기 때문이다.

1. 문화주의

최초의 비평적 신화는 기본적인 문화주의다. 이에 따르면 동조화 효과와 시청각 효과 일반은 서구 사회의 문화와 이어져 있다. 그런데 무엇이 자연스러운 것이고 무엇이 문화적인 것인가? 긴 토론이 이어질 주제지만, 어쨌거나 캉팡이 논거를 제시하지 않고 쓴 것처럼, 내가 정식화시키고 릭 올트먼 또한 이론화시킨 싱크레즈 효과가 "감각적으로 어떤 절대적 기준도 정당화시키지 못하고, 단지 우리가 습득한 습관과 관습 때문에만 경험하는 믿음의 효과"*일 수는 없다. 내가 알고 싶은 것은 언제, 어떻게 습득했는가다. 동시에 발생한다는 단 한 가지 사실 때문에 생겨나는 소리와 영상의 제휴 효과는 보편적인 심리생리적 효과로서, 인간의 몸이 '그 배선이 되는cablé' 방식에서 비롯된다.

2. 자율주의

두번째 신화는 자율주의("소리는 영상에 대해 자율적이어야 한다")인데, 현대 예술에 대한 담론에서 언제나 나오는 주장이다. 이 신화는, 유성영화가 될 수 있고 심지어 되어야만 하는 어떤 헛것을 위해 유성영화 현재의 모습과 과거의 모습을 놓쳐버린다. 이 신화를 추종하는 사람들에게 이런 견해의 특권은 영화에서 소리의 교육과 연구의 영역을, "좋은 예외들"(대개는 고다르, 타티, 뒤라스, 브레송 또는 다른 작가들)로 지칭된 "예외적인" 감독들로 축소하고, 아주 제한된 상징적 작품들의 자료군으로 축소해버리는 데 있다. 그리고 여기에만 '좋은' 유성영화 선언의 역할을 부여하면서 이런 영화들만 무한히 연구한다.

3. 연속주의

자율주의는 종종 연속주의나 '소리 연속체'라는 교리와 연결되는데, 특히 미셸 파노와 『영화의 실천』시기의 노엘 버치가 주

---

*   Véronique Campan, *L'Écoute filmique*, Presses Universitaires de Vincennes, 1999, p. 38.

장하고 정식화한 것이다. 이런 견해에 따르면, 말/소음/음악의 구분은 완성되고 '통합된' 시청각 표현에 걸림돌이 될 것이다. 소리를 단 하나의 블록으로 통합하는 것이 '소리/영상'의 통합을 준비하고, 여기에 유리하게 작용할 것이다.

마리-클레르 로파르의 글에도 연속주의의 환상이 있는데, 그녀가 뒤라스의 〈인디아송〉에 대한 탁월한 책 『분리된 텍스트』에서 사반나케트의 여자 거지 노래를 들으면서 '말/음악'의 불분명성에 유리하게 작용하는 라오스어의 영험한 '음악성'을 맛보았을 때가 그렇다. 그녀는 이렇게 쓴다. "이 노래의 음악성은 해독을 요청하는 기호들의 존재 때문에 불투명해지지만, 서구 관객들에게 언어적 코드가 차단된 이 기호들 자체는 의미의 가치를 상실하고, 음악이나 소음과 동등한 자격의 소리가 된다."*

그러나 여자 거지가 노래한다는, 텍스트의 의미를 파악하지 못한다는 구실로 목소리가 '소리'가 되지는 않는다. 목소리는 성性이 있는 인물의 목소리로 남아 있고, 모든 인간 존재에 자연스러운 '음성 중심주의voco-centrisme'를 불러일으킨다. 다른 한편, 여기서 모든 관객은 명확히 이 목소리가 여성의 목소리라고 식별한다.

두번째 이의 제기는 다음과 같다. 로파르가 지적하듯 몇몇 '관객-청중'에게만 이 여자 거지의 노래는 알아들을 수 없고, 따라서 가설적인 물질성으로 옮겨진다. 그런데 말을 알아듣지 못하는 관객을 왜 '서구인'으로 지칭해야 하는가? 라오스어를 모르는 아랍어 사용자, 중국인, 일본인 대부분도 똑같은 상황에 있다.** 거꾸로

---

*   Marie-Claire Ropars, *Le Texte divisé*, PUF, 1981, p. 138.

**   라오스어로 노래하는 것을 들을 필요조차 없다. 가수들이 또박또박 발음하지 못한 쥘 마스네의 프랑스 오페라 공연도 역시, 라디오에서 들은 이 작품에 익숙하지

로파르의 말이 맞다면, 라오스어를 이해하는 프랑스인은 단번에 물질성과 음악성의 신비로운 왕국으로 들어갈 수 있을 것이다.

4. 말-소음

종종 향수에 젖어 되돌아오는 '말-소음'의 신화도 연속주의의 특별한 변주다. 이런저런 감독이나 이런저런 작품(이런 종류의 주장에서 가장 자주 언급되는 감독은 타티다)에서 대화는 종종 '소음처럼'* 처리된다는 것이다. 그런데 우리가 한마디도 모르는 언어라고 해도, 심지어 만들어낸 언어라고 해도 누군가 인간의 말을 소음으로 듣기가 쉽지 않은 것처럼, 벽이나 또 다른 표면 위에서 글자와 닮은 뭔가를 보고, 이를 무의미한 어떤 것으로 간주하기는 쉽지 않다.

5. 병합주의

더 최근에는, 많은 연구자에게 성경과도 같은 책이 된 두 권짜리 『시네마』에 나온 들뢰즈의 병합주의("소리는 청각적 영상의 구성 요소다")가 있다. 이 병합주의는 시-언-청각 특유의 온갖 모순을 일종의 시적 모호성 속으로 흡수하고 약화시키는데, 많은 연구자가 보기에 이 시적 모호성은 소리를 흡수할 수 있는 영상이란 개념 위에 만들어진 것이다. 들뢰즈는 이렇게 쓴다. "발성영화, 유

않은 프랑스 청중에게 불확실하다. 마스네의 「베르테르」에서 샤를로트의 노래나 레오 들리브의 「라크메」의 노래도 라오스의 대중가요만큼이나 알아들을 수 없으며, 그렇다고 이 때문에 '소리'가 되지는 않는다.

* 나는 심지어 이런 주장을 하는, 프랑수아 트뤼포에 대한 석사 학위논문도 읽은 적이 있다. 이 논문은 〈쥘 앤 짐〉과 〈이웃집 여인〉(1981)의 감독이 말을 꼭 '소음처럼' 사용한다고 주장한다.

성영화는 시각적 영상의 새로운 차원으로, 새로운 구성 요소로 이해할 수 있다."

이는 모든 것을 단순화시키고, 내 생각에 생생한 긴장을 품고 있는 발성영화를 매력적으로 만드는 것을 회피한다.

시 - 언 - 청각의 동조화된 시네마토그라프

우리는 있는 그대로의 발성영화에 대한 아주 거친 정의로 되돌아와야 한다. 우선, 발성영화라는 표현 자체에 대해 질문을 던져보자. 관용적 표현으로 남아 있는 '발성영화'는 사실상 소음이나 음악이 핵심적 역할을 하는 영화들을 지칭하는 데 명백히 부적절하다. 유성영화라고 말해야 할 것이다. 다른 한편, 유성영화라는 표현은 유성영화 초기부터 사용되었지만, 동시녹음의 대화를 거부하고 반주 음악이나 드물게 나오는 음향효과만 들려주는 반反-발성영화를 특징지으려 한 말이었다. 그러나 이런 경향 자체는, 거꾸로 영화에서 목소리와 대화에 핵심적인 자리가 있었음을 확인해준다. 이를 음성 중심주의라고 이름 붙일 수 있는데, 음성 중심주의는 보편적인 인간적 특징이기도 하다. 음악과 소음이 뒤섞인 그어떤 청각의 소란 속에서도 말하는 목소리가 있으면, '관객-청중'의 주의는 뭐라고 말하는지 이해하려고 목소리 쪽으로 돌려진다.

그러나 이 목소리는 소리, 감각, 소음의 세계 속에 있다.

14장. 실재와 그려내기

몸무게의 소음

레오나르도 다빈치는 『노트북*Codici di Leonardo da Vinci*』에서 다음 사실에 놀라워하는데, 이 '순진한' 놀라움은 우리에게 아주 소중하다. 소리의 리얼리즘이란 문제를 불러일으키는 질문(우리가 숨기는 경향이 있는 질문)을 제기하기 때문이다. "어떤 사람이 발끝으로 뛰면, 그의 몸무게는 어떤 소리도 내지 않는다." 액션 영화에서뿐만 아니라 일반 영화에서 떨어지는 사람의 몸은 관객에게 그의 몸무게를 느끼게 하려고, 추락의 폭력성을 묘사하려고… 소리를 내야 한다고 여겨진다. 따라서 음향효과를 통해 여기에 소리 하나가 부여된다. 묘사의 문제와 리얼리즘의 문제 전체가 여기에 있다.

그려내기rendu란 무엇보다 다음을 뜻한다. 훨씬 더 복잡하고 뒤섞인 지각들(감각의 정의를 아무리 간략하게 해도)을 기껏해야 두 감각[시각, 청각]으로 치환하고 유도해야 하기 때문에, 단순히 어떤 사건의 충격과 외양을 복원해 이를 찍고 녹음하는 것만으로는 충분하지 않다. 삶의 지각들이 순수하게 청각적이고 시각적인 경우는 아주 드물다. 빛의 변화에는 종종 온도의 변화가 수반된다.

당신은 길가에 있고, 자동차 한 대가 전속력으로 지나간다. 당신은 이 순간 1) 당신의 시각장視覺場에 자동차가 들어서고, 2) 자동차 소음은 자동차가 들어오기 이전이나 이후에 이 시각장을 넘어서며, 3) 당신의 발아래서 땅의 진동을 느끼고, 4) 당신의 피부로 공기의 이동을 느낀다. 모든 것이 사건의 전체적인 충격을 일으키면서 지각의 **덩어리**로 응결된다. 영화는 이 덩어리를 복원하려고 시도할 수 있고, 이를 흑백으로, 눈이 하나밖에 없는 카메라와 귀가 하나밖에 없는 마이크로 묘사하려고 애쓸 수 있다. 그러나 영화는 겉모습을 조작함으로써만 이를 할 수 있다. 예컨대 소리의 증가나 감소의 기울기를 과장하거나, 빛의 변화를 덧붙이거나, 몽타주 효과를 만들어내거나, 그 전에 아예 고요한 시간대를 마련해야 할 것이다.

그려내기는 당연히 영화의 청각적이고 시각적인 질료의 질감과 그 선명도와 이어져 있지만, 반드시 더 선명하고 화질 높은 영상이나 더 명확한 겉모습이 더 잘 묘사한다는 의미는 아니다. 오히려 반대다. 예컨대 영화에서 너무 세세한 영상은 움직임이 더 적다는 인상을 주고, 더 둔해진다.(1970년대 일부 프랑스 액션 영화들의 둔중함이 아마도 여기서 나왔는데, 이 영화들은 배경 및 사물들의 질감 디테일이 영상에 너무 빡빡하게 들어차 힘이 없었다.)

그려내기는 순전한 관습이나 수사법의 문제인가, 아니면 물리적으로 직접 효과를 만들어내는가? 그려내기는 코드와 겉모습 simulacre 사이 어딘가에 있다는 말로 여기에 대답할 수 있다. 그리고 겉모습, 그려내기, 코드 사이에는 일정한 연속성이 있다. 하나가 자기도 모르게 다른 것으로 미끄러진다.

예컨대 장-프랑수아 스테브냉의 〈이중의 남자들〉(1986)에서 소리 사용에 대한 아름다운 아이디어가 있다. 그것은 가정된 소리

현실을 충실하게 재현할 수 있는 소리가 아니라, 리얼리즘적 기능과 드러내놓고 단절하지 않은 채 그 사건에 대한 생각이나 감정을 만들어내는 소리를 우선한다는 아이디어다. 가장 성공한 예는 밤에 주인공들이 앰뷸런스로 이동하는 장면이다. 여기서 모터 소리의 음향효과를 내기 위해 온갖 종류의 사물로 만든 기이한 소리들이 나오는데, 이 소리들은 '실제' 소리보다 더, 밤에 자동차로 이동한 어떤 경로들의 매력을 **묘사**한다.

이것이 제대로 성공하기는 쉽지 않다. 소리에는 원형과 스테레오타입이 있어서 한 관습에서 다른 관습으로 빠르게 옮겨가버리기 때문이다. 앰뷸런스 장면의 '기이한' 소리들은 SF의 소리 클리셰로 쉽게 편입될 수도 있을 것이다. 이 장면을 행성들 사이의 여행으로 변모시키는 척하려고 감독이 애쓴 것도 아니다. 이 시퀀스의 힘은 정확히, 물리적인 현실을 억지로 변모시키지 않고도 매개적이고 모호하며, 반쯤 추상적이고, 반쯤 구체적이며, 반쯤 일상적이고, 반쯤 환상적인… 공간으로 소리가 미끄러져 들어간다는 데 있다.

〈이중의 남자들〉을 보면서 또한 말할 수 있는 것은, '들린 것'만큼이나 유연한 '찍힌 것'이 이런 미끄러짐에 적합하지 않다는 점이다. 그렇다고 그르노블의 배경과 산으로 둘러싸인 눈에 보이는 환경의 현실 ——이것은 기이한 프레임으로 포착되어, 찢어지기 쉬운 봉합의 지점들이기도 한 '잘못된' 연결의 몽타주 속에 끼어 있다——이 개조되거나 변모되지 않고, 대부분 현재 그르노블의 현실로 남아 있다. 실재를 찍기 위해 카메라 삼각대를 벽 위에 올려놓아도 전혀 개의치 않고, 관객의 눈은 방향을 잃지 않으며 본래의 의미를 정신적으로 재구성한다. 그러나 소리에 대해서는 전혀 그렇지 않다. 귀는 어긋나고 벗어나고 변형된 소리를 본래의 좋은 방향으로 복원하지 못한다. 그 대신 귀는 소리를 현재의 모습 그대로 듣고, 이를 영상보다 반죽하기 좋은 점토로 취한다. 시간을 약간만 투여하면, 흥미 있는 **그려내기** 효과에 녹아들어갈 수 있는 소리의 유연성이 여기서 나온다.

알려진 대로, 그려내기는 십중팔구 현실적 원인을 충실히 녹음하는 것과 다른 방식으로 얻어진다. 연극뿐만 아니라 라디오 예술의 기술 일부를 물려받은 영화의 음향효과는 원인들(잡다한 사물들)의 방향을 바꾸어 다른 원인들을 표현한다. 이는 실용적인 이유 — 예컨대 스튜디오에서 말 떼를 통제하기는 쉽지 않다 — 에서뿐만 아니라, 가장 탁월한 그려내기 효과를 획득하기 위해서이기도 하다. 나무, 천, 철 따위의 조각으로 삶을 재창조하는 음향효과와 동등한 것이 영상에는 엄청나게 비싸고 복잡한 기법들로만 가능하다(영화에서 E.T.의 형상을 창조하는 것)는 점은, 청각적인 것과 시각적인 것 사이에 지위의 차이를 보여주고, 귀는 일정한 조건에서는 극도의 환영이 생겨날 수 있는 기관임을 우리에게 상기시켜준다.

청각적으로 그려내는 예술

어떤 영화의 음향효과를 넣을 때마다 청각적으로 그려내는 예술이 실행된다. 영화에서 들리는 소리는 사실상 타격이나 문 닫히는 소리 따위의 (덜 강하거나 덜 부드러운) 실제 소리를 들려주는 경우가 드물고, 오히려 송신자나 수신자에 대한 그 행위의 물리적, 심리적, 형이상학적 충격을 들려준다.

모험 영화나 낭만적인 영화의 밤 장면에는 판에 박힌 것처럼 귀뚜라미 소리가 들리는데, 현실에서는 절대 그럴 수 없을 것이다. 엄격한 리얼리즘 차원에서 때로는 거짓인 이 귀뚜라미 소리를 개입시키는 일은 어쨌거나 밤 장면을 **영화적으로 그려내는 차원**에서는 정당하다. 밤에 우리는 낮에는 모르는 자연의 미세 활동, 명멸하고 흐르는 것들에 민감해지는데, 이 모든 것은 영화에서 온갖 종류의 지각과 인상(반드시 청각적이라고는 할 수 없다)을 자기 안에 집약시킨 귀뚜라미 노래가 떠올리게 할 수 있다. 여기에 덧붙여 귀뚜라미 노래는 우리에게 일정한 공간감과 영토감을 준다.

특히 도시 영화에서 소리가 표현할 수 있는 어떤 특별한 느낌도 없을 수 있지만, 클랙슨, 떠들썩한 소리나 소음, 지하철 자동 출입문 따위의 형태로 청각적인 점들과 선들의 소묘를 통해 한 도시의 삶을 요약하는 수많은 리듬의 조합을 표현하는 데 사용될 수 있다.

사실상 도시는 리듬의 차원에서는 매력적인 기관이다. 도시의 삶을 교향곡에 비교하는 상투적 표현은 아마도 20세기 초부터 사용되었다. 이 시기는 당시 도시의 웅성거림에 중요한 요소였던 길거리 상인들과 고함치는 사람들이 나오기 시작한 시기 — 마르셀 프루스트를 보라 — 로서, 이후에는 자동차 소음이 이 소리들을 몰아냈다. 무성영화는 여러 차례에 걸쳐 이 '거대도시 교향곡'에 시각적 표현을 부여하려고 애썼는데, 특히 베를린을 대상으로 한 발터 루트만의 〈베를린—대도시 교향곡〉(1927)이 그랬다. 한편 조지 거슈윈, 벨러 버르토크, 이고르 스트라빈스키, 찰스 아이브스 같은 작곡가들이 지은 교향곡들은 음악적 경로로 이 '거대도시 교향곡'의 표현을 이어갔다.

이유를 불문하고, 최대한 있는 그대로 이 교향곡을 표현하는 데 어떤 예술이 영화만큼 준비가 더 잘되어 있었겠는가? 이 때문에 발성영화 초기에 루벤 마물리언의 영화 〈러브 미 투나잇〉이 다

루려고 한 수도 파리가 깨어나는 고전적 장면(새벽 거리의 자동차, 아침에 열리는 덧문, 리듬감 있게 양탄자를 터는 가정주부 따위)이 생겨난다. 너무 도식적이고 짧게 끝나서 설득력이 떨어지는 이 시도의 특성은, 교향곡이라는 말 자체 때문에 대도시가 우리에게 주는 교향곡의 감정이 순전히 청각적이라고 착각했다는 점에 있다. 반면 세

계에 대한 우리의 지각과 기억은 감각들의 경로 사이를 너무 엄격하게 분리하지 않는다. 지각이나 기억이 보존하고, 과학 용어를 사용하자면 '엔그램화하는'('엔그램engramme'이라는 명사는 '개별 사건들로 뇌에 남겨진 흔적'을 뜻한다) 인상들은 이 감각들의 경로를 통해 들어온다.

영화가 단지 청각과 시각의 경로만 사용한다고 해도, 이 때문에 순전히 청각적이거나 시각적인 감각들을 재생하거나 모방하는 데 제한되지 않는다.(만약 그랬다면 얼마나 슬펐겠는가?) 어떤 영화의 소리들은 우리에게 수많은 빛, 공간, 열, 촉각 따위의 감각을 복원시켜줄 수 있고, 이 소리들은 실제적 복제의 단계를 훨씬 뛰어넘

2부. 미학과 시학

는다. 이렇게 영화가 도시의 소음들을 언제나 소리로만 묘사한 것은 아니다. 이 소음들 자체는 이미 우리의 실제 경험에서는 단순한 소리 이상이었다.

이 모든 것은 사람들이 관객의 요구라고 믿고 있는 것과 전혀 일치하지 않는다. 관객은 온갖 리얼리즘을 요구하기 전에 소리에 대해 명백히 무엇을 요구하는가? 그러나 관객은 요구를 충족하는 데서 …**처럼 보이는** 어떤 것도 받아들일 준비가 되어 있고, 모든 트릭, 모든 부정확한 것, 모든 임시방편을 믿으며, 꼭 그렇지는 않지만 단 한 가지 기준에만 권리를 주장하는 것으로 보인다. 어리석고 자의적이지만 고집스러운 기준, 인간적 지각 형성에 근본적인 것으로 입증된 기준은 **동조성**synchronisme이다.

원시적 발성영화(1927~35)의 관객, 감독, 이론가 들은 최소한 이론적으로는 동조synchrone와 비동조a-synchrone라는 문제 자체에 우리보다 더 관심을 가졌다. 1928년의 세르게이 에이젠슈테인에게서 나타나듯, 이들은 오늘날 내가 '외화면 사운드'(다시 말해 프레임 공간 밖에서 나는 소리)라고 정식화한 것을 '비동조화된' 것, 즉 시간 속에서 어긋난 것, 아니면 영상의 리듬에 따르지 않은 것이라고 정식화했다. '비동조성'은 영상 속의 인물이 동시에 들은 단순한 소리고, 이는 오늘날에는 '외화면 사운드'라고 일컬을 것이다. 이후 동조화 문제는 해결된 것으로 간주되었고, 그 자체로는 거의 연구되지 않았다. 영화 이론은 '진짜 소리'(직접음향이나 더빙된 음향)라는 문제의식에 관심을 더 가지는 것을 좋아했다. 여기서 진짜라는 말은 디제시스 현실에 대해 진짜가 아니고, 촬영 조건의 현실에 대해 진짜라는 것이다. 그러나 실험적으로 제작된 영화나 비디오들뿐만 아니라 일반 영화들은 다음과 같은 사실을 확인할 수 있었다. 즉 동조화된 소리들과 임의적인 영상들의 자의적인 이어 붙이기가, 언어학에서 기표와 기의의 '자의적인' 접합이 그런 것처럼 전적으로 엉뚱하고 지각적으로는 함축적인 온갖 종류의 원인-결과의 조합을 만들어낸다는 점이다.

따라서 싱크레즈는 리얼리즘적 지각을 뒤죽박죽으로 만든다. 영화는 진짜가 **되게 하는** 것의 '진실' 코드들을 만들어냈고, 이들 은 **진짜인 것**과 아무 상관이 없다. 영화는 진실의 소리보다는 상징, 소리-상징을 더 좋아한다. 도시 생활에서 경고음의 예가 그 증 거다.

도시를 말하는 소리

영화가 유성영화가 된 이래, 전 세계 영화에서 단 한 유형의 소리 가 그것 하나만으로도 충분히 도시를 표시하고 요약한다. 이것이 경고음이다. 경고음은 앰뷸런스나 경찰차 사이렌을 포함해서 (액 션 영화에 여전히 쓰이는) 자동차 경적 소리부터 전기 클랙슨까지 걸쳐 있다. 행위가 도시로 옮겨진다는 점을 '설정 숏'이 몇 초 동안 알려주는 미국 연속극에서든, 현대 중국 영화에서든, 때로는 줄곧 쓰이는 클랙슨 소리 ——자기테이프의 단편, 앞뒤로 이어 붙인 디 지털 녹음의 단편이고 소리를 주기적으로 반복한다 ——가 때마침 여기서 나온다.

도시를 표시하려고 거의 불가피하게 쓰는, 경고음이라는 이 스테레오타입의 영속성과 끈질김에 놀랄 수도 있는데, 이는 항구 의 음향을 넣으려고 쓰는 뱃고동 소리나 우리를 시골로 옮겨놓으려고 쓰는 새소리만큼이나 널리 퍼져 있다. 도시 공간을 채우는 소음이 그렇게 적은 것일까? 아니면 우리는 너무도 다른 수많은 떠들썩한 소리의 기억이나 명멸을 의식 속에서 갖지 못한 것일까? 그러나 도시의 현실을 중립적으로 녹음해보면, 우리가 잘못 생각했다는 점이 드러난다. 도시에서 지배적인 소리는, 다른 모든 소리(특히 목소리, 발소리, 인간 활동을 더욱 특징적으로 나타내는 불연속적인 소리)를 용해하거나 흡수하는 자동차 모터 소리의 꽉 차고 익명적이며 청각적으로 혼란스러운 덩어리masse다… 이런 혼란 속에서 유일하게 떠오르는 소리는 경고음뿐이다. 이는 강도뿐만 아니라 그 지각적 **함축성** 때문이고, 정확한 음이나 명확한 글리산도로 발산된 신호음(주변 음향의 배경에서 갑자기 이 소리를 튀어 오르게 하는 청각적으로 **좋은 형식**을 갖춘 신호음)의 명료성 때문이기도 하다.

그러나 이것은 신호음이 영화에서 도시 소음을 요약하려고 쓰이는 유일한 이유가 아니다. 클랙슨이든 경적이든 사이렌이든 신호음이 특히 **공간을 일깨우는** 힘 또한 갖고 있기 때문이다. 사실상 신호음을 길게 늘이는 반향음은 이 소리가 고층 건물들의 정면에서, 또는 좁은 거리에서 어떻게 반사되는지 명확히 들려준다. 자동차 모터 소리는 그것이 울리는 소리의 물감 속에서 너무 딱딱하고 구별되지 않는 반향을 가진 반면, 경고음의 건조한 울림이나 사이렌의 날카로운 **글리산도**를 둘러싸고 길게 늘이는 후광은 명확히 구별된다. 즉 경고음의 음색과 지속 시간은 이 공간 특유의 규모를 우리에게 알려준다.

청각적으로 도시는 사실상 **용기**다. 허허벌판에서 무디게 울리는 소리는 자기를 되돌려보내는 벽이 없지만, 도시에서 소리는 울려 퍼진다. 이렇게 영화에서 경고음이나 사이렌은 우리에게 영화의 원천, 즉 경찰차나 택시를 떠올리게 할 뿐 아니라, 동시에 도시 공간을 귀로 만져보게 한다.

자동차 경적 시대에 파리 도시 생활의 시끌벅적한 소리를 복원하려고 애쓴 프랑스의 첫 유성영화들이 나온 이래로 경고음은 영화가 도시를 표시하려고, 동물들이 울음이나 노래로 영역 표시를 하는 것처럼 청각적으로 그 영역을 표시하려고 사용하는 청각적 상징의 왕이 되었다. 나는 '표시한다'라는 말을 썼는데, 현실의 진부한 겉모습 이상으로 원형의 문제이기 때문이다. 다른 한편, 이점에서 영화는 교향곡 음악의 전통을 이어가고 있을 뿐이다. 사실상 이와 동일하게 거슈윈의 「파리의 미국인」이나 버르토크의 「이상한 중국의 관리」 서곡 같은 20세기 초 오케스트라 작품들은 클랙슨과 그 불협화음의 음들을 환기해 대도시를 떠올리게 했다.

도시의 또 다른 청각적 스테레오타입은 오히려 실내와 이어져 있다. 그것은 장-뤽 고다르를 비롯한 프랑스 영화에서 소중한 카페나 레스토랑의 주변 음향(핀볼, 주크박스, 에스프레소 메이커, 주문, 주방에 내리는 명령, 계산대에서 동전 부딪히는 소리)일 뿐만 아니라, 장 르누아르의 〈암캐〉에서부터 앨프리드 히치콕의 〈이창〉까지 음악가 이웃이 다소 서투르게 연습하는 피아노 소리가 압축하는 건물 안마당의 주변 음향이기도 하다. 다른 한편, 최초의 유성영화들에서 **이웃집에서 나는 소음들**(말싸움, 무선전신, 파티, 축제 따위)은 종종 코믹하거나 극적인 요소로, 나아가 주인공들의 인지를 이끄는 플롯 전개의 원동력으로 사용되었다.

어쨌거나 다른 그 어떤 소음도, 영토 표시로서 자동차 경고음이 가진 상징적이고 극적인 효율성을 갖고 있지 않았다. 즉 조화

2부. 미학과 시학

롭지 않은 개별 운명들의 엇갈림, 다중성, 도시에 특징적인 익명의 도로망을 환기하는 데는 클랙슨 서너 개에서 나온 불협화음이면 충분하다. 뉴욕에서 사이렌이 울리는 소리는 우리의 정신적 비전의 스크린에, 다소 길거나 협소한 거리를, 또는 엄청난 반사 표면의 영상을 갑자기 일으켜 세운다. 이는 다소 깊은 메아리, 그리고 멀어지는 거리의 변화와 이어진 음색의 변주(도플러 효과)로 이루어진다. 이것이, 아마도 지나치게 경멸당한 스테레오타입의 힘과 아름다움이다. 즉 스테레오타입은 현실적인 동시에 상징적이다. 그러나 이런 클리셰에서 다소 벗어난 영화의 예들 또한 어쨌거나 흥미롭고, 나아가 매혹적이다. 여기서 두 개만을 취해보기로 하자.

예컨대 자기 상상력으로 무장한 자크 타티는 〈플레이타임〉에서 뱅센 숲의 가장자리 공터에 유리와 철로 된 신도시(이것은 분명 하나의 도시다)를 갑자기 나타  나게 한다. 이 도시에서는 우리 귀에 이 공간을 펼쳐 보이려고 어떤 클랙슨 소리도 전혀(혹은 거의) 울리지 않는다. 단지 전부 다 만들어진 소리, 후시녹음된 이 도시의 소리는 명확해지고 정화되었을 뿐이다. 또한 통상적으로는 무정형의 질료인 차들이 운행하는 소리에서 다시 출발하여, 이것으로 내밀하고 살아 움직이며 부드러운 청각적 흔들림 ─신호등의 빨간불과 파란불의 순서에 맞춘 이 청각적 흔들림은 추상적 리듬의 코드와 아주 가깝다─을 만든다. 타티의 영화들에서 소리는 맑고 선명한데, 이는 보통 거의 반향이 없고, 마치 세상이 보내는 일종의 전신電信인 것처럼 코드화된 신호의 특성을 유지한다. 이것이 〈플레이타임〉에 나오는 도시의 경우다. '소리에 담그기' 같은 양식으로 자신이 만든 도시에 음향효과 넣기를 명확하게 거부하는 이 작가감독은, 여기서 관습적으로 극화하지 않고 우리에게 조용한 발소리, 해독할 수 없는 일종의 모스부호를 내뱉는 교통경찰관의 수다스러운 호루라기, 또는 자동차들의 정지와 출발 소리를 들려준다.

　　이는 리들리 스콧이 〈블레이드 러너〉에서 건립한 거대도시, 즉 극도로 오염되고 습기가 배어 있는 거대도시와 정반대다. 여기는 2019년의 로스앤젤레스인데, 계속 내리는 비가 끊임없이 흐르는 소리를 쏟아낸다. 지면 위보다는 거대한 빌딩들 사이에 난 하늘길을 통해 작은 2인승 차로 이동하는 도시인데, 이 때문에 소용돌이치며 윙윙거리는 정글 소리가 만들어진다. 다채널 돌비 스테레오의 탁월하고 웅장한 사용 덕분에, 가장 다양한 소리가 리듬 몇 개의 차원에서 줄곧 진동하고 울리며 으르렁거리고 바삭거린다. 〈블레이드 러너〉의 청각적 세계는 현재 대도시의 청각적 찌꺼기와 무미건조함 ── 이는 지금까지 경보음이나 사이렌의 청각적 섬광 몇 개만으로 조명되어왔다 ── 을 다채롭고 반짝이며 들쑥날쑥한 소리들의 흐름으로 대체한다. 이것은 낮은 심장박동(마치 유기체 같은 도시가 숨 쉬는 거대한 고래인 것처럼)에서부터 전기 곤충을 떠올리게 하는 빠르고 날카로운 바스락거리는 소리에 이르기까지, 대립하는 리듬들이 서로 포개지고 겹쳐지는 가청 영역의 온갖 폭에 걸쳐서 일어난다. 이 바스락거리는 소리는 미래주의적인 자동차나 장치에서 나온 것으로 생각할 수 있지만, 특히 일종의 자유로운 악곡을 이루는 것이다. 이 악곡만으로도 인간의, 빛의, 청각의, 유기적이거나 기계적인, 개인적이거나 집단적인 수천 가지 리듬을 집약해줌으로써 그 전체가 도시 하나를 이룬다.

다시 한번, 소리는 복제하지 않고 묘사한다. 〈블레이드 러너〉에서 이 영화의 소리 오케스트라를 가득 채운 날카롭고 들쭉날쭉한 어떤 전자적 모티프들은 등장인물들이 들은 소리를 재구성하는 것이 아니라, 이들의 세계를 구성하는 기계들 내부의 미세 활동을 상기시킨다. 그것이 깜빡거리는 전원 표시등의 기능이었는데, SF 영화의 배경들은 이들이 보여준 기계 위에 후할 정도로 이를 가득 채웠다. 물론 이 전원 표시등을 조롱할 수도 있다. 어쨌거나 이 전원 표시등은 우선 시각적 채널을 통해 금고, 입체, 철 상자들이 생기 없거나 비어 있는 것이 아니고, 그들 내부가 온갖 전자적·기계적 활동으로 움직이고 있다는 느낌을 주는 데 쓰인다. 이 점에서 소리 또한 '소리 표시등'처럼 작동할 수 있다. 그 깜빡거림과 리듬은 반드시 영화 속에 환기된 세계의 청각적 현실을 표현하는 것은 아니고, 세계를 구성하는 모든 것의 내적인 삶을 표현한다. 소리, 그것은 리듬이고, 리듬은 아마도 기표 중에서 가장 추상적이고 일반적이다…

소리의 물질화 지수

실재는 우리가 소리의 물질화 지수로 듣는 것의 도움을 통해 우리에게 지각되고 느껴진다. 내가 '소리의 물질화 지수'라고 이름 붙인 개념은, 어떤 소리에서 그 출처의 구체적인 특성을 우리에게 가리키는 것이고, 헐떡거리고 긁어내고 문지르는 모든 것이며, 실재의 저항 지수인 모든 것이다. 이는 목소리가 천사의 목에서 나온 것이 아니라 어떤 몸에서 나온 것이며, 바이올린 소리가 공중에서 나온 것이 아니라 팽팽한 장선에 대고 말총을 문질러서 나온 것이라는 점을 상기시켜준다.

소리의 물질화 지수는, 그것이 영화 소리 속에 배합된 방식을 통해 그려내기의 중요한 영화적 수단이 된다.(소리의 물질화 지수가 완전히 제거되면 의도적으로 비현실적이고 추상적인 소리가 나오고, 이와 반대로 소리의 물질화 지수가 강하게 강조되고 강화되면 물질과 몸이 느껴지게 되는데, 이 두 극極 사이에서 온갖 가능한 처리가 있을 수 있다.) 다른 한편, 영화의 소리에 출처가 보이지 않는 음악이 포함된 경우, 특히 잘못되거나 갈라진 음의 형태로, 아니면 박자가 맞지 않는 리듬이라는 형태로 나타나는 소리의 물질화 지수는, 행위 속에서 이 음악을 방출하는 존재가 구체적인 사람이며 따라서 그 음악은 스크린 음악이라는 결론에 이르기를 추동한다. 소리의 물질화 지수는 대사에서도 역할을 하는데, 그 영화에서 들린 목소리가 구강의 가벼운 흡착음, 문장과 단어 사이에서 호흡하는 소리, 기침, 쉰 목소리 따위의 디테일로 다소 '물질화'될 수 있고, 이와 반대로 다소 정화될 수 있다. 보이스오버 내레이션에서는 소리의 물질화 지수가 거의 대부분 정화되거나 파괴된다. 이것은 연기, 녹음, 몽타주같이 서로 다른 단계에서 행해지는데, 여기서 말하는 사람의 물리적 신체에 주의를 끌지 않으려는 공개적인 목표 아래서 이를 내버려두지 않으려고, 또는 이를 없애려고 신경 쓴다.(반면 안드레이 타르콥스키의 〈잠입자〉에서 알렉산드르 카이다놉스키가 내면의 목소리로 [『도덕경』에 나온] 노자의 문장을 인용할 때 가볍게 숨 쉬는 소리가 함께 나오는데, 이는 인물의 몸과 연속성을 유지한다.)

타티 — 소리는 그에게 종종 비현실적이고 추상적이며 양식화된 상태로 묘사되며 특히 운율과 리듬을 지니고 있다 — 같은 감독들과, 로베르 브레송이나 타르콥스키 — 이들에게서 마찰 소리, 삐거덕거리는 소리, 긁는 소리, 부딪히는 소리는 뚜렷한 가치를 가지고 있다 — 같은 감독들은 정반대 위치에 놓일 수 있다.

소리의 물질화 지수 문제는 사용된 기술과는 전적으로 무관하다. '직접음향'으로 작업해도 마이크의 선택, 녹음에 대한 확고한 태도, 몽타주할 때 내린 선택을 통해서 어쨌거나 추상적이며 정화되고 비물질적인 느낌을 만들어낼 수 있다. 텔레비전 스튜디오의 방송 소리가 그 예가 된다. 이것은 직접음향이지만, 우리는 여기서 공간도, 신체도 듣지 못한다. 거꾸로, 전체적으로 음향효과를 넣은 데다 현실에서 들리는 소음을 언제나 존중하지는 않는 브레송의 영화들은 물리적인 진실이라는 아주 강렬한 느낌을 준다.*

---

* 브레송의 〈아마도 악마가〉(1977)에서는 아주 시끄러운 파리 중심가 한복판에서 인물들의 발소리가 또렷하게 들리는데, 이것은 '그 자리에서' 녹음한 소리가 아니다.

15장. 세 가지 경계

공간적 자력磁力

나는 생-루의 시계가 똑딱거리는 소리를 들었고, 이 시계는
분명 나한테서 멀지 않은 곳에 있었다. 내가 시계를 보지 못
했기 때문에 이 똑딱거리는 소리는 매 순간 위치를 바꾸었
다. 이 소리는 내 뒤쪽에서, 내 앞에서, 오른쪽에서, 왼쪽에서
나오는 것처럼 보였고, 때로는 아주 멀리 있는 것처럼 소리
가 없어지는 것 같았다. 갑자기 나는 테이블 위에서 시계를
발견했다. 이때부터 나는 똑딱거리는 소리를 고정된 자리에
서 들었고, 이 소리는 더 이상 그 자리에서 움직이지 않았다.
나는 이 소리를 그곳에서 들었다고 생각했지만, 나는 거기서
이 소리를 듣지 못했고 그 소리를 거기서 보았다. 소리는 장
소가 없기 때문이다.*

마르셀 프루스트는 이렇게 내가 공간적 자력이라고 이름 붙

---

*   Marcel Proust, *op. cit.*, p. 803.

         2부. 미학과 시학

인 것을 누구보다 더 잘 묘사하는데, 이 공간적 자력은 영화에서 소리라는 질문, 특히 그 위치에 대한 질문의 중요한 측면이다.

영화 영상을 정의하자면, 그것은 다름 아닌 **장소**다. 여기서 영화감독이 넣어두고 싶은 그 어떤 것이든 나타날 수 있다. 영화 영상은 대개 움직이는 어떤 것이지만, 꼭 그렇지만은 않다.(심지어 크리스 마커의 〈환송대〉[1962]처럼 정지된 영상으로 찍은 아주 아름다운 영화들도 있다.) 이 정의를 넘어서면, 각각은 개별적인 경우들 뿐이다. 그러나 개별적인 경우들에만 머무르면 본질적인 것, 즉 그것이 장소라는 점을 잊어버리게 될 것이다. 장소라는 말에 다음을 덧붙여보자. 다소 길쭉한 직사각형 형태로 된 곳, 바로 이곳에서 뭔가가 일어나기 때문에 관객이 시선을 집중하고 있는 곳, 또한 내가 『영화에서 목소리』에서 **모든 것을 다 볼 수 없는 장소**로 이름 붙이자고 제안했던 곳이다.

그렇다면 발성영화의 소리들은 어떠한가? 거의 대부분의 영화는 모노 음향을 사용하는데, 이런 영화에서 소리가 공간에서 정해진 하나 또는 여러 개의 지점(이 경우 스크린 뒤쪽의 스피커나 스크린 옆의 스피커)에서 나온다고 해도, 영상과 비교는 여기서 끝난다. 소리를 확산시킨다고 해도 스피커는 소리가 존재하고 기능하는 장소는 아니다. 스피커는 정확히 영화관에 소리를 방출하는 확산기일 뿐이고, 소리는 이 영화관에서 음향 시설의 성능에 따라 벽에 부딪혀서는 크고 작은 정도로 튕겨나와 마침내 관객의 귀에 들어가게 된다. 다른 곳이 아닌 바로 이 관객의 귀가, 소리가 자리를 잡는 곳이다. 이는 각 순간에 관객이 보고 이해한 바에 따라, 영상이 제시한 것에 기반을 두고 소리의 위치를 '지정함으로써' 이루어진다.

사실상 모노 음향(또는 멀티트랙 영화지만 텔레비전에서 방영될 때처럼 모노 음향판)에서, 스피커의 고정된 출처로부터 나오는 소리가 스크린에서 움직이는 인물에게 부여되면, 그리고 이 인물이 오른쪽으로 가는 모습이 보이면, 이때 소리는 오른쪽으로 이동하는 것처럼 들린다. 그 인물이 내화면을 나가면, 소리는 스크린 바깥에서 들린다. 내가 **공간적 자력**이라고 이름 붙인 현상은, 관객이 어떤 소리의 실제적이거나 가정된 출처를 보면서 소리에게 부여하는 위치 결정에 달려 있다. 이 현상은 일상생활에서 하루에도 수천 번씩 검증된다. 발성영화의 리얼리즘은 여기에 기반을 두고 있으며, 이 현상이 없으면, 소리를 내는 물체나 인물들이 끝없이 움직이는데도 정작 스크린 안에서는 움직이지 않는 소리나 목소리를 믿을 수 없게 될 것이다.*

보편적이며 반사적인 심리생리적 현상인 공간적 자력은 이런 소리가 영상과 동조화될 때 더욱더 잘 작동한다. 따라서 공간적 자력은 종종 **싱크레즈**뿐만 아니라 영화관 공간에서 소리의 안정성에 기반을 두고 있다. 멀티트랙 장비를 갖춘 영화관의 경우, 스피커들의 배치에 따라(즉 스피커들이 서로 얼마만큼 멀리 떨어져 있는가, 스크린 축에서 얼마만큼 멀리 설치되어 있는가에 따라), 그리고 영화관에서 관객 자신의 위치에 따라 공간적 자력이 공고해질 수도 있고, 이와 반대로 방출된 소리가 **실제로** 나오는 곳 때문에 방해받을 수도 있다.

---

* 청각적 위치 결정은 시각적 위치 결정에 엄청나게 영향을 받으며, 청각적 위치 결정이 안구眼球의 반사운동과 함께 일어난다는 점은 과학적으로 검증되었다. 이 말이 뜻하는 것은 소리의 위치 결정이 보는 사람에게는 그야말로 자동적 과정에 다름 아니라는 점이다.

2부. 미학과 시학

영화에서 소리는 우리가 순전히 청각적 기준에 따라 소리에게 부여할 수 있는 출처의 자율적 장소가 없다는 점만 당분간 기억해두도록 하자.*

영화에서 '청각장聽覺場'이라는 개념은 모호하다. 이 개념은 어떤 소리의 위치가 분명하지 않은 '직접' 청취(즉 실생활)에서도 이미 모호하다. 청각장을 이 소리 자체가 존재하는 장소에 적용한다면, 그 출처가 (벽에 부딪힌 공처럼) 점과 같은 경우 이 소리의 장소는 중심핵을 둘러싸고 확산된 동심원처럼 묘사될 수 있다고 말해야 한다. 이 핵은 그 소리의 존재와 강도의 최대치를 설정할 수 있는 곳, 소리가 '태어난' 곳이다. 흔히 말하듯 소리의 위치를 정한다는 말은 일정 수의 감각적 증거나 이전 경험과 지식, 이 핵의 공간적 좌표 따위로 추론하는 일이다. 그렇기 때문에 소리의 위치를 결정하는 행위와 그 출처의 위치를 결정하는 행위를 불가피하게 혼동하게 된다. 일상의 경험에서 우리가 이를 말하는 데 사용하는 말들 때문에 혼동이 시작된다.("나는 발소리를 들어.")** 하이파이 전문가들은 이 문제를 잘 알고 있고, 예컨대 어떤 스피커가 출처는 아니지만, 청각적 이미지의 확산기라는 점을 안다.

따라서 영화에서 청각장은 전적으로 영상이 보여주는 것과 연결되어 있다. 다른 말로 하면, 영화에서 자율적인 청각장은 없

---

* 소리가 공간상에서 이동할 때, 예컨대 영화관의 한 스피커에서 다른 스피커로 이동할 때 생기는 역설의 경우만 제외하면 그런데, 나는 이 역설을 발견해 『소리 *Le son*』에서 자세히 다루었다.

** [옮긴이] 원문 "J'entends des pas"를 직역하면 "나는 발걸음을 들어"인데, 한국어로는 비문이기 때문에 불가피하게 "나는 발소리를 들어"로 옮겼다. (참고로 영어판 번역자는 "I hear footsteps"으로 옮겼다.) "나는 발소리를 들어"라는 문장에서 들리는 것은 '소리'이지만, 프랑스어나 영어에서는 '소리의 출처'를 듣는 것이 된다.

다. 실제적이고 가상적인 소리의 차원들이 만들어지는 것은 영상과 협력해서이며, 이와 동시에 소리는 끝없이 영상의 경계를 넘어서고 영상을 위반한다.* 영화에서 소리는 바로 이 이중의 움직임 속에서 살아간다.

영상에 대한 두세 가지 관계의 양태

통념에 따르면, 소리는 영상과 관계를 맺으면서 두 가지 기본 양태를 갖는다. 즉 소리가 스크린에서 행위의 출처를 보는 것과 연결——배우가 말하는 모습이 보이고 그 소리가 들린다, 문 닫히는 모습이 보이고 문 닫는 소리가 들린다——되고, 프랑스에서는 이때 '인 사운드son in'(영어로는 '온 사운드on sound')나 '동시에 나오는 소리son synchrone'라고 말한다. 다른 경우는 소리가 발산되는 순간 소리의 출처가 영상에서 보이지 않는 경우인데, 인물이 줄곧 행위하고 있지만 카메라가 다른 곳을 보고 있거나, 숏이 바뀌었지만 그 인물이 내는 소리가 이어지거나, 영화음악을 연주하는 오케스트라의 경우다. 사람들은 이때 일률적으로, '오프 스크린off screen'의 영어 약자 '오프'를 써서 '오프 사운드son off' 또는 프랑스어로 '외화면 사운드son hors-champ'라고 말한다.

이와 동시에 이런 구분을 했던 모든 사람은, 잊지 않고 이 구분이 불완전하거나 부정확하다고 말한다. 예컨대 영화음악이나

---

* 베로니크 캉팡의 『영화적 청취』 전체가 따로 떼서 다루고 있는 것은 정확히 이 변증법의 두번째 극極이다. 그러나 캉팡의 책은 [소리가 영상과 협력한다는] 첫번째 극을 빠뜨리고 있는데, 이 첫번째 극이 없다면 두번째 극은 아무 의미도 없다.

2부. 미학과 시학

화자의 보이스오버 내레이션은, 행위 때문이 아니라 카메라 축의 변화 때문에 내화면에서 보이지 않은 채 줄곧 말하는 인물의 목소리나 거의 대부분 보이지 않는 이웃집 피아니스트의 음악(로베르트 시오드막의 〈이별〉, 장 르누아르의 〈암캐〉, 앨프리드 히치콕의 〈이창〉)과 같은 지위를 갖지 않는다고 말한다. 후자의 두 경우(외화면에서 말하는 인물, 이웃집 피아니스트)에서 보이지 않는 것은 줄곧 행위 속에 자리하고 있고, 전자의 두 경우(영화음악, 보이스오버 내레이션)에서 소리의 보이지 않는 출처는 그 행위와 같은 시공간에 속하지 않는다. 모든 사람이 이를 보았지만, '아쿠스마틱한' 소리가 달라지는 두 경우에 특별한 이름을 붙이는 데 오랫동안 신경을 쓰지 않았다는 점이 기이하다. 결과적으로, 이 문제에 대해 말할 때나 '오프'나 '외화면'과 같은 단어들을 가장 일상적으로 사용할 때도 일정한 혼동(때로 이 혼동은 모호해서 생산적이지만)이 아직도 지속되고 있다.

삼분원

나는 1985년에 내 책[『영화에서 소리』]에서 다음과 같이 이름을 붙이고자 했다.

> ◊ 소리가 나오는 순간, 행위하는 출처가 영상에서 보이는 소리(또는 보인다고 믿는 소리)는 **인 사운드**son in.
> ◊ 소리의 원인이 영상에서 동시에 보이지 않지만, 그 소리가 제시된 행위와 동시에, 그리고 영상에 제시된 공간과 인접

한 공간에 놓여 있다고 우리가 상상하는 소리(외부의 소음, 히치콕의 〈싸이코〉에서 앤서니 퍼킨스 어머니의 목소리, 미조구치 겐지의 〈산쇼다유〉[1954]에서 낙인찍힌 늙은 여자의 목소리)는 **외화면 사운드**son hors-champ.

◊ 영상에 제시된 행위와 다른 시간과/이나 다른 장소에 위치하는 보이지 않는 출처에서 나오는 소리(피트 음악, 과거의 행위를 이야기하는 화자의 보이스오버 내레이션)는 **오프 사운드**son off.

이 세 경우에서 소리 하나는 '시각화되고,' 다른 소리 둘은 '아쿠스마틱'하다. 또한 하나는 '비非디제시스적'이고, 둘은 '디제시스적'이다. 흥미로운 것은, 이 두 부분집합이 서로 겹치지 않는다는 점이다.

다른 말로 하면, '인 사운드'는 디제시스적이면서 시각화되었고, '외화면 사운드'는 디제시스적이면서 아쿠스마틱하며, '오프 사운드'는 비디제시스적이면서 아쿠스마틱하다. 여기서 서로 다른 두 짝짓기, 구별되는 다른 차원에서 일어날 수 있는 두 연대連帶의 구조적 가능성을 볼 수 있다.

물론 여기서 이러한 구분은 소리와 영상의 관계나 간극을 분간하기 위한 것이지, 공간에서 소리 그 자체, 소리의 색채 따위를 분간하기 위한 것은 아니다. 다른 말로 하면, 어떤 소리는 영상과 관련해서만 '인' '외화면' '오프' 따위의 관계를 맺고, 관계가 확립되는 순간 그때그때 이런 관계가 생겨난다.

(정보 차원에서 언급하자면, 이 개념 세 개를 영어로 옮기는 까다로운 일을 맡은 영화사가이자 이론가 클라우디아 고브먼은 내 책

2부. 미학과 시학

『오디오-비전L'Audio-vision』의 영어판을 번역하면서 "인 사운드"를 on-screen sound, "외화면 사운드"를 offscreen sound, "오프 사운드"를 non-diegetic sound로 옮겼다.)

모든 경우(예컨대 내면의 소리)를 포괄하지 못하는 이런 구분을 더 섬세하게 다듬을 수 있다는 점을 모르지 않지만, 이 세 범주가 가장 빈번한 경우를 분석할 수 있다고 생각한다.

이 세 범주의 구분 덕분에 시간과 장소의 관계에 대해 약간 거칠고 임시적인 최초의 유형학을 세울 수 있다. 이후에는 다음과 같은 소리에도 자리 하나를 부여하는 것을 잊어서는 안 된다. 즉 어떤 인물의 내적 독백(내면의 소리), 내화면에 보이지만 우리에게 등을 돌리고 있는 배우의 목소리, 막스 오퓔스의 〈친절한 적〉(1935), 조지프 맹키위츠의 〈꿀단지〉(1966), 또한 투명 인간 영화들(그 최초이자 가장 아름다운 영화 중 하나인 제임스 웨일의 〈투명인간〉[1933])처럼 보이지 않는 유령의 목소리 따위가 그것이다. 그리고 영상에서는 아무것도 움직이지 않아서 시각화되지 않지만, 소리만은 들리는 바람 소리는 어떻게 분류해야 할까?

당분간은 세 범주를 한 원 안에 서로 다른 공간으로 배치해보자. 이때 이 범주들은 원 하나에 세 개의 동등한 비율로 나뉘며 세 가지 경계를 통해 서로 소통하게 될 것이다. 이를 임시로 삼분원三分圓이라고 일컫기로 하자.

이 공간적 배치의 장점은, 세 구역이 각기 다른 두 구역과 소통한다는 점이고, 이렇게 세 구역 사이에서 이루어지는 소리의 순환—인 사운드가 외화면 사운드로 이행하는 것, 또는 그 역逆—을 시각화할 수 있을 뿐만 아니라 경계 구역들의 중요성이나 때로는 진정한 경계의 부재까지 시각화할 수 있다는 점이다. 인 사운드

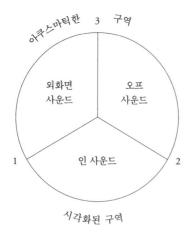

아쿠스마틱한 3 구역

외화면
사운드

오프
사운드

인 사운드

1

2

시각화된 구역

1 인 사운드/외화면 사운드의 경계
2 인 사운드/오프 사운드의 경계
3 오프 사운드/외화면 사운드의 경계

나 외화면 사운드의 지위는 물론 그 영화의 데쿠파주와 몽타주에 따라 그때그때 지속적으로 변형되며 다시 시작되기 때문이다. 그리고 심지어 소리가 이 서로 다른 구역들에 머무르는 방식(때로는 이 중 하나를 완전히 금지하거나, 세 구역 사이를 이동하거나, 구역들 사이의 모호한 가장자리에 머무르는)으로 어떤 작품들, 어떤 작가감독들의 양식들을 특징지을 수도 있다.

이 세 구역 사이의 구분은 이론가가 전혀 아닌 관객에게는 암묵적이고 직관적이다. 그 증거로 프세볼로트 푸돕킨의 영화 〈단순한 경우〉(1932년의 유성판)를 언급할 수 있다. 기차역에 젊은 여자가 전쟁터로 떠나는 남자를 배웅하러 왔다. 그녀는 플랫폼에 서 있고, 남자는 기차에 이미 탔으며 아직 기차는 멈춰 있다. 푸돕킨은 여자의 불안을 표현하려고 여자의 얼굴을 보여주면서 출발하는 기차 소리를 들려주는데, 그것은 가상적이고 정신적인 소리였다. 그러나 관객은 이 소리를 이 역에서 출발하는 또 다른 실제 기차 소리로 해석했다. 여자가 내적으로 들은 주관적인 오프 사운드가 아니라 외화면 사운드로 해석한 것이다. 이는 굳이 언어화하거나 정식화하지 않더라도 관객에게 또한 이 세 구역의 구분이 존재한다는 증거다. 이 구분이 존재한다고 말할 수 있는 또 다른 증거는 오페라 관습에서 찾을 수 있다.(무대 위에서 노래하는 인물들은 오케스트라가 이들에 대해 '이야기하는' 전부를 듣는 것은 아니다.)

오늘날 이런 종류의 효과를 실현하고 싶을 때는, 고의로 모호성을 추구하는 게 아니라면 필터링, 확대, 반향 효과 따위의 인위적 왜곡 효과로 주관적 소리를 다루는 데 신경을 쓴다. 이 효과는 이 소리가 행위가 전개되는 리얼리즘적 세계에 속한 것이 아니라는 점을 명확히 말해주며, 이렇게 디제시스적인 소리 공간에 속한 것으로부터 오프 공간에 속한 것을 구분시킨다.

영상에서 정신적 숏을 보여주는 인서트가 이 같은 방식으로 작동하지 않는다는 점을 주목해보자. 이 점에서 데이비드 린치의 〈이레이저 헤드〉(1977)는 무성영화에 통용되던 기법을 재발견했다. 이 영화에서 주인공은 자기 아파트 안에 있지만, 아래층 우편함의 숏 하나를 끼워 넣은 몽타주는 그가 자기 우편물을 '생각하고' 있음을 암시하는 것으로 여겨진다. 여기서 인서트 영상은 두 차원에서 작동한다. 즉 헨리가 여기에 대해 생각하는 동안 나오는 우편함의 실제 영상이 그 하나고, 헨리의 생각이 다른 하나다. 이 두 의미는 공존하고 하나가 다른 하나를 배제하지 않는다. 이것이 왜 소리에 대해서는 작동할 수 없을까? 다시 한번, 우리는 동시성 속에 있기 때문이다.

〈사형수 탈옥하다〉: 기차와 노면전차

이 세 가지 경계는 영화에 따라 벽이나 문(이를 넘어가는 일은 극적 사건이 된다)이 되거나 이와 반대로 격자창이나 창살, 점점이 뚫린 면이 된다. 그리고 몇몇 영화들과 작가감독들은 이 세 구역의 범위를 제한하고 이 범위들 사이에서 소리 순환의 법칙을 부과하는 자기만의 방식이 있다. 이는 강력하고 명확한 태도로 이루어지며, 여기서 이들의 미학과 의도가 집약된다.

로베르 브레송의 〈사형수 탈옥하다〉는 세 구역 사이에 각기 문을 설치한 것으로 볼 수 있는데, 이 문의 통과는 삶과 죽음의 문제가 된다.

타이틀 시퀀스 이후 짧게 나오는 자막은 "리옹, 1943"이다. 붙잡힌 레지스탕스 한 명이 독일에 점령된 리옹 거리를 달리는 자동차 뒷자석에 앉아 수송되고 있다. 아직 수갑을 차지 않은 이 남자는 자동차가 멈춘 틈을 타 도망치려고 한다. 이윽고 노면전차에 매달린 작은 종에서 나오는 너무나도 전형적인 깨끗한 소리("땡땡")가 들린 뒤, 정면에서 노면전차가 오는 모습이 보인다.(이 소리는 먼저 외화면에서 끈질기게 들리고, 이후 내화면에 노면전차가 들어온다.) 노면전차 때문에 자동차가 서지 않을 수 없고, 남자는 그 기회

를 이용해서 자동차 문을 열고 뛰어간다. 자동차 내부에서 찍은 장면에서 그는 즉시 다시 잡히고, 카메라는 부동의 상태로 머물러 있는데, 마치 우리에게 이렇게 말하는 것 같다. "나는

그가 돌아오기를 기다리고 있어. 그는 도망칠 기회가 없을 거고, 그의 자리는 내가 줄곧 보고 있는 이 뒷좌석 바로 여기야."

다시 잡힌 남자는 수갑이 채워지고 얻어맞는다. 그는 피를 흘리며 감옥으로 끌려간다.

실제 일어난 이야기를 각색한 이 이야기의 다음 장면은 생폴 감옥에 수감된 퐁텐 중위(프랑수아 르테리에)를 보여주는데, 그는 여기서 판결과 집행을 기다려야 한다. 그는 감방에 갇힌(관객의 눈도 그와 함께 여기 갇혀 있다) 즉시 일련의 기나긴 작업에 몰두한 덕분에 마침내 탈옥에 성공한다.

이 이야기는 그의 관점에서 전개되는데, 다시 말하면 그가 보는 것 이상이 보이지 않고 때로는 그가 보는 것보다 적게 보인다. 바람을 쐬거나 마당의 다른 죄수들과 소통하려고 감방 창문의 창살에 매달린 퐁텐을 외부에서 보여주는 숏들은 감독의 이 확고한 태도와 전혀 모순되지 않는다. 상당히 가까이에서 프레이밍된 이 숏들은 퐁텐 스스로가 알 수 없는 감방 외부의 어떤 것도 드러내지 않는다.

처음 탈출 시도에서 나온 노면전차의 경우, 종 땡땡거리는 소리와 레일 삐걱거리는 소리가 때때로 다시 들리게 된다. 퐁텐이 동정을 살피고 소통하고 바람을 쐬려고 감방 창으로 몸을 들어 올릴 때마다, 거의 매번 이 소리가 다시 들린다. 노면전차의 아쿠스마틱한 소리 ──근처에 있는 학교의 레크리에이션 수업에서 아이들이 지르는 고함 소리가 이 소리와 겹쳐진다── 가 거기서 매번 들리게 될 것이고, 이 소리는 감옥 주변에 도시가 있으며 이 도시에서 사람들이 계속 일상의 삶을 살고 있다는 점을 우리에게 상기시켜준다. 이것은 전쟁 중인 나라가 아니라 점령당한 나라이며, 인구의 대다수는 평범한 삶을 살아간다.

처음에 노면전차가 보였기 때문에, 전차 땡땡거리는 소리는 퐁텐의 수감과 함께 인 사운드에서 외화면 사운드로 넘어갔고, 이 소리는 자기와 함께 특정 노면전차의 구체적인 영상을 아쿠스마틱하게 옮겨온다고 말할 수 있다.(물론 정확히 똑같은 노면전차가 아니라 해도, 비슷한 종류 하나가 감옥 근처를 쉬지 않고 지나간다.)

바깥에서 와서 감옥에 있는 주인공의 귀에까지 들리는 두번째 아쿠스마틱한 '소리-상징'은 다른 식으로 작동한다. 브레송은 이 영화 50분경에 특히 밤(노면전차는 낮 시간에 들리는 소리다)에 우리에게 이 소음을 들려주는데, 이 소리는 점차 가까워지고 더 구체적이 되며 점점 더 끈질기게 들리는 소리다. 마치 퐁텐이 탈옥하면서 합류하려 했던 것이 바로 이 소리인 것처럼, 아니면 이 소리의 출처에 합류하려 했던 것처럼. 그것은 증기기관차의 기적 소리인데, 멀리서 들리고 상당히 넓은 공간에서 울린다.

노면전차와 달리 기차를 총칭하는 이 기차는 영화에서 즉시 보이지 않는데, 기적 소리가 울리는 장소도 마찬가지다. 이 소리는 기차 **일반**을 재현하며, 이 영화에서 특별하고 개별적인 형태로 미리 시각화되지 않았던 만큼 그 상징적 반향이 훨씬 더 크다.

따라서 퐁텐에게 탈옥한

2부. 미학과 시학

다는 것은, 어떻게 보면 외화면의 기차를 내화면으로 옮기는 것이고 이 소리를 탈-아쿠스마틱하게 만드는 것이다. 사실상 그는 거의 여기에 도달한다. 밤에 퐁텐이 탈옥하면서 점차 앞으로 나아감에 따라, 이 기차 소음은 레일에서 기차 구르는 소리와 가까워지게 되고, 이 소리로 보완된다. 심지어 기차 구르는 소리의 소란은 자기 발소리를 덮는 데 이용되고 독일 보초병과의 싸움에 이용되는데, 그는 보초병을 목 졸라 죽여서 그에게서 벗어나야 한다.

불규칙한 주기로 지나가는 이 보이지 않는 기차는 신성한 은총의 자의성 —— 브레송이 원했던 영화의 본래 제목은 '바람은 자기가 불고 싶은 곳으로 분다'다 —— 에 따르는 것 같다. 이 보이지 않는 기차는, 마치 성경에서 벌거벗은 노아를 망토로 덮어주는 것처럼 떠들썩한 소음으로 그를 자비롭게 덮어줌으로써, 퐁텐이 마침내 자유롭게 살기 위해 보초병을 죽여야 하는 결정적인 순간을 부르고 또 이를 정당화하는 것 같다.

탈옥 동료인 조스트와 함께 퐁텐이 성벽의 마지막 벽을 넘었을 때, 그리고 밤에 두 사람이 도시의 황량한 거리로 나왔을 때, 이들은 철교 위를 걸어 지나가는 기차의 하얀 연기 속으로 들어간다. 이 영화의 마지막 영상은 지금까지 억눌려 있던 모차르트 「미사 C단조」의 '키리에' 합창이 폭발하는 동시에 나온다. 우리가 마침내 합류하게 된 이 기차는 영상 속에 있지만 이는 단지 연기의 흔적을 통해서일 뿐이라는 점이 독창적인 착상이다. 이 때문에 기차가 신비를 간직하게 된다.

이렇게 퐁텐에게 자유로운 외부 공간을 나타내는 두 '소리-상징'은 대칭의 방향으로 작동한다.

—— 땡땡거리고 레일이 삐걱거리는 노면전차의 소리는 인 사

운드에서 외화면 사운드로 이동한다. 마치 초대에 응한 것처럼 감방에서 이를 듣는 퐁텐의 귀에 이 소리가 울린다면, 그것은 오히려 길을 거꾸로 되짚어 오라는, 뒤로 되돌리라는, 익숙하고 인접한 도시 공간을 되찾으라는 호소 같은 것이다(좁은 확장).

—기차의 외화면 사운드는 그에게 더 넓은 공간을 환기시키고, 시각화되지 않았으며 탈-아쿠스마틱화를 요청하는 소리다. 이는 도시와 일상의 삶에서 멀리 떨어진 미지의 새로운 차원으로 초대하는 것처럼 울린다(넓은 확장).

퐁텐에게 탈옥이란 편안하고 제한된 일상의 품을 되찾는 일에 그치는 것이 아니고 이 또 다른 차원의 호소에 응답하는 일이다. 서로 반대 방향으로 움직이며 인 사운드와 외화면 사운드의 경계에서 교차하는 이 두 소리의 궤적은, 원을 닫는 것이 아니라 이 영화의 구심적 소리 공간들을 넘어서 확장되는 나선형의 움직임을 여는 것이 중요하다는 점을 잘 보여준다.

사실상 〈사형수 탈옥하다〉에는 서로서로 포개진 공간이 최소 네 개 있다. 이 공간들은 특별한 소리들로 만들어지고 표시되지만,

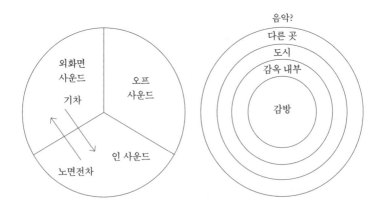

2부. 미학과 시학

영상은 거의 끊임없이 우리에게 제한된 영역만을 보여준다.

　a. 감방 안쪽에 대응하는 것은, 퐁텐의 느리고 지겨운 탈옥 작업에서 생긴 가깝고 무딘 작은 소리들이다. 즉 감방 문을 긁어내거나 지주가 되는 나무를 떼어내거나 동아줄이나 갈고리를 만들거나 따위의 소리다. 퐁텐은 소리의 물질화 지수가 풍요로운 이 소음

들을 억제해야 하고, 이 소음들이 공간에서 폭넓게 '옮겨가지' 않도록 주의해야 한다. 이 소리들은 십중팔구 인 사운드로 시각화된다.

　b. 감방 주변의 감옥 내부에 대응하는 것은, 이와 반대로

오만한 소음들이다. 이 소리들은 간수들이 내는 소리로서 퐁텐의 낮 시간에 나온다. 죄수들에게 줄지어 밖으로 나가라고 명령하는 날카로운 호루라기 소리, 여닫는 감방 문소리 들이 있다. 간수들의 과단성 있는 발

소리, 난간 쇠창살에 기계적으로 열쇠를 대고 지나갈 때 걸리며 나는 소리, 자물쇠에 꽂은 열쇠들이 달그락거리는 소리,

난폭하게 내뱉거나 퍼붓는 명령 소리 따위도 있다. 거대한 석조 건물의 강력한 반향음으로 특징지어진 이 소음들은 대개 외화면에

서 들린다. 이런 소음들이 울릴 때, 이들이 서로 협력해서 감옥 공간에 존재감과 크기를 부여할 때, 우리는 퐁텐과 함께 감방 안에 있기 때문이다.

1956년 이 영화가 개봉된 지 며칠 지나지 않아 나는 이 영화를 보았고, 이 영화에 대해 [이탈리아 건축가인] 조반니 바티스타 피라네시식의 원근법 영상을 간직했다. 그런데 이 영화를 자세히 보면, 이 작가감독이 복도, 벽, 인물들이 내려가는 계단 들을 언제나 꽉 조이는 식으로 프레이밍한다는 점에 주목하게 된다. 결과적으로 브레송은 극도로 축소된 공간에서 촬영할 수 있었다. 호루라기, 발걸음, 열쇠나 자물쇠 따위의 반향음은 이 소리만으로 내 기억에 가상의 공간을 각인시켰다. 영화의 소리에 대한 내 저술 작업 초기인 1980년에 이루어진 이 관찰은 나를 **추가된 가치**라는 길로 인도했고, 영상/소리의 관계를 순전히 수사적인 합계로 생각하

는 고전적 모델이 잘못되었다는 생각으로 이끌었다.

c. 감옥을 둘러싼 도시 외부에 대응하는 것은 무디고 상대적으로 가까이 있는 소리들이다. 노면전차 소리, 노는 아이들 소리, 드물게 들리는 자동차 소리 따위가 그것이다. 노면전차가 처음에 제시되는 것을 제외하면, 이 소리들은 언제나 외화면에 있고, 퐁텐이 자기 창에 올라가 있을 때만 들린다. 이 소리들은 호루라기 소리, 자물쇠 소리와 함께 영화의 시간을 **의례화하는** 데 크게 기여한다.

d. 도시 주변에 있는 더 넓은 공간은 기차 기적 소리로 표시된

2부. 미학과 시학

다. 우리가 여기에 접근함에 따라 이 공간을 그려내는 소음들 속에서 기차 기적 소리가 어떻게 구현되고 구체화되는지를 알아차리게 된다.

　e. 영적 차원이란 더 넓고 새로운 다섯째 차원에서 나온 것으로서 모차르트의 「미사 C단조」라는 오프 사운드(이전에 말한 것처럼 '피트 음악')의 개입을 언급할 수 있는데, 이 차원에 공간적으로 접근할 가능성은 없지만, 우리 안에서 향수를 불러일으킨다. 더욱이 마지막 장면에서 "엄마가 우리 모습을 봐야 하는데"라는 조스트의 마지막 말 이후 탈옥의 긴장 속에서 오랫동안 억제된 혼성합창단 목소리가 폭발적으로 터져 나올 때가 그렇다.

　마지막으로 여기에 이 이야기가 이미 끝난 또 다른 시간과 장소에서 말하는, 화자 퐁텐의 보이스오버 내레이션을 덧붙여야 한다. 이것은 마치 더 이상 어떤 것도 일어나지 않는 시간과 장소에서 온 죽은 자의 목소리 같다.

　따라서 〈사형수 탈옥하다〉의 공간은 아주 구획화된 공간이다. 구역들 사이를 넘어가는 것은 강력하게 표시되고 극화된다.

　마찬가지로, 이 영화에 나오는 두 진영은 이들이 소리 공간에서 거주하는 방식으로 분리되어 있다. 탈옥을 준비하면서 퐁텐이 감방에서 만들어낸 모든 소음이 억제된 것처럼, 프랑스 죄수들은 입을 다물고 목소리를 크게 내지 않으며 서로에게 말을 한다. 입을 여는 일은 이들에게 금지되어 있기 때문이다. 이와 반대로 적들은 공간을 울리면서 강하고 거칠게 말하지만, 말할 때는 언제나 등을 돌린 채 카메라에 찍히고 나아가 외화면에 머물러 있다(대독 프랑스 협력자 장면). 같은 방식으로 이들은, 움직이고 명령하고 총살하면서 강하게 울리는 소음을 만들어낸다. 이 영화에서 우리는 어떤 독일인의 얼굴도 정면으로 보지 못한다.

이후 영화에서 브레송은, (극적이고 무대연출적인 관점에서는 극도로 효율적이지만) '무딘' 소리를 내는 착한 사람들과 '울리는' 소리를 내는 나쁜 사람들 사이의 이런 수사적 대립을 포기한다. 그는 점점 더 커지는 무딘 소리, 그리고 억제와 양식화의 증가를 향해 나아가는데, 이는 때때로 끔찍하고 난폭한 소리로 순간적으로 중단된다(〈호수의 랜슬롯〉 〈아마도 악마가〉).

제한되고 용해된 경계

브레송이 여기서 세 구역 사이의 엄격한 구획화——이를 넘는 행위가 상징적이고 의례화되고 장엄한 특성을 갖기 때문에 세 구역의 분리는 강화된다——에서 생길 수 있는 극화를 극한까지 밀고 나간다면, 다른 영화들이나 작가감독들은 고의로 삼분원의 한 영역에만 머무르려 하거나, 아니면 이들 사이에 소리 순환을 지배하는 법칙을 뒤섞어버린다…

예컨대 다른 장에서 살펴보았지만 자크 타티는 〈플레이타임〉에서 외화면 사운드를 거의 전면적으로 포기하는 방향(이때부터 외화면 사운드의 개입은 언제나 의미심장한 일이 된다)*으로 아주 멀리 나아가고, 음악이 일시적으로 개입할 때만 오프 사운드를 이용하는데, 음악이 나타나는 경우가 아주 드물기 때문에 이는 훨씬

---

* 문을 연 지 얼마 안 된 '로열 가든'에서 술잔치와 춤으로 밤을 꼬박 보내고 나서 새벽에 밖으로 나온 흥청거리는 사람이 초현대적인 구역 한가운데서 엉뚱하게 수탉 울음소리를 들을 때가 그렇다.

더 귀중한 순간이 된다. 여기서 질적인 것을 양적인 것과 연계시키면 큰 오류가 되는데, 드물게 사용한 효과가 훨씬 더 의미심장할 수 있기 때문이다.

〈인디아송〉에서 마르그리트 뒤라스는, 자신이 극찬하는 타티와 정반대로, 외화면 사운드를 폭넓게 사용함으로써 인 사운드를 '거의' 완벽하게 제거한다. 즉 인물들이 내화면에서 나갈 때만 이들이 말하는 소리가 들린다. 그러나 이 '거의'가 강력한 힘을 발휘한다. 사실상 이 영화는 외화면 사운드(프레임에서 나간 인물들의 목소리, 관객에게 보이는 사교 모임 무도회에서 연주하는 보이지 않는 오케스트라)나 아니면 오프 사운드(우리가 보는 인물들의 과거를 이야기하는 다른 목소리들이나 베토벤의 피아노 변주곡)만 들려주는 것 같다. 그러나 이 영화 한가운데에서 느리게 춤을 추고 서로에게 말하는 안-마리 스트레테르와 부영사가 보일 때, 인 사운드의 환영이 생겨난다. 이들의 입술 움직임이 보인다고 믿을 뻔할 수도 있지만 전혀 그렇지 않다. 배우 미카엘 롱스달과 델핀 세리그의 입술은 닫혀 있기 때문이다. 가상의 대화나 텔레파시로 나누는 대화가 들리는지 아닌지, 이들이 서로에게 다른 곳에서나 다른 시간에 말했는지 아닌지는 알 수 없다.

이 순간을 제외하면 〈인디아송〉에서 게임의 규칙은, 인물들은 내화면을 떠날 때만 말할 수 있고 내화면에 들어오면 입을 다물어야 한다는 것이다. 이와 동시에 목소리와 음악은 오프 사운드와 외화면 사운드 사이에서 방황하는 영혼처럼 돌아다닌다. 이 목소리와 음악 중 어떤 것이 현재에 있는 외화면 사운드인지, 다른 시간에 있는 오프 사운드인지 알 수 없다. 목소리가 사교 모임에 있거나 아니면 또 다른 순간의 발코니에서처럼 이미 다른 곳에 있느지도 알 수 없다. 영화에서 보통 명확히 제시되는 현재와 과거의 지표들이 여기서는 모호하다.

이 영화의 매력은 정확하게 이 다공성多孔性에서, 아쿠스마틱한 두 공간을 분리하는, 즉 (현재의 영상, 현재 시간과 연결된) 외화면 공간과 오프 공간을 분리하는 칸막이가 불명확하다는 점에서 나온다. 우리가 언제나 완벽한 오프 공간에 있다고 확신할 때 소리가 영상 속의 행위에 대해 시공간의 모든 관계에서 해방되어 있다면, 이 불명확성은 실제로 훨씬 더 당혹스러운 것이 된다. 여기서 그 소리의 의심스러운 성격, 소리가 재현하는 현실 상태의 의심스러운 성격은 스크린에 보이는 것의 존재를 허물어뜨린다.

입술을 닫은 채 롱스달과 세리그 사이에서 오가는 대화 장면은, 사실상 이 대화가 진짜로 들어갈 수 없는 내화면 공간을 둘러싸고 이 영화의 모든 소리를 양극화하기에 충분하다. 뒤라스가 처음부터 명확히 인 사운드를 배제한다고 표시했다면, 외화면 사운드가 어떤 순간에도 내화면 속으로 들어갈 위험(이것이 가능하다는 듯 자유롭고 무사태평하게 움직이는 델핀 세리그, 마티외 카리에르, 미카엘 롱스달 같은 몸이 끊임없이 예견하게 하는 것처럼)이 없었다면, 소리가 내려앉을 어떤 장소도 기대할 수 없다고 명확히 표시되었다면, 자기가 합류하고 싶은 현재 영상에 대한 소리의 모호한 매력은 없었을 것이다. 모든 것은 더 편안해졌을 것이고, 동시에 더 결정적인 것이 되었을 것이다. 여기서 영상은 어떤 소리도 맞아들이지 않지만, 이와 동시에 모든 소리는 영상의 가장자리로 달려드는 것처럼 보인다. 〈인디아송〉에 찍힌 내화면은 목소리와 음악에 대해 매혹의 초점 ──이를 중심으로 목소리와 음악이 영상 속으로 사라지지 않은 채 모인다── 으로 작용한다. 이때 목소리와 음악은 영상에 합류할 수 없다는 불가능성에 맞서 싸운다. 따뜻한 실내에서 빛을 내는 전구로 분리된, 바깥에 있는 밤의 나방이 죽을 때까지 유리창에 부딪히는 것처럼.

〈8과 1/2〉 이후 페데리코 펠리니의 영화들에서 이와 비슷한 원칙, 즉 불분명한 경계라는 원칙을 찾을 수 있다. 이 원칙은 강하게 주장되지도 않고 눈과 귀에 확 들어오지는 않지만 어쨌거나 중요하다. 그러나 펠리니에게 내화면은 소리에 폭넓게 열려 있다. 물론 펠리니는 소리를 이 세 공간 각각의 한가운데 명확하게 위치시킨다. 단지 그는 위치 없이 방황하는 소리들을 그 경계 지점들에 남겨둔다. 니노 로타의 음악은 오프 사운드로 오케스트라 피트 위치에 잘 자리 잡고 있지만…, 영상에서 때로는 오케스트라의 소리 하나를 조용히 취하는 고립된 악기 연주자가 순간적으로 나타난다. 펠리니에게 말은, 종종 느슨하게 동조되어 있다고 해도 명확히 인물들의 입에서 나온다. 그러나 이 말들을 둘러싸고, 종종 어슬렁거리는 또 다른 목소리가 나와서 일어나는 일에 대해 논평하는데, 영상 속이나 외화면의 어느 누구도 이 목소리가 자기 것이라 주장하지 않는다.(예컨대, 〈사티리콘〉[1969]의 베르나키오 극장 장면에서 우리 귀 근처를 어슬렁거리는 목소리 하나가 무대에서 나오는 라틴어 대화의 단편을 꿈에서처럼 되풀이한다.) 소음도 모두 명확한 자리가 있는 것은 아니다. 그리고 이 모든 것이 공간과 시간의 테두리를 녹이는 데 기여하지만 눈에 띄지 않는 이유는, 명확하게 배당된 충분한 소리들이 있기 때문이다… 펠리니에게 그 나머지 소리는, 경계를 잘 감시하지 않는 곳에 사는 구경꾼 소리와 이민자 소리로 구성된 주변의 주민을 형성한다.

세 가지 경계

따라서 삼분원을 제시하면서 나는 세 가지 구역뿐만 아니라 세 가지 경계 또한 규정했다. 이 경계들이 확실하게 나타나고 완결되거나, 반대로 겉보기에는 무시되고 용해되며 공간과 시간의 특별한 구조를 매번 증언하는 방식을 제시하고자 했다.

　1. **인 사운드와 외화면 사운드의 경계**는 가장 많이 사용되며, 외화면 사무실에서 내화면의 거실로 오가기 위해 필요할 때마다 건성으로 밀고 들어가는 갤러리 문처럼 대다수의 영화에 제시된다. 물론 이 때문에 브레송 영화같이 어떤 소음들이 경계를 넘지 못하게 하는 영화들을 찾을 수 없는 것은 아니다.

　외화면 사운드에서 인 사운드로 가는 이행(탈-아쿠스마틱화)을 그 역逆의 경우보다 훨씬 더 극적으로 사용할 수 있는 것은 분명하다. 소리가 인 사운드에서 외화면 사운드로 이동(브레송 영화의 노면전차)할 때, 이 소리는 자기와 함께 이미 보였던 영상까지, 구체적이고 특별한 이 소리의 정신적 시각화까지 함께 가지고 간다. 반대의 경우 소리는 자기 출처가 '아직-드러나지-않았음'을 가지고 유희한다.

　2. 목소리와 소음의 경우 **인 사운드와 오프 사운드의 경계**는 훨씬 드물게 사용되고 이를 넘어가는 일도 훨씬 드물다. 이 경계가 사실상 있는 그대로 보이는 지금/여기의 세계와 장소 바깥의, 시간 바깥의 세계를 구분 짓기 때문이다. 나는 『영화에서 음악』과 『코미디 뮤지컬 La Comédie musicale』에서 어떻게 이 경계를 넘거나 이

장벽 너머로 이루어지는 소통이 대개 소리의 특권화된 요소인 음악에 제한되는지를 보여주었다. 일종의 시공간의 선로 전환기로서 음악은, 위치 설정이라는 제약에 구속되지 않는 장소에서 유령 오케스트라가 연주하는 비非디제시스 피트 음악이 될 수 있다. 이 음악은 주저 없이 영상 속에서 반향을, 가능한 출처를, 응답하는 어떤 것을 가질 수 있으며, 사막 한가운데에서 말을 타고 노래하며 가는 카우보이에게 온갖 바이올린 소리를 반주해준다…

그러나 또한 어떤 화자의 아직 자리 잡지 않은 목소리가 외화면 공간을 점유할 때, 오프 사운드에서 인 사운드로 넘어가게 되면 누가, 언제 어디서 말하는가를 보여줌으로써 종종 서사가 기원하는 장소로 되돌려 그 영화를 매듭짓는다.

3. **오프 사운드와 외화면 사운드의 경계**는 가장 신비스럽다. 이 경계는 주의를 기울이지 않고 넘을 수 있지만, 이 경계가 관객에게 가장 불분명하고 적게 보이는 만큼——이 경계가 아쿠스마틱한 소리의 두 가지 양태와 관계되기 때문이다——시공간의 바탕 위에 서 있는 영화의 기반을 허무는 가장 당혹스러운 교환이 바로 여기서 이루어질 수 있다. 외화면 사운드와 오프 사운드의 경계는 (때로 이 경계를 넘는 것에서 끌어낸 개그들이 보여주는 것처럼) 존재하지만, 그 명확한 좌표는 결정할 수 없다. 반면 바로 이 경계는 (현재 영상에서) 부재하는 자의 세계와, 사라진 자의 것일 수 있는 저 너머의 세계를 소통시킨다. 이 경계를 여는 것은 한계의 상실을 뜻하는 것으로서, 영화에 가장 시적으로 치명상을 입힐 수 있다.

16장. 시청각적 프레이징

시간의 선형화

노엘 버치는, 각기 자율적인 숏들이 병치되는 식으로 쓰인 원시적 '타블로 숏tableaux'에서 시작해 이야기의 점진적 선형화線形化로 나아가는 것으로 무성영화의 발전을 밝혀냈다. 그러나 이 무성영화는 끝까지 시간의 흐름을 정지시킬 가능성과 만화경적이고 비선형적인 몽타주를 실행할 가능성을 간직하고 있었다. 즉 무성영화에서 숏들은 [연대기적인 전개가 아니라] 동시에 존재하는 전체의 단편들을 제시함으로써 이어졌다. 무성영화는 문학에서처럼, 우선 시간 바깥에 있고 행위 바깥에 있는 존재와 장소들을 고찰하는 묘사를 할 수 있었고, 이후 이들을 이야기에 포함시켰다. 이것이 데이비드 워크 그리피스의 〈국가의 탄생〉 같은 영화들의 시작 부분에 나오는 통상적인 예다. 여기에 익숙하지 않은 현대 관객이 놀라게 되는 것은 일련의 타이틀 카드들이 이야기의 요소 ── 할아버지, 명랑한 젊은 여자, 집 각각을 보여주고 이를 따로 프레이밍해서 제시한다 ── 를 보여주기 때문이다. 1910년대에 아주 특징적으로 나타나는 이 기법은 〈시티 라이트〉같이 상당히 뒤늦게 나온 작

2부. 미학과 시학

품들에도 남아 있고, 프랑수아 트뤼포는 1981년 〈이웃집 여인〉 시작 부분에서 두 주인공이 자기들 집 앞에서 포즈를 취할 때 이 방식을 차용한다.

리얼리즘적 소리가 도래할 때 명백히 이런 관행은 끝났다. 소리의 개입은 시간성을 선적인 전개로 고정시키고 굳히는 경향이 있다. 이제는 항상 앞으로 나아가야 한다. 어떤 행위를 동시에 존재하는 면들로 나누는 것도, 오페라에서처럼 행위를 정지시키는 것도 더 이상 불가능한 일이 되었다. 목소리의, 발소리의, 리얼리즘적 주변 음향의 동시음향을 말했던 사람은 이제부터 흘러가는 시간의 정확하고 불가역적 녹음을 말하게 될 것이며, 이 시간은 이제부터 계산되고, 계량되고, 분할된 시간이다.

어쨌거나 이것이 『영화에서 소리』 초판에서 내가 제시한 테제였다. 이후 나는 이 테제를 정교하게 만들려고 다시 고찰했으며, 이제 내게는 하나의 영화 전체가 다른 영화 전체로 대체된 것이 아니라 이중화dédoublement된 것으로 보인다. 즉 무성영화의 잠재성은 유성영화 아래 살아 있으며, '…와 동시에'를 대체해 '…이후에'를 제시할 의무는 불완전하다는 것이다. 앨프리드 히치콕의 〈새〉에서 멜러니가 기다리는 시퀀스에서처럼, 시간의 이중화가 있고 두 논리의 중첩이 있다.

말하고 듣고 있으며 어떤 장소에서 서로 마주 보는, A와 B 두 사람의 숏/리버스숏 같은 '진부한' 예를 들어보자. 여기서 카메라는 A가 말할 때는 A를 보여주고, 이후 A가 계속 말하고 있을 때 A의 말을 듣고 있는 B를 보여준다. B는 A의 말에 영향을 받고 있고, 이후 B가 말하기 시작한다 등. 이런 숏/리버스숏 장면에서 사람들은, 연이어 선형적 문장을 장황하게 늘어놓는 목소리가 들릴 때 이 장면이 시간의 축 위에 있다고 말하는 경향이 있다. 반면 **시간의 이중화**란 개념으로 나는 다음 생각을 제안한다. 즉 듣고 있는 B의 숏은, **또한** A가 말하는 숏에서 우리가 보지 못했던 B의 영상으로서 사후적으로 보일 뿐만 아니라, 연속과 지연된 동시성 속에서 A가 B를 본 것으로도 보인다.

이렇게 유성영화는, 겉보기에 공존할 수 없는 이야기 층 몇 개가 겹쳐지는 체계로 고찰해야 할 뿐만 아니라, 요소들의 온갖 조합이 재분할을 동반하는 체계로도 고찰해야 한다. 이것이 시청각 분리, 덧쓰기 예술로서의 발성/유성영화다…

발성영화는 다음과 같은 경우 심지어 무성영화의 영화언어를 거의 전체적으로 되찾을 가능성을 갖고 있다. 이른바 '몽타주 시퀀스'에서 특히 다양한 구실을 들어 '디제시스와 동시에 일어나는 소리'를 들려주려 하지 않을 때, 어떤 하루나 직업…의 개요를 2~3분 동안 우리에게 보여줄 때, 또는 주요 인물들이 어떤 음악 소리와 사랑에 빠질 때 따위가 그렇다.

발성영화는 무성의 형식에서 시간을 정지시키고 늘이고 압축하는 탁월한 기계의 사용을 간직할 것이기 때문인데, 이 기계가 바로 음악이다. 종종 동시녹음된 소리가 순간적으로 사라지면서 이어지는 음악은, 유성영화에 휴식의 순간들을 부여한다. 이 휴식의 순간에 유성영화는 실제 시간이라는 굳건한 땅에 다시 발을 딛기 전까지 순간의 연속이라는 지옥의 법칙에서 벗어날 수 있고, 유연하고 융통성 있는 시간 속에서 전개될 수 있으며, 1년을 압축하고 1분을 늘이며 여름에 잠깐 멈출 수 있다.

이렇게 알랭 레네의 〈히로시마 내 사랑〉에서 몇 번에 걸쳐 실제 시간에서 가상의 시간으로 이행이 나오는데, 이 이행은 삶의 실

2부. 미학과 시학

제 소리의 난입이나 소멸로 특징지어진다.(처음에 신도송信徒頌처럼 반복되는 "당신은 히로시마에서 아무것도 보지 못했어" 이후, 귀뚜라미 소리가 우리를 실제 삶으로 옮겨놓고, 카페 장면에서는 뺨 때리는 소리가 현재의 소음을 다시 도입함으로써 에마뉘엘 리바를 현실로 되돌아오게 한다.)

스탠리 큐브릭의 〈2001 스페이스 오디세이〉의 미래 장면 시작 부분에서 어떤 다른 소리도 없이 호사스러운 오케스트라의 「아름답고 푸른 도나우」 곡조 하나만으로 우주에서 회전하거나 연이어 지나가는 우주선들이 보인다. 우주에서 한 우주선이, 그 이전 숏에서 스크린을 지나간 우주선 **이후**에 움직이는지 아닌지를 정할 수 있는 어떤 것도 이 장면에 없다… 심지어 이 질문 자체가 무의미하다. 따라서 우리는 무성영화 속에 있는 것이다.

이때 발성영화의 다른 소리와 같은 질료로 만들어진 음악 — 즉 피아노 멜로디의 각 음표는 그 자체로 폭발과 소멸의 작은 이야기로서, 실재하거나 죽어 없어지는 시간 속에 기입된다 — 이 동시에 어떻게 영화의 시간에 일정한 융통성과 양식화를 부여하는 내러티브 요소로 쓰일 수 있는지를 보는 것은 놀랍다.

시간의 나머지 부분은 숏들 사이에 있는 것이 아니다. 말소리나 소음이 숏들 내부에서 (세제 광고에서 말하듯) 영상을 "깊이" 담그는 시간화를 도입하지만, 몽타주와 데쿠파주의 수사법 때문에 연속의 개념 아래 암암리에 동시성 개념이 살아 있게 된다.

소리/영상의 관계에서 왜 소리가 시간화시키는 요소일까? 우선, 귀의 시간적 감수성(어떤 현상을 파악하는 최소한의 문턱)이 눈의 감수성과 비교할 수 없을 정도로 섬세하기 때문이다. 귀는 아주 짧은 시간 동안 에너지, 음색, 특성, 지속 시간, 고저 따위의 변화를 식별하고 분석할 수 있다. 그러는 동안 시각의 차원에 있는 눈은 아무리 빨라도 이와 동등한 변수에서 뒤처지게 될 것이다.

빨리 보여주려고, 또는 나타난 것을 찰나에 고정했다는 인상을 주려고 액션 영화나 만화 영화에서 소리가 중요하게 쓰이는 이유다.

다음으로, 소리는 대개 시간 속에서 지향성을 갖는다. 합성음이나 오르간 같은 몇몇 악기 소리와 달리, 특히 자연적인 소리는 거의 항상 시간 속에서 전개되는데, 긴장과 이완, 충격과 완화, 폭발과 소멸이 가깝거나 넓은 간극을 두고 이어지는 소리는 현재에서 미래의 방향으로 가는 그만큼의 시간의 화살표가 된다. 고정되어 있거나 시간을 벗어난 것처럼 보이는 많은 소리(매미 우는 소리)는 종종 미세 사건으로 가득 차 있고, 이 미세 사건들은 시간이 불가역적으로 어떤 방향으로 흐르는지를 가리키는 그만큼의 작은 이야기다. 나는 여기에 **시간적 벡터**ligne de fuite temporelle라는 이름을 붙인다.

이와 반대로 영화 영상, 시선의 클로즈업뿐만 아니라 말하는 (다시 말해서 번갈아 입술을 여닫는 동작을 하는) 사람의 영상은 시간 속에서 지향성을 갖지 않을 수 있고, 만약 소리가 없다면 이것을 다른 숏과 연결하더라도 시간 관계가 생겨난다고 속단할 수 없다. 연속인지 동시성인지 분명하게 말할 수 없는 일이 벌어지는 것이다. 소리는 이어지는 영상에, 시간적 벡터와 연속이라는 이중의 추가된 가치를 도입한다.

이렇게 해서 나는 오늘날 영상의 '층' 하나만 시간화된다는 생각으로 기울게 된다. 반면 영상의 다른 층은 그대로 남아 있고, 계속 무성영화같이 기능한다. 이 시간의 이중화는 '시청각 분리'가 취하는 형식 중 하나다.

이렇게 영상이 **공간**에 대해 '보여주고' '보여주지 않을' 권력을 갖고서 소리가 '인 사운드'인지, '외화면 사운드'인지를 결정할 능력이 있는 것만큼, 소리는 **시간**에 결정적으로 개입하는 듯 보인다. 소리는 영상보다 훨씬 더 시간화의 잠재성을 보유하기 때문이다.

시간적 벡터

그러나 모든 소리가 시간성을 보유한 것은 아니다. 시간적 벡터를 만들어낼 수 있는 소리 전개 형식은 특히,

◊ 모든 유형의 소리 중에서 **강도**强度 **방향의 변이**는 (오즈 야스지로, 안드레이 타르콥스키, 잉마르 베리만에게서) 가까이 다가오거나 멀어지는 자동차, 기차, 비행기 따위의 점진적 크레셴도나 데크레셴도로서, 한 방향으로만 이루어지거나 왔다 갔다로 이루어지는 변이다. 타격과 반향의 단순한 소리

(사라지게 내버려둔 피아노 음 하나, 종 치는 소리, 기계식 전화기의 벨소리)는 시간적 벡터를 만들어낸다.

◊ 모든 유형의 소리에서 어떤 사건이 반복될 때 가속, 감속 같은 **속도 방향의 변이**가 나타난다.

◊ 음악에서 멜로디나 화성을 이루는 곡선인데, 멜로디가 박자 위에 내려앉는 순간을 예측하게 하거나(멜로디가 있는 음악이나 종결부로 향하는 화음 시퀀스가 개입하는 모든 경우), 아니면 극도의 고음이나 극도의 저음을 향하는 것처럼 단순하게 확실한 한 방향으로 가는 경우(예컨대 〈이창〉에서 이웃집 가수의 발성 연습)다.

◊ 대화에서 '마지막 단어'를 예측하게 하는 일정한 방식으로 구축된 문장(프랑스어 문장에서 목적 보어, 독일어 특유의 일정 유형의 문장 구성에서 분리 동사)이다.

이와 마찬가지로, 어떤 소리가 발전되지 않거나 지나치게 혼란스럽고 우연히 바뀌기 때문에 시간적 벡터를 갖고 있지 않을 때도 흥미롭다. 이때 소리는 고정성, 정체, 구조 상실 따위의 느낌을 만들어낸다. 예컨대 레네의 〈지난해 마리앙바드에서〉에서 방향도, 발전 축도 없는 프랑시스 세리그의 오르간 음악은, 바로크 궁전에서 움직이는 시각적 트래킹이 만들어내는 느낌, 즉 어떤 구체적 방향도 없고 이미 정해진 목적지로도 우리를 데려가지 않는 것 같은 느낌을 만들어낸다. 또 다른 음악(예컨대 윤곽이 아주 분명한 멜로디)이 이 시각적 트래킹과 결합되었다면, 아마도 하나의 목표로 가는 탐색이라는 성격이 생겨났을 것이다.

가장 빈번한 경우는 어떤 움직임도 없거나 움직임이 아주 적은 영상인데, 여기서 소리는 시간적 벡터 작용으로 영상이 시간 속에 놓이도록 해준다.

소리의 시간적 벡터가 배우들의 신체, 피사체, 카메라 움직임으로 만들어진 시간적 벡터와 결합하는 상황도 있다. 예컨대 〈택시 드라이버〉의 한 시퀀스에서 거리를 걷고 있는 로버트 드니로는 일정 속도로 걸어오면서 우리에게 접근하지만(그를 찍는 카메라는 고정되어 있다), 멜로디 곡선을 그리는 버나드 허먼의 음악 테마는 약간 뒤에 나온다. 이때는 시간적 벡터 두 개가 존재하는 셈인데, 하나는 인물과 카메라가 '충돌'할 수 있다는 예견에 기반을 두고 있고, 다른 하나는 악절의 종결에 대한 예견에 기반을 두고 있다. 카메라는 주인공 아파트에서 묘사적인 패닝을 실행하다가 식탁에 앉아서 일기를 쓰는 드니로에게 멈추는데, 그동안 허먼의 음악이 지속되고, 자신이 쓴 글을 읽는 주인공 내면의 목소리가 들린다. 이때는 시간적 벡터 세 개가 존재하는 셈으로, 하나는 영상 속에 있고, 두 개는 소리 속에 있다. 즉 카메라 움직임이 멈추기를 기다리는 것, 악절의 종결을 기다리는 것, 보이스오버 내레이션이 읽는 문장의 종결을 기다리는 것이다. 이 시간적 벡터 세 개는 밤에 운행하는 택시를 보여주는 다음 숏 시작 부분에서 교차한다. 다른 경우는 단지 소리에서만, 아니면 단지 영상에서만 따위와 같이 시간적 벡터가 하나 또는 여러 개 있을 수 있다.

관객이 시간 속에 자신을 미리 투사하게 하는 이런 예견들에 대해 직관적 감정을 느끼기 위해, 음악언어나 영화언어에 대한 기술적 지식을 가질 필요는 없다.

동조화 지점

한 시퀀스의 시간을 구축할 때 소리가 중요한 역할을 한다면, 이 시퀀스에서 동조화 지점을 결정하는 것이 소리이기 때문이다.

내가 **동조화 지점**이라고 이름 붙인 것은, 시청각 연쇄에서 소리의 계기와 이와 동시에 일어나는 시각적 계기 사이의 동시적 만남이 훨씬 더 두드러지는 순간이다. 다른 말로 하면, 싱크레즈 효과가 훨씬 더 두드러지고 강화된 순간인데, 강조 효과나 리듬감 있는 운각韻脚 효과를 만들어낸다. 어떤 시퀀스에서 동조화 지점들의 빈도나 배치는 이 시퀀스에 프레이징과 리듬을 부여하고, 의미 효과를 만들어내는 데 기여한다.

동조화 지점은 또한 **어떤 숏 내부에서** 영상과 소리 사이에 만들어질 수 있을 뿐만 아니라, 시각적 커팅(숏의 변화), 청각적 커팅이나 대화의 대사 사이에서 만들어질 수도 있다.

따라서 동조화 지점이 만들어지려면, 단지 동시성이 있는 것만으로는 충분하지 않다. 다른 말로 하면, 입술이 말과 동시에 움직이는 대화 장면도 그만큼의 동조화 지점이 있는 것은 아니다. 동조화 지점은 더 **두드러지고** 더 **의미심장한** 순간으로 규정되며, 다음과 같은 다양한 기준에 따라 생겨난다. 즉 지각에서 단절의 중요성(소리와 영상에서 동시적인 커팅), 시각적(클로즈업)이고 청각적인(더 특별히 가까이에서 잡거나 강력한 소리) 강화 효과의 존재, 정서적이거나 극적인 동시적 디테일의 중요성 따위가 그것이다. 맥락 또한 중요하다. 예컨대 오랫동안 동조화가 이루어지지 않다가 마지막에, 발음한 단어와 이것을 말한 사람의 영상이 처음으로 동시적으로 만나게 되면(예컨대 화자가 외화면 상태에 있을 때 듣는 사람을 보여주는 긴 숏들이 나온 뒤에), 동조화 지점이 명확해진다. 종종 이 동조화 지점은 또한 **시간적 벡터의 종결**로서 준비되고 만들어질 수 있다.

일정한 영상/소리 만남의 특수한 시간적 충격에 기반을 두고 있는 동조화 지점이란 개념은 순전한 형식적 효과지만, 그 자체로 정해지거나 코드화된 의미가 있는 것은 아니다. 시퀀스 구조의 수준이나, 시청각적 프레이징의 수준(리듬이나 음악적 차원)이나, 의미의 수준 따위와 관련이 있을 수 있기 때문이다. 동조화 지점은 의미를 만들어내지만, 꼭 그런 것은 아니다. 동조화 지점은 이 세 수준에 동시에 작용할 수 있고, 이것이 심지어 가장 많이 일어나는 경우다.

관객이 동조화를 갈망하고 최소한의 동조화 지점들을 노리며 이 지점들을 수시로 만들어낸다는 점은 경험해보면 명백해진다. 아주 쉽게 할 수 있는 이 경험은, CD에서 아무렇게나 고른 음악과 DVD에서 아무렇게나 따온 시청각 영상 시퀀스를 무작위로 겹쳐 보는 것이다. 이 경험은 어떤 시청각 시퀀스에 운율이나 구두점이 필요하며, 또한 시청각적으로 동시에 일어나는 모든 일에서 의미나 지향성을 찾는 경향이 있다는 점을 명백히 보여준다.

앞에서 동조화 지점이 어디 놓일지 결정하는 것은 왜 대개 소리라고 말했을까? 소리는 영상(영상은 고정적 요소들을 더 많이 갖고 있다)보다 훨씬 더 빈번하게 일시적이며 특정 사실과 연관되어 있기 때문에, 인물들의 행위나 환경 속에 있는 소리 사건을 통해 점點과 같은 강조를 훨씬 더 쉽게 할 수 있기 때문이다.

소리는 시간과 대화에 운율이나 구두점을 부여하는 데도 폭넓게 사용된다. 바로 소리를 통해서, 당구공 하나가 다른 당구공을 때렸다는 것을 알 수 있고(로버트 로센의 〈허슬러〉[1961]), 플래시가 터지든 말든 카메라가 작동하며 영상을 찍고 있다는 것을 알 수 있으며(미켈란젤로 안토니오니의 〈블로우 업〉[1966], 필립 카우프먼의 〈프라하의 봄〉, 안드레이 줄랍스키의 〈퍼블릭 우먼〉[1984]), 클랙슨이 한 인물의 말에 구두점을 찍을 수 있다는 것을 알 수 있다.

주기성이 훨씬 더 넓은 소리 사건들도 일정한 지속 시간을 만들어내는 데 기여한다.

시간의 청각적 운율

오즈 야스지로의 〈동경 이야기〉(1953) 같은 영화에서는 모든 것이 협력해서 시간의 의례화를 만들어낸다. 때로 작은 종이 달린 일본식 미닫이문이 열리는 소리, 기차 지나가는 소리, 사이토 다카노부가 지은 규칙적인 음악 후렴구, 한 인물의 어머니가 경영하는 오락실에서 다시 섞이는 마작 패들의 규칙적인 혼합 소리, 극적 순간에 울리는 기차의 기적 소리. 이 모든 소리가 시간의 탁월한 의례화를 표현하고 여기에 맥박을 불어넣는다.

로베르 브레송의 〈사형수 탈옥하다〉의 죄수, 에르마노 올미의 〈약혼녀〉(1963)의 시칠리아에서 일하는 밀라노 출신 노동자, 클로드 샤브롤의 〈엘리스 혹은 마지막 가출〉의 여주인공, 타르콥스키의 〈잠입자〉에 나오는 잠입자, 제임스 아이보리의 〈하워즈 엔드〉(1992)의 가난한 젊은 남자, 미야자키 하야오의 〈센과 치히로의 행방불명〉(2001)의 어린 치히로 등은 오즈 영화의 주인공과 공통점이 있다. 즉 그들이 (파울루 호샤의 〈황금 강〉[1998]에서처럼 아예 건널목지기가 아니라면) 기차역이나 철로 근처에서 살거나 일한다는 점이다. 기차 지나가는 소리가 이들의 삶과… 영화에 운율을 불어넣는다.

의례화된 영화가 도래하기 훨씬 전에, 유성영화는 몇몇 장소들을 특권화된 영화적 배경으로 만들었는데, 기대, 시간의 구두점, 시간적 벡터를 만들어내는 어떤 간헐적 소리들이 여기서 시간에 리듬을 부여하기 때문이었다. 철로 근처 외에도 볼링공이 굴러가고 핀과 부딪히는 소리가 나는 볼링장(하워드 혹스의 〈스카페이스〉, 장 네굴레스코의 〈로드 하우스〉[1948]), 갤러리 문이 있는 식당(자크 타티의 〈윌로 씨의 휴가〉)이 언급될 수 있다. 무엇보다 기차역, 고가 위 지하철역, 공사장, 공항 근처에 자리 잡은 아파트라는 아이디어는 발성영화에서 오래된 것이다. 1950년대에는, 주변 음향의 주기적인 반복 효과가 점차 초기의 수사적이거나 심리적인 가치 — 공사장 근처에서 전개되는 쥘리앵 뒤비비에의 〈무도회의 수첩〉에서 피에르 블랑샤르를 보여주는 스케치처럼 이런 소리는 스트레스와 파산 상태를 뜻한다 — 를 상실하고, 정확히 시간을 존재하게 하는 데만 사용되며, 시간은 인물들과 무관하게 존재하기 시작한다. 다른 말로 하면 시간의 탈-심리화, 탈-수사화가 있다…

예컨대 시간에 구두점을 찍는 소리 디테일(버스나 기차의 통행, 삶의 소음)이 풍성한 빔 벤더스의 〈페널티 킥을 앞에 둔 골키퍼의 불안〉(1971)에서, 블로흐가 공항 근처에 사는 영화관 점원과 함께 그녀의 집으로 가서 다음 날 아침 식사를 하고 그녀를 살해하는 시퀀스는 비행기 지나가는 소리들로 조직되어 있다. 비행기들의 통행은, 인물들이 이를 언급하고 특히 제트기 소리와 프로펠러 비행기 소리의 차이에 대해 말하기 때문에 '감각을 명명命名한 소리sensori-nommé'다.

아침에 비행기 한 대가 지나간다. 정확히 비행기가 지나간 뒤에 남겨진 침묵 속에서 여자는 선정적으로 침대 위에 누워 있다. 블로흐는 겉보기에 미리 계획하지 않은 듯한데 말 한마디 없이 조용히 그녀의 목을 조른다. 그녀는 소리치고 싸운다. 페이드아웃. 블로흐는 바닥에 동그랗게 몸을 말고 누워 있다. 절대적 침묵. 그리고 프로펠러 비행기가 조용히 지나갈 때, 블로흐는 그가 건드린 모든 것을 닦아낸다. 기차 소리가 퐁텐을 도와 그가 없애야 하는 보초병을 죽이도록 추동한 〈사형수 탈옥하다〉와 달리, 여기서 비행기 지나가는 소리는 인물들이 존재하는 비심리적 지속 시간을 구현한다. 이들의 행위는 이 지속 시간에 포함되어 있지만, 소리가 개인화되거나 행위의 동인이 되지는 않는다.

이와 마찬가지로 플랑세캉스는 발성영화 초기부터 있었다. 예컨대 〈스카페이스〉 첫 장면에서 아름다운 플랑세캉스를 볼 수 있다. 그러나 플랑세캉스가 그려내는 지속 시간이, 행위나 인물에서 분리되어 일정 수의 행위나 정보를 포함하는 데 그치지 않고 행위나 인물들과 동시에, 이들과 독립적으로, 이들을 넘어 존재하려면 일정 시간이 지나야 했다.

다른 한편, 영화의 일정 경향(미국에서 에른스트 루비치나 우디 앨런, 프랑스에서 프랑수아 트뤼포나 미셸 드빌)은 줄곧 이 '물

2부. 미학과 시학

질적 시간matière-temps'을 전혀 또는 거의 사용하지 않았다. 여기서 장면들의 시간은 서사에 종속되어 있었다. 예컨대 우디 앨런의 〈라디오 데이즈〉(1987)에는 일화들이나 꽤나 웃기는 장면들이 이어지는데, 이 장면들은 화자의 열광적인 보이스오버 내레이션으로 연결되지만 지속 시간이 없다. 이 장면들은 자기 고유의 시간 속에서 존재하지 않고, 언제나 자기들을 둘러싼 형식적이고 내러티브적인 패턴의 일부다.

그러나 이 '물질적 시간'은 심지어 가장 기대하지 않았던 감독들에게서 나타날 수 있다. 예컨대 트뤼포는 시간이 드물게 존재하는 루비치나 사샤 기트리 영화의 영향을 받은 수많은 영화를 만들어냈는데, 이 영화들은 때로는 구성의 효과 때문에, 아마도 관객을 지루하게 하고 질질 끌지 모른다는 두려움 때문에 질식할 정도로 조심스럽게 조직화되었다. 감독이 누군지 모른다고 생각하고 〈부드러운 살결〉(1964)을 다시 보면, 구체적인 소리 감각들의 양과 선명성에, 이들이 치명적인 카운트다운으로 영화의 시간을 구성하는 방식에 충격을 받게 되는데, 이는 아마도 트뤼포 작품에서 유일하다. 이러한 소리 묘사는 또한 그 시대의 진정한 초상이기도 하다. 즉 전화가 어떻게 울리는지, 엘리베이터 창살이 어떤 소리를 내며 닫히는지, 전화 다이얼이 부딪히며 어떤 소리를 내는지, 창살 엘리베이터가 어떻게 삐걱거리는지, 제트엔진이 아직 새롭던 시기에 여객기가 어떻게 윙윙거리는지를 들려준다. 석유 펌프 작동하는 소리, 프로방스의 미식 레스토랑에서 들리는 벽시계의 큰 시계추 소리, 차가 드나들 수 있는 파리 건축물의 무거운 정문에서 나오는 전기초인종 소리, 분수, 문이 닫히거나 엘리베이터가 올라가기를 멈출 때 생겨나는 침묵… 거의 모든 것이 일어나며, 이것이 소리의 진정한 목록을 이룬다. 그러나 각 소리는 다시 나오지 않을 어떤 것을 가리키는 것 같다. 초반부를 특징짓는 아주 정교한 데쿠파주와 다급한 리듬이 결합된 이 영화는, 마지막 재앙으로 우리를 데리고 간다. 따라서 〈부드러운 살결〉에서 소음들과 연관된 모든 것은, 진부한 '치정 범죄' 시나리오에서 치명적인 분위기, 예기치 않은 난폭한 특성으로 오염된다.

히치콕 영화의 힘은 겉보기에 모순적인 두 차원에서 유희한다는 점에 있다. 전반적인 노선의 명확성과 고립된 장면들의 시간적 밀도가 그것이다. 시간이 노출되는 방식으로 가장 유명한 장면은 〈북북서로 진로를 돌려라〉에서 케리 그랜트가 황량한 농촌 풍경 한가운데서 누군가를 기다리는 장면이다. 고요한 풍경에서 오랫동안 다가오고 멀어지는 자동차 소리는, 시간적 벡터 하나로 환원된 시간을 구축한다…

결정적 순간

1950년대부터 오늘날까지 순수한 시간이 나오는 한두 장면을 향해 나아가는 것은 액션 영화의 필수 패턴이 되었다. 즉 '난동,' 추적, 몸값의 배달 따위, 요컨대 영화에서 가장 화려한 부분들(존 휴스턴의 〈아스팔트 정글〉, 줄스 다신의 〈리피피〉[1955], 구로사와 아키라의 〈천국과 지옥〉[1963], 피터 예이츠의 〈불릿〉, 장-피에르 멜빌의 〈암흑가의 세 사람〉, 윌리엄 프리드킨의 〈프렌치 커넥션〉[1971], 브라이언 드 팔마의 〈미션 임파서블〉)에서는 디제시스적이든 아니든 의도적으로 어떤 음악도 나오지 않는다. 음악은 준비처럼 이전에 나

2부. 미학과 시학

오거나 아니면 휴식이나 에너지의 폭등, 정화처럼 이후에 나온다.

물론 이미 조지 시드니의 〈스카라무슈〉(1952)에서 검으로 벌이는 최종 결투나 리처드 소프의 〈흑기사〉(1952)의 시합은 음악도 없고 대사도 거의 없는 순간들이며, 이때는 검들이 쨍쨍거리는 소리, 귀청이 찢어지게 두드리는 북들, '얏' 소리와 군중의 반응만 들렸다. 1960년대에 와서야 이런 장면들은 확장되었고, 그때까지 전혀 갖지 못했던 중심의 지위를 갖게 되었다.

많은 대화가 나오고, 스크린 음악이든 피트 음악이든 많은 음악이 나오는 영화들에서 결정적인 순간, 클라이막스, 돌이킬 수 없는 '주사위는 던져졌다alea jacta est'의 순간, 진실과 실제 시간의 순간, 말이 없고(아니면 아주 적고), 음악도 없는 순간은 주제의 한가운데 도달한 시간이고 시간 세 개가 뒤섞이기 시작하는 순간이다.

◊ (행위의) 디제시스적 순간
◊ 스크린에서 영화의 시간
◊ 영화를 영사하는 영화관의 일상적 시간

거의 항상, 골조를 구축하는 음악과 대사로 프레임이나 시간적 틀을 확립한 다음에 '골조에서 꺼내기'가 이루어지는데, 이제는 더 이상 음악도 없고, 종종 말도 없다. 이때 우리는 소리가 표시하는 순수한 시간, '원형 그대로의 것'을 지각한다.

다른 장에서 언급한 오토 프레민저의 〈로라〉는 전적으로 비현실적이고 소설적인 시간 속에서 시작되는데, 이 시간은 음악뿐만 아니라 월도 라이데커의 보이스오버 내레이션으로 만들어진 것이다. 여기서 우리는 어떤 장면의 구체적 지속 시간을 거의 느끼지 못한다. 그리고 마지막에 월도 라이데커는 로라의 아파트에서 그녀를 떠나면서 로라에게 말한다. "15분 뒤면 라디오에서 내 강연이 나올 거요." 그 뒤로 이어지는 장면은 비약 없이 전개되는 것으로 여겨진다. 즉 월도는 나가는 체했다가 다시 로라의 집으로 되돌아가는데, 로라는 잠잘 준비를 하면서 자기 후원자의 강연을 들으려고 라디오를 켠다. 우리는 그녀처럼 실시간으로 이 방송을 듣는다고 상정된다. 이 순간 우리는 영화가 끝에 도달했다는 느낌을 받는다. 왜 그런가? 진 티어니가 걸어가서 불을 켜거나 끄는 것이 보일 때, 거울 앞에서 머리를 매만질 때, 의도적인 것도 극화된 것도 아닌, 순수한 지속 시간을 환기시키는 무언가가 일어나기 때문이다. 이제 카드는 전부 다 돌린 것이다. 일단 주사위가 던져지고 모든 카드를 다 돌렸을 때, 우리는 실제 시간상에 있고, 더 이상 쓸 수 있는 전략이 없다. 사태는 그냥 일어나는 대로 일어나게 될 것이다.

실제 시간은 사형수가 마시는 럼주 한 잔, 그가 피우는 마지막 담배다. 그가 시간의 무게에서 해방된 것처럼, 해야 할 그 어떤 일에서도 해방된 것처럼.

혼자 공포에 질린 한 여자(카트린 드뇌브)의 아파트에서 시간 감각의 상실(이는 썩어가는 토끼 스튜와 싹이 트는 감자로 구체화된다)을 이용하는 폴란스키의 〈혐오〉(1965) 같은 탁월한 영화의 문

제는, 여기서 소리가 실제 짜임새 속에 포함되어 있지 않다는 점이다. 소리는 시나리오상의 필요에 따라 그때그때 소환된다. 폴란스키는 아직 소리에 구체적인 리듬을 부여할 줄 몰랐

2부. 미학과 시학

고, 그가 찍은 이후의 영화들에서는 더욱 효율적으로 소리에 구체적인 리듬을 부여하게 된다.

더구나 〈혐오〉에 나오는 일련의 장면은, 실제 시간의 느낌을 상실하게 하는 치코 해밀턴의 비非디제시스 모더니즘 음악으로 분할되어 있다. 그러나 젊은 여자에게 푹 빠진 남자가 그녀 아파트 문을 강제로 열고 들어온다. 이 문은 층계 쪽으로 열린 상태인데, 이 때문에 이웃집 여자가 층계참에서 이들의 언쟁이 시작되는 상황을 목격할 수 있었고, 이웃집 남자가 피아노 음계를 고르는 소리가 문을 통해 들려온다. 5분간, 우리는 되찾은 실제 시간 속에 있고, 여기서 모든 일이 일어날 수 있다.

어떤 영화가 완전히 끝날 때, 즉 모든 것이 완수되고 서스펜스가 대단원에 이르며 더는 기대할 것이 없을 때, 실제 시간이 자기 권리를 되찾는 모습은 언제나 아름답다. 이는 말을 대신하거나 덮어버리는 소음으로, 체포되어 패배한 알 파치노를 둘러싸고 공항 계류장에서 여객기가 이륙하는 엄청난 소음(시드니 루멧의 〈개 같은 날의 오후〉[1975]*의 끝 장면)으로, 날이 밝자 기진맥진한 채 밖으로 나온 흥청망청 노는 사람들을 둘러싸고 모든 것을 뒤섞는 바다의 주기적인 소음(페데리코 펠리니의 〈달콤한 인생〉)으로, 주인공의 영상이 카페 유리창 뒤로 사라지는 동안 통행이 다시 시작되어 자동차들이 밀려갔다 밀려오는 소리(클로드 소테의 〈금지된 사랑〉[1992])로 이루어진다. 어느 경우나 이는 영화들이 끝났을 때로, 이때는 온갖 종류의 상황 때문에 이 시간을, 순수한 흥망성쇠

---

* 한편 이 영화는 타이틀 시퀀스 외에는 모든 음악이 제거되어 주목할 만한 영화로, 행위는 두세 시간 동안 전개된다.

의 시간을 잊은 참인데, 소리가 다시 이 시간을 명백히 드러낸다.

이와 반대로, 히치콕의 〈로프〉나 바르다의 〈5시부터 7시까지의 클레오〉──여기서는 한 시간 반에서 두 시간의 디제시스 행위가 생략 없이 전개된다──같이 처음부터 끝까지 '실시간'으로 전개되는 영화들의 문제는, 정확히 디제시스 시간과 영화적 시간의 동일시라는 전제 때문에 실제 시간이 여기서 처음부터('기계적으로'라고 말해야 할 것이다) 획득된 것으로 간주해야 하는 데 있다. 반면 이런 실제 시간의 느낌은 여러 단계에 걸쳐 쉽게 만들 수 있다. 즉 양식화, 시간의 망각, 음악이나 대사나 때로는 보이스오버 내레이션 따위의 틀을 쓰다가 이후에 음악이나 보이스오버 내레이션을 아예 없애고 대사를 멈추게 하면 된다. 그 아래에서 손으로 만질 수 있을 만큼 생생한 시간이 다시 솟아나게 된다.

재현 속의 재현

어떤 영화에서 영화 상영 장면, 연극이나 카바레 공연 장면, 라디오나 텔레비전의 중계방송 장면 따위의 미장아빔mise en abyme[영화 속 영화]이 발성영화에 소중한 패턴이 되었다면, 그 효과가 종종 '실시간'의 참조점, 시간의 틀, 공연의 틀(영화적 서사의 필요성과 무관하게 자기 고유의 리듬을 가지고 존재한다고 여겨지는 시간)을 만들어내기 때문이다. 다른 한편, 영화 속 영화는 잘 알려진 비감정이입의 반응을 만들어내는데, 그것은 영화 속 영화 상영이 종종 인물들의 드라마에 전적으로 무관심한 채 전개되기 때문이다.

아우구스토 제니나의 〈미스 유럽〉의 주목할 만한 장면에서 여주인공 뤼시엔은 영사실의 어둠 속에서 애인의 질투로 살해당한다. 그녀는 이때 얼마 전 촬영한 영화에서 자신이 노래하는 장면을 보고 있었다. 살해 당하는 동안 노래는 끊이지 않고, 살인자가 듣지 못하는 메시지("나는 한 사람만 사랑해, 그게 바로 너야")처럼 끝까지 스크린에 나온다. 이는 또한 오페라(무사태평한 축제와 개인적 비극의 대조)*에서 잘 알려진

비감정이입 효과 같기도 하다. 그러나 우리가 시간 기록의 발성영화(〈미스 유럽〉은 처음에는 무성영화로 기획되었다) 속에 있기 때문에 살인 장면은 실제 시간 속에 기입되는데, 실제 시간은 이 영화 속에서 영화의 영사로 '보증'된다.

다른 말로 하면 모든 것은, 마치 몽타주나 생략의 유희로 끊임없이 시간을 단축하고 우리 욕망을 재촉하는 시간 기록의 영화가 '디제시스' 안에서 자기만의 시간을 갖는 무언가(이런 가속에 저항하고, 양식화될 수 없는 것)를 확인함으로써 이득을 얻는 것처럼 진행된다.

따라서 〈미스 유럽〉 시퀀스는 무성영화를 위해 구상된 것이

---

*   예컨대 조르주 비제의 「카르멘」, 주세페 베르디의 「리골레토」, 쥘 마스네의 「베르테르」를 보라.

었지만, 뤼시엔의 노래가 기계적 녹음으로 '끝까지' 진행되는 것이 들리는 유성화된 영화에 구현되었다. 이 녹음은 우리 자신이 보는 것의 분신이고 반영이다. 이 시퀀스는 독창적인 시간 기록의 창조가 된다.

요컨대 영화를 보면서 우리가 잊고 싶어 하는 것(영화는 영사실에서 이루어지는 기계적 상영에 불과하다)을 우리는 이 영화 안에 반영된 것[영화 속 영화]으로 되찾기를 좋아한다. 마치 그 시간이 '속이지' 않는 보증이기라도 한 것처럼. 또한 이 때문에 영화는 역설적으로 생방송 공연과 비슷해지는데, 이때 우리가 공연을 바라보면서 겪는 순간은 과거를 보는 데 쓰일 뿐만 아니라 현재를 사는 데도 쓰인다. 사실상 우리가 보는 상영 시간의 현재는 영사실에서 진행되는 영화다.(아니면 읽히는 DVD 디스크, 완전히 밀폐된 상자에서 돌아가는 카세트테이프다.) 상황 속(윌리엄 웰먼의 〈공공의 적〉 끝부분에서 돌아가는 축음기판)에서, 영화 상영이나 카세트테이프 관람(나카타 히데오의 〈링〉[1998])에서, 주크박스의 선곡 따위에서, 아니면 더 은유적으로는 작동하는 공장 스펙터클*에서, 스크린 자체에서 이 기계적 진행 같은 것을 찾는 행위는 현재를 실행시키고, 이를 수용하며, 우리가 단지 복제뿐만 아니라 공연에 참여하는 느낌을 갖게 만든다.

무성영화 시대에는 이 공연의 감정이 변사의 직접 개입과 음

---

* 공장 라인에서 실시간으로 자동차 조립을 보여주겠다는 히치콕의 유명한 아이디어를 보라. 이 아이디어는 〈북북서로 진로를 돌려라〉에 나타나는데, 이후 오히려 스티븐 스필버그의 〈마이너리티 리포트〉(2002)에서 탁월하게 실현된다. 리처드 플라이서의 〈최후의 수호자〉(1973)의 아름다운 장면도 보라. 여기서 주인공은 음악이 없는 침묵 속에서 과잉 인구에 식량을 제공할 수 있는 '음식물 제조 라인'을 발견하는데, 이를 보고 공포에 빠진다.

　　　　　　　　2부. 미학과 시학

악가들의 라이브 연주로 광범위하게 만들어졌다. 모든 것이 '상자 속에' 들어 있는 발성영화는, 영화 내부에서 공연 개념을 다시 도 입해야만 한다…

실제로 영화 속 영화 상영은 무성영화에 이미 풍부하게 있었 다. 예컨대 프리드리히 빌헬름 무르나우의 〈타르튀프〉나 버스터 키튼의 〈셜록 주니어〉(1924)에도 나오지만, 시간 기록의 발성영 화는 여기에 새로운 의미를 부여한다. 영화 속 영화의 대사와 이 를 보는 관객들의 얼굴 사이에서 생겨나는 이중의 의미를 고려하 지 않더라도, 그것은 시간의 참조점이라는 의미다. 더욱이 영화 속 에서 말해진 것은 이를 보는 인물들이 나온다고 해도 이들의 영상 위에서 들릴 수 있고, 이들의 상황에 대한 자유로운 논평으로서 이 들에게 적용될 수 있다(자크 타티의 〈축제일〉[1949]에서 장터 영화 장면).

펠리니의 〈아마코드〉(1973)에서처럼 소년이 어둠 속에서 한 여자의 손이나 허벅지 만지기를 꿈꾸는, 영화관에서 유혹이라는 고전적 상황은 실시간 에로티시즘과 이어져 있다. 이보다 덜 낭만 적이지만, 배리 레빈슨의 〈청춘의 양지〉(1982)에서 자신과 같이 온 여자가 전혀 모르는 상태에서 자기 성기를 만지게 하는 미키 루크의 외설적인 내기를 보라. 〈시네마 천국〉(1988)에서 주세페 토르나토레, 〈마티니〉(1993)에서 조 단테의 시네필 추억도 보라. 이 모든 작품에서 인물들 앞에 영사된 영화는 실제 시간의 척도로 쓰인다.

행위가 진행되는 내내 연속으로, 또는 긴 시간에 걸쳐 나오 는 라디오나 텔레비전 프로그램 사용도 마찬가지다. 바로 이런 원리로 에토레 스콜라의 〈특별한 날〉(1977)에서 '시간의 단위'(로마에서 히틀러의 무솔리니 방문을 알리는 파시스트 라디오의 공식 중계방송)가 구축되며, 조지 루카스의 〈청춘낙서〉에서도 '시간의 단위'(지역 FM 채널의 소리로 1962년 캘리포니아 지역 도시의 밤)가 구축된다. 24시간 이내에 행위가 집중적으로 전개되는 내내 송출되는 지역 라디오라는 같은 원리로 구축된, 스파이크 리의 〈똑바로 살아라〉(1989)나 존 카펜터의 〈안개〉(1980)도 빠뜨릴 수 없다.

'실시간'으로 제시되는 연극 공연도 마찬가지다. 마르셀 카르네의 〈천국의 아이들〉, 베리만의 〈화니와 알렉산더〉, 피터 예이츠의 〈멋진 드레서〉(1984), 피터 위어의 〈죽은 시인의 사회〉(1989) 따위에 나오는 셰익스피어 공연, 마누엘 지 올리베이라의 〈나는 집으로 간다〉(2001)에 나오는 이오네스코 공연, 모리스 피알라의 〈사랑 이야기〉(1983)에 나오는 알프레드 드 뮈세의 공연 따위가 그렇다. 여기에는 연극 속 연극이라는 셰익스피어 효과 이상의 것이 있다. 공연이라는 아이디어는, 시간 기록의 영화적 시간에 실제 시간 고유의 층위를 부여하기 때문이다.

사적이거나 공적인 리셉션, 콩쿠르, 시상식, 경매, 드라마 예술의 강의, 카니발, 재판, 콘서트, 서커스나 마임이나 발레 공연, 제식, 매장 따위도 빼먹지 말자. 이들은 모두 발성영화를 위해 만들어진 상황들이다. 모두 계속되는 소리나 아니면 비-불연속적*으로 이어지는 소리로써 시간의 연속성을 확인하거나 명확히 드러내기 때문이다. 반면 영상은 조각내고 분리시킬 수 있을 뿐이다. 이런 상황은 다음 같은 장면의 출발점이다. 즉 이런 장면에서는 시

---

* 「용어 해설집」에서 '비-불연속성' 항목을 보라.

간이 비디제시스적 요소에서 벗어나고, 종종 'X-27 효과'*로 나오는 디제시스 음악으로 구성되거나, 아니면 우리가 단어 하나하나를 들을 필요가 없고 단지 시간의 진행을 느끼게 해주는, 대화가 아닌 말들(연설, 설교, 노래)로 구성된다. 다른 한편, 이런 상황 각각에 대응하는 히치콕의 발성영화 하나씩을 찾을 수 있는데, 여기서 그는 서스펜스를 위해 이런 상황들을 활용했다.

물론 이런 장면은 무성영화에 많이 나오지만, 시간 기록의 발성영화에서 새로운 의미를 띠게 된다. 이 발성영화는 장면들 사이, 공연들 사이, 어떤 두 대목 사이의 순간적 편집 타이밍에, 정확하고 엄밀한 휴지休止에 강력한 의미를 부여할 수 있기 때문이다. 마리오 모니첼리의 〈마돈나 거리에서 한탕〉(1958)의 카니발, 존 포드의 〈청년 링컨〉, 루키노 비스콘티의 〈레오파드〉(1962), 마이클 치미노의 〈디어 헌터〉나 〈천국의 문〉(1980)의 무도회, 프랜시스 포드 코폴라의 〈대부 1〉 결혼식, 막스 오퓔스의 〈쾌락〉(1952)에 나오는 첫영성체 미사, 펠리니의 퍼레이드, 베리만의 서커스나 카바레 공연** 따위는 극적이고 정서적인 무게를 가졌다는 특징이 있는데, 이 무게를 만들어내는 것은 각각의 조각, 각각의 춤*** 사이에서 연쇄의 시간과 작은 공백이다. 여기서 시간의 실행은 작품에 필수적인 부분이 된다.

---

* 「용어 해설집」에서 'X-27 효과' 항목을 보라.

** 잘 알려지지 않은 데다 작가감독 자신이 그다지 좋아하지 않는 영화 〈뱀의 알〉(1977)에서 그렇다.

*** 이와 반대로, 세실 데밀의 〈지상 최대의 쇼〉(1952)의 서커스 장면에서는 이런 느낌이 없다. 다른 한편, 무성영화를 만들며 성장한 이 위대한 감독은 한 번도 발성영화의 '시간 기록' 차원을 통합시킨 적이 없는 것 같다. 이 때문에 그의 영화들은 겉멋을 부리는 특성을 갖게 된다.

여기서 출발해 소리의 비-불연속성을 통해, 영상을 통해 시간의 연속성을 표시해야 한다는 의무에서 해방된 '실시간' 장면은 종종 두 극단, 두 대극 사이에 놓이게 된다. 한쪽 극단에서는 참을 수 없을 정도까지 시간을 길게 늘이는, 고의로 '너무 긴' 장면들이며, 펠리니의 〈달콤한 인생〉에서 마지막 축제, 존 카사베츠의 〈남편들〉(1970)에서 술잔치, 장-뤽 고다르의(솔직히 말해서 하나밖에 없지만 두드러지는 장면인) 〈네 멋대로 해라〉의 호텔 방에서 잡담, 허우샤오셴의 〈밀레니엄 맘보〉(2001) 같은 장면에 나타난다. 여기서 우리는 '끈적끈적한 지속 시간의 영화'의 진짜 유파가 있다는 것을 안다. 이런 영화에서 마약 하는 사람들은 끝없이 마약을 하고(셜리 클라크, 폴 모리시, 아벨 페라라), 할 일 없는 사람들은 오랫동안 수다를 떨며(장 외스타슈의 〈엄마와 창녀〉와 거의 모든 짐 자무시의 작품들), 한 여자가 실시간으로 감자를 깎거나 설거지를 한다(샹탈 아케르만의 〈잔느 딜망〉[1975]). 카메라가 텔레비전 앞에서 무기력한 두 인물을 10분 동안 지켜보고 산발적인 언급을 덧붙이는 이런 영화들은 최고에서 최악까지 걸쳐 있다…

반대편 극단에서는, 때로는 같은 영화 안에서 모든 것이 최소한 순간적으로 결정되고, 늘어진 장면의 해결이 거의 보이지도 않는 총질 한 방으로 끝나거나 시선 하나, 또는 한마디 말로 끝난다… 이렇게 올리버 스톤의 〈도어스〉(1991)에서 짐 모리슨(발 킬머)은 「끝The End」이라는 노래를 즉흥으로 지어낸 것처럼 대중 앞에서 부른다. 이것이 몇 분간 지속되다가, 그가 마치 이 말을 오랫동안 자기 안에 억제한 것처럼 (자기 엄마에 대해) '빌어먹을fuck'이라 내뱉고, 한순간 스캔들이 터져서 모든 것이 뒤집힌다.

17장. 히치콕: 보기와 듣기

1

〈이창〉 같은 시나리오의 주요 난점 중 하나는, 어떻게 순전한 관음증을 가진 주인공들의 행위에 관객을 공범으로 만들 것인가라고 생각할 수 있다. 결과적으로 마지막을 제외하면, 이 주인공들은 살인자로 추정되는 사람 때문에 위험에 처하지는 않는다. 이들은 그의 행위를 관찰하지만 심지어 생명을 구할 수조차 없는데, 이 남자에게 관심을 가질 때는 이미 범죄가 저질러진 것으로 간주되기 때문이다.

그런데 영화가 시작될 때 모든 것을 털어놓음으로써 이 영화는 이 난점에 정면으로 다가선다. 그 말은 한 발에 깁스를 한 사진가 제프(제임스 스튜어트)가 자기 마사지사이자 간호사 스텔라(델마 리터)와 같이 등장하는 첫번째 장면에 나온다. 스텔라는 의심할 여지 없이 단죄하는 말을 내뱉음으로써 관객이 할 말을 가로챈다. "우리는 관음증 종자가 되었어요." 그러나 이 단죄의 말은 사실상 허가이고, 스텔라 자신도 적절한 때가 되면 이 게임에 가장 협력하는 인물이 되며, 맞은편 창문에 보이는 살인자에 대해 병적 상상력이 가장 풍부한 인물이 된다.

반면, 이 영화 전체에 걸쳐 결코 한 번도 표명된 적이 없고 표명되어서도 안 되는 뭔가가 있다. 이 이야기의 기능 전체가 이를 배제하는 데 기반을 두고 있기 때문이다. 그것은 안마당의 네 번째 면으로, 제프의 거실, 욕실, 부엌이 여기에 면해 있다. 이 네 번째 면은 다른 다양한 아파트들로 이루어져 있을 뿐이며, 여기서 제프와 마찬가지로 다른 주민들도 살인자인 소월드의 집에서 일어나는 술책이나 창을 열어둔 채 전개되는 극적 사건들을 목격할 수 있었을 것이다. 이 극적 사건에는 소월드가 자기 집에 몰래 들어온 리사(그레이스 켈리)를 격렬하게 움켜쥐고 그녀에게 끔찍한 일을 저지르려는 순간도 포함된다. 이 장면 또한, 전체나 세부가 줄곧 보이는 안마당을 둘러싼 세 면의 맞은편에 마치 아파트가 하나밖에 없고 창도 하나밖에(제프의 창문) 없는 것처럼 제시된다.

또한 이 아파트에서 관객은 거실(요양 중인 제프는 여기에 틀어박혀 있다)만을 본다는 점도 주목해보자. 관객은 다른 두 공간에 절대 들어가지 못한다. 관객은 리사가 내킬 때마다 거기 들어가는 것을 보지만 그녀를 따라 들어가지는 못하는데, 그녀는 제프의 동의를 구하기 전부터 이미 이 장소의 주인이다. 이 두 공간은 거실을 가운데 두고 서로 반대편에 있는 욕실과 부엌이다.

물론 이 모든 것은 처음부터 제프의 시점이라는 규칙으로 정당화된다. 발에 깁스를 하고 있기 때문에 지금 움직일 수 없는 제프는 하나밖에 없는 거실에서 나가지 못할 것이고, 그의 시선이 자유롭게 돌아다니는 바로 이 공간에서 우리는 비록 제프를 볼 수는 있어도(영화에서 동일시를 주관하는 겉보기에 역설적인 규칙에 따라) 원칙적으로 제프보다 더 많이 볼 수 없다고 간주된다. 여기에 시점이라는 규칙을 적용하면 관객은 주인공의 작은 아파트를 나눠 쓰게 되는데, 이 영화의 다른 인물들처럼 관객도 이 아파트와 같은 면에 다른 아파트들 ── 맞은편에서 벌어지는 일을 제프의 아파트에서만큼, 아니면 더 잘 볼 수도 있는 위치들 ── 이 있을 수 있다는 점을 잊어버리게 된다.

이를 잊게 하는 데 사운드트랙도 협력한다. 건물 내부에서 살인자가 올라오는 소리가 들리는 마지막을 제외하면, 제프를 방문하러 오는 다른 인물들이 다가오는 소리나 같은 면에 사는 이웃들이 내는 소리도 전혀 또는 거의 들리지 않기 때문이다. 반면 이 영화는 우리의 귀를 지속적으로 안마당 쪽으로 유도한다.

이 영화의 데쿠파주는 제프의 시점이라는 규칙에 최소한 네 개의 왜곡을 하는데, 하나는 명시적으로 제시되고 그 자체로 드러나지만, 관객은 훨씬 더 은밀한 나머지 세 개를 그 자체로는 지각할 수 없다.(지각해서는 안 된다?)

우선 세 개부터 말해보자. 첫번째 왜곡은 맨 처음에 있다. 제프는 휠체어에 앉아 자면서, 땀으로 젖은 그의 머리를 창틀 근처에 기대고 있다. 제프는 우리가 방금 카메라의 눈을 통해 전체적으로 훑어본 안마당 쪽으로 등을 돌리고 있다. 제프는 자면서 안마당 소리를 들을 수 있는데(귀는 잘 때도 줄곧 제 기능을 한다는 점이 알려져 있다), 라디오 소리, 온갖 종류의 음악, 클랙슨, 뱃고동, 아이들 고함 소리 따위가 소란스럽게 울리며 이 안마당에 무더위 속 뉴욕의 아침이 밝아온다. 모든 소리가 울리는 안마당은 동시에 제프의 머릿속 꿈이 연장된 것처럼 나타난다. 자는 사람은 사실 절대적인 귀다. 〈이창〉은 소리에서 태어난 영화다.

다음으로 제프는 훨씬 뒤에 같은 자세로, 똑같이 잠자는 상태로 명백히 자기 시점에서 벗어난다. 우리가 그의 창을 통해 소월드가 검은 옷을 입은 신비로운 여인과 밤에 외출하는 것을 보았을 때가 그렇다.

한 인물이 잠에서 깨는 것으로 시작하는 영화들은 특유의 매력이 있고, 이들은 우리를 곧장 그 사람의 시점으로 인도한다. 나는 여기서 오슨 웰스의 〈심판〉, 페데리코 펠리니의 〈여성의 도시〉(1980), 에릭 로메르의 〈비행사의 아내〉(1981)의 핵심적인 부분을 떠올렸는데, 로메르의 영화에서는 실제 세계가 몽환적으로 나타난다. 결과적으로 인물이 잠들어 있고 행위가 그 인물 없이 시작되어 이어질 때, 시점이 진짜로 왜곡된 것은 아니라고 말할 수 있을 것이다.

따라서 〈이창〉에서 공간은 완전한 가상의 원뿔 형태를 도입한다. 이 원뿔의 꼭짓점을 이루는 것은 제프의 거실(아니면 수평으로 창에 등 돌린 채 누운 제프의 머리)로, 이는 안마당과 세계로 열리게 된다. 그리고 제프의 작은 아파트 하나만 이 광대한 안마당을 마주 보지 않는다는 점을 관객이 계속 잊게 하는 게 중요하다.

그러나 우리가 거실에서 나오는 두 순간이 있고, 이때 우리는 '잊어버린' 네번째 면을 보게 된다. 사실상 이 영화의 마지막에서 소월드가 제프를 창에서 떨어뜨릴 때 이 네번째 면이 보이지만, 강렬하고 파편화된 빠른 시퀀스 때문에 우리는 무엇을 보았는지 쉽게 알아차리지 못한다.(네번째 면을 보려고 정지 화면을 실행해보면, 이 면에는 커튼이 내려진 창들밖에 없다.)

반대로 아주 두드러지고 명백히 나타나는, 거실 밖으로 나오는 또 다른 순간은 작은 개가 죽는 에피소드다. 맨 꼭대기 층에 자녀 없이 사는 은퇴한 커플은 밤에 자기들이 아끼던 애완견 사체가 땅바닥에 있는 것을 발견한다. 나이 든 부인의 비명과 울음과 비탄("왜 우리는 서로 사랑할 수 없나요?") 때문에 안마당에 접한 작은 세계 전체가 자기 창문과 발코니로 모여든다. 함께 있던 침대를 잠시 버려두고 같이 나온 젊은 신혼부부, 1층에 사는 '미스 고독,' 젊은 작곡가가 개최한 파티 손님들까지, 소월드만 빼고 모두 그렇다. 그러나 불타는 시가의 작고 빨간 점은 그가 이 즉흥적인 모임에서 떨어져 자기 집에 칩거해 있다는 사실을 드러낸다.

(영화 전체를 이끌어가는 관음증 충동은 영화 관객의 시선이 스크린에서 포착할 수 있는 극도로 작은 이 빨간 불빛의 점으로 압축되지만, 관음증 충동은 듣고자 하는 충동으로 배가되지 않는다. 리사를 제외하고 이 구경꾼들은 거의 듣지 않기 때문이다. 이들은 듣지만 자기들과 영화 전체를 감싼 소리 속에 잠겨서 듣지 않는 것과 다름없다. 이들은 소리에 귀를 기울이지 않는다.)

프랑수아 트뤼포가 다음과 같이 앨프리드 히치콕에게 말하자 히치콕은 이에 동의한다. "이것은 이 영화가 시점을 바꾼 유일한 순간입니다. 여기서 단지 카메라를 스튜어트 아파트 밖에 놓은 것만으로도, 이 장면 전체가 전적으로 객관적인 장면이 됩니다."*

사실상 처음으로, 안마당 건너편에 사는 주민들이 멀리서, 망원렌즈로 확대되어 평평해진 상태로 보이지 않고, 가까이에 있

---

*   François Truffaut, *Hitchcock*, Simon and Schuster, 1967, p. 162.

는 보통의 시점으로, 제프의 창에서 보는 앵글과 다른 앵글로 보인다. 우리에게 **안마당** 전체를 포괄적으로 보여주는 극도로 짧은 탁월한 숏도 있다. 안마당 전체라고? 아니, 사실은 제프의 창문과 마주 보는 부분일 뿐이다. 그러나 우리가 안마당 전체를 다 보았다고 믿는다는 점에 트릭이 있고, 이는 겉보기에 객관적인 이 장면이 수행하려 한 것이지만, 네번째 면은 줄곧 무시되고 있다. 상당히 그럴듯한 점은, '깨지고' 어긋난 시점들을 빠르게 뒤섞는 이 시퀀스의 고의로 의심스러운 일체주의가 안마당의 면이 다 모여 우리가 안마당 전체를 다 보고 있다고 믿게 하려 한다는 것이고, 네번째 면을 의식할 시간조차 주지 않는다는 것이다.

열려 있는 네번째 면은 우리에게 연극을 환기시키는데, 연극에 대한 레퍼런스는 내 해석이 아니다. 이를 말하는 사람은 리사인데, 그녀는 창문의 블라인드를 내리면서 제프가 보는 스펙터클을 박탈하고 "공연을 기대하시라!Coming attraction!"라고 말하며 그에게 여성으로서 보상을 약속한다.

제프의 아파트는 분명 (이 역설을 받아들일 수 있다면) 면이 네 개인 연극 무대처럼 만들어져서 그렇게 촬영되었다. 이런 인상은 공간 구조로 강하게 강조되어 있다. 즉 마당 쪽(같은 마당이 아니다)과 정원 쪽, (카메라가 들어가지 않는) 양쪽 문 두 개를 포함하는 이 거실은 대개 가로로 찍힌다. 여기에 제프가 불가피하게 움직일 수 없다는 사실이 이 연극적 제약에 새로운 특성을 더한다. 〈이창〉이 〈다이얼 M을 돌려라〉 직후, 〈로프〉를 찍고 나서 몇 년 후에 만들어졌다는 사실을 잊지 말자. 두 영화는 '촬영한 연극'의 습작이다.

이러한 생각을 부조리할 정도로 밀어붙여 〈이창〉의 연극판

이 있다고 가정해보자. 여기서 인물들은 관객인 우리를 정면에서 보고, 우리는 안마당을 보지 못하며 안마당은 소리로만, 아파트 안에서 인물들의 언급과 반응으로만 존재하게 될 것이다. 서술만으로는 이상해 보이는 배치지만, 하인리히 폰 클라이스트의 「홈부르크 공자」 같은 연극이나 연출에서 실제로 나온다. 이 연극에서 연극배우들은 전투나 의식 같은 거대한 공간을 발견하고 언급한다. 이들은 관객 쪽을 보면서 이 공간을 보는데, 이렇게 무대에서 출발해 무한히 확장되는 가상의 원뿔이 만들어진다.

어떻게 보면 〈이창〉에서 제프의 아파트를 둘러싼 네번째 면을 숨기는 것은, 연극의 아파트를 영화의 안마당에 기이하고 마술적으로 접목시키기 위해서일 것이다.

2

분명 이 영화에서 소리의 사용은 모두 관객의 주의를 '안마당' 쪽으로 돌리는 데 이바지한다. 라디오, 들리지 않는 대화의 단편, 놀이, 피아노, 거리, 도시 따위에서 들리는 소리는 모두 우리를 맞은편에 보이는 것과 관계시키려고 만들어졌다. 그러나 최소한 훨씬 더 은밀하고 중요한 역할을 하는 주변 음향 하나가 있는데, 이 소리는 맞은편에 보이는 주민 중 한 명과 관계시킬 수 없고 대화에서도 전혀 언급되지 않으며, 따라서 다른 소리에 비해 완전히 장소를 벗어난 곳hors-lieu에 있다. 보이지 않는 가수가 하는 발성 연습이 그것이다. 우리는 이 여성의 목소리가 영화 공간에 자유로운 요소를 가져온다고 생각하면서 즐거워한다. 온갖 소리로 이뤄진 거대 오케스트라 피트에서 나온 것처럼 안마당에서 나는 일상적이고 위치 정해진 소리 조직 안에서 이 소리는 위치를 정해줘야 한다는 모든 필연성을 벗어난다.

다른 한편, 첫날밤 우리가 듣는 것은 보이지 않는 가수의 발성 연습이 나오는 단조로운 장면이다. 이 발성 연습은 리사의 조용하고 즉흥적인 방문 전에, 제프의 창문 아래서 영화의 시작부터 끝없이 되돌아오는 놀랍고도 치밀하게 준비된 소리 물결의 흐름 속에서 문자 그대로 두 연인의 키스를 삼켜버리는 탁월하고 충격적인 침묵 직전에 나온다.

이후 다른 음계로 발성 연습을 하는 가수의 목소리는 두 번 더 나오는데, 매번 구체적인 의미 작용을 한다. 두번째 발성 연습은 소월드 부인이 살해당했다고 제프가 확신했을 때, 살인자가 부부의 아파트 창문에 팔꿈치를 괸 것이 보이는 장면에 나오는데, 이때 이 목소리는 사라진 부인의 유령이 된다. 세번째는 친구 도일이 또 다른 소월드 부인이 있다고 알려준 순간이다.

인물들을 둘러싼 이 도시의 교향곡은 겉보기에만 우연으로 보일 뿐이다. 히치콕의 영화들에 나타난 소리에 대해 탁월하게 논한 책 『침묵의 비명 *The Silent Scream*』을 쓴 엘리자베스 와이스의 분석을 포함해 세부적이고 다양한 분석이 행해졌는데, 이들이 보여준 것은 이 도시의 교향곡이 개별 사건들에 대한 끝없는 논평이라는 점이다. 예컨대 사이렌이 울리는 것은 제프가 살인자 이웃의 기이한 행동을 발견했을 때 불길한 반향음으로 이 발견에 구두점을 찍기 위해서다. 아이들의 고함 소리가 높아지는 것은, 히치콕에게 정확히 이때 소리를 통해 제프의 집에서 보이는 거리의 구석을 환기시킬 필요가 있기 때문이다* 등등.

물론 공간이 전복되는 순간은, 소월드가 리사의 책략 덕분에 누군가 자신을 보고 있다는 것을 알고 제프(와 카메라) 쪽으로 시선을 돌릴 때다. 이 순간 소리 또한 전복된다. 처음으로 우리는 제프가 사는 건물 안쪽에서 나는 소리들, 즉 계단을 올라오는 살인자의 무거운 발소리를 듣게 된다. 와이스는 이렇게 쓴다. "제프가 소월드를 처음 볼 때, 제프는 그를 보지만 그가 내는 소리를 들을 수 없다. 이 영화의 마지막에서 제프는 그가 내는 소리를 듣지만 그를 볼 수 없다. 따라서 시선은 제프의 머릿속에서 안전과 결부되고, 소리는 위협과 결부된다. 제프와 소월드의 대결로 이어지는 온갖 상호작용은 청각적 소통의 증대와 시각적 소통의 감소를 내포한다."[**] 그러나 와이스의 탁월한 분석에서 내가 동의할 수 없는 지점이 있다. 그것은 "사운드트랙 전체를 제프가 느끼는 감정의 주관적 확장으로 간주할 수 있다"라는 생각이다. 사실 나는 여기에 어떤 주관성도 없다고 생각한다. 단지 자고 있을 때, 제프는 자는 사람의 거대한 귀에 환상적인 기반이 될 뿐이다.

물론 비디오테이프나 DVD를 돌려보면서 이 영화를 상세히 검토해보면, 모든 청각적 디졸브가 엄밀한 리얼리즘의 관점에서 핍진성이 없다는 사실을 주목하게 된다. 소리들이 겹쳐지거나 중복되지 않고 서로 산뜻하게 이어지기 때문이다. 다른 아파트에서 라디오가 꺼질 때만 가수가 노래한다. 라디오나 가수가 소리를 내지 않을 때만 작곡가가 다시 피아노를 치기 시작한다. 히치콕은 '확장extension'이라는 시청각 효과를 풍부하게 사용하면서 자

---

[*]   수많은 디테일 가운데, 이 책 앞부분[12장 '한 줌의 수사적 효과' 절]에서 분석한 구두점으로서의 클랙슨이라는 디테일도 보라.

[**]   Elisabeth Weis, *The Silent Scream*, Fairleigh Dickinson University Press, 1982, p. 119.

기 필요에 따라 안마당의 소란을 자유롭게 여닫는다. 제프(와 관객)의 주의를 외부로 이끌거나, 반대로 장면을 '다시 닫고' 거실의 작은 연극에 집중하게 하거나 등등. 예컨대 히치콕이 제프에게 자기 이웃들을 다시 관찰하게 하려고 할 때에는 방금 전까지 도시 배경의 광대한 소음으로 사라지거나 한정되던 소란이 순간적으로 다시 나타나지만, 이 소음은 언제나 선별된 것이고 특권적 요소다. 그러나 우리는 이 소음을 복수로, 다성적으로 듣는다. 이보다는 오히려, 말의 의미에 집착하는 관객으로서 우리는 대사 주변에서 이 소리를 **수동적으로 듣는다**ouïr.

생리적으로 시야視野 안에 들어오는 모든 것에 대해서는 **본다**voir/see라고 말한다면, **응시한다**regarder/look라는 말은 이 시야에서 물체나 디테일을 적극 관찰하는 것을 가리킨다. 다른 한편, **수동적으로 듣는다**ouïr/hear라는 말이 귀에 들어와서 그 자체로 의식에 기록되는 모든 것을 받아들이는 조건을 가리킨다면, **귀 기울여 듣는다**écouter/listen라는 말은 들린 것의 일부에 능동적인 주의를 기울이는 행위를 가리킨다. 반면 인간에게 '귀 기울여 듣는 것'을 둘러싼 '수동적으로 듣는 영역'은, 응시하는 것을 둘러싼 보는 영역보다 훨씬 더 크다. 게다가 시각의 뗏목을 둘러싼 청각의 바다는 광대하다.

히치콕이 시각적으로 하는 일은 우리의 시야에 제시되는 온갖 디테일을 적극 훑어보고, 이를 망원경과 망원렌즈로 확대해 보는 것이다. 동시에 이 디테일들을 우리가 무차별적 전체로서 받아들이는 광대한 소리의 욕실에 담그게 되는데, 발성 연습을 하는 가수나 뱃고동 따위처럼 여기서 들리는 것의 10분의 1도 끌어내서 명명하지 않는다. 이 모든 소음은 결코 그 자체로 말하지 않는다. 〈이창〉에서 매혹적인 것은 극도의 (시각적) 긴장과 감미로운 (청각적) 일탈의 혼합이다.

그러나 여기에는 또한 소리를 죽인 목소리의 음색, 그레이스 켈리와 델마 리터와 제임스 스튜어트가 공유하는 비밀 이야기, 감시하는 두 연인이 공모하는 공론空論이 있다. 또한 관찰의 실타래가 짜이는 동안, 이들을 둘러싸고 안마당의 메아리 속에서 자갈처럼 둥글어지고 구르며 반향하는 소리 물결과 우리를 끝없는 움직임으로 데리고 가는 음색이 있다.

여기서 대화의 내용으로 돌아가야 한다. 영화 시작 부분에서 제프는 자신의 고용주 거니슨과 통화하면서 자신이 다리를 다쳐 꼼짝할 수 없는 조건을 이야기한다. 그는 어쩔 수 없이 자기 집에 머무르며 세탁기 소리, "잔소리하는 부인," 고함치는 악녀의 소리를 들어야 한다는 것이다. 요컨대 제프는 자신이 보는 이유(자신이 제어하고 통제할 수 있는 행위)가 듣는 것 말고는, 특히 커플이 싸우는 소리(결국 살인자가 내뱉은 소리도 있다)를 무력하게 듣는 것 말고는 다른 선택이 없어서라고 말한다. 또한 그 후에는, 지옥 같은 모권제의 전망 속에서 이 불쌍한 남자가 창에 기댈 때마다, 언짢아서 울먹이는 목소리로 자기 남편을 부르는 불만스러운 부인의 목소리("해리?")도 듣고, 또한 자다가 설명할 수 없는 갑작스러운 여성의 목소리도 들으며, 마지막으로 소월드에게 붙잡혀 도움을 요청하는 리사의 목소리도 무력하게 듣는다.

리사는 다른 식으로 행동한다. 그녀는 이웃집 작곡가가 쓰다 지친 노래를 몇 번이나 의식적으로 반복하고, 몇 번에 걸쳐 이에 대해 말하고("저 노래는 특별히 우리를 위해 쓴 것처럼 들려요" "다시 그 노래예요"), 멜로디를 흥얼거리며 제프의 부엌으로 이동하

면서 이 노래를 자기 것으로 만드는 데 획기적인 발전을 이뤄낸
다. 이 순간 얼핏 나오는 숏은 여인의 그림자와 그녀의 콧노래를
결합시킨다… 마치 해럴드 레이미스의 〈사랑의 블랙홀〉(1993)에
서 빌 머리가 앤디 맥다월의 꿈과 목소리에 빠져드는 것처럼 제
프는 리사의 꿈에 빠져들게 된다. 그녀는 들을 수 있고, 여기에
이름을 붙일 수 있으며, 들은 것을 콧노래로 흥얼거릴 수 있기 때
문이다.

18장. 열두 개의 귀

듣는 영화는 잘못 듣는 영화다

막스 브라더스의 영화 〈파티 대소동〉에서 치코는 강한 사투리로 하포에게 플래시[flash]가 있냐고 묻는다. 그러자 하포는 자기 뺨의 살[flesh]을 보여준다. 치코는 여전히 강한 사투리로 고집스럽게 말한다. "아냐, 플래시라고!" 하포는 그 유명한 자기 외투를 열어 물고기[a fish], 위스키 병[flask], 그리고 카드의 플러시[flush]를 보여준다. 이 영화가 판에 박힌 무대 레퍼토리를 쓰기는 했지만, 내 생각에 이것은 발성영화가 도래하면서 영화가 어떻게 되었는지를 보여주는 은유다. (또 다른 영화, 즉 듣지 못하는 영화와 대립되는) 듣는 영화에서는 심지어 바로 이 때문에

인물들 사이에 오해가 생길 수 있다. 하포에게 목소리가 없는 것은 이 그룹에서 듣는 사람이 되기 위해서고, 따라서 잘못 듣는 사람, 또는 잘못 들은 체하는 사람이 되기 위해서다.

막스 브라더스의 영화들에 말장난이 많다는 점이 적절하게 강조되지만, 이들의 영화에서도, 또 이제는 귀를 얻은 영화에서도 말하는 사람과 듣는 사람 사이에서 청취를 둘러싼 유희가 벌어진다.

프랜시스 포드 코폴라의 〈컨버세이션〉에서 해리 콜(진 해크먼)은 부자 고객을 위해 대낮에 군중으로 가득 찬 샌프란시스코 광장에서 서성거리는 한 커플의 두서없는 대화를 녹음하는데, 무의미해 보이는 이 커플의 대화가 그의 머리를 떠나지 않는다. 어느 날 일련의 기술적 조작을 거친 뒤 해리는, 때마침 그 앞을 지나던 거리 음악가의 북소리에 묻힌 이 남녀의 대화 탐지에 성공하는데, 이 문장은 그가 그때까지 포착하지 못했던 것이다. "기회만 있다면 그가 우리를 죽일 거야He'd kill us if he had the chance." '그'는 분명 남편이고, '우리'는 간통하는 커플인데, 자신은 이들을 염탐하라고 '그'에게 돈을 받았다. 이때부터 해리는 자신이 대화를 녹음한 사람들이 죽을 위험에 처했다고 확신한다. 이후 그는, '그'와 '우리'를 다르게 강조함으로써 같은 문장을 충분히 다른 식으로 들을 수 있다는 점을 이해하게 된다. "기회만 된다면 **우리가** 그를 죽일 거야He'd kill *us* if he had the chance." 이 커플은 남편을 죽인다는 자기들의 계획을 정당화한다. 영어에서는 이렇게 의미가 정반대로 갈 수 있다.*

이것은 듣기가 충분히 잘못 듣기로 갈 수 있다는 사실을 보여주는 좋은 예다.

브라이언 드 팔마의 〈필사의 추적〉(1981)에서 영화 음향효과를 내는 일을 하는 또 다른 소리 수집가(존 트라볼타)는 자기 녹음 자료 목록을 풍부하게 하려고 밤에 공원에서 소리를 녹음한다. 그는 운 좋게도 두꺼비 울음소리(영상에 두꺼비가 보인다), 곤충의 주기적인 울음소리(영상에 곤충은 보이지 않는다), 올빼미 울음소리(영상에 클로즈업으로 올빼미가 보인다)를 연달아 녹음한다. 바로 이때 그는 어떤 '사고'의 증인이 되는데, 사람이 탄 자동차 한 대가 강에 빠진 것이다. 그러나 트라볼타와 거의 모든 관객은 방금 전에 들은 곤충 울음소리를 이미 잊어버렸다. 이 영화에서 여자들을 죽인 살인자가 나중에 필라델피아 역에서 자기 무기(목 졸라 죽이는 데 사용하는, 시계 속에 숨긴 철로 된 와이어)를 만지작거리고, 잘 작동하는지 시험해보려고 이것을 리듬감 있게 당기는 모습이 보인다. 그런데 오늘날(영화는 DVD로 출시되어 있다)에도 여전히 대부분의 관객은 다음 사실을 알아차리지 못한다. 즉 이 소리는 영화 초반부에 들리던 소리, 즉 주기적인 가짜 곤충의 울음소리와 같은 소리라는 점이다. 이는 살인자가 그곳에 있었다는 사실을 드러내

---

* 1970년대 이래로 미국 영화에서 의미가 정반대로 바뀌는 것을 상징적으로 보여주는 것은 다음 최소한의 대화가 있다. "fuck you/fuck YOU"가 그것이다.(후자는 '너 혼자 해'로 옮길 수 있다.) 여기서 반박은 단지 동작을 곁들여 강조를 다르게 주는 것으로 이루어진다.

는 소리다. 즉 살인자는 올빼미, 두꺼비와 함께 공원의 어둠 속에 웅크린 채 그곳에 있었다.

그러나 나는 사태를 제대로 묘사하지 못했다. 한 시간 뒤에 영화에서 자기 무기를 시험해보는 살인자의 영상이 없었다면, 개연성의 규칙에 따라 방금 말한 소음은 자연의 울음소리, 마음을 편안하게 해주는 작은 곤충의 울음소리로 영원히 남아 있었을 것이다… 따라서 내러티브적 모호성flou narratif*을 보여주는 이 완벽한 예조차 이것이 아쿠스마틱한 소리라고 말해서는 안 된다. 즉 내가 소리로 포착한 것은 다른 것이었지만, 사실 같은 소리다. 어떤 경우에 무해한 동물이 내는 소음과 인간의 행위가 내는 소음은 정확히 **같은** 소리일 수 있다…

우리 모두는 다음과 같은 영화들, 즉 한 인물이 기적적으로 훈련된 귀로 전화의 아쿠스마틱한 녹음이나 자연의 소음에서 핵심적인 단서를 포착하는 영화들(구로사와 아키라의 〈천국과 지옥〉, 앤드루 데이비스의 〈도망자〉[1993]에 나오는 상황)을 본 적이 있다. 서부 영화, 모험 영화, 탐정 영화 장면에서 이는 언제나 출처를 알아내는 것이고, 언제나 여기에 성공하는 인물이 나온다. 영화 덕분에 우리는, 모든 소리를 그 명확한 원인과 연결할 수 있는 커다란 사전을 가진 거대한 귀를 꿈꾸게 되었다. 이 점에서 영화는 우리를 속인다. 원인이 달라서 다르다고 믿은 소리 두 개가 실제로 같은 소리일 때는, 듣는 법을 배워야 할 것이고, 관객에게 들게 해주어야 할 것이다.

---

* 「용어 해설집」에서 '(아쿠스마틱한 소리의) 내러티브적 모호성' 항목을 보라.

청취의 불가시성과 그 효과들

귀가 긴 동물 종과는 달리, 인간에게는 청취하고 있다는 사실을 보여주는 가시적인 기호記號가 없다. 즉 사람들은 물리적으로 귀를 기울이지만 이는 단지 귀 내부의 아주 작은 근육을 쓸 뿐이다. 이런 생각은 잉마르 베리만이 영화로 찍은 모차르트의 〈마술피리〉(1975) 시작 부분에 나온다. 이 교향곡이 나오는 서두에서 베리만이 보여주기로 한 것은 악기 연주자도, 오케스트라도, 오페라가 전개되는 무대 장면도 아닌 관객이다. 이보다는 한 사람 한 사람씩 찍은 서로 다른 '관객-청중'의 얼굴이며, 모차르트와 시카네더 오페라의 보편적 정신에 맞게 여자, 남자, 아이, 아프리카인, 아시아인, 유럽인 같은 온갖 유형의 얼굴이다. 이 각각의 클로즈업 앞에서 우리는 자문하게 되는데, 이 사람들은 카메라에 자신들이 보이는 순간에 정말로 우리가 듣는 음악을 듣고 있는가? 물론 우리는 스크린에 나오는 진짜 또는 가상의 인물들이 종종 리버스숏으로 몽타주가 보여주는 것을 보는 체한다는 점을 안다. 그러나 이들 시선의 방향이 보이기 때문에 최소한 우리는 매번 이들이 정말로 뭔가를 **보고 있다**고 상상한다. 사실 여기서 우리는 그들이 듣는지 듣지 않는지도 알지 못한다. 즉 청취의 대상이 아니라 청취 그 자체가 문제가 된다. 청취의 긴장이나 방향도 보이지 않고, 결과적으로 청취도, 비非청취도 보이지 않는다.

　　따라서 종종 패러디되고 무성영화에서 나온 것 ──〈사랑은 비를 타고〉를 보라── 으로 돌려지지만 정작 무성영화에는 거의 나온 적이 없는 클리셰, 즉 **손으로 귀 나팔을 만드는 동작**에 의존하지 않고 인물의 청취를 보여줄 수 있는 시각적 객관화는 없다.

탁월한 개그를 선보이는 짐 에이브러햄스의 〈못 말리는 비행사〉(1991)에서 정신적 은퇴를 실행한 토퍼(찰리 쉰)는 자기 텐트에서 미국 정부의 특사를 맞이한다. 이들 둘 사이에 웅장하고 전형

적인 원주민 추장이 침착하게 앉아 있고, 우리는 한 치의 의심도 없이 그가 지혜롭게 모든 것을 듣고 숙고할 것이라고 생각한다. 토퍼가 그의 의견을 물었을 때, 우리는 이 위대한 추장이 긴 머리카락 속에 이어폰을 끼고 음악을 듣고 있었다는 사실을 알게 된다. 그는 아무것도 듣고 있지 않았다. 이 작은 트릭이 큰 웃음을 끌어낸다. 거대한 귀의 현관을 두드렸지만, 그곳에는 아무도 없었다.

영화에 상징적인 마이크는 없다

그러나 이게 전부는 아니다. 영화에는 **상징적인 마이크**도 없기 때문이다. 다른 말로 하면, 영화는 기술적 장치를 통해 카메라라는 '눈'에 대응되는 상징적 '귀'(상징적 청취의 심급)를 만들어내지 못했다. 그 때문에 우리가 보는 것의 지위 ─ 이는 언제나 상징적 카메라가 매개하는데, 상징적 카메라가 늘 실제 카메라인 것은 아니다* ─ 와, (상징적 마이크가 매개하지 못하는) 우리가 듣는 것의 지

2부. 미학과 시학

위가 달라져버린다. 이것은 아주 큰 차이인데, 그 귀결 중 하나는 진정한 수사법이 불가능해진다는 것이다…

배리 레빈슨의 〈레인맨〉에 나오는 유명한 장면에서 자폐증 환자인 더스틴 호프먼은, 컨버터블 자동차로 자신을 태우고 시골 길을 달리는 톰 크루즈 옆에 앉아 있다. 호프먼은 자신이 오하이오 의 한 도시에 있는 특별한 '케 이마트'에서 산 매일 입는 속 옷을 못 입었다고 불평하고, 이 때문에 말이 안 통하는 대화가 둘 사이에 오가게 된다. 이 대 화가 나오는 동안 카메라는 번 갈아서, 앞 유리창에서 두 인물 을 가까이 보여주고, 아니면 풍 경 속에 멀리 있는 소의 시점 에서 컨버터블을 찍는다. 두 남 자를 보여주는, 가까이에서 아 니면 멀리서 찍은 이 모든 숏에

서 크루즈와 호프먼의 대화는 줄곧 사운드 클로즈업으로 들린다. 시점과 청점이 분리되는 고전적인 경우다. 그러나 풍경 속 멀리서 보이는 자동차 숏에서는 **여기에 더해** 간헐적으로, 가까이에서 들 리는 대화와 믹싱되어 멀리서 새소리, 벌레 울음소리가 들리는데, 아마도 이 소리들은 이들의 자동차에서 분명하게 듣기 힘든 소리

---

* 만화 영화나 3D 합성 영상 영화에서는 정신에만 현존하는, 완전한 가상의 카메 라다.

다. 사운드 클로즈업으로 인물들의 대화를 들을 뿐만 아니라 이들이 가로질러 가는 들판의 새소리까지 듣는 사람은 누구인가? 아무도 없다. 관객 말고는 아무도 없지만, 사실상 관객 대부분은 어떤 현실에서도 동시에 포착할 수 없는 두 소리를 듣고 있다는 사실에 충분히 주의를 기울이지 못한다. 이로부터 내가 예전 책에 쓴 것처럼, 이때는 소리 장면 두 개가 있고 포개진 오디오 숏 두 개가 있다는 결론을 끌어낼 수도 있을 것이다. 실제로는 단 하나의 소리 장면도 없다. 그리고 상징적 마이크 두 개도 없다. 상징적 마이크 자체가 없기 때문이다.

따라서 영화에서 소리의 큰 문제는, 픽션 영화 스크린에 대개 마이크가 나오지 않을 뿐 아니라 매개하는 제3심급으로서 상징적 재현도 없다는 점이다. 귀는 우리의 귀도 아니고 등장인물의 귀도 아니다. 우리가 어떤 영화들에서 마이크에 대해 의식할 수 있는 것은, 사실상 다음 사실 때문에 혼란스러워진다. 즉 같은 소리가 각기 다른 위치에 있는 몇 개의 마이크로 동시에 포착될 수 있고, 이 때문에 서로 다른 '소리 이미지들'이 만들어지며, 이들이 문제없이 하나로 혼합될 수 있다는 점에 대해 우리 모두 잘 알고 있다는 점이다. 따라서 마이크는 영상에 대해, 실제 카메라든 가상의 카메라든 카메라와 같은 역할 ── 카메라는 유려한 상징적 동일시를 가능하게 만들고 이를 **일차적 동일시**identification primaire*라고 일컫는다 ── 을 맡을 수 없다.

---

*　일차적 동일시를 통해 관객은 "재현된 것──스펙터클 자체──과 동일시한다기보다는, 스펙터클을 작동하게 하고 이를 장면으로 만드는 것[카메라], 보이지는 않지만 보게 해주는 것과 동일시한다."(Jean-Louis Baudry, Jacques Aumont & Michel Marie, *Dictionnaire théorique et critique du cinéma*, Nathan, 2001에서 재인용)

어떤 의미에서, 영화에는 영화 장치 속에 구현된 **우리 청취의 상징적 매개자가 없다.** 상징적 카메라는 있지만, 상징적 스피커 — 복수의 스피커들도 자기들에서 나오는 소리들을 혼합할 수 있다 — 가 없을 뿐만 아니라 들리는 소리들의 상징적 매개자로서 상징적 마이크도 없다. 방향이 있고 일정 위치에 놓인 카메라의 시선 — 카메라는 인물들에 대해 이런저런 축으로, 이런저런 높이에서 보는데, 부감이나 앙각 따위와 같은 기술적 표현들이 바로 여기서 나온다 — 에 대해, 우리는 이것이 때로는 카메라의 시선이고, 때로는 몽타주의 연결이나 주관적 카메라라는 태도가 부여된 인물의 시선이라고 말할 수 있으며, 아니면 우리의 시선을 위임한 것에 불과하다고 말할 수 있다. 그러나 '누가 듣는가'라는 질문에 대해 우리는 '마이크가 듣는다'라고 말할 수 없다.

심지어 내화면에 마이크를 보여줄 때 — 장-뤽 고다르는 〈원 플러스 원〉(1968)과 다른 영화들에서 단순하게 영사 프레임을 변화시키는 효과로 내화면 윗부분에서 마이크를 보여준다 — 도, 어떤 것도 특히 이 마이크**를 통해** 들리지 않는다. 배경이나 외화면 어딘가에 또 다른, 아니면 몇 개의 마이크가 있을 수 있기 때문이고 후시 작업에서 몇 개의 마이크가 포착한 소리들을 혼합하기 때문이다. 심지어 마이크가 보인다는 사실과, 점 형태의 이 원천에서 나올 수 없을 것 같은 들리는 소리 사이에 기이한 모순의 감정이 생길 수도 있다.

이것은 텔레비전 스튜디오에서 훨씬 더 명확하다. 여기서는 십중팔구 각 화자의 목소리를 사운드 클로즈업으로 전송하는 마이크가 모두에게 보이지만, 우리가 인물들의 옷깃 뒤나 스웨터에 꽂혀 있는 이 작은 실린더를 '통해' 듣는다는 사실을 받아들이기는 불가능하다.

닉 파크의 클레이 애니메이션 〈동물원 인터뷰〉(1992)에서 점 토 동물들의 인터뷰 중에 외화면에서 붐 마이크가 들어오는데, 마  찬가지로 여기서도 보이는 것 과 들리는 것 사이에 어떤 관계 도 없다.

마이크를 상징적인 것으 로 만드는 일이 불가능해 보인 다고 해도, 소리의 궤적은 그 럴 수 있다. 전화 회로가 어떻게 기능하는지를 보여주는 영화들이 있는데, 여기서 카메라는 땅에 묻힌 전화 케이블의 궤적을 따라가 거나(크시슈토프 키에슬로프스키의 〈세 가지 색 레드〉[1994]), 청각 의 관 속으로 미끄러져 들어가거나(마르크 카로와 장-피에르 죄네 의 〈델리카트슨 사람들〉[1991]),  심지어 카메라가 소리의 출처 에서 귀까지 이르는 소리의 궤 적을 흉내 낸다(프리드리히 빌 헬름 무르나우의 무성영화 〈마 지막 웃음〉, 앨프리드 히치콕의 〈나는 비밀을 알고 있다〉 1956년판). 이제 다음 질문이 제기된다. 우리가 한 인물을 통해서 들을 수 있 을까?

청점과 주관적 소리

시점視點이라는 질문이 영화에서 아주 일찍부터 제기되고, 영화언어라는 질문에 직면한 모든 사람(감독이나 기술자, 비평가나 연구자)이 이를 집중적으로 생각하고 사용하고 분석했다면, 발성영화와 함께 나타난 **청점**聽點이라는 질문에 대해서는 전혀 그렇지 않았다. 직설적으로 표현하면, 질문은 다음과 같다. 어떤 영화가 제시하는 서로 다른 리얼리즘적인 소리 사건에 대해 관객을 어디에 위치시킬 것인가? 역으로, 관객에 대해 어떤 거리를 취할 것인가? 그 영화의 소리와 목소리가 이동한다고 여겨지는 궤적은 무엇인가? 문, 유리창, 커튼 같은 청각의 장애물이 관객과 소리의 출처 사이에 들어선다면, 이를 어떻게 할 것인가? 이 질문은 오늘날 우리에게 아주 순진해 보일 수도 있고, 많은 사람이 이미 준비된 답변을 갖고 있다. 즉 청점(그런 것이 있다면)은 시점과 명백히 일치해야한다는 것이다. 소리의 출처가 멀리 보인다면, 소리도 멀리 있어야할 것이다. 그것이 가까이 있다면, 소리도 가까워야 할 것이다. 소리의 출처와 우리 사이에 장애물이 있다면, 소리가 되었든 영상이되었든 카메라가 그 장면에 '참여하는' 곳 바로 옆에 관객을 놓아야 할 것이다…

그러나 시점 개념 자체가 이미 전혀 단순하지 않다는 사실을 떠올려야 한다. 시점은 카메라가 찍히는 대상을 본다고 여겨지는 **장소**와 관련될 뿐만 아니라 행위에 참여하는 **인물**(관객이 동일시하라고 유도한 인물)과도 관련된다. 이 경우, 동일시를 이루려면 반드시 이 인물의 시점에서 많은 주관적 숏을 보여주어야 하는 것은 아니고, 심지어 그 반대의 경우, 즉 시점 보유자의 얼굴을 많이 클로즈업하는 것이 권장된다.* 청점이라는 질문은 섬세하게 다루어지지 않은 것 같고, 많은 프랑스 음향 전문가는 종종 찍힌 대상과의 거리와 이 대상이 낸 소리의 거리 사이에 '리얼리즘적' 일치를 전제함으로써 이를 조정하는 데 머물러 있다. 이렇게 되면 눈/귀라는 쌍을 굳게 결합된 전체로 상정하게 된다.**

　먼저, 같은 거리라는 인상을 만들어내기 위해서 마이크와 카메라가 같은 거리에 있어야 한다는 생각이 지극히 순진하다는 점에 주목해야 한다. 눈과 귀의 거리가 같다는 인상을 주려면, 청각적인 이유에서는 종종 마이크를 접근시켜야 한다. 다음으로, 많은 영화에서 객관적이든 주관적이든 '거리距離의 결속'이라는 법칙(이것이 법칙이라면)을 끊임없이 어기는 장면들이 나온다. 즉 인물들이 영상에서 멀리 있는데도, 이들 목소리는 가까이에서 들린다. 이들이 군중 속에 있을 수도 있고, 프레임에서 아주 작은 자동차를 운전할 수도 있고(〈레인맨〉), 하늘에서 점 하나에 불과한 비행기에 타고 있다고 여겨질 수도 있지만, 목소리 덕분에 우리는 마치 바로 옆에 있는 것처럼 이들과 함께 있다. 사람들은 시점과 청점의 (일방향의) 분리라는 모티프를 잘 이해한다. 이 분리 덕분에 카메라는 대화를 알아듣게 해야 한다는 노예 상태에서 해방되고, 목소리로 이들에게 주의를 기울이고 동일시의 관계를 유지함으로써 공간에서 인물들을 자유롭게 배치할 수 있다. 영상의 시점과 소리의 청점

---

*　청취에 대해 이와 같은 것 ─우스꽝스럽게 보일 수도 있지만 같은 논리에서 나온 것이다─ 은 귀의 클로즈업과 소리 출처의 영상들을 번갈아 보여주는 것이다… 그러나 이것은 영상과 소리의 문제들에 선명한 비대칭성을 드러낼 것이다.

**　클로딘 누가레, 소피 시아보와 프랑스 음향 전문가들의 인터뷰를 보라. Claudine Nougaret & Sophie Chiabaut, *Le Son direct au cinéma*, Femis, 1997.

사이에서 일어나는 공간적 이탈은 대개 '이동 수단의 영화'에 쓰인다. 즉 로드 무비, 추격 영화, 하늘이나 우주에서 전개되는 모험 영화뿐만 아니라 길 한가운데서 말다툼을 하는 우디 앨런의 도시 코미디도 마찬가지다. 영상은 우리에게 내화면의 총체적 스펙터클을 보여주는 반면, 사운드 클로즈업으로 들리는 목소리 덕분에 소리는 우리가 그 이야기를 따라가는 인물들과 단절 없이 친밀성을 유지할 수 있다. 물론 이런 해결책은 대부분 후시녹음의 사용과 결부되지만, 또한 배우들에게 숨겨놓은 발신용 마이크로 포착한 동시음향의 사용과도 결부된다. 어쨌거나 이런 해결책은 알아들을 수 있는 대사를 보증한다는 장점이 있다. 대사가 언제나 어쩔 수 없이 행위의 무게를 짊어져야 하는 것은 아니지만, 심지어 배우들이 무의미한 말을 해도, 관객은 감독이 일정한 목적으로 이런저런 문장을 들려주지 않았다고 생각할 위험이 있다.

또한 어떤 경우에는 목소리를 확대해서 들려주는 것이 소리가 거리를 취하는 것보다 더 리얼리즘적이라고 말할 수 있다. 우리는 일상생활의 웅성거리는 소음 속에서 우리가 관심을 가진 소리 신호들을 끊임없이 따로 떼내서 듣고, 이 소리들을 맨 앞으로 끌어낸다. 이것이 '칵테일파티 효과cocktail party effect'인데, 여기서 청취 기관은 두뇌와 짝을 이뤄서 마치 믹싱의 콘솔처럼 기능한다. 즉 어쨌거나 줄곧 '들리는' 다른 소리들의 주관적인 차원을 약화시킴으로써 우리 환경에서 선별된 신호의 차원을 따로 떼내서 증대시킬 수 있다. 단지 이 과정은 입체적으로 듣는 두 귀의 청취로만 완전히 이루어질 수 있을 뿐이다. 이와 반대로 영화에서 이른바 리얼리즘적인 소리의 포착(두 귀를 통한 청취가 제공하는 선별된 신호의 면밀한 분석 수단이나 위치 결정 수단을 우리에게 주지 않은 채, 우리를 단지 카메라에 대한 인물들 각자의 거리와 같은 거리에 놓는 방식)은, 이 말을 때로 여기에 부여하는 처벌의 의미로 사용하지 않는 이상 '리얼리즘적'이라는 형용사구에 걸맞지 않다. 이때에는 이른바 '인위적으로' 목소리에 접근한 소리의 포착이 청취의 진실에 더 가까이 있다.

어디에서와 누가?

따라서 시점이라는 질문과 마찬가지로, 청점이라는 질문은 소리 위치를 결정하는 관점에서 제기될 뿐만 아니라 '듣는 사람이 누구인가'라는 관점에서도 제기된다. 『영화에서 목소리』에서 나는 전화 통화 장면을 다루며 이미 이 문제에 접근한 바 있다. 즉 전화선 반대편에 있는 청자의 전화 목소리가 들리는가 들리지 않는가에 따라 우리는 그 파트너의 청점과 결부되거나 이와 반대로 대화에 관해 객관적인 제삼자로 물러나거나 한다. 소리 가리개 ──그것은 소리의 전파를 막는 물리적 방해물(벽, 문, 유리창)이 될 수도 있고, 이 소리를 가리는 더 강력한 다른 소리(군중, 폭풍, 바람, 기차 따위)일 수도 있다 ──를 작동시킬 때, 청점의 도입은 특히 명백하다. 등장인물 중 한 명의 귀에 접속하려면, 그가 자기에게 온 청각 신호를 이해하는 데 일시적으로 겪는 어려움을 나누는 것보다 더 나은 방법은 없다.

　　마르첼로를 부르는 젊은 소녀의 목소리가 거리距離와 바닷소리에 묻혀버리는 페데리코 펠리니의 〈달콤한 인생〉 끝부분같이, 기차가 지나가는 역의 플랫폼에서 연인들의 대화가 들리지 않는 고다르의 〈할 수 있는 자가 구하라: 인생〉(1980)같이 (객관적 의미로) 선택한 '청점'은 그 혼자만으로 장면의 주관적 의미에서 '시점'을 만들어낼 수 있다. 이는 방금 말한 기법들로써든, 더 은밀하게는 우리에게 그 인물의 숨소리, 삼키는 소리를 가까이에서 들려줌으로써든(〈2001 스페이스 오디세이〉 〈엘리펀트맨〉), 가상적인 내면의 목소리를 부여함으로써든(〈싸이코〉에서 매리언의 목소리), 마지막으로 인물이 위기의 상태, 병에 걸린 상태, 취한 상태에 있을 때 황당무계하고 왜곡된 소리 감각을 우리에게 전달해줌으로써든, 청점은 이렇게 자기 혼자서 시점을 만들어낸다. 이 마지막 경우에서 제리 루이스의 영화 〈너티 프로페서〉(1963)의 유명한 숙취 장면을 언급할 수 있다. 그것은 자기 모습이 바뀌는 실험이 일어난 다음 날 이 불쌍한 교수가 자신의 화학 수업에서 온갖 소리가 들려 고통받는 장면이다. 즉 칠판에 분필로 쓰는 소리, 학생이 씹는

추잉껌 소리가 그에게 참을 수 없는 엄청난 감각이 된다. 마치 엄청나게 커진 이 소음을 듣는 우리 관객에게 그런 것처럼.

　　같은 의미로, 밥 포시의 〈올 댓 재즈〉(1979)에서 로이 샤이더의 심근경색 장면은 감독의 확고한 태도로 극화된다. 그것은 주인공의 시끄러운 주변 소리를 갑자기 모두 끊고서 크레용과 라이터가 스스로 내는,* 그의 청취가 집중되는 아

주 작은 소리만 아주 크게 확대해서 들려준다는 것이다. 로버트 와이즈의 〈나는 살고 싶다〉(1958)에서 이미 유사한 효과가 쓰였다. 그리고 이마무라 쇼헤이의 〈나라야마 부시코〉(1983)의 마지막으로 산에 올라가는 장면에서 바위에서 떨어지는 물을 마시려고 잠시 멈춘 아들이 자기가 산에 데려와서 멀지 않은 곳에 내려놓은 어머니를 갑자기 보지 못할 때,

그의 옆으로 흐르는 샘에서 물소리가 들리지 않는다. 이렇게 그가 너무도 강력하게 어떤 생각에 사로잡혀 우주 전체가 소리의 마비로 충격을 받은 것 같은 상태가 표현된다.

그러나 주관적 소리의 극단적인 예는 〈베토벤의 위대한 사랑〉에서 아벨 강스가 보여준 청각장애다. 여기서는 다름 아니라 물레방아 바퀴 도는 소리, 새들 노랫소리, 바이올린 연주자가 켜는 바이올린 소리와 같이 베토벤 눈앞에 보이는 삶의 소리를 빼앗음으로써 이 작곡가가 걸린 병 속으로 우리를 들여보내는 일이다. 그러나 이와 동시에 강스는 주인

---

*   이 장면에는 '정지'와 '확장'이라는 이중 효과가 작동한다.

공이 겪는 고통스러운 주관성과 그의 청각장애를 더 잘 결부시키려고 우리 관객에게 먼저 물레방아 도는 소리, 새소리, 바이올린 소리를 들려준 다음, 이 소리들을 듣지 못하는 이 불행한 사람의 청점으로 '전환'한다… 예컨대 연주 중인 마을 바이올린 연주자를 보여주는 놀라운 풀숏이 그렇다. 우리는 먼저 그가 연주하는 노래를 듣고, 프레임에는 이 연주를 듣는 아이들이 나온다. 그러나 이제 베토벤(해리 바우어)이 영상에 들어오고, 그가 이 연주자에게 다가가면 다가갈수록 소리가 약해져 사라진다. 이렇게 연속적인 숏 하나에서 기준점이 되는 '객관적' 청취에서 '주관적' 청각장애로 옮겨간다. 반면 다른 감독들이었다면 바우어의 얼굴을 클로즈업으로 고립시키면서 이 장면을 시작했을 것이다. 그런데 관객이 만약 이 주인공이 누구인지 몰랐다면 이 장면을 어떻게 이해했을까? 해리 바우어가 소리를 없애버리는 마술사라고 믿을 위험은 없었을까?

심하게 '주관적인' 청점과 카메라의 객관적인 시점을 대립시키는 대담한 시도를 보여주는 비슷한 예는, 아벨 강스의 영화 이전에 요제프 폰 슈테른베르크의  〈불명예〉 속 (3장에서 이미 언급한) 한 장면에 나온다. 슈테른베르크가 자기 회고록*에서 말한 것처럼, 그가 자신의 청각 실험들(그는 이 실험들로 이

---

*   Josef von Sternberg, *De Vienne à Shanghaï*, Petite Bibliothèque des Cahiers du cinéma, 2001.

영화에 대해 특별상을 받았다) 에 강한 자부심을 가졌다는 사실이 알려져 있다. 빅터 맥라글렌은 자신이 스파이라고 의심하는 마를레네 디트리히의 아파트에 창문으로 들어간다. 디트리히는 옆방에서 피아노 소나타 연주에 몰두하고 있다. 침입자가 들어온지도 모른 채 베토벤의 「피아노소나타 14번」(월광)을 연주하는 그녀의 숏들과 옆방에 있는 맥라글렌의 숏들——이때 이 옆방의 '청점'과 부합되도록 피아노 소리가 갑자기 약하게 들린다——이 교차 몽타주로 제시된다. 맥라글렌이 커튼 뒤로 가고 심도상에서 스크린 깊은 곳으로 갈 때, 마치 관객이 인물의 귀와 같이 움직이는 것처럼 피아노 소리는 더 줄어드는데, 이는 카메라가 움직이지 않았으며 카메라가 문제의 커튼을 넘지 않았다는 사실과 모순된다. 우리 눈의 (객관적인) '시점'과 귀의 (주관적인) 청점 사이에 분리가 일어난 것이다.

예지 카발레로비치의 〈천사들의 수녀 요안나〉 한 장면에서 우리는 주인공과 함께 여인숙 방 외부에 있는데, 여기에 소리를 죽인 류트 연주가 들린다. 컷을 하면 우리는 이 방의 내부에 있다. 여기서도 여전히 소리가 커지지 않는다. 신부가 방에 들어오고(카메라 쪽으로 걸어온다), 그가 들어서자 소리는 더 커지고 더 존재감이 있다. 이것은 인물의 청점과 카메라의 위치가 분리된 아주 명확한 예 중 하나인데, 슈테른베르크의 영화 이후 우리가 관찰한 아주 드문 상황이다.

열두 개의 귀와 아무 귀도 없는 것

영화에는 얼마나 많은 잠재적인 귀(정확히는 양쪽 귀)가 있었을까?
이 귀들 사이의 관계는 무엇일까?

1. 앞서 말했듯 영화에는 그 위치를 정할 수도 없고 상징화할
수도 없는 **기술적 귀**가 있다. 이 귀는 촬영장이나 음향 작업을 할
때 많은 마이크에서 나온 소리들을 섞을 수 있다.

2.(인물들 자신이 내는 소음을 듣는 것까지 포함해서) **인물들의
귀**가 있다. 여기서는 다양한 상황이 있을 수 있다. 즉 인물들이 같
은 소리를 듣는다고 여겨질 수도 있고, 반대로 서로 다른 소리를
듣는다고 여겨질 수도 있다.(한 사람은 전화를 하면서 다른 사람이
하는 말을 듣는다. 다른 사람은 멀리 있고 이 사람이 듣는 말을 듣지
못한다. 이들은 관객이 듣는 소리의 일부를 듣지 못한다고 여겨질 수
도 있고 아닐 수도 있다.) 내가 이후에 다루게 될 **청취의 칸막이 세우
기**cloisonnement des écoutes는 영화에서 중요한 문제다.
특별한 경우는 말을 하지 않거나 말을 못 하는 사람의 경우
다. 즉 이 사람은 흔히들 (심지어 이 사람이 청각장애인이면서 언어
장애인이라고 전제될 때에도) 모든 것을 들을 수 있다고 여겨진다.
이들의 청취를 방해하는 자기 말소리가 없기 때문이다. 일시적으
로 말을 못 하는 안드레이 타르콥스키의 〈희생〉의 소년은 이 영화
의 첫 장면과 마지막 장면(여기서 그는 혼자서 문장 하나를 말한다)
에 모두 나오는 유일한 인물이며, 자기가 없었던 장면들까지 포함
해서 모든 것을 들을 수 있는 유일한 인물이다.

이와 대칭을 이루는 또 다른 흥미로운 경우는 자신의 말이 다른 사람의 침묵을 통해 들리는 인물의 경우다. 윌리엄 와일러의 〈편집광〉(1965)과 수많은 전화 스릴러물에서, 공격당한 여자는 자기를 괴롭히는 사람의 침묵을 통해 자신이 말하는 소리를 듣는다.(모든 정신분석 영화, 특히 로베르 브레송의 〈아마도 악마가〉의 탁월한 장면에서) 분석가의 침묵 속에서 자기 목소리를 의식하게

되는 상담자가 그렇다. 자기 목소리를 듣고 혐오감을 느껴 말하지 않으려는 여배우를 간호하는 간호사가 이 청취 앞에 놓인 상황(베리만의 〈페르소나〉)도 그렇다. 이 모든 예는 인물들에게 자기 특유의 목소리가 '돌아오는' 것을 우리가 의식하는 상황들이다.

3. 관객의 귀

관객은 인물들이 들을 수 있는 것뿐만 아니라 이들이 듣지 못하는 것도 들을 수 있다고 여겨진다. 더욱이 종종 인물들의 무의식을 재현하는 것으로 쓰이는 비非디제시스 음악도 들을 수 있고, 보이스오버 내레이션도 들을 수 있다… 또한 관객은 다른 인물은 못 듣고 한 인물만 듣는 것을 들을 수 있고(관객은 앞서 언급한 전화 다른 쪽에서 나는 목소리를 듣는다), (자크 타티의 〈플레이타임〉에서 대기실 유리벽 뒤에 있는 윌로 씨처럼) 유리창 뒤에서 자신이 듣지 못하는 소리에 인물들이 반

응하는 것을 볼 때, 관객은 인물들이 듣는 것 중에서 심지어 하나도 듣지 못할 수 있다. 그러나 관객은 자기가 어떤 조건에서만 듣는다는 것을 스스로 의식한다.

종종 말하듯 영화는 '보여준다.' 이 보여주는 행위에서 카메라는 자기를 드러내지만, 마이크도 마찬가지인가? 마이크는 우리에게 들려주는가? 이것은 다른 문제다. 우리는 말이나 음악이 우리에게 들린다기보다는 부과된다는 느낌을 갖는다. 영화의 소리에는 십중팔구 영상이 허용하는 거리距離나 공간이 없다.(예컨대 타티의 영화들이나 알렉산드르 소쿠로프의 〈러시아 방주〉 속 불평하거나 속삭이는 대화들에서) 단지 말과 음악이 멀리서 들릴 때만, 이런 압박에서 해방되었다고 느낄 뿐이다.

소리가 그 자체로 이런 긴장을 만들어내는 것은 아니다. 부과되었다는 느낌은 그 대신 약한 소리마저 증폭시킬 수 있는 스피커와 앰프의 출력에서 온다. 이것은 몇십 년 전에 생겨나 인류에게 전례 없는 전복적인 상황이다. 내밀한 목소리들이 이렇게 인류의 모임에 집단적으로 영향을 끼칠 수 있는 일은 여태 전혀 없었다.

관객이 듣기 자체를 의식하는 영화들은 대개 대사가 드물거나 적은 영화들이다. 마치 대사의 존재가 '듣는다'는 의식을 가로막는 것과 같다.(마취제처럼 음악도 듣는다는 의식을 줄일 수 있다.) 우리가 고다르나 타티의 영화에서 '듣는다'는 의식을 한다면, 종종 끊어지고 다시 덮이고 불분명한 텍스트를 감지하려고 노력을 기울이기 때문이다. 타티는 우리에게 '듣는다'는 사실을 의식시키기 위해, '객관적' 청취와 비슷한 것을 제공하려고 언제나 청취의 실[絲]을 부드럽게 잘라내는 것처럼 보인다. 이 '객관적' 청취는 그 '대상'이 독점한 것도 아니고 사라진 것도 아니며 은폐한 것도 아니다… 이는 마치 데이비드 린치의 〈스트레이트 스토리〉(1999)의 시퀀스에서와 같다. 여기서 주인공은 엔진 고장으로 한 커플의 집에 머무르게 되는데, 이들이 나누는 친근한 대화가 마치 이웃 사람이 듣는 것처럼 멀리서 들린다.*

마지막으로 영화 관객이 듣기 자체를 의식하게 되는 것은, 관객을 청중으로 참여시키고 이후 교수나 전문가 따위의 인물이 부정적으로 비판하는 음악 연주라는 아주 특수한 경우에서다. 잉마르 베리만의 〈가을 소나타〉(1978), 로만 폴란스키의 〈피아니스트〉, 조엘 코언과 이선 코언의 〈그 남자는 거기 없었다〉(2002)에서, 또한 1940~50년대 많은 미국의 음악 멜로드라마에서 우리는 우리를 감동시킬 만한 피아노 한 대목을 듣고, 이후 다른 사람이 이 연주를 비방한다. 이는 음악에 '휩쓸릴' 준비가 되어 있는 청중으로서 우리의 위치를 교란시킨다.

다른 경우 인물들은 녹음매체에서 나온 목소리나 소음이나 음악을 듣고, 이 '끼워 넣은 청취écoute emboîtée'**는 이 소리에 대한 우리 자신의 위치를 변화시킨다.

미켈란젤로 안토니오니의 〈여행자〉에서 잭 니컬슨은 방금 죽은 로버트슨의 목소리를 녹음기로 듣는다. 또한 강스의 〈세상의 종말〉에서 한 인물은 축음기에 자기 유언을 녹음하고, 살아남은

---

*   Michel Chion, *David Lynch*, Cahiers du cinéma, 2002[1992], p. 257. 여기서 나는 이렇게 썼다. 즉 "이때 멀리서 들리는 문장들은 마음을 놓이게 하는 영원한 대화에서 추출한 것 같다. 다른 한편, 이 대화는 우리를 (어른들의 모든 대화를 멀리서 포착하는) 어린아이나 노인이 점하는 가상의 자리에 데려다 놓는다. 후자인 노인의 경우 자기 인생을 살면서 이런 말을 많이 '들었고' 자기 경험을 통해 필터링된 것으로 인간의 말을 다르게 느낀다."

**   「용어 해설집」에서 '끼워 넣은 청취' 항목을 보라.

사람들이 이후에 그의 목소리를 청취한다. 펠리니의 〈달콤한 인생〉과 안토니오니의 〈밤〉의 인물들은, 키에슬로프스키의 〈베로니카의 이중생활〉에서 이렌 자코브처럼 녹음기에서 소리를 듣는다.

다른 한편, 관객의 청취는 주어진 순간 그가 듣는 모든 것을 동시에 처리할 수 없다. 같은 시퀀스를 되풀이해서 청취하고 나서야 비로소 관객은 관찰을 통해 다른 요소들을 탐지하기에 이를 뿐이다. 연속으로 이루어진 각각의 청취는, 비록 우리가 귀를 닫을 수는 없지만 의식적으로든 아니든 듣지 않겠다고 선택한 것에 대한 (물리적인 배제가 아니라) 정신적인 배제다. 우리가 소리를 배제하는 방식은 시선에 대해 일어나는 배제와 다른 귀결을 낳는다. 저기를 보지 않고 여기를 보는 것은 청각적인 것*에 대해서는 같은 함의를 갖지 않는다. 우리는 시각적인 것에 대해서는 방금 보지 못한 것을 다시 살펴볼 수 있지만, 소리에 대해서는 청각적 현상 대부분의 사건적인 성격과 불연속성 때문에 그럴 수 없다… 제때 듣지 못한 것은 상실되어버리고, 동시에 잊을 수 없는 것이 된다.

동시에 들어야 할 많은 것이 있을 때, 영화에서 우선 듣는 것은 무엇인가? 그것은 사람의 목소리다. 그리고 그 영화의 언어를 알아들을 경우 말의 의미다. 이것이 내가 **음성 중심주의**라고 이름 붙인 것이다.

언어의 청취는 관련 없는 것을 배제하는 청취이며, 심지어 그 자체는 의식되지 못하는 선택 과정을 통해 소리 전체가 아니라 의

---

*   [옮긴이] 원문에는 'pour le visible'이라고 되어 있지만, 맥락상 'pour l'audible'로 써야 할 것을 잘못 쓴 것 같다. 참고로, 영어판 번역자도 이 부분을 '우리가 들은 것'으로 번역했다. Michel Chion, *Film, A Sound Art*, Claudia Gorbman(trans.), Columbia University Press, 2009, p. 301.

미를 청취하는 것이다. 의미를 청취한다는 것은 나머지를 듣지 않는다는 뜻이다. 누군가 말하는 것을 듣는 동안 나는 음악 소리를 잊어버리고, 말이 나를 징집하고 포착하고 흡수한다.

이 때문에 주의 깊게 듣지 않은 것을 우리가 전혀 듣지 않은 것은 아니며, 여기에 민감하지 않은 것도, 그 효과를 느끼지 못한 것도 아니다. 모든 소리에 대해 전반적인 청취를 동시에 할 수 없을 뿐이다. 이 모든 소리가 청각적 프레임 속에 들어오지 않을 때는 더더욱 그런데, 이에 대해서는 아래에서 다시 다룰 것이다.

4. 벽을 넘어서 들을 수 있거나 디제시스적인 마이크를 통해 들을 수 있는 인물의 귀

카로와 죄네의 〈잃어버린 아이들의 도시〉에서 도미니크 피농이 연기한 클론 인간 중 한 명은 수족관에 갇힌 살아 있는 뇌(장-루이 트랭티냥의 목소리)에게, 그곳에서 멀리 있지 않은 '주인님'(다니엘 에밀포크)이 들을 위험이 있다고 목소리를 죽여서 말한다. 그러나 이 귀는 우리에게 대화뿐만 아니라 특히 목소리의 톤으로 표시된다. 이것은 목소리가 겹쳐진 귀다.

5. 그 장면에 있지만 자는 인물의 귀

자는 사람도 '수동적으로 듣는다.' 그 소리가 그를 깨울 정도는 아니라고 해도 마찬가지다. 방금 언급한 카로와 죄네 영화의 같은 장면에서 피농과 뇌 말고도 자는 아이가 있는데, 이 아이는 사람들이 대개 잘 때 듣는 것처럼 이들의 말을 들을 수 있다. 코폴라의 〈컨버세이션〉에는 대낮에 벤치 위에서 자는 부랑자가 나오는데, 이 사람은 영화에서 힐끗 보일 뿐이지만, 여자가 펼치는 담화의 대상이 된다. 즉 그는 어떤
식으로든 듣고(그런데 이 사람
이 정말로 자는지 어떻게 아는
가?), 관객은 무의식적으로 자
신의 청취 능력을 이 사람에게
투사한다. 상징적으로, 해리 콜
이 듣는 것은 여기저기에 숨겨놓은 마이크를 통해서가 아니라 사
실상 **자는 부랑자를 통해서다.** 그는 이 장소, 즉 절대적인 귀의 장소
와 동일시하고 듣는다.

〈마태복음〉(1964)에 나오는,『신약성서』에서 끌어낸 아름다
운 장면에서 피에르 파올로 파솔리니는 요셉의 잠을 보여주는데,
요셉은 대장간에서 일하는 소리, 돌 깨는 소리에도 자고 있다. 안

토니오니의 〈여행자〉에서 호
텔 방의 침대에 눕는 잭 니컬
슨을 떠나서, 카메라가 두 창살
사이의 공간을 통과하는 마술
을 통해 천천히 이 방을 벗어나
호텔 바깥으로 나가는데, 마침
내 방에서 죽어 있는 잭 니컬슨
을 바깥에서 발견하는 데까지
이른다. 이 숏이 지속될 때 청
취는 그치지 않고 이어진다. 생
활 소음, 스페인어로 서로를 부
르는 사람, 자동차 소리, 새들이 은밀하게 지저귀는 소리, 짖는 개,
투우곡을 반복해서 들려주는 트럼펫 연주자, 망치 소리 따위. 숏이

시작할 때 그는 살아 있었는데, 숏이 끝날 때 죽었다. 우리는 여전히 이 인물의 귀로 들을 수 있을까?

6. 죽은 사람의 귀

여기서 우리는 마술과 불합리 속으로 들어가지만, 이것이 또한 영화의 영역은 아닐까? 히치콕의 〈로프〉 시작 부분에서 젊은 데이비드는 우리가 보는 앞에서 두 인물에 의해 로프로 목이 졸려서 죽고, 큰 궤짝 속으로 옮겨진다. 그를 죽인 살인자들은 변태적

이게도 리셉션을 개최할 거실에 이 궤짝을 놓아둔다. 데이비드는 이 리셉션에 초대받아 실제로 다른 사람이 오기 전에 여기에 와 있는 셈인데, 남몰래 시체의 형태로 현존한다. 본질적으로 세속적 대화로 이루어져 있고, 알려진 것처럼 한 장소에서 실시간으로 전개되는 영화에서 데이비드의 시체는 궤짝 속에 현존한다. 처음부터 끝까지 이 영화의 모든 것을 듣는 사람이 바로 그가 아니라고 누가 말할 수 있을 것인가?

7. 태어날 인간의 귀

어떤 영화들은 우리에게, 아직 태어나지 않았지만 한 남자와 여자가 만나거나 재회하는 이야기에 이미 잠재적으로 현존하는 누군가의 청취를 들려주는 것 같다.('끝'이라는 말을 넘어서) 이야기의 결론은 이 아기의 가설적인 탄생이 될 것이다. "내가 어떻게 태어났어?"라는 질문, "서로 만나지 않았을 수도 있고 나를 낳지

2부. 미학과 시학

않았을 수도 있는 내 부모님은 어떤 우연과 우여곡절을 거쳐 내 부모님이 되었지?"라는 질문은 모든 인간에게 손꼽히는 무한하게 매력적인 이야기가 아닐까? 이렇게 헬마 잔더스-브람스의 아름다운 영화 〈독일, 창백한 어머니〉(1980) 시작 부분에서 에바 마테스의 딸은 그녀 자신이 어떻게 태어날지 이야기를 시작하고, 탄생 이전, 또한 임신 이전이라고 말할 수 있는 장면을 언급한다. 우리는 그녀의 귀를, 아마도 그녀의 눈도 가지게 된다.

이렇게 말해도 된다면, 많은 영화는 우리에게 이런 귀로 이야기하는 것처럼 보이고, 내가 별도의 책*에서 상세하게 검토했지만 특히 스탠리 큐브릭의 〈아이즈 와이드 셧〉이 그렇다.

8. 뒷담화의 대상이 된 사람의 귀

두 인물의 대화에서 제삼자가 언급될 때마다 우리는 ("그 사람 귀가 가려울 거야"라는 표현에 나온 것처럼) 대화에 언급된 제삼자가 엿들을 수도 있다고 가정하는 경향이 있다. 데이비드 린치의 〈광란의 사랑〉에서 마리에타와 산토스는 목소리를 낮춘 채 세일러를 죽이는 것에 대해 말한다. 반면 이 장면과 평행 몽타주로 제시되는 세일러는 수백 킬로미터 떨어진 곳에서 자동차를 운전하고 있다. 따라서 그는 이 음모를 잠재적으로 듣고 있는 셈이다. 타르콥스키 〈희생〉의 소년은 이 아이가 나오지 않는 수많은 장면에 제삼자로 언급되고, 2층 방에서 자고 있다고 여겨진다.(전쟁 위협이 있을 때) "아이가 들으면 안 돼요, 아이를 깨우지 마세요"라고 어른들이 반복해서 말한다. 이 소년이 제삼자로 언급될 때마다 그

---

*   Michel Chion, *Eyes Wide Shut*, Trista Selous(trans.), BFI Publishing, 2002를 보라.

가 듣는다고 믿는 게 낫다.

우리가 어렸을 때, 사람들은 우리 앞에서 우리를 마치 그 자리에 없는 제삼자("그는 이걸 하고, 그녀는 이걸 해")로 말했다. 이때문에 인물들이 영화에서 '그'나 '그녀'를 언급할 때마다 결국 우리에 대해 말하는 셈이기 때문에 우리가 귀를 기울이는 일이 벌어진다. 코폴라의 〈컨버세이션〉에서 해리 콜이 하는 것은 바로 이런 전이轉移다. 즉 두 명의 '그들'에 관한 대화에 매료되어 반복적

으로 듣는다. 여기서 '그들'은 "그가 우릴 죽일 거야"라는 문장의 주어인 (여자-애인 커플의 제삼자인) 부재하는 남편과 자는 부랑자다. '그들'은 곧 그가 되는데, 이는 해리의 어떤 행동과 문장을 연결하는 소리/영상의 몽타주가 강하게 암시하는 것이다…

이 영화 내내 월터 머치의 매혹적인 몽타주 속에서 해리 콜은 자기 작업실 스피커로 나오는 문장들을 듣고 또 듣는데, 관객은 이 문장들을 그에게 적용하기 시작한다. 이 문장들은 그에게 달라붙는데, 유니언스퀘어 벤치 위의 부랑자에 대한 문장들이 특히 그렇다. 여자는 그를 측은히 여겨 이렇게 말한다. "이 사람을 봐요! 끔찍하네요! 맙소사, 이런 사람들을 볼 때마다 저는 언제나 똑같은 생각을 해요. 이 사람도 언젠가는 누군가의 아기였을 거라고요… 그리고 그를 사랑한 엄마, 아빠가 있었을 거예요. 이제 그는 반쯤 죽어서 저기 공원 벤치에 있네요. 그의 엄마, 아빠, 삼촌들은 모두 이제 어디 있지요?"

2부. 미학과 시학

〈컨버세이션〉에는 시간을 비현실적으로 만드는 효과가 있다. 즉 현재 시간은, 끊임없이 되돌아오는 이 커플의 대화 시간이 된다. 해리 콜의 선형적 시간은 마치 녹음된 소리의 시간 왜곡의 주문呪文 속에 둘러싸인 것 같고, 그의 몸은 마치 이 커플의 문장, 특히 여자가 말한 문장들로 뒤덮인 것 같다. 신문지를 덮고 자는 부랑자처럼.

9. 어떤 공간이나 장소의 귀

'벽에도 귀가 있다'라고 다른 속담은 말한다. 큐브릭의 〈샤이닝〉(1980)에서 핼로런은 거대한 주방에서 대니에게 목소리를 죽여 말한다. 마치 오버룩 호텔 공간 전체가 그의 말을 듣는 것처럼. 영화에서는 모든 장소가 목소리를 울리게 한다. 즉 감옥(조지프 로지의 〈범죄자〉[1960], 브레송의 〈사형수 탈옥하다〉, 안드레이 콘찰롭스키의 〈폭주기관차〉[1985]), 성당(앙리-조르주 클루조의 〈까마귀〉), 재판장(오슨 웰스의 〈심판〉), 사람들이 아래로 지나다니는 다리(빈센트 미넬리의 〈파리의 아메리카인〉[1951]), 하수구(안제이 바이다의 〈지하수도〉, 캐럴 리드의 〈제3의 사나이〉, 앤드루 데이비스의 〈도망자〉), 빈집(〈블레이드 러너〉에서 서배스천의 거대한 아파트, 니컬러스 레이의 〈이유 없는 반항〉[1955]의 버려진 집, 〈시민 케인〉의 재너두, 〈레인맨〉에서 톰 크루즈의 죽은 아버지 집, 〈달콤한 인생〉의 빈 성, 장-피에르 멜빌 〈무서운 아이들〉의 거대한 아파트)가 그렇다. 이 모든 장소는 반향음이 있을 때마다 벽의 귀가 듣게 할 수 있다. 영화에서 메아리는 사실상 그 영화 속에 갇혀 있는 것이지, 온갖 영화를 상영하는 영화관에 속한 것이 아니다.

영화에서 감독들은 '듣는 공간'을 들려줄 수 있고, 이 공간의 메아리를 가둘 수 있다. 주목할 만한 작품들은 특별한 장소의 벽을 보여주고 여기서 한 번 울린 소리들을 되살아나게 한다. 특히 테런  스 데이비스의 〈먼 목소리, 조용한 삶〉(1988), 사티아지트 레이의 〈음악 살롱〉(1955), 심지어 마르그리트 뒤라스의 〈캘커타 사막에서 그의 이름은 베니스〉에서도 그렇다. 이 마지막 영화의 제목은, 이제는 사막이 된 장소에서 말해진 어떤 이름에 담긴 순간적이면서도 영원한 반향을 암시한다.

10. 노바디의 귀

대롱대롱 매달려 있으면서, 아무도 듣지 않는 목소리가 나오는 수화기 영상은 영화에서 풍부한 표현을 함축하는데, 그것은 이 영상이 영화 자체를 대변하기 때문이다.

타티의 〈나의 아저씨〉에서 윌로 씨가 내려놓고 가버린 공중전화 수화기가 줄에 매달려서 대롱대롱하는 모습은 아무도 듣지  않는 아르펠의 목소리를 전파한다.(다른 한편 아버지 아르펠 씨는 듣지 않는 사람으로 규정되고, 이 점은 또한 이 영화의 나머지 부분에서 명백해진다.) 사샤 기트리의 〈꿈을 꾸자〉(1936)에서 아무도 듣지 않는 수화기는 긴 의자 위에 놓여 있다.

데이비드 린치의 연속극 〈트윈 픽스〉(1990~91)에서 비행사

릴런드 파머는 자기 딸 로라가 죽었다는 말을 듣고 부인과 통화하던 전화기를 떨어뜨리는데, 그레이스 자브리스키의 아쿠스마틱한 울음소리와 애원이 울려 퍼지는 수화기, 아무도 듣지 않는 수화기가 마찬가지로 매달려 있다.

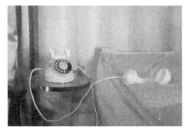

11. 배우의 목소리에 연루된 사람의 귀

남자 배우나 여자 배우 목소리의 '매력'은, 이 목소리가 미리 상정한 청취로 우리를 끌어들이고 이 목소리를 중심으로 공간을 재창조한다는 점이다.

타티의 〈플레이타임〉 시작 부분인 공항 대합실 장면에서 부인이 나지막한 목소리로 자기 남편에게 건강에 대해 조언하자 남편은 투덜거리며 대답한다. 이 두 목소리는 감히 목소리를 높이면 안 되는 장소에서 '병원' 공간 하나를 만들어내고, 이렇게 귀를 기울여야 하는 영화 전체의 어조를 만들어낸다.

배우가 목소리를 죽이고 자기 역할을 말할 때, 악의를 가진 귀가 어둠 속에서 듣고 있거나 잠들어 있어야 하는 존재나 힘을 깨울 위험이 있는 것처럼 말할 때, 그는 자기를 중심으로 청각적이고 시각적인 공간 전체를 재편한다. 코폴라의 〈럼블피쉬〉에서 미키 루크, 마르셀 카르네의 〈새벽〉에서 장 가뱅, 파트리스 르콩트의 〈사랑한다면 이들처럼〉(1990)에서 장 로슈포르, 데이비드 린치의

〈사구〉에서 카일 매클라클런, 펠리니의 〈달의 목소리〉(1990)에서 로베르토 베니니가 거대한 밤의 공간에서 마치 이들이 밤과 어둠 한가운데 있는 것처럼 말할 때, 때로는 이들로부터 몇 미터 떨어진 상대방이 아니라 [우리] 귀에 대고 말하는 것처럼 목소리를 낼 때, 이들은 자신들을 중심으로 모든 것을 변형시킨다. **그 장면의 토대는 목소리다.**

이렇게 히치콕의 〈이창〉에서 제임스 스튜어트는 장애 때문에 자신이 어쩔 수 없이 관객으로 참여하는 스펙터클(과 소리) 앞에서 종종 목소리를 죽이고 말한다.

12. 거대한 귀

그리고 이 모든 것에서 신은 어디에 있는가? 영화에서 모든 것을 다 듣는 존재를 거대한 귀(모든 것이 들리는 장소)라고 말해보자. 그 영화에서 지정되고 암시된 이 장소에 고유한 점은, 거기에 아무도 없다는 것이다. 이런 의미에서 10번의 귀(노바디의 귀)와 12번의 귀는 같다.

이런 청취들 사이의 소통이나 불통

이때 영화에서 벌어지는 유희는, 이 서로 다른 청취들을 칸막이로 나눠서 소통하지 못하게 하거나 아니면 인물들 사이에서, 인물들과 관객 사이에서, 내가 방금 열거한 다양한 심급 사이에서 이 청취들을 소통하는 데 있다.

예컨대 종종 전반적인 '소리 풍경soundscape'의 일부를 이루는 소리 하나를 한 인물이 지적하지만, 다른 인물은 듣지 못한다. 미조구치 겐지의 〈산쇼다유〉에서 어린 안주는 어머니 다마키가 멀리서 부르는 소리를 듣지만, 오빠 주시오는 그 소리를 듣지 못했으며 이것이 "물결 소리"일 뿐

이라고 말한다. 한편 관객은 이 소리를 명확하게 듣고서, 이것이 다마키의 목소리라고 인지할 수 있다. 베리만의 〈거울을 통해 어렴풋이〉(1961)에서 카린(하리에트 안데르손)은 뻐꾸기 소리를 듣고 걸음을 멈추지만, 남동생 미누스는 아무것도 듣지 못했다. 이 소리가 순간적으로 지나간 탓에, 영화관에 있는 관객은 이 소리를 반드시

들었다고 확신하는 것은 아니다. 요즘의 가정용 매체인 비디오나 DVD는 영화들의 의미를 바꾸어놓는데, 관객이 의심을 해결할 수 있게 해주기 때문이다. 즉 관객은 카린이 뻐꾸기 소리를 들은 순간으로 되돌아갈 수 있고, 사실 거기서 아무것도 들리지 않으며 이것이 아마도 카린의 청각 과민증에서 비롯되었다는 점을 확인할 수 있다.

소리의 자각과 전유

앤서니 만의 〈머나먼 서부〉에서 염세적인 황금광 제프(제임스 스튜어트)는 자기 말의 안장에 방울을 매달아, 자기가 온다는 것을

소리로 알리는 버릇이 있다. 영화 내내 이 주인공은, 황금광의 마을을 공포로 몰아넣는 존 매킨타이어와 그의 하수인들이 저지르는 범죄를 지켜보면서도 여기에 반응하지 않는다. 이 무법자들이 자기 동료 벤을 죽이자 그는 드디어 개입하기로 결심한다. 그가 말 위에 얹을 안장을 들어 올리는 것이 스크린에 보이고, 안장에 달린 방울은 예전처럼 울리지만, 스튜어트는 마치 이 소리를 처음 들은 것처럼 동작을 멈춘다. 그리고 저녁이 된 외딴 서부 마을 숏으로 넘어간다. 울리는 방울은 이 서부 마을에 제프가 도착했다는 것을 알려준다. 매킨타이어는 제프를 죽일 준비를 하고 있다. 그러나 이 말 위에는 아무도 없고, 단지 안장만 얹혀 있다. 제프는 소리의 속임수를 이용해, 자기를 죽이려 한 사람들을 놀라게 하고 이들을 죽인다.

무슨 일이 일어났는가? 안장을 설치하면서 제프는 우선 방울 소리가 자기를 드러낼 수 있는 요소라는 점을 처음으로 주목한 것 같고, 마침내 이를 이용했다. 이와 동시에 영화의 나머지 부분 동안 이기적인 한 사람과 이어진 이 소리는 이때 정의의 상징이 되고, 상징적인 아쿠스마틱한 존재*가 된다. 그가 자각한 소음으로 제프는 유령의 기사가 되는 동시에 명예를 회복한다.

2부. 미학과 시학

베리만의 〈페르소나〉 프롤로그에는 죽은 것으로 보이는 몸들이 테이블 위에 놓여 있고, 제대로 잠그지 못한 수도꼭지에서 떨어지는 것 같은 물방울 소리가 들린다. 시체 안치실인가? 병원 침대 위에서 베개도 없이 등을 대고 누운 아이의 몸이 보인다. 앞에 보인 사람들처럼 이 아이는 죽은 사람인가? 전화벨 소리가 한 번, 두 번, 세 번 울린다… 작은 소년이 움직이고 몸을 돌린다. 그는 살아 있다. 그가 이 벨소리에 반응하게 될 것인가? 아니면 전화 소리에 잠에서 깰 때 전형적으로 일어나는 것처럼, 그는 새로운 현실 속에 있는가? 어떤 것도 아니다. 실제로 전화는 울리기를 멈추고, 소년은 몸을 일으키지 않은 채 단지 몸을 돌릴 뿐이다. 이 소년이 전화벨 소리를 들었는지, 이 전화가 그의 현실 속에 있는지, 전화벨 소리가 그를 깨웠는지 따위를 알 수는 없다.**

영화에서 느닷없이 울리는 전화 소리(종종 타르콥스키에게서, 즉 〈잠입자〉의 황폐한 집이나 〈희생〉의 불타는 집에서, 또한 마틴 스코세이지의 〈택시 드라이버〉 시작 부분의 택시 회사 사무실에서)는 영화라는 꿈의 상징 그 자체다. 수화기를 드는 인물들은 동시에 어떤 꿈에서 깨는 것일 수도 있고… 그 영화에서 깨어날 수도 있고… 때로 그들은 현실 속에 있다. 그러나 이는 단지 계속되고 있는 '영화-꿈'일 뿐이다… (라나와 릴리 워쇼스키의 〈매트릭스〉[1999]에서, 나카타 히데오의 〈링〉에서 전화벨의 유명한 사용은 여기서 나온다.) 세르조 레오네의 〈원스 어폰 어 타임 인 아메리카〉에서 전화벨 소리는 가장 다양한 상황에서 영상에 몇 분간 울림으로

---

*   「용어 해설집」에서 '아쿠스마틱한 존재' 항목을 보라.

**   이 시퀀스는 내 책 『오디오-비전』에서 상세하게 분석했다. Michel Chion, *L'Audio-vision*, Nathan, 1990, pp. 168~80.

써 로버트 드니로의 머릿속을 떠나지 않고, 아편으로 인한 무기력 상태를 흔들어놓으며 현실과 가상 사이에, 과거와 현재와 영원 사이에 놓여 있다.

어떤 인물이 자기가 내는, 또는 그 인물 주변에 있는 소리를 얼마나 의식하는지에 대해 우리가 전혀 알 수 없는 상황이 아주 자주 일어난다. 이 때문에 우리는 강렬한 유혹에 빠지게 되지만, 주관화시키는 해석에, 다시 말해서 그가 듣는 것인지 그가 듣지 않는 것인지 결정하려고 인물의 내면 속으로 들어가겠다는 오만한 태도에 저항해야 한다. 타티의 〈플레이타임〉에서 윌로 씨와 같은 공간에서 기다리는 미국 사업가는 다양한 소음을 낸다… 서류 가방의 지퍼를 열고, 바지의 먼지를 털고, 종이에 서명을 하고, 스프레이로 코를 씻어내고 따위를 하면서, 소리를 죽인 이 무성의 분위기에서 자신이 내는 이 온갖 소리가 들린다*는 점을 그가 의식하고 있는가? 샤브롤의 〈앨리스 혹은 마지막 가출〉에서 앨리스는 자

2부. 미학과 시학

신이 지금 걷고 있는 아름답고 풍성한 자연에서 어떤 소리도 나지 않으며, 자기 발소리가 완전한 침묵 속에서 울리고 있다는 점을 의식하고 있는가? 우리는 이를 알 수 없고, 사실 이 상태가 더 낫다. 로버트 올트먼의 〈긴 이별〉에서 존 윌리엄스의 테마 음악 하나가 온갖 형태로 나타난다. 말로(엘리엇 굴드)는 자기 집에서 쿨재즈 양식으로 이 음악을 듣고, 이후 고양이 먹이를 사러 간 슈퍼마켓에서 달짝지근한 '무자크' 형식으로도 듣지만, 이 음악을 알아보지는 못하는 것 같다.

더 일반적으로 말해서, 인물들은 자기들 주변의 디제시스 음악을 의식하는가? 그렇지 않다고 말할 수도 있는데, 갑자기 인물 중 한 명이 "들었어요?"라고 말  한다. 이렇게 말하는 사람은 클라우디아 카르디날레다. 그녀는 피아노 연주가 열리는 제네바의 화려한 파티에서 자신 말고는 아무도 주목하지 않은 화음에 갑자기 반응한다. 이 곡은 세자르 프랑크의 「전주곡, 합창곡, 푸가」 발췌곡이다. 그러나 그녀가 피아노에 다가갈 때 '마술적인 대목'(합창곡의 화음)은, 마치 프랑크의 작곡에서 지나가버린 것처럼 이미 지나가버렸다(루키노 비스콘티의 〈희미한 곰별자리〉[1965]).

장 그레미용의 〈이상한 빅토르 씨〉(1938)에서 레뮈의 아파트는 야외 연주대가 있는 광장 쪽을 향해 있다. 군가를 연주하는 야

---

* 프랑스어에서는 '소음이 스스로 들린다les bruits s'entendent eux-mêmes'라고 표현하는데, 과연 그럴까? 여기서 프랑스어의 모호한 표현이 흥미롭게 여겨진다.

외 콘서트가 열리는 동안 많은 장면이 전개된다.

서로 다른 곡목이 연속으로 이어지는데, 이 곡목 하나하나에 대해 먼저 아파트 안에 있는 인물들이 논평하다 곧 음악에 대해 그만 말하게 되는데, 그 후 이들은 마치 자기들이 의식하지 못하는 이 소리에 반응한 것처럼 행동한다. 이와 마찬가지로 펠리니의 〈카비리아의 밤〉(1957)에서 부자 영화배우(아메데오 나자리)는 카비리아(줄리에타 마시나)를 자기 집으로 초대하고 전축으로 베토벤 교향곡을 튼다. 우리는 어느 순간에 두 인물이 이 음악을 의식하지 않게 되는지 알 수 없지만, 이 음악의 역동적인 변화는 이들의 움직임과 반응을 이끄는 것으로 보인다.*

오토 프레민저의 〈로라〉에서 마크 맥퍼슨은 월도(클리프턴 웹)와 함께, 살해된 것으로 여겨진 로라 헌트의 아파트를 방문한다. 그가 전축을 작동시키면 곡 하나가 들리는데, 월도는 이 곡이 로라가 좋아한 곡이었다고 말한다. 이후 맥퍼슨은 혼자 이 아파트로 돌아가 '죽은 여자'의 초상화 아래서 잠이 든다. 여기서 그 곡이 다시 들리는데, 이때는 피트 음악으로 들린다. 자기가 통제하지도, 듣는다고도 여겨지지 않고 그에 대해 말도 못 하는 바로 이 음악으로부터, 진 티어니가 연기한 살아 있는 실제 로라가 도착하는 것 같다.

한 인물이 자신을 둘러싼 소음, 시작되고 멈추는 소리를 (실제로든, 겉보기에만 그렇든) 의식하는 일은 관객의 감수성에 강한 반향을 끌어낸다. 이것이 관객 고유의 청취라는 문제를 가리키기 때

---

* 이 장면이나 이와 비슷한 장면에 대해서는 클라우디아 고브먼의 탁월한 분석을 보라. Claudia Gorbman, *Unheard Melodies: Narrative Film Music*, Indiana University Press, 1987, pp. 24~25.

2부. 미학과 시학

문이다.

제리 루이스의 〈너티 프로페서〉에서 줄리어스 켈프 교수가 복도로 걸어가는 동안, 그의 젖은 신발은 양치질을 하는 것 같은 기괴한 소음을 낸다. 그가 이를 아는가? 그는 걸음을 멈추고 신발을 벗고(그의 발은 외화면에 있다) 다시 걸어간다. 똑같은 소리가 계속 나지만, 이것이 어떻게 가능한지 우리는 알지 못한다. 이때 켈프는 우리에게 무성으로 "어떻게 생각하세요?"라고 말하는 것처럼 카메라를 바라본다. 여기서 개그는 일련의 자각을 통해 이루어진다. 즉 소음의 원인에 대해 반응하기 때문에 인물은 자기가 내는 소음을 깨닫는 것처럼 보이고, 다음으로 그는 이 최초의 자각과 연속선상에서 카메라가 거기 있고 자기가 영화 속 인물인 것을 알아차린 것처럼 보인다. 그러나 아마도 그는 이를 이미 알고 있었고 —— 우리는 그가 이 영화의 연기자일 뿐만 아니라 영화감독이자 작가라는 것을 알아본다 ——, 우리는 이를 알 수 있는 어떤 수단도 없다. 이런 식으로 영화는 종종 인물들의 **환경**에 대해 이들 스스로 아는지 모르는지를 추정하라고 우리를 덫에 **빠뜨린다.**

관객을 덫에 **빠뜨리는** 가장 쉽고 잘 알려진 형식은, 청취의 양태가 전혀 다른데도 이를 자동으로 추정하는 관객을 현장에서 붙잡는 것이다. 즉 우리는 '피트 음악'을 듣는 특권을 가졌다고 믿지만, 디제시스의 인물 또한 피트 음악을 듣는다(앨런의 〈바나나 공화국〉[1971], 고다르의 〈할 수 있는 자가 구하라: 인생〉, 베르트랑 블리에의 〈감사한 삶〉[1991]). 우리가 인물 중 한 사람의 내면의 목소리를 듣는데, 이 인물의 대화 상대자 또한 이를 듣는다(칼 라이너의 〈죽은 자는 체크무늬를 입지 않는다〉[1982]). 아니면 우리만 오슨 웰스의 내러티브 목소리를 듣는다고 믿었는데, 스크린 속 인물도 이를 듣는다(웰스의 〈위대한 앰버슨가〉[1942]).

베르트랑 블리에의 〈차가운 찬장〉(1980)에서 제라르 드파르디외, 장 카르메, 베르나르 블리에는 완전히 자연 속에 있고, 어떤 숲 입구에 있는 집 앞에서 긴 의자 위에 누워 바람을 쐰다. 장 비고의 영화에서도 프랑스 영화에 많이 나오는 투덜대는 말투를 들었지만, 베르나르 블리에는 겨울에 시골이 얼마나 불편한지 끊임없이 불평을 늘어놓는다. 드파르디외는 자연의 매력을 내세우면서 이 말을 반박한다. 이 대화의 주변 음향으로 우리는 새들의 노래를 듣지만, 숲속 한가운데서 전개되는 영화에서 익숙하게 들리는 주변 음향이라 아마도 그때까지는 의식하지 못했을 것이다. 그런데 블리에란 인물은 이 소리를 의식할 뿐만 아니라 심지어 이 소리가 가증스럽다고 말한다. 드파르디외가 그에게 "자연의 고요"에 대해 말할 때, 그는 투덜댄다. "이게 네가 말한 고요냐? 이 형편없는 새들 모두를, 얘는 고요라고 생각한다고." 이후 지저귀는 소리가 멈추자 친구들에게 이 사실을 알려주는 사람은 블리에다. 그는 우리 관객에게도 이 사실을 알려주는데, 관객 스스로는 아마도 이 사실을 알아차릴 수도 없었을 것이다. 새들의 침묵은 우리에게 '들리려고 주어진' 것이 아니다. 단지 지나가버린 것이다.

이 글 첫머리에서 하포 막스에 대해 살펴본 것처럼, 어떤 장면에서 말을 안 하거나 못 하는 인물의 존재는 말을 다른 식으로 울리게 하고, 우리가 듣는 것을 의식하게 만든다.

인물들이 어떤 소음을 **전유**專有, appropriation하는 일이 있다. 이들이 이 소음을 유리하게 이용할 때, 소음에 이름을 붙임으로써 ('감각을 명명한 소리') 또는 입으로 소음을 흉내 내거나 모방함으로써 이 소음을 자기 세계로 흡수할 때, 이들은 소음에 지배당하지 않게 된다.

멜빌의 〈암흑가의 세 사람〉에서 이브 몽탕은 방돔 광장에 있는 한 건물 계단에서 건물 수위에게 자신의 이동 궤적과 신분을 속이기 위해 자기 발소리를 이용한다. 펠리니의 〈여성의 도시〉 '목소리 박물관' 장면에서 마르첼로 마스트로얀니는 걸어가면서 만화 영화의 의성어 양식으로 자기 발소리에 입으로 음향효과("스닙" "스냅")를 넣는다.

음악 소리나 멜로디에 맞춰 한 인물의 입술을 움직이게 하는 것은 또한 그를 둘러싼 음악 소리에 그를 연결하거나 연결하지 않는 방식이며, 그가 이를 알고 흡수한다는 것을 알려주는 방식이다. 루이 말의 〈사형대로 가는 엘리베이터〉에서 잔 모로는, 자기가 듣지 않는다고 여겨지는 마일스 데이비스의 비디제시스적인 트럼펫 '소리에' 맞춰 길을 걸으면서 입술을 움직이고 고개를 흔든다. 다른 장면에서 여주인공의 생각을 우리에게 들려준 루이 말은 이렇게 이 트럼펫 소리가 이 여인의 무한한 내면의 담화를 이어가는 목소리와 같다는 점을 암시한다(암시하기만 한다).(이 영화 시작 부분을 보라. 여기서 모로와 모리스 로네가 전화로 사랑을 토로하는 대화는 마일스 데이비스의 트럼펫에 묻히면서 연장된다.)

조너선 데미의 〈양들의 침묵〉(1991)에서 철창에 갇힌 한니발 렉터(앤서니 홉킨스)는 카세트 플레이어로 바흐의 음악(「골드베르크 변주곡」의 피아노 연주곡)을 틀어놓고 스스로 '기분 전환'한다. 그러나 우리는 그가 박자에 맞춰 입술을 움직이는 방식에서 그가 이 음악을 의식하고 있고, 이를 완전히 암기하고 있으며, 내적으로 '흘러가게' 할 수 있다는 점을 알 수 있다. 어떤 의미로는 이 때문에 그는 자기가 죽이게 될, 자기를 담당하는 간수들에 대해 상징적인 우월성을 갖게 된다. 이들은 아마도 자기들의 불신을 재우는 데 쓰이는 이 음악에 주의조차 기울이지 않기 때문이다. 이 바흐 테마의 마지막 1초에서, 마치 이 소리가 신호로 쓰인 것처럼 그가 공격을 시작한다.

니컬러스 레이의 〈이유 없는 반항〉에서 경찰서에 간 제임스 딘은 경찰 사이렌 소리를 입으로 재생한다. 마찬가지로 배리 레빈슨의 〈레인맨〉에서 더스틴 호프먼은 다리를 건너가는 자기 동생 자동차의 특징적인 붕붕 소리를 흉내 낸다. 이렇게 이 두 영화 모두 어린아이 같은('유치하다'거나 '미숙하다'는 함의 없이) 영화로 특징지어진다. 내 생각에 조지 루카스의 '음향효과를 넣은 영화'는 입으로 넣는 음향효과의 즐거움, 이런 모방의 즐거움을 관객에게 정신적으로 나누게 해준 영화다.

여성의 청취와 남성의 청취

또한 영화는 종종 청취에 대해 인물들이 맺는 관계를, 남성과 여성의 성차를 은유하는 수단으로 쓴다. 예컨대 영화는 여성 인물들에게 자주 '청각 과민증hyperacousie'을 부여하는데, 이 전문용어는 들을 수 없는 소리까지 포함해서 소음들에 지나치게 민감하다는 것을 가리키는 용어다.

크시슈토프 키에슬로프스키의 〈세 가지 색 블루〉에서 남편과 아이를 잃은 비극을 겪은 이후 혼자 사는 쥘리에트 비노슈에게 온갖 종류의 음악과 가장 작은 소음까지 들리는데, 이 소리들은 그녀를 괴롭히지만 동시에 살고자 하는 욕구를 되돌려놓는다. 앞에서 언급한 고다르의 영화들과 블리에의 영화들에서 잔 다르크와 같은 여성들은 남성들이 듣지 못하는 음악들을 듣는다.

"들려요?"라고 루이스 부뉘엘의 〈세브린느〉(1967) 마지막 장면에서 카트린 드뇌브는 남편에게 말한다. 이것은, 그는 듣지 못하고 관객인 우리가 그녀와 같이 듣는 방울 소리다… 존 포드의 〈역마차〉(1939)의 인디언들에게 쫓기는 장면에서 루시는 자기들을 구해줄 기병대 나팔 소리를 이 역마차에서 가장 먼저 듣는 인물이다. 그녀는 심지어 비디제시스 음악의 소란과 인디언들 고함 소리 속에서도 이 소리를 듣는다. "들리세요? 군대 나팔 소리예요. 그들이 돌격 나팔을 불고 있어요." 나는 앞서 미조구치의 〈산쇼다유〉와 베리만의 〈거울을 통해 어렴풋이〉에서 남성 상대방이 듣지 못하거나 들으려고 하지 않을 때마다 여성이 듣는 소리를 언급했다.

여성들의 청각 과민증은 다른 인물들이나 운명 때문에 이 여성들을 다치게 하는 데 사용될 수도 있다. 조지 큐커의 〈가스등〉(1944)에서 남편은 부인 혼자 소음을 듣는다고 믿게 함으로써 그녀를 미치게 한다. 막스 오퓔스의 〈만인의 여인〉(1934)에서 불행한 여주인공은 다른 누구도 듣지 못하는 음악(사실상 피트 음악)을 듣고, 이 때문에 의기소침해진다.

여성들이 생생하고 감각적인 소리를 듣는다면, 영화 속에서 남성들은 코드를 해독한다. 후자의 경우 영화관 관객은 인물의 청취에 비해 자기 청취가 유동적이고 불완전하다는 점을 떠올리게 되지만, 이와 동시에 어떤 소리도 벗어날 수 없는 거대한 귀의 가능성을 생각하고 안심하게 된다.

존 맥티어넌의 〈13번째 전사〉(1999)에서 안토니오 반데라스가 연기한 아랍인 학자는 점차 바이킹의 언어를 습득하게 되고, 우리는 그와 함께 이 언어를 이해하기 시작한다.(즉 영어로 듣기 시작한다.) 마찬가지로 맥티어넌이 찍은 〈붉은 10월〉(1990) 같은 잠

수함 영화들에서 종종 모스부호를 '직접' 듣는 무선통신사들은 이 부호를 다른 사람들에게… 그리고 관객에게 즉각 통역해준다. 〈스타워즈〉 연작에서 루크 스카이워커는 작은 로봇 R2-D2의 신호음 언어를 이해하고 이를 우리에게 옮겨준다. 윌리엄 허트는 말리 매틀린의 수화를 시각적으로 '듣고'

관객을 위해 구어로 옮겨준다(랜다 헤인스의 〈작은 신의 아이들〉). 퐁텐은 다른 수감자가 감옥의 벽을 때려서 전달하는 코드를 해독한다(브레송의 〈사형수 탈옥하다〉). 능숙한 절도범

은 동료 절도범들 앞에서 소리만 듣고 금고의 숫자 조합을 탐지하려고 애쓴다(멜빌의 〈도박사 봅〉). 이 영화의 장면에는 많

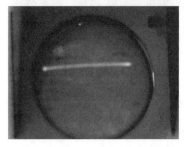

은 아이디어가 능숙하게 조합되었다. 즉 이 인물의 청취와 능력을 우리가 공유할 수 없다는

2부. 미학과 시학

점, 인간에게 사라진 고대적 청취나 사냥꾼과 인디언 청취의 상징으로서 귀를 쫑긋 세우는 독일 목동견(〈에이리언〉에서 고양이 존스의 사용을 보라)의 존재, 또한 소리 파장을 재현하는 것으로 보이는 오실로스코프 영상과 함께 청각적인 것을 시각적인 것으로 전환하는 신화가 있다. 다른 한편 이 전환은 해석 불가능하지만, 소리라는 비물질적이고 겉보기에는 주관적인 현상을 객관화하는 것으로 보인다. 마치 소리가 통제되려면 가시적 흔적을 남길 필요라도 있는 것처럼.

이런 유형의 장면 아이디어는 관객에게, 그들에게는 없는 청취와 해독 수단을 영화 속에서 어떤 인물들이 갖고 있다고 믿게 하는 데 있다.(이런 관습은, 인물들이 들을 수 없는 비디제시스 음악이나 목소리를 우리만 들을 수 있다는 사실로 균형을 이루게 된다.) 마지막으로 우리는 우리가 듣지 못한 것을 듣기 위해, 우리의 귀가 되는 이 재능 있는 해독가에게 의지한다. 이런 상황은 위대한 영도자의 거대한 귀가 어딘가 있을지 모른다는 생각을 부추긴다.

이 때문에 우리는, 거대한 귀의 현관을 두드렸지만 거기에 아무도 없다는 점을 잊을 수 있게 된다.

자기도 모르게 듣기

영화는 종종 배제排除를 함께 나눈다는 생각으로 우리를 소리 속에 끌어들인다.(어떤 인물이 듣지 못하는 소리를 우리 또한 듣지 못한다.) 아니면 거꾸로 커플의 끔찍한 언쟁 앞에서 귀를 막을 수 없어서 (관객처럼) 자기도 모르게 억지로 듣게 되는 인물을 우리에게 보여준다.

클로드 소테의 〈금지된 사랑〉에서 다니엘 오퇴유는 감정이 생길까 두려워하는 내향적 인물이다. 에마뉘엘 베아르의 감정 때

문에 자기 생명의 '안전'이 흔들린 나머지, 그는 하녀(미리암 부아예)와 동거하는 한 남자(모리스 가렐)의 집으로 밤에 차를 몰고 간다. 이들은 그의 마음을 편안하게 해주는 모델 같은 커플이었다. 그러나 그 집에서 멀지 않은 곳에 그가 자동차를 세웠을 때, 그 장소의 주인과 그의 정부의 말싸움을 '자기도 모르게' 듣게 된다. 이 방 저 방 옮겨 다니며 멀리서 들리는 목소리들은 우리에게 그것이 이미 백 번도 더 넘게 일어난 끝없는 말다툼이란 느낌을 주고, 영화관 관객뿐만 아니라 다니엘 오퇴유를 잠시 멍하게 만든다. 그는 결국 왔던 길을 되돌아간다. 앞서 살펴본 〈이창〉에서 한쪽 다리에 깁스를 해 꼼짝 못 하게 된 주인공은 더위 때문에 열어놓은 창으로 레이먼드 버와 그 부인의 말다툼을 듣지 않을 수 없다. 마찬가지로, 같은 감독의 〈싸이코〉에서 매리언은 모텔의 자기 방에 서서 가정집에서 흘러나오는 엄마와 아들의 말다툼을 듣는다. 아들의 목소리는 왔다 갔다 하면서 들리는데, 이는 가정에서 매번 벌어지는 지옥의 반복처럼 보인다. 프랑수아 트뤼포의 〈400번의 구타〉에서 앙투안 두아넬은 침대에서 계부

와 친엄마의 말다툼을 듣는데, 계부 역할인 알베르 레미는 멀리서 "젠장, 나는 그 녀석에게 이름도 주고 그 녀석을 먹여서 키웠단 말이야…"라고 말하고, 어머니 클레르 모리에는 마찬가지로 멀리서 "오, 이런 비난은 너무 많이 들었어요, 이제 그만해요"라고 대답한다. 타티의 〈트래픽〉에서 윌로 씨는 나이 든 커플과 젊은 커플 사이에, 저녁에 대화하다 싸우는 이들 목소리 사이에 꼭 끼어 있다. 타티에게서조차 우리는 목소리에서 벗어나지 못한다…

이렇게 해서 듣지 못했다는 죄책감은 '자기도 모르게' 들었다는 불행으로 더 커진다.

발성영화는 우리를 의자에 묶어놓고 우리가 꼭 듣고 싶어 하지는 않는 대화들을 들려주고 심지어 남의 말을 엿들었다면서 우리에게 죄의식을 준다. 그러나 발성영화는 청취에 대해 출구를 열어주는 지략 하나를 갖고 있다. 이 출구, 또는 출구처럼 기능하는 것은 영상이다. 사실상 영상은 말하는 남녀의 얼굴이 아닌 그 어떤 것도 제시할 수 있고 그것은 물체, 가구, 다른 사람, 자연이 될 수도 있다. 듣지 않는 것처럼 보이는 그 어떤 것도 될 수 있다.

당신에게 말하는 누군가가 있는 곳이 아닌 다른 곳을 바라보는 영상, 요컨대 방황하는 영상은 〈8과 1/2〉에서 시작된 펠리니 영화의 기본 그 자체다. 이 영화에서 영화감독인 주인공은 언제나 도망가고 있고, 모자를 눌러쓴 채 검은 선글라스 너머로 누구와도 시선을 마주치지 않는다. 그는 그에게 간청하는 목소리(배우들), 그를 비난하는 목소리(부인), 수다로 그를 어리둥절하게 하는 목소리(마갈리 노엘이 연기

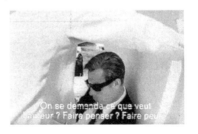

한 말 많은 정부), 불평하는 목소리(스태프들)의 폭격을 당한다. 그는 탁월한 비전을 창조해냄으로써만 자신이 듣지 않을 수 없는 이 목소리들에서 벗어날 수 있다. 그는 아마도 이 목소리들에, 자기들의 창조자가 되라고 이들이 자기 안에 불러일으키는 교란에 빚지고 있는지도 모른다.

〈뮤리엘〉 시작 부분에서 알랭 레네는 고객에게 골동품 가구를 자랑하는 어머니(델핀 세리그)의 목소리를 이 가구와 물건을 고정 카메라로 바라보는 숏들과 병치시킨다. 이 숏들은 관객에게 강요되는 이 목소리에서 달아난다. 바로 뒤에 그 집 아들이 어머니

에게 비난받는 것은 우연일까? 스코세이지의 〈특근〉(1985)에서 그리핀 던은 자기 사무실에서 각자 컴퓨터 앞에 앉은 다른 직원들 사이에 있다. 자기가 교육 중인 새 동료의 말을 산만하게 듣던 그는 사무실 배경을 바라보며 여기서 잠시 벗어난다. 이때 영상이 보여주는 것은 작은 책상들, 비서들이 컴퓨터 모니터나 타자기 근처에 붙여놓은 가족사진들이다. 그러나 우리는 주인공이 듣는 것을 들을 수 없다. 이 새내기 직원에게는 판에 박힌 생활에서 벗어나 생계를 유지하고 환경을 바꾸는 문제라서 어쨌거나 주인공을 건드리는 말들이다…

로버트 몽고메리의 〈호수의 여인〉(1948) 같은 영화는 영화 전체에 일관되게 주관적 카메라를 유지하겠다는 확고한 태도를 취

하기 때문에, 청취의 불가피성을 보여줌으로써 주의 산만을 표현할 수 있다. 이 영화 한 장면에서 필립 말로(로버트 몽고메리)는 비서의 다리에 정신이 팔려 오드리 토터의 말을 듣지 않는다. 그의 시선을 대변하는 카메라는 우리 눈앞에서 주의 산만의 현행범으로 그를 고발한다. 그러나 토터의 목소리가 그에게 곧바로 설명을 요구하는 바람에 그 목소리의 출처인 아름다운 금발 여인으로 시선을 돌리지 않을 수 없다…

19장. 웰스: 목소리와 집

1

나는 우선 어린 오슨 웰스에 대해 생각한다. 그의 전기에 따르면, 웰스는 여섯 살 때 혼자서 꼭두각시 극장을 지었다. 꼭두각시들은 이 소년보다 키가 더 작았고, 이들과 비교하면 웰스는 신이나 거인 같았다. 그는 꼭두각시로 무엇을 하면서 놀았을까? 그것이 셰익스피어 극이었다고들 한다. 분명 다른 아이들처럼 그는 혼자서 서로 다른 배역 전부의 대사를 말했을 것이다. 이아고뿐만 아니라 오셀로 목소리로 말하고, 오필리아의 꼭두각시뿐만 아니라 햄릿의 꼭두각시에게도 목소리를 빌려주었을 것이다.

웰스가 인형, 작은 조각상, 만화의 인물, 다른 환영들에게 목소리를 빌려준 유일한 사람은 아니지만, 그는 어른이 되어서도 이 놀이를 그치지 않은 드문 사람이다. 더빙을 통해 자기 목소리를 〈심판〉이나 〈미스터 아카딘〉(1955)의 몇몇 부수적 인물 — 심지어 한 번이지만 텔레비전 영화 〈청춘의 샘〉(1958)의 여성 인물 —에게 빌려줄 때가 그랬다. 그가 자기 목소리의 후시녹음에 신경을 써서, 가면을 쓰고 분장해 스크린에 나온 자신의 '꼭두각시'[배우 웰스]에게 자기 목소리를 입힌다는 점도 잊지 말자. 웰스는 사샤 기트리와 영화 〈어느 사기꾼의 이야기〉가 이 아이디어의 기원이라는 점을 아낌없이 인정했지만, 그가 이를 다시 취했을 때 이 아이디어는 이미 그의 것이 아니었을까? 마치 그것이 모든 아이의 아이디어인 것처럼.

이제 나는 이 놀이를 심하게 즐기는 사람이, 스스로 질문하고 대답함으로써 질문과 대답 모두에 자기 목소리를 빌려주는 사람이 스스로 위험에 처하게 되는 건 아닌지를 묻는다. 이 놀이를 극단으로 몰고 감으로써, 자기가 직면하는 법 자체의 근본적인 말을 자기 입으로 내뱉을 수 있다고 믿는 사람은 불행한 결말에 이를 수 있다. 이는 마치 웰스의 〈상하이에서 온 여인〉(1947)의 법정에서 자신에게 질문을 던지고, 검사처럼 자기 자신을 심문하며 그다음 이에 대해 변호사처럼 대답하는 변호사 배니스터와 같다. 청중의 웃음을 터뜨리지만, 그것은 아마도 이 영화 마지막에서 그가 죽는 방식과 관계없지는 않을 것이다. 즉 그는 자기 부인(그녀의 영상은 거울의 방에서 자신의 영상과 뒤섞인다)의 총에 쓰러지는데, 그를 쓰러뜨린 총알은 자기가 쏜 것일 수도 있다.

〈심판〉의 요제프 K는 또 다른 법정 분쟁에 휩쓸리는데, 그는 악몽 같은 법정 한가운데 출두해 연단에 올라 자신에 대한 공개 고발조차 기다리지 않고 스스로 질문과 대답의 비약을 감행한다. 바로 이 요제프 K는 다른 목소리의 도움을 고집스럽게 거부하는데, 이 다른 목소리는 (웰스 자신이 연기한) 끔찍한 변호사 해슬러의 것이다. 배니스터에게 그랬던 것처럼, 이 행동도 요제프 K에게 나쁘게 끝난다. 영화에서 불쌍한 피의자 블로흐에게 해슬러의 비서 레니가 한 말("당신은 너무 말이 많아요")이 요제프 K에게도 온전하게 적용된다. 누군가가 법의 이름으로 말하는 목소리와 법 앞에서 대답하는 사람의 목소리를 동시에 연기하려 할 때, 특히 타자에게 목소리 하나도 남겨두지 않으려 할 때, 이 말은 맞다.

이후 나는 작고 무력한 배우들에게 목소리를 빌려주고 다양한 인물의 목소리를 단 하나의 말하는 기관(자신의 기관)을 통해 내보내려 하는 이 '아이-신'의 그림을 다시 다룰 것이다. 이들에게 진정으로 생명을 부여하는 것은 목소리고, 이 목소리는 자신이 보여주는 쇼의 다중 거울에서 회절된 채 다른 사람들의 목소리로 그에게 돌아온다. 아이들에게 익숙한 이 배치는 배제당한 어떤 것을 포함하고 있다. 다시 말해서 그것은 인물들을 움직이기 위해 바깥에 머물러 있는 정신과 신체의 일부인데, 그것이 조직하는 연극에서 언제나 배제되어 있을 것이고, 목소리의 전능한 힘을 통해 존재하게 된다.

〈오셀로 메이킹 필름〉(1978)에서 편집 테이블의 조그만 모니터 앞에서 움직이지 않고 앉아 있는 거대하고, 덩치가 크고, 달변인 웰스, 자기 작은 연극에 나온 녹화된 배우들과 대화하는 웰스가 보일 때마다 이 배제된 것의 형상, 꼭두각시들의 제우스 신 영상을 머릿속에 떠올리지 않을 수 없다.

자기 영화들을 찍고 있는 오슨 웰스를 떠올려보자. 그는 마치 외화면에 있는 이 구체적인 장소(그가 〈위대한 앰버슨가〉의 내레이션을 하는 소리는 여기서 들린다)에서 카메라 뒤에 붙들려 있고, 촬영장 앞에서 마비된 신 같다. 똑같은 지점에서 그는 라디오에서처럼, 자막이 아니라 말로 제시하는 자기 작품의 타이틀 시퀀스를 직접 낭독하고, 마지막으로 자기 이름을 부른다. 카메라 앞에 나오려고 웰스가 일어서지 않는다 해서 전혀 놀라울 것이 없다. 그 대신 마이크 말고는 텅 빈 하얀 프레임만 나오는데, 이 마이크는 카메라 렌즈 아래서, 동시에 보이스오버 내레이터의 입 아래서 처음에는 클로즈업으로 나온다(〈호수의 여인〉 프로젝트 전체를 요약해주는 주관적인 숏). 마이크는 보이지 않는 입을 떠나 점차 멀어지고 축소되어 영상 속으로 사라지는데, 여기서 마이크는 입의 위치를 가리키고, 말들을 중계하고 확대했다.

내레이터이자 감독인 외화면의 웰스는 카메라 앞에서 연기하는 배우 웰스가 자신과 똑같은 특징을 갖지 않게끔 분장을 하고, 분신이자 그림자가 되지 않도록 신경을 썼다는 것도 놀라운 일이 아니다.

영화를 만드는 이런 방식이 '조물주' '야심이 지나친 사람'이라는 단어들을 떠올리게 한다면, 그가 신이지만 동시에 완전한 어린아이라는 점과, 그가 무엇보다 아이 고유의 미숙한 조건들과 이와 결부된 조숙성을 통제하려 애쓴다는 점을 떠올려보자. (심지어 의학 연구의 대상이 되기도 했던) 웰스의 조숙한 언어 능력은 모든 어린아이에게 공통된 미숙함을 단지 배가시켰을 뿐이다. 아이들은 처음에는 언어를 습득하고, 그 후에야 자기 몸을 통제하는 법을 습득하기 때문이다.

〈위대한 앰버슨가〉의 마지막 빈 영상에서 사라지는 붐 마이크로 되돌아오면, 우리는 불가피하게 웰스의 라디오 시절을 떠올리게 된다. 마이크와 그 그림자는, 영화적 픽션이 행위 속에서 이들의 존재를 정당화할 수단을 찾지 못하면 픽션 영역에서는 금기의 대상이라는 점이 알려져 있다.

〈상하이에서 온 여인〉 한 장면에서 권력의 비밀에 대해 남자들이 대화를 나누는 동안 라디오에서는 한 남자 가수의 노래를 들려준다. 남자들 중 한 명이 말한다. "뭣 때문에 이 소리가 큰 줄 알아? 마이크 때문이야. 이게 그가 가진 비결이라고." "비결?" "총, 경찰봉, 면도날 같은 거. 다른 놈이 갖지 못한 거… 비결이 없으면 터프가이는 없어."

마이크가 목소리에 부여하는 비결은 정확히 무엇인가? 가까이에서 말하는 목소리를 멀리까지 들려주는 것이고, 그의 목소리가 근접성과 강렬함의 권력을 탈취하게 해주는 것이다. 웰스가 영화에서 자기 목소리나 다른 배우들을 더빙할 때, 정확히 그는 아주 가까이에서 말하려고 마이크를 이용하면서 끊임없이 거기에 의존하지만, 그의 대화 상대자들은 자기 목소리가 들리게 하려고 목소리를 크게 내지 않을 수 없다. 그의 목소리는 마이크의 혜택을 입어 별다른 노력 없이도 깊고 느긋하게 울리고 몸과 결부되며 존재감이 있다. 이는 흥분하고 불안정하며 부자연스러운 다른 배우들 목소리들에 비해 안정적인 목소리다. 또한 웰스에게 가장 공통으로 나타나는 극적 장치이며, '비결'을 사용해서 만든 권력 관계다.

웰스의 원래 목소리는 진폭도 크고 묵직하다고 알려져 있다. 그래서? 따라서 나는 그의 영화들에서 보이고 암시된 마이크는 단지 기술적 중계나 보철물만을 뜻하지 않고, 본래적으로 목소리에서 권력의 탈취를 뜻한다고 말할 수 있다.

2

마이크에서 출발하는 실을 따라 영화에 숨겨진 또 다른 대상인

스피커까지 가보자. (스피커가 영사된 영상 뒤에 있다는 관례적 언급을 뒤집어 말하면) 발성영화는 스피커 앞에 스크린을 설치했다. 꼭두각시들을 움직이는 제우스 신의 입이 자기가 공연하는 온갖 목소리를 한 방향으로 유도하는 것처럼, 스피커는 영화의 온갖 소리, 소음, 목소리 따위를 한 방향으로 유도한다.

〈미스터 아카딘〉〈악의 손길〉 그리고 웰스의 다른 영화들에서 스피커는 끈질긴 극적 존재감을 보인다.

웰스의 라디오 작업은, 대다수의 영화 사운드가 오랫동안 그랬던 것처럼 **모노트랙**이었다. 즉 하나밖에 없는 스피커로 모든 소리가 지나가며 소리가 [좌우나 상하로] 움직이지 않았다. 여기서 소리는 들을 수 있는 차원, 즉 깊이로만 움직이고, 너비로나 고저로는 움직이지 않았다.

그러나 영화에서 목소리들은 스크린에서 움직이는 인물들과 하나가 되어 위나 아래로, 오른쪽이나 왼쪽으로 움직이는 것처럼 들린다. 나는 여기에 공간적 자력이라는 이름을 붙였다.

(발성영화 초기에 몇몇 관객들은 자기들이 스크린에서 보는 것에 따라 목소리를 움직이는 이 정신적 과정에 익숙하지 않아서 스크린에서 움직이는 몸들과, 측면이나 수직으로 움직이지 않는 목소리들 사이의 불일치에 민감하게 반응했다.)

이때 우리는 웰스의 영화들이 중심에 놓인 목소리의 부동성 immobilité centrale de la voix을 잊지 않은, 마치 라디오 방송에 '영상을 덧붙여' 생겨난 것처럼 이 부동성 위에 움직임을 구축한 몇 안 되는 영화라고 말할 수 있을 것 같다. 웰스가 자기 영화는 말 [를] 위에서 구축되었다고 말할 때, 이 말은 물질주의적인 방식으로 이해해야 한다. 즉 이 말은 움직이지 않는 목소리들 앞에서 움직이는 영상들이라는 뜻이다. 몸의 물리적 움직임, 공간의 동요, 원근법과 프레임은 이 고정된 중심점——바로 여기서 울리는 목소리들이 들린다——위에 구축되어야 할 것이다.(웰스의 영화들은 때로 청각 공간의 심도 위에서 유희하기 때문에, 이 '고정된'이라는 말은 영사면과 관련해서 이해해야 한다.) 또한 스크린 위의 가시적인 발성 지점이 스크린 뒤에 있는 스피커의 실제적이고 중심적이며 고정된 위치와 일치하는 일도 일어난다. 예컨대 (〈시민 케인〉 시작 부분에서) 거대한 입술이 인간의 입으로 위장한 스피커처럼 "로즈버드"라고 말할 때가 그렇다.

페데리코 펠리니나 데이비드 린치의 영화들이 그런 것처럼, 웰스의 영화들은 배우들 목소리가 (개가 주인을 따라가는 것처럼) 이들 몸의 움직임을 따라가지 않는다는 인상을 주며, 계속 라디오의 고정점에서 들려오는 드문 영화 중 하나다. 표면을 둘러싸고 모든 것이 움직인다는 인상은 아마도 여기서 나올 것이다. 사실상 웰스의 영화, 이 움직임과 속도의 영화는 많이 움직이지만 앞으로 나아가지는 않는다. 샤를 테송은 아주 타당하게도 〈미스터 아카딘〉에서 웰스가 연기한 인물과 텍스 에이버리의 캐릭터 드루피Droopy를 비교했다. 드루피는 자기가 사냥하거나 추적하는 대상보다 언제나 먼저 도착해서 그곳에 있는데, 그의 편재성은 움직임 자체의 부정이다.

시네필에게는 웰스의 영화들이 신체장애인과 절름거리는 사람으로 가득 차 있다고 말할 필요도 없을 것이다. 나이 든 케인은 지팡이에 의지하고, 릴랜드는 휠체어에 앉아 있으며(〈시민 케인〉), 퀸런(〈악의 손길〉), 배니스터(〈상하이에서 온 여인〉), 처음에 침대에 아파서 누워 있는 해슬러(〈심판〉) 등도 그렇다. 이 변호사, 거물, 경찰 수사관에게 신체장애는 글로 쓴 말의 권력을 실행하기 위해 지불해야 할 대가인 것 같다. 이들 모두는, 필요하다면 위조를 감행해 자기들의 말과 글로 법을 제정하려는 사람들이기 때문이다. 한편으로 순전한 질량과 무기력 때문에 생겨난 몸의 마비, 부동성, 압도성(웰스의 인물들에게 나타나는 몸의 공통적 특징들)의 경향과, 다른 한편으로 이 몸이 계속 내보내는 목소리의 전도성傳導性과 마술적 유동성 사이에 관계를 설정할 수도 있을 것이다. 마치 목소리가 날아와 쉬기를 꿈꾸는 집이 되기 위해, 몸이 언제나 안정화되는 경향이 있는 것처럼.

웰스의 영화들에서 찾을 수 있는 '가상의 여행'은 바로 여기서 나온다. 자기가 언급한 것마다 일어나게 만드는 꼭두각시들의 제우스 신 목소리로 하나가 된 영상은, 앞으로 나아가지 않은 채 사람들이 그 위에서 걷는 마법의 양탄자다. 자기 매체(팽팽하게 펼쳐진 스크린의 천뿐만 아니라 스피커의 핵심적인 부동성)의 고정성과 무기력성을 의식하고 있는 영화. 웰스가 말한 "꿈으로 가득 찬 리본"은 이런 길이며, 움직임의 환영들을 옮기는 영상과 소리를 스크린과 스피커 위에 고정한 움직이는 양탄자다.

20장. 말하는 기계

말하기를 거부하는 영화

말을 거부하는 것으로, 아니면 행동할 수 없어서 말하는 사람들 (약한 사람, 여성, 힘없는 사람)이 말을 전유하는 것으로 시작할 수 있다. 발성영화는 남성 인물을 다른 사람이 말하도록 내버려두는 사람으로, 말이 적고 말을 아끼는 사람으로 제시했다. 이런 식으로 발성영화는 몇몇 사람이 자기 약점으로 생각하는 것(마음 내키는 대로 말하는 것)을 영화의 장점으로 바꿀 기회가 있었다… "나는 몇몇 인물이 말하게 내버려둔다"라는 점을 영화가 받아들이지만, 이는 침묵을 고양하기 위해서다.

이렇게 1960~70년대 서부 영화와 탐정 영화(세르조 코르부치의 〈위대한 침묵〉[1968])에서 다소 무뚝뚝하거나 심지어 말을 전혀 안 하는 몇몇 인물은, 이들 주변에서 떠들썩하게 말이 들리지만 이들 자신은 말하지 않기 때문에 실제보다 영화적으로 더 커진 인물을 재현했다. 때로는 함께 영화에 출연한 알랭 들롱, 찰스 브론슨, 미후네 도시로, 클린트 이스트우드 같은 배우들은 이런 종류의 배역 전문이었다. 그러나 말이 적은 인물들이 실제로 말이 없는 환

2부. 미학과 시학

경, 예컨대 야생의 자연으로 옮겨져서 단지 짐승들과 대립하게 되면(장-자크 아노의 〈베어〉[1988]에서 체키 카료가 맡은 배역) 이들의 아우라가 사라지면서, 이들의 아우라는 주변에서 말을 많이 했기 때문에 생겨난 것으로 밝혀졌다. 곰 앞에서 인간은 언제나 너무많이 말하는 법이다.

또한 말하기를 거부하는 영화에 대해 말해야 한다. 특히 단편영화나 일부 코미디 영화에 많이 등장하는 이 유형은, 인물들을 입을 열지 않는 상황에서만 포착한다. 더욱이 이들이 뭔가를 바라보거나 남들이 이들을 바라볼 때, 상황을 판단하고 일하며 행동하고움직일 때 이들은 한마디도 하지 않는다. 따라서 이런 영화는 사후에 '무성영화'라고 규정되는 것과 전적으로 다르다.

차이는 명백해 보일 수 있지만, 말하기를 거부하는 영화와 이른바 '무성영화' 사이에 기이한 혼동이 있다는 점을 몇 차례에 걸쳐 확인할 수 있다. 예컨대 미셸 드빌이 〈작은 도당〉(1983)에서 가출한 아이들 이야기를 말 한마디 없이 찍으면서 도전적으로 확고한 태도를 취할 때(이는 이 감독에게 자주 있는 일이다), 그러면서자신이 옛날의 좋은 무성영화를 찍는다고 주장할 때 이는 전적인오해다. 그가 우리에게 보여준 것은 프랑스 자연에 풀어놓은 소란스러운 영국인 소년 소녀들이었지만, 이들은 한 시간 반 동안 입을다물고 있다. 요컨대 이는 일어날 수 있는 가장 인위적인 상황으로서, 정확히 드빌이 원했던 상황인지, '무성영화'라는 표현 때문에그가 덫에 빠진 것은 아닌지 알 수 없다. 더 최근에는 알랭 카발리에가 〈리베라 메〉(1993)에서 완전히 다른 주제(비인간성, 고문, 저항)로, 알려진 것처럼 자신이 오래전부터 품고 있던 생각(〈응답기는 메시지를 받지 않는다〉[1979]를 보라)을 극단으로 밀고 나갔다.

그러나 이런 생각이 언제나 일사불란하게 적용되는 것은 아니다. 즉 많은 '새 무성영화'에서는, 무정부적이고 퇴행적이며 놀라운 영화인 클로드 파랄도의 〈템록〉(1973)에서처럼 '듣지 못하는 영화'의 계기(인물들이 말하지만, 들리지 않거나 중얼거리는 소리만 들린다)와 말하기를 거부하는 계기(이들은 행위, 동작, 시선으로 표현한다)가 실제로 번갈아 나타난다.

내러티브가 있는 뮤직비디오에서는 시선의 숏뿐만 아니라 얼굴 표현이나 물리적 동작의 숏이 많이 나타나면서, 말하기를 거부하는 일정한 형식에 우호적인 환경이 만들어진다. 이것이 뮤직비디오에서는 자연스러운데, 여기서는 음악과 노래 가사가 말의 부재로 생긴 구멍을 충분히 막아주기 때문이다. 반면 뮤지컬이 아니면서 말하기를 거부하는 영화*는 다소 양식화된 채 점점이 나타나는 동시녹음된 소음과 빈번하게 결합된다. 이런 영화에서는 빈공간이 만들어지는데, 다른 한편으로는 이런 상태를 의도적으로 탐색한 것이다.

많든 적든 말하기를 거부하는 몇몇 시적 장편영화(피에르 에테의 〈요요〉[1965], 마르코 페레리의 〈딜린저는 죽었다〉[1969], 장-루이 트랭티냥의 〈꽉 찬 하루〉[1972], 장-피에르 상티에의 〈정원사〉[1980], 장-피에르 상티에와 다니엘 랄루의 〈널리 퍼지는 소음〉[1983], 기타노 다케시의 〈하나비〉)는 종종 자크 타티의 영화들에

---

* 무성영화에 대한 오마주는 여기서 잠시 제쳐두자. 무성영화에서 인물들은 말하지만 이들이 하는 말은 자막으로 옮겨지고, 음악 반주가 나온다. 멜 브룩스의 〈무성영화〉(1976), 자크 리샤르의 〈르브로트〉(1983), 찰스 레인의 〈사이드워크 스토리즈〉(1989), 아키 카우리스마키의 〈유하〉(1999)는 말하기를 거부하는 영화가 아니다.

가까워지는데, 타티의 영화는 이런 영화들이 계속 인용하는 준거점이다. 그러나 타티의 영화들에서 인물들은 자발적으로 수다스럽다. 단지 말의 단편들만 들릴 뿐이고, 이들의 대화를 포착하기에는 카메라가 너무 멀리 있어서 단지 몸짓만 보일 뿐이다.

말하기를 거부하는 영화는, 잃어버린 무성영화 황금시대에 대한 시네필적 향수와 인간이란 종족에 대한 현대적 관념의 교차로에 있는 장르다. 후자의 관념은 인간의 행위를 극악무도한 경쟁과 충동 욕구에 내던져진 무자비한 생존 투쟁 속에 있는 것으로 파악하는데, 여기서 말은 냉혹하고 냉소적인 현실을 가리는 이데올로기적 가면에 불과하다. 따라서 말은 단지 거짓말이거나 최소한 장식품에 불과하고 의상과 얼굴의 외향, 시선의 표현과 행위의 개입에서만 진실이 드러날 뿐이다.

그러나 말하지 않는 사람이 감수성과 표현력을 지닌, 제대로 자격을 갖춘 인물로 그려지는 상황이 있다. 이는 그가 다른 사람의 말이나 음악을 듣고 있을 때다. 나는 여기서 산만하지 않은, 의식적이고 적극적인 청취에 대해 말하고 있는 셈이다. 진정으로 듣기 위해 자기 입을 다무는 누군가의 얼굴만큼 아름다운 것은 없다. 모차르트의 「마술피리」를 영화화한 같은 제목의 영화 시작 부분에서 잉마르 베리만은 이 얼굴들로 탁월한 몽타주를 했다.

말하기를 거부하는 영화에서 그리 멀지 않은 형식(종종 그 반대로 보이기는 하지만)은 수다스러운 영화다. 여기서 말은, 짐 자무시의 몇몇 영화에서처럼 그 자체로 파괴되고 진부해진다.

마지막으로, 말하기를 거부하는 영화는 종종 일상의 노동, 매일매일 겪는 고통을 다루는 영화들에서 나타난다(신도 가네토의 〈벌거벗은 섬〉, 샹탈 아케르만의 〈잔느 딜망〉).

언어의 생성: "지금 나한테 말하는 거예요?"

우리가 스크린에서 보고 듣는 것은 수많은 테이크 중에서 감독이 선택한 것이라는 점이 오래전부터 모두에게 알려져 있었다. 따라서 영화에서 우리가 듣는 말은 생성 과정을 보여주는 자료이며, 배우가 여러 차례에 걸쳐 자기 대사를 되풀이한 다른 테이크들과 반복을 지우고 축약한 것이다. 마치 그 영화의 촬영 과정이 다시 표면에 떠오른 것처럼, 한 인물이 같은 문장이나 같은 말을 반복해서 하는 장면이 독특한 반향을 일으키는 것은 이 때문이다.

가장 기본적인 경우는 한 인물이 몇 개의 억양으로 거울 앞에서 문장이나 이름을 다시 말하는 것이다. 앙투안 두아넬은 프랑수아 트뤼포의 〈훔친 키스〉에서 자신이 사랑하는 사장 부인의 이름을 지치지도 않고 반복한다. "파비엔 타바르, 파비엔 타바르, 파비엔 타바르." 한편 〈택시 드라이버〉 촬영장에서 마틴 스코세이지가 즉석에서 만들어낸 유명한 대사, "지금 나한테 말하는 거예요?"가

있다. 로버트 드니로는 이 문장을 온갖 방식으로 변주해서 말한다. 거울 앞에서 드니로가 이 문장을 다른 방식으로 반복할 때, 그것은 관객에게 이 말이 영화의 분리된 각 숏 속으로, 각 테이크 속으로 끊임없이 들어가는 방식을 보여주는 영상이다.

트뤼포의 〈부부의 거처〉(1970)에서 장-피에르 레오는 카세트테이프 덕분에 일본어를 배우고, 빔 벤더스의 〈리스본 스토리〉(1995)에서 뤼디거 포글러가 연기한 독일 음향 기사는 유럽을 가

로질러 남쪽으로 차를 운전하면서 언어 테이프에서 나오는 보이지 않는 교사의 문장을 따라 하며 포르투갈어를 웅얼거린다.

페데리코 펠리니의 〈아마코드〉에서 한 고전어 교사는 얄밉게도 일부러 최선을 다하지 않는 학생에게 그리스어 'psi'를 정확히 발음하도록 가르치려 한다. 트뤼포의 〈400번의 구타〉에 나오는 우스꽝스러운 교사 피에르 렙은 영어의 'th'에 대해 파리의 악동들과 같은 문제를 겪는다. 다른 한편, 1930년에 요제프 폰 슈테른베르크의 〈푸른 천사〉에서 교사 라트(에밀 야닝스)는 독일 아이들에게 햄릿의 독백("그것이 문제로다")을 가르치면서 똑같은 문제를 겪는다.

다른 한편, 로베르 플로리의 〈길은 아름답다〉 같은 초기 발성영화에서 정확한 발음 수업은 일정한 자리를 차지한다. 발음 수업 덕분에 서로 다른 언어를 구사하는 인물들이 종종 서로 만났기 때문인데, 이들은 더듬거리면서 기본 단어를 습득한다. 쥘리앵 뒤비비에의 〈베를린? 여기는 파리〉는 10여 가지 방식으로 "당신을 사랑해요"라고 말하는 장면을 보여준 다음, 프랑스인-독일인 커플을 만나게 한다. 둘 다 이중 언어를 하지 못하는 이들은 언어로 서로에게 접근하는 데 고생한다. 우디 S. 밴 다이크의 〈유인원 타잔〉(1932)에는 아름다운 제인(모린 오설리번)에게 인간의 말을 배우는

타잔(조니 와이스뮬러)의 "나, 제인, 당신, 타잔"이라는 유명한 대사가 나온다… 스탠리 도넌과 진 켈리의 〈사랑은 비를 타고〉는 발성영화로 전향한 몇몇 배우가 받지 않을 수 없었

던 발음 수업을 풍자하고, 조지 큐커의 〈마이 페어 레이디〉(1964)는 오드리 헵번이 받는 발음 수업에 두드러진 자리를 부여한다.

어린아이나 로봇이나 기계(〈2001 스페이스 오디세이〉)가 하는 첫번째 말, 말더듬이(안드레이 타르콥스키의 〈거울〉)나 괴물(데이비드 린치의 〈엘리펀트맨〉)이 어렵게 발음한 말은 언제나 영화를 매혹시킨다. 마치 영화가 갓 태어나는 언어를 수집할 수 있는 것처럼.

어떤 영화에서 감독은 심지어 한 장면에서 같은 단어가 한 인물에게서 다른 인물에게로 옮겨가는 것을 즐긴다. 스탠리 큐브릭의 〈아이즈 와이드 셧〉이나 장 비고의 〈라탈랑트〉에서 앵무새처럼 말하는 것이 그렇다. 아니면, 반복과 지치지 않는 재청취 과정 자체를 픽션 속에서 재현한다. 해럴드 레이미스의 〈사랑의 블랙홀〉에서 빌 머리는 같은 하루를 계속 다시 살아야 하는 이 영화의 설정에 따라 똑같은 농담과 똑같은 문장을 백 번이나 듣고, 프랜시스 포드 코폴라의 〈컨버세이션〉에서 진 해크먼은 그가 녹음한 커플의 대화를 질릴 때까지, 관객인 우리를 질리게 할 때까지 듣고 또 듣는다.

물론 가장 충격적인 예는, 베리만의 〈페르소나〉에서 비비 안데르손이 리브 울만에게 울만이 말하고 싶지 않은 감정들을 폭로하면서 같은 대사를 카메라의 다른 앵글로 포착해 두 번 똑같이 보여주고 들려줄 때다. 이 장면은 아마도 린치의 〈멀홀랜드 드라이브〉에 영향을 미쳤을 것이다. 이 영화는 같은 대사를 나오미 와

츠에게 두 번 연기하게 하는데, 처음에는 로라 해링 앞에서, 두번째로는 남자 파트너와 오디션의 청중 앞에서 각기 완전히 다른 방식의 연기를 보여준다. 안드레이 줄랍스키의 〈퍼블릭 우먼〉에서 격노한 감독 앞에서 발레리 카프리스키가 구토가 날 때까지 대사를 반복하는 광적인 촬영 장면은 이 가능성을 개발한 것이다. 연극에서는 대사가 처음부터 작동하는 기계장치인 반면, 영화에서는 마치 각 숏에서 매번 다시 시작하는 것 같다.

컴퓨터의 목소리

오슨 웰스의 〈심판〉이 제작되던 시기에는 많은 '전자두뇌'가 말하기 시작했으며 대다수 관객도 '컴퓨터'라는 말에 익숙해져갔다. 언론과 다큐멘터리는 당시 방 전체를 차지하던 거대한 가구인 이 '뇌'의 이미지를 보여주면서 질문을 던졌다. 이 기계들이 인간의 사고 과정을 흉내 내고 말을 한다면, 여기서 어떤 목소리가 나오게 될까?

　　그런데 '말하는 기계machine parlante'라는 말은 오래전부터 축음기에 부여된 이름이었다.

　　1956년 프레드 윌콕스의 〈금지된 혹성〉이 개봉될 때 ──이날은 오랫동안 SF 영화에 신기원을 이룬 날로 간주되었다 ──, 로봇 로비도 인기를 끌었다. 로비의 목소리는 유성으로 위엄 있었으며, 멀리서 들려와 반향음으로 울려 퍼졌다. 그가 각 문장을 말하기 전에는 당시 금전등록기 서랍처럼 기계음이 들렸고, 그가 말할 때는 금속으로 된 상반신 위에서 빛이 번쩍거리는 모습이 보이는

데, 이는 아래턱이 열리고 닫히는 모양을 흉내 내는 것이었다. 로비가 인간들과 대화할 때 그의 목소리는 완전히 다른 아쿠스마틱한 공간에 속한다는 점이 두드러졌다. 그러나 로비의 목소리와 함께 나온 소음은 사실상 그가 로봇이라는 사실을 상기시킬 뿐만 아니라, 그것이 인간 몸의 기관에서 나온 대개는 검열되고 억압된 소음과 동등하다는 점 또한 상기시켰다.

1960년대에는 말을 하든 하지 않든 컴퓨터가 나오는 많은 영화가 제작되었다. 이 시기에는 이후 PC나 매킨토시가 등장하리라는 점을 예측할 수 없었고, 컴퓨터는 언제나 인간의 업무 방향을 결정하고 집중할 수 있는 일종의 집단적 기계로 제시되었다. 이 10년 동안 다음 세 편의 영화는 컴퓨터의 목소리를 서로 다른 방식으로 제시하는 동시에, 우리에게 영화 영상을 가면으로 의식하게 만든다.

첫번째는 웰스의 〈심판〉인데, 이 감독이 카프카의 소설에 덧붙인 장면 중 전자두뇌와 짧은 만남이 있기 때문이다. 이 집단적 두뇌는 여성적 존재("She-computer")로 상상되었고, 이 피조물은 (〈에이리언〉에서 우주선 컴퓨터가 그러하듯) 입을 다문다. 대개는 남성인 인물들 모두 말이 많은 영화에서 이는 의미심장한 디테일이다.

3년 뒤 장-뤽 고다르의 〈알파빌〉(1965)이 개봉되었다. 이 영화의 많은 장면은 특히 웰스적인 탁월한 배우, 아킴 타미로프를 매개로 웰스의 작품을 직접 암시한다. 그러나 여기서는 중앙의 뇌가 공간상에 위치 지을 수 없는 외화면 공간에서 남성의 목소리로, 깊은 동굴에서 울리는 것처럼 마이크 가까이에서 말한다. 알파 60의 목소리는 또한 무겁게 느껴지는 숨소리와 같이 나왔고, 이를 새로운 특징이라고 간주해보자. 소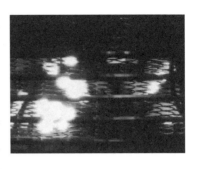
리의 물질화 지수의 전형적인
예인 이 숨소리는 우리에게 이
목소리가 어떤 몸에서 나온 것
이라고 말하지만, 숨소리가 규
칙적이어서 이 몸이 기계라는
점 또한 우리에게 상기시킨다.*

고다르의 영화가 개봉된 바로 그해에 스탠리 큐브릭과 아서 클라크는 〈2001 스페이스 오디세이〉 시나리오 작업을 시작했고, 영화는 1968년이 되어서야 개봉된다. 큐브릭은 컴퓨터 '할'의 목소리를 정하는 데 오랫동안 고심했다. 처음에는 여자 목소리를 염두에 두다가 결국 캐나다 배우 더글러스 레인의 목소리로 정하는데, 이 배우는 피터 하이엄스가 1984년에 감독을 맡은 〈2010 우주여행〉에서 목소리 역할을 다시 맡게 된다.

〈2001 스페이스 오디세이〉에서 할은 음성 존재의 독특한 경우다. 즉 몸도, 얼굴도 보이지 않는데, 이 컴퓨터는 몸도 얼굴도 없기 때문이다. 단지 눈들만 있고, 그보다 편재하는 눈 하나가 있다. 다른 한편, 우주선의 인간들은 이 눈을 덮어버리거나, 오디세우스가 외눈박이 거인 키클롭스의 눈에 했듯 이 눈을 찌르는 것은 꿈도 꾸지 못한다.

겉보기에 〈2001 스페이스 오디세이〉는 로봇, 컴퓨터, 예언자의 목소리에 대해 이전에 우리가 보고 들은 것과 완전히 정반대다.

---

* 내 생각에 〈알파빌〉은, 〈탐정〉(1985) ─ 알랭 퀴니가 연기한 인물 ─ 그리고 〈누벨 바그〉(1990)와 함께 아버지의 목소리와 대면하는 고다르의 영화 중 하나다.

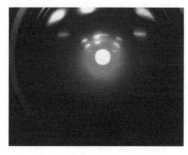

할의 목소리가 나올 때 어떤 시각적인 또는 빛의 변조도 목소리와 동조화되어 나오지 않고, 〈알파빌〉이나 〈금지된 혹성〉과 달리 영상 속의 어떤 것도 들리는 것과 짝을 이루지 않으며* 빅터 플레밍의 〈오즈의 마법사〉(1938)나 〈심판〉의 변호사에게서처럼 연기나 수증기 효과도 없기 때문이다. 할이 말할 때, 기계적이거나 유기적인 어떤 소음도 그의 목소리를 감싸지 않는다. 마지막으로 이 목소리는 부드럽고 과장이 없으며 잘 들리고, 숨소리나 삼킴이나 마른기침 따위와 같은 어떤 물리적 지수도 없다. 요컨대 어떤 '소리의 물질화 지수'도 없다. 반면 앞서 본 다른 예들에서처럼 할의 목소리는 다른 인간의 목소리와 구별되는데, 그것은 다른 공간에 속해 있다는 사실로도, 또한 그 음색에서 이 목소리를 둘러싼 청각적 공간 — 아니면 공간이 이 목소리를 둘러싸거나 포함하지 **않는다**고 말해야 한다 — 속에서도 구별된다. 한 인간에게 숨 쉬는 소리를 '빌려와' 컴퓨터 몸이 암시되는 장면 하나만을 제외하면, 이것은 그 자체로 말하는 목소리, 육체 없는 '목소리-나'다.

---

* 이 영화 나머지 부분도 같은 방향으로 전개된다. 그것은 하나로 '엮지 않는' 방향이다.(「용어 해설집」에서 '엮지 않은 영화' 항목과 7장을 보라.)

2부. 미학과 시학

말하는 몸의 가면으로서 실제 몸

앞에서 말한 예외는 전기회로 기관의 거대한 '뇌' 내부에서 데이브가 할의 연결을 끊는 유명한 장면에 나온다.

논리적으로 말하면, 이때 들리는 숨소리는 우주복 안에 있는 데이브의 숨소리지 할의 숨소리가 아니다. 이는 우주 공간 속에서 움직이는 데이브와 프랭크의 영상 위에 똑같은 숨소리가 들린 이 영화의 이전 장면들에서 확립된 것으로 보인다. 그러나 데이브가 큰 목소리로 할에게 "그래, 날 위해 노래해줘, 할"이라고 말하는 순간을 주목해보자. 말하는 그의 목소리는 이때 외부에서, 멀리서 약간은 필터링되어 우리에게 온다. 심지어 이 목소리가 마이크에 부딪히는 소리도 들리지만, 숨소리는 내부에서 가까이 들린다. 우리가 듣는 숨소리가 데이브의 숨소리라면, 여기에는 모순이 있고 최소한 청점聽點의 변화가 있다. 즉 우리는 데이브의 숨소리에 대해서는 내부의 객관적인 청점, 동시에 그의 목소리에 대해서는 외부의 청점을 갖는다. 이것은 '논리적이지' 않다.

그러나 여기서는 협소한 관점을 벗어나야 한다. 할이 죽는 장면에서 청각적 시점으로 보면 우리가 데이브에게 부여한 숨소리는 살려달라고 간청하는 할의 목소리("멈춰주세요, 데이브")와 동일한 **내부의** 세계 속에 있으며, 데이브와 같이 나오는 삑삑거리며 공기 들어가는 소리는 논리적으로 데이브의 산소 공급과 일치한다. 이 때문에 우리는 **또한 그만큼이나 쉽게** 숨소리와 삑삑거리는 소리가 할의 쪽에 있으며, 할의 내부 세계를 재현한다고 상상할 수 있게 된다. 공기가 빠져나가는 것, 따라서 죽음을 상기시킬 수 있는 이 숨소리와 삑삑거리는 소리로 우리는 또한 그만큼이나 쉽게 할과 우리를 동일시할 수 있다. 숨소리는 인물들 사이의 장벽을 넘고, 인간과 컴퓨터 사이에 '공통으로' 놓인다.

이때 우리의 목소리는 의도의 산물인 데 반해, 숨소리는 우리에게 대부분 무의식적인 행동이며, 우리 자신의 숨소리가 객관적인 어떤 것, 우리 안에 있는 비지향적인 어떤 것, 우리 자신과 다른 것, 또 다른 할이라는 점을 떠올려보자. 또한 숨소리는 반사적이며 무의식적인 것이거나, 이와 동시에 의지적이며 의식적인 것이 될 수 있는 유일한 신체 현상이다. 또한 비개성적인 소리다.(이 영화에서 프랭크와 데이브의 숨소리를 구별할 수 없다.) 남성적인 것과 여성적인 것 사이에, 기계적인 것과 살아 있는 것 사이에, 의식적인 것과 무의식적인 것 사이에, 자기 자신과 타자 사이에 많은 측면에서 모호한 소리가 있다. 따라서 데이브의 목소리 쪽으로 듣는 것이 쉬운 것만큼이나 할의 목소리 쪽에서 숨소리를 듣는다고 해도 전혀 이상할 것이 없다. 하나를 결정할 필요조차 없다.

다른 한편, 큐브릭은 이전 감독들과 확고하게 단절하고, 영상에서 할의 목소리를 방출하는 현상에 어떤 시각적 중계도 하지 않겠다는 확고한 태도를 취하면서 자신의 70mm 영상을 어떤 것도 목소리를 '드러내지' 않는 냉정한 표면으로 만든다. 그는 이것으로 몸의 가면을, 말하는 컴퓨터의 가상의 얼굴을 만든다. 다른 한편, 데이브 역 배우 키어 둘레이의 얼굴 또한 큐브릭의 욕망에 따라 가면처럼 무표정하다.

이후 조지 루카스와 월터 머치는 〈THX 1138〉의 시나리오를 쓰면서 말하는 기계의 새로운 형태를 상상하지만, 테이프 녹음기 ——이는 고백자/정신분석가가 주고받는 말로서 미리 녹음한 말을 풀어낸다——라는 단순한 형태로 이를 우리에게 보여준다. 〈THX

2부. 미학과 시학

1138〉에서 이 아쿠스마틱한 존재의 목소리는 남성의 목소리고 가까이에서 들리며, 할의 목소리처럼 감미롭고 마음을 안심시킨다. 할의 목소리처럼 이 목소리는 눈 하나(예수 영상의 눈)와 연결되어 있지만, 미리 녹음한 말로 직접 제시되는데, 자백하는 인간은 이 목소리를 듣고 만족한다. 정신분석가의 자리가 반드시 따로 있을 필요가 없다고 말하는 것처럼 여기에는 아무도 없다. 같은 톤으로 몇 번에 걸쳐 반복하는 조용한 목소리("정말 좋아요⋯ 좀더 구체적으로 말해줄 수 있어요?")만 있으면 충분하다.

　이보다 약간 뒤에 루카스는 줄곧 음성 존재에 매혹되는데, 이는 〈청춘낙서〉에서 라디오 디제이 울프먼 잭이 하는 역할이다. 그런 다음 다스 베이더라는 인물을 만들어내면서 그는 계속 말하는 가면이라는 생각을 재현하는데, 이 가면 뒤에서 우리는 다시금 목소리와 숨소리를 듣게 된다.

　1980년대와 1990년대 영화는 겉보기에 이전보다 음성 존재를 더 적게 사용한다. 심지어 주로 그 반대 방향(괴물, 기계, 목소리의 원천을 점점 더 적게 숨기고 훨씬 더 많이 보여주는 방향)으로 가는 것 같다. 그러나 더 많이 보여줌으로써 영상을 더욱더 목소리의 가면(고정된, 아니면 생기 있는 가면)으로 나타나게 한다. 유행이 마르지 않는, 많은 대중을 상대로 한 온갖 종류의 영화에서 돼지(크리스 누넌의 〈꼬마 돼지 베이브〉), 앵무새(존 로버츠의 〈폴리〉[1998]), 합성 영상으로 만든 쥐(롭 민코프의 〈스튜어트 리틀〉[1999]), 또는 (에이미 헤커링의 〈마이키 이야기〉에서 브루스 윌리스나 다니엘 오퇴유의 목소리로) 아기가 영화에서 말하게 되었을 때, 8장에서 살펴보았듯 '영상을 말하게 하는 사람'은 '영상 속에서 보인 인물'이 아니라는 점을 우리가 훨씬 더 잘 의식하게 되었다. 영상은 꼭두각시인 동시에 목소리가 생기를 불어넣은 가면이다. 음성 존재는 언제나 거기 있지만 자리를 바꾸어, 스크린 옆이나 스크린 앞이 아니라 스크린 뒤에 있다.

따라서 판타스틱한 영화뿐만 아니라 최근 영화는, 목소리를 변형하거나(이는 오래전에 습득한 것이라서 놀랍지 않다) 목소리의 출처를 가리는 작업뿐만 아니라 목소리와 영상의 예기치 못한 동조화 관계(충격적이든, 끔찍하든, 피토레스크하든)를 탐색하는 작업도 했다.

여기에 오늘날에는 아주 강력한 시청각 표현이 있다는 점도 덧붙여보자. 이 시청각 표현은, 꼭두각시 연극에서 발원되었기 때문에 영화보다 훨씬 오래된 기법(플레이백, 립싱크)에 기반을 두고, 목소리와 그 출처의 관계를 무한에 가깝게 변화시키며 쇄신시킬 줄 알았다. 이것이 뮤직비디오다. 말하거나 노래한 가사와 완벽하게 동조화된 상태로* 입술을 보여주는 익스트림 클로즈업부터, 분절화된 동작이나 움직이는 구강을 보여주는 영상과, 가사의 발성을 들려주는 소리 사이에 온갖 가능한 관계를 설정하는 것을 거쳐, 어떤 가사의 발음과 동조화시켜 사물의 움직임이나 물질을 왜곡시키는 데 이르기까지(피터 게이브리얼의 뮤직비디오 「슬레지해머」), 뮤직비디오는 목소리와 영상 사이에서 온갖 매혹적 관계를 실험할 수 있었다.

여기서 아마도 톰 새디악의 〈에이스 벤츄라〉(1994) 한 장면을 떠올릴 수 있는데, 짐 캐리는 얼굴과 엉덩이, 입의 구멍과 항문의

---

* 이는 유명한 '컬트 영화'인 짐 셔먼의 영화 〈록키 호러 픽쳐 쇼〉(1975) 시작 부분에서 볼 수 있다. 이 영화를 영사할 때마다 여기 참여한 관객들이 동조화에 신경 쓰면서 인물들과 함께 말하고 노래한다sing along.

구멍을 연결하는 민중적 전통에 따라 '밑으로' 말하는 것처럼 보인다. 〈네이키드 런치〉에서 윌리엄 버로스의 이야기를 스크린에 각색한 데이비드 크로넌버그는, 뮤직비디오에서 수행한 온갖 동조화 실험 덕분에 말하는 타자기와 주인공이 대화하게 하는 대담한 시도——타자기의 말은 '입'을 통해서가 아니라 일종의 항문 괄약근에서 나오는데, 발음한 음절이 나올 때마다 그 모습이 외설적으로 바뀌는 것이 보인다——를 할 수 있었을 것이다. 내가 싱크레즈라고 이름 붙인 심리생리적 현상 때문에 이런 실험들에서 인간의 목소리와 말이 움직이는 모든 것과 조합될 수 있다는 점을 알아차릴 수 있다…

Quelle belle phrase !

또한 〈네이키드 런치〉에서 흥미로운 점은, 우리가 이전에 마주친 다른 목소리와 유사한 아주 작은 특징이다. 이것은 벌레가 우는 소리로, 말을 둘러싼 이 소리는 어떤 몸이나 말하는 기계라는 생각에 물질성을 부여한다.

여기서 나는 다음과 같은 가설을 제기한다. 즉 목소리의 출처가 제시되지 않는다면, 심지어 영상과 긴밀하게 동조화되었다고 해도 목소리가 보이는 출처 뒤에서 말하는 누군가를 **언제나** 암시한다면, 이는 인간의 목소리에만 할당된 기관이 없기 때문이다. 인간은 자신이 몸의 온갖 부분을 이용해 말한다는 점을 잊어버린다. 이 몸의 일부 중 어떤 것도, 심지어 사람들이 함부로 성대聲帶라고 말하는 것까지도 원칙적으로 유일한 발성 기관은 아니다. 인두, 폐, 턱, 입술, 혀, 이…도 그렇다. 로만 야콥슨이 잘 보여준 것처럼 누군가가 일반적으로 음소音素와 연결된 자기 입이나 자기 몸의 일부로 이 음소의 소리를 낼 수 없다면, 그 소리를 들려주기 위해 다른 근육을 동원할 수단을 놀라운 속도로 찾게 될 것이다. 예컨대 우리가 고의로 혀를 막아 혀를 사용하지 못하게 되면, 우리의 입은 즉시 우회 경로를 찾아서, 정상적으로는 혀가 작동해서 내는 그 음소를 다른 식으로 낼 수 있게 해주는 대체 움직임을 찾게 될 것이다. 물론 우리의 발성법은 분명 변형되었고 새로운 방식으로 말하는 법을 통제하는 데는 시간이 걸리겠지만, 집중 훈련을 거치면 이 과정은 빠르게 이루어질 것이고, 어쨌거나 우리는 다른 사람이 우리의 말을 알아들을 수 있게 할 것이다. 주요한 문제는 목소리의 음색인데, 이에 대해 부끄러워하지 않아야 하며 이 새로운 음색이 만들어내는 불편함을 견뎌야 할 것이다. 이것이 보여주는 것은, 분절음을 낼 수 있다는 조건만 충족되면 우리는 말하는 데 입의 어떤 부분도 사용할 수 있다는 점이다. 말하는 몸은 물리적인 몸이 아니며, 거꾸로 말하면 가시적인 물리적 몸 또한 말하는 보이지 않는 몸의 가면이다.*

특수 효과로서 목소리

구체적 행위로서 말하기 또한 유성영화의 영역이다. 입에 뭔가를 넣은 채로 말하기(앙리 드쿠앵의 〈마약에 대한 약탈〉[1955], 프랑스

---

*   1972년에 『뮤직 앙 주Musique en jeu』 9호에 처음 게재된 「목소리의 알갱이」라는 유명한 논문에서 롤랑 바르트는 목소리가 가리키는 몸은 가수의 실제 몸이라고 주장하는데, 내 생각에 이것은 심각한 오류다.

영화에서 시음하거나 시식하는 수많은 장면!), 시가를 씹으면서 말하기(스코세이지의 〈좋은 친구들〉에서 폴리라는 인물), 담배 연기를 내뿜거나 사탕을 먹으면서 말하기(웰스의 〈악의 손길〉에서 퀸런), 심지어 '내면의 목소리'조차 각 문장이 끝난 뒤 들릴 정도로 숨을 쉬면서 말하기(타르콥스키의 〈잠입자〉), 담배 연기를 내뿜거나 추운 날씨에 입김을 불면서 말하기(테오 앙겔로풀로스의 〈유랑극단〉 [1975], 아벨 페라라의 〈배드 캅〉[1992]), 추운 방에서 입김을 불면서 말하기(리들리 스콧의 〈블레이드 러너〉, 타르콥스키의 〈솔라리스〉와 스티븐 소더버그의 〈솔라리스〉), 누군가의 면전에서 관능적으로 이름을 발음해 말하기(큐브릭의 〈아이즈 와이드 셧〉)같이 말과 연관된 이 모든 물리적 디테일은, 요컨대 목소리를 물리적이고 구체적인 세계로 연장시키기 때문에 유성영화에서 엄청나게 중요하다.

목소리는 장식, 기술, 돈이 사실상 가장 적게 드는 최초의 특수 효과가 아닌가? 좋은 배우나 코믹한 모방자, 심지어 그 누구라도 적절한 훈련을 받는다면 자기 목소리를 변형할 수 있고, 타고난 수단을 사용해서 목소리에 온갖 억양을 부여할 수 있다.

다른 한편, 한 개인은 살아가는 동안 얼굴이 변화하는 것보다 훨씬 더 급격하게 목소리가 바뀌는데, 변성기의 급격한 성격 때문에 특히 남성이 그렇다. 누군가의 유년 시절 사진을 보며 성년이 된 지금 모습의 특징을 하나쯤은 찾을 수 있지만, 작은 남자아이나 여자아이의 목소리와 성인의 목소리는 아무 관계도 없을 수 있다.

놀라울 것도 없지만, 어떤 예술가나 전문가는 심지어 일상의 목소리와 일할 때의 목소리가 완전히 다른데, 특히 고전적인 가수들이 그렇다. 말하는 마리아 칼라스와 노래하는 마리아 칼라스는 단 하나의 얼굴에 거주하는 서로 다른 목소리다. 한 목소리를 들으면 어떤 경우에도 다른 목소리를 짐작할 수 없다. 물론 얼굴을 찡그릴 수 있지만, 보철물을 끼고 있는 경우가 아니면 얼굴은 대충 비슷한 비율을 유지하게 될 것이다. 반면 목소리는 음색도 바뀔 뿐만 아니라 크기도, 음량도 바뀐다. 몇 초 사이에 누군가의 몸이 보통 키에서 3미터 높이의 키로 바뀌거나 풍선처럼 부풀거나 쪼그라든다고 생각해보자. 이때 그 특징들은 때로는 부드럽게 조화를 이루고, 때로는 끔찍하게 변형된다. 목소리가 그렇다. 소품이나 외부 트릭이 없어도 유일하게 자연스러운 발성 수단의 사용만으로 목소리는 끔찍하게 변형될 수 있다.

영화사에서 괴수 영화의 역사적인 예 두 편은 목소리와 얼굴을 다루는 차이를 잘 보여준다. 장 콕토의 〈미녀와 야수〉(1946)에서 야수로 나온 장 마레, 린치의 〈엘리펀트맨〉에서 존 메릭으로 나온 존 허트가 그렇다. 이 두 경우 모두 얼굴에는 미술의 거장(콕토의 영화에는 아람 아라켈리안, 린치의 영화에는 릭 베이커)이 섬세하게 만들어낸 분장이 필요했던 반면, 목소리에는 기술적인 첨가가 전혀 없었고, 단지 장 마레와 존 허트의 목소리 기술과 재능이면 충분했다.

다른 한편, 어른들의 목소리 변화가 아기에게는 끔찍하게 들릴 수 있다. 텍스 에이버리가 만화 영화에서 재현한 것같이, 변형된 목소리가 아기에게 희화화되고 괴물 같고 과장된 얼굴을 떠올리게 하기 때문이다. 이때 다음 가설을 발전시켜보자. 즉 1970년대부터 영화에서 인기를 끈 얼굴과 몸의 변형은, 우리 생애 첫 몇 개월 동안 목소리 표현의 당황스러운 변형 가능성에서 받은 끔찍한 인상을 시각 차원으로 옮긴 것, 따라서 들은 것을 본 것으로 이동시킨 것이라는 가설이다. 작은 인간에게 부모와 어른들은 냄새도 똑같고 얼굴도 크게 변형되지 않지만, 목소리는 예측 불가능하다. 이들은 귓속말하고, 소리 지르고, 웃고, 울고, 가까이에서나 멀리서 말하고, 때로 목소리 톤이 한 옥타브 올라가는데, 이때마다 매번 다른 사람이 된 것 같다.

영화에서 변형된 목소리의 역사가 변형된 몸의 역사와 같을 수 없다는 점이 여기서 나온다. 최근 영화들을 조사해보면, 가장 충격적이고 기억에 남는 예들이 새로운 목소리의 음색이나 전례 없는 목소리의 변형을 만들어낸 사례는 아니라는 점을 알아차릴 수 있다. 소리를 가속하거나 감속할 수 있는 기술적 수단까지 포함해서 이런 변형은 오래전부터 가능했고, 1930년대 만화 영화에서 부터 사용되었다. 가장 충격적이고 기억에 남는 예들은 목소리와 몸, 목소리와 얼굴 사이에 강력한 관계를 만들어낸 것이다.

스티븐 스필버그는 1982년 〈E.T.〉에서 ET를 말하게 하려고 실제 목소리 여러 개를 썼다. 이 중에는 나이 든 부인의 목소리도 있었는데, 그녀의 목소리에는 술과 담배를 많이 한 사람의 독특한 특징이 있었고, 흡연을 많이 하는 사람의 모방할 수 없는 쉰 목소리가 있었다. 따라서 기술이 아니라 삶이 이 목소리를 만들어내는 작업을 한 것이다. 그러나 또한 이 영화에서 작업한 것은 이 외계인의 몸짓뿐만 아니라 목이 길고 오므라든 그의 아주 특별한 실루엣과 이 더빙된 목소리를 결합하는 일이었다. 이는 처음에 목소리와 몸이 분리되어 있던 아주 오래된 연극 형식을 떠올리게 하는 예술이고, 특히 꼭두각시 극장의 선조가 되는 예술이다.

의인법과 가면

『라루스』 사전에서 의인법prosopopée이란 단어는 살아 있지 않은 것, 죽은 것, 부재하는 것에게 말을 부여하는 수사적 기법을 가리킨다. 발성영화는 이때 절대적 의인법의 가능성을 제공한다고 말할 수 있다.

제임스 웨일의 〈투명인간〉은 그 주제 자체가… 온갖 영상 그 자체, 배경을 말하게 하는 것이다. 옷을 입거나 붕대를 감지 않는 장면들에서 투명 인간은 클로드 레인스의 목소리로 말하고, 카메라는 그를 프레이밍해 따라간다고 여겨지지만, 그의 목소리가 울리는 지점에서 빈 배경만을 찍기 때문이다.

앞서 살펴봤듯 영화는 또한 빛을 내는 투광기나 인간의 눈(〈알파빌〉〈2001 스페이스 오디세이〉), 액체에 잠긴 두뇌(〈잃어버린 아이들의 도시〉), 작은 팬티나 성기(디드로의『무례한 아이들Les Bijoux indiscrets』에서 다소 영감을 받은 많은 에로틱한 영화), 동물이나 심지어 별(프랭크 카프라의 〈멋진 인생〉[1946], 일디코 엔예디의 〈나의 20세기〉[1989])까지 말하게 할 수 있었다.

포토그램 개수가 적어서 생동감이 떨어지는 일본 만화 영화 '망가'에서는 입의 움직임이 고의로 단순화되고 적어지는데, 여기에는 아이가 자기 모형이나 인형에게 '목소리를 빌려주던' 시기를 떠올리게 할 수 있는 매력이 있다. 더욱이 미야자키 하야오의 영화들(〈이웃집 토토로〉[1988], 〈센과 치히로의 행방불명〉) 같은 걸작일 때는 특히 그렇다.

입술의 동조화를 통해 목소리와 몸을 동시에 '나사로 조이는' 일이 일어나지 않을 때마다 인간 목소리가 '…에 투사되었다'는 느낌이 되돌아온다. 예컨대 〈인디아송〉에서 인간 '마네킹'들의 말이 다 들리는데도 이들이 입을 열지 않은 채 춤추는 모습이 보일 때가 그렇다.

〈심판〉 첫 장면에서 두 경찰관은 요제프 K의 아파트에 들어간다. 이로부터 10분 뒤에 일어나는 다른 장면에서 요제프 K의 사장은 자기 피고용인을 따라가고, 그에게 의심스러운 질문을 던진다. 세번째 장면에서 요제프 K의 삼촌은 그를 도울 수 있는 힘 있는 변호사를 만나게 한다. 그가 바로 웰스가 연기한 해슬러다. 이 두 경찰관 중 한 명, 사장, 변호사의 목소리가 서로 비슷하다는 말은, 앞서 봤듯이 전적으로 순진한 말이다. 다소 위장되었지만, 이 목소리는 모두 웰스 자신의 입에서 나오는 것이기 때문이다. 그것은 인물들 주변에 편집증적 분위기를 만들어 낸다.

해슬러의 집에서는 심지어 온갖 종류의 목소리 연출이 있다. 이 변호사는 침대에 왕

처럼 누워 있고, 이 장면은 로미 슈나이더가 그의 얼굴에 뜨거운 수건을 덮어주는 것으로 시작한다. 수증기와 연기가 사라지면서 변호사는 외설적일 만큼 아주 가까운 목소리로 독백을 한다. 이 장면에서 해슬러 목소리의 사운드 클로즈업은 일종의 내적 독백으로서 내적이고 지속적으로 가까이에서 들리는데, 멀리서 투사되어 들리는 다른 인물들의 목소리, 특히 앤서니 퍼킨스(요제프 K)의 목소리와 대조를 이룬다. 해슬러의 목소리는 자기를 중심으로 나머지 목소리를 들리게 해서, 다른 목소리들을 위성으로 만든다.

그러나 겉보기에 이 변호사의 목소리가 처음부터 주인의 목소리는 아니다. 이 목소리는 가려지고 알아들을 수 없는 것으로 여겨지는, 들리지 않는 목소리다. 이 인물은 모든 것을 다 보지 못하는 사람을 연기하면서 "거기 누구지?"라고 묻는다. 그러나 역설적으로 그는 이때 자기 목소리가 들리는지 들리지 않는지를 신경 쓰지 않는다는 의미에서 주인으로 나타난다. 그는 독백을 하고, 목소리는 그에게 수단이 아니다. 그는 자기 말을 알아듣게 하려고 말하는 것이 아니라, 그 자신이 목소리고 중심이며 장소다.

발성영화 시기는 더 이상 큰 목소리를 내서 목소리를 '크게 울리게projeter' 하는 일이 필요하지 않은 시기다. 연극에서는 심지어 리처드 3세나 악마마저 큰 목소리로 자기 목소리를 울리게 해야 한다. 영화에서 왕 — 또는 주인공 — 은 목소리를 크게 울리게 하지 않는 사람이다. 연극은 공간 속에 이들 목소리를 모두 크게 울리게 하면서 왕, 광대, 전령 등의 목소리를 하나로 통합한다. 반면 영화는 이들 목소리를 서로 다른 공간에 고립시킬 수 있다. 앞서 봤듯 이 일이 한 번에 이루어진 것은 아닌데, 발성영화 초기에는 모든 목소리가… 마이크를 향해 투사되었기 때문이다. 그러나 장 르누아르는 〈암캐〉에서 미셸 시몽이 '입안에서' 어물어물 말하게 했고("우리가 해야 할 일… 우리가 해야 할 일… 우리가"), 비고는 〈라탈랑트〉의 인물들이 '우물거리며' 말하게 했다.

이드리사 우에드라오고의 〈삼바 트라오레〉(1992)에서 주인공 삼바는, 코폴라의 〈럼블피쉬〉에서 미키 루크처럼 깡패의 전설과 함께 마을로 돌아온다. 그는 내면화되고 투사되지 않은, 신중한 목소리로 말한다. 이 때문에 그의 목소리가 다른 목소리들의 중심에 놓이면서 다른 목소리들이 그 위성이 된다.

(우리가 많은 목소리를 갖고 있다는 것을 아는) 우리 목소리의 비-불연속성

"사느냐, 죽느냐… 그것이 문제로다." 로런스 올리비에의 영화 〈햄릿〉(1948) 독백 시작 부분에서 카메라는 깊은 구멍 옆에 앉은 이 왕자의 눈을 프레이밍하는데, 그가 이 말을 큰 목소리로 하는지 아닌지는 알 수 없다.

그가 입을 열어 말하는 것을 보고 우리는 그가 큰 목소리로 말하고 있다는 것을 확인하게 된다.

그리고 "죽는 것은… 잠자는 것"이라는 말이 나올 때, 그의 얼굴 전체가 계속 보이지만 입은 닫혀 있고, 말은 속삭이는 목소리로 "그의 머릿속에서" 들린다[내면의 목소리]. 마치 허공에 몸을 던지려고 햄릿이 자기 암시를 하는 것처럼.

마지막으로 햄릿은 마치 꿈을 꾸는 것처럼, 이런 영향에서 벗어나려는 것처럼 몸을 흔들면서 큰 목소리로 빠르게 "그러나 꿈꾸기에 좋은 기회다"라고 말한다.

로런스 올리비에는 유명한 장광설을 영화적으로 처리하면서 텍스트를 말하는 두 가지 방식을 구분한다. 하나는 텍스트가 연출상 인물의 '머릿속에서' 울린다고 여겨질 때(시도하는 또 다른 자아처럼, 아니면 좌뇌, 우뇌 중 하나처럼)고, 다른 하나는 그가 큰 목소리로 텍스트를 또렷하게 말할 때다.

거꾸로 다른 영화들에서는 내가 고의로 이중부정을 써서 '비-불연속성indiscontinu/nondiscontinuity'이라고 일컫는 카드가 작동한다.* 연속성의 아이디어는 우리에게 사실상 그 부정의 부정 형식으로만 접근할 수 있다. 귀스타브 플로베르는 소리가 멈추지 않는 장면, 소리가 "불연속적이지 않게" 울리는 장면(『감정 교육』의 첫

---

* 「용어 해설집」에서 '비-불연속성' 항목을 보라.

2부. 미학과 시학

부분에서 배의 종에 대해서처럼)을 독자들이 느끼게끔 쓰면서 소리에 대해 겉멋을 부린 것은 아니었다. 비-불연속적인 것은, 우리가 줄곧 정신적으로 떠올리는 단절 가능성을 극복함으로써 장벽을 없앨 때마다 영화에 나타난다.

예컨대 주관적 카메라로 제시되는 델머 데이브스의 〈다크 패시지〉(1947) 시작 부분이 그렇다. 험프리 보가트가 길가에서 혼잣

말을 할 때, 그의 목소리는 외화면에 있고 그럴 수밖에 없다. 카메라가 원칙적으로 그의 눈 위치를 점하고 있기 때문이다. 그러나 어떤 자동차 운전사가 차를 세우고 그에게 말을 걸 때

들리는 보가트의 외화면 목소리는 똑같다. 정신적 목소리[내면의 목소리]와 말하는 목소리가 어조나 음색의 단절 없이 이어진다.

다른 한편, 내면의 목소리 사용은 이 영화의 2부에서 흥미롭게 나타나는데, 여기서 감독은 주관적 카메라를 사용하겠다는 확고한 태도를 포기하기 때문이다. 이 인물은 **외부에서** 보이지만, 성형외과 의사가 수술한 얼굴이 아물기를 기다리면서 그의 새로운 얼굴은 붕대로 가려진다. 내면의 목소리와 외면의 목소리로 끊임없이 말을 하던 그는 일시적으로 말을 할 수 없게 되었다. 그가 혼자 있을 때나 시체를 검사할 때 그가 생각하는 목소리가 들린다. 그러나 그가 다른 어떤 사람과 관계를 맺자마자 그의 큰 목소리도 그의 생각도 들리지 않는다. 이는 특히 그가 로런 버콜과 함께 있는 장면에서 두드러지게 나타나는데, 관객에게 이 장면은 이중의 의미에서 침투할 수 없는 장면이다. 즉 이제는 그의 얼굴(눈만 보

인다)도 보이지 않고 그가 생각하는 것(반면 처음에 관객은 최대한 빨리 그의 생각을 접했다)도 알 수 없기 때문이다.

로버트 올트먼의 〈긴 이별〉 처음 몇 분은 아주 시적인 방식의 비-불연속성으로 유희한다. 축축한 밤에 고양이 한 마리가 엘리엇 굴드가 연기한 필립 말로를 깨운다. 그는 자기 동물에게 크게, 아주 근엄하고 신중하고 친밀한 목소리로, 앵글로색슨 사람들이 말하는 것처럼 '웅얼거리는mumbling' 목소리, 생각하는 것처럼 웅얼대는 목소리로 말한다. 그리고 자기 아파트를 나와서 이웃들과 몇 마디 말을 할 때 같은 목소리를 유지한다. 밤에 연 슈퍼마켓에서 고양이 사료를 찾을 때 그가 독백하는 목소리는 근본적으로 바뀌지 않았다. 이 목소리는 여전히 감미롭게 억양을 붙인 일종의 재즈 솔로다. 재즈와 영화를 종종 비교하는 만큼, 여기서 이 장면이 영화적이고 시적인 아주 아름다운 성공이라고 말하지 않으면 부당할 것이다.*

서로 다른 언어가 들리기 때문에 역설적 수단으로 목소리의 비-불연속성의 유희를 하는 또 다른 영화는, 고독에 대한 아주 인상적 작품인 빔 벤더스의 〈미국인 친구〉(1977)다. 여기서 많은 대화가 들리지만 마치 아무도 대화하지 않는 것 같다. 각자 자기 몸과 자기 관용어(브루노 간츠에게는 독일어, 데니스 호퍼에게는 영어, 제라르 블랭에게는 프랑스어)에 갇혀 있다. 내면의 독백에서 호

---

* 내 생각에 올트먼은 여기서, 루이 말이 〈사형대로 가는 엘리베이터〉에서 시도했지만 큰 성공을 거두지 못한 것을 성공했다. 그것은 우리가 마일스 데이비스의 트럼펫과 이 인물의 때로는 서정적인 말 사이에 관계를 설정하는 방식으로, 인물 ──루이 말에게는 잔 모로── 의 독백으로 재즈 솔로에 해당하는 것을 만들겠다는 시도다.

퍼가 맡은 인물이 자기 인상을 녹음기에 기록하기 때문만은 아니며, 모든 사람이 비슷한 방식으로 말하고, 각자 독백을 하고, 이것이 다른 독백과 이어지기 때문이다. 목소리를 낮추고 억제한 이 작품(여기에는 운명에 휘둘리는 인물들이 나온다)의 톤은 전체의 4분의 3이 무성이거나 소리가 암시된 영화란 인상을 주지만, 이 영화에는 사실 많은 대화가 들어 있다.

이런 예들은 영화들에 대한 구체적 연구를 하나씩 하나씩 진행하는 것이 기계적 기준이나 미리 정해진 분류에 따라 연구를 진행하는 것보다 흥미 있다는 점을 다시 한번 잘 보여준다. 극도로 대화가 많은 영화들이 있는가 하면, 끊임없는 독백처럼 말하는 영화들이 있다. 또한 누군가 혼자서 말하지만, 인물들이 자기 자신과 말하는 것처럼 목소리 어조를 극도로 다양하게 처리한 영화들도 있다.

린치가 〈사구〉에서 도입한 것도 비-불연속성의 해결책이다. 여기서는 이들이 '생각하거나'(이 영화는 내면의 목소리로 가득 차 있다) 대화하거나, 청중 앞에서 연설할 때 인물들의 목소리는 꿈에서처럼 모두 똑같은 톤으로 말한다.

거꾸로 트뤼포의 〈피아니스트를 쏴라〉 시작 부분에서 레나(마리 뒤부아)와 함께 있는 장면(여기서 그는 우물쭈물하고, 젊은 여자의 팔을 잡기를 주저한다)에서 찰리(샤를 아즈나부르)의 내면의 목소리는 그가 큰 목소리로 말할 때와 같은 목소리가 아니다. 이것은 그가 자기 자신에게 말할 때, 자신을 '너'라고 지칭할 때 샤를 아즈나부르의 두드러진 쉰 목소리가 아니라, 그의 머릿속에 있는 또 다른 배우의 목소리처럼 울리는 목소리이고, 그 결과는 아주 효과적이다.

말의 어조와 세계

자크 투르뇌르의 〈캣 피플〉과 〈나이트폴〉, 펠리니의 〈달의 목소리〉, 앞서 언급한 린치의 〈사구〉와 올트먼의 〈긴 이별〉, 로런스 캐즈던의 〈우연한 방문객〉(1988), 코폴라의 〈럼블피쉬〉, 존 맥티어넌의 〈다이하드 1〉(1987)과 〈다이하드 3〉(1995) 같은 영화들은 대개 하나로 묶어 고찰하는 영화들은 아니지만, 하나의 강력한 공통

점이 있다. 주요 인물들의 목소리가 소리를 죽인 어조를 띠고 있으며, 각기 맥락은 다르지만 모두 잠에서 깬 것 같은 특징이 있다는 점이다. 〈달의 목소리〉에서 로베르토 베니니는 약간 홀린 상태로서, 절대로 명료하게 말하지 않는다. 〈사구〉에서 폴 아트레이데스(카일 매클라클런)는 깨어나야 하는데, 자신에게 일어나는 일을 단순한 예언의 실현으로 경험한다. 〈긴 이별〉에서 엘리엇 굴드는 웃으면서 일종의 끝없는 숙취를 달고 다니는 것 같다. 〈우연한 방문객〉에서 캐슬린 터너와 윌리엄 허트는 암암리에 끔찍한 상실의 여파 속에 살면서 말하는 것 같고, 〈다이하드 1〉과 〈다이하드 3〉에서 브루스 윌리스의 지치고 쉰 목소리는 그가 멍청하고 나쁜 꿈처럼 경험하는 모험들을 드러내어 이 감독의 시각적 재능과 함께 영화를 시적으로 만드는 데 기여한다. 예컨대 〈다이하드 3〉 시작 부분에서 새로운 결사적 임무를 맡고 길을 떠나면서 입에 담배를 물고 흐리멍덩한 목소리, 지치고 꿈꾸는 듯한 어조로 "내가 한 번 더 세상을 구해야겠군" 같은 종류의 말을 하는데, 이 말은 이 영화의 거대 스펙터클과 아주 성

공적으로 불협화음을 만들어낸다.

목소리의 어조라는 차원에 영감을 받은 프랑스 영화를 찾으면, 무엇보다 다니엘 오퇴유가 여리고 달콤한 목소리로 연기한 클로드 소테의 〈금지된 사랑〉과, 억제되고 소리를 죽여 체념한 톤을 유지하겠다는 의도가 느껴지는 파트리스 르콩트의 〈사랑한다면 이들처럼〉이 있다. 장 로슈포르의 아버지가 낭랑하게 말할 때 그의 목소리는 에워싸인 것 같고, 음악은 들리는 것을 부드럽게 감싼다.

그러나 '꿈에서 깨어나는' 위대한 영화 중 하나는 분명 마르셀 카르네의 〈새벽〉이다. 카르네는  회고록에서 이 영화가 개봉될 때 논란을 불러일으킨 것은 무엇보다 "배우들이 연기하는 상당히 새로운 방식" 때문이었는데, 이는 "자신이 그들에게 요구한 것" 이었다고 언급한다.* 이 말을 뒷받침하려고 그는 "무성영화와 발성영화 다음에는, 속삭이는 영화가 온다"라고 말한 폴 르부의 비평을 언급한다.

이 영화의 탁월한 아이디어는 프랑수아(장 가뱅)와 프랑수아즈(자클린 로랑)이 처음 만날 때 이들을 공장의 소란 속에 둔 것이다. 이 때문에 둘은 소음을 넘어서 자기 말이 들리게끔 목소리를 높이지 않을 수 없다. "뭐라고요? 당신 이름이 프랑수아라고요?" "멋진 꽃 고마워요. 내 축일 때문에 가져오셨다고요?" 반면 다음

---

*   Marcel Carné, *La Vie à belles dents*, Éditions Jean-Pierre Olivier, 1975, p. 151.

장면에서 저녁에 프랑수아가 프랑수아즈의 집에 찾아갈 때는 반대로 그 집에서 잠든 사람들을 깨울까 봐 낮은 목소리로 말하지 않을 수 없다. 몇 초의 간극을 두고 생겨난 이 대조는 고함과 속삭임 사이에 마술적 공간을 만들어내고, 이 영화는 여기서 전개된다.

〈트윈 픽스 파이어 워크 위드 미〉에서 데이비드 린치는 텔레비전 연속극을 위해 창조한 인물 고든 콜을 다시 취한다. 귀가 별로 좋지 않다고 여겨지는 이 FBI 경찰은 언제나 큰 목소리로 말하는데, 게다가 어둠 속으로 물러나는 것처럼 카메라에서 멀어지면서 말할 때 그가 있는 공간은 비현실적으로 되어버린다. 린치와 카일 매클라클런과 데이비드 보위가 서로에게 말하는 FBI 사무실에서 전개되는 이 놀라운 장면을 당신이 만약 눈을 감고 본다면, 당신이 듣는 공간에서 인물들은 마치 깊은 숲속 한가운데 있는 것처럼 서로를 전혀 보지 못하고, 다른 사람들에 대해 각기 어떻게 자리 잡고 있는지 모르게 된다. 당신이 다시 눈을 뜨면, 대낮에 평범한 사무실에서 서로를 보고 있는 세 인물이 보인다.

발레리안 보로브지크의 〈부도덕한 이야기〉 에피소드 「조수」에서 성적性的 교습을 하는 파브리스 뤼키니는 바다의 소음을 '넘어서' 말한다. 다른 한편, 이후 프랑스 영화의 '목소리' 중 하나가 된 이 배우는 자신이 출연한 많은 영화에서 마치 들리지 않는 소란을 넘어서 말하는 것 같은 인상을 준다.

영화의 인물들은 실제나 가상의 소음을 넘어 들리게끔 종종 목소리를 높이며, 이들 목소리의 톤이 기준이 되어 자기들을 둘러싼 소음을 다르게 느끼게 한다. 스필버그의 〈미지와의 조우〉 시작 부분에서 인간들은 모래 폭풍이 몰아치는 사막에 있고, 대사를 소리 높여 외치는 배우들의 목소리가 자연의 폭력성의 크기를 가늠

하는 기준이 된다. 또한 스필버그는 당시에는 아직 새로웠던 돌비 덕분에, 모노 영화에서는 인간의 대화들을 가려버렸을 모래 폭풍 소리의 '가리기 효과'를 피하면서 바람 소리를 아주 크게 들려줄 수 있었다. 1970년대 중반부터 나온 엄청난 수의 액션 영화와 전쟁 영화(특히 베트남전쟁 배경) 덕분에 우리는 돌비 스테레오의 장점을 보여준 폭발 소리, 헬리콥터 날개 돌아가는 소리, 공황 상태의 소리를 넘어 서로에게 고함을 지르면서 말하는 병사들에 익숙해졌다. 그러나 태평양전쟁을 다룬 영화 〈씬 레드 라인〉(1998)에서 테런스 맬릭은 소리의 팔레트 전체를 다 사용하는데, 이는 그가 '넘어서' 소리치는 목소리들(전쟁의 소리)과 '아래로' 말하는 똑같은 인물들의 내면의 목소리를 대조시키기 때문이다.

또한 발성영화는 인간의 말이 세계의 근본적인 소음 속으로 사라지는 것이기도 하다. 예지 카발레로비치의 〈야간열차〉(1959)에서 인물들을 태우고 가는 기차는 새벽에 바닷가 근처 역에 도착한다. 기차 소리가 끊긴 대신 바닷새 소리, 집요하게 들리는 바다 안개 경고등, 파도 소리가 모든 소리를 뒤덮고, 대화는 드물어진다. 펠리니의 탁월한 마지막 장면들에서 바람 소리(〈아마코드〉와 〈카사노바〉[1976]), 파도 소리(〈달콤한 인생〉), 폭주족의 오토바이 모터 소리(〈펠리니의 로마〉[1972]), 기차 굴러가는 소리(〈여성의 도시〉)는 마찬가지로 말과 음악을 근본적인 소음 속으로 데려간다.

요란한 소리를 내는 강을 내려가거나 거슬러 올라가는 동안 이전까지 수다스럽던 인물들이 침묵할 때(존 부어먼의 〈서바이벌 게임〉[1972], 베르너 헤어초크의 〈아귀레 신의 분노〉[1972]), 발성영화는 또한 인간의 침묵으로 채워진 세계다. 이때 강은 이들이 무한히 이어갈 수 있는 말의 흐름을 나타내는 것 같다. 테런스 맬릭(그

의 영화 세 편, 〈황무지〉[1973],
〈천국의 나날들〉〈씬 레드 라
인〉)은 타르콥스키처럼 말 없
는 순간과 말하는 순간, 소음의
감각과 말의 감각 따위를 긴밀
하게 엮기 때문에 인간의 말은
대부분 그 소음 및 떨림과 함께 지속적으로 세계의 전반적인 소란
속으로 되돌아간다.

짐 자무시의 〈다운 바이 로〉(1985)와 타르콥스키의 〈잠입자〉
는 기이하게 서로 가까운 영화이기도 하다. 이 두 영화는 아주 다
른 세 사람을 비非디제시스 음악도 없이 자연 속으로 데리고 들어
간다. 그 아이디어는 음악 없이 단지 공간 속으로 사라지는 말만으
로 야생의 환경 속을 헤쳐나간다는 것이다. 이 두 영화는 말 없는
우주 속에서 인간의 말이 공허하고 반향이 없다는 점을 보여주는
것 같다. 유일한 차이는 타르콥스키가 더 높은 힘(아마도 말 없는
힘)을 믿는 반면, 자무시는 루이지애나 늪지를 허무주의적 희극의
배경으로 사용한다는 점인데, 여기서는 실제 자연이 어쩔 수 없이
인간의 일탈된 말들과 짝을 이룬다.

분명 연극에 비해 야외는 유성영화의 특권적 공간이다. 사티
아지트 레이의 〈대지의 눈물〉(1973)의 탁월한 시작 부분에서 두
젊은 여자가 강에 몸을 담근 채로 서로에게 말을 한다. 인간의 목
소리를 세계의 소음 중 하나로 만드는 동안, 모순적이게도 소리 하
나가 세계에 질문을 던지는 모든 발성영화가 여기에 있다.

그러나 실내 또한 세계의 장소다. 닫힌 공간 속에서 인간의
말이 그 공간과 반향을 이루는 것 ──그 소리가 (직접음향으로) 현

2부. 미학과 시학

장에서 녹음되든 스튜디오에
서 재창조되든——은 발성영화
의 가장 단순한 효과다. 탄광
의 갱도(게오르그 빌헬름 파브
스트의 〈동지애〉), 하수구(안제
이 바이다의 〈지하수도〉, 캐럴
리드의 〈제3의 사나이〉), 술집이나 강의실(장-뤽 고다르의 〈중국 여
인〉[1967]), 목소리가 연극 장면에서처럼 울리는 거대한 빈 아파트
(장-피에르 멜빌의 〈무서운 아이들〉), 스위스 작은 오두막집의 천장
낮은 방(이브 예르신의 〈작은 푸가〉[1979])이 모두 그렇다.

　　사물과 세계의 소음은 애초에 그 의미상 인물들이 '서로의 말
을 듣지' 못하게 하는 것이기도 하며, 영화는 이런 장애물에 잠재
적으로 은유적 가치(예컨대 양성 사이의 불화)를 부여할 수 있다.
펠리니의 〈달콤한 인생〉 시작 부분(헬리콥터 날개의 굉음을 넘어서
말을 주고받으려는 여자들과 남자들)과 로만 폴란스키의 〈실종자〉
(1988) 시작 부분(샤워하고 있는 해리슨 포드와 유리창 저쪽에 있는
그의 부인은 납치당해서 서로 떨어지기 전에 물소리로 이미 분리되어
있다), 자크 타티의 〈나의 아저씨〉 중간 부분(남자는 부인에게 말을
걸지만 그녀는 진공청소기를 돌리고 있기 때문에 이 말을 듣지 못하
며, 부인은 남자에게 대답하지만 그가 전기면도기를 쓰고 있기 때문
에 아무것도 듣지 못한다), 그리고 물론 고다르에게서 끊임없이 나
타난다. 교통 소음(〈주말〉), 카페 소음(〈마리아에 경배를〉[1985] 시
작 부분), 롤역에서 질풍처럼 빠르게 지나가는 기차(〈할 수 있는 자
가 구하라: 인생〉) 등 필요할 때는 어디서나 어떤 구실도 만들어낼
수 있다.

이와 반대로 때로는 한 성性의 목소리와 다른 성의 목소리는 통합되어 조화롭게 말하지만, 종종 공기 중에서 땅과 현실을 넘어 비현실적으로 울린다. 고다르의 〈미치광이 피에로〉(1965)에서 안나 카리나와 장-폴 벨몽도의 목소리, 슈테른베르크의 〈제트기 조종사〉에서 현실적이면서도 시적인 시나리오상의 구실로, 공중에 있는 서로의 제트기에서 무선통신으로 대화를 나누는 재닛 리와 존 웨인이 말로 하는 듀엣이 그렇다.

시간 기록의 영화는 말하는 **타이밍**이 중요하다

모든 사람이 주목한 사실이지만, 〈시민 케인〉에서 말이 종종 다른 말을 덮어버린다는 점에서 이 영화는 다른 영화들보다 더 '리얼리즘적'이다. 말을 끊는 것은 이 점에서 옳고, 바로 이런 측면에서 프랭크 카프라와 하워드 혹스는 1930년대에 서로 자기들이 대화에 활기와 자연스러움을 더 많이 불어넣었다고 주장하곤 했다. 그러나 앞서 봤듯 웰스에게 자연스러움의 효과는 가장 중요한 것을 가리고 있다. 즉 어린 찰스가 어머니의 결정으로 부모에게서 멀어지는 장면에서 무시당한 아버지의 말부터 시작해, 끝없이 가로막히는 담화가 있다는 점이다.

〈미스터 아카딘〉에서는 질문이 나오자마자 바로 답변이 나오게 편집하는 웰스적인 기법을 특별히 주목할 수 있다. 이 기법은 또한 이와 동시에 입에서 말을 빼앗기 위해, 한 영상 뒤에 다른 영상을 너무 빨리 나온 것처럼 편집한다. 마치 그 인물이 자기 뒤에 자기 문장을 남김으로써 스스로 지워지는 것처럼. 그가 자기가 한 말에서 도망치는 것처럼.

  그 반대편 극단에서 큐브릭의 〈아이즈 와이드 셧〉이나 린치의 〈로스트 하이웨이〉의 인물들이 말하고 대답하는 데 시간을 끄는 것을 주목할 수 있는데, 말과 대답 사이의 간극에서 사물, 시간, 의심, 조용한 성숙이 살아 있게 된다. 아니면, 〈블레이드 러너〉에서 '리플리컨트'라 더위도 추위도 느끼지 못하는 륏허르 하우어르가 얼어붙은 불쌍한 중국인[리
플리컨트의 눈을 만드는 인물]
에게 질문을 던지려고, 또한 독
백을 하고 가장 짧은 문장을 뱉
으려고, 말할 때 명백히 가학적
인, 견딜 수 없을 정도까지 참
는 시간을 두는 것도 주목할 수 있다.

  그러나 생각해보자. 〈블레이드 러너〉의 테마 중 하나는 죽음을 지연시키는 것이다. 륏허르 하우어르는 시작 부분에서 "시간… 충분한… 시간"이라고 말한다. 이 안드로이드는 "나한테 시간이 얼마나 남아 있지?"라고 묻는다. 그에게 생명의 시계는 그가 정확한 시간에 죽도록 프로그래밍되어 있어서, 그는 그게 얼마인지 알고 싶고 더 많이 살고 싶다. 여기서 아름다운 아이디어는 '얼마나'와 '더 많은 시간'을 추구하는 이 인물이 말하는 데 시간을 충분히 쓰며 말을 늦춘다는 점에 있다. 발성영화는 말의 시간과 간극을 기록하며, 말에 의미심장한 무게를 부여할 수 있는 예술이다.

21장. 얼굴과 목소리

무의미한 말은 없다

"나는 그들이 나를 보고 있다는 것을 알았고 또 느꼈다."

　이 문장은 로베르 브레송의 〈사형수 탈옥하다〉 주인공 퐁텐이 처음 내뱉은 말로, 오프 사운드로 들린다. 이 말은 방금 감방에

던져진 어떤 몸의 영상 위로 '떨어진다.' 이때까지 그는 자기가 처한 상황, 즉 자동차로 수송되던 중에 도망치려 했다가 다시 붙잡혀 얻어맞은 상황에서 입을 열지 않았다. 따라서

우리는 우선 화자의 처지에서 그의 목소리를 듣고, 얼마 후 그가 큰 목소리로 다른 죄수에게 자기 이름을 말할 때 소리를 듣는다.

　물론 우리가 이 목소리를 오프 사운드라고 파악하는 것은 문법적 기준, 즉 과거형 시제를 사용했기 때문이다. 만약 똑같은 목소리가 똑같은 순간에 똑같은 톤으로 "나는 그들이 나를 보고 있다는 것을 알고 또 느낀다"라고 말했다면, 관습적으로 이 말은 현

재에서 전개되는 내면의 목소리가 될 것이다.

그러나 겉보기에 대수롭지 않은 이 문장은, 관객인 우리가 처한 상황, 즉 이 몸에서 생존의 흔적을 엿보고 있는 상황에서 기이한 반향을 불러일으킨다. 이 문장은 테마적인 문제, 즉 시선의 차원을 제기한다. 다른 한편, 바로 조금 후에 퐁텐이 몸을 일으켜 자기 몸을 검사해보고 오프 사운드로 "부러진 곳은 없지만, 분명 남들 보기에는 좋지 않을 것이다"라고 말할 때, 이 테마는 다시 돌아온다. 배우가 잘생긴 데다 영상은 매끄럽고 깨끗하기 때문에 추가적 의미가 덧붙는데, 그것은 남들에게 어떻게 보일까에 대한 걱정이다. 이 모티프는 영화 마지막 대사에 다시 나오는데, 밤에 독일 점령지에서 그들이 마침내 감옥 밖으로 나와 자유로워지자 그의 탈출 동료는 퐁텐에게 말한다. "엄마가 우리 모습을 봐야 하는데!"

이 모든 것은, 영화에 무의미한 대사가 없으며, 말한 것과 보인 것의 상호작용은 특정 단어가 어떻게 테마의 차원을 제기하는가에도 달려 있다는 점을 떠올리기 위한 것이다. 이렇게 제기된 테마에, 가장 단순한 말을 통해 이후에 어떤 의미를 부여하는가에 관계없이.

자크 타티의 〈플레이타임〉 속 밤거리에서, 보이지는 않지만 극도로 화가 난 여자 행인이 역시 보이지 않는 한 남자—이것은 지나가는 '엑스트라' 외화면 사운드일 뿐이고, 카메라는 유리로 된 아파트의 불 켜진 실내를 지켜보고 있다—에게 이렇게 말한다. "아, 당신은 한마디도 이해 못 했군요. 퀵[햄버거 가게]에서 당신을 기다렸다고요… 나는 6시까지 거기 있었어요." 이 몇 마디 말은 아쿠스마틱한 엑스트라가 던진 '중요하지 않은' 말이다.* 이때 남녀의 약속이 문제가 되고, 시간이 문제가 된다. 그런데 〈플레이타임〉의 거대한 시나리오 전체는 약속 시간에 제때 오느냐, 제때 오지 않느냐의 문제를 중심으로 구축된다. 이 영화의 조직 원리는 월로 씨와 젊은 외국인 여자 관광객을 처음에는 평행 몽타주로 찍고 다음에는 순간적인 만남으로 찍는 것이다. 이 두 사람은 이미 서로 모른 채 마주치고 마침내 운명이 이들에게 예정한 만남에 이르게 된다. 여기서 뭐가 나올지는 알 수 없지만, 이 모두 정해진 시간의 간극 속에서 전개된다. 따라서 관객인 우리는 이 영화에서 순간적으로 지나가는 대사(앞서 언급한 햄버거 가게에 대한 대화)와의 만남을 놓치지 않아야 한다. 심지어 타티의 눈에도 이 대사가 '진부하게' 보였다고 해도.

타티의 〈월로 씨의 휴가〉가 전개되는 호텔-레스토랑의 식당 외화면에서 웨이터와 주방장 사이에 다음과 같은 탁월한 대사가 오간다. "멜론 하나." "합이 둘이네!" "8번 테이블에 다진 양고기 넓적다리 하나." "요리 시작!" "4번 테이블에 마요네즈 추가." "아차, 준비해요!" "로제 반병도." "메모했어요!" "스테이크 하나 레어, 다른 하나는 아주 레어, 그리고 빵도." "좋아요!" "그다음에 송아지 커틀릿, 소금 없이!" "준비됐어요"… 타티의 청각적 미식을 다시 한번 인정해야 하고, 주문받을 때마다 매번 뭔가 새로운 표현을 찾아내는 주방장의 언어적 상상력에 타티가 찬사를 보내는 것도 주목해야 한다. 소통의 친교적 측면에 초점을 맞추고 있는 타티의 작품 전체에서 이 장면은 순전히 일화적인 측면으로 대화를 사용하는 것이 아니다. 이 작은 장면에서 그의 작품 전체의 일관성을 찾을

---

* [옮긴이] 〈플레이타임〉에서 이 장면을 확인해보면, 월로 씨가 아파트에서 나온 직후 이 두 행인은 외화면이 아니라 왼쪽에서 오른쪽으로 화면을 가로질러 가면서 이 대사를 한다. 따라서 '외화면 사운드'도, '아쿠스마틱한 엑스트라'도 아니다.

2부. 미학과 시학

수 있다.

따라서 듣는 것만으로 충분하다. 그러나 이 감독에 대한 많은 책은 계속 "말이 중요하지 않은 영화" "말이 잡다한 소음 중 하나"라는 신화로 타티를 고집스럽게 몰고 간다. 영화들 자체보다는 영화들에 대한 클리셰를 믿기 때문이고, 인물들이 하는 말에도, 영화에도 제대로 귀를 기울이지 않기 때문이다.

저항

그러나 영화에서 말이 진부하게 나타난다는 점은 우연이 아니다. 어떤 영화에서 말에 대한 영상의 저항이 없다는 점, 영상에 대한 말의 저항이 없다는 점이 문제를 일으키고, 심지어 서로가 서로의 가치를 떨어뜨리는 경향까지 있을 수 있다. 영상이 다른 것을 보여줌으로써, 말하는 사람이 시선을 다른 곳으로 돌리는 것을 보여줌으로써 영상이 순간적으로 말을 상대화시키면, 목소리가 공간 속에서 길을 잃으면 말은 사실상 무엇이 될까? 말이 갈등도 거부도 없이 그 어떤 영상에도 겹쳐질 수 있다면, 말은 도대체 무엇인가? 거꾸로 영상이 말에 의해, **추가된 가치**를 통해 어떤 의미나 암시에 고분고분 물들여진다면, 영상은 도대체 무엇인가?

따라서 발성영화에는 말과 영상의 관계에 (이 관계가 반드시 그 자체로는 갖고 있지 않은) 밀도를 부여하는 것이 중요하다.

발성영화는 때로 말을 상대화시키는 것으로, 말을 다른 소리와 같은 하나의 소리, 관객이 그 영화의 다른 소리들처럼 들을 수 있는 별로 중요하지 않은 요소로 만든다고 주장하거나 주장하고 싶은 것으로 보인다. 주목할 만한 점은, 발성영화가 이에 실패한다는 것, 어떤 영화에서 말하거나 주고받은 모든 말은 그 영화 속에 단단하게 박힌다는 것이다. 말은 영화 속에 녹아 없어지지 않는다.

타티의 〈나의 아저씨〉 대화 장면에서 아르펠 부인은 자기 친구들에게 현대적인 자기 집(어디에나 문과 통로가 있는 집)을 구경시켜주면서 습관처럼 활기 있게 경탄한다. "오, 얼마나 실용적이라고요, 모든 게 서로 소통해요." 이 문장은 무의미하기는커녕 이 영화 전체에 반향을 이룬다. 정확히 소통은 이 영화의 주제 중 하나이기 때문이다. 물질적 의미의 소통은, 그녀의 남편이 파이프(그 안으로 무언가를 통과시키는 길고 속이 빈 물건) 제조 공장을 운영한다는 점이다. 인간적 의미의 소통은, 이 고통받는 남자[아르펠 씨]가 화가 나거나 자기 권위가 무시당했다고 생각했을 때 상처받은 아버지로서 자기 목소리를 들리게 하는 데 어려움을 겪는다는 점이다.

발성영화는 아르펠 씨네 집과 같다. 여기서는 모든 것이 열려 있고 모든 것이 서로 소통한다. 때로 서로 간에 소통하지 못하는 인물들만 제외하고. 영화 초반부에 내뱉은 말이 마지막 영상과 '소통할' 수 있다.

이 영화의 마지막 말, 어떤 아버지가 자기 아들에게 하는 말, 요컨대 이들 사이에 새로운 관계의 출발점이 되는 말은 무엇일까? 아버지가 아들에게 개인적으로 하는 그 말은 "제라르" "가자"다. 사람들이 주의를 기울이지 않는 이 불쌍한 "가자"라는 말은, 이 영화의 마지막 말이지만, 많은 말을 한다. 이 작품 시작 부분에서 아버지는 출근길에 아들을 학교로 데려다주지만, 이들 사이에 말은 없다. 결국 운전수가 '없는' 이 추상적 자동차는 문 닫히는 소리와 함께 아침마다 학교 앞에 아이를 '배출'했다. 영화가 진행되는 동안 아버지는 조바심을 내고 우울하며 활기가 없다. 이 마지막 "가자"는 아주 단순한 두 음절로, 이제부터 소극笑劇을 함께 나누고 아버지가 아들에게 직접 말할 수 있다는 것을 뜻하고, 또한 살아 움직이고 뭔가를 함께하는 데 필요한 에너지를 되찾았다는 것을 뜻하며, 월로 삼촌이 해준 것(오토바이로 어린 제라르를 태우고 그에게 삶을 보여준 것)을 이제는 아버지도 할 수 있다는 것을 뜻한다.(어린 장-피에르 레오가 기분 좋은 농담을 하는 저녁 시간에 어머니와 계부와 함께 자동차로 여행하면서 행복해하는, 프랑수아 트뤼포의 〈400번의 구타〉에서 가장 아름다운 장면도 보라.)

말 한마디가 모든 것을 흔들어놓을 때

유성영화가 우리에게 들려주는, 시청각 관계의 우연성과 무관심성(앞서 여러 차례에 걸쳐 말했듯 여기서는 **어떤 것이나 다 통한다**) 때문에 사전에 약화되어버린 말의 홍수 속에서, 때로 말 한마디가 인물들 사이에 파장을 일으킨다.

하워드 혹스의 〈스카페이스〉에서 악당인 포피와 토미 몬태나가 계단 아래에서 시시덕거린다. 포피가 말한다. "당신 참 재밌는funny 사람이야." 토니가 대답한다. "뭐?… 내가 재밌다는 게 무슨 뜻이지?" 가장 유명한 누아르 영화로 꼽힐 이 영화에 나오는 이 짧은 대사의 교환이 마틴 스코세이지의 〈좋은 친구들〉에서 가장 재미있고 끔찍한 장면의 기원인지 아닌지를 물을 수 있을 것이다. 이 영화에서 조 페시가 연기한, 위험하고 화를 잘 내는 갱스터 토미는 어린 동료 헨리(레이 리오타)가 한 의미 없는 말 한마디에 이의를 제기한다. 마피아들이 많은 시간을 보내는 레스토랑에서, 헨리는 토미가 우스꽝스러운 이야기를 하자 다른 사람들처럼 배꼽 빠지게 웃는다. 그는 너무 웃어대다 눈물이 난 눈가를 닦으면서 이렇게 덧붙인다. "당신 참 재밌는 사람이야." 즉시 사람들 사이에 침묵이 내려앉고, 갑자기 아주 긴장한 토미가 그에게 묻는다. "어떻게 재밌다는 거야Funny how? 내가 말하는 방식이? 어떻게 재밌다는 거야? 뭐가 재밌지?" 당황한 리오타가 말한다. "단지, 알다시피… 당신이 재밌지." "광대처럼 재밌어? 이게 네가 하고 싶은 말이야? 어떻게 재밌다는 거야? 내가 재밌다는 뜻이 뭐지?" 사람들은 돌처럼 굳는다. 토미는 자신이 아무렇게나 이해한 말 한마디로 다른 사람을 죽일 수도 있는 사람이기 때문이다.

여기서 분명, 온갖 종류의 억양으로 같은 말을 스무 번이나 되풀이할 수 있는 미국인들의 언어(이것이 프랑스어에서 같은 의미를 띠는 것은 아니다)의 탁월성이 제대로 작동한다. 이 영화의 프랑스어판에서는, funny의 번역어로 최대한 많이 'marrant'이라는 단어를 사용한 번역가들이 프랑스어의 탁월성에 대한 존경심 때문에 때때로 동의어 'poilant'을 사용한다.*

이 장면이 어떻게 찍혔는지를 살펴보자. 카메라가 모든 곳을 침투하고 공간을 쓸고 가며 카메라 기교가 많고 엄청나게 말이 많은 이 영화에서, 말 한마디가 갑자기 불길한 의미를 띠기 시작하는 바로 이 순간 스코세이지가 전혀 다른 카메라 양식과 몽타주

---

* 스코세이지의 〈비열한 거리〉(1973)에서 한 불량배가 다른 불량배에게 던진 '무크족mook'이라는 애매한 욕설 ──"나를 무크족이라 말하지 마"── 이 난투극을 불러오는 데 이 단어가 불씨 역할을 한다.

를 도입한다는 점에 주목할 수 있다. 즉 갑자기 프레임은 고정되고, 엄격하고 체계적인 숏/리버스숏의 데쿠파주가 쓰인다. 카메라가 다시 움직이기 시작하고, 페시와 리오타가 다시 낄낄 웃으면서 'funny'라는 단어를 말하고 큰 위험 없이 이를 반복한다는 것은⋯ 위험이 지나갔다는 뜻이다. 이것은 인물들의 입에서 너무도 쉽게 벗어나는 대화에 영화가 어떻게 밀도를 부여하는가를 보여준다.

〈좋은 친구들〉의 여느 장면들과 달리, 이 장면이 진행되는 동안 노래 가사와 대화의 말들 사이에 상호작용을 만들어내는 노래는 없고 모든 것이 멈춘다. 그러나 마비를 일으키는 바로 이 극적 순간에 도달하기까지 사전에 많은 소리와 움직임이 동원되었다.

수다에 대한 영화이면서 말로써, 말장난으로써 말 그 자체에서 벗어나려는 실패한 시도인 장-뤽 고다르의 〈네 멋대로 해라〉에서 진 시버그는 문장 하나를 말하는데, 놀라운 점은 아무도 이에 대해 주의를 기울이지 않는다는 것이다. 그것은 그녀가 장-폴 벨몽도에게 자신이 아마도 임신한 것 같다고 말하는 문장이다. 그는 평소대로 무뚝뚝하게 답한다. "조심했어야지." 그리고 장면은 여기서 끝난다⋯ 이 영화 끝부분에서 그가 살해되고 그녀는 살아남지만, 죽은 남자의 아이를 뱄을 수 있다는 문제, 자신이 임신했을 수 있다는 문제는 잠재적으로 남아 있다.

흔적 없이 남겨진 여자의 말은 고다르의 첫번째 장편영화에 나올 뿐이지만, 이 말이 이 감독의 미래 작품 전체의 상당 부분을 결정하지 않을까?

발성영화는, 말 한마디를 단순한 말 한마디(철회하거나 돌이킬 수 있거나 시간이 흘러가면서 용해될 수 있는 말)로 만들거나, 아니면 이 말이 이후 하나의 흔적으로 강화되거나, 아니면 정확히

〈네 멋대로 해라〉처럼 이후 흔적의 부재가 이 말을 지울 수 없는 것으로 만들거나 따위를 할 가능성이 있다.

…에게 떨어지는 말들

긴장도 없고 목표도 없는 말과 영상의 병치에 의미와 중요성을 다시 부여하는 다른 방법은, **어떤 인물이 거짓말하고 있을 때 영상[카메라]이 얼굴을 똑바로 쳐다보게 만드는 것이다.** 아니면 외화면에서 온 말의 포격(상처 주고, 비난하고, 지적하고, 집요하게 괴롭히고, 독촉하고, 규탄하는 말)을 견뎌내고 있게끔 만드는 것이다.

1950년대 파리, 남학교의 한 학급. 교사가 학생들에게 말을 한다. 〈400번의 구타〉의 이 장면에서 트뤼포의 데쿠파주는 교사의 말 전체를 특히 주인공 앙투안 두아넬(장-피에르 레오)에게 떨어지게 하고, 그를 가리키기 위한 것이다.

발성영화에서 카메라와 몽타주는 사실상 말이 누구에게 떨어지는지, 이 말이 누구에게 적용될 수 있는지, 관객이 관음증자로서 이 말의 효과를 살펴볼 수 있는 사람이 누구인지를 가리킬 권력을 갖고 있다… 예컨대 켄 로치의 〈가족 생활〉(1971)은 한 어린 소녀의 이야기인데, 그녀는 부모의 말, 정신병원의 말들 따위에 문자 그대로 덮여 있다. 발성영화는 아쿠스마틱한 말과 이 말이 깃드는 몸의 분리를 통해 이를 보여줄 수 있는 이상적인 도구다.

더욱이 필립 아렐의 〈금단의 여자〉(1997) 같은 영화의 경우 주관적 카메라는 외화면에서 속삭이는 목소리 효과를 여성의 얼굴에서 훑어볼 수 있는 기회다. 여기서 감독 자신이 연기한 남자주인공 ─ 대부분의 장면에서 그의 '말-카메라'가 들린다 ─ 은 이자벨 카레의 아름다운 얼굴에서 그가 말한 것의 흔적을 검증하는 것 같다. "너는 참 이뻐"나 "네가 벗은 모습을 보고 싶어"라는 말이 한 여자의 얼굴에 어떤 충격을 남길까, 분명 이 질문이 감독의 시선을 사로잡은 것이다.

주관적 카메라로 찍은 영화에서 고유한 점은, 종종 분리되는 '말-카메라'와 '말-스크린'의 두 유형을 대면시킬 수 있다는 것이다.

말-카메라, 말-스크린

내가 '말-카메라parole-caméra/camera speech'라고 이름 붙인 것은 한 인물이 카메라에 대고 말하는 경우이며, 고의로 리버스숏이 생략되기 때문에 관객이 자동으로, 보이지 않는 청자의 자리에 놓이는 경우다.

발성영화는 카메라에 대고 하는 말로 시작되었다. 새로운 비타폰 방식을 소개하려고 1926년에 녹음하고 찍은 윌 헤이스의 유명한 연설이 그것이다. 이 기이한 자료에서 연설자는 관객에게 사실상 카메라 너머로 말하고, 우리가 그를 보려고 앉아 있는 가상의 방에서 그가 왼쪽과 오른쪽을 향해 몸을 돌리는 모습이 보인다. 이후 배우들은 말하면서 카메라를 쳐다보는 법을 배우게 되고, 카메라를 그들 말을 옮기는 도구로 만들어내지만… 그들 말은 완전히 다른 곳에 놓여 있는 또 다른 채널을 통해 옮겨지는데, 때로 그들 머리 위에 있는 그것이 바로 마이크다.

말-카메라가 무성영화에 이미 있었다는 점을 주목해보자. 프리드리히 빌헬름 무르나우의 〈타르튀프〉에서 자기 할아버지 집에서 쫓겨난 젊은 주인공은 클로즈업으로 우리에게 직접 말하고, 그가 하는 말은 중간 자막으로 제시된다.

프랭클린 섀프너의 〈패튼 대전차군단〉(1970) 시작 부분에서 거대한 미국 국기를 배경으로 한 조지 스콧의 연설, 부분적으로 또는 전면적으로 '주관적 카메라'로 찍힌 영화(로버트 몽고메리의 〈호수의 여인〉, 델머 데이브스의 〈다크 패시지〉, 아렐의 〈금단의 여자〉)에서 대화 장면, 연극을 모델로 한 영화에서 영화 관객에게 직접 하는 말(고다르의 〈여자는 여자다〉[1961], 에토레 스콜라의 〈우리는 그토록 사랑했네〉[1975], 우디 앨런의 〈애니홀〉, 이타미 주조의 〈담포포〉[1986])에는 한 가지 공통점이 있다. 대부분 **리버스숏을 제시하지 않는** 말-카메라로 찍힌다는 점이다.(청자는 보여주지 않는다.)

이야기를 끌어가거나 이야기를 소개하는 어떤 인물의 말-카메라도 있다(카를로스 사우라의 〈까마귀 기르기〉[1976], 잉마르 베리만의 〈늑대의 시간〉[1968], 프랑수아 트뤼포의 〈이웃집 여인〉).

또한 내화면이 넓어지면서 다른 것으로 드러나는 가짜 말-카메라도 있다. 루이 말의 〈사형대로 가는 엘리베이터〉 시작 부분에서 잔 모로의 얼굴이 스크린을 가득 채우고 사랑의 말을 한다. 카메라가 뒤로 멀어지면서 그녀가 공중전화에서 자기 애인에게 전화로 말하고 있었다는 것이 드러난다. 마찬가지로, 밥 라펠슨의

〈마빈 가든스의 왕〉(1971) 시작 부분에서 잭 니컬슨은 카메라를 보고 말한다. 사실 그는 라디오 스튜디오에서 자기 청중에게 말하고 있다. 주세페 데 산티스의 〈쓰디쓴 쌀〉(1949)에서 면도를 안 한 우아한 남자는 펠리니의 영화(〈그리고 배는 항해한다〉[1983])에서처럼 우리에게 말하는데, 카메라가 뒤로 물러서면 그가 라디오 아나운서라는 사실이 드러난다. (이 '시작 부분'은 분명 리즈 엘리나가 아나운서 역할로 나오는 장 르누아르의 〈게임의 규칙〉 시작 부분이 만들어내는 효과에 영향을 받았다.)

　말-카메라와 대칭적이면서 때로 말-카메라와 함께 쓰이는, 내가 '말-스크린parole-écran/screen speech'이라고 이름 붙인 것은, 스크린 속에 있는 인물에게 오프 공간이나 외화면 공간에서 하는 아쿠스마틱한 말이다. 이 말은 스크린에 있는 인물에게 종종 냉소적이거나 공격적으로 질문하거나 논평하고, 때로 그의 행동에 영향을 주려는 것 같다. 사샤 기트리의 〈어느 사기꾼의 이야기〉에 많은 예가 나오고, 자크 베케르의 〈현금에 손대지 마라〉에 지나가듯이 (파티 댄서들에 대한 장 가뱅의 신랄한 논평) 나온다. 주관적 카메라로 찍은 영화들은 아주 자연스럽게 말-카메라와 말-스크린을 연결한다. 존 부어먼의 〈레오 더 라스트〉(1970)(카메라로 찍힌 인물들에 대한 다양한 사람의 논평)나 세르게이 파라자노프의 〈잊혀진 선

조들의 그림자〉(1965)에는 집단적인 말-스크린이 나온다. 후자의 영화에서는 마을 여자들이 과거 그렇게 아름답고 용맹했던, 불쌍한 이반에 대해 서로에게 하는 말이 들리면서 이반이 보인다. 그는 수다스러운 여자들을 보지 못하고 다리를 질질 끌면서 간다.

마르그리트 뒤라스의 〈인디아송〉에는 인도의 프랑스 대사관에서 열린 리셉션에서 '우리 관객 쪽에서' 쑥덕공론을 하는 목소리들이, 스크린 속 파티복을 입은 인물들의 행동이나 말에 대해 논평한다…

앨프리드 히치콕의 〈이창〉이나 브라이언 드 팔마의 〈침실의 표적〉(1984) 같은 관음증 영화에도 말-스크린이 나온다. 한 남자가 망원경이나 망원렌즈로 한 여자를 지켜보고, 마치 그녀의 행동에 영향을 주려는 것처럼 말로 자기 관음증의 대상에 대해 논평한다. "이걸 해, 그건 하지 마…" 예컨대 히치콕의 영화에서 제프는 소월드에게 멀리서 말한다. "계속해, 그걸 주우라고." 이후 리사가 살인자의 아파트에 들어가 위험에 처한다. "어서, 거기서 나오라고." 이 말-스크린은 분명 관객의 말을 옮긴 것이고, 영화에서 관객과 인물의 상호작용이 불가능하다는 사실을 해학적으로 강조한다. 난니 모레티의 〈빨간 비둘기〉(1989)에서 텔레비전 시청자들은, 텔레비전에서 방영되는 데이비드 린의 〈닥터 지바고〉(1965)에 나오는 인물들을 격려하고 이들의 행동에 영향을 주려는 모습이 보이지만, 당연히 이 영화의 인물들은, 아돌포 비오이 카사레스의 소설 『모렐의 발명』에서처럼 그들이 한 번 한 일을 영원히 반복할 수 있을 뿐이다.

어떤 경우 말-스크린은 수다쟁이 목소리 하나에, 아니면 고대 그리스의 합창단에 통합될 수 있다. 〈위대한 앰버슨가〉에서 오슨 웰스의 내레이션부터 자크 타티의 〈축제일〉의 심술궂은 할머니까지 그 예가 걸쳐 있다.

때로 목소리는 인 사운드와 오프 사운드, 대화와 내레이션 등 모든 길의 교차로에 있고, 목소리는 보통 인물과 사건 — 이에 대해 판단이 없는 것은 아니다 — 에 권력이 없는 관찰자의 위치를 점한다. 관음증이 있는 〈이창〉의 수다스러운 인물들은 영화 속에 구현된 이런 수다쟁이들의 목소리가 아닐까? 이 목소리는 언젠가 디제시스의 현실에서 큰일 날 위험을 무릅쓴 채 행위에 돌입하고, 완전한 자격을 갖춘 인물로 이야기에 영향을 미치겠다고 결심하게 되지 않을까?

거짓말의 표면

히치콕의 〈북북서로 진로를 돌려라〉에 나오는 탁월한 경매 장면에서 손힐(케리 그랜트)과 밴덤(제임스 메이슨)은 밴덤의 심복 레너드(마틴 랜도)가 함께 있는 자리에서 암시로 가득 찬 말싸움을 맹렬하게 벌인다. 레너드는 한마디도 하지 않지만, 밴덤이 위협할 때마다 손힐을 향해 시선으로 구두점을 찍는다. 이 장면에는 이브(에바

마리 세인트)도 함께 나오는데, 남자들이 서 있는 동안 그녀는 앉아 있다. 이 말싸움의 암묵적인 주제는 이브다. 손힐의 말은 사실상 그녀에 대한 밴덤의 신뢰를 무너뜨릴 수도 있다. 더욱이 그녀의 평판을 떨어뜨리는 동시에 그녀를 연루시키려는 손힐이 그녀에게 불리한 비난을 할 때, 그녀는 어떤 일이 있더라도 침착성을 유지해야 한다. 이렇게 관객의 눈은 들리는 것과 대위법의 상태에서 다음 세 가지에 이끌리게 되는데, 이는 들리는 것에 대해 영상이 던지는 무언의 대답이다. 먼저 서 있는 밴덤의 손이 있고, 이 손은 주인으로서 앉아 있는 이브의 어깨를 짚고 있다.(만약 그가 손을 치운다면, 그녀에 대한 신뢰를 철회하고 그녀가 위험에 빠진다는 뜻이다.) 두번째로, 밴덤이 중요한 말을 할 때마다 손힐이 어떻게 반응하는지 지켜보는 레너드의 말 없는 시선이 있다. 세번째로, 손힐의 가시 돋힌 말을 들으면서 자기 분노를 숨기는 이브의 얼굴이 있는데, 우리가 상상할 수 있는 것처럼 자기도 모르게 감정이 드러나는 것을 피하려고 그녀는 무슨 수를 써서라도 반항심을 억눌러야 한다.

2부. 미학과 시학

이때 말은 자기 힘을 되찾고, 특히 말과 영상의 대결이 결정적인 것이 된다. 말이 **보이는 것을 불안정하게 만드는** 역할을 떠맡고 있기 때문이다.

클로즈업으로 찍힌 발성영화의 인물은, 무성의 인물이 되기 위해서 입을 다물 필요가 없다. 다양한 상황에서 그가 단지 (관객 또한 알고 있는) 비밀을 숨기는 것으로 충분하다. 로메르는 "영화에서 거짓말이 충분하지 않다"*라고 쓰면서 중요한 점을 지적한다. 적극적 거짓말(없는 사실을 지어내거나 실재를 왜곡하는 것)의 경우라면 이 말이 맞지만, 이와 반대로 숨기는 거짓말이라면 오히려 영화는 이런 종류의 거짓말로 가득 차 있다고 말해야 하고, 이것이 발성영화와 더불어 매력적이고 핵심적인 것이 되었다고 말해야 한다. 거짓말이 언어에 들어 있는 신성한 특성을 기반으로 할 때, 영상은 거짓말의 표면이 된다.**

영화의 이런 특성에 대한 희화에 가까운 예인 후안 안토니오 바르뎀의 〈자전거 주자의 죽음〉 같은 영화의 원리는, (우발적) 살인으로 결합된 불법 커플과 간통을 상상할 수 있는 모든 맥락(사교 파티, 성당, 경기장, 어디나)으로 옮기는 데 있고, 우리는 각 상황에서 이 커플의 은폐를 목격하게 된다. 이 영화는

---

*   Eric Rohmer, *Le Goût de la beauté*, coll.《Écrits》, Cahiers du cinéma, 1982, p. 52.

**   〈2001 스페이스 오디세이〉에서 은폐의 역할에 대해서는 내가 쓴 다음 책을 보라. Michel Chion, *Kubrick's Cinema Odyssey*, Claudia Gorbman(trans.), BFI Publishing, 2001.

영상을 이렇게 거짓말의 표면으로 사용한다. 의미를 직접 전달할 의무에서 인간의 얼굴을 해방시킨 순간, 발성영화는 인간의 얼굴을 가면으로 변형시켰다.

누군가의 얼굴을 찍는다는 것, 특히 비난받아 마땅한 비밀을 숨긴 채 침착성을 유지하고 있는 매끈한 얼굴의 아름다운 여자(천천히 시간이 흘러가면서 훼손되는 여자)를 찍는다는 것, 동시에 들리는 말과 소리와 음악으로 이 인물이 무너질 때까지 이 얼굴에 폭격을 퍼붓는다는 것(이렇게 피부 표면과 필름 표면 사이에 일종의 유비가 만들어진다), 어떤 영화들은 영화 전체에 걸쳐 이런 실험의 수행에 몰두한다.

이 바르뎀의 작품에서 엄청나게 많은 숏이 아주 아름다운 루차 보세의 얼굴을 가까이에서 정면으로 찍는데, 그동안 그녀는 자기 비밀에 반향을 일으키는 말을 끊임없이 듣는다. 그녀가 머리를 매만지고, 손톱을 손질하고, 거울 앞에서 화장을 하고, 그녀의 남편이 그녀에게 말하는 장면들이 그렇다. 얼굴은 이때 우리에게 이 얼굴을 제시하는 영상과 동일시되면서 거짓말의 가면, 어쨌거나 신비의 가면으로 나타난다.

의식적으로든 무의식적으로든, 히치콕은 처음 〈협박〉에서 살인자 애니 온드라의 얼굴과 이웃집 여자의 수다를 병치시킬 때 이미 이 현상을 명확하게 이해하고 있었다. 그러나 이 영화는 처음에는 무성영화였다.

이것이 은폐의 영화라는 한 장르를 만들기도 한다. 짐 길레스피의 〈나는 네가 지난여름에 한 일을 알고 있다〉(1997) 같은 몇몇 공포 스릴러나, 들리는 모든 소리, 가장 작은 소음까지도 죄를 묻는 우디 앨런의 〈범죄와 비행〉(1989) 같은 몇몇 심리 드라마가 여기에 속한다.

히치콕의 〈나는 고백한다〉(1952)에서 몽고메리 클리프트는 살인자의 고해를 들은 가톨릭 신부 역을 연기하는데, 고해성사 때 들은 비밀을 절대로 말해서는 안 되기 때문에 자신이 살인자로 고발된다. 많은 장면에서 대화 상대방의 말들은 내레이션과 의미로 무거워지는데, 이때 우리는 말할 수 없기 때문에 의심과 비방을 뒤집어쓸 수밖에 없는 클리프트의 고귀한 용모에 대해 다른 사람들의 말과 시선의 파손 작업이 어떻게 일어나는지 관찰할 수 있게 된다. 〈로프〉에서 움직이는 카메라의 시선은 두 살인자 중 한 명, 즉 팔리 그레인저가 연기한 더 감정적인 인물에 고집스럽게 머무르며, 서스펜스는 시간의 문제를 둘러싸고 구축된다. 그가 침착성을 잃으려면, 시간이 얼마나 필요할까?

나란히

얼굴이 서로 마주 보는 두 가면처럼 보이지 않게끔 하면서, 인간의 대화를 어떻게 다르게 찍을 수 있을까?

칼 테오도르 드레이어(특히 〈게르트루트〉[1964]), 안드레이 타르콥스키(특히 〈잠입자〉〈희생〉), 아바스 키아로스타미(〈체리향기〉[1997], 〈텐〉[2002])와 같이 상당히 다른 작가감독들에게 발성영화는, 통상적인 데쿠파주와 다른 양식을 탐색함으로써 인간의 대화에 운율을 부여하는 새로운 방식으로 나타난다. 또한 말이 자동으로 영상을 약화시키는, 아니면 영상이 자동으로 말을 약화시키는 악순환에서 벗어나는 새로운 방식으로 나타난다. 이 작가감독들이 반드시 정반대의 효과를 탐색하거나 이 효과를 인증하거나 확인하려 한 것은 아니다. 오히려 이들은 진실/거짓, 진실성/은폐 따위의 변증법과 다른 논리를 탐색하고, 따라서 영상이 가면이나 고백이기를 그치는 표현을 탐색한다.

예컨대 〈체리향기〉는 주인공과 그가 운전하는 자동차에 탄 사람들이 나누는 대화로 구성된다. 여기서 키아로스타미의 체계는 데쿠파주를 통해 함께 말하는 사람들을 분리시키는 데 있다. 이들은 서로에게 빈번하게 시선을 돌리지만, 얼굴은 마주 보지 않고 나란히 있다. 어떤 숏도 운전자와 승객을 가까이에서 함께 보여주지 않는다. 예컨대 자동차 보닛에서 찍어서 하나의 숏으로 서로 말하거나 입을 다무는 이들을 동시에 보여주지 않는다.

그러나 주인공이 자기 자동차에 태우고 가는 노인은, 자살을 도와달라는 주인공에게 세상의 아름다움과 삶의 애착에 대해 말한다. 그러나 이때는 말하는 사람도 듣는 사람도 보이지 않고, 익스트림 롱숏으로 풍경 속에서 움직이는 자동차가 보인다. 이는 말이 어떻게 인물들과 이들 얼굴의 영상에 반향을 일으키는지, 그 충격을 우리에게 엿보게 하려는 것이 아니다. 반대로 관객은, 이전의 다른 숏에 나타난 이 두 남자의 얼굴을 머릿속에 간직한 채 **우리 안에서** 이 말을 듣는다.

　드레이어의 마지막 영화 〈게르트루트〉의 거의 모든 장면은 두 인물을 보여주고, 여주인공 게르트루트가 그녀의 남자 중 한 명과 함께 있는 모습을 보여준다. 그녀의 남편, 그녀를 속인 젊은 애인, 여전히 그녀에게 구혼하는 나이 많은 전 애인 악셀이 그들이다. 여자와 남자는 벤치나 긴 의자에 나란히 앉아 시선은 거의 교환하지 않으며, 부득이 한 사람이 다른 사람을 쳐다보더라도 상대는 마주 보지 않는다. 키아로스타미와 반대로, 이들 두 사람은 거의 항상 같은 숏 안에 동시에 나온다.

　영화 끝부분에서 흰머리에 나이 든 게르트루트는 오랜 친구 악셀의 방문을 받는다. 남자와 여자는 이 영화에서 처음으로 **서로를 마주 보면서** 말하고, 이들 뒤로는 난로 속에 불타는 장작이 보인다.

　이 영화 전체에서 인물들은 서로에게 불투명한 시선을 보내는 두 얼굴이 아니다. 영상은 가면이라는 측면을 상실하고, 우리는 말을 다르게 듣는다.

영화에서 전화소電話素의 유형론

영화 이야기의 태초(아마도 심지어 그 기원)에 전화가 있었다. 한 사람이 같은 공간에 있지 않은 누군가에게 말하는 전화 통화는, 데이비드 워크 그리피스의 평행 몽타주의 기원이라고 할 만한 '동시적 장소들의 몽타주'를 만들지 않았을까?

이번에 나는 신조어를 만들려 하지 않고, 두 단어를 전례 없는 방식으로 조합하려고도 하지 않았다. 나는 20세기 초 한 기자에게 전화소電話素, téléphème라는 매력적인 단어를 빌려왔다. 전화소는 단순하게 전화 통화의 단위다. 영화에는 여러 가지 유형의 전화소가 있고, 나는 이에 대해 다음 일곱 가지 분류를 제안한다. 하지만 이 유형들이 매번 하나의 고정적 의미만 갖는 것은 아니다.

전화 통화의 데쿠파주 패턴을 주요한 일곱 개의 경우로 분류할 수 있다.

0 유형.(여기에 0이란 번호를 붙인 것은 이 유형이 무성영화에 속하기 때문이다.) 0 유형은 두 화자를 교차 몽타주로 보여주지만 이들의 말이 들리지 않는 전화 통화에 해당한다. 이것은 영화에서 교차 몽타주의 가장 오래된 예 중 하나(그리피스의 〈외로운 빌라〉 [1909])다. 수많은 영화에서 뽑은 예는 다음과 같다. 한 여자가 한 남자에게 버림받았다고 오해해 가족을 떠나 파리로 가는 찰리 채플린의 〈파리의 여인〉 전화 통화 장면, 빠른 몽타주를 통해 정치적이고 사회적인 유착의 망뿐만 아니라 위계를 보여주는 세르게이 에이젠슈테인의 〈파업〉 전화소가 그렇다. 〈파업〉에서 서 있는 남자는 사무실에 편안히 앉아 있는 다른 사람에게 공중전화로 전

화를 하는데, 첫번째 사람이 두번째 사람보다 사회적 위계상 열등한 위치에 있다는 점을 이해할 수 있다. 그리고 다양하게 옷을 입은 사람들이 전화로 통화하는데, 이들 중 한 사람은 파티복을 입고 있고, 다른 사람은 군복을 입고 있으며, 따라서 서로 다른 권력들의 공모 관계를 즉시 이해할 수 있다.

무성영화에서 0 유형은 영화에서 전화소의 위대한 아이디어 중 하나를 이미 이용하는데, 그것은 서로 관계를 맺고 대화하지만 서로를 보지 못하는 사람들을 우리가 보고 비교할 수 있게 해준다는 점이다. 몽타주 커팅은 이들 사이에서 하나의 가림막으로, 서로를 나누는 하나의 칸막이벽으로 기능한다. 이 때문에 우리는 등장인물들보다 더 잘 관찰하고 더 잘 의식할 수 있는데, 인물들이 볼 수 없는 단면도를 우리가 가지고 있기 때문이다. 우리는 (서로를 보지 못한 채) 등을 돌리고 있기 때문에 이들이 헤어질 것을 이들보다 먼저 알고, 이와 반대로 (이를 알지 못한 채) 서로 반향을 이루고 운을 맞추는 동작을 하며 교차편집을 통해 [스크린에서] 한 사람이 다른 사람 쪽을 맹목적으로 보는 것처럼 나타나기 때문에, 이들이 서로 가까워질 것이라는 점을 이들보다 먼저 안다.

〈파리의 여인〉 여주인공이 (전화상의 오해 때문에) 자기가 버려졌다고 믿고 남자를 떠날 때, 단순히 채플린이 선택한 데쿠파주와 카메라 축을 통해 그녀가 자신이 보지 못하는 남자에게 '등을 돌리는' 모습이 보인다.

1 유형. 무성영화에서 내려온 1 유형은 0 유형에 소리를 덧붙인다. 즉 1 유형은 엄밀하게 스크린에 나온 사람의 목소리만 들려주는 교차 몽타주에 해당한다. A가 말할 때는 A를 보여주고, B가

말할 때는 B를 보여주는 식으로 이어진다. 초기 발성영화 대부분의 전화소였지만, 할 살웬의 〈데니스는 통화 중〉(1995)의 장면 대부분도 그렇다.

2 유형. 이것은 전화소가 지속되는 내내 우리는 A와 함께 있으면서, B가 하는 말을 듣지 못하는 유형이다(히치콕의 〈북북서로 진로를 돌려라〉에서 케리 그랜트가 자기 어머니에게 전화하는 두 장면). 우리는 대화의 공백에서 우연히 B가 말한 것을 짐작할 수 있거나, 때로 수화기 가까이 있는 것처럼 아주 약한 소리로 들을 수도 있다.

때로 몽타주는 1 유형과 2 유형을 능숙하게 조합한다. 모리스 피알라의 〈룰루〉(1980)에서 제라르 드파르디외와 침대에 함께 있는 부인(이자벨 위페르)과 남편(기 마르샹)의 통화는 처음에는 1 유형(교차 몽타주)으로 시작했다가 2 유형으로 끝나는데, 이로써 부부의 텅 빈 아파트에 있는 남편의 고독이 강조된다.

〈닥터 스트레인지러브〉(1964)에서 스탠리 큐브릭은 2 유형을 탁월하게 사용한다. 장면은 펜타곤 워룸에서 전개되는데, 여기서 피터 셀러스가 연기한 미국 대통령은 핵탄두를 장착한 미국 비행기가 억제 시스템 고장으로 소련을 폭격하려고 출격 중이라는 사실을 소련 최고 지도자에게 알리기 위해 핫라인을 사용한다. 다차[러시아식 별장]에서 호색적인 주말 시간을 빼앗긴 소련 최고 지도자의 대답은 들리지 않지만, 그의 분노는 짐작할 수 있다. 이 상황의 영화적 희극성은, 원형 테이블과 미국 대통령을 둘러싸고 미국군 장교들과 (이 대화를 유일하게 알아듣는) 러시아 대사를 포함해 열두 명가량이 있으며 이들 모두 개인 이어폰을 끼고 이 대화를 듣고 있다는 점에 있다. 요컨대 모두 이 장면에서 소련 최고 지도자가 하는 말을 듣지만, 우리는 듣지 못한다…

3 유형. 이것은 카메라가 마찬가지로 A를 비추고 있지만, A가 수화기로 듣는 목소리가 관객에게도 들리는 유형이다. (히치콕의 〈북북서로 진로를 돌려라〉에서 손힐은 플라자 호텔 방에서 밸러리언의 전화를 받고, 웨스 크레이븐의 〈스크림〉 연작[1997, 1998, 2000]도 그렇다.) 관객을 위해 청각의 신비를 유희시키는 이 도식은 서스펜스 영화나 전화 공포 영화(프레드 월턴의 〈낯선 사람에게서 전화가 올 때〉[1979])에서 잘 알려져 있다. 여기서 영상은 한 인물을 보여주지만, 마치 우리의 귀가 그의 귀가 된 것처럼 우리는 인물이 듣는 말을 듣는다.

발성영화사상 3 유형을 사용한 최초의 예는 히치콕의 〈나는 비밀을 알고 있다〉 첫번째 판(1934)의 한 장면인 것 같다. 납치된 소녀의 부모는 납치범의 전화를 받는다. 이 전화소에서 처음에 한 여자에게, 나중에 자기 아이에게 말하는 부부는 자기들만 있는 것이 아니고 경찰들에게 둘러싸여 있다. 히치콕이 미디엄 숏으로 부모를 비출 때 경찰들은 잠시 '프레임 바깥에 있지만' 거실에는 같이 있어서, 우리는 그들이 우리에게 들리는 전화 목소리에서 무엇을 듣는지 알지 못한다. (이것이 청취 가능한 영역을 판단하는 우리의 능력을 뒤흔드는 **청취 영역의 불확정적 범위**다.) 물론 수화기를 든 남편과 그 옆에 있는 부인이 나오는 숏에서 납치범 여자의 아쿠스마틱한 목소리와, 자기 남편에게 무슨 일이 벌어지고 있는지 묻는 부인의 목소리(이는 그녀가 관객에게 들리는 소리를 듣지 못한다는 사실을 보여준다)가 동시에 들린다. 그러나 이 경우 서로 배제하지 않는 두 보완적인 차원을 구별해야 한다. 논리적인 이유의 차원과 더 마술적인 차원이 그것이다. 즉 관객이 듣는 모든 것을, 바로 그 순간 스크린에 나온 모든 사람이 듣는 것은 아니라는 점에 대해 아무것도 말해주지 않는다는 사실이다.

3 유형은 종종 이야기의 '시점'을 명확히 드러내려고 사용된다. 〈이창〉의 한 장면에서 제프(제임스 스튜어트)는 한 경찰관의 전화를 받는다. 이 경찰관은 제프 옆에 있는 도일(웬델 코리)과 통화하고 싶다고 말한다. 제프가 수화기를 들 때는 이 경찰관의 필터링된 목소리가 들린다. 제프가 수화기를 건네 도일이 전화를 받으면, 도일이 듣는 소리가 들리지 않는다.* 이때는 2 유형으로 되돌아간다.

물론 〈스크림 1〉은 3 유형이 나오는 시작 부분으로 유명한데, 불쌍한 드루 배리모어가 나온다. 대화가 시작될 때 그녀를 박해하는 사람은, 보이지 않는 누군가처럼 말한다. 그는 드루 배리모어가 전자레인지에 넣어 조리를 시작한 팝콘에 대해 "이건 무슨 소리냐"라고 묻는다. 이때 그녀는 그가 자기를 보고 있지 않다고 생각한다. 그러나 잠시 뒤 그는 자신이 그녀의 모든 행동을 보고 있음을 명확히 한다. 단지 그가 어디까지 보고, 어떤 조건에서 보는지만 모를 뿐이다. 이것이 언제나 불안감을 준다. 여기서 우리는 '부분적으로만 보는 음성 존재'를 볼 수 있다.

이 영화 연작 세 편에 담긴 설득력 있는 아이디어는, 이 살인자가 취한 두 가지 존재 양태(그의 아쿠스마틱한 목소리와 그의 몸)

---

* 더 정확히 말하면, 엘리자베스 와이스가 평소처럼 엄밀하게 지적한 것처럼, 정확히 첫 세 단어("Lieutenant Doyle, sir?"["도일 부서장님?"])만 들린다. Elisabeth Weis, *op. cit.*, p. 124를 보라.

2부. 미학과 시학

를 우리가 통합할 수 없다는 점에 있다. 괴상한 옷차림새를 한 그(현실에서 몇몇 다양한 모방 범죄를 불러일으켰기 때문에 더 끔찍하다)가 보일 때, 이는 말 없는 변장한 몸이다. 그 몸의 고통과 수고는 피해자에게 비명이나 신음소리를 내게 한다. 이는 사고를 잘 당해 골치 아픈 데다 쓰러뜨리기도 쉽지만, 끔찍하게도 고집스럽게 누군가를 죽이고자 하는 몸이다. 그의 목소리가 들릴 때, 그것은 반향을 일으키는 한 남자의 목소리일 뿐이다. 이 영화의 어떤 숏도 이 연쇄살인범의 변장한 몸과 그의 목소리를 결합하지 않는다. 〈마부제 박사의 유언〉의 마부제처럼, 유일하게 그의 권력에 종말을 가져올 '음성 존재'의 약속된 재통합은 끊임없이 유예된다. 따라서 키넌 아이보리 웨이언스의 〈무서운 영화〉(2000)의 탈신화적이고 패러디적인 효과는, 살인자 옷차림에다 에드바르 뭉크에게 영감을 받은 가면을 쓰고 전화하는 살인자를 직접 보여줌으로써 전화 목소리를 탈-아쿠스마틱하게 만드는 것이다.

4 유형. 이것은 교차 몽타주와, 수화기에서 필터링되어 들리는 대화 상대방의 목소리를 결합한다. 이 유형은 아주 널리 퍼져 있으며 무한한 변주가 가능한데, 그 기교가 어떻게 수행되는가에 따라 감독의 재능이 드러나게 된다. 리들리 스콧의 〈델마와 루이스〉에서 수전 서랜던과 마이클 매드슨의

전화소는 아주 섬세하게 편집된다.

예컨대 루이스(수전 서랜던)가 지미(마이클 매드슨)에게 상당한 돈을 빌려달라는 의미로 "나 좀 도와줄 수 있어?"라고 묻자 지미가 "그래, 물론이지, 도와줄 수 있어"라고 대답한다. 이때 도움을 요청하는 루이스의 아쿠스마틱한 목소리는 필터링되어 나오며, 지미가 "그래"라고 말하는 순간 스크린에는 지미가 보인다. 우리는 "그래"라는 지미의 말이 정면의 스크린에서 나오는 모습을 보는데, 신뢰의 감정, 직접적 반응의 감정이 여기서 생긴다. 영화는 안심해서 울음을 터뜨리는 루이스에게 컷한다. 다시 지미의 클로즈업으로 컷하고, 마치 그녀가 지미와 같은 방에 있는 것 —이와 동시에 이들은 서로를 보지 못한 채 시선의 방향이 서로 교차한다—처럼 루이스가 울음을 터뜨리는 소리가 **필터링 없이** 들린다. 관객이 의식적으로는 거의 주목하지 못하는 필터링되지 않은 울음 효과는 근접성의 느낌을 준다. 그런데 그다음 모텔 방에서 고독하게 혼자 있는 듯 보이는 루이스가 "지미, 날 사랑해?"라고 두번째 질문을 던진다. 영화는 다시 지미에게 컷하고, 그가 주저하면서 담배를 빠는 모습이 보인다. 그가 이 새로운 질문에 두번째로 "그래"라고 대답할 때 우리는 루이스의 모습을 보면서 이 목소리를 듣는데, 따라서 이번에 수화기에서 들리는 "그래"라는 말은 필터링된 아쿠스마틱한 목소리다. 이 때문에 이 둘이 멀리 떨어져 있고 지미가 망설인다는 느낌이 생겨난다. 이 순간 관객은 마치 이 둘의 근본적 비동조화에 대해 무언가 드러난 것처럼 잊지 않고 반응하게 된다. 그런데 이 두번째 "그래"가 너무 늦게 나왔다는 인상은 영상/소리의 데쿠파주를 통해 대대적으로 조직된 것이다. 만약 지미가 맨 처음 "그래"라고 답했을 때처럼 이 말을 발음하는 것을 보여주었더라면, 우리는 결코 이와 같은 느낌을 받지 못했을 것이다.

동시에 〈델마와 루이스〉에서 이 장면의 사운드 몽타주는, 때로는 이들을 분리하려고, 때로는 이들을 가까이에 접근시키려고 두 인물 각자의 환경에서 능숙하게 주변 음향의 변주를 사용한다. 루이스는 고속도로 근처 한 모텔에 있고, 지나가는 거대한 트럭 소음이 모텔 방의 열린 창문으로 들린다. 지미는 여기서 160킬로미터 정도 떨어진 아파트 안에 있고 주변 환경은 더 조용하다. 전화소의 순간에 따라, 루이스를 비추거나 지미를 비출 때에 따라 주변 음향은 얼마간의 단절을 만들어낸다. 때로 수전 서랜던으로 컷할 때는 시끄러운 교통 소음의 사운드 커팅 때문에 마이클 매드슨과 그녀의 청각적 분리가 강화된다. 그러나 그가 돈을 빌려달라는 루이스의 요청에 긍정적으로 답하고 몽타주가 이들을 가까이 접근시킬 때는, 마치 이들이 똑같은 청각적 공간을 나눠 쓰는 것처럼 두 장소 사이의 주변 음향은 거의 들리지 않을 정도로 단절된다.

내 분석을 심리학적으로 해석하여('루이스는 처음에는 지미와 더 가까이 있다고 느끼고, 다음에는 버려졌다고 느낀다' 같은 해석) 인물에게 이런 느낌을 부여하는 것은 단순화된 해석일 것이다. 나는 사실상 한 장면과 데쿠파주의 선택을 분석했을 뿐이다. 그 분위기와 구성을 분석하는 것은 인물들의 머릿속이나 마음속으로 들어가는 것이 아니다. 인물들의 접근과 분리를 느끼는 것은 바로 우리 관객이다.

이 장면에 줄곧 '공중파로' 나오는 글렌 프라이의 노래 「당신의 일부, 나의 일부Part of Me, Part of You」를 떠올려보자. 이후 24장 「신은 디스크자키다」에서 다시 다루게 될 이 노래는 의미 효과를 만들어내면서 이 장면 전체의 연결에 기여한다.(이 커플이 전화 통화하는 순간에 정확히 "당신의 일부, 나의 일부"라는 가사가 나온다.)

5 유형. 이것은 전화할 때 스크린을 둘로 나눠 제시하는 분할 화면이 사용된 경우다. 장 네귈레스코의 〈백만장자와 결혼하는 법〉(1953)(이런 효과를 가능하게 만든 시네마스코프로 찍은 최초의 코미디 중 하나), 스탠리 도넌의 〈무분별〉(1958), 조지 시드니의 〈바이 바이 버디〉(1963), 밥 라이너의 〈해리가 샐리를 만났을 때〉(1989) 같은 코미디 영화에 사용되었다. 그러나 이 유형은 무성영화에 이미 나왔다.

5 유형의 분할 화면은 내가 1 유형에서 말한 효과를 교차가 아니라 동시성 속에서 만들어낸다. 또한 4 유형과 같은 효과도 말할 수 있다. 즉 '서로 모른 채' 등을 돌리거나 '서로 모른 채' 서로를 부드럽게 쳐다보는 인물들은 '서로 모른 채' 가까이 있거나 대립하는 자세를 취한다. 이들이 서로를 보지 못한다는 사실이 이 상황의 모든 매력을 만들어낸다.

6 유형. 이것은 일종의 잡동사니 범주로서 안-마리 미에빌의 〈루는 '아니요'라고 말하지 않았다〉(1994)나 스티븐 소더버그의 〈섹스, 거짓말, 그리고 비디오테이프〉(1989) — 여기서는 아쿠스

2부. 미학과 시학

마틱한 전화 상대방의 목소리가 필터링되지 않은 채 들린다 —— 와 같이 통상적 예에서 벗어난 몇몇 경우를 말한다.

이 유형학 전체는 분명 엄격한 방식으로 사용되지는 않는다. 전화소 각각이 독자적인 경우다. 마이크 리의 〈비밀과 거짓말〉에서 브렌다 블레신과 사생아 딸을 연기한 마리안 장 바티스트의 첫 번째 전화 통화는 모든 가능성을 다 사용한다. 통화 시작 부분에서 필터링이 두드러지게 사용되지만, 블레신이 우는 목소리로 변명하면서 "연필이 없는 것 같아"라고 말할 때 스크린에는 딸의 모습이 나오고 블레신의 목소리에는 어떤 필터링도 없다.

그레고리 호블릿의 〈프리퀀시〉(2000)에서 30년 전 화재로 소방관인 아버지 프랭크(데니스 퀘이드)를 잃은 주인공 존(제임스 커비즐)은 집에서 아버지가 여가로 즐긴 아마추어 단파 라디오를 발견한다. 존은 시간을 보내려고 이를 다시 작동시키는데, 세계 반대편에서 수신자를 찾는 남자 목소리가 나온다. 이 두 사람을 보여주는 교차 몽타주 덕분에 관객은 수신자가 주인공의 아버지라는 점을 아주 빨리 알게 되지만, 주인공이 이를 아는 데는 시간이 걸린다. 이 수신자는 30년 전 아버지이며, 아버지가 이제는 어른이 된 1999년의 자기 아들에게 말하고 있고, 자신이 누구에게 말하는지를 모르고 있으며, 이 미래에서는 자신이 이미 죽었다는 점도 모르고 있다. 아버지와 아들 사이에서 4 유형의 많은 장면이 전개되며, 기이한 것은 여기서 이 두 인물이 **같은 장소**에서 **같은 통신기**를 사용하면서 대화하고 있다는 점이다. 사라져버린 공간의 차이는 시간의 차이로 대체되며, 시간의 차이 역시 디제시스적으로 부정된다. 이 효과가 매력적인 것은 정확히 평행 몽타주와 그 모호성 덕분이다. 여기서 관객에게 감동적인 것은 느낌의 비동조화 효과다. 이 두 인물은 서로 사랑하지만 동시에 이를 말할 수 없다.〈프리퀸시〉──프랑스어판 제목은 '금지된 프리퀸시'인데, 여기서 '금지된'이란 말이 아무 의미도 없기 때문에 나는 '프리퀸시'라는 제목을 선호한다──는, 인물들이 서로에게 절대 못 하는 말을 '따라잡는' 능력을 갖게 되는 동화와 같다. 이 말은 현실에서는 서로에게 할 수 없는 말이거나, 죽었기 때문에 절대 할 수 없는 말이다.

휴대폰과 비디오폰

말이 나오는 상황에서 그 내용을 완벽하게 분리할 수 있으며 내부나 외부의 어떤 장소든 사적인 대화의 배경으로 만들 수 있는 휴대폰은, 전례 없이 코믹한, 걱정스러운, 극적이거나 무시무시한, 어쨌거나 영화적인 상황들을 만들어낸다.

우리 삶에서 휴대폰은 이미 청각적 수수께끼를 증대하고 강화했다. 당신은 대화 상대방의 특징이 무엇인지, 그나 그녀가 어디서 전화하는지 알아낼 수 없을 뿐만 아니라, 당신이 있는 곳도 끊임없이 변화할 수 있다… 당신 또한 당신에게 친숙한 그 사람이 어디서 당신에게 전화하는지 알아낼 수 없다.

초기 몇 년 동안 휴대폰은, 데이비드 핀처의〈더 게임〉(1997)에서 마이클 더글러스의 손에 들린 휴대폰처럼 (전화기 가격과 가입료 때문에) 사회적 지위를 나타내는 지표였다.

로버트 올트먼의〈플레이어〉(1992)에서 휴대폰을 쓰는 팀 로빈스의 전화소는 당시에도 아주 주목을 받았고, 오늘날에도 여전히 당혹스럽다. 소리에 대해서는 3 유형, 영상에 대해서는 1 유형을 혼합한 이 기억할 만한 장면의 아이디어는 일상의 패턴을 뒤집는 데 있다. 휴대폰을 가진 남자가 밤에 어떤 집 근처를 배회하면서, 자신을 보여주지 않은 채 한 여자에게 전화를 건다. 그는 불이 환하게 켜진 집 안에서 움직이는 그녀를 볼 수 있다. 처음에 그는, 자기가 지켜보는 여자를 자기 권력으로 장악할 수 있는 유명한 전화 관음증의 태도를 가진 것 같다. 그러나 그레타 스카키는 말 한 마디 ──그녀는 그에게 그의 남편이 부여한 별명("죽은 남자")을 상기시킨다── 로 이 상황을 뒤집어놓는다. 이때 로빈스는 위협이라기보다는, 불 켜진 집 주위를 떠도는 무기력하고 무해한 유령처럼 보인다.

이 데쿠파주는 두 번에 걸쳐 집 안을 비춤으로써 그레타 스카키가 창으로 팀 로빈스를 볼 수 있다는 점을 능숙하게 암시한다. 그러나 그녀는 그를 보지 못한 것처럼, 그가 그녀에게는 보이지 않는 사람인 것처럼 행동한다. 그는 고통받는 목소리, 집 없는 목소리가 된다. 게다가 카메라가 집 안을 비출 때, 로빈스의 '청점聽點'으로 필터링된 그레타 스카키의 목소리가 들린다. 이 또한 관습적 상황, 즉 아쿠스마틱하고 필터링된 남자의 목소리가 스크린에 보이면서 필터링 안 된 목소리로 말하는 여자를 위협하는 상황을 전복시킨다.

비디오폰을 통한 연결은 1920~30년대(예컨대 프리츠 랑의 〈메트로폴리스〉와 채플린의 〈모던 타임즈〉)부터 예고되었지만, 스탠리 큐브릭의 〈2001 스페이스 오디세이〉와, 2019년을 배경으로 전개되는 스콧의 〈블레이드 러너〉 같은 SF 영화에서 모더니즘의 정점으로 제시되었다. 만약 1930년대에 살던 사람이 우리처럼 테크놀로지의 발전을 자연스럽게 받아들일 수 있는 점진적 과정을 거치지 않은 채 2000년대로 곧장 옮겨진다면, 그는 아마도 우리 시대에 비디오폰으로 사적인 대화를 하는 일이 상대적으로 드물다는 사실에 놀랄 수도 있다. 플로이드가 우주선에서 지구에 있는 딸에게 영상통화를 하는 큐브릭의 영화에서, 데커드가 바에 있는 공중전화기로 레이철에게 영상통화를 하는 스콧의 영화에서 아이디어는 모두 같다. 즉 둘 다 수신자의 영상이 추가로 나오는 3유형이지만, 가장 흥미 있는 것은 이 두 영화에서 인물들 모두 서로를 보고 있다는 사실을 드러내지 않는다는 점이다.(예컨대, 플로이드는 공주 옷을 입은 딸에게 추켜세우는 말을 하지 않는다.) 게다가 큐브릭은, 이 영화 나머지 부분에서도 그렇지만 대화에서 미래주의적 신조어 사용을 피했다. 결과적으로, 우주정거장에서 플로이드는 자기를 반기는 딸에게 말하면서 딸과 '영상통화'를 한 것이 아니고, 단순하게 '전화 통화'를 한 것이다.

면회실 효과

"내 입에서 나오면, 모든 것이 개떡 같은 것이 되어버려요." "그러면 그만 말하면 되지요. 쉽잖아요." "차라리 당신이 그만 먹지 그래요."

희망 없는 일상생활의 짧은 장면(고다르의 〈마리아에 경배를〉에서 가져온 것이다)에서 유성영화의 강박관념이 압축된다. 그것은 궁지에 몰린 상황의 대화를 재현하는 것이다. 무성영화도 물론 인간의 대화를 보여주었지만, 발성영화와 함께, 그리고 프세볼로트 푸돕킨이 이미 묘사한 중첩의 기법(A의 말이 이 말을 듣고 있는 B의 영상 위에서 계속 울리는 것)과 함께 인간의 대화는 다른 차원을 띤다. 목소리가 시각적 커팅의 장벽을 넘을 때, 시각적 커팅은 사람들 사이의 넘을 수 없는 분리를 훨씬 더 강력하게 상징화한다. 이때 이 장벽은 문, 장벽, 창살, 유리창 아니면 단순히 거리距離 같은 배경 자체의 구체적 요소로서, 요컨대 디제시스 속에 들어가 한 사람과 다른 사람이 어쨌거나 '그 너머로' 만날 수 있다는 것을 보여주는 데 쓰이는 모든 요소나 상황으로써 물질적으로 배가되고 상징화된다. 따라서 이 장벽은 넘을 수 있는 것, 승화될 수 있는 것을 뜻한다.*

데쿠파주의 벽, 달리 말해 프레이밍과 몽타주로써 대화하는 사람들(이들이 같은 공간에 모여 있어도, 심지어 서로 껴안고 있어도)을 시각적으로 고립시킬 가능성은, 구체적인 요소로써 한 영화 속에서 배가될 때는 다른 의미를 띠게 된다.

물론 숏/리버스숏은 특별히 발성영화가 만들어낸 것은 아니다. 그러나 발성영화에서 숏/리버스숏은 새로운 의미를

---

* 　고다르의 영화 ─ 짐작하겠지만 고다르의 영화는 내가 마음에 품은 영화는 아니다 ─ 가 일부러 자리 잡은 '막다른 길의 공간'은, 이때 영화 그 자체가 제공하는 상징화, 초월, 승화의 방편들을 무시하고자 하는 의지로 규정될 수 있다.

띠게 된다. 그것은 분리를 넘어 인간의 대화에 구두점을 찍는 의미다. 내가 '면회실 효과effet parloir/visiting-room effect'라고 이름 붙인 것의 중요성은 여기서 나온다. 다시 말해서 인물들이 물리적 분리를 넘어 말을 주고받는, 몽타주가 만든 분리를 은유화한 상황이며, 비록 일시적이지만 기이하게도 영화에서 결합을 암시하는 가장 탁월한 방법이다. 즉 어떤 장애물이 영화에서 말이 넘어야 하는 한계를 물질화시킬 때, 영화에서 말은 '소통'의 의미를 띤다.

대실 해밋의 소설을 각색한 루벤 마물리언의 〈도시의 거리〉에서 실비아 시드니와 게리 쿠퍼, 프랭크 카프라의 〈어느 날 밤에 생긴 일〉(1934)에서 클라크 게이블과 클로뎃 콜베르(두 주인공이 정숙함을 지키려 저녁에 이들 침대 사이에 "예리고 성벽"이라고 쳐놓은 담요),

마르셀 카르네의 〈북호텔〉에서 감옥에 갇힌 장-피에르 오몽과 아

2부. 미학과 시학

나벨라, 막스 오퓔스의 〈마담 드…〉(1953)에서 다니엘 다리외와 샤를 부아예, 구로사와 아키라의 〈천국과 지옥〉에서 기업 사장과 감옥에 갇힌 아동 납치범, 빔 벤더스의 〈파리, 텍사스〉(1981)의 이른바 '핍쇼' 장면에서 해리 딘 스탠턴과 나스타샤 킨스키, 조너선 데미의 〈양들의 침묵〉에서 앤서니 홉킨스와 조디 포스터, 팀 로빈스의 〈데드 맨 워킹〉에서 수전 서랜던과 숀 펜, 라스 폰 트리에의 〈어둠 속의 댄서〉에서 비요크와 카트린 드뇌브, 페드로 알모도바르의 〈그녀에게〉(2002)에서 간호사와 그녀의 친구 등에게는 공통점이 하나 있다. 잊을 수 없는 장면에서 이들은 시선이나 물리적 접촉, 아니면 이들 둘 다를 가로막는 물리적 장애물(담요, 창살, 투명하거나 불투명한 유리, 감옥 면회실의 경질 유리, 오퓔스 영화에서는 단순한 거리)을 넘어서 말한다는 점이다. 이때 영화적 데쿠파주는 때

로는 (프레이밍이나 조명으로) 장애물을 강조하고, 때로는 분리된 사람들이 잠시 서로 합류했다는 인상을 줄 수 있게 장애물을 감춘다. 따라서 사형수 숀 펜은 면회실 창살을 통해서가 아니라 직접 보이고, 한니발 렉터는 클래리스 스탈링과 같은 공간에 있는 것처럼 보이지만, 잠시 후 데쿠파주는 장애물을 다시 확인해주고, 이와 동시에 목소리나 말이 이를 넘어설 수 있는 유일한 수단인 것처럼 제시된다…

때로는 케케묵은 것으로 보이는 유명한 영화적 클리셰는, 남자와 여자가 창살이나 장벽에서 서로에게 말을 하다가 다가서는 것이다. 이는 때로 기법으로 전환된다(바르뎀의 〈자전거 주자의 죽

음〉). 그러나 단순히 이런 종류의 클리셰를 식별하고 일축하는 데 만족해서는 안 된다. 이런 클리셰는 표현력이 강하기 때문이다. 이런 관습이 발성영화의 진실을 말해주는데, 발성

영화에서 말은 데쿠파주와 몽타주의 장벽을 넘어설 수 있고, 이를 통해 물질적 장벽 속에 상징화된 한계를 몇 초 동안 넘어선다.

22장. 타르콥스키: 언어와 세계

그러나 예전에 부드러운 빨간 머리를 하고 시선에서 환한 빛을 내면서 어떤 문 테두리 속에 서 있는 여자가 있었고, 그 형상은 어머니 같았고, 전쟁에서 아직 죽지 않은 아버지와 피에르라는 오빠가 있었다. 삼면으로 담이 낮은 집, 흰 자갈이 깔린 오솔길, 바람과 바나나나무 잎사귀 바스락거리는 소리, 앞에는 들판같이 넓은 평지가 있었다. 청명한 새벽과 뜻밖의 노을, 만지면 너무 부드럽고 바라보면 너무 또렷한 흙이 있었고, 강에 비친 절벽의 그림자, 바다로 뻗어 나간 다리들이 있었고, 넓은 공간이 있었고, 에밀리, 자기가 누군지 아는 에밀리, 그녀에게.*

1

안드레이 타르콥스키 영화에서 세계는 거기 있고, 세계는 언제나

---

*   Christiane Sacco, *Plaidoyer au Roi de Prusse*, Buchet-Chastel, 1980.

전체다. 한 솟에서 다른 솟으로 바뀌어도 세계는 언제나 거기 있으며, 영화 한쪽 끝에서 다른 쪽 끝으로 자기 궤도를 닫는다. 세계의 표면은 유일하게 볼 수 있는 것이며(직사각형 스크린은 가장자리까지 땅의 껍질로 덮여 있다), 이를 일컬어 땅이라고 한다.

세계의 모든 지점에 동등하며 나눌 수 없는 땅이 있다. 땅의 각 지역은 다른 지역들을 부르고, 이 지역들도 여전히 세계지만 다른 곳일 뿐이다. 어딘가에 있다는 것은 세계의 온갖 선線과 방향이 교차하는 지점에 있다는 뜻이다. 집, 말뚝, 울타리로 표시하고 인간이 정착한 지구 어느 지점이나 세계가 거주하고 있으며, 그것은 광대하고 전체적인 '아무도 살지 않는 곳no man's land'의 일부다. 세계는 '아무도 살지 않는 곳'이며, 이와 동시에 세계에는 출구가 없다. 우리가 세계 바깥으로, 다른 행성[솔라리스]으로, 고립되고 특권화된 지역으로, '구역Zone'으로 가려 하면, 당신은 여기서 세계를 다시 발견하게 될 것이다. 절대적으로 유일한 똑같은 세계를.

남자들은 땅 위를 지나가지만, 여기저기서, 양의 우리나 집 근처에서 한 여자는 기다린다.

등을 돌린 채 옆모습은 나무 울타리 위에 걸터앉아* 얼굴은 들판 쪽을 보고 있는 여자, 그녀는 무슨 생각을 하고 있을까?

그녀처럼 세계의 두뇌는 그 깊이를 가늠할 수 없는 생각을 되새긴다.

세계에는 법칙이 없다. 세계가 어디서 끝나는지는 말해지지

---

* [옮긴이] 원문에 'perdu'(사라진)라고 적혀 있지만, 'perché'(걸터앉은)의 오기로 보인다. 이 장면은 〈거울〉의 한 장면에 대한 묘사다.

않았다. 밤과 낮이 교차하고, 밤과 낮이 정해진 질서 속에서 계속 이어진다는 것도 말해지지 않았다. 매번 밤이 오는 것은 그 자체로 기분이고, 세계의 몸이자 표면인 땅의 변덕이다. 자연력自然力은 없으며, 모든 것은 심오하게 생각하는 세계로부터 와서 표면에서 움직인다. 비가 올 때는 비의 힘이 떨어지는 것이 아니라 세계에 비가 오는 것이고, 바람이 불 때는 바람의 힘이 불어오는 것이 아니라 세계가 바람에 사로잡힌다. 세계의 기분과 생각은 바람에 갑자기 열리고 닫히는 덧문 속에 있고, 시시각각 바뀌는 빛 속에 있으며, 진동하는 벽 속에 있고, 갑자기 주름 접히는 커튼 속에 있으며, 바닥에 쏟아지고 개울에 섞이면서 땅의 표면을 비밀의 언어처럼 흘러가는 물속에 있다.

〈거울〉에는 어머니와 그녀의 얼굴이 있다. 그 얼굴은 그녀가 말로 내뱉지 않은 생각에 따라 환하게 빛나고, 어두워지고, 긴장하거나 긴장이 풀리고, 열리거나 닫힌다.

세계는 어머니 대지고, 땅의 표면은 기분에 따라 밝아지고 어두워지는 주름진 그녀의 얼굴 같다. 그녀의 기분은, 어떤 말로도 표명하지 않은 어머니 대지의 생각 같다.

생각은 어디서 태어나는가? 생각의 장소, 생각의 공간은 어디인가? 생각은 어디로 가는가?

바람은 신비로운 근심처럼 지나간다. 굳어지는 얼굴이 어두워지는 것처럼, 빛이 어두워진다. 물이 긴 도랑을 내면서 흘러가는, 어머니 대지의 몸이자 표면인 땅 위에서, 사방에서.

전쟁은 비행기가 날아가는 것이고, 땅을 움직이는 지진이며, 땅을 뒤흔드는 변덕이다. 몇몇 애매한 희생을 치르고 아침에 깨어나면 땅은 충족되어 있고, 전쟁은 이미 잊혔다. 세계는 여전히 이교도적이고 마술적이며, 아직 완전히 인간화되지 않았다.

2

이 땅의 표면 위에 지식과 생각을 가진 사람들이 있다. 지질학자, 물리학자, 의사, 가이드, 우주비행사, 작가, 예술가, 광인이 있다. 이들은 어디서 오는가? 머리가 빠지고 허리가 굽은 채 사용하지 않은 날개처럼 축 늘어진 이들의 외투, 셔츠, 승복, 기모노. 이들은 구혼자의 대기실에 있는 것처럼 서성거리고, 서로 만나고, 수다를 떤다. 이들은 땅의 구혼자들이며, 서로 애매하게 닮았다. 이들에게는 때로 증상, 얼룩, 원형탈모증이 있으며, 이는 몸의 생명이 기울어가고 있다는 지표다.

그러나 땅이 있다. 이들은 여기서 구를 수도 있고, 열 번이고 넘어질 수 있고, 몸을 웅크릴 수 있다. 이들이 선호하는 곳은 물이 약간 고인 습지이며, 미조구치 겐지의 영화에 나오는 여인들의 자세를 취한다. 땅은 이들을 쉽게 받아들이지 않고, 이들을 표면으로 내던진다. 이들의 몸이 쇠약해진 나머지 더 이상 움직이지 못하면, 땅은 자기가 완전히 동화시키지 못한 무더기처럼 이들을 그대로 내버려둘 것이다. 서성거리고 기다리면서 자기 몸으로 어머니 대지의 땅을 측량하는 사람들, 이들은 어머니 대지의 늙어가는 연인들이다.

3

그리고 아이가 이 모든 것을 본다. 말 없는 '아이-뱀파이어'지만 모든 감각을 빨아들이는 아이. 아이는 애벌레처럼 기어가고, 당신에게 달라붙고, 당신 위로 뛰어내리고, 기식寄食하면서 산다. 아이는 동시에 포착한 말들로 세계와 그 리듬, 땅의 기질, 예측할 수 없는 빛의 변화, 그 내적 감각을 지각하고 관찰한다. 상징을 만드는 동물인 아이는 이 모든 것을 다시 직조해야 한다.

"어떤 주체에게 상징적 기능은, 유쾌하든 불쾌하든 육체의 감각과 이어진 외부 세계의 부분적인 감각 지각 일부와의 만남에, 같은 시간, 같은 장소에서 의미를 부여하는 데 있다. [...] 이렇게 주의를 집중해서 어머니('남자/여자'라는 자기 존재의 대변자)가 돌아오기를 기다리는 아이는, 어머니를 보지 못해 고통받을 때, 자기를 뒤덮은 지각 속에서 어머니 존재의 지표를 환영의 방식으로 찾을 수 있다.
　　예컨대 아이는 자기 몸에서 배고픔의 감각을 느끼는 동시에 자기 방의 커튼이 바람에 흔들리는 것을 보고, 바깥에서 사이렌 소리를 듣는다."*

　　감각을 일치시키는 것, 겨우 이름을 붙이고 겨우 인간화한 세계의 불안정성과 사건들의 상관관계를 설정하는 것, 자기 정체성, 자기가 존재하는 **동일성**mêmeté(프랑수아즈 돌토의 개념)을 구

---

* 　　Françoise Dolto, *Séminaire de psychanalyse d'enfants*, t. I, éd. du Seuil, 1991, pp. 151~52.

성하려고 하는 것. 시간의 흐름에 따른 어떤 리듬에 맞춰 감각과 말을 직조하는 것, 언어와 세계의 상관관계를 설정하는 것, 이것이 바로 타르콥스키의 영화다.

4

낙하산으로 언어가 투하되었다. 언어는 땅에서 온 것이 아니고, 세계에 영향력이 없다. 인간, 아버지는 말하고 말을 퍼뜨리고 설교할 수 있다. 그가 자부심을 느끼는 첫 글자[A](안드레이, 알렉시스, 아르세니, 알렉산더)의 이름으로 그는 죽은 나무(이미 만들어진 나무)를 다시 심고, 자제하지 못하는 말의 씨앗으로 나무에 물을 주면서, 태초의 말씀에 대해 말할 수 있다. 그러나 땅은 그의 말을 마시지 않을 것이다. 언어는 땅이 동화同化할 수 없는 것이다.

인간은 나무, 말, 수직적인 것, 문화, 바흐(정액으로 태어난 피조물, 인간 영웅들의 후계자)의 음악을 자기가 만들었다고 주장할 수 있다. 그러나 세계에 대해서, 언어는 단지 세계의 표면만 스쳐갈 수 있을 뿐이고, 자국만 남길 뿐이다. 세계에는 수정受精이 이루어지지 않는다.

그래서 그는 기분이 상하고, 더 이상 말하려 하지 않고, 불을 지르고 지켜본다. 백치 방화범. 이것이 그의 행위다.

5

이 감독은 언어와 세계를 다시 취해서 이를 서로 교차시킨다. 그는 추상적인 말을 구체적인 리듬에 이식한다. 그 자신이 만든 것이 아닌 아름다움으로, 인간과 나무의 아름다움으로, 레오나르도 다빈치의 그림들과 요한 제바스티안 바흐 음악의 아름다움으로 그는 형상과 네트워크를 만든다. 어떤 존재의 복잡한 환영을 실현하려고, 이 존재에 대해 추궁하려고, 땅이 품고 있는 생각들의 모호한 언어를 재창조하려고 그는 **시간의 모형**을 만든 사람이다.

타르콥스키, 그의 영화는 시간 속에서 언어와 교차된 세계다.

6

시간은 변주와 가변의 공간이며, 이 변주와 가변은, 모호하지만 아주 구체적인 코드를 그린다.

그러나 불확실한 삶을 남겨놓은 '세계-속의-세계'가 필요하다. 이 불확실한 삶은, 사건들의 교차를 통해 추락, 찌푸림, 설명할 수 없는 기분, 존재의 비약, 불규칙하고 신비롭게 되돌아오는 리듬 들에 대해 말해주며, 이 때문에 인간 주체는 자기 정체성, 자기 동일성, 자기 통일성을 추구할 수 있다.

고전영화의 영상들과, 이 영상 속과 그 주변으로 퍼진 소리들은 오래전부터 언어에서 나왔다. 심지어 무성영화 때부터 그랬다. 이 남자, 이 여자, 이 집을 말하려고 만들어진 숏들. 그다음에, 또는 왜냐하면, 또는 마치 …처럼, 또는 그 결과로 따위로 읽히는 영상과 소리의 연쇄. 무성영화의 중간 자막, 몽타주를 통해 숏들을 연결하는 수사법, 영화적 스토리텔링의 선형성, 심지어 영상에 조명을 넣고 소리를 혼합하는 규칙 자체도, 오래전부터 언어를 영화 한가운데 침투시켰다. 세계는 거기서 흔적의 형태로만 남아 있다.

그러나 타르콥스키에게는 그렇지 않다. 그가 찍는 숏들의 거칠고, 자의적이며, 신비로운, 위계화되지 않는 측면은 바로 여기서 나온다. 마치 영화사 최초로 나온 영상들이 그랬던 것처럼.

1902년과 1910년 사이 영화사의 '원시적인' 시기는, 약간 복잡한 이야기들을 만들어내기 위해 변사가 말로 하는 해설의 개입(이후 몽타주 코드들이 작동하면서 이 해설이 불필요하게 되었다)이 필요했다. "이후 우리가 '내레이터'라고 말한 것이 출현하면서 변사와 내적으로 동등한 존재가 영화 속에 만들어졌다. […] 어쨌거나 이 내레이터는 외화면*에 있는 것이 아니라 이와 반대로 영상 그 자체로, 그리고 영상이 서로서로 결합하는 방식으로 흡수된다."**

이렇게 이른바 '시각적' 코드가 만들어진다. 이 '시각적' 코드는 관계, 분할, 연쇄 따위의 언어 기능을 직접 영화로 옮긴 범주들을 통해서만 세계를 제시한다. 그 후 우리가 알고 있는 영화

---

*   [옮긴이] 엄밀하게 말하면 내레이터는 '외화면 공간'이 아니라 '오프 공간'에 위치한다.

**   Tom Gunning, "The Cinema of Attractions: Early Film, Its Spectator, and the Avant-Garde," in Thomas Elsaesser(ed.), *Early Cinema: Space, Frame, Narrative*, BFI Publishing, 1990, pp. 56~62.

와 그 걸작들이 뒤따른다.

타르콥스키의 영화들이 우리에게 때로는 자기 해설자를 상
실한 원시적 영화, 공백이 있는 영화를 떠올리게 한다면, 이는 비
록 언어가 그곳에, 인물들의 입에 있어도, 소리와 같이 쓰인 그의
영상들이 톰 거닝이 말한 '내레이터'를 내면화하지 않았기 때문
이다. 그의 영상들이 말하는 것은 오히려 세계의 모호한 언어다.

중재자의 영화는 바로 여기서 나온다. 일시적이고 병치된 이
영화는 세계 속에서 (그 세계를 붙잡지 않고) 인간들의 언어, 땅의
연인들의 언어를, 리듬감 있게 계획한 네트워크(인상, 존재의 환
영, 쇠잔한 일체성의 사라지는 그림자를 포착하기 위한 그물)와 다
시 연결하려고 쉴 새 없이 시도한다.

23장. 다섯 개의 권력

보인 것, 말한 것

『햄릿』2막에서 주인공은 손에 책을 들고 걸어간다. "왕자님, 뭘 읽고 계십니까?" 오필리아의 아버지가 햄릿에게 묻는다. 왕자는 "말, 말, 말words, words, words"이라고 대답한다. 수백 년 동안 인쇄술이 전해주고 수천 번도 넘게 공연된 이 유명한 응답을, 연극은 가능한 온갖 방식으로 말하고 제시할 수 있었다. 햄릿은 책장을 넘기거나, 책의 이름을 말하거나, 단어가 반복되는 사이에 휴지부를 넣거나 넣지 않을 수 있었고, 눈을 들어 하늘을 보거나 따위, 요컨대 수천 가지 다른 의도를 이 "말, 말, 말"에 넣을 수 있었다. 현대적 연출에서는 심지어 손에 어떤 책도 들지 않을 수 있었다.

이것이 영화에서 어떻게 구현되었는지 살펴보기 위해, 영화로 나온 수많은 〈햄릿〉 중 하나를 예로 들어보자. 앞서 언급한 작품은 로런스 올리비에가 감독하고 연기한 〈햄릿〉이다. 폴로니어스가 왕자에게 "왕자님, 뭘 읽고 계십니까?"라고 묻고 (롱숏으로 찍은) 햄릿(올리비에)이 "말, 말, 말"이란 대사를 할 때 그는 우아하고 환멸에 찬 톤으로 말하기를 선택했다. 그는 세번째 "말"을 하면서 자기 책을 펼쳐 이 늙은 남자 쪽으로 내보인다. 마치 그에게 묵언으로 '당신 스스로 보시오'라고 하는 것처럼. 책의 구체적인 물질성을 개입시키기로 하고, '말'을 책에서 떼어낼 수 있는 무언가를 가리키는 것처럼 보여주는 이 장면 연기는 멋진 생각이다. 우리는 연극에서처럼 이 장면 연기를 본다.

　그러나 우연히(그것이 우연일까?) 이 똑같은 대화의 마지막에서 덴마크 왕자는 "내 삶만 빼고except my life"라는 표현 하나를 다시금 세 번 반복한다. 로런스 올리비에가 멀어지면서 거듭 이 말을 할 때, 반향음은 이 영화의 구체적인 요소다. 이 반향음은 연극 무대에 부여할 수도 있었을 우연적 성격을 뺀 채로 이 영화 속에 봉인되었으며, 결정적으로 고정되었다. 이 메아리는 장면 연기의 효과도 아니다. 리얼리즘적이고 구체적이며 비심리적인 요소로서, '말-없는-말'로서 존재한다. 이 메아리가 자의적인가? 방금 발음된 말을 강조하는가? 사실상 은유적인 것(중요한 말에 반향을 부여하는 것)과 구체적인 우연(햄릿은 궁륭 아래로 지나간다)의 관계는 모호하다. 영화에서 바로 그 순간 왕자는, 자기가 말한 것에 또 다른 강조점을 주고 사물의 세계에서 자기 목소리를 많은 사물 중 하나로 포괄하는 이 반향음을 깨닫지 못한 것 같다. 이것이 '말한 것/보인 것'의 관계의 한 예다. 나는 고의로 이 예를 골랐는데, 여기서 보인 것은 특별히 시각적인 것이 아니라 청각적인 것이기 때문이다.

　내가 영화에서 **말한 것**le dit/the said이라 이름 붙인 것은 말의 영역(읽거나 들리거나 디제시스적이거나 비非디제시스적인 목소리가 말한 것)에 속하고, **보인 것**le montré/the shown이라고 이름 붙인 것은 보이고 들린 구체적인 것으로 이루어지며, 단지 말한 것을 프

레이밍하고 채색하고 연출하는 것을 넘어 영화 자체의 질료가 된
다.* 그리고 나는 발성영화의 가장 큰 효과 중 하나가 말한 것과
보인 것의 대화라고 말한다.

보인 것이라는 개념은, 한 영화가 작품 속에 있는 것과 없는
것을 구분하는 닫힌 체계라는 사실에서 그 의미를 끌어온다. 그 영
화의 시각적 프레임, 소리, 시간의 지속은 일련의 말한 것과 보인
것을 정확하게 가둔다. 모든 것이 모든 것에 반응하는 이 닫힌 환
경(생태계)에서 말로 된 것이 아닌 그 어떤 것도, 엄밀한 의미에서
말한 것과 관련해 뭔가를 '의미한다'는 의심을 받는다. 여기서 '그
어떤 것'이란 말은 질감뿐만 아니라 그림자를, 자동차의 이동뿐만
아니라 카메라 움직임을, 전율뿐만 아니라 굉음을 뜻한다. 다른 한
편, 많은 영화적 수사법의 형상은 지시(패닝이나 줌)나 선택(프레
이밍)의 형상이며, 이는 말하는 행위와 닮아 있고 지위가 모호하
다. 이 영화적 형상은 엄밀한 의미에서 말이 아니기 때문이다. 그
리고 바로 이 모호성이 의미 체계로서 영화 자체를 만든다.

말한 것과 보인 것의 관계라는 문제는 오랫동안 잉여라는 신
화로 가려져왔다. 사람들은 종종 말하는 사람이 보이는 상황, 인물
이 말한 것이 들리는 상황을 여전히 '잉여'라고 일컫는다. 그런데
인물이 말한 것은 십중팔구 그가 말하면서 보여주는 측면과 아무
관련이 없다. 다른 한편, 언어 체계에 속한 말이 어떻게 영상으로
대체될 수 있으며, 영상과 더불어 이중의 의미를 만들 수 있을까?
만약 우리가 스크린에서 집을 보고 '집'이라는 말을 보이스오버 내

---

* 목소리의 소리와 질료는 그 영화의 다른 구체적 대상들처럼 보인 것—청각적으
로 보인 것—에 속한다.

레이션으로 듣는다면, 여기서 집이라는 말은 일반적 범주를 가리키지만 스크린에 보이는 것은 사치스럽거나 현대적인 형태를 띠고, 단층집이거나 이층집이며, 일정 수의 창문을 낸… 따위의 특정한 집이다. 목소리가 명명하는 것을 기반에 두고, 서로 다른 빛과 그림자가 우리가 보는 것과 우리가 듣는 것을 결정한다.

말한 것과 보인 것 관계의 다섯 가지 패턴

내 생각에는, 영화에서 말한 것과 보인 것 ──'보인 것'은 시각적이거나 청각적인 것이라고 다시 한번 강조해보자──의 관계를 분석할 때 사람들은 종종 여전히 아주 다른 경우를 하나로 통합시켜버린다. 반대로 나는 이를 구분해야 한다고 제안한다. 그것이 **운율**, **배제, 대조, 대위법, 모순**이다. 그러나 이 다른 경우들이 같은 장면에서 서로 더해지거나 결합될 수 있다. 그렇다고 서로 동등하게 더해지거나 결합되는 것은 아니다.

1. 운율

모든 사람은 운율scansion이 무엇인지 알고 있고, 음성 중심주의 영화에 대해 언급하면서 이를 이미 살펴보았다. 즉 구체적 사건, 불어오는 바람, 지나가는 사람, 거리에서 울리는 클랙슨 소리나 뻐꾸기 울음소리, 담배를 피우거나 술을 마시려고 말을 중단하는 화자, 동작을 하는 화자, 숏의 변화나 음색의 변화, 갑자기 움직이기 시작하거나 이와 반대로 움직임을 멈추고 고정되는 카메라 등등, 이 모든 것은 인물의 말이나 보이스오버 내레이션에 운율을 부여하고, 그 말을 나누고, 여기에 구두점을 부여할 수 있다. 앞에서 언급한 "내 삶만 빼고"의 예가 여기에 속할 수 있다. 이런 경우가 극도로 자주 나타나며, 무한히 변주될 수 있다는 점을 말할 필요가 있을까?

모든 운율이 뭔가를 '의미한다'라고 믿거나, 이 뭔가에 다른 의미를 배제하는 단 하나의 의미가 있다고 믿는 것은 오류일 것이다. 그러나 운율은 기표의 효과고 구체적인 어떤 것도 의미하지 않을 수 있다 하더라도, 어쨌거나 자기를 중심으로 의미 있는 파장을 만들어낸다.

예컨대 미켈란젤로 안토니오니의 〈어느 사랑의 연대기〉에 나오는 유명한 엘리베이터 장면을 예로 들어보자. 여자(루차 보세)와 그녀의 연인(마시모 지로티)은 중앙의 엘리베이터를 둘러싸고 계단이 놓인 한 부르주아 건물 안에 있다. 중앙에서 엘리베이터가 출발하고 멈추는 소리가 들리지만, 이들은 엘리베이터가 아닌 계단으로 걸어서 올라간다. 이 장면은 끊임없이 운율을 사용한다. 엘리베이터 영상과 그 그림자를 이용해서, 계단에서 마주치는 엑스트라를 이용해서, 소리를 이용해서…

2. 배제

시청각의 배제까지 갈 수 있는 배제creusement는, 말한 것이 '말하지 않은 것non-dit'을 특별한 방식으로 드러낼 때나, 보인 것 안에서 공백(이 말이 더 낫다면, 가득 찬 것)을 개척할 때 생긴다. 예컨대 인물들이 말을 한다. 그러나 사건이 되는 무언가, 일상적이지 않은 무언가가 이들에게 일어났는데도 이들은 자기들 말에 이것을 언급하지 않는다.

인물들이 자기들이 하거나 자기들에게 벌어지는 일을 매 순간 자세히 말하지 않는다는 것이 아니라, 때때로 이들의 말이 특별한 무언가가 일어나는 차원을 언급하느냐 아니냐를 아는 것이 문제다.

밤에 시끄러운 탱크 한 대가 작은 소년과 그의 이모가 묵고 있는 호텔 앞에 멈추는데, 이 사건은 기이하고 스펙터클하고 불안감을 준다. 그런데 탱크가 그들 방 앞에 멈췄다가 다시 출발하지만 소년도 이모도 대화를 나누는 동안 이 탱크에 대해 말하지 않는다(잉마르 베리만의 〈침묵〉).

빌 하퍼드는 끔찍한 경험을 한 뒤 집으로 돌아온다. 그는 부부 침실로 들어가는데, 자고 있는 부인 곁, 자기가 자는 곳의 베개 위에서 난교 파티의 밤에 자신이 쓴 가면을 본다.

그도, 그의 부인도 그 순간 가면에 대해 말하지 않고, 이후에도 말하지 않는다(큐브릭의 〈아이즈 와이드 셧〉).

성경에 나온 대재앙을 떠올리게 하는 '기상학적' 현상이 예고 없이 일어나 하늘에서 인물들 주변으로 떨어진다. 이 인물들은 (아무리 기이한 사람들이라고 해도) 재앙의 흔적을 지우고 스스로 결과를 처리하면서, 아무도 그에 대해 말하지 않는다(폴 토머스 앤더슨, 〈매그놀리아〉[1999]).*

때로 이것은 단지 말 없는 놀람의 순간이다. 예컨대 젊은 주인공이 이른 아침 자기 앞에 나타난 나체의 하리에트 안데르손에게 놀라서 말을 못 할 때가 그렇다. 이들은 이후에도 이 순간에 대해 말하지 않는다(잉마르 베리만, 〈모니카와 지낸 여름〉[1953]).

영화의 유명한 키스 장면들은 종종 그 전후에 '말하지 않은 것'으로 둘러싸여 있고, 이 때문에 키스는 에로틱한 비밀이나 사랑의 비밀을 넘어 말이 멈추는 핵심적인 순간의 기표가 된다.

영화에서 말한 것이 깊이 개척한 '말하지 않은 것'은 이런저런 대상이나 순간을 떠오르게 하고 두드러지게 하는데, 이것이 특별히 (성적인, 범죄의, 가족의, 또는 다른) 비밀에 대한 것은 아니고 온갖 차원의 것이 될 수 있다.

사실상 발성영화는 인물들에게 감각적인 것, 특히 청각적 감각에 이름 붙일 가능성(내가 '감각을 명명한 소리'라고 일컫는 것이다)을 갖고 있고, 이렇게 감각적 요소에 특별한 충격을 은연중에 부여할 수 있다. 이 감각적 요소는 사건들의 연쇄에 포함되지만, 인물은 이에 대해 아무 말도 하지 않는다.

주인공 퐁텐(프랑수아 르테리에)의 보이스오버 내레이션이 함께 나오는 로베르 브레송의 〈사형수 탈옥하다〉의 밤에 탈옥하는 긴 장면에서, 일련의 소리가 들리고 내레이터가 이 소리들을 명명한다는 사실이 종종 주목받았다.

관객은 퐁텐의 보이스오버 내레이션이 말한 것을 실제로 연달아 듣는다. "자갈이 발밑에서 사각거렸다. 우리는 걸음을 멈춰야

---

* 더 정확히 말하면, 영화에서 아이가 이 재앙에 대해 말하지만 정확히 명명하지는 않고, '그것'이란 단어로 지칭해 말한다. "It's happening!"[그것이 일어나고 있어!]

했다." 그러자 관객은 자갈이 사각거리는 소리를 듣고, 인물들이 걸음을 멈추는 것을 보았다.

이후 내레이터는 삐걱거리는 소리를 명명하는데, 우리는 실제로 이 소리를 들었지만 퐁텐처럼 이 소리가 어디서 나는지 보지 못하고, 그 출처가 어딘지 추측할 수도 없다.(이후 그 소리는 성곽의 외호를 순찰하는 독일 보초병의 자전거에서 나온 삐걱거리는 소리로 판명된다.) "규칙적 간격으로 들리는 이 삐걱거리는 소리는 무엇이었을까? 나는 이 소리의 원인을 설명할 수 없었다."

조금 뒤 탈옥을 이어가기 전에 퐁텐은 주저한다. "나는 자정을 치는 종소리를 들었다. 그리고 1시의 종소리를 들었다."*

…그리고 관객은, 종소리를 잘 세어보면 성당 시계가 열두 번 울리는 소리, 이후에는 한 번 울리는 소리를 들었다.

이 명백한 중복법의 의미는 무엇일까? 이를 파악하려면 여느 때처럼 시퀀스 전체를 고찰해야 한다.

몇 분 뒤, 언제나 용의주도하고 침묵 속에 웅크린 퐁텐은 금속 갈고리를 던져서 전선에 건다.(이 장면에 주목하는 사람은 드물지만, 이것은 세 번에 걸친 이 되풀이의 목적이자 결말이다.) 이 전선은 감옥 전체에 강력한 발신음을 내며 울리기 시작하는데, 이 발신음이 어디까지 들리는지 우리는 알지 못한다(**청취 영역의 불확정적 범위**). 이 발신음이 퐁텐을 드러내고 보초병들을 깨운다면 모든 것이 실패하게 될 것이다. 내레이터는 이 발신음에 대해 입을 다물고, 퐁텐과 조스트도 입을 다물고, 우리가 이 영화를 보는 영화관

---

* 여기서 자정의 종소리가 울린다고 말한 영상과, 1시의 종소리가 들리는 영상의 몽타주에 주목하면, 몽타주는 없고 단지 말로 한 텍스트와 소리만이 이 생략을 지시하는 것 같다. 실제로 영상의 비약이 있지만 거의 지각할 수 없다.

에서도 뭔가 입을 다문다… 인물들과 내레이터와 관객을 똑같은 공모 관계로 몰아넣는 침묵이 울린다…

갈고리가 걸린 전선의 발신음은 명명되지 않았다. 말없이 울리는 이 발신음의 반향은, 브레송 자신에게서도 그의 청각적 순수성에서도 벗어난 마술적 소리처럼 이 영화를 넘어선다.

따라서 명명되지 않고 나오는 바로 이 네번째 소리를 위해 서로 다른 소리 세 개를 세 번이나 명명해야 했고, 명명되지 않은 것은 우리 감각에 특수한 방식으로 영향을 미친다.

필립 카우프먼의 〈신체강탈자의 침입〉에서 엘리자베스 드리스콜(브룩 애덤스)은 샌프란시스코 거리에서 기이한 장면을 목격

한다. 이후 그녀는 이 장면을 의사 매슈 베넬(도널드 서덜랜드)에게 이야기한다. 그녀가 본 영상은, 선형적인 이야기 내부에 통합된 작은 플래시백으로 그녀가 말한 '이야기'와 병치된다. 그러나 그녀는 무엇을 이야기하는가? 그것은 '어떤 일'이 일어날 때, 그녀가 '기이한 사람들'을 보았다는 것이다. 그런데 이 이야기를 시각화하려고 스크린에서 무엇이 보이는가?

간호복을 입은 여자들의 인도를 받아 조끼까지 갖춰 양복을 입은 남자들이 보도를 떠나 황무지로 걸어가는 구체적인 영상들이다. 이들은 신문지에 대충 싼 거대한 것을 팔에 끼고 옮기는데, 이 모든 일이 대낮에 도시 한복판에서 일어났다. 내가 묘사하려고 몇 줄이나 사용한 이 기이한 영상(그러나 이보다 훨씬 더 많은 디테일이 들어 있다)은 우리 눈에 2초가량만 제시될 뿐이다. 그러나 엘

리자베스에게 이를 분석하고 이 기이함을 언어로 보고할 능력이 없었다는 사실은 무언가를 알려준다. 인물들이 자기들에게 일어난 일을 말로 표현할 능력이 없다는 것, 사태를 말로 표현할 능력이 없다는 것은 이들이 지닌 약점의 중요한 측면이 된다.*

'말하지 않은 것'이나 명명하는 어려움이 부정否定과는 아무 관계도 없다(부정하는 것은 표현하는 것이기 때문이다)는 점을 서둘러 여기에 덧붙여보자. '말하지 않은 것'은, 영화에서 상징화하지 않은 것을 만날 때 프로이트가 'Verwerfung'[배제 또는 폐제]라 일컫고 라캉이 'forclusion'라고 번역한 개념과 관련을 맺게 된다. 리들리 스콧의 〈에이리언〉에서 인물들의 성性은 배제되었고 ―― 이는 언제나 성姓을 부르고 절대 이름은 부르지 않는 호칭 방식으로 거부되었을 뿐만 아니라, 유니섹스한 복장이나 서로를 대하는 태도에서도 거부되었다** ――, 이 때문에 성적으로 배제된 것이 돌아올 때 위험하고 환영적인 방식으로 엄청난 피해를 주는 결과가 나타난다.

영화의 인물들이 자기를 둘러싼 모든 것을 지칭하거나 말로 표현할 시간은 없고, '말하지 않은 것'이 '말하지 않은 것'이 되기 위해서는 맥락이 있어야 한다는 점은 명백하다. 따라서 한 인물이 다른 인물과 대화하면서 커피를 마실 때 커피 잔을 배제하려면, 이

---

* 이 영화에서 자기들을 침범한 '종種'에 대해 인물들이 전혀 이름을 부여하지 않는다는 점도 덧붙여보자. '신체강탈자의 침입'이라는 이 이야기의 세 가지 판에 대해 내가 쓴 다음 글을 보라. Michel Chion, "Les Enfants du remake," in *Positif*, n° 459, 1999, pp. 82~84.

** 흥미로운 사실 하나를 지적하자면, 램버트와 리플리가 대결하는 장면, 이들을 다른 다섯 남자와 다른 '두 여자'로 확인하는 장면은 마지막에 삭제되어, 완성된 영화에 나오지 않는다. 내 생각에는 이 장면이 없는 최종판이 훨씬 더 낫다.

커피 잔에 대해 어떤 암시도 하지 않으면서 커피를 마시는 것으로는 충분하지 않다. 그 이상의 일이 일어나야 한다. 예컨대 커피 잔이 부주의로 깨지고, 이에 대해 아무도 말하지 않으면 **공모**가 만들어진다. 내가 제시한 예들 속에는 언제나 둘 이상의 사람들이 있다. 따라서 여기에 관객을 더해 **삼중의 공모**가 만들어진다…

3. 대조

대조contraste는 다르다. 예컨대 이것은 누군가 부드럽고 성적 매력이 느껴지는 뭔가(아주 아름다운 여자가 우아한 남자를 관능적으로 포옹한다)를 할 때, "냉장고에 닭 있어요?"같이 아주 구체적인 어떤 것을 말하는 일이다. 바로 이 말한 것/보인 것의 대조에 기반을 두고, 히치콕은 〈오명〉〈나는 결백하다〉〈이창〉〈북북서로 진로를 돌려라〉의 키스 장면을 구성했다. 이 마지막 영화에서 케리

그랜트와 에바 마리 세인트는 서로 포옹할 때 살인에 대해 이야기하고, 그 때문에 이들의 동작에 이중의 의미가 부여된다.

앞서 여러 번 언급한 〈이창〉에서는 멋지게 옷을 입은 여자가 소리도 없이 오더니, 한쪽 다리에 깁스한 채로 휠체어에 앉아 자고 있는 주인공에게 몸을 기울여 그의 입에 자기 입을 부드럽게 접근시킨다. 그러나 여전히 이 똑같은 성적 분위

기에서 그녀가 그에게 하는 첫
번째 말은 "다리는 어때요?"이
고 제프는 "약간 아파요"라고
대답한다.* "배는 어때요?" "축
구공처럼 비었어요." "연애 생
활은 어때요?" "그렇게 활발하
지 않아요." 이런 식으로 이어진다.(DVD의 매력 중 하나는 원본과
프랑스어판에서 인물들이 말한 것을 비교할 수 있게 해준다는 점이
다. 프랑스어판 DVD를 보면서 내가 놀란 이유는, 깁스한 발에 대해
두 사람이 나누는 대화의 자리에 "봉수아르Bonsoir" "봉수아르"라는 말
이 나와서다.)

　　이와 반대로, 데이비드 린치의 영화에서 대조는 때로는 행한
것에 대해 지나칠 정도로 말하는 것에 놓여 있다. 데니스 호퍼가
카일 매클라클런을 납치하는 〈블루 벨벳〉(1987)의 긴 장면에서 매
클라클런은 울부짖는 말과 불안하게 만드는 위협적인 소리를 듣
지만, 그가 겪은 일(몇 방 얻어맞은 것)은 그가 다소 비유적인 언어
로 위협당한 것과 아무 관련이 없다. 말은 많이 하지만, 실제로 행
하는 것은 아예 없거나 거의 없다.

---

* 　이 대화("How is your leg?"/"It hurts a little")는 프랑스어로는 번역할 수 없는 말인데,
　　더빙이나 아래 자막을 넣을 때 반말tutoiement과 존댓말vousvoiement 중에 선택해
　　야 하기 때문이다. 그런데 이 장면이 시작될 때 이들이 이미 서로 안다는 사실과,
　　제프가 그녀를 처음 본 척한다는 아이디어 사이에서 인물들이 모호하게 연기하는
　　것을 보여준다.

4. 대위법

이후 내가 다시 다루게 될 대위법contrepoint은 가장 많이 통용되는 상황이다. 즉 독자적 노선을 따르는 어떤 일을 하는 동시에 뭔가를 말하지만, 이 어떤 일은 말한 것과 반대의 일도, 대조되는 일도 아닌 상황이다. 예컨대 안드레이 타르콥스키의 〈희생〉 시작 부분에서 일시적으로 말을 못 하는 아들과 함께 있는 주인공 알렉산더는 우편배달부와 토론을 한다. 우편배달부는 주인공 주변에서 자전거를 탄 채 굴곡진 땅을 빙글빙글 돌면서 대화한다. 카메라는 세 사람을 멀리서 따라가는데, 인물들의 움직임 및 카메라 움직임과, 알렉산더와 우편배달부 오토 사이에서 전개되는 철학적인 대화는 서로 구별되는 궤적을 그리고, 이 궤적은 대위법적으로 시간적 벡터를 만들며, 서로 대립하지도 대조되지도 않은 채 때로는 서로 교차하고 때로는 서로 교차하지 않는다.

5. 모순

종종 '대위법'으로 이름이 잘못 붙여지는 모순contradiction은 훨씬 드물고, 내 생각에는 훨씬 제한적으로 사용된다. 예컨대 "너한테 해로운 일은 하지 않을게"라고 말하면서 아주 폭력적인 일을 행하는 것이다. 때로는 엄청난 불안을 일으키지만, 아주 구체적이고 극적인 목표가 없다면 종종 너무 진부하다.

알랭 로브-그리예의 〈거짓말하는 남자〉(1968)에서 장-루이 트랭티냥이 연기한 보이스오버 내레이터는 이렇게 말한다. "나는 지나가는 군중 사이에서 익명으로, 이 거리에서 저 거리로 방황했다." 그러나 영상이 보여주는 것은 주인공 말고는 아무도 없는 황량한 마을 거리다. 그 수사적 효과는 불가피하게 불확정적이고 다면적인 영상의 특성을, 영상에 특수한 의미를 부여하는 말의 정확성과 대립시키는 데 있다. 즉 말한 것을 부인하려고 거리가 비어 있다는 점을 분명히 하는 것이다. 그러나 영상을 만들어내는 이야기에서 이 기법을 적용한 유명한 예들이 알려져 있다(스탠리 도넌과 진 켈리의 〈사랑은 비를 타고〉, 제리 루이스의 〈가족의 보물〉 [1965]). 여기서 영상은 누군가가 이야기하는 것을 다르게 보여주는데, 대개는 덜 영광스러운 관점에서 보여준다. 여기서 모순은 코믹하거나, 적어도 거리 두기의 목적에서 사용된다. 거꾸로 웰스의 〈상하이에서 온 여인〉 시작 부분에서 웰스가 연기한 주인공이 리타 헤이워스를 납치하려는 폭력배 세 명을 때려눕히는 모습이 보이지만, 보이스오버 내레이션으로 나오는 그의 목소리는 우리가 보는 것을 신뢰하지 말라고 수줍게 요청한다. "이야기가 시작할 때 나는 약간 영웅처럼 행동했다… 그러나 나는 분명 영웅은 아니다."

　　말한 것/보인 것의 대위법이 종종 대조로 잘못 해석되는 것과 마찬가지로, 대조가 모순으로 잘못 분석되는 일도 흔하게 일어난다. 내 생각에, 쿠엔틴 타란티노의 〈펄프픽션〉(1994) 시작 부분에서 햄버거에 대한 유명한 논쟁에는 모순이라기보다는 대조가 있다. 그 원리는 곧 범죄를 저지르게 될 살인자들이 익숙한 것에 대해, 이와 반대로 성경의 「에스겔서」에 대해 말하게 하는 데 있다. 햄버거 맛이나 신성한 것은 악당들이 저지르는 살인과 반대되는 것이 아니고, 이 살인과 대조를 이룬다.

사라진 말, 행위, 전해진 말

이 다섯 개의 패턴 중에서 내가 선호하는 것을 짐작할 수 있을 것이다. 모순과 대조의 경우, 여기에 진정으로 인간적이고 극적인 강도를 부여하는 히치콕 같은 천재성과 감수성이 없다면, 종종 효과가 살아 있는 것이 아니라 오히려 관념적인 것이 되어버리고 제한된 수사법으로 쉽게 추락한다. 반면 대위법, 배제, 운율 ——물론 이세 개를 서로 조합하여 쓸 수 있고, 히치콕은 이런 조합을 탁월하게 다뤘다 ——은 여기서 시작해 훨씬 더 강력하고 훨씬 더 풍요로운 효과를 만들어낼 수 있는 패턴들이다. 이 패턴들은 닫힌 의미를 전제하지 않기 때문이다. 이들은 모호성과 현실의 풍요로움을 가진 상황을 만들어낸다. 작가감독마다 이런 패턴들을 발전시키는 자기만의 방법이 있다.

　한 감독은 대위법을 극한까지 발전시켜서 말한 것을 보인 것과 끊임없이 대면시킨다. 이는 이 둘이 절대 나눌 수 없는 것이라는 점을 보여주며, 말한 것과 보인 것 사이에 때로는 일시적이면서 아마도 환영적인 흐름이 지나가게 하기 위해서다. 이 감독, 즉 내가 이전에 한 장을 모두 할애해서 다룬 감독은 타르콥스키다.

　말한 것/보인 것의 전체적인 대위법은 무엇이 될 것인가? 그것은 인물들이 말하는 그 어떤 것에든 영화 세계의 절대적 무관심을 보여주는 일일 것이다. 몽타주의 커팅, 카메라 움직임 ——이들은 영화적으로 보인 것뿐만 아니라 카메라 앞에 놓인pro-filmique 대상들의 지배를 받고, 종종 지칭과 명명의 동작을 취한다 ——이 말한 것을 전혀 고려하지 않는 일일 것이다. 이를 위해서는 상당한 에너지를 써야 한다. 이는 동시에 연주하는 두 악기 연주자가 전체적인 화음을 만들지 않으려고 애를 쓰면서 서로를 무시하고 다른 사람의 연주를 듣지 않으려고 하는 것만큼 힘든 일이다. 말이 발음되자마자 우리는 스크린이나 소리 속에서, 아니면 숏들의 접합부에서 일어나는 그 무엇 속에서 운율이나 대조, 모순을 아주 빨리 감지하기 때문이다.

세계는 어쩔 도리가 없다는 점을 받아들이는 대신, 우리는 언제나 이런 관계를 찾는다.

〈희생〉은 한 아버지(엘란드 요세프손)를 보여주는데, 그는 아들과 함께 자기 집 근처의 척박한 풍경 속을 산책한다. 공간은 거기 있고, 어떤 호수(아니면 바다)의 조용한 파도 소리, 간헐적으로 들리는 새소리가 있고 세계가 있으며, 또한 갑자기 불어와 풀과 나무를 부르르 떨게 하는 바람 같은 사건들이 있다. 이름 없이 단지 '작은 아이Gossen'라는 별명만 있는 소년은, 아버지가 말하는 형이상학적 담론에 대해 겉보기에 절대적인 대위법으로 움직이고 놀며, 말한 것에 무관심한 것 같고, 우편배달부의 자전거를 나무에 묶는 것 같은 장난을 친다. 그런데 이 작은 소년은 목 주변에 붕대를 감고서, 최근에 받은 편도선 수술 때문에 얼마 동안 말하지 못한다. 아버지는 마치 이 소년의 무언증을 가득 채우려는 것처럼 말하고 말하고 또 말하는데, 작은 소년의 침묵은 아버지 자신의 수다와 의식意識(자기 말이 어디에 구현되고, 어떻게 느껴지는지 모른 채 단지 말만 하는 인물이라는 의식)을 겉보기에 잔인한 방식으로 그에게 돌려준다.

이 인물 알렉산더는 예전에, 무대에 서는 것을 포기하기 전까지 배우 — 베리만의 〈페르소나〉에서 엘리사베트 포글러 또한 무대를 포기한 배우로, 〈희생〉 뒷부분의 알렉산더처럼 말하기를 거부한다 ── 였다. 끝없이 쏟아내는 자신의 말에 스스로 혐오감을 느낀 나머지 그는 나무에 기대어 앉아 앞서 언급한 햄릿의 대사를 영어로 인용한다. "Words, words, words."(말, 말, 말.) 그가 이 말을 하면서 자기 말을 듣고 있다고 생각한 작은 소년은 더 이상 영상 속에 없고, 무관심한 아이나 아기(그는 오래전부터 더 이상 아기가 아니다)처럼 네 발로 기어서 풀밭 속으로 사라진 뒤다. 그리고 허공 속으로 날아간 이 "Words, words, words"는 존재하는 무관심한 세계의 무게를 갖는다. 다시 불기 시작한 바람이 이 말에 대한 세계의 대답인지, 아니면 반대로 인간들이 말하는 것에 대한 끔찍한 무관심 속에서 세계가 계속 돌아간다는 확인인지는 알 수 없다. 영화의 오프닝 전체가 롱숏으로 찍혀서 목소리가 약간은 허공 속으로 사라진다. 이 순간 보인 것은 목소리가 사라지는 광대한 공간 자체이기 때문에 감정은 더 강해진다.

"Words, words, words"가 얼마 지나지 않아 소년은 아마도 아버지에게 장난을 치려고 아버지의 등 뒤쪽으로 뛰어내린다. 깜짝 놀란 아버지는 마치 동물 한 마리가 자기 위에 뛰어내린 것처럼 소년을 집어 던진다. 작은 소년은 땅에 떨어지고, 지금까지 모자 아래 숨겨져 있던 그의 얼굴이 처음으로 스크린에 보이는데, 이때 보이는 것은 코에서 피가 나지만 여전히 아무 말도 하지 않는 아이다. 아버지는 사과도 못 하고 아들에게 아무 말도 하지 못한다. 자기 깊은 곳에 있는데도 고백하지 못한 죽음 충동처럼, 구두점인 동시에 '배제'인 끔찍한 효과가 여기서 생긴다.

우리는 여전히 영화 시작 부분에 있기 때문에 두 시간의 기상천외한 이야기가 더 진행되어야 할 것이고, 말과 세계의 연대를 쇄신하려면, 세계를 다시 상징적인 것으로 만들고 다시 인간화시키려면 아버지의 희생과 말의 포기가 있어야 할 것이다. 타르콥스키는 그사이에 세계의 리듬과 기질을 끊임없이 대위법적으로 살게 할 것이다. 삐걱거리는 벽장문, 느닷없이 지나가는 전투기—보이지도 않고 이를 명명하는 사람도 없지만, 지나가는 소리가 들린다—, 이리저리 산책하는 사람들, 멀리서 외치는 소리, 명매기 울음소리 따위. 알렉산더는 두 가지 행위(하녀와 잠을 자고, 자기 집을 불태우는 것)를 해야 할 것이고, 그 후에는 영원히 입을 다물어야 할 것이다. 이런 대가를 치르고서야 시작 부분의 끝없는 말의 흐름 속에서 그가 한 말 중 하나—이는 그가 한 말이 아니라 자기 것이 아닌 말을 전달한 것이다—가 영화 마지막에 다시 나오게 된다.(이 말은 "태초에 말씀이 있었다"라는 「요한복음」의 단순 인용으로, 세계의 끝인 것 같은 이 풍경에서 알렉산더가 아무 메아리 없이 초반부에 하는 말이자, 그가 내화면에서 막 나가면서 추가로 하는 말이다.) 이는 그사이에 말을 되찾은 그의 아들이 다시 큰 목소리로 하는 말이고, 이때 의미와 몸을 갖게 되는 말이다. "태초에 말씀이 있었는데, 왜 그렇지요? 아빠?"

그러나 이 영화에서는 말이 단순히 날아가지 않게 하려고, 말 없는 세계의 무관심 속에서 인간의 말을 울리게 하는 신념의 행위가 필요했다. 대부분 되돌아오지 않고 사라지는 말은, 이 말 없는 세계의 공기를 통과한다. 발성영화를 통해 세계 속에서 언어에 토대를 만들려면 행위가 필요했다.

발성영화에서 행위는 입을 다물 때(따라서 말을 한 다음)인데, 그 순간 돌이킬 수 없는 어떤 것, 결정적인 어떤 것이 일어난다는 조건하에서 그렇다. 〈희생〉에서 행위는 말 없는 신에게 한 약속에 기반을 둔다. 그러나 행위는 말이 정지할 때만 그 자체로 존재한다. 행위 그 자체는 때로 말의 정지일 뿐이다.(예컨대 큐브릭의 〈아이즈 와이드 셧〉에서 앨리스가 "고맙게 생각한다grateful"는 말을 할 때 빌 하퍼드의 침묵이 그런데, 빌은 이 말을 반복하지 않는다.)

하지 않고 말하기와 말하지 않고 하기
: 과대 언어화와 과소 언어화

말하지 않고 하는 것(행위)은 영화에 자주 나타난다. 하지 않고 말하는 것은 훨씬 더 드물다. 후자는 예컨대 장-뤽 고다르의 〈미치광이 피에로〉에서 마리안(안나 카리나)과 페르디낭(장-폴 벨몽도)이 밤에 자동차를 타고 갈 때 조수석에 앉은 마리안이 운전 중인 페르디낭에게 말하는 경우인데, 그녀는 "내 손을 당신 무릎 위에 올려놓아요. 나는 당신 몸 전체를 애무해요"라고 말하면서 실제로는 아무것도 하지 않는다.

내 생각에, 말하지 않고 하는 것(오히려 말하지 않고 해버린 것)과 하지 않고 말하기의 조합은, 고다르의 〈네 멋대로 해라〉 프로방스 호텔 방 장면의 핵심이다. 즉 이 영화에서는 한 인물이 자기가 한 일(한 남자의 살인)에 대해 말하지 않고, 일어나지 않은 일에 대해 말하며, 아니면 어쨌거나 우리가 하는 것을 보지 못한 것(섹스)에 대해 말한다.

'과소-언어화'의 이 수많은 경우와 대칭을 이루는 것은 '과대-언어화'로서, 이것은 어쨌거나 영화에서 독특한 효과를 만들어낸다.

한 영화 시작 부분을 예로 들어보자. 어떤 남자가 겨울의 음울한 풍경 속에서 엄청난 속도로 달리는 기차 칸막이 칸에 혼자 있다. 우리가 배우 알랭 들롱이라고 알아보는 이 침울한 기운의 남자는 '말-카메라'로 우리를 마주 보면서 말한다. "로베르 아브랑슈. 기차에 혼자 있는 남자. 그에게 어떤 일이 일어날 수 있을까?" 이 말을 하면서 그는 자신이 해서는 안 된다고 여겨지는 말을 자기 자신에 대해 함으로써 (이런 표현이 가능하다면) 우리 관객이 생각한 말을 '훔친다.' 이때 그는 자기 신분을 밝히면서 순간적으로 보인 것의 한가운데 놓이며 (시나리오 페이지 위에서, 시나리오작가의 정신 속에서) 자기를 태어나게 한 담론을 전유한다. 베르트랑 블리에의 〈우리들의 이야기〉(1985)에 나오는 수수께끼 같은 이 시작 부분에서 이 감독의 거의 모든 영화에 관철된 원칙을 알아볼 수 있다. 여기에는 〈계부〉(1981), 〈내겐 너무 이쁜 당신〉(1989), 〈감사한 삶〉도 포함된다. 그것은 인물들이 존재하는 맥락을 이들의 입으로 과대-언어화하는 것이다. 공개가 지나치게 되면, 나머지 부분에 언어화되지 않은 것의 그림자가 갑자기 드리우게 된다. 예컨대 로베르 아브랑슈는 일등석에 타고 있지만, 이 말은 하지 않는다. 목적지가 있지만, 이것도 말하지 않는다.(이 영화에서 기차역에서 보이는 지명들은 처음부터 지워진다.) 배경에 대해 말을 하면 할수록, 배경은 더욱더 말하지 않은 것으로 채워지는 것 같다.

그러나 질문 하나가 제기된다. 이것은 프랑스 작가영화의 일부(사샤 기트리, 미셸 드빌, 클로드 밀러, 프랑수아 트뤼포)뿐만 아니라 오슨 웰스의 작품 전체에서 문제가 되는 '말의 권력'이라는 질문이다. 질문은 다음과 같다. 한 인물이 움직이는 이 세계를 도대체 누가 만들었는가? 누가 자기 말을 통해 보인 것을 생겨나게 했는가? 보인 것이 말한 것으로 생겨나고 '불려 나온' 것 같을 때, 무슨 일이 일어나는가?

이것은 영상을 만드는 말에 대한 질문이다.

영상을 만들어내는 말: 권력, 유혹, 교태

"여기 삐삐로와 귀염둥이가 있다.* 나는 아름다운 다리도 아주 좋
아하지만, 발목이 두꺼운 여자도 싫어하지 않는다."

　한 남자가 타자기를 치면서 자신의 여자 취향을 이야기한다.
쓴 것을 큰 목소리로 읽는 동안 그에게 아이디어가 떠오르고, 그
가 쓴 글은 목소리(낭독에서 나온 목소리)가 된다. 우리는 영화 속
에 있기 때문에 이 목소리는 '영상을 만들어내게iconogène' 된다. 이
'iconogène'라는 형용사는 『그랑 로베르』 사전 2002년판에도 나오
며 내가 지어낸 말이 아니다.** 다른 말로 하면, 목소리가 스크린
에 여자(거리에서 마주치는 여자들과 같이, 걸어 다니는 서로 다른
여자)의 영상들을 만들어낸 것으로 보인다.

　샤를 드네가 출연한 프랑수아 트뤼포의 〈여자들을 사랑한 남
자〉의 영상들은 단지 이 영상들을 불러일으킨 목소리의 예시에

---

*　[옮긴이] '삐삐로'는 원문에서 'une grande tige'(긴 줄기), '귀염둥이'는 'une petite
　pomme'(작은 사과)을 옮긴 것으로, 맥락상 각기 '키 큰 여자'와 '얼굴이 귀여운 여
　자'를 뜻한다.

**　이 프랑스어 사전에서 이 단어는, 사진현상액으로 사용된 염분을 가리키기 위해
　1890년경 출현한 기술적 명사로 제시되었다. 이 책에서 나는 이 단어를 '영상을
　만든다'라는 어원적인 의미로 사용한다. 프랑스어에서 '-gène'라는 접미사는 ('이
　민족의allogène' '내성의endogène'에서처럼) '…에 의해 생성된'이라는 의미로 사용되
　고, ('눈물이 나게 하는lacrymogène' '영상을 만들어내는iconogène'처럼) '만들어내는
　générant'이라는 의미로도 사용된다.

불과한 것이 아니다. 이 영화의 몽타주가 스크린에서 연속으로 보여주는 여자 행인들은, 사진으로 찍은 실제 여자들의 영상들로 만들어졌다는 단순한 사실 때문에 각자 하나밖에 없는 개인들(이들은 카메라 앞에서 포즈를 취하고, 이 게임에 동의했다)의 유일성을 주장한다. 예컨대 영상을 만들어내는 샤를 드네의 '목소리-텍스트'가 삐삐로와 귀염둥이로 여자의 유형학을 분류하는 데 만족한다면, 세상에 하나밖에 없는 여자들이 우리 눈앞에서 빠른 몽타주로 지나갈 때 우리는 그녀들이 실제로 삐삐로인지, 귀염둥이인지, 아니면 이 유형학 자체가 적절한지 아닌지를 자유롭게 판단할 수 있다. 그리고 이런 영상들을 수집하는 '작가-내레이터'는 자기 쪽에서 이 영상을 만들어내는 목소리와 거리를 취한다. 그는 무성이지만 영향력을 행사하는 초超-내레이터로 자기를 드러내고 **자신의 보이스오버 내레이션에 대해 '말하지 않은 것'으로 존재한다.** 사실상 목소리가 말한 것을 예시하는 듯하지만, 다른 것이나 추가로 뭔가를 말하는 영상이 있다. 마찬가지로 이 목소리 위에는, 영상을 수집하고 선택하는 주인인 무성의 내레이터가 영상을 만들어내는 목소리의 지시를 따르는 것 같지만, 동시에 이 지시와 반대로 말하거나 아니면 최소한 이 지시와 거리를 취한다. 예컨대 베르트랑 모란(샤를 드네)의 영상을 만들어내는 목소리가 거리에서, 뒤에서 보면 아름답지만 앞에서 보면 그렇지 않은 여자들에 대해 말할 때, 초-내레이터는 모란이 이 순간 따라간 여자 행인을, 그가 이들의 얼굴을 보기 전에 우리 관객이 먼저 정면을 볼 수 있도록 조정한다. 그리고 이는, 이를 언급하는 목소리의 판단을 명확하게 깎아내리지 않은 채 그녀가 아름다운지 아름답지 않은지 아니면 추한 것도 아름다운 것도 아닌지 결정할 수 없게 보여주기 위해서다.

미누엘 지 올리베이라의 〈아브라함 계곡〉에서 '다른 디제시스 속에 있는hétéro-diégétique' 남자 내레이터는 우리에게 '황금의 실처럼' 어깨 위로 떨어지는 젊은 여주인공의 머리카락에 대해 이야기하고, 우리는 그녀의 검고 긴 머리카락을 본다. 이것은 기이하게도 에마의 정확한 눈 색깔에 대한 플로베르의 소설 『보바리 부인』 ——이 소설은 아구스티나 베사 루이스의 책을 통해 이 영화에 간접적으로 영향을 주었다 ——의 내적 모순을 떠올리게 한다.

프랑스어에서 뜻이 약해진 'évoquer'[상기시키다, 떠오르게 하다]라는 말은 오늘날에는 '…에 대해 모호하게 생각하게 한다'라는 뜻으로만 쓰이지만, 본래 이 단어는 '큰 목소리로 요청해 불러일으키다'를 뜻했다. 즉 우리는 악마를 불러일으키지만évoquer, 신이나 신들에게는 기원한다invoquer. 영화에서 말이 불러일으키면, 영상은 이 말을 따르거나 따르는 체한다. 인물들을 불러낸 영령들이 나타나 자기 고유의 삶을 살고, 이렇게 상기된 것은 자기를 불러일으킨 말에 더 이상 복종하지 않는다.

라틴어 'suscitatio'(소생시킴), 다른 말로 하면 '삶을 불러내는 일'은 종종 영화에서 말이 하는 일이다. 이는 또한 영상들을 '불러일으키는suscite' 무성영화의 중간 자막과 발성영화의 보이스오버 내레이션 사이에서 뭔가 변했다고 말하는 것이다. 무성영화에서 텍스트는 사실상 캡션이나 제목으로 물러난 지위를 유지했다. 큰 목소리로 이행하고, 이와 함께 변사가 있었던 영화의 초기와 다시 이어지면서, 뭔가 새롭고 더 마술적인 어떤 일이 일어난다.*

* 논문 「영화에서 산문 혹은 보이스오버 내레이션이 영상에 자기 리듬을 부과할 때」에서 요한 크리스티안 사나커는 다음과 같이 지적한다. 브레송의 〈어느 시골 사제의 일기〉에서 "인물들은 종종 […] 보이스오버 내레이션을 듣는 것 같고, 심

트뤼포의 〈여자들을 사랑한 남자〉에서 빌려온 예에서 많은 사람이 영화에 자주 나왔던 어떤 것, 즉 영상을 만들어내는 말과 영상 사이에서 전개되는 유혹의 게임을 알아볼 것이다. 영상은 "나는 나를 다 내주지 않을 준비가 되어 있어"라고 말한다. 프랑스 영화는, 말이 "굴복해"라고 말하고 보인 것은 "나는 네 말을 듣지 않을 거야," 아니면 이와 반대로 "항복하겠어, 네 마음대로 해. 그러나 어딘가에서 나는 너를 벗어날 거야, 너는 나를 절대로 잡을 수 없을 거야"라고 말하는 양태의 게임을 좋아한다. 이는 트뤼포에게서 볼 수 있고(〈쥘 앤 짐〉), 미셸 드빌(〈비열한 견습생〉[1977], 〈은밀한 여행〉[1980], 〈책 읽어주는 여자〉), 베르트랑 블리에(앞서 언급한 영화들), 아르노 데플레셍(〈나의 성생활: 나는 어떻게 싸웠는가〉), 고다르(〈작은 병정〉[1963], 〈미치광이 피에로〉), 그리고 직접적이든 간접적이든 웰스나 마틴 스코세이지에게 영향을 준 영화 한 편에서 가장 순수한 형태를 찾을 수 있는데, 그것이 바로 기트리의 〈어느 사기꾼의 이야기〉다.

웰스의 〈위대한 앰버슨가〉에 나오는 유명한 시작 부분에서 이런 유형의 이중 유희가 있다.(앞서 봤듯이 발성영화는 존재론적으로 이중 유희, 나아가 삼중 유희에 적합하다.) 감독이 내는 목소리인 보이스오버 내레이션은 피로에 절어 있지만 우아한 어조로, 영화의 행위가 전개되는 20세기 초 남자들의 양태를 묘사한다. 스크

지어 보이스오버 내레이션이 끝나기를 기다리는 것 같다."(p. 111) 그는 이렇게 덧붙인다. "이 리드미컬한 특이성은 우리에게 보이스오버 내레이션의 구성적 우위에 대해 명확한 인상을 준다. 이미 이 영화의 지속 시간을 결정한 기본적인 구성 요소에, 대화 영상이 덧붙여진 것 같다."(*Ibid.*) 이 관찰은, 〈아브라함의 계곡〉처럼 말로 이야기한 영화에 타당하다.

린에서 배우 조지프 코튼이 연기한 인물은 거울 앞에서 서로 다른 옷을 입어본다. 처음에 그는 당시 영화에 많이 나온 단순한 '마네킹'처럼 보였지만, 이 남자는 영상을 만들어내는 목소리에서 벗어나 점차 인물로서 자율성을 획득하게 되어 이윽고 유진 모건이 된다. 그는 자기가 좋아하는 앰버슨가의 부유한 여자 상속인에게 세레나데를 불러주려고 잔뜩 멋을 부린다. 보이스오버 내레이션 목소리는 모건을 한 사람의 개인으로 보지 않으려 하고, "이 시기 젊은 남자들은 예쁜 여자들의 창문 아래서 세레나데를 불렀다"처럼 줄곧 일반적인 용어로 말한다. 조금 뒤 모건은 이저벨의 창 아래쪽에서 공교롭게도 콘트라베이스와 함께 나뒹군다. 이 하찮은 사건 ─ 보이스오버 내레이션은 이 사건이 벌어질 때 이에 대해 침묵한다 ─ 에서 시작해 앰버슨가에 많은 불행이 생겨난다. 이저벨은 자신에게 사랑에 빠진 남자의 구혼을 자기 진짜 감정과는 반대로 거절하고, 사회적 관습 때문에 자기가 좋아하지 않는 다른 남자와 결혼하게 되고, 너무 버릇없는 자기 아들에게 사랑을 쏟게 되는데 이 아들은 집안의 불행이 된다 등등. 유진 모건이 넘어지는 결정적 순간 보이스오버 내레이션은, 마치 꼭두각시를 조종하는 사람이 꼭두각시를 버린 것처럼 이 인물을 버렸다고 말할 수 있을 것이다. 본래 의미와 형상적 의미에서 모두 버려진 이 인물은 먼지를 삼키고, 특히 영상을 만들어내는 목소리는 그의 실수에 대해 입을 다물었다. 이 목소리는 이 사건을 상징화하지도 명명하지도 않았으며, 명명할 수 없는 이 작은 사건은 그 대신 침묵 속에 틀어박혔고, 내레이션의 짜임새 안에 '말하지 않은 것'의 종양을 심어놓는다.

인간의 몸이 이렇게 기능한다고 주장하는 몇몇 정신분석가의 말처럼, 발성영화는 상당히 자주 이 모델 위에서 기능한다. 사태의 전개에 오점과 단절을 이루는 것, 언급되지 않고 그 자리에서 명명되지도 않은 것은 모든 기관에 불안을 전파한다. 중단된 세레나데라는 작은 사건이 웰스의 이야기에서 너무도 치명적으로 보이는 것은, 그렇게 수다스럽고 정확하고 설명적인 목소리가 이 순간 입을 다물기 때문이고, 다른 인물들이 이를 거론하지도 않기 때문이다.

　우디 앨런의 〈맨해튼〉(1979) 시작 부분에서 이 감독이 연기한 아이작 데이비스의 목소리는 뉴욕의 영광을 노래하려 하지만 클리셰가 아닌 말을 찾는 데 실패하고, 몇 번에 걸쳐 이 일을 다시 시작한다. 그러나 스크린에서 '뉴욕Big Apple'의 흑백 영상이 찬란하게 빛나고 조지 거슈윈의 음악이 의기양양하게 나타난다. 여기서 아이디어는, 목소리가 영상의 발치에 자기 위엄을 내려놓는다는 점이다("말로는 표현할 수가 없어…"). 그러나 이에 속아서는 안 된다. 즉 지배력의 포기는 일시적이고 위장된 것이기 쉽다.

　앞서 언급한 블리에의 〈계부〉에서 파트리크 드웨르가 연기한 인물은 바에 고용된 피아니스트로서 아무도 듣지 않는 음악을 연주하는 사람인데, 그는 심지어 자신이 등장하는 장면들에서도 과거 시제로 자기 이야기를 한다. 우울증이 주제인 블리에의 이 영화가 감독의 다른 작품들보다 더 많이 성공한 영화라면, 말한 것과 보인 것 사이에서 전개되는 교태 ——영상을 만들어내는 화자는, 자기가 행사하는 권력을 부정하면서 다른 등장인물들과 동일한 시공간에 예속된 체한다—— 때문만은 아니고, 이 이중 유희와 배치가 이야기 속에서 의미를 띠기 때문이기도 하다. 피아니스트 손가락에서 나오는 음악 또한, 화자가 하는 말만큼이나 분위기를 만들어내고 서사에 강력하게 작용한다.

영상을 만들어내는 말의 유희는 또한 속도의 유희기도 하다. 즉 그것은 일제히 나오는 말이 불러일으키는 것을 보여주기 위한 몽타주의 속도, 말과 영상의 복잡한 병치를 통합하려고 관객이 기울이는 주의의 속도. 우리는 쥘에 대해, 짐에 대해 말하는 것을 듣지만, 스크린에서 두 인물이 엎치락뒤치락 빠르게 넘어가는 모습이 보인다. 둘 중 누가 쥘이고 누가 짐인가? 이런 원칙으로 구축된 트뤼포의 〈쥘 앤 짐〉 시작 부분은 스코세이지의 〈좋은 친구들〉과 〈카지노〉의 보이스오버 내레이션에 영감을 주었다. 여기서 속도는 목소리에 부여된 상징적 힘, 즉 영상을 만들어내는 힘을 무화시키고, 여전히 이중 유희 속에서 목소리가 영상들의 뒤를 따라가는 역할의 전복을 암시한다.

그러나 모든 보이스오버 내레이션이 영상을 만들어내는 것은 아니고, 그 역도 마찬가지다. 이는 때로 순전히 문법적인 질문이다. 조르주 심농의 소설을 각색한 루이스 사슬라프스키의 〈눈은 더러웠다〉(1954)에서처럼, 목소리가 자기와 함께 나오는 행위에 대해 현재 시제로 이야기할 때, 우리는 말이 과거 시제를 사용할 때와 다른 눈으로 행위를 보게 된다. 목소리는 불러일으키는 것이 아니라 함께 나오고, 증언하고, '리포터'의 역할을 하게 된다.

영상을 만들어내지 않는 이야기: 말밖에 없다

책에서 이야기의 인물이 혼자서 이야기를 시작할 때 ——이는 이야기의 가장 오래된 방식 중 하나로, 호메로스, 페트로니우스, 세르반테스, 『천일야화』를 보라——, 인물이 책이나 일기를 낭독할 때,

말은 다른 말들을 향해 열리게 된다. 영화에서 누군가 자신이 겪은, 또는 자신에게 떠오른 꿈이나 이야기를 말하려고 입을 열 때, 모든 관객은 이 장면이 이후에 시각적이거나 청각적으로 살아 움직이게 될 것이라는 점을 안다. 이 장면이 말해지는 방식으로 나타나든, 이 장면이 스스로 전개되는 것으로 나타나든, (종종 관객이 이에 대해 의심을 품게 하면서) 그의 이야기가 이 장면을 다시 상상한 것으로 나타나든. 요컨대, 텍스트적인 말은 언제나 잠재적으로 남아 있고, 연극적인 말에서 시작해 언제나 작동할 준비가 되어 있다.

　　말을 **시각화**할 가능성을 지닌 영화나 영화의 한 장면 ——여기서 인물이 이야기를 시작하거나 자신이 꾼 꿈을 이야기한다—— 에 우리는 아주 익숙하다. 그러나 이 말이 불러일으키는 것이 스크린에 **나오지 않을** 때, 스크린에 단지 말하는 사람의 얼굴이나 듣는 사람의 반응만 나올 때, 이것이 그 자체로 하나의 사건이 되고 고유한 영화적 효과가 되는데, 그것이 바로 **영상을 만들어내지 않는 이야기**다.

　　일정 유형의 아주 대담한 이야기가 문제가 될 때, 영상의 이런 조심성이 검열이나 좋은 취향이 설정한 한계라고 생각하던 시기가 있었다. 베리만의 〈페르소나〉에서 간호사 알마(비비 안데르손)가 자기가 참여한 성적 난  교 파티에 대해 (스웨덴어로) 너무도 노골적인 용어(프랑스어 자막은 오랫동안 이를 순화하는 전통이 있었다)로 이야기할 때, 영상에서 우리는 어떤

시각화도 없이 단지 알마와 이 말을 듣는 여배우 엘리사베트 포글러(리브 울만)만 볼 뿐이다. 1967년에는 이것이 외설이기 때문이라고 믿었다. 나아가 이 이야기가 리브 울만의 얼굴에 미치는 영향을 보는 일은 에로틱했다. 알려진 것처럼, 베리만에게는 이야기를 듣는 사람으로서 종종 포글러라는 이름을 지닌 약간 뱀파이어적인 인물(이 경우가 그렇다)의 얼굴에 나타난 평정심을 찍는 것이 중요하다. 이 영화 이후 노골적으로 섹스를 집요하게 말하면서 이를 영상으로 보여주지 않거나 거의 보여주지 않는 장면들은 그 자체로 한 장르가 된다. 마이크 니컬스의 〈애정과 욕망〉(1971), 장 외스타슈의 〈더러운 이야기〉(1977), 드니 아르캉의 〈미제국의 몰락〉(1986), 래리 클라크의 〈키즈〉(1995)뿐만 아니라, 많은 텔레비전 연속극(「섹스 앤 더 시티」)과 피에르 파올로 파솔리니의 〈살로 소돔의 120일〉(1975)의 몇몇 에피소드(엘렌 쉬제르와 소니아 사비앙주)와 미셸 드빌의 〈책 읽어주는 여자〉도 그렇다.

표현을 바꿔 말하면, 성적인 말과 행위의 관계(이 둘 사이의 미친 듯한 질주)는 아벨 페라라의 〈배드 캅〉의 당혹스러운 장면에서 재현된다. 마약에 중독된 타락한 경찰 하비 카이텔이 젊은 여자 운전사(그녀는 길거리에서 차를 한쪽에 대고, 자기 자동차 운전석에 앉아 있다)에게 펠라치오를 흉내 내게 하고 자신은 그녀 앞에서 자위행위를 하면서 빗속에서 외설적인 말을 내뱉는다. 그가 "입을 벌리고 나한테 보여줘, 어서"라고 거칠게 말하는 동안 추위 때문에 그의 입에서 입김이 나오지만, 그녀는 그녀와 그 사이에서 말없이 가상의 펠라치오 동작을 흉내 낸다. 이 장면은 흉내, 행위 그리고 말의 관계를 이용한다.

보여줄 수 없는 것 ─ 성기에 대해서는 오늘날 더 이상 그렇지 않고, 어쨌거나 더 이상 예전과 같은 방식은 아니다 ─ 이란 같은 질문이, (다른 이유로) 알렝 레네의 〈뮤리엘〉이나 클로드 란츠만의 기념비적 다큐멘터리 〈쇼아〉(1985)에서 젊은 알제리 여성에게 가한 고문이나 유대인 대학살을 환기시키기 때문에 '영상을 만들어내지 않는' 이야기로 귀결된다. 배우들과 함께 찍은 픽션이거나 '다큐멘터리'(만족스럽지 못한 용어)일 때, 말하지 않고 보여주는 것(알랭 카발리에의 〈리베라 메〉)이나 보여주지 않고 말하는 것 외에 다른 일을 할 수 없는 것 같고, 이 둘 사이의 모호한 관계가 거북스러움을 만들어낸다. 로베르토 베니니의 〈인생은 아름다워〉

(1998)에서 아버지가 아들에게 하는 '다른 것을 말하기' ─ 이들 둘은 자기들이 어디(죽음의 수용소)에 있는지 잘 알지만, 그는 아들에게 자기들에게 일어나는 일을 거대한 게임처럼

말한다 —— 는 이런 관계로 분석하면 흥미로울 것 같다. 즉 이 이탈리아 감독은 비록 다른 형식으로 이 질문에 답하지만, 란츠만이나 〈밤과 안개〉(1956)에서 알랭 레네나 장 케롤과 정확히 똑같은 질문을 자기 방식으로 제기한다.

그러나 오래전부터 발성영화는, 어떤 권력(영상을 만들어내지 않은 이야기가 구현하는 텍스트적인 말의 권력)의 실행을 포기하면서 뭔가 중요한 것이 발성영화에 일어나고 있다는 점을 이해했다. 이 포기는 말한 것에 특별한 밀도와 중력을 부여하고, 일종의 특수한 실제 시간을, 단지 관객의 정신 속에서만 이루어지는 시각화와 함께 나오는 이야기의 시간을 만든다. 에릭 로메르의 〈봄 이야기〉(1990)에서 안 테세드르가 훔친 목걸이나 기게스의 반지 이야기를 할 때, 테리 길리엄의 〈피셔 킹〉(1990)에서 로빈 윌리엄스가 센트럴파크에서 밤중에 낮은 목소리로 제프 브리지스에게 어부 왕의 이야기를 말할 때, 데이비드 린치의 〈스트레이트 스토리〉에서 앨빈 스트레이트가 바의 카운터 자리에서 또 다른 퇴역 군인에게 자기 전쟁 트라우마에 대해 말할 때가 그렇다. 또한 크시슈토프 키에슬로프스키의 〈세 가지 색 레드〉에서 장-루이 트랭티냥이 연기한 판사가 이렌 자코브에게 양심의 가책이 되는 자기 이야기를 고백할 때가 그렇다.* 아니면, 알랭 레네의 〈멜로〉(1986) 시작 부분에서 앙드레 뒤솔리에가 사빈 아제마와 피에르 아르디티에게 하는 이야기가 그렇다.** 이 각각의 경우에서 인물이 이야기한 것에 대

---

*   마찬가지로 아바스 키아로스타미의 〈체리향기〉(오디를 채취하는 이야기)와 쿠엔틴 타란티노의 〈펄프픽션〉(손목시계 이야기)에서 영상을 만들어내지 않는 이야기를 보라.

**   『칼레이도스코프』에서 마르셀(앙드레 뒤솔리에)의 이야기 장면에 대한 장-루이

한 (심지어 일시적인) 시각화의 부재는 마치 "장난 그만하고 이 이야기를 잘 듣자, 잘 기억해둬야 해"라고 말하는 것처럼 우리의 주의를 집중시킨다. 마치 영화가 벌거벗겨져서 "잘 봐, 단지 말밖에 없고, 이와 함께 말하는 사람의 영상이 나오지. 말을 믿거나 믿지 마, 다른 것은 없어"라고 말하는 것 같다… 말은 발가벗겨지고, 텍스트적인 말은 자기 권력의 종말과 이 권력에 부여한 의미의 한계를 동시에 발견하지만, 진짜 디제시스적인 시간이 작동하기 시작한다.

알랭 레네의 〈멜로〉에서 이 장면은 또한 전환점을, 사실상 미장센의 되돌아갈 수 없는 지점을 형성한다. 그때까지 과시적으로 연극 무대처럼 드러나던 배경이 본성을 바꾸기 때문이다. 뱅상 아미엘은 다음과 같이 지적한다. "앙드레 뒤솔리에가 자신의 불행한 모험을 이야기할 때 그를 중심으로 카메라는 느리게 움직이고, 우리는 영화적 픽션이 인위적인 연극적 장치에 승리를 거두었음을 알게 된다. 뒤솔리에는 어떤 연극 장면에서 자기 이야기를 시작하지만, 카메라는 그에 반박하는 인물들을 중심으로 돌고, 이들을 옆에 버려두며 배우에게 접근한다. 배경은 어둡고, 카메라 움직임은 거의 180도에 이른다. 영화가 텍스트 그 자체와 무대 지시문을 점유하고, 배우가 말을 마칠 때 무대는 더 이상 존재하지 않는다."*

조지 큐커의 〈스타 탄생〉에서 주디 갈런드가 노래하고 춤춘 레퍼토리 「마침내 누군가가」는 음악으로 된, 영상을 만들어내지 않는 진정한 이야기다. 스타가 된 에스터 블로짓은 집으로 돌아와

뢰트라의 탁월한 분석을 보라. Jean-Louis Leutrat, *Kaléidoscope*, Presses Universitaires de Lyon, 1988, pp. 69~77.

*   Vincent Amiel, "Mettre en scène," in *Positif*, n° 307, septembre 1986, p. 5.

자기 남편에게 스크린에 나오지 않았던 영화 촬영장의 거대한 장면의 배경과 행위를 이야기해주고 흉내 낸다. 이것은 스탠리 도넌과 진 켈리의 〈사랑은 비를 타고〉에서 「브로드웨이 멜로디」라는 레퍼토리와 정반대다. 이 레퍼토리는 디제시스 속에서는 잠재적인 것에 불과하고, 진 켈리가 머릿속에 품고 있던 아이디어로서 자기 제작자에게 이야기한 것으로 여겨지지만 이를 묘사하는 말이 한마디도 들리지 않은 반면, 우리는 스크린에서 이 아이디어가 실현되고 촬영되고 편집되는 것을 보게 된다.

웨인 왕의 〈스모크〉에서 오기(하비 카이틀)는 자기 작가 친구(윌리엄 허트)에게 보잘것없는 도둑과 노부인과 자신에게 일어난 이야기를 들려주는데, 작가에게 이 이야기는 그 자신이 도저히 쓸 수 없었던 크리스마스 이야기의 아이디어로 쓰이게 될 것이다. 이들의 얘기가 카페테리아에서 전개되는 동안 몇 분에 걸쳐 단지 오기가 하는 말과 작가의 청취만 나온다.(이것이 이 영화의 마지막 장면이다.) 이 장면이 끝나자 윌리엄 허트는 이야기의 진실성이 의심스럽다고 말한다. 이 이야기는 선이 악에서 나오고 진실이 거짓에서 나오는 도덕적 우화와 비슷하다는 것이다. 그러나 오기는 이 이야기가 진실하다고 주장하거나, 지어낸 것이라고 승복하는 그 어떤 대답도 하지 않는다. 여기서 변수는 〈스모크〉의 마지막 자막이 올라갈 때, 그 자막 뒤에서 노부인의 이야기가 말없이 부분적인 시각화(이는 사전 이야기 없이는 이해할 수 없다)를 통해 나온다는 점이다.

조엘 슈마허의 〈타임 투 킬〉(1996)에서 소녀를 강간하고 죽이려 한 사건에 대해 변호사 매슈 매코너헤이가 배심원단 앞에서 펼치는 '영상을 만들어내지 않는 이야기'는 이 영화에서 핵심적이다.* 이것은 정신적 시각화와
실제적 시각화에 대한, 배심원
단의 인종주의 ── 변호사는 이
들에게 눈을 감으라고 요청하
고, 따라서 영화가 제시할 수
있는 영상을 제시하지 않고 아무것도 볼 수 없는 우리처럼 되라고
요구한다 ── 에 대한 성찰로서, 다음 질문을 던진다. 즉 이들이 '소
녀'라고 생각하는 대신, '흑인 소녀'로 시각화시키지 않은 채 한 어
린아이의 수난을 시각화할 수 있을 것인가?

　큐브릭의 〈아이즈 와이드 셧〉은 니콜 키드먼이 톰 크루즈에
게 말하는 '영상을 만들어내지 않는' 두 이야기 위에서 구축된다.
첫번째 이야기는 자기 환상의 이야기다.(그녀는 한 호텔에서 만난
해군 장교 때문에 자기 남편을 떠날 생각을 했고, 결국 그렇게 하지
않았다.) 두번째 이야기는 그녀가 우주적인 난교 파티 한가운데 있
는 어떤 꿈의 이야기다. 그녀는 이 이야기든 저 이야기든 '실제로
하지' 않고(겉으로는 그런데, 어쨌거나 그녀는 구체적으로 말하지 않
는다) 단지 이야기만 한다. 그러나 그의 남편은 기이한 모험, 성적
추파, 난교 파티(언제나 중단된다)를 '실제로 하지만,' 우리 앞에서
이야기하지 않는다. 그가 자기 부인에게 이를 고백할 때 영화는 그
의 고백을 생략하고, 따라서 우리는 그가 충실하고 온전하게 고백
했는지 절대 알지 못한다. 이렇게 〈아이즈 와이드 셧〉의 마지막은,

---

*　이 영화의 본래 제목('A Time to Kill')은 『구약성서』「전도서」 3장 3절("죽일 때가
　있고, 치료할 때가 있으며")에서 따온 것인데, 대부분의 미국 관객은 그렇게 이해했
　다. 반면 프랑스어판 제목('Le Droit de tuer?'[살인할 권리?]) 탓에 일부 프랑스 비평
　가들은 이 영화를 야생의 정의에 대한 예찬으로 잘못 읽게 되었다.

이전 장면 대부분을 빌이 자기 아내에게 사후에 하는 고백의 가능한 시각화로 전환시킨다. 〈2001 스페이스 오디세이〉에서처럼, 큐브릭은 어떤 인물의 '말'이 나올 때마다 실재 속에 그가 말한 것을 어떤 것도 시각화하지 않는 편을 택했다.* 〈아이즈 와이드 셧〉은 전형적으로 **엮지 않는**détressé 영화다.

'영상을 만들어내지 않는 이야기'는 매번 영화를 자기 기원으로 거슬러 올라가게 하는 것 같다. 태초에 말씀이 있었고, 따라서 단지 말씀밖에, 벌거벗은 채 아무 장식도 없는 말씀 그 자체밖에 없었기 때문이다. 영화는 텍스트적인 말의 삽입을 거부함으로써 결국 이 텍스트적인 말을 드러낸다.

권력에서 운명까지

말한 것과 보인 것에 대한 성찰에 노래도 배제되어서는 안 된다. 앞서 말했듯, 최근 몇 년 동안 사실상 '영상을 만들어내지 않는' 새로운 유형의 보이스오버 내레이션이 발전되었고, 사람들은 이에 대해 그 자체로는 거의 말하지 않는다. 즉 로드 무비에서 들리는 노래 텍스트[가사]는 인물들이 숨 쉬는 공기에 거주할 뿐만 아니라 그 영화를 영사하는 영화관에도 거주한다. 프랑스 관객이 언제나 주의를 기울이지는 않은 미국 노래의 가사 —— 이는 당연히 더빙되지 않은 이 노래 가사를 자막으로 번역해주지 않기 때문이고, 또한 이 가사가 때로는 명확히 들리지만 때로는 나머지 소리에 덮

---

*   내가 쓴 책(*Eyes Wide Shut, op. cit.*)을 보라.

여 제대로 들리지 않기 때문이다 —— 는 이 영화에 두 가지 차원에서 기능함으로써 뭔가 새로운 것을 가져온다. 즉 한편으로 가사에 제시된 '그' '그녀' '나' '너'의 일반적 차원은 여성 일반, 남성 일반을 대변하고, 다른 한편으로 스크린에 제시된 특별한 이야기의 차원은 **어떤** 남자, **어떤** 여자를 보여준다. 이런 장치가 드러난 유명한 영화들은 프랜시스 포드 코폴라의 〈마음의 저편〉(1982)에서부터 알랭 레네의 〈우리들은 그 노래를 알고 있다〉(1997)까지 걸쳐 있는데, 후자의 영화는 허버트 로스의 〈내 사랑 시카고〉(1982)에서 영감을 받은 것이다. 이 영화들 때문에 훨씬 더 많은 영화, 때로는 그만큼이나 아름다운 영화들을 잊어서는 안 된다. 여기서 나오는 다양한 노래 가사는, 우리처럼 스크린에서 짧은 산책을 하는 인물들을 자기도 모르게 이끌어간다.

내 생각에, 말한 것과 보인 것 사이의 새로운 형식에서 우리는 더 이상 권력의 상징체계가 아니라 운명의 상징체계 속에 있다. 노래 가사는 (말이 가진 권력에 이의가 제기되고 도전받고 파괴되는 한이 있더라도)* 누가 실을 당기는지, 누가 이 게임을 이끌어가는지 말하지 않는다. 이 가사는 모든 사람에게, 각 개인에게 적용되는 운명의 용어로 말한다. 우리가 운명을 알아보지 못하면, 권력의 출구는 없다. 그러나 이것은 또 다른 이야기다…

---

* 존경할 만한 마르그리트 뒤라스의 〈인디아송〉을 포함해서 1970년대 보이스오버 내레이션의 가장 큰 관심사는, 말의 권력을 파괴하고 무기력한 말을 칭송하는 것이었다.

24장. 신은 디스크자키다

음악은 시간을 구조 짓는다

무성영화에서 음악은 연속체에 아주 가깝거나 아니면 연속체 흉내를 냈다고 할 수 있다. 어떤 경우든 음악은 거의 끊이지 않고 나왔다. 다른 한편으로, 기이하게도 음악은 아주 두드러지게 연속적 성격 — 템포가 아주 다른 대목들을 연결하고, 각 대목이 단번에 어떤 분위기를 제기하며 이것이 끝까지 이어진다 — 을 띠고 있었다. 이는 마치 다양한 곡으로 구성된 편집 음반의 다른 시간대들과 같았는데, 영화의 처음부터 끝까지 일관되게 나왔다.

이와 반대로 발성영화에서 음악은 대개 불연속적이고 분산된 채 나오며, 음성이나 소음 같은 소리의 다른 요소들과 뒤섞이는 것이 지배적 특성인 듯하다. 이 때문에 음악이 더 중요한 구조적 역할을 맡을 수 있으며, 음악이 **있는** 대목들과 음악이 **없는** 대목들을 만들어낼 수 있다. 음악이 영화의 구조에 미치는 영향은, 음악이 언제나 나오지는 않으며 그러므로 음악의 등장 자체가 사건이 된다는 사실 때문에 더 커진다. 따라서 음악의 영향력은 영화에서 음악이 차지하는 전체적 비율이나 수, 시간적 길이와 전혀 상관이 없다. 모리스 피알라의 〈사탄의 태양 아래〉 중간 부분에, 도니상 사제가 아이를 '부활'시킨 시퀀스 바로 다음, 구름이 낮게 깔린 하늘 아래서 그가 정신 나간 사람처럼 헤매는 장면에 앙리 뒤티외

의 첫번째 교향곡이 짧게 나온다. 이 음악은 아주 두드러지고, 마치 수없이 많은 음악이 여기저기 개입하는 다른 영화에서처럼 이 영화의 구조에 중요한 역할을 하는데, 이 음악은 영화를 두 블록으로 나눈다.

초기 몇 년 동안 발성영화의 일부는 무성영화에서 100퍼센트 뮤지컬(또는 거의 다 뮤지컬)의 원칙을 다시 취하려 했다. 예컨대 머리언 쿠퍼와 어니스트 쇼드색의 〈킹콩〉에서 영화 전체에 깔리는 막스 슈타이너의 악곡이 그렇다.* 이것은 다음과 같은 당혹스러운 질문에 급진적으로 대답하는 방식이었다. 즉 음악이 언제나 있는 것이 아니라면, 도대체 음악이 언제 나와야 하고 또 언제 나와서는 안 되는가? 이 질문은, 감독이 또 다른 극단적 해결책, 즉 음악의 전면적 부재(이는 드물다)를 도입하지 않는다면, 모든 발성영화가 피할 수 없는 질문이다.

이때 영화음악에서 가장 중요한 것은 음악이 언제 시작되고 언제 끝나는가, 음악의 배치가 그 영화의 지속 시간 전체를 어떻게 구조 짓는가라는 문제다. 이런 관점에서 음악이 기본적으로 출현하는 두 가지 또는 그 이상의 중요한 양태가 있고, 이는 상호 보완

---

* 이 시기에 대해서는 다음 두 권의 책을 보라. Claudia Gorbman, *Unheard Melodies*, *op. cit.*; Michel Chion, *La Musique au cinéma*, *op. cit.*

적이면서 대립적이다.

——기다리거나 기대하는 순간 음악이 개입한다. 즉 상황이 아직 불확실하거나 위험이 떠돌고 있거나 아니면 대립하는 사람들이 서로를 관찰하는 상황, 행위가 준비되는 상황(장-피에르 멜빌의 〈암흑가의 세 사람〉에서 침입 이전에 나오는 에릭 드마르상의 음악)이다. 이런 음악은 귀에 경고하고, 짧은 모티프, 삐걱거리는 소리, 불안을 만들어내는 둔탁한 음색을 사용하고, 소리를 짧게 분출하며, 기본적인 **주제 반복**ostinati 음악이다. 그러나 때로는 동요나 매혹의 공간을 만들어내는 가슴을 에는 음악도 마찬가지인데, 마치 음악이 악惡을 꼼짝 못 하게 붙들고 있는 것처럼 이 음악의 중단은 혼란의 폭발을 뜻하게 된다. 피터 예이츠의 〈불릿〉에서 랄로 시프린의 테마곡, 앨프리드 히치콕의 〈새〉에서 디제시스적인 동요가 그렇다. 또한 스티븐 스필버그의 〈죠스〉(1975)에서 사람이 가득 찬 해변을 상어가 공격하기 전에, 그리고 존 윌리엄스가 쓴 기계적 모티프가 나오기 전에, 동요를 부르는 어떤 아이의 목소리가 들리고 이는 무엇보다 프리츠 랑의 〈M〉에 나오는 동요를 떠올리게 한다.*

——아니면, 음악은 상황이 무르익기를 기다렸다가 등장한다. 이때 음악은 클라이맥스를 폭발하게 하며 감정을 펼쳐놓는다.(세

---

* 온갖 세대에 걸친 많은 대학생이 윌리엄스의 되풀이되는 평범한 모티프——이 모티프는 비인간적인 것 자체로서 그들을 매혹시켰다——에 대해 내게 너무도 자주 질문을 던졌고, 나는 오랫동안 이 시퀀스를 검토했다. 결과적으로 나는 동요의 디테일을 발견했고, 이 동요는 치명적 불안을 만들어내는 것처럼 보이는데, 우리 기억 속에서 이어지는 공격으로 옮겨가게 된다.

르조 레오네의 〈옛날 옛적 서부에서〉에서 엔니오 모리코네의 하모니카 음악은 15분 뒤에 나온다.) 음악은 일어나는 것을 떼어내서 여기에 '내가 당신에게 이미 말했잖아'라는 치명적 성격을 부여한다. 음악이 없을 때는, 아직 사태가 다르게 흘러갈 기회가 있다고 말할 수 있다. 그러나 음악이 나오면, 이때는 전혀 그렇지 않고 결정적으로 단 하나의 출구밖에 없으며 그것이 바로 우리가 스크린에서 보는 것이라고 이해하게 된다.

스탕달은 소설을 '콘서트 중에 터져 나온 총소리'와 비교했다. 이 강렬한 표현에는 영화에서 몇몇 장면들의 극적 원리가 정확하게 집약되어 있다. 외침 소리로 총소리는 멈추지만, 돌이킬 수 없이 진행되는 칸타타 연주의 흐름은 멈추지 못한다(히치콕의 〈나는 비밀을 알고 있다〉[1956]). 기관단총 소리는 풍성한 오케스트라로 연주되는 자장가의 피트 음악을 멈추게 하고 한 남자가 타고 날아가는 선정적인 열기구에 구멍을 내며(페데리코 펠리니의 〈여성의 도시〉), 불행한 밀고자는 노래로 살인자들을 달래려다 외화면에서 총에 맞아 피아노 건반 위로 쓰러진다(윌리엄 웰먼의 〈공공의 적〉). 때로는 음악이 명확히 멈추고, 때로는 뭔가가 멈추지만 음악은 멈추지 않는다. 마치 그 위쪽을 쏘려고 했지만 단지 피아니스트만을 죽이는 데 성공한 것처럼, 연주자가 제거되어도 음악은 언제나 어딘가에서 끝없는 회전을 이어가기 때문이다.

시공간 장치

특정 영화를 위한 감정적 지지대가 되기 전에, 영화에서 음악은 우선 시공간 장치다. 다른 말로 하면 공간과 시간을 다루는 기계인데, 음악은 자기가 원하는 대로 공간과 시간을 팽창시키고, 수축시키고, 응결시킬 수 있다.

영화에는 바로 이런 기계가 필요하고, 연극과 달리 영화는 실제 시간대를 길게 운용하는 일이 드물다. 반면 영화는 하루 또는 몇 년에 걸쳐 펼쳐져 있는 짧거나 중간 정도 장면들을 운용하며, 이 장면들이 길거나 짧은 사건들을 표현하는 일을 맡고 있다. 그리고 영화는 때로는 몇 년에 걸친 행복을 30초 동안 표현해야 한다는, 또는 현실에서는 기껏 몇 초간 지속될 극적 상황을 5분 동안 유지해야 한다는 의무감을 갖고, 종종 장소들을 늘려가며 지속 시간을 분산하는 데 이르게 된다.

오페라에서처럼 음악은 행위가 응결되는 순간들을 떠받치고 운반한다(레오네 영화에서 모리코네). 평행 몽타주로 서스펜스를 지속할 필요가 있을 때 음악이 나오며, 이때 음악은 다음과 같은 비현실성을 허용할 수 있게 해준다. 즉 멈추지 않고 희생자의 몸속에 파고들어갈 준비가 된 비수, 선로에 묶인 불행한 여자를 향해 멈추지 않고 돌진하는 기차, 세실 데밀의 〈십계〉(1956)에서 모세가 구한 늙은 여자를 시시각각 깔아뭉개려 하지만 서스펜스가 개발되고 발전되기 위해 필요한 시간을 기다리는 거대한 돌 따위의 비현실성이 그것이다. 음악은 지속 시간을 양식화하면서, 자기가 객관적 시간성에서 해방시킨 발성영화가 무성영화의 언어를 되찾을 수 있게 해준다.*

반면 **공간**을 재창조하는 음악의 역할에 대해서는 그렇게 많이 언급되지 않았다. 영화는 시간을 쪼개고 나누는 것과 마찬가지로 공간도 쪼개고 나눈다. 음악의 반향성, 오케스트라의 음량, 멜로디가 암시하는 지평을 통해 음악은 때로 파편화된 데쿠파주가 없애버린 '광대함'의 인상을 복원하는 데 도움을 주는데, 이 광대함은 보통 리얼리즘적 소리로는 획득할 수 없다. 예컨대 현장에서 녹음한 직접음향(고리못을 때리는 망치 소리, 얼음이나 눈 위에서 갈고리 쇠와 등산화의 마찰 소리, 탐험대 구성원들 사이의 대화)을 들려주는 높은 산을 탐험하는 영화들을 볼 때, 공간의 지각이 기이하게 축소된다는 사실을 깨닫게 된다. 이런 영화들에서 음악은 종종 광대한 자연에서 사라진 감정을 다시 도입하려고 쓰인다.

또한 우리는 훨씬 더 일반적 차원에서는 음악이 무성영화 이래로 시네마토그라프의 좁은 프레임을 주관적으로 확장할 필요, 정신적으로 더 넓은 공간을 복원할 필요에 부합하는 것은 아닌지 물을 수 있다.

음악은 또한 시간과 공간 속에 다리를 놓는 역할로 개입한다. 앙리 콜피가 지적한, 이제는 유명해진 킹 비더의 〈할렐루야〉의 예가 그렇다. "이 영화의 마지막 시퀀스는 기타 반주와 함께 이 영화 주인공이 부르는 「귀향」의 멜로디가 이끈다. 첫번째 악절에서 우리는 감옥에 있다. 그리고 이 연가는 시각적 전이 없이 배 위에서

---

* 〈시민 케인〉의 유명한 '에밀리와의 아침 식사' 시퀀스를 보라. 여기서 오슨 웰스는 아침 식사에서 서로 만날 때 케인과 에밀리 사이에 무관심이 커져가는 것을 보여줌으로써 몇 년에 걸쳐 찰스 포스터 케인의 첫번째 결혼 생활이 악화되는 단계를 압축적으로 보여준다. 버나드 허먼은 이 시퀀스를 위해 닫힌 음악적 전개로 구상한 4분짜리 음악을 작곡했다.

이어진다. 마침내 제케는 육지에 도착하는데, 그는 노래를 계속 부르면서 집에 도착한다. 우리는 음악의 일관성만으로 몇 초 만에 멀리 떨어진 서로 다른 세 장소로 이동했다."*

그 후 나온 다른 영화, 제임스 웨일의 〈쇼 보트〉(1936)에서 르네 클레르는 이와 똑같은 기법을 높이 평가했다. "불쌍하게 옷을 입은 한 여가수가 작은 콘서트 카페에서 노래한다. […] 노래가 계속되는 동안 이 가수는 보이지 않게 되고, 빠르게 흘러가는 영상들이 우리를 거대한 콘서트 홀로 이끄는데, 여기서 똑같은 가수가 야회복을 입고 우리가 계속 들은 그 노래의 마지막 소절을 끝낸다."**

여기서 우리는 버스비 버클리가 연출한 수많은 코미디 뮤지컬 곡과 뮤직비디오의 원리를 알아볼 수도 있을 것이다. 이 두 장르는 모두 연결의 끈을 놓치지 않은 채 시간과 공간 속의 거대한 비약을 즐긴다. 왜 그럴까? 음악은 시공간을 돌리는 턴테이블이며, 온갖 물질적 장벽을 넘어서는 장소 중의 장소이기 때문이다…

돌격 나팔은 누구를 위해 울리는가

프랜시스 포드 코폴라의 〈지옥의 묵시록〉이 개봉되어 한 무리의 미국 헬리콥터가 리하르트 바그너의 「발퀴레의 기행」에 맞춰 베트남 마을을 파괴하는 장면을 보았을 때, 우리는 공포에 떨었다. 무성영화의 마스코트이자, 그 후 수많은 발성영화(예컨대 펠리니

---

*   Henri Colpi, *Défense et illustration de la musique dans le film*, Serdoc, 1962, p. 91.

**   René Clair, *op. cit.*, p. 208.

           2부. 미학과 시학

의 〈8과 1/2〉 시작 부분)에 다시 사용된 이 오래된 바그너의 테마가 다시 한번 세상에 나와 열심히 자기 일을 하는 모습을 보였다. 그러나 여기서 이 음악이 쓰이는 조건은 다르다. 예컨대 펠리니의 영화에서 바그너의 음악은 영상의 정당화 작업 없이 가상의 오케스트라 피트에서 나왔지만, 〈지옥의 묵시록〉에서 이 음악은 이 영화의 행위 속에 포함되어 있다. 볼륨을 가장 크게 올려서 「발퀴레의 기행」을 멀리까지 들리게 하려고 헬리콥터들 위에 스피커를 설치하게 한 사람은 킬고어 대령(로버트 듀발)이다. 이때 몇몇 사람은 이것이 속임수 아니냐고 이의를 제기했다. 실제로 이 돌격 음악은 누구를 위해 울리는가? 모터 소리와 무기들의 엄청난 소음만으로도 분명 이 음악이 충분히 들리지 않게 되기 때문에, 킬고어가 주장하는 것처럼 적에게 겁을 주기 위해서라는 게 과연 진실인가? 현실에서는 이 음악을 가려버렸을 소음들 위로 이 음악이 아주 선명하게 들리기 때문에, 이 음악은 특히 관객을 위해 울리는 것이 아닐까?

이 질문에 대한 답은, 전쟁이 일어나고 돌격 음악이 울릴 때 이 돌격 나팔이 무엇 때문에, 정확히 누구를 위해 울리는지 실제로는 아무도 진정으로 답할 수 없다는 것이다.

전투에서 음악은 자기 진영에 암호화된 명령(공격, 후퇴)을 전달하거나 용맹을 독려하려고 울린다. 또한 적을 겁먹게 하거나 적에게 우리가 누구이고, 얼마나 전의에 불타는지를 보여주려고 울린다. 세번째로 또 다른 존재, 신이나 실제 또는 가상의 관객을 위해서, 거대한 귀를 위해 울릴 수도 있다. 그리고 아마도 마지막으로, 이 돌격 음악은 기표 그 자체일 수 있는 음악이 그 누구를 위해서도 존재하지 않는 장소의 이름으로, 그 누구를 위해서도 울리지 않는 것으로 울린다.

영화음악의 관행을 둘러싼 온갖 물결 속에서 최소한 구분 하나가 존재한다. 즉 행위 자체 속에 있는 원천에서 나온 음악(살아 있는 연주자가 아닌 라디오나 축음기에서 나오는 음악을 포함해서, 음악이 나오는 바로 그 순간 '인 사운드'나 프레임과 인접한 장소에서 '외화면 사운드'로 영상 속에 나타나는 음악)과, 오페라에서 오케스트라 피트와 유사한 가상의 장소(그 영화의 행위와 소통하지 않는 장소)에서 오프 사운드로 나오는 음악의 구분은 아주 빨리 명확하게 제기되었다.

심지어 이 차이는 영화에서 음악에 대해 언급한 사람들이 너무도 잘 파악하고 범주화해서, 이를 지칭하려고 가장 다양한 용어를 제안했다. 지크프리트 크라카우어는 『영화의 이론』(1960)에서 '실제 음악aktuelle Musik'과 '해설적 음악kommentierende Musik'을 구분했다. 가빈 밀러와 공동 저술한 몽타주에 대한 유명한 책 『영화 편집의 기법』(1953)에서 카렐 라이스는 특별히 음악에 적용할 만한 구분, 즉 실제 소리actual sound와 "출처가 스크린에서 보이지 않고 현재의 행위에 포함되지 않는" 소리, 즉 해설적 소리commentative sound를 제안했다.* 내가 모든 명칭을 조사한 것은 아니지만, 이런 다양한 명칭은 두 종류 음악의 구분, 아니면 이를 지칭하는 이름이 모든 사람에게 필수 불가결하다는 점을 보여준다. 그러나 해설적 소리와 실제 소리라는 개념이 상대적으로 앵글로색슨 나라들에서 쓰이는 반면, 프랑스에서는 이에 대해 공동으로 함께 쓰는 용어가 없다.

---

*　　Karel Reisz & Gavin Millar, *The Technique of Film Editing*, Focal Press, 1953, p. 397.

앞에서 내가 언급한 용어들도 때로는 혼동을 불러일으킨다. 이렇게 정식화된 용어들이 프레임과 관련해 서로 다른 위치에 할당된 음악의 기능에 편견을 불러일으키기 때문이다. 그런데 '실제actual' 음악은 이와 동시에 '해설적으로commentative' 쓰일 수 있다.

앨버트 르윈의 〈도리안 그레이의 초상〉(1945)에 나오는 한 시퀀스에서 주인공은 쇼팽의 「D단조 전주곡」(24번)을 피아노로 연주한다. 라이트모티프로 쓰이는 이 테마곡은 이와 동시에 주고받은 대화에 대해 암시와 예견으로 가득 찬 진정한 해설로 울려 퍼진다. 마찬가지로 루키노 비스콘티의 〈폭력과 열정〉(1974)에서 젊은 콘라트(헬무트 베르거)가 교수(버트 랭커스터)의 전축에 틀어놓은 콘서트 곡목은 이 장면을 주관적으로 채색한다. 또한 젊은 주인공들이 자기들이 가져온 전축으로 클라우디오 몬테베르디의 음악을 틀어놓고 한 성당의 헌금함을 터는 로베르 브레송의 〈아마도 악마가〉 장면에서 이 음악은 '해설적인' 음악만큼이나 이 장면을 극화시킨다.

그렇기 때문에 나는 이 두 범주를 지칭하려고 각 범주가 지닌 특수한 기능을 참조하는 것이 아니라(여전히 기능주의가 아닌 내 접근 방식), 단지 이 범주를 규정한 상징적 발성의 장소만 참조한 용어를 정하자고 제안했다. 나는 음악의 원천이 현재 행위의 장소에 있는, 행위 속의 디제시스 음악에 대해서는 **스크린 음악**musique d'écran/screen music, 다른 음악에 대해서는 **피트 음악**musique de fosse/pit music이란 이름을 붙인다.

우리는 '피트fosse/pit'가 어디서 온 것인지 안다. 오페라에서 온 것이고, 또한 뮤직홀처럼 오페라보다 덜 고귀한 장르에서 온 것이다. 사실상 직접 연주하는 음악이 함께 나오는 스펙터클의 온갖 다양한 형식(발레, 팬터마임, 서커스, 뮤직홀, 오페라와 오페레타)을 특징짓는 것은 음악가들이 자리 잡은 장소가 있다는 점이고, 이 장소는 엄밀한 의미에서 행위가 벌어지는 장면이 아니라는 점이다. 이 장소는 서커스에서는 관중석이고, 뮤직홀에서는 지면이며, 발레나 오페라에서는 피트, 다른 문명의 특정 뮤지컬 드라마에서는 구름다리나 무대 뒤다.

연극 공연의 무대 지시나 오페라 대본, 발레의 개요에는 '장면이 바뀐다'라고 씌어져 있고, 이는 영화 스크린도 마찬가지다. 장면이 바뀌고 궁전이었던 장소가 마술적으로 숲, 대기실 또는 수도원 면회실이 된다. 반면 관객에게 음악의 가상적 장소는 바뀌지 않는다. 어떤 스펙터클의 시작부터 끝까지, 아니면 그때마다 음악은 모든 시간과 장소를 담고 있는 장소 중의 장소인 피트나 관중석에서 나온다. 이 장소는 모든 곳으로 이어지며, 과거뿐만 아니라 미래로, 바다뿐만 아니라 도시로, 진흙탕뿐만 아니라 별들로 이어진다. 이 장소는 여기도 저기도, 옛날도 지금도 없다. 그것은 삶이라는 비열하고 위험한 장소의 기본 원리들이 끈적끈적 기어가는 도랑fossé인 동시에, 시간 밖에서 떨어져 나와 과거, 현재, 미래를 하나의 순간적 단면으로 지켜볼 수 있는 창공 속의 발코니다.

영상을 만들어내는 말이 영상을 만들어내지 않는 말과 촬영되기만 한 말에서 자기 진실을 찾는 것과 마찬가지로, 음악을 만들어내는 행위 자체가 촬영과 녹음의 대상이 될 때 영화에서 음악은 기악의 촬영에서 자기 진실을 찾는다.

기악 음악의 지점을 찍는다는 도전

영화는 줄곧 이어지는 노래를 보여주는 데 적합하며, 이것이 전적으로 영화에 자연스럽다. 반면 기악 연주는 기이하게도 마치 찍을 수 없는 대상인 것처럼, 계속 이어지는 기악 연주 자체를 찍는 것은 해결할 수 없는 문제로 보인다. 문제가 되는 것은 소리가 나오는 지점을 찍는 일이다. 기악 연주자나 오케스트라를 찍을 때 숏을 끊고 앵글을 변화시키려는 끝없는 유혹이 일어난다. 이는 마치 우리가 반드시 있어야 하는 지점에 아예 못 간 것 같다. 이런 유혹에 맞서려면, 예컨대 장-마리 스트로브와 다니엘 위예의 〈안나-막달레나 바흐의 연대기〉(1968) 같은 영화에서처럼 상당한 독자성이 필요하다고 할 수 있다.

그러나 성악이 기악보다 촬영하는 데 더 적게 문제가 제기된다면, 이는 아마도 단순하게 노래가 대부분 음성 메시지를 실어 나르고, 몸이 발성에 집중하며, 공기의 흐름이 입의 구멍에서 나오기 때문이다. 반면 기악 연주를 찍는다는 것은 영화와 텔레비전에서 매번 다시 이루어지는 오랜, 진정한 도전인데, 이는 소리를 만들어내는 데 집중하고 있는 누군가를 보여주기 때문이며, 그 소리가 태어나는 장소가 직접적으로 그의 몸이 아니기 때문이다.

노래하는 인간의 목소리는 악기 소리가 갖지 못한 권력을 가지고 있다. 이는 아마도 악기 소리가 음성의 마술, 즉 공간 전체를 장악하는 권력을 되찾을 때를 제외하고 그렇다. 악기 소리는 이중적이다. 그것은 한편으로 소리가 나오는 지점(그곳이 어디인지는 쉽게 알 수 없다)에 고정되어 있고, 다른 한편으로 그 소리가 나오는 지점으로 환원되지 않는다. 아마도 이 때문에 피아니스트를 찍는 카메라는, 마치 '그것이 일어나는 곳'이 어딘지 주저하는 것처럼 그의 얼굴부터 현을 때리는 해머를 거쳐 그의 손까지 계속 돌아다닌다. 관객에게 이는 그 순간 보인 것과 언제나 다른 곳에서 일어나는 것 같다.

카메라가 피아니스트의 손에 멈추면 이때는 그의 얼굴이 보고 싶고, 그 역도 마찬가지다. 비디오를 이용해 두 시점을 중첩해서 보여주게 되면, 진정한 선택을 모면한 것 같고 인위적으로 보여 실망스럽다. 그러나 〈안나-막달레나 바흐의 연대기〉에서 멀리서 연속으로 찍은 구스타프 레온하르트를 보게 될 때, 우리 머리는 그의 자리에 묶여 있는 것처럼 느끼며, 카메라가 움직이고 접근하고 바뀌기를 바란다. 지속적으로 불편하다.

요컨대 고전음악 연주를 촬영하는 일은 영화의 미장센과 정반대다. 영화의 미장센은 시공간의 불연속적 요소들을 취합해서 장면을 구성하며, 이 불연속성 자체에서 그 의미와 논리가 생겨난다. 이와 반대로 기악 공연을 촬영할 때는 뭔가가, 연주와 음악적 표현의 덩어리가 연속으로 일어난다. 이를 중심으로 카메라는 시점을 변경해가면서 조심성 없이 움직이며, 시점의 변화 때문에 그것이 만들어낸 파편화만 두드러질 수 있다. 카메라가 안정된 시점으로 고정되지 않은 한 그러한데, 불행하게도 이 안정된 시점마저 다른 가능한 시점을 계속 떠올리게 하고, 일어나는 일을 포착할 수 없는 카메라의 무능력을 해결하지 못한다.

하워드 혹스처럼 차분한 감독마저, 〈노래의 탄생〉(1948)에서 자기가 찍은 재즈 곡들의 리듬에 맞추려고 숏들을 작은 조각들로 자르게 내버려둔다. 이때 몽타주는, 한 감독의 현란한 겉치레에 불과한 영화에서 최근의 스폿광고 영상의 리듬에 도달할 때까지 폭주한다! 단지 클리셰에 불과한 영화를 다룬다 해도 큰 도움은 되지 않을 것이다. 이 클리셰가 어디서 오며, 왜 힘을 발휘하는가를 말해주지 않기 때문이다. 마찬가지로 텔레비전이 콘서트를 중계하려고 이중 인화, 페이드, 시점의 변화를 거듭할 때, 소리의 유동성과 역동적 유연성에 합류하려는 영상의 거대한 노력을 여기서 봐야 할 것인가? 아마도 그럴 수 있다. 사실상 음악의 악절은 아주 짧은 순간 역동적이고 경이적인 활력을 응축할 수 있고 긴장과 이완, 새로운 전개와 완충 등 아주 빠른 이야기를 발전시킬 수 있지만, 이에 비해 영화나 비디오에서 영상의 움직임은 아주 정적이다. 또한 카메라가, (청중이 콘서트에 참석하거나 CD나 라디오로 작품을 들을 때, 청중의 사유가 음악을 떠나고 되돌아오며 디테일에서 거대 형식으로, 악보에서 음악이 자기 안에 불러일으키는 것으로 움직일 때 생기는) 청중의 주의나 시선의 무의식적 방황을 흉내 내려는 순진한 시도가 있다고 말할 수도 있다.

거꾸로, 비록 우리가 시선에 대해서는 〈안나-막달레나 바흐의 연대기〉에서 스트로브와 위예가 도입한 확고한 태도(카메라 움직임을 최소화하면서 기악 연주를 전체적이고 연속으로 찍는 것)를 품위 있는 유일한 전략으로 인정해도, 이때 우리가 부동성의 훈련에 참여하고 있다고 느끼지 않기란 힘들다. 하프시코드를 연주하는 구스타프 레온하르트의 영상 속에서, 이 영상 앞에서 우리는, 연주회장에서 구스타프 레온하르트의 라이브 연주를 들으면서 할수 있는 것처럼 정신적으로 산책할 수 없다. 이는 우리가 연주회장이 아니라 이보다 훨씬 더 적고 집중된 정보를 옮겨주는 영화 프레임을 마주 보고 있기 때문인데, 영화 프레임은 탐험적인 몽상에 적합하지 않다.

내향적 양식과 외향적 양식,
전기 장치 없는 소리와 전기 음향적 소리

모든 경우가 같지는 않지만 기악 연주에서 두 가지 극단을 구분할
수 있는데, 이 두 극단은 감독들에게 각기 다른 차원의 문제를 제
기한다. 단순화시키기 위해 **내향적** 양식과 **외향적** 양식이 있다고
말해보자. 먼저 특히 서구 고전음악 고유 양식인 내향적 양식에서,
연주자는 자기가 다른 사람에게 어떻게 보일지 신경 쓰지 않고 자
기 연주에 전면적으로 몰두하고 있다고 여겨진다. 만약 그가 얼굴
을 찡그리는 일이 일어나고 카메라가 이를 가까이에서 찍는다면,
관객은 불편함을 느끼게 된다. 그가 히스테리나 과시욕을 보이는
것은 아닌지 묻게 되는 것이다. 이와 반대로, 재즈나 대중음악 특
유의 외향적 양식에서 연주자는 연주하는 동안 자기 동작이나 몸

짓의 스펙터클을 연출하는데,
결과적으로 그를 촬영해도 앞
에서와 같은 부담스러운 인상
이 생기지 않는다. 시각적 개
그, 우스꽝스러운 손놀림, 장난
기 많은 흉내를 내는 치코 막스
의 피아노 연주는 십중팔구 두
번째 경우에 속한다. 반면 하포
의 하프 즉흥연주는 관객을 향
한 어떤 개그도 담겨 있지 않을
때 특히 더 거북스러운데, 하포
는 마치 자신이 보이지 않는 것

2부. 미학과 시학

처럼 연주에 몰두하는 진지한 연주자의 중립적 표정을 보여준다.

청각적으로 말해서 두 종류의 기악 연주 상황이 있다. 먼저, 소리가 증폭되지 않은 전통적 악기들로 이루어지는 순수하게 청각적인 연주 상황이나, 소리가 태어나는 온상이 악기라는 기이한 대상 속 어딘가에 실제로 자리 잡는 상황이다. 두번째 경우는, 전기를 공급한 악기(전기기타)나 전자악기(신디사이저)인데, 이런 악기들에서 전체적으로나 부분적으로 전기적 진동에서 나온 소리는 이 소리를 들려주려고 스피커(공간에서 스피커는 마음대로 배치한다)가 있는 순간부터만 존재한다. 록 음악의 경우인 두번째 경우, 대개 내화면에서 보이는 마이크 증폭 체계가 본래의 청각적 위치에서 소리를 떼어내거나 온갖 종류의 위치를 만들어 공간 속에서 소리를 중계하고 증폭하고 퍼뜨리는 모든 경우에, 이때 카메라는 '그것이 일어나는 곳'을 찍으려는 강박관념에서 떨어져 나와 훨씬 자유롭게 움직일 수 있다… 멀티트랙(돌비 스테레오) 사운드로 찍은 뮤지컬 영화에서, 특히 음악 소리가 공간에서 폭발하는 록 영화에서 소리의 존재는 과거의 코미디 뮤지컬 속에서 이미 느낄 수 있는 상황을 증폭시킨 것에 불과하다. 볼륨과 선명도가 증가된 음악 소리는 스크린의 한계를 벗어나는 특성과 결합되어 영화 스크린의 장소를 영화관 속으로 옮기거나, 더 정확하게 말하면 온갖 스피커로 규정된 더 넓은 소리 공간에 음악을 위치시키는 경향이 있다. 극단적인 경우 스크린에서 보이는 것은, 심지어 롱숏으로 보여도 결코 명백하지 않고, 훨씬 더 전반적인 전체에서 택한 디테일들을 서로 연결하지 못한 채 무작위 추출로만 만들어진 것 같고, 단지 소리만이 우리에게 그 규모를 느끼게 해준다.

예컨대 밀로스 포먼의 〈헤어〉(1979)나 라스 폰 트리에의 〈어둠 속의 댄서〉에서 춤이 나오는 몇몇 시퀀스(예컨대 포먼 영화에서 센트럴파크에서 벌이는 즉흥적인 춤, 트리에 영화에서 공장에서 추는 춤)는 단지 망원렌즈로 포착한 디테일을 보여주는 숏들의 연속에 불과하며, 스펙터클 전체를 보여주는 영상 —— 이 전체적 숏은 고전적 코미디 뮤지컬에서 언제나 어떤 순간에 관객에게 제시되었다 —— 을 보여주지 않고 서로 거칠게 연결된다. 오늘날 이같이 세분화해서 뮤지컬 곡목을 찍을 수 있다는 것은, 공간 속에서 우레같이 울리는 소리와 함께 음악이 공간의 토대가 되는 장소, 데쿠파주의 기준이 되는 장소가 된다는 뜻이다. 관객은 예전에 느꼈던 필요, 즉 영화가 일관된, 연결된, 동질적 공간을 구축해야 한다는 필요를 더 이상 느끼지 않는 것 같다.

펠리니와 오케스트라

오케스트라 연주를 찍을 수 없다는 것은 잘 알려지지 않은 펠리니 작품의 주제이기도 하다. 펠리니의 〈오케스트라 리허설〉(1978)은 거북스러운 영화고, 이는 명백히 감독의 의도다. 그러나 그것은 권력을 가진 변태적인 사람들 —— 이는 오케스트라 지휘자라는 불안을 유발하는 인물을 통해 탁월하게 제시되었다 —— 과 거장을 찾는 '대중'의 아나키스트적 요구 사이에서 벌어지는 숨바꼭질 놀이를 잔인하게 보여주기 때문만은 아니다. 〈오케스트라 리허설〉은 음악 그 자체뿐만 아니라 음악이 재현되는 방식을 통해서도 관객을 불안하게 만든다. 그동안 친숙하게 함께 작업한 작곡가 니노 로타(이 영화가 마지막 공동 작업이다)에게 펠리니는, 이 작곡가가 비스콘티(〈레오파드〉)나 코폴라(〈대부 1〉)에게 작곡해서 준 것과 비슷한 거대 음악을 써달라고 요구하지 않았다. 그 대신 펠리니는, 진짜 경음악은 아니라고 해도 기이하고 불쾌한 음악, 오히려 가냘픈 음악을 주문했다. 즉 그것은 일종의 '감기 걸린' 「호두까기 인형」 같은 곡이다. 이 음악은 영화의 거의 유일한 배경인 녹음실에서 연주되지만, 거의 야외에서 들리는 듯하다고 말해야 할 것이다. 바이올린 소리가 서서히 사라지지도 않고 밀도도 없기 때문이고, 함께 모인 오케스트라가 무게도 일체감도 보여주지 않기 때문이다. 이런 조건에서는 오케스트라 소리도 스크린 음악으로 위장한 피트 음악으로 기능하는 대신, 스크린 속에 '포함될' 수 있을 것 같다. 펠리니는 여기서 스테레오타입과 거꾸로 간다.(스테레오타입은 스탠리 큐브릭의 〈시계태엽 오렌지〉[1971]에서 보이는 것처럼 음악을 무기로, 힘으로, 우레같이 울리면서 으깨는 기계로 만든다.) 여기서 음악은 기껏해야 아무도 찾아오지 않는 공원의 낡아빠진 야외 음악당을 채우는 게 고작인 사소하고 하찮은 소리에 불과하다.

　　그리고 거드름 피우지 않는 이 취약한 음악을 연주하려고 독일 지휘자가 예술가의 히스테리를 부리는 모습, 모욕과 규탄의 일상적인 레퍼토리를 퍼붓는 모습이 보인다! 이 음악이 명령을 뜻한다면, 이 명령은 사실상 그 덧없음 자체로 명확히 드러나고, 아무 위협도 되지 못한다. 펠리니는, 안제이 바이다가 비슷한 주제를 다룬 거의 동시대의 영화 〈오케스트라 컨덕터〉(1979)에서 택한 두 가지 쉬운 해결책을 피한다. 그것은 우선 보편적 존경의 대상(베토벤의 「교향곡 5번」[운명])인 고전적 레퍼토리의 '위대한 작품'을 취하는 것이고, 나아가 이 음악을 시공간의 불쌍한 노예 상태를 넘어서는 진정한 초월적 피트 음악으로 사용하는 것인데, 이는 오케스트라 연주를 촬영해야 한다는 도전을 피하는 것이다. 펠리니의 영화처럼 바이다의 오케스트라는 플레이백play-back으로 연주한다. 그러나 여기서 폴란드 오케스트라는 각 연주자와 악보대를 가까이에서 잡는 시점을 통해 작은 조각들로, 지속적인 파편화로 촬영된다. 결과적으로 음악은 언제나 프레임을 넘어서고, 가둬놓거나 경계선을 정할 수 없는 거대한 덩어리로 울린다. 이때부터 이 베토벤의 음악은 영화의 취약성(누더기로 깁는 것과 다른 방식으로 오케스트라 연주를 찍을 수 없다는 취약성)을 적절하게 연결하고 정당화하는 동시에 이를 '가리는' 데 사용된다. 그 결과 마치 음악이 그 연주 이전에 존재한 것처럼 음악이 연주를 언제나 초월하는 듯이 되어버리는데, 이는 사실상 〈오케스트라 컨덕터〉가 보여주는 것이다. 바이다 영화의 주제 —— 오케스트라 지휘의 두 양식을 제시하는 것이 주제인데, 하나는 서투르게 현학적이고 분석적인 안제이 세웨린의 지휘 양식이고, 다른 하나는 넉넉하게 포괄적이고 종합적인 존 길구드의 지휘 양식이다 —— 는 약간 가려지고, 영화에 제시된 모습, 즉 권력에 대한 교훈적 우화를 주기 위한 핑계로 나타난다.

펠리니의 〈오케스트라 리허설〉의 경우는 전혀 그렇지 않다. 우쭐거리는 태도가 없고 신선한 창작 음악(클래식 음악이 아니라 '오리지널' 창작곡)이 나오는 이 영화에서 음악은 감동적인 내재성을 통해 제시되며, 2박자 무용곡 갤럽을 연주할 때 계속 이어지는 패닝 세 개에서 볼 수 있듯이 수많은 롱숏은 파편화라는 쉬운 해결책을 거부하고 오케스트라 연주를 찍을 때 생기는 주된 어려움에 정면으로 도전한다. 펠리니 이전에도 수많은 오케스트라 연주가 텔레비전과 영화에 등장했다. 그런데 상징적 오케스트라를 찍으려면 불가피하게 전체적인 움직임을 깨지 않을 수 없다. 롱숏으로는 아주 혼란스럽고 지나치게 넓은 시야만 제시할 수 있다. 이때 디테일을 보여주는 숏으로 이를 만회하게 되는데, 이런 숏에서는 클라리넷, 트럼펫, 플루트, 팀파니 같은 솔리스트 각각이 연주를 시작할 때 이들을 인위적으로 고립시켜 보여주게 된다. 그 결과 음악은 작은 조각들로 나뉘게 되는데, 각 연주는 전체와 관련해서만 의미가 있기 때문이다. 브루크너 교향곡에서 플루트 솔로가 나올 때, 이 솔리스트를 둘러싼 오케스트라 전체의 침묵은 플루트 음표만큼이나 중요하다. 이 솔리스트만 클로즈업으로 보여주는 것은, 그에게 의미와 파장을 부여하는 침묵하는 오케스트라 공간의 중요성을 파괴하는 것이며, 음악을 분열시키는 것이다. 펠리니가 오케스트라 리허설에 대해 영화를 찍을 때, 그가 찍은 것은 정확히 이러한 분열이고, 조화롭게 연계된 전체를 보여주는 데서 생기는 어려움이다. 음악을 영화로 찍을 때는 음악이 해체되어버리는 것 같다. 음악은 언제나 질서와 무질서가 만나는 곳에 있다.

운명의 암호

앞서 봤듯 어떤 이야기, 특히 영화에서 한 사람의 운명과 음악의 곡조를 연결하는 것만큼 흔한 일은 없다.

그리고 어떤 테마곡이 운명의 상징일 뿐만 아니라 죽음과 파멸을 가져오는 암호화된 메시지가 된다는 아이디어는, 1930년대 유명한 스파이 영화 두 편에서 히치콕적인 의미의 '맥거핀'(이것을 얻으려고 온 힘을 다 쏟지만 결과적으로 공허한 대상)으로 사용되었다. 이 두 영화는 요제프 폰 슈테른베르크의 〈불명예〉와 히치콕의 〈사라진 여인〉(1938)이다.

슈테른베르크의 영화에서 스파이 마를레네 디트리히는, 러시아인들이 비밀 메시지가 담긴 코드화된 테마곡 악보를 적을 때 아주 놀란다. 그녀의 적인 러시아 대령은 그녀에게 빼앗은 그 대목(기이하게도 반음계 양식이고 '현대적인' 곡)을 피아노로 연주하면서 "이 음표 하나하나는 수백만 명에게 죽음을 뜻합니다"라고 말한다. 한편 히치콕의 영화는 진정한 성장담인데, 여기서 작은 테마곡은 주요 술책과 의미심장한 요소로 여겨진다. 물론 감독 스스로도 그 자의성을 지적했다. "저 역시도, 대간첩 활동을 하는 사람들이 왜 그냥 단순하게 통신 비둘기로 메시지를 보내지 않았는지 의문입니다."*

물론 〈사라진 여인〉은 전체주의에 맞서지 못하는 1930년대 민주주의의 무기력에 대한 일종의 정치적·도덕적 영화다. 그러나 또한 이 영화는 처음에는 이기적인 두 젊은이, 길버트와 아이리스가 서로 만나 시련을 통해 성숙해지는 성장의 모험이기도 하다.

다른 성장담처럼 〈사라진 여인〉은 일련의 사라짐과 실신失神('사라진다' '실신하다'라는 뜻을 가진 영어 단어 'vanish'의 고유한 의미와 비유적인 의미에서)을 통해 구두점이 찍혀 있다. 이 영화에서 이야기는 대부분 기차에서 전개되는데, 기차의 은유를 취하면 사라짐과 실신을 두번째 탄생의 입구인 '암전暗轉'과 '터널'에 비유할 수 있다.

물론 이 과정은 기차에서 프로이 부인이 사라지면서 시작된

---

* François Truffaut, *Hitchcock/Truffaut*, Ramsay, 1983, p. 98.

다. 프로이 부인은 기차 칸막이 칸에서 앞에 앉은 아이리스가 잠든 사이에 사라진다. 두번째 터널에서는 프로이 부인의 이름 자체가 불확실해지고 마는데, 이 이름은 김이 서린 기차 유리창에 손가락으로 쓴 것이고, 그녀가 납치된 이후 그녀가 존재했다는 유일한 증거다. 아이리스는 그녀를 찾지만 프로이 부인을 기억하는 사람이 아무도 없기 때문이다. 노부인은 아이리스와 대화 중에 기차가 터널 속으로 들어가면서 자기 말이 들리지 않자 아이리스에게 자기 이름을 써준다. 이후 아이리스는 프로이 부인이 실제로 있다는 점을 필사적으로 증명하려 할 때 이 이름을 다시 발견하게 된다. 그러나 아이리스가 이 글자를 발견하자마자, 기차가 또 다른 터널 속으로 들어가 칸막이 칸에 공기가 들어오면서 유리창에 씌어진 글자가 지워진다. 아이리스에게 이 글자는 자기가 겪은 실재에 대한 유일한 증명이다. 유리창 위 ── 물론 유리창은 중립적 기반으로서 영화 스크린을 상기시킨다 ── 에 나타나자마자 사라지는, 명멸하는 실재의 난입은 숭고한 아이디어로서, 프랑수아 트뤼포가 히치콕의 〈염소좌 아래〉(1949)에서 그렇게 예찬한 아이디어 ── 잉그리드 버그먼은 자기를 사랑하는 남자가 시키는 대로 창 위에서 자기 모습을 본다 ── 와 비슷하며, 이 아이디어는 영화의 본질을 건드린다.

사라진 이름이 순간적으로 나타났다 사라지는 모습을 아이리스가 보았을 때, 길버트(마이클 레드그레이브)는 그녀와 함께 식당 칸에 있었다. 그가 이 모습을 못 본 것은 아이리스를 보는 데 몰두하고 있었기 때문이다. 길버트 또한 유리창 뒤의 섬광 속에서 이름 하나가 나타나는 것을 보게 되는데, 그것은 영원히 사라지기 전에 그의 눈에 기적적으로 떠오른 홍차 라벨의 이름이다. 그런데 그

홍차 라벨은 그가 여전히 그 존재를 인정하는 데 주저하고 있었던 노부인이 개인적으로 사용한 것이었다.

불확실하게 가물거리는 이름, 프로이 부인의 사라짐, 깜빡 잠든 아이리스 다음에 마지막으로 가물거리는 것은, 영국 스파이였던 프로이 부인이 영국 비밀정보부에 보고하려고 이 영화가 시작된 알프스산맥 구석 마을로 수집하러 간 코드화된 멜로디다.

이 테마곡에 강력한 효과를 부여하려고 히치콕이 이 영화 내내 반주 음악을 아주 절제해 사용한다는 점에 주목해야 할 것이다. 즉 그는 타이틀 시퀀스와, 주인공이 떠나는 눈 덮인 고립된 산맥을 배경으로 전개되는 첫번째 영상들에만 반주 음악을 넣는다. 반면 이 음악이 맡은 중요한 역할을 예고하는 많은 묘사와 개그가 나온다. 산속 호텔 내부에서 전개되는 첫번째 숏은, 시계 장치에서 뻐꾸기 대신 나온 작은 트럼펫이 끝없이 작은 자명종 소리를 내는 모습을 보여준다. 이후 두 영국인 크리켓 선수가 대화 중에 자기 나라 국가國歌가 지나치게 길다고 언급한다.

그로부터 얼마 지나지 않아 프로이 부인은 화면에 들어와 이 두 영국인에게 자신을 여행 중인 가정교사이자 음악 교수로 소개한다. 이 노부인이 두 남자와 나누는 평범한 대화의 배경으로 외화면에서 어떤 테너의 목소리가 들리는데, 그가 부르는 노래는 가사가 없으며 슬프고 대중적인 곡이다. 프로이 부인은 음악에 대한 사랑을 뽐내며 자리에서 일어나 이 노래를 가까이에서 들으려고 이 테너가 묵는 방 창가로 간다.

이때 그녀가 귀로 기억하려고 애쓰는 이 멜로디 테마는 또 다른 음악으로 뒤덮여 흐려지는데, 그것은 그 위층에서 들려오는 관악기의 시끄러운 소리와 춤을 추는 묵직한 발소리다. 이렇게 이 영화의 남주인공 길버트가 이야기 속으로 들어온다. 그는 이 지역 민속음악을 수집하려고 찾아온 음악 이론 전공 대학생이다. 호텔 종업원이 바로 아랫방에 묵는 아이리스의 요청으로 소리를 좀 줄여달라고 말하러 왔을 때 그는 이 곡조에 맞춰 지역 주민들을 춤추게 하고, 이들의 발소리를 기록하면서 클라리넷으로 날카로운 곡조를 연주하고 있다.

음악 이론 전공 대학생과 가짜 음악 교수라는 우연의 일치는 센스가 있다. 다만 길버트와 프로이 부인은 일정 시간이 지나야 서

로 만나게 된다. 노부인이 납치되고 '지워진' 뒤, 아이리스와 길버트가 그녀를 다시 만나기까지 오랜 시간이 필요했다. 당분간 길버트는 거칠고 어긋난 또 다른 음악을 연주함으로써 이 영화의 핵심이 되는 음악 메시지에 관여할 뿐이다. 그가 연주하는 음악은 자기 장르에서 그 자체로 코드화된 메시지다. 이는 그것이 결혼 음악이기 때문이고, 길버트와 아이리스 사

이에 격렬한 첫 만남의 기회를 만들면서 나중에 이뤄질 이들의 결혼을 예고하기 때문이다.

이후 고요가 되돌아오고, 스파이이자 음유시인이 슬프고 아름다운 노래를 시작하자, 이 곡조를 다시 들을 수 있게 된 프로이 부인은 이 곡 전체를 외운다. 그러나 그녀가 듣지 못하는 소리는,

마지막 음이 사라질 때 어둠 속에서 손 하나가 불쑥 이 가수의 목을 졸라 죽이는 순간 그의 목에서 나오는 작은 소리다.

그리고 이 노부인은 아무 방해 없이 그 멜로디를 반복해서 외우고 자기 방으로 돌아간다.

지나가는 김에, 여기서 발코니를 떠나는 프로이 부인을 보여주고 히치콕이 빠르게 페이드아웃으로 컷한 후 이 음악의 인상을 얼마나 빠르게 흩어버리는지 주목해보자. 즉 그는 만능열쇠 같은 아코디언 곡조로 다음 날 역에서 출발하는 다음 장면의 시작과 이 숏을 즉시 연결한다. 마찬가지로 길버트가 내는 소음은 우리가 아직 이 드라마의 핵심으로 인식하지 못하는 것에 처음으로 주의를 돌린다. 이와 동시에 음악을 어떻게 멈춰야 하는가라는 민감한 문제가 여기서 제기되었다.

이 메시지-멜로디는 프로이 부인이 아이리스와 함께 기차의 칸막이 칸에 자리 잡고 허밍으로 이 노래를 부를 때만 다시 나타나게 된다. 이 노래를 들으면서 자고 있던 아이리스에게 이 멜로디는 결과적으로 자장가 같은 것이다. 이 곡조의 노래와 동시에 프로이 부인은 문자 그대로 증발하고 음악의 음표도 사라진다.

물론 프로이 부인은 전날 밤 이 멜로디를 종이에 기록해둘 수도 있었고, 그랬다면 잊어버릴 위험을 감수하면서 되풀이할 필요가 없었을 것이다. 그러나 이 위험이 더 중요한 서스펜스를 도입하는 것 외에도 음악이 단지 구전口傳으로 존재하는 것이 이 게임의 상징적 규칙에 속한다고 말해야 한다. 이와 반대로 길버트가 음악과 맺는 관계는 단번에 학문적 기록으로 제기되었다. 그가 영화에 처음 나올 때, 그는 춤의 패턴을 기록하려고 필기대 앞에 있고, 자기가 집필 중인 아주 두꺼운 민속음악책에 대해 아이리스에게 말한다. 사실상 그가 음악과 맺는 관계는, 감정보다는 자기 아버지에게 물려받은 인식론적 충동과 편찬의 욕구를 거치는 것 같다.

그러나 이 영화의 마지막 부분에서 기차 속으로 몸을 피한 주인공들과 기차를 포위한 군인들 사이의 전투가 맹위를 떨칠 때, 프로이 부인이 자기 쪽에서 도망가기 전에 이 중요한 메시지를 안전한 상태로 위임하게 되는 사람은 길버트다.* 이때도 그녀는 그에게 악보를 주는 것이 아니라 총

격전이 벌어지는 와중에 이 곡조를 한두 번 흥얼거린다. 길버트 또한 민속음악 수집가로서 자기 능력을 다해 종이에 이 곡조를 기록하지 않고, 돌아오는

길에 집착적으로 이 노래를 흥얼거린다!

그러나 그가 런던으로 돌아와 메시지를 전할 준비가 된 상태에서 아이리스와 함께 외무부 대기실에서 기다릴 때, 그에게 갑자기 기억의 공백이 생긴다. 그는 유리창에 씌어져 있던 프로이 부인의 이름이 지워지자 아이리스가 한 말을 다시 취해 "사라져버렸어!"라고 소리친다. 이 곡조를 떠올리려고 그가 필사적으로 노력한 끝에, 그가 기억의 실수로 노래한 곡은 멘델스존의 「축

---

*   "메시지가 뭐냐고요? 그건 곡조예요. 물론 이 곡조에는 코드가 들어 있지요. 당신이 이 곡조를 외워줬으면 좋겠어요."

24장. 신은 디스크자키다

645

혼 행진곡」이다… 그런데 옆방에서 그가 방금 잊어버린 테마곡이 화음까지 덧붙여 충만하고 성대하게 울려 퍼지자, 길버트와 아이리스는 공황 상태에 빠진다. 이때 이 두 젊은이는 그 방으로 안내되어, 이들에게 두 팔을 뻗어 같은 동작으로 이들을 하나로 연결해주는 노부인과 함께 그들의 진짜 '결혼 행진곡'인 사라진 코드화된 테마곡을 다시 발견한다.

따라서 마지막 구멍, 마지막 터널을 지난 뒤 비로소 화음을 갖춘 충만한 상태로 프로이 부인의 테마곡이 울려 퍼진다. 길버트는 아이리스를 얻기 위해 또 다른 이름(해리먼으로, 홍차 브랜드 이름이다)을 가져올 뿐만 아니라, 종이에 적어두는 수동적 대화가 아니라 입으로 흥얼거리는 살아 있는 관계를 음악과 맺음으로써 음악을 잊어버리고 자기 임무에 실패할 위험 ── 이 메시지를 전달하려고 한 남자가 생명을 잃었다는 점도 기억해야 한다 ── 을 감수해야 했다.

마지막으로 히치콕이 '맥거핀'은 아무것도 아니라는 그의 직관에 맞게 이 음악 메시지, 이 운명의 숫자가 무슨 뜻인지 우리에게 제시하지 않는다는 점도 주목해야 한다.

노래는 시청각이 벌이는 권력투쟁에 상징적 지위를 부여한다

이 정의定義에 대한 온갖 도전이 나왔지만, 영화를 '이후 소리가 첨가된 영상'으로 정의한다면, 중첩과 싱크레즈 현상과 관련된 질문 하나가 제기된다. 즉 '무엇이 무엇을 결정하는가?'라는 질문이다.

2부. 미학과 시학

만화 영화나 존 포드의 〈밀고자〉에서 음악이 한 인물의 동작과 행위를 따라갈 때, 이 이른바 '미키마우징' 기법은 종종 음악이 영상에 종속된 것으로 묘사된다. 마치 악기 두 개가 함께 연주될 때, 무슨 일이 있어도 어느 하나가 다른 하나를 이끌어갈지 결정해야 하는 것처럼. 그러나 음악이 영상을 지휘하지 못할 것은 무엇인가? 다른 한편, 반드시 하나가 다른 하나를 지휘해야 하는 것일까?

이 질문은 음악이라는 단순한 경우를 넘어선다. 오슨 웰스의 〈시민 케인〉과 알랭 레네의 〈지난해 마리앙바드에서〉라는 아주 다른 두 영화에서 가져온 예를 들어보자. 이 두 영화에서 말이나 음악 같은 소리 사건은 조명의 갑작스러운 변화와 동조화된다.

〈시민 케인〉 프롤로그에서 이 변화는 방에 있는 조명에 나타나는데, 버나드 허먼이 작곡한 피트 음악의 스포르잔도 화음과 동조화되어 스테인드글라스 창 하나에 불이 꺼진다. 〈지난해 마리앙바드에서〉에서 레네는 델핀 세리그가 쉰 목소리로 발음한 "아니요"라는 말과, 어떤 방의 큰 침대 머리맡 양쪽에 있는 램프 두 개의 점화를 동조화시켰다. 이 두 예의 공통점은, 동시에 일어나는 두 사건 중 하나가 다른 하나의 디제시스적 원인이라고 말할 수 없다는 점이다. 세리그의 외침이나 버나드 허먼의 화음을, 조명이 켜지고 꺼지는 소리로 듣거나 이 현상들의 원인으로 듣는다고 말할 수 없는 것과 같다. 조명이 켜지고 꺼지는 사건은 소리의 원인이 아니며, 소리도 이 조명의 원인이 아니다. 그러나 싱크레즈가 작동하고, 이 때문에 '누가 누구를 지휘하는 것인가?'라는 질문이 제기된다.

따라서 시청각은 종종 의심스러운 인과관계의 질문으로 쪼개진다. 심지어 릭 올트먼은 할리우드 코미디 뮤지컬을, 음악이 영상의 움직임을 강요하는 것처럼 보이는 시퀀스에서는 때로 인과관계가 전도되는 장르로 규정하기까지 했다.

때로 영화의 한 인물은 **소리를 통해 원인이 되는**, 다른 말로 하면 삶의 디스크자키가 되는 유희를 한다.

델머 데이브스의 〈다크 패시지〉 끝부분에서 역 대합실에 있는 험프리 보가트는 한 남자와 한 여자만 서로 말하지 않은 채 각자 자기 기차를 기다리는 것을 본다. 짓궂은 큐피드인 보가트가 주크박스에 동전 하나를 넣자, 이윽고 대합실에 부드러운 음악이 울려 퍼진다. 남자와 여자는 자신들이 명명하지 않는 이 음악에 잠겨 서로 말하기 시작하고,* 보가트는 그 유명한 찡그리는 미소를 짓

---

*   플라자 호텔 홀에서 이후 자기가 납치될 장소가 되는 바를 향해 걸으면서 로저 손힐(케리 그랜트)은 이 순간 피아노/바이올린 편곡으로 홀에 울리는 배경의 노래가, 전조의 역할을 하는 스탠더드 곡 「가장 이상한 날이야」라는 것을 주목할 생각조차 하지 못한다(히치콕, 〈북북서로 진로를 돌려라〉).

는다. 그는 음악 한 대목과 이 대목이 숨기고 있는 대사를 통해 이 남자와 여자가 자기도 모르게 서로 접근하게 만들었다. 모든 멜로디는 어떤 가사를 대변하는 것으로 간주할 수 있기 때문이다.

조지 루카스의 〈청춘낙서〉의 가장 아름다운 장면에서 신神은 디스크자키로서 잊지 못할 방식으로 재현된다. 주인공 역 배우 리처드 드레이퍼스조차 자신이 직접 봤는지를 확신하지 못하는 울프먼 잭이라는 이 신화적 인물은 노래들을 퍼뜨리고, 이 노래들은 처음부터 끝까지 서로 다른 인물과 이들의 개인사를 적시고, 누가 알겠는가, 아마도 이들의 운명이 어디로 가는지 정해준다.

라디오에 제시된 운명

이것은 미국의 작은 지방방송 기상 캐스터 필 코너스의 이야기로, 그는 자만과 자기도취에 빠진 참을 수 없는 인물이다. 그는 일기예보 전에 그 지역 전통 축제를 생중계하려고 펑크서토니라는 작은 마을에 간다. 이 축제에서는 마멋(끔찍하게도 이 마멋의 이름은 자기처럼 '필'이다)이 자기 그림자에 어떻게 반응하느냐에 따라 추운 겨울이 얼마나 지속될지 알 수 있다고 여겨진다.* 이 스펙터클 의식이 대충 끝나자 필은 한 가지 생각만 하는데, 그것은 최대한 빨리 이 수렁에서 빠져나가는 것이다. 그러나 자기 일기예보에는 나오지 않은 눈보라가 몰아치는 바람에 그는 펑크서토니에 발이 묶이게 되고, 다시는 보고 싶지 않았던 시골 호텔에서 하룻밤을 더

---

* 이 마을과 '마멋의 날'이라는 지역 축제는 실제로 있다.

보내야 한다. 다음 날 아침 6시에 디지털 라디오 자명종이 그 전날처럼 작동하기 시작하고, 그 전날처럼 그가 듣는 것은 소니 앤드 셰어의 노래 「자기야, 내가 널 잡았어」이며, 그 뒤로 지역 방송국 아나운서들의 멍청한 농담이 똑같이 이어진다. 사실 그는 잠에서 깨어나지만, 똑같은 날에 수도 없이 깨어나게 될 것이다.

해럴드 레이미스의 〈사랑의 블랙홀〉은 걸작으로 인정받게 될 것이다. 이 영화를 본 사람은 필이 라디오 자명종에 깰 때마다 한

커플이 부르는 악마 같은 노래 「자기야, 내가 널 잡았어」를 그가(그리고 그와 함께 우리가) 열다섯 번, 스무 번을 듣게 될 거라는 사실을 안다. 이 과정은 이 인물이 자만심과 남성 우월주의를 버리고 결국 자기가 유혹한 앤디 맥다월의 품에 안길 때까지, 그리고 비로소 그다음 날로 넘어갈 때까지 이어진다. 유혹했다고? 아니 유혹을 당했다고 해야 한다. 자유롭게 그를 선택한 사람은 그녀이지, 그 반대가 아니기 때문이다. 「자기야, 내가 널 잡았어」에서 가장

큰 질문은 누가 '나'이고, 다른 사람의 꿈에 빠지는 '너'가 누구인지 아는 일이다. 이 경우 영화 마지막에서 바로 앤디 맥다월이 '나'라고 말할 수 있고, 필은 그녀의 '너'가 된다. 다른 한편, 매일 아침 다

2부. 미학과 시학

시 들리는 이 노래 가사는 그에게 이 사실을 말하지만, 모든 것을 논평하는 그는 이 가사를 알아차리지 못하고, 따라서 이 가사는 명명되지 못한 어두운 왕국에 남아 있게 된다.

한 인물이 노래 가사를 듣지만 이 가사를 자기 것으로 만들고 이를 다시 말로 반복하지 못할 때, 우리는 히치콕의 〈이창〉에서처럼 이 노래가 그에게 그의 운명을 말한다는 점을, 그리고 그가 이 운명을 개척하는 대신 이 운명을 겪게 될 거라는 점을 거의 확신할 수 있게 된다.

신神은, 특히 조지 루카스의 〈청춘낙서〉에서부터 디스크자키다. 그리고 이 신은, 인물들이 가사를 진정으로 주의 깊게 듣지 못하고 수동적으로 들을 때 그들의 운명을 이끄는 노래들을 '들려준다.'

스웨덴 연구자 울프 빌헬름손은 한 탁월한 책에서 리들리 스콧의 〈델마와 루이스〉에 나오는 노래 가사를 '보이스오버 내레이션'과 비교한다. 「〈델마와 루이스〉에서 내러티브 요소로서 노래 가사」란 글에서 그는 이 영화에 들리는 최초의 노래 가사가 이렇다고 지적한다. "자기야, 나는 오늘 밤 외출할 거야 / 자기야, 내가 싸우러 가는 것은 아니야." 울프 빌헬름손은 이렇게 쓴다. "내 생각에, 이 몇 마디 말은 이야기의 배경을 구축한다. 이 여자들이 주말에 떠날 때, 이들의 의도는 갈등을 유발하는 것이 아니다."*

그는 내가 만든 개념들을 참조해, 어떤 노래들이 영화 속에서 논평이나 전조의 가치를 갖는다고 지적하면서 다음 가설을 내세

---

*   Ulf Wilhelmsson, "Song Lyrics as Narrative Elements in *Thelma & Louise*," unpublished paper, 1997.

운다. "시나리오의 어떤 순간 가사들이 인물들에게 어떤 행위를 하도록 '강요한다.' 인물들은 자신들이 통제할 수 없는 언어 중심적 세계의 덫에 갇혀 있는 것 같다. 이들은 실에 묶인 꼭두각시처럼 노래 가사에 복종한다. 물론 문자 그대로 그러는 것은 아니다. 종종 노래들 전체가 오프 사운드로 들려서 디제시스 공간 속에 있지 않다는 사실 때문에 이들은 노래를 들을 수 없지만, 이들의 행위는 노래로 불린 것과 긴밀하게 연관되어 있다."*

나는 이 가설에 약간의 뉘앙스를 덧붙일 것이다. 즉 우리는 인물들이 이 노래들을 들을 수 없다고 절대로 확신할 수 없다. 여기서는 마술의 논리('영화-마술ciné-magique')로 들어가야 한다.

그러나 여기서 빌헬름손의 아주 구체적인 지적은, 이 영화가 진행되는 내내 노래 가사와 영화에서 일어나는 일 사이에 아주 당혹스러운 일치가 있다는 것을 명확히 드러낸다.

루이스와 지미 사이에 '전화소'가 지속되는 내내, 그리고 그 이후 나오는 글렌 프라이의 노래 「당신의 일부, 나의 일부」가사의 내용은 사실상 인물들이 처한 상황에 깊은 반향을 이룬다. "그 외로운 고속도로의 소리를 들을 때, 난 느낄 수 있어 / 내가 죽기 전에 가야 할 수많은 마일 / 우리는 내일에 대해 절대 알지 못하리 / 우리는 여전히 어떤 길을 가야 할지 선택해야 하고 / 너와 나는 교차로 위에 서 있네."

또한 빌헬름손은 이 영화 마지막 자막이 올라갈 때 비로소 이 가사 뒷부분이 들린다는 점을 지적하는데, 마지막 자막에서 그때까지 '숨겨져 있던' 가사가 떠오른다. "이 순간을 함께 나누게 하려

---

* *Ibid.* 작은따옴표 표시는 빌헬름손이 한 것이다.

2부. 미학과 시학

고 시간이 여기로 우리를 데려왔네 / 우리가 절대 찾을 수 없는 어떤 것을 추구하게 하려고"… 이 문장을 루이스와 델마의 우정보다 남자/여자 관계에 더욱 특별하게 적용하면 틀리게 될 것이다. 그 역도 마찬가지다. 더 정확하게는 우리가 반드시 이 둘 사이에서 선택해야 하는 것은 아니며, 심지어 '…보다 오히려'의 논리를 '…인 동시에'로 대체해야 할 것이다.

연주하기, 허밍하기, 노래하기

다음 모든 경우가 가능하다. 즉 어떤 인물이 절대 노래는 할 수 없거나, 음반을 재생함으로서 노래를 개시하지만 그 스스로 노래하지 않거나, 아니면 노래를 자기 것으로 만든다.

마이클 커티즈의 〈카사블랑카〉에서 진정한 이브인 일사(잉그리드 버그먼)는 샘(둘리 윌슨)을 자극해 릭(험프리 보가트)이 자기 카페에서 금지한 노래 「세월이 가면」을 부르도록 하는데, 이를 세 단계에 걸쳐 요구한다. 먼저 그녀는 웃으면서 샘에게 "연주해요 Play it"(피아노로 연주하라는 암시)라고 말한다. 샘이 이 노래를 기억하지 못하는 척하자, 더

확고하게 "제가 허밍으로 할게요I will hum it for you"라고 말한다. 샘이 여전히 거부하자 한 걸음 더 나아가 "노래해요Sing it"라고 말한다. 샘은 더 저항하지 못하고 마침내 기억의 수문이 열리며, 헤어진 연인의 재회는 이때부터 되돌릴 수 없게 된다. 릭이 나타난다.

이후 다시 다루겠지만, 모파상의 소설을 각색한 막스 오퓔스의 〈쾌락〉 세 에피소드의 한가운데 나오는 「텔리에 씨 집」에서 로자(다니엘 다리외)는 「내 할머니」라는 노래를 연속으로 (이 노래를 연주하는 기계식 피아노의 태엽을 감아) 연주play하고, 나중에 기차에서 이 노래를 허밍hum으로 부르며, 귀갓길에 기차역으로 가다가 자기 동료들과 꽃을 딸 때 가사와 함께 노래한다sing.

이렇게 노래는, 가사를 암시한 채 가사 없는 멜로디 판본과 가사가 들어간 판본 사이, 또한 디제시스 세계와 비非디제시스 세계 사이 따위의 온갖 차원에서 단계적 강등降等이 이루어질 수 있다. 예컨대 오퓔스 영화의 경우처럼 디제시스 노래의 테마가 피트 음악을 오가거나, 〈카사블랑카〉에서처럼 샘이 「세월이 가면」을 연주하면서 노래하고 나면 막스 슈타이너의 오케스트라가 이 노래의 테마를 장악한다.

거꾸로 다른 영화들에서는 한 곡의 노래가 딱 한 번만 불리고 다시 나오지 않거나(트뤼포의 〈쥘 앤 짐〉에서 세르주 레즈바니가 작곡한 노래 「회오리바람」), 반대로 다른 영화들에서는 노래가 모든 사람에게 전염되어 이들이 이 노래를 떨쳐버릴 수 없게 된다(르네 클레르의 〈파리의 지붕 밑〉). 때로 노래는 전적으로 비디제시스 세계 속에 갇혀 있거나, 때로는 이와 반대로 디제시스 세계에만 속해 있다. 다른 말로 하면, 노래는 영화에서 순환과 확산이라는 개념 자체를 상징한다. 이것이 의미가 있을 때는, 영화가 조각들을 조립해서 만든 특별한 종류의 작품이라는 사실을 우리가 떠올릴 때인데, (어떤 음악 작품의 진행이나, 어떤 연극의 막이나, 어떤 시詩의 연이나, 어떤 산문으로 된 이야기 문단 따위와 달리) 이 조각들의 조립을 뚜렷하고 물샐틈없이 나눌 수 있는 것이 아니다. 결과적으로 이런 분할과 암묵적 칸막이를 넘어서는 모든 것은 이 때문에 이런 분할 자체를 전면적으로 보여주게 된다.

때로 노래 한 곡은 가사가 붙기를 기다리는 멜로디에 불과하지만, 이 때문에 가사를 상상할 수 없는 것은 아니고 관객이 숨겨진 메시지를 생각할 수 없는 것도 아니다. 자크 타티의 〈윌로 씨의 휴가〉의 곡조는 오프닝 타이틀에서 들리는 알랭 로망의 테마곡일 뿐이지만, 영화에서 젊은 여자가 전축으로 트는 곡이고, 바캉스를 온 사람들이 휘파람으로 불기 시작하는 곡이다. 이 영화 밖에서 (이 영화 밖에서만) 그것은 「지금 파리 날씨는 어때요?」라는 노래가 되었다는 사실이 알려져 있다. 타티는 자기 영화들에서 노래의 테마를 닮은 테마곡이 나오는 것을 좋아했고, 이와 동시에 테마곡에 절대로 가사를 붙이지 않았다. 그의 영화들에서 멜로디는 그만큼의 숨겨진 메시지일 뿐 아니라 그만큼의 닫힌 봉투다. 테마곡은 봉투고, 가사는 그 내부에 있다.

어떤 노래는, 내가 이름 붙인 대로 '**가장 작은 의미의 핵**noyau signifiant minimal'으로서 음소와 음표의 조합을 만들어내기도 한다. 이 조합은 아주 짧고 종종 그 자체로는 의미가 없다. 여성의 이름

(이런 노래는 많다)이나 장소의 이름(멕시코에서 리우데자네이루, '42번가' '피갈, 생제르맹데프레'를 거쳐 파리까지)으로 지은 노래들, 나아가 마술적 단어들이 그 경우다. 앞서 말했듯 대개 의미 없는 '가장 작은 의미의 핵'의 운명은, 쿠플레[샹송의 스토리 부분]나 후렴구 등 노래의 나머지 전체가 만나는 장소가 되는 것이다. 이 만남의 장소 자체는 이 기표를 인간의 운명으로서 구현하고, 이 기표는 운명을 가능한 온갖 방향에서 비춰준다. 미조구치 겐지의 〈산쇼다유〉의 노래에서 "주시오…" "안주…"와 같이 엄마가 빼앗긴 두 아이의 이름, 히치콕의 〈이창〉에서 여주인공의 이름 리사처럼 모든 생명은 이 가장 작은 의미의 핵으로 상징화될 수 있다.

때로 '가장 작은 의미의 핵'은 모든 사람이 아는 친근한 표현이 될 수 있고, 여기서 각자 자기 고유의 이야기를 끌어낼 수 있다. 카를로스 사우라의 〈까마귀 기르기〉에서 「그대 왜 떠나시나요?Porque te vas」, 왕자웨이의 〈화양연화〉에 다시 나온 냇 킹 콜 버전의 「아마도, 아마도, 아마도Quizas, quizas, quizas」, 〈카사블랑카〉에서 「세월이 가면」이 그렇다.

본래 노래는 발성영화와 정반대다. 노래는 음악으로 되어 있지만, 영화는 거의 모두 말을 한다. 노래는 운율과 리듬이 붙은 운문으로 되어 있지만, 영화 대사는 산문으로 되어 있다. 노래는 불특정한, 그러나 상징적이고 일반적인 '나' '너' '그녀' '그'를 상정하지만, 발성영화는 특정 인물들을 상정한다. 노래의 지속 시간은 짧고 아주 구조화되어 있으며 대칭적이고 처음으로 돌아와 반복되는 것을 예견할 수 있지만, 영화는 언제나 앞으로 나아가야 하며 반복하지 않는 것으로 여겨진다. 마지막으로 가사 없이 연주하거나, 허밍으로 부르거나 고함치며 부르거나 노래하거나 읊조리는 등 노래의 존재 양태는 극단적으로 다르지만, 영화 대사는 십중팔구 한 가지 존재 양태만 갖는다.

그런데 정확히 노래가 영화와 너무 다르다는 이유 때문에, 노래는 코미디 뮤지컬이라는 특정 장르를 넘어 많은 영화에서 교차로나 접점 역할을 한다. 노래는 이야기 속에서 길을 잃은 인물들에게 지평을 열어주고 출구의 전망을 열어준다.

노래는 사실상 인물들의 개인적 운명과, 이들이 속해 있는 다른 남자들, 다른 여자들의 집합체 사이에서 연결점을 만들어준다. 두 인물이 서로 만나거나 헤어지는 영화 장면이 진행되는 중 우리가 '너와 나'에 대해 말하는 노래를 들을 때, 우리는 스크린에서 보이는 사람들보다 더 일반적인 '그녀'와 '그'에 대해 생각한다. 우리는 종종 발성영화의 한계가 되는 개인적 심리주의를 넘어선다.

위안무즈의 탁월한 영화 〈길 위의 천사〉(1937)에서 젊은 여주인공은 주인의 요청으로 악명 높은 식당 손님들을 위해 마지못해 사랑 노래를 부른다. 그녀는 자신이 내키지 않는데도 노래한다는 것을 보여주려고 자기 머리를 다시 땋으면서 노래한다. 비록 그녀가 다른 일에 몰두하면서 노래에 마음을 싣지 않으려 애쓰기는 하지만, 그렇다고 이 좌절된 사랑 노래의 가사가 달빛 아래 창가에 서 있는 한 여인의 낭만적 영상을 일깨우지 못하는 것은 아니며, **영상을 만들어내는** 가사가 되지 못하는 것은 아니다. 무엇을 하느냐는 중요하지 않다. 그 노래는 몇 분 동안 온갖 한계를 넘어선다. 우리는 몇 분 동안 영화에서 행위가 벌어지

는 '지금 여기' 속에 있을 뿐만 아니라, 디제시스 세계와 비디제시스 세계의 분리도, 영화와 그 관객들의 분리도 더 이상 존재하지 않게 된다.(관객은 점차 가사에 내려앉는 흰 눈덩이와 자막의 도움을 받아 스크린에서 나온 그녀의 노래에 합류하라는 초대를 받았기 때문이다.) 노래하는 사람에게 노래하고 싶은 욕구가 있는지 여부를 넘어, 노래는 자기 삶을 살아간다.

지속 시간이 정해진 노래가 영화의 아주 특별한 극적 순간(예컨대 살인)을 강조하고 연결하는 일도 드물지 않다. 장 르누아르의 〈암캐〉와 프리츠 랑의 〈크로크 앤 대거〉(1946)에서 길거리 가수가 부르는 유행가가 지속되는 치명적인 시간, 존 랜디스의 〈런던의 늑대인간〉(1981)에서 늑대인간으로 변신하는 동안 히트곡 「파란 달」이 나오는 치명적인 시간이 이런 극적 순간에 구두점을 부여하고 이를 두드러지게 드러낸다.

치명적인 시간에 둘러싸여 있다는 아이디어는 존 휴스턴의 〈아스팔트 정글〉의 아름다운 장면(이 경우에는 주크박스라는 기계장치로 표현된다)에 나타난다. 자신이 곧 경찰에 잡힐 것을 아는 상태에서 바에 들어간 나이 든 리덴슈나이더(샘 자페)는 체포 직전에 마지막 자유의 순간(그리고 자신에게 남은 동전 몇 개)을 한 젊은 여자에게 내어준다. 그는 디스크에서 노래를 틀고 이 여자에게 자기와 함께 춤을 추어달라고 요청한다. 그는 45rpm으로 돌아가는 레코드판의 지속 시간 내내 순진하게도 여자 얼굴에 자기가 영원의 순간에 있다고 확신하며 생기가 나타나는 것을 보고, 유리창 너머 바깥에서 상황을 이해하고 자기를 기다리는 추적자들을 보며, 반사된 유리창에서 자기 시간이 끝난 한 남자의 모습을 본다.

쿠플레와 후렴구만 있는 노래처럼 가장 짧은 음악 형식도 아주 짧은 시간의 경과 속에 일련의 반복, 연쇄의 법칙, 운명의 형상, 어떤 이야기의 굴곡을 응축시킬 수 있고, 작은 유리구슬들처럼 영화 속에 개입할 수 있다. 거대한 방 한가운데서 이 유리구슬들을 손에 들고 있으면, 그것들은 그 방 전체를 비춰주고, 어떤 장소에 가져다 놓든 그 공간을 비춰준다. 노래는 사실상 어떤 운명의 영상이다. 노래는 어떤 말과 음표 들의 자의적이면서도 영원한 결합의 상징이기 때문이다. 이 결합은, 우리가 들은 노래가 발성영화의 최고 무기인 시청각 병치를 통해 한 인물의 운명과 결합하는 방식으로 나타난다.

감정이입, 비감정이입

1980년대까지 많은 영화 이론가에게 지배적이던 관념 ——이것은 종종 테오도어 아도르노와 한스 아이슬러의 오래된 책 『영화를 위한 작곡 _Komposition für den Film_』(1947)에 기반을 두고 있다 ——에 따르면, 음악은 그 장면의 정서적 분위기와 관련해서 두 가지 방식으로 자리를 잡는다. 즉 음악은 그 장면 속에 이미 들어 있는 공포, 성대함, 쾌활함, 우울, 슬픔 따위를 강조함으로써 '잉여적인' 방식으로 그 정서적 분위기를 강화한다. 아니면 음악은 보완적인, 나아가 모순적인 의미를 '대위법적'(가장 많이 사용된 용어)으로 가져오며, 의미를 풍부하게 하고, 오늘날 쓰는 말로 하면 의미를 어긋나게 décaler 한다. 이 영화 이론가들이나 몇몇 감독들은 종종 이 두번째 경우가 훨씬 흥미롭다고 말했다.

나는 의미론적이고 정서적인 상호작용의 차원에서 네 가지 다른 경우를 구분함으로써 이 분석을 약간 더 세분화하자고 제안했고, 앞의 두 개는 각기 다른 것의 필연적 귀결이다.

1. 첫번째 경우는 음악(대개는 피트 음악이지만 꼭 그렇지는 않다)이 그 장면과 상황의 정서에 직접 참여하고, 이와 감응하며, 이 정서를 둘러싸고 연장하며 확대하는 경우다. 이때는 **감정이입** empathie 음악이라고 말하며, '감정이입'이란 동일시를 통해 타자의 감정을 경험하는 능력을 지칭한다.

2. 두번째 경우는 음악(거의 대부분 스크린 음악)이 스스로 대담하고 기계적으로 진행되면서 자기와 함께 나오는 스크린상의 아주 강렬한 정서적 상황(물리적 폭력, 광기, 강간, 죽음)과 관련해서 과시적으로 무관심을 드러내는 경우다. 음악의 출처가 거리 음악가가 아닐 때 이 무관심은 기계나 장치(손풍금, 전축, 주크박스, 틀어놓은 라디오)라는 사실로 더욱 강조된다. 그런데 이 무관심은 감정을 막기는커녕 반대로 여기에 다른 의미를 부여함으로써 감정을 강화한다. 이때의 감정은 음악적으로 중계된 인물들의 감정, 세상에 하나밖에 없고 가장 중요한 것으로 다루어진 이 감정과 동일시에서 직접 솟아나는 것이 아니다. 반대로 이 개인적 비극을 세계의 무관심 속에서, 대지와 삶과 계절의 진행과 군중 움직임의 무관심 속에서 조망했기 때문에 감정이 생겨난다. 이 감정은, 누군가 애착을 가진 어떤 것이 멈추고 무너질 때 ─ 심장이 더 이상 뛰지 않고, 비극이 벌어지고 사랑하는 사람이 당신을 버리고, 손이 힘없이 아래로 떨어진다 ─, 그렇지만 음악은 불만을 드러내지 않고

줄곧 돌아간다는 점에서 생긴다. 나는 이 음악이 '전혀 개의치 않기 때문에' 여기에 **비감정이입**anempathique(여기서 'a'는 부정의 접두사)이란 이름을 붙인다. 이 음악은 때마침 그곳에서 나온다는 이유로, 어떤 인간 운명의 모든 무게(이 음악은 이를 요약하면서 동시에 무시한다)를 대대적으로 옮기는 일을 떠맡는다.

영화들의 강렬한 순간에 울리는 서로 다른 비감정이입 음악들은 이를 잘 보여준다. 마르셀 카르네의 〈천국의 아이들〉(바티스트가 카니발 음악을 배경으로 군중 속에서 가랑스를 찾는다), 알랭 레네의 〈히로시마 내 사랑〉(히로시마에 일어난 공포를 열거할 때 함께 나오는 무관심한 음악), 그리고 물론 캐럴 리드의 〈제3의 사나이〉도 있는데, 여기서는 절대적인 악惡이 맹위를 떨치는 폭격당한 빈의 폐허 속에서 안톤 카라스의 유명한 키타라 연주가 들려온다.

비감정이입 음악과 함께 전개되는 살인 장면들도 잊지 말아야 하는데, 이에 대해서는 이후 다시 말하게 될 것이다.

때로는 그 장면에 속하면서 되풀이되고 줄곧 이어져 나오는 소음이, 약간 다르지만 이 같은 역할을 수행할 수 있다. 시에페이의 〈후난에서 온 여인〉(1986)의 강간 장면에서 물레방아 바퀴의 리듬감 있는 모티프, 히치콕의 〈싸이코〉에서 샤워하던 재닛 리가 칼로 살해당하는데도 집요하게 분사되고 그녀가 죽었는데도 계속 흐르는 샤워기 물소리, 시드니 폴락의 〈콘돌〉(1975) 시작 부분에서 로버트 레드퍼드의 여자 동료가 살인자 막스 폰 쉬도브에게 살해당하는데도 리드미컬하게 돌아가는 1970년대 거대한 인쇄기 따위가 그렇다.

3. 이와 반대로, 음악이 나오는 상황에서 이 상황에 대한 음악

의 무관심이 어떤 개념이나 보완적 이념을 나타내고자 하는 의지에 해당하는 경우, 음악을 감정의 효과 없이 읽고 해석해야 하는 경우를 **교훈적인 대위법**contrepoint didactique 음악으로 일컫고자 한다. 따라서 파올로 타비아니와 비토리오 타비아니의 〈파드레 파드로네〉(1977)에서 고전적이거나 대중적인 음악들은 특정 이념을 드러내는 '상징'으로 사용되었고, 음악들은 문화, 권력, 사회적 출신 따위의 이념을 대변한다. 요한 슈트라우스의 「아름답고 푸른 도나우」가 이탈리아 사르데냐 시골 지역의 헐벗고 황량한 풍경 속에 울려 퍼질 때, 화학적 의미에서 정서적 반응은 없고 단지 어떤 이념의 발화만 있다. 그것은 주인공이자 문맹인 목동 아들 가비노 레다가 이윽고 습득하게 될 고전 문화라는 이념이다. 교훈적인 대위법은, 거리 두기Verfremdung의 목적("관객이여, 당신이 보는 것에 머물러 있지 마시오")과 대립의 원리("당신은 혁명가들의 패배를 보지만, 음악은 당신에게 승리가 가능하다고 말한다")로 종종 혁명적·사회적 주제를 가진 영화에서 개척되었다는 점이 알려져 있다. 이렇게 베르톨트 브레히트가 시나리오를 쓴 슬라탄 두도프의 〈쿨레 밤페, 혹은 세상은 누구의 것인가?〉(1932)에서 불결한 교외 지역의 영상 위로 신랄하게 들리는 음악은 반란을 호소한다. 그리고 개인이 처한 상황 위로 들리는 음악은, 그와 연대하면서 투쟁하는 집단이 있다는 표현을 맡을 수 있다.

종종 똑같다고 오해되는 교훈적인 대위법 음악과 비감정이입 음악의 본질적 차이는, 비감정이입 음악이 일부러 정서적으로 쓰이며 해독을 거치지 않고 즉각적이고 심오하며 고색창연한 방식으로 작동한다는 점에 있다. 교훈적인 대위법 음악은 그렇지 않은데, 여기서는 음악이 감정에 찬물을 끼얹는다. 이는 감정을 강화하기 위해서가 아니라, 반대로 관객이 감정에 좌우되지 않고 어떤 이념을 이해시키기 위해서 쓰인다.

무관심이란 기이한 개념이다. 이것은 정서적 긴장의 부재가 아니다. 어떤 음악의 무관심이 정확히 관객에게 전달되면, 관객은 이 음악을 관객 자신의 고독과 자기 운명의 무의미함을 비춰주는 거울 같은 것으로 받아들이게 된다. 물론 음악은 그 자체로 정서지만, 흔히 말하듯 정서가 음악 그 자체에 들어 있는 것이 아니라 우리 불쌍한 인간이 음악을 실재에 대한 무한한 저항으로 느끼는 것이다. 시인들이 말하는 별들의 무관심은, 별들에게 의식이 있다는 뜻이 아니다. 반대로 이 무관심은 우리가 별들에게 보낸 대답 없는 메시지가 멀리 있는 차가운 섬광에 부딪혀 튕겨 나온 것일 뿐이다.

요컨대 음악의 무관심을 포함한 극단적 무관심은 언제나 어머니의 무관심이다. 삶의 초기에 우리가 모든 것을 기대할 수밖에 없는 유일한 존재는 우리에게 절대적 무관심을 보여줄 수 있다. 어머니의 거부, 어머니가 늦게 응답하는 것, 우리가 지르는 고함에 대한 공명의 부재는, 어머니를 견딜 수 없이 무관심한 존재로 여기게 한다. 다시 말해서 어머니는 어딘가에 살아 있지만 우리를 위해 있지 않고, 동시에 우리에게는 죽었으므로 죽은 것으로 간주되며, 아니면 우리를 죽은 존재로 취급한다.

따라서 이 음악의 무관심은 감정 메커니즘의 변태적 형식이 아니라, 모든 감정이 이로부터 떨어져 나가는 기반이다. 어떤 의미에서 비감정이입 음악은 프레임의 변화에 대응한다. 즉 인물의 개인적 운명으로 모든 내화면을 점유하는 대신, 이 음악은 우리에게 세계의 무관심이란 기반을 보여준다.

비감정이입 음악의 섬세한 경우는 오즈 야스지로, 자크 타티,

라이너 베르너 파스빈더, 그리고 물론 페데리코 펠리니에게 나타난다. 이는 달콤하지만 무명의 센티멘털한 음악을 통해 이루어지는데, 이 음악은 처음에는 음악과 함께 나오는 개인의 운명을 감정으로 둘러싸는 것처럼 보이지만, 사실상 값싼 파토스를 통해 인물들을 더 외롭게 만든다. 펠리니에게서 니노 로타의 음악 ─ 그것은 신중하게도 아무 특징 없는 음악이다 ─ 의 감상성은 점차 인물에게 벗어나 점점 더 차갑게 자기 길을 가는데, 그 영화의 분위기에 할인점에서 파는 싸구려 향기를 퍼뜨린다. 겉보기에 음악이 감정에 대해 말하는 것처럼 보이기 때문에 이 음악의 비장함이 더 커지게 되지만, 이 음악은 특히 인물들이 처한 특정 상황에 대해 자기가 무관심하다는 점을 말한다. 이 음악은, 어떤 사람의 운명과 특권적으로 결부된다고 믿는 거짓말과 결별하고 모든 사람의 음악, 즉 특정한 그 누구의 것도 아닌 음악이 되는 길을 받아들인다. 사이토 다카노부의 아주 감상적인 음악이 나오는 〈가을 햇살〉(1960), 〈꽁치의 맛〉(1962) 같은 오즈 야스지로의 마지막 영화들에

서 그것은 정확히 똑같은 이념, 똑같은 감상이다.

물론 이를 위해서는 문화적 허세나 장중한 관현악 편곡이 없는 음악이 필요하다. 타티, 펠리니, 오즈에게 음악은 가장 익명적인 기능 음악이나 역, 공장, 엘리베이터에 나오는 '무자크muzak' 음악과 비슷해지는 것을 주저하지 않는다.

이는 내가 다른 곳에서 다룬, '대중적인 노래'가 쓰이는 디스크자키 영화들과 사정이 다르다. 이런 곡에는 가사가 있고, 가사는

언제나 반향을 일으키는데, 이는 큰 차이를 이룬다…

　　4. 음악이 이 세 경우 중 어디에도 속하지 않는 경우가 있다. 클로드 샤브롤의 〈랑페르〉(1994)에서 질투심 때문에 괴로운 주인공(프랑수아 클뤼제)은 호수를 따라 펼쳐진 숲속으로 뛰어가고, 자기 부인이 겉만 번드르르한 남자와 수상스키를 타는 모습을 상상한다. 마티외 샤브롤이 작곡한 실내음악은 뒤죽박죽으로 뛰어가는 그와 함께 나오는데, 그것은 은밀하게 시간에 구두점을 찍고 강박관념을 강화한다. 이 음악은 주인공의 혼돈을 비웃지도 않고, 그를 대변하지도 않는다. 단지 이 순간이 특별하다는 점을 드러내고 불안을 강조할 뿐이다.

뮤직 박스는 우리에게 무엇을 원하는가

뮤직 박스, 손풍금, 수동식 오르간, 기계식 피아노는 우리에게 무엇을 원하는가? 서부영화에 나오는 얼마나 많은 악당이 총을 맞고 쓰러지면서 술집의 기계식 피아노를 작동시켰을까? 예전에는 살인자들이 총소리나 공포에 질린 희생자들의 고함이나 이들이 죽어가는 소리를 숨기려고 축제 소음을 이용했다(쥘리앵 뒤비비에의 〈망향〉에서 레지스의 살해 장면). 아니면, 히치콕의 〈열차 위의 이방인〉에서 미리엄은 근처의 회전목마 손풍금에서 나오는 무관심한 소리를 들으면서 깜짝 놀란 채 브루노에게 목이 졸려 죽는다.

　　이 영화 끝에 나오는 가장 화려한 대목에서 그 똑같은 회전목마가 통제를 벗어나고, 이와 함께 왈츠 음악의 속도가 빨라지고 핍진성을 넘어설 정도까지 고음이 올라가는데, 이는 한 용감한 노동자가 전선을 뽑아 이 지옥 같은 음악과, 그것이 상징하는 죽음의 순환을 멈출 때까지 이어진다. 또한 장 그레미용의 〈여름의 빛〉(1942)에서 손풍금 음악이 저주받은 연인의 기억 속에서 사냥 중에 일어난 치명적인 사고의 강박관념을 영속화한다. 헨리 해서웨이의 〈다크 코너〉에서 어떤 남자가 아파트에서 다른 남자를 불시에 습격해 그를 때려눕히고 부지깽이로 죽이는 동안, 이웃집 전축이나 라디오에서 나온 듀크 엘링턴의 차분하고 확고부동한「무드 인디고」가 은밀하게 울려 퍼진다. 조너선 데미의 〈양들의 침묵〉에서 한니발은 바흐의「골드베르크 변주곡」의 평화로운 소리에 맞춰 간수들의 목을 벤다. 데이비드 핀처의 〈세븐〉에서 모건 프리먼이 도서관에서 고서에 실린 공포의 이미지를 넘길 때 바흐의「G선상의 아리아」녹음곡이 나온다.* 또한 자크 투르뇌르의 〈베를린 익스프레스〉(1948)에서 목매단 남자가 발견될 때, 태엽이 얼마 남지 않은 뮤직 박스가 마지막으로 그에게 유년 시절이나 잃어버린 사랑을 떠올리게 하는 테마곡을 들려준다. 존 포드의 〈투 로드 투 게더〉(1961)에서 린치당하는 인디언이 죽기 직전 그의 요람 속 뮤직 박스에서 나온 곡을 듣고 자신이 '창백한 얼굴'의 아기였을 때를 떠올리는데, 자기 정체성에 대한 회상이 그가 죽는 순간과 동시에 이루어진다.

영화에서 살인 충동과 음악(종종 기계적 음악이나 기계적으로 틀어놓은 음악)을 결합하는 것은 우리에게 익숙하다. 즉 히치콕의

---

* 이 곡 역시 디제시스 음악인데, 서머싯(모건 프리먼)을 위해 도서관 직원이 이를 작동시키는 모습이 보이기 때문이다.

〈의혹의 그림자〉(1943)에서 찰리 삼촌의 연쇄 살인과 이어진 왈츠 테마곡 「즐거운 과부」를 떠올릴 수 있고, 아니면 찰스 로턴의 〈사냥꾼의 밤〉(1955)에서 목사가 아이들을 추적할 때 침착하고 위협적으로 부르는 작은 찬송가를 떠올리거나,* 랑의 〈M〉에서 유아 살해범이 살해 욕구가 생길 때마다 휘파람으로 부르는 에드바르 그리그의 멜로디를 떠올릴 수 있다.

문자 그대로, 아니면 단지 상징적으로 물속으로 사라지는 테마곡도 있으며, 이 테마곡과 함께 지옥 같은 죽음과 고통의 순환도 사라진다. 히치콕의 〈싸이코〉에서 매리언이 자동차와 함께 연못 속으로 사라질 때, 매리언의 도주를 나타내는 기악 테마곡은 사운드트랙에서 사라진다. 강박관념을 가진 인물들이 겪는 음악적 지옥에 대한 충격적 영화인 로이 롤랜드의 〈T 박사의 피아노 레슨〉(1953)에서는 '뮤직픽스'라고 일컫는 원자액 액체가 사운드 파동을 없애버린다. 반면 크시슈토프 키에슬로프스키의 〈세 가지 색 블루〉에서 과부가 된 작곡가의 부인은 자기를 줄곧 따라다니는, 문자 그대로 가라앉지 않는 음악 ─ 그런데 이 음악은 생명 쪽에 있다 ─ 을 자기가 수영하는 수영장 물속으로 보내버리지 못한다.

분명 세계와 음악처럼 오래된 이런 이야기를 하려고 인류가 영화를 기다린 것은 아니었다. 그러나 이런 이야기들은 스크린 위에서 새로운 반향을 얻는다. 음악이 단지 환기되는 것만이 아니고 실제로 들리기 때문이고, 음악은 그 영화의 객관적 상영 시간 ─ 필름 그 자체는 기계적으로 풀리는 릴이고, 그 자체로 돌아가는

---

* 이 영화에 대해서는 내가 쓴 다음 책을 보라. Michel Chion, *La Voix au cinéma*, Cahier du cinéma, 1982, pp. 110~11.

DVD다──인 수량화할 수 있는 시간 속에서 영화와 마찬가지로 녹음된 형식으로 존재하기 때문이다. 이런 조건에서는 음악이 프로이트나 라캉이 인간적 작용의 원리 중 하나라고 말한 반복 충동과 연관되는 데는 의심의 여지가 없다.

산다는 것은 주기적 행동을 반복하는 일이다. 이런 행동에는 어긋난 만남들도 있는데, 나선형으로 재생되는 음악은 이 어긋난 만남들의 가차 없는 기록 같은 성격을 갖고 있다. 이미 작곡되고 녹음된 무언가의 기계적인 펼침으로 나타나는 음악은 어떤 치명적 사건과 돌이킬 수 없이 연결되어 있고, 언제나 이미 영화의 영사(다시 말해서 녹화된 나선형의 풀리기)*가 이루어지는 맥락 속에 있다.

다른 한편, 어떤 기록들에 따라 무성영화에 사용된 최초의 음악 반주가 손풍금, 배럴 오르간, 축음기처럼 기계적인 악기로 연주한 것이었다는 점을 알게 되어도 전혀 놀라울 것이 없다. 디스크상에 복제된 모든 음악이 기계적 음악이나 '기계화된 음악'이라고 일컬어진 지도 그리 오래되지 않았다. 마치 음악이 본질적으로는 복제 과정으로만 나타날 수 있는 것처럼, 녹음된 형태로 사용될 기회를 얻으려고 마치 음악이 자기 생명을 지불해야 하는 것처럼.

---

* 이것은 DVD 시대에 어떻게 되었는가? 영화가 나선형의 형태──이를 지워버리지 않고──에 첨가되는 미궁 같은 공간의 형태를 도입한다는 점이 분명하다.

2부. 미학과 시학

25장. 오필스: 음악, 소음, 말

1

발성영화 초기, 중첩되는 대화와 반 정도만 들리는 대사로 말에 대해 유연하고 부드럽고 표현적인 접근을 시도한 감독들이 있었다. 이 중에서 막스 오필스는, 〈리벨라이〉(1933)부터 1950년대 시청각의 탐색에서 가장 풍요로운 영화일 〈롤라 몽테스〉까지, 이런 시도에서 분명 가장 충실하고 집요한 감독으로 남아 있을 것이다.

〈만인의 여인〉에서 오필스는, 당시 소리의 선명도가 아직 낮았기 때문에 음향효과와 주변 음향의 수많은 변주를 통해 서로 다른 사운드적 요소 사이에서 지속적인 단계적 강등降等을 시도했고 또 여기에 성공했다. 그 한 장면에서 이사 미란다는 거울을 보며 자기 모습에 감탄하고, 사랑에 빠진 사람이 하듯 가까이에서 들리는 목소리로 자신에게 말하지만, 배경에서는 다른 인물들의 수다 소리가 들린다. 다른 한편, 그녀는 자기를 괴롭히는 영화의 비非디제시스 음악을 듣는다고 믿고 실제로 듣는다. 이 영화에서 청각의 감도 변화와 몇 개의 공간적 차원에서 이루어지는 대화의 효과들은 말과 의미를 삼켜버리려고 지속적으로 위협하는 것 같고, 말을 단지 수다(침묵을 쫓아내는 방식)로 만드는 것 같다.

여기서 나는 더 특별한 영화, 〈쾌락〉의 세 에피소드 한가운데 나오는 '중편영화' 「텔리에 씨 집」에 관심을 기울여보려 한다.

「텔리에 씨 집」의 원작인 모파상의 소설은 괄호 안에 들어있는 이야기다. 시기는 19세기 말. 텔리에 부인(마들렌 르노)이 운영하는 노르망디 해안의 유곽에서 일하는 여자들이 밤마다 하는 일에서 휴식을 취할 겸, 시골에서 열리는 주인 조카의 첫영성체 미사에 참석하러 기차를 타고 간다. 마담의 동생인 조제프 리베(장 가뱅)는 강인한 시골 목수인데, 무뚝뚝하고 소극적인 부인과 첫영성체를 받는 외동딸 사이에서 지루해하는 것 같다. 이 막간극 속에서 텔리에 씨 집의 여자들은 시골의 나른한 고요를 되찾지만, 이와 동시에 그들 유년 시절의 당혹스러운 분위기도 되찾게 된다. 이들은 예전에 꾸었던 꿈에 대한 향수, 순수하고 고결한 삶과 위대한 사랑의 꿈을 맛보지만, 소용돌이치는 생활 속으로 되돌아가 끝없는 파티에서 기분을 전환한다. 단지 잊으려고.

「텔리에 씨 집」에피소드 시작 부분에서 고전적 유형의 '영상을 만들어내는' 텍스트적인 말이 들린다. 장 세르베의 아름다운 목소리가 어둠 속에서 말하고, 죽음의 왕국에서 우리에게 도달한 모파상이란 작가의 목소리로 제시된다. 영상이 나오고 소음, 음악, 19세기 노르망디 도시의 집들이 나오는데, 이 '보인 것' 속에, 텍스트적인 목소리가 상기시킨 것 속에 갑작스레 표출된 말이 끼어든다.

다음으로, 관객의 눈앞에서 전개되는 것의 일부는 내레이터가 말로 표현한 것에서 벗어난다. 그것은 매춘부 로자와 목수 조제프 리베의 순정적인 사랑이 될 것이다. 장 세르베의 목소리/모파상은 유곽, 휴가 중인 매춘부들, 시골 성당에서 미사, 첫영성체 만찬같이 이들 집단, 주요 테마, 큰 그림에 초점을 맞춘다. 그러나 존재감이 아주 강하고 과시적이며 선명하게 드러나는 보이스오버 내레이션의 틈 속에서 그 그림 속에 나오는 인물들은 자기들만의 사적인 이야기를 만들어낼 여백을 갖고 있다. 보이스오버 내레이션 텍스트는 대대적으로 작가 자신에게서 빌려온 것이고 이들 집단에 대해 집단적으로 말하지만, 로자와 리베 사이에 암시되는 순정적 사랑(마을 이장과 또 다른 매춘부의 훨씬 더 은밀한 또 다른 사랑)은 오필스와 자크 나탕송의 각색에서 발의된 것이라고 말해야 한다. 그런데 장 세르베의 목소리/모파상은 아마도 감상적인 매춘부와 거친 목수 사이에서 벌어지는 일을 모르지 않을 텐데, 아주 조심스럽게도 이 이루어지지 못한 연인에 대해 말하지 않는다.

여기서 아름다운 것은, 첨가된 플롯이 목소리와 숏으로 그려내는 전체 그림을 파괴하지 않고 여기에 통합된다는 점이다. 「이집트로 피신하는 성가정」이나 「사비니 여인들의 납치」 같은 그림들 제목이 화가가 잠재적인 것으로 덧붙인 부차적 요소들을 더 잘 감상하게 해주는 것과 마찬가지로, 내레이션이 '말한 것'으로 드리워진 '말하지 않은 것'의 그림자가 작고 내밀한 이야기들에, 이렇게 말할 수 있다면 도피처를 제공하고 또 이를 보호해준다.

요제프 폰 슈테른베르크의 〈아나타한〉(1953)이나 세실 데밀의 〈지상 최대의 쇼〉 같은 영화들에서도 그렇다. 이런 영화들에서는 보이스오버 내레이션이 전반적 틀을 담당하는데, 이는 뭔가 간략하게 말하는 사진이나 그림의 캡션이 전체적 틀 속에서 말로 표현되지 않은 것을 그 자체로 더 잘 포착할 수 있게 해주는 것과 마찬가지다. 나는 여기서 아이들에게 그림책을 해설해주는 방식을 염두에 두고 있는데, 이때는 보인 것 속에서 캡션이 말한 것과 말하지 않은 것을 아이들에게 동시에 알아볼 수 있게 해준다.

이렇게 「텔리에 씨 집」은 목소리와 영상 사이에서 이루어지는 유희가, 상반된 방향으로 추동되어 관객의 주의가 분산되는 문제나 권력의 문제를 초월할 수 있다는 점을 증명한다.

다른 한편, 「텔리에 씨 집」의 내레이션이나 영화 속 대사 사이에는 위치의 차이가 있을 뿐만 아니라 청각의 차이도 있다. 즉 내레이션은 스튜디오에서 엄밀한 딕션을 통해 아주 가까이에서 녹음된 반면, 대사는 장면들 내부에서 '언어적인 모호성clair-obscur verbal'을 통해 녹음되었다. 전경에서 또렷하게 들리는 장 세르베의 목소리는 불특정한 성격을 갖고 있고 공간 속을 떠도는 반면, 스크린에서 인물들의 목소리는 선명하게 들렸다가 모호하게 들렸다가 하며 목소리가 종종 흐려진다.

이 대화들이 종종 반쯤만 알아들을 수 있다면, 우리가 이 소리를 듣는 거리가 멀기 '때문'*이고, 이 거리는 때로는 가리는 존재(창, 문)로 물질화된다. 아니면 대화들은 다소 대화의 집단적 소란 속으로, 걷거나 이륜마차나 기차를 타고 가면서 인물들이 내는 소란——오필스에게 이 이동의 소란은 상당히 중요하다——속으로 사라지기 때문이다. 대개 발성영화 초기에 그랬던 것처

---

* '때문'이라는 말을 작은따옴표에 넣은 이유는, 오히려 그 반대, 즉 이것이 원인이 아니라 결과이기 때문이다. 즉 오필스는 정확하게 말을 공간 속에서 멀리서 들리게 하려고 시나리오와 장면 연출에서 일정한 선택을 했다.

럼, 「텔리에 씨 집」에서 말은 집단적인 소란에서 솟아 나와 여기로 되돌아간다.

이런 관점에서 보면, 이 영화에서 시각적 기법과 잡음이나 말을 멀리서 들리게 하는 기법 사이에는 긴밀한 상관관계와 상호 강화가 있다. 오필스는 이 시각적 기법을 체계적으로 사용하는데, 그것은 찍히는 인물들과 카메라의 눈(따라서 관객의 눈) 사이에 온갖 종류의 장애물(장벽, 철책, 계단의 난간, 울타리, 창살, 나뭇잎, 짚더미, 커튼, 유리창, 연기 따위)을 삽입하는 데 있다. 이렇게 중간에 '끼어드는 것'의 목록은 아주 긴데, 이 때문에 관객의 시선은 이들을 넘어 얼굴이나 시선을 찾는 데 노력을 기울이지 않을 수 없다. 이는 귀가 마치 말을 둘러싼 소란의 방해를 받기 때문에 목소리나 말의 의미를 찾기 위해 이를 넘어야 하는 것과 마찬가지다. 이런 의미에서 막스 오필스는, 표현 의지를 갖고 단일 사운드트랙에서 다양한 청각적 요소가 공존하면서 만들어내는 '가리기 효과'*를 역동적 방향으로 사용한 드문 감독 중 한 명**이었다.

집단적 소란, 시끌벅적한 대화, 기차의 기적 소리, 이륜마차가 덜컹거리는 소리 따위의 모든 것은 기계적이고 판에 박힌 방식으로 이 작품 전체에 일률적으로 흩어져 있지 않고, 이 소리들은 서로 섞이고 차츰 늘어나고 억양이 붙는다. 이렇게 「텔리에 씨 집」의 중심 에피소드가 되는 '시골의 도피' 동안 집단적 말은 연

---

* 「용어 해설집」에서 '가리기 효과' 항목을 보라.
** 장-뤽 고다르가 여기에 속하는 또 다른 감독이다. 그러나 내 생각에 고다르는 이 문제를 궁지에 빠진 사랑에 대한 은유로 사용하고 이 지점을 집요하게 강조하지만, 오필스는 이를 다른 곳으로 갈 수 있는 도약판으로 사용한다.

속적 물결 세 개로 커지게 되는데, 각기 기차역의 도착과 유쾌하고 시끌벅적한 재회, 가뱅이 모는 이륜마차에 여자들의 탑승, 첫 영성체를 맞는 조카에게 준 옷을 그녀가 입어보기가 그것이다. 이 각각의 사건은 외침, 웃음, 논평 따위가 서로 겹쳐지면서 전반적인 '합창'을 만드는 핑계가 된다. 그 후 시골에 밤이 오면, 이 전반적인 '합창'은 잘 빚어진 단계에 따라 조금씩 사그라들고, 한밤중에 침묵이 내려앉게 되는데, 이 침묵은 유곽의 여자들에게 견딜 수 없는 것이 된다. 로자와 잠이 깬 동료 두 명이 이 침묵 속에서 말을 주고받을 때, 이들은 한 사람씩 말을 한다. 「텔리에 씨 집」의 여성 '합창'에서 때로 감상적인 로자의 목소리가 따로 떨어져 나와서 들리고, 이후 다시 이 집단 속의 목소리로 녹아들어간다.

2

내가 여기서 하듯이, 단 하나의 음도 창작곡이 없는 영화, 게다가 '중편영화'의 음악적 구조를 길게 분석하는 것은 도발처럼 보일 수도 있다. 이는 내가 버나드 허먼, 미셸 콜롱비에, 위르겐 크니퍼 같은 사람들이 특별하게 영화음악으로 지은 몇몇 악곡의 감각이나 아름다움을 몰라서가 아니다. 이것은 내가 오리지널 창작곡의 작곡이란 문제와 그 영화에서 음악의 실질적 기능이란 문제를 명확히 구분하고자 하기 때문이다. 실천 속에서 연결된다고 해도 이 둘은 별개의 문제다.

　사실상 「텔리에 씨 집」처럼 음악을 강력하고 풍요롭게 사용한 영화는 거의 없다. 이런 성취는 조 하조스가 고전음악(볼프강 아마데우스 모차르트, 자크 오펜바흐, 로베르 플랑케트의 오페레타, 샤를 르코크나 에드몽 오드랑, 가톨릭 성가)에서 빌려와 편곡한 음악들을 구조화시키는 방식에서 두드러진다. 다른 많은 영화에서 그런 것처럼, 「텔리에 씨 집」의 오리지널 사운드트랙 앨범이 있다면 그것은 기억과 환기의 가치밖에 없을 것이다. 이런 앨범은 이 영화 속에서 다양한 악곡의 배치를 통해 나오는 풍부한 의미 작용을 전혀 보여주지 못할 것이다.

나는 이미 시나리오가 괄호 속의 이야기를 하고 있고, 세 부분으로 나뉘었다는 점을 살펴보았다. 이 영화 자체는 도시, 시골, 도시로 되돌아옴이라는 삼부로 이루어진 A-B-A'의 구조이며, 스스로 고리가 닫히면서 매듭지어진다. 극적이고 음악적으로 이 시퀀스는 다음과 같이 기술될 수 있다.

「텔리에 씨 집」의 음악적 데쿠파주

MDE	스크린 음악musique d'écran
MDF	피트 음악musique de fosse
MDA	천사의 음악musique des anges

A. 도시

1. 서두-제시부

텔리에 씨 집과 그 여주인의 서두-제시부	기계식 피아노의 노래 테마곡(MDE)
보통의 고객을 위한 건물 1층의 서두-제시부	아코디언 메들리 춤곡(MDE)

고위층 고객만 이용할 수 있는 2층의 서두-제시부: 페르낭드, 라파엘, 로자	노래-테마곡의 반복. 로자가 '랄-랄-라' 방식으로 흥얼거리면서 기계식 피아노 태엽을 감는 모습이 보인다.

(이 시퀀스 전체에 걸쳐 음악 반주가 끊이지 않고 나온다.)

2. 남자들과 빈집

남자들은 집이 닫혀 있는 것을 발견하고, 부두 앞으로 모인다. 이들은 말싸움을 주고받다가 하나둘씩 집으로 간다. 이들 중 한 명이 텔리에 씨 집 앞에서 "첫영성체 때문에 휴무"라고 씌어져 있는 게시글을 발견한다.
(게시판 영상을 보여줄 때만 제외하고 이 시퀀스에는 음악이 없다. 게시판 영상에는 피트 음악의 하프 연주로 성가 테마곡「주여, 당신에게 더 가까이」의 짧은 암시가 나온다.)

B. 시골

3. 기차 여행

기차에 탄 여자들. 텔리에 부인이 승객 앞에서 흥얼거리는 로자를 훈계한다.	'랄-랄-라' 방식으로 흥얼거리는 노래 테마곡(MDE)
로자가, 자신이 꿈꾸는 사랑받고 존경받는 '기품 있는' 삶에 대해 목소리 높여 말한다.	현악기로 느리고 향수 어린 노래 테마곡의 반복(MDF)

4. 마을로 도착

역에 마중 나온다.	음악 없음

리베가 모는 이륜마차를 타고 여자들이 이동한다.	이륜마차가 출발할 때 오케스트라 연주로 노래 테마곡을 경쾌하게 이후에는 같은 곡을 느리게
그녀들이 성당 앞을 지나간다. 성당 안에서는 첫영성체를 하는 아이들 합창단이 다음 날 열릴 의식의 리허설을 한다. 이륜마차가 다시 달려간다.	성가 테마곡이 중간 단계 없이 이어진다(아이들 성가대, MDA, 다음에는 MDE). 성가 테마곡이 지워지고 빠르고 경쾌한 노래 테마곡이 다시 나온다(MDF).

5. 리베네 집

리베 부인의 환영歡迎, 첫영성체를 하는 조카가 선물받은 옷을 입어본다. 성당 앞에서 시작된 로자와 리베 사이에 은밀한 교감이 이어진다.	음악 없음

6. 밤, 침묵

여자들이 자리에 눕는다. 걱정스럽게 침묵을 발견한다.	느리고 종교적인 노래 테마곡(MDF)
피트 음악이 정지하면서 완전한 침묵이 찾아온다. 신경이 날카로워진 로자가 집 안을 거닐다가 소녀를 발견한다. 그녀는 소녀(와 자기)에게 위안을 주려고 그녀를 자기 방에 데리고 가서 같이 잔다.	끝 무렵에 느리고 종교적인 노래 테마곡의 끝부분이 나오고 시퀀스가 끝난다(MDF).

7. 미사

성당을 향한 행렬

미사	유일하게 종교음악만 나온다. 기악곡(현악기와 리드오르간)으로 성가 테마곡(MDE), 사제 두 명이 노래하는 「키리에」(MDE), 「주여, 당신에게 더 가까이」의 가사로 아이들이 노래한 성가 테마곡(MDE), 보이지 않는 악기들이 연주하는 모차르트의 「아베 베룸」(MDA)

8. 리베네 집, 미사가 끝난 뒤

식사가 끝나고 유쾌한 분위기, 얼큰히 취한 리베는 스캔들을 일으키고, 로자를 덮치려 한다. 텔리에 부인은 서둘러 떠난다.	음악 없음

9. 돌아가는 길과 출발

역으로 가는 길에 여자들은 꽃을 따려고 잠시 멈추고 「할머니」의 노래 테마곡을 가사를 넣어 부른다.	여자들이 부르는 노래 테마곡(MDE), 이후에는 (마침내 알아들을 수 있는 가사로) 로자 혼자 부른다(MDE).
기차가 떠나자 우울해진 리베	오케스트라가 느리고 슬프게 노래 테마곡을 마지막으로 반복한다(MDF).

C. 도시

<u>10. 파티</u>

텔리에 씨 집은 파티를 열고,　　　　끝없는 음악
남자들은 여자들이 돌아왔다는
소식을 전한다. 건물에 유쾌함이
넘친다.

(이 시퀀스 전체에 반주 음악이 끊이지 않고 나오는데, 그것은 메들리
춤곡의 '분위기 음악'이다. 이 집을 떠나서 소식을 전하러 가는 사람을
뒤쫓을 때는 스크린 음악이 피트 음악이 되고, 다시 스크린 음악이
된다. 나아가 A 시퀀스에서 분리된 기계식 피아노와 아코디언—기계식
피아노는 2층의 고위층, 아코디언은 1층의 보통 고객을 위해서만
연주되었다—은 같은 곡조를 연주하려고 일시적으로 뒤섞인다.)

따라서 디제시스 음악이든 아니든 「텔리에 씨 집」에서 음악
은 서로 구별된 네 가지 음악적 요소에 기반을 두고 있고, 각기
다른 의미와 기능이 있다. 나는 이 네 가지를 각기 피에르-프랑
수아 베랑제의 노래 「할머니」에서 빌려온 노래 테마곡, (오펜바흐
와 19세기 '경음악'에서 빌려온 경쾌한 테마들을 집적한) 순전히 기
악 연주로만 나오는 메들리 춤곡, 성가 테마곡(「주여, 당신에게 더
가까이」), 마지막으로 본래 합창과 오케스트라를 위한 모차르트
곡이지만 여기서는 작은 오케스트라를 위해 편곡한 「아베 베룸」
으로 구분한다.

1. 메들리 춤곡은 A와 C 부분에 개입한다. 이 곡은 유곽과 여
기서 전개되는 장면의 묘사와 연결되어 있고, 여기서 분출하는
것처럼 나온다. 나는 고의로 '테마곡'이나 라이트모티프라는 용

어를 쓰지 않았다. 이 곡은 사실상 대사가 없는 일정 수의 멜로디를 혼합하는데, 이 멜로디는 별로 두드러진 대목이 아니고, 격식을 차리지 않는 방식으로 연결된다. 관객이 이 메들리 춤곡에서 기억하는 것은, 멜로디 곡선이나 리듬상으로 특징적인 구성 요소보다는, 생기 있고 간결하며 사랑스럽고 리드미컬한 흥분의 감정인데, 이는 몇몇 초기 무성영화에 쓰인 '단조로운 되풀이 음악 train-train'과 비슷하다. 이 곡은 무개성적이고 차별화되지 않은, 생활과 오락의 원리를 재현한다.

2. 대부분 가사 없이 나오지만 마지막에 가사와 함께 나오는 노래 테마곡은 「텔리에 씨 집」에서 가장 많이 들리고 가장 많이 배합되는데, 이 곡은 이 영화의 라이트모티프다. 1절과 후렴구가 번갈아 나오는 이 곡의 멜로디는 19세기에 유명했던 베랑제의 외설적인 노래에서 나온 것이지만, 이 멜로디는 당대에 그렇게 쓰였듯 '잘 알려진 곡조,' 즉 익명의 작곡가가 지은 「스위스의 바젤에서 돌아오며」라는 곡조로, L. 브리디에가 편곡하고 1813년 베랑제가 가사를 붙였다.*

이 영화는 이 가사의 '정숙한' 문장만을 사용했으며, 여성의 자위를 떠올리게 하는 유명한 절은 쓰지 않았고, 방탕한 삶을 예찬하는 다른 가사도 쓰지 않았다. 이 가사는 정확히 이 영화와 이어진 모티프에 가락을 붙인 것이다. 즉 할머니가 말하는 후렴구는 젊었을 때 좋은 시절을 잘 즐기지 못했다는 후회를 표현한다.

---

* 이 노래의 가사 전체는 다음 모음집에서 찾아볼 수 있다. Martin Pénet, *Mémoire de la chanson*, Omnibus, 2001, p. 413.

"얼마나 후회하는가 / 잃어버린 시간을 / 내 튼튼한 다리와 / 내 포동포동한 팔." 나는 여기서 「할머니」의 테마곡 두 개, 즉 절과 후렴구의 악보를 그렸다.

9번에서 오필스가 로자에게 이 노래의 몇몇 구절을 노래하게 했을 때, 그는 다음 구절을 골랐다. "하느님이 나를 부르시지 않는다면 / 내 고해신부는 절대 이를 알지 못하리." 이것은 그 전에 나온 첫영성체 장면과 관계가 있는데, 신성모독의 의미에서가 아니라 신성한 사랑과 인간적 사랑의 결합이라는 의미에서 그렇고, 이는 〈마담 드…〉에서도 찾을 수 있다.

이것은 후렴구의 멜로디가 짧고 뚜렷하며 곡조의 윤곽이 잘 잡힌 많은 노래에 나타나는 경우지만, 노래의 절은 한 악절로 불리며 그 윤곽이 뚜렷하지 않다. 그리고 악보를 읽지 못하는 사람에게도, 후렴구의 윤곽이 단계적으로 하강한다는 점을 어렵지 않게 알 수 있다. 이 하강은 우선 상당히 넓은 간극의 비약으로, 다음으로 이와 결합된 작은 음정들로, 다른 말로 하면 '부리나케'가 아니라 '순차적으로' 이루어지는데, 이 하강은 마침꼴로, 즉 으뜸

2부. 미학과 시학

음으로 내려앉는 결론적 휴식으로 귀결된다. 따라서 이 테마곡은 추락, 후회, 소멸의 테마라는 것을 알 수 있다.

많은 영화음악이 그런 것처럼, 「텔리에 씨 집」이 진행되면서 이 절과 후렴구는 온갖 방식, 즉 아주 느린 것과 거의 종교적인 것 사이에서, 빠른 것과 경쾌한 것 사이에서 다양한 악기 편성과 다양한 리듬으로 처리된다. 이 모든 것이 그 자체로 독창적인 것은 아니다. 독창적인 것은, 테마곡이 다양하게 등장할 때마다 이루어지는 구체적 편곡과, 이 테마곡——가사와 함께 불리든 아니든, 그러나 십중팔구는 오케스트라로 연주된다——이 영화 전체에 걸쳐 일정한 이야기를 전달하는 방식이다.

앞에서 제시한 전체 그림에서 이야기를 따라가면, 먼저 「할머니」가 익명의 테마곡으로 시작하며, 단지 이 테마곡이 등장하는 맥락(언제나 외부에서 찍은 텔리에 씨 집의 묘사)과 결부되고, 경박하고 문란한 생활의 함의를 갖는다는 점을 알 수 있다. 다음으로 이 곡은 특히, 보이스오버 내레이션으로 자기 동료보다 음악에 더 민감하다고 제시된 로자라는 인물과 결부되는데, 그녀는 이때부터 몇 번에 걸쳐 이 노래를 읊조리고 흥얼거리고 허밍으로 부른다. 이 테마곡의 또 다른 전개도 분명하게 드러난다. 즉 처음에는 순전히 기악곡으로, 나중에는 흥얼거리는 '랄-랄-라' 방식으로 나오는 이 테마곡은 마지막에는 가사가 덧붙는 것, 즉 명백히 밝혀지는 것으로 끝나는데, 이와 동시에 로자가 노래를 시작해서 그룹 전체가 이 곡을 노래하는 것(기차를 타고 돌아오기 전에 들판에서 꽃을 따는 장면)으로 끝나게 된다. 익명의 곡에서 개인화된 곡으로 이동하고, 개인에서 집단으로 이동하며, '가사 없이' 나오다가 '가사를 입혀서' 나오는 이 삼중의 전개는 종결된 완전한 원을 그린다.

따라서 이 테마곡은 이야기 하나가 있고, 이야기가 전개되면서 테마곡이 개입하는 서로 다른 상황 속에 스펀지처럼 조금씩 젖어든다. 그 후 감정과 추억으로 가득 찬 이 테마곡은 일단 노골적으로 가사가 드러나게 되면 이후에는 거부되고 배제된다. 이 영화의 마지막 부분, 즉 루앙의 파티에서 이 테마곡은 들리지 않는다. 이 파티에서는 더 익명적이고 즉각적이며 서로 바꿀 수 있는 유쾌한 테마곡에 우선권이 부여되어 있다. 이 때문에 여기서는 1부에서 들린 오페레타의 편곡이 나온다. 그러나 처음에 한 박자나 두 박자로 전개되는 활기 있는 리듬은 이 테마곡이 우울한 분위기를 갖게 되면서「할머니」에 나온 세 박자 리듬과 번갈아서 나오지만, 여기서 편곡은 이런 혼합을 허용하지 않는다. 마지막 파티에서는 움찔움찔 놀라는 것 같은 기계적이고 냉정한 처리만 있을 뿐이다. 사실상 여기에 노래 테마곡이 다시 나왔다면, 이 3부를 2부와 다시 연결하고 마지막 파티는 과거와 연결된 감정에 젖게 되었겠지만, 이 마지막 파티는 필사적인 과거의 부정으로서만 존재한다. 여기서는 뿌리도 기억도 후회도 없는, 현재 속의 기분 전환만 중요하다.

사실상「할머니」의 테마는 명백히 후회다. 그러나 전반적으로 이 테마곡은 너무도 유연하고 (기쁨과 우울, 열광과 명상, 석양이 질 때의 감정과 함께 있다는 즐거움 사이에서) 너무도 다양하고 너무도 대조된 색조들로 채색되어 있다. 우리는 그것을 한정된 시간을 사는 삶 자체의 테마곡으로, 가장 일반적이고 가장 막연한 음악적 감정의 라이트모티프로 규정할 수 있을 것이다. 다른 한편, 그것은 한 인물과 결부된 테마곡이라는 의미에서 라이트모티프가 아니다. 로자가 이 곡을 받아들인다면, 이 곡이 그녀를 특징짓기 때문이 아니라 그 반대이기 때문이다. 로자는, 이 곡을 받아들임으로써, 자기 삶을 이 곡에 부여함으로써, 그녀를 중심으로 이 테마곡을 확산시킴으로써 이 테마곡을 인간화시키고, 자기 동료들에게 그런 것처럼 우리에게도 이 곡에 의미를 부여한다. 따라서 이 테마곡은 결국 뭔가를 말하기에 이르고, 너무도 빨리 흘러가버리는 삶을 대변하기에 이른다.

마지막으로「할머니」의 테마곡은, 삶과 함께하며 삶에 위안을 준다는 가장 일상적인 의미에서 음악 그 자체를 상징한다. 이와 동시에 이 곡은「텔리에 씨 집」에서 들린 네 가지 음악적 요소 중 가장 많이 들리고 가장 정서적으로 사용되고 가장 많이 편곡되었기 때문에, 일종의 보편적인 '엄마/매춘부'의 환상으로서 어떤 상황에서도 쓰기 좋은, 표현하라고 요구받은 모든 것을 잘 표현하는 음악을 대변한다.

종교적 영역과 관련된 다른 두 가지 음악적 질료의 완전히 다른 사용과 비교하면, 이 점이 훨씬 명확히 드러난다. 중심 시퀀스에서 이 노래 테마곡과 대립된 위치를 점하고 있는 성가 테마곡「주여, 당신에게 더 가까이」부터 시작해보자.

3. 첫영성체와 연결된 이 성가 테마곡——이 곡은 첫영성체의 기표다——은 훨씬 적게 나오는 반면, 그 등장은 훨씬 더 명시적으로 나타나고 강조된다.

「주여, 당신에게 더 가까이」는「할머니」처럼, 스크린 음악의 형태로 가사(첫영성체를 하는 아이들의 합창)와 함께 나오기 전에 피트 음악 오케스트라 연주(텔리에 씨 집 앞의 게시글이 발견될 때

하프 연주)로 암시된다. 아이들이 가사와 함께 부른 이 곡이 처음으로 완전히 나올 때 「할머니」가 예기치 않게 중단된다. 마술 막대기로 때려서 나온 것처럼 노래 테마곡의 마지막 음계와 이어진 이 성가 테마곡은, 이 음을 주축으로 사용하면서 지금까지 억압된 종교적 감정을 분출하는 소나기처럼 쏟아진다. 이 순간 이 테마곡은 첫영성체를 하는 아이들이 외화면에서 노래하는 것으로 들리지만, 우리는 이들이 성당 안에 있다는 것을 알고 있고, 이륜마차는 이 성당 앞을 지나간다. 그러나 이때 등장한 성가곡이 스크린 음악으로 감지되기 전에 마술적 간극, 유동적 순간이 있는데, 그것은 시골을 보여주는 롱숏 위에서 목소리들이 천사의 목소리처럼 공중에 울리는 순간이다. 이때 로자는 감동받아, 노래를 부르는 아이들을 보러 가자고 요청한다. 텔리에 부인은 "나중에!"라고 명령하는데, 마치 영화감독 자신을 대변하는 것 같다. 첫영성체 시퀀스에서 아이들이 이 성가 테마곡을 부르는 것을 실제로 보게 될 것이기 때문이다. 이때 이 성가곡은 탈-아쿠스마틱하게 되지만 부분적으로만 그렇다. 즉 이 작은 가수들은 등을 돌린 채 서 있고, 이 때문에 천사와 같은 이들 노래의 성격이 약간 남아 있게 된다. 그 후 순환이 끝나고 임무를 마치면 이 성가 테마곡은 오필스가 구상한 음악적 모자이크에서 사라지게 된다.

그렇다면 어떤 임무인가? 물론 그것은 노래 테마곡의 세속적 감정에 맞서 종교적 감정을 재현하는 임무이고, 또한 아이들의 목소리를 통해 '잃어버린 순수함'을 재현하는 임무다. 그러나 이를 넘어서면, 그리고 훨씬 더 은밀하게 그 역할은 그때까지 전혀 들리지 않았던 음악(첫번째 에피소드가 시작되기도 전에 나오는 이 3부작 전체의 타이틀 시퀀스만 제외하고)으로 나아가기 위한 도약판의 역할일 것이다. 이 음악은 다른 음악들과 달리 대목으로 나뉘거나 조각나거나 상황에 따라 편곡되지 않을 것이고, 두 번 세 번이 아니라 (거의) 딱 한 번만 온전하게 전체적으로 들릴 것이며, 딱 하나의 장면과 결부된다.

　4. 이것이 바로 모차르트의 「아베 베룸」인데, 기악곡으로 옮겨져서 완전히 거의 다 연주되는 이 음악은, 훨씬 더 진부하고 판에 박힌 제례 음악이 나온 이후 이 작은 성당에 마치 은총의 벼락처럼 떨어진다. 첫영성체 의식에서 노래하는 사람들의 영상(「키리에」를 큰 목소리로 노래하는 상기된 사제들의 얼굴을 보여주는, 따라서 아주 리얼리즘적 영상과, 노래하는 첫영성체를 하는 아이들의 등을 보여주는, 따라서 더 숭고한 영상)과 함께 나온 다른 음악들과 달리, 오퓔스는 「아베 베룸」을 연주하는 유령 오케스트라가 우리에게 보이지 않도록 조심하지만, 우리는 이 성직자들, 첫영성체를 하는 아이들, 텔리에 씨 집에서 온 일군의 사람들과 이 기회에 함께 모인 이 작은 마을 주민들이 이 음악을 듣는지 아닌지를 알지 못한다. 그러나 마치 모두 벼락을 맞은 것처럼 반응하는 모습이 보인다. 처음에는 아름다움과 영성에 사로잡힌 로자가, 이후에는 마치 전염된 것처럼 첫영성체 의식에 참석한 사람들 전체가 눈물을 흘린다. 이 음악을 배경으로 아름다운 장 세르

베의 보이스오버 내레이션이 모파상이 쓴 말들로 이 장면을 이야기하고, 숏이 지속되는 동안 카메라는 하늘로 올라갔다 다시 내려오고, 또 이 성당을 묘사하는 넓은 움직임 속에서 카메라는 신자들 전체를 보여주고 서로서로 연결하고, 이와 동시에 하늘과 땅을 연결한다. 「텔리에 씨 집」에서 바로 이 「아베 베룸」이 오필스가 구상한 극적 건축의 정점이다. 모차르트가 3분짜리 소절을 이루는 엄청난 멜로디 곡선의 음악적 연속성을 단 하나의 블록으로 재단한 것처럼, 하늘에서 움직이는 카메라의 넓은 경로는 공간 속에서 이 같은 연속성을 직조하려 애쓴다. 카메라는 거미줄을 당기고, 여기에 첫영성체를 하는 아이들과 매춘부들이 붙들려 있다. 나는 심지어 모차르트 음악을 연주하는 (떨림에 가까운) 현악기들의 과도하고 음역이 넓은 비브라토와, 덜컹거리고 흔들리는 카메라의 비행 사이에 섬세하고 의도적인 친화성이 있다고까지 주장한다.

「아베 베룸」은 이 영화에서 다시 언급되지 않는다. 그것은 이 장면의 배제된 사건이며, 언어로 표현할 수 없는 사건이다. 게다가 이 리듬 곡선의 종지부는 종결되기 전에 사제가 하는 설교 시작 부분으로 가려졌다. 그것은 천상의 방문처럼 지나가버리게 된다.

이렇게 서로 다른 테마곡과 음악적 요소들은 아주 다양한 역할을 맡고 있고, 이들 사이는 상대적으로 구획이 지어져 있다. 즉 이 곡들은 어디서나, 어떤 방식으로나 들리는 것은 아니다. 이들 각자는 독특한 의미 작용을 할 뿐만 아니라 융통성과 유연성, '점도粘度'(물리학에서 쓰는 용어)도 서로 다르다. 두 대극에 있는 것은 노래 테마곡과 「아베 베룸」이다. 노래 테마곡은 가장 많이 반

죽이 되고 가장 유동적이며, 가장 다의적이고 라이트모티프라는 바그너적 원리에서 파생된 영화음악 전통 속에서 가장 많이 나오며 충만성, 부동성, 단일성, 단단한 불가분성이란 점에서 「아베 베룸」과 정반대 지점에 놓여 있다. 노래 테마곡은 전형적으로 어떤 상황에서도 쓸 수 있는 음악이고, 아낌없이 시중을 들 수 있는 음악인 동시에 인간적이며 우리 인간의 조건과 결부된 음악이다. 감상적인 멜로디가 지배적인 이 노래 테마곡——고전 교향곡의 음악 분석에서는 '여성적 테마'라고 말할 것이다——은 과거와 현재와 미래를 하나로 묶고, 이것은 메들리 춤곡의 남근적인 시골풍과 대립한다. 메들리 춤곡은 리듬이 지배적이며, 기억의 차원이나 서로 다른 부분 사이에서 연관성을 설정하는 데 쓰이기보다는, 끝없이 자기를 잊으면서 현재 순간에 활기를 불어넣는 데만 쓰인다. 반면, 성가 테마곡은 앞서 봤듯 이후 다시 나타나지 않기 위해 실현 지점을 향해 집중되어 있고, 동시에 이 곡의 기능은 이 곡이 종교적 감성의 주축이면서 중심이라는 것을 잠시나마 믿게 하는 데 있다. 이는 「아베 베룸」이 가져온 벼락같은 영적 충격이 예측할 수 없게 떨어지도록 하기 위한 것이다. 성가 테마곡의 집중적인 청취 이후, 예고 없는 삽입이라는 이 천재적 한 방은 중력의 중심을 예기치 않은 이 새로운 음악으로 육중하게 이동시킨다.

그러나 이 새로운 중력의 중심은 지속 시간이 짧을 뿐 아니라 방향도 기억(또 다른 삶의 기억만 빼고)도 없고, 시간에 머무르는 방식조차 시간 바깥에 있다. 마치 인간의 시간으로 추락한 영원의 조각처럼.

26장. 빗속의 눈물처럼

처음에는, 끝에는 …가 있었다

빔 벤더스의 〈미국인 친구〉 끝부분에서 요나탄 지머만(브루노 간
츠)는 자동차를 탄 채 자기 부인 옆에서 죽는다. 다른 인물들은 각
자 자기 고독으로 돌아가는데,
톰 리플리(데니스 호퍼)는 함부
르크로, 새뮤얼 풀러는 뉴욕으
로 돌아간다. 위르겐 크니퍼의
비극적이고 가슴을 에는 음악
과 함께 마지막 자막이 올라간
다… 그러나 자막이 다 올라가
기 전에 음악이 '단락短絡'된다.
바로 이 순간 영화관에서는 모
든 관객이 이미 자리에서 일어

났고, 집에서 영화를 보는 고독한 관객은 비디오테이프나 DVD 플
레이어의 '멈춤' 버튼을 눌렀을 가능성이 높다. 그러나 관객이 계
속 지켜봤으면 이 영화의 거의 마지막 몇 초 동안 예기치 않은 소

리 하나를 들을 것이다. 그것은 호수나 바다에서 조용하게 밀려오는 파도 소리다. 이 영화의 마지막 소음이자 근본적인 소음으로, 인물들이 많은 여행을 하는 이 영화에서 '모두가 자기 목적지에 도착했다'라고 말하는 소리다.

앞서 언급한, 1934년 이탈리아에서 제작된 〈만인의 여인〉은 막스 오퓔스의 영화 중 잘 알려지지 않은 영화다. 시작 부분에서

자살하려고 알약을 삼킨 여주인공은 마취 상태에 있고, 그녀를 살리려는 마지막 시도로 수술 준비를 할 때, 실패와 고독으로 규정할 수 있는 이 스타의 삶이 스크린 위에 전개된다. 이때 마취 마스크 속으로 산소가 부드럽고 유연하게 흘러들어가는 소리가 들린다. 그리고 시간을 되돌려 이야기가 시작되는데, 다른 소리들은 바로 이 소리에서 나온 것 같다. 이것은 근본적인 소음bruit fondamental이고, 다른 소리들이 이 소음을 덮으려하지만 그 후에는 다시 덮이지 않는 상태로 나타난다… 이 영화의 마지막에서 이 소리가 다시 들리는데, 마치 이 불행한 삶의 마지막 소리 같다.

앙리-조르주 클루조의 〈공포의 보수〉(1953)에서 샤를 바넬이 연기한 몰락한 두목과 이브 몽탕 사이에 고통과 모욕의 끔찍한 장면이 벌어진다. 이 장면의 배경은 파이프라인에서 방출된 많은 석유가 길가에 고여 있는 곳인데, 이 파이프라인에서 큰 소리를 내며

검고 끈적끈적한 액체가 쏟아지고 이후 바넬이 여기에 빠진다. 석유가 분출하는 소리는 이 영화의 **근본적인 소음**이다.

〈펠리니의 로마〉마지막 장면은 공중에 던진 말과 억양과 문장과 길거리 음악으로 우리를 흠뻑 취하게 한 뒤 거대한 소음 하나로 끝나는데, 그것은 이 도시를 가로질러 가는 얼굴 없는 오토바이 폭주족들 소음이다. 페데리코 펠리니의 〈여성의 도시〉는 수많은 영화의 근본적인 소음인 기차가 덜커덩거리면서 내는 소음으로 끝난다.(아니면 끝나지 않는다.)

이 근본적인 소음들은 필름을 기계적으로 영사할 때 나는 소음을 떠올리게 하는 것 같다. 근본적인 소음(**언제나 복잡한 대량의 소음**)은 사실상 그 영화의 기계장치 배경에 있는 소음에서 솟아난 것으로, 모든 것이 그로부터 발원되는 소리를 보여주고, 모든 것이 마지막으로 흡수되고 다시 녹아드는 소리를 보여준다.

영사기 소음을 덮기

영화에서 음악의 기원에 대해 전설 하나가 떠돌고 있다. 물론 이에 대해 설명이 필요하기 때문이고, 음악이 처음부터 영화와 함께해야 할 존재 근거를 찾는 글들이 계속 씌어졌기 때문이다.

최초의 영화 영사 공식 출생일인 1895년 12월 28일에도 음악은 이미 있었다. 그랑 카페에 뤼미에르 형제가 찍은 영상을 보

고 연주한 피아니스트가 있었다. 이 피아니스트는 누가 고용했을
까? 더욱이, 왜 그에게 이후에도 다시 오라고 했을까? 가장 잡다한
공통의 보물에서 빌려온 메들리 곡을 연주하는 키보드 연주자들,
사중주단, 오르간, 오케스트라, 또는 다른 경우 손풍금과 바르바리
오르간은 무엇 때문에 필요했을까?

영화에서 음악에 대한 최초의 역사가로 간주되는 커트 런던
에 따르면, "영사기가 내는 소음을 덮을 수 있는 뭔가가 필요했기
때문이다. 당시 영사기와 관객석 사이에 칸막이가 없었다. 이 고통
스러운 소음은 관람의 즐거움을 방해했을 것이다." 이렇게 "덜 쾌
적한 소리를 중화시키려고 쾌적한 소리를 사용했다."* 그는 여전
히 가리개를 말하고 있고, '다른 소리 위에 있는 소리'를 말하고 있
다. 커트 런던은 초기 영화사를 알 수 있는 좋은 위치에 있지만, 이
때문에 우리가 그의 이론을 받아들여야 하는가? 어쨌거나 이 주장
이 지배적인 주장이 되었고, 다른 많은 연구자도 마치 증명된 사실
처럼 이 주장을 받아들인다.

음악이 가려야 할 영화의 주요한 소음이 있었을 것이다. 이것
은 영사기 소음일 것이고, 이미 지나간 현실의 영상이 기계적이고
초연하게 진행되면서 나온 소음일 것이다. 당연히 피아니스트 음
악과 발성영화의 수다가 억압한 이 소음은, 끊임없이 다시 나타나
려고 위협했을 것이다. 이것이 때로는 그 자체로 명백히(잉마르 베
리만의 〈페르소나〉 시작 부분이나 〈뱀의 알〉 끝부분에 나오는 영사
기 소음, 미켈란젤로 안토니오니의 〈여행자〉에서 몽타주 테이블 위에
서 편집용 필름을 보는 장면), 때로는 위장한 채(프리츠 랑의 〈마부

---

*   Kurt London, *Film Music*, 1970[1936], Arno Press, pp. 27~28.

제 박사의 유언〉시작 부분에 나오는 기계의 소음) 여기저기에서 이루어졌다. 마찬가지로, 앨프리드 히치콕의 〈싸이코〉살인 장면을 덮는 샤워기에서 지속적으로 나오는 물소리에서는, 비명과 피가

쏟아져도 끊기지 않는 무심한 소음을 들을 수 있다. 영화에서 영사기 소음은 모든 소음의 지평일 것이다. 이는 마치 심장과 신체라는 기계장치 내면의 소음이 우리 청취의 지평인 것과 같다.

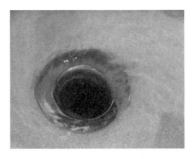

그리고 규칙적인 비트를 차분하게 되풀이하는 영화음악 자체도 영사기의 기계적인 소음을 참조한 것으로 간주할 수 있다. 무성영화 음악 본래의 놀라게 하는 기능, 서로 바꿔 쓸 수 있는 음악의 비트(규칙적이며 기분 전환용이며 가벼운 비트)의 기능은 영사기가 내는 소음을 덮는 것이며, 이 소음을 더 인간적이고 더 또렷하며 더 계량된 형태로 재구성하는 것이다. 또한 자크 타티나 펠리니, 오즈 야스지로의 영화들에 나오는 가볍고 애절한 음악들은, 되풀이되는 본래의 반주 음악을 계승한 것이라고 생각할 수 있다.

근본적인 소음은 리드미컬하거나 주기적이다

내 생각에 종종 회전 현상과 이어지는, 연속적이면서 오르내리는 소음들은 근본적인 소음의 또 다른 화신이다. 먼저 바람개비가 있는데, 세르조 레오네의 〈옛날 옛적 서부에서〉에서, 특히 테런스 맬

릭의 〈천국의 나날들〉에서 샘 셰퍼드의 집 위에서 공기를 때리는 소음을 만들어내는 바람개비 소리가 강박적으로 들린다. 또한 일련의 영화에서 핵심적인 소리가 되는 선풍기도 있는데, 이것은 긴장, 더위, 강박관념과 연결된다(이브 알레그레의 〈오만한 사람들〉 [1953], 미켈란젤로 안토니오니의 〈일식〉 〈여행자〉, 프랜시스 포드 코

폴라의 〈지옥의 묵시록〉, 에밀 쿠스트리차의 〈아빠는 출장 중〉 [1985]). 자동으로 물을 주는 스프링클러는 상당수의 영화에 집요하게 나타났고, 특히 안토니오니 영화에서 찾아볼 수 있다(〈일식〉). 물론 기차가 굴러가는 소음도 있는데, 기차가 출발하는 것으로 시작하는 영화들은 많다(베리만의 〈침묵〉, 펠리니의 〈여성의 도시〉, 베르트랑 블리에의 〈우리들의 이야기〉).

배리 레빈슨의 〈레인맨〉 은 야외에서 공사하는 모호한 소리로 시작하고 이윽고 규칙적인 똑딱 소리가 들리는데, 이 소리가 대중가요 「이코 이코」의 주제 반복 소리로 드러나는 것은 그리 중요하지 않다. 여기서 중요한 점은 그것이 어떻게 자폐증을 가진 주인공의 수학적 강박관념을 확립하고, 또한 이 영화의 메커니즘을 비춰주느냐다…

물론 밀물과 썰물이 있는 바다는 펠리니의 〈달콤한 인생〉, 프랑수아 트뤼포의 〈400번의 구타〉, 예지 카발레로비치의 〈야간열

차〉, 마르코 페레리의 〈어느 시인의 사랑〉(1981) 따위의 끝에, 그리고 분명 최소한 100여 편의 영화들 끝에 나온다. 도시에서 파도 소리와 동등한 것은 자동차 운행에서 나오는 연속적인 소음인데, 이는 로베르 브레송의 후기 영화들(〈돈〉[1983])에서 근본적인 소음이 되는 경향이 있다.

숨소리 또한 주기적이고 근본적인 소음 중 하나다. 이 소리에서 모든 것이 시작되고 또 모든 것이 끝나며, 수많은 영화가 이 소리를 사용한다. 리처드 브룩스가 찍은 영화 두 편은 리듬감 있게 표현한 죽음으로 끝나는데, 이는 마치 영사기 소음과 기계장치로 되돌아간 것 같다. 그것은 사형수의 심장이 뛰는 소리(〈냉혈한〉[1967]), 빛이 깜빡이는 소리(〈미스터 굿바를 찾아서〉[1977])다.

주기적으로 삐걱거리는 소리로 시작하는 영화들도 있다. 시드니 루멧의 〈서피코〉(1973) 타이틀 시퀀스는 사이렌 소리로 시작하고, 여기에 숨소리와 리드미컬한 소음이 더해지는데, 후자의 소음은 나중에 자동차 와이퍼에서 나온 소리로 밝혀진다. 와이퍼 소리는 필립 카우프먼의 〈떠오르는 태양〉(1993)에서 주요하게 나타나는 소리다. 또한 그것은 타티의 마지막 픽션 영화 〈트래픽〉 마지막 장면에서 빗소리와 만난다. 이 작가감독이 그 이전 영화 〈플레이타임〉 시작 부분에서 결코 오지 않을 비를 암시했다는 점을 상기해보자.(나는 하스미 시게히코가 오즈 야스지로 연구서*에서 영화 속 일기예보에 대해 그에 걸맞은 중요성을 부여했다는 점을 다행스럽게 생각한다.)

물론 빗소리는 영화사에서 가장 함축적이고 중요한 근본적인

---

* Shigehiko Hasumi, *Yasujiro Ozu*, Cahiers du cinéma, 1998.

소음 중 하나다. 그것이 단지 스탠리 도넌과 진 켈리의 〈사랑은 비를 타고〉에서 진 켈리의 춤, 음악과 결합할 뿐만 아니라* 구로사와

아키라(〈라쇼몽〉 〈꿈〉)에서, 안토니오니(〈밤〉)에서, 사티아지트 레이(〈길의 노래〉[1955])에서, 스콧 힉스 ──〈샤인〉(1997)에서 데이비드 헬프갓이 연주한 피아노에서 나온 음표들의 흐름은 물소리와 대화한다 ──에서, 나카타 히데오(〈검은 물 밑에서〉)에서 그렇다.

미래에 대한 영화 리들리 스콧의 〈블레이드 러너〉를 예로 들어보면, 이 영화에는 비가 아주 많이 오는데, 특히 로이 배티와 릭 데커드의 최종 결투가 벌어지는 장면이 그렇다. 말, 음악, 전자신호음 등 이 영화 속 모든 소리는 빗소리가 모든 것을 흡수하고 모든 것을 다시 내뱉는다는 생각에 포함되는데, 모든 소리가 바로 빗소리에서 나오거나 빗소리로 되돌아간다. 이 영화의 가장 유명한 대사 중 하나(폴 새먼에 따르면 룃허르 하우어르 자신이 만들어낸 대사)가 리플리컨트 로이 배티가 죽으면서 하는 대사인 것이 공연한 일은 아니다. 그는 자신에게서 흘러내리는 빗방울 속에 용해된 것처럼 이렇게 말한다. "이 모든 순간은 시간 속으로 사라질 것이다.

---

* 뮤지컬 영화사映畫史에는 또 다른 많은 '기상학적 발레'가 있다. 여기서 실제로 들리는 빗소리가, 이 빗소리를 본떠 옮긴 음악과 병치된다. 마르셀 아샤르의 〈폴리-베르제르〉(1935), 버스비 버클리가 머빈 르로이의 〈1933년의 황금광들〉(1933)을 위해 만든 노래「공원에서 애무」, 앤드루 스톤의 〈폭풍우의 날씨〉(1943)에 나오는 노래「폭풍우의 날씨」따위다.

빗속의… 눈물처럼."

영화 속 다양하고 차별화
된 소리들은 빗속의 눈물처럼
하나의 소리 속으로 사라질 수
있다. 이 소리는 어떤 기계 소
리와 유사한데, 귀스타브 플로
베르가『감정 교육』시작 부분
에 놓았던 "수증기가 쉭쉭거리
는 소리"가 그것이다. 이 소리
는 프레데릭 모로를 태우고 갈
배가 떠날 준비를 할 때 나온
다. 소설은 여기서 시작하지만,
많은 영화는 혼합과 평등화 과정을 통해 바로 여기서 끝난다.

평등화

'소리/영상' '말한 것/보인 것'처럼 나는 이 책에서 종종 이분법을
사용했고, 사람들이 종종 '형식/내용' '대화/행위' '인물/플롯' 따위
에서 이미 한 것처럼, 이를 통해 영화 분석가나 관객이 곧바로 경
쟁이나 대립 관계로 놓으려 하는 요소 중 두 가지를 대면시켰다.
영화라는 이 불순한 예술은 모든 예술 중 가장 혼합적인 예술이며
회화, 음악, 연극, 문학, 건축에서 빌려오고, 심지어 이들에게 종종
대목들 전체, 직접 인용을 빌려오며, 마침내 현실 그 자체에서 인
간들, 풍경들, 건축물의 조각들을 채취한다. 이 예술은 마치 우리

를 끝없이 다음 질문으로 이끄는 것 같다. 무엇이 이 모든 잡동사니를 지배하는가? 나는 이것이 중요한 질문이 아니며 영화에서 우위에 있는 것은 없다고 끊임없이 쓰고 또 가르쳤다. 그러나 이 질문은 처음부터 제기되었고, 최소한 출현émergence의 관점에서 제기된 것은 사실이다.

외화면에서 나온 말이 폭발하고, 디테일 하나가 우리에게 충격을 주고, 어떤 인물이 장면에 들어오고, 폭로가 모든 것을 뒤흔든다. 발성영화는 시간의 연속성에 대립되는 시각적·언어적·청각적 사건을 갑작스럽게 출현시키고 강조하는 예술이며, 이는 카메라 움직임과 특히 몽타주의 유희를 통해 이루어진다. 발성영화는 손가락으로 끝없이 새로운 대상을 가리키며, 새로운 주목의 중심으로 우리를 끊임없이 옮겨놓는다. 전형적으로 영화적인 이 출현의 질문——대화의 문장 하나, 영상의 어떤 프레임, 테마곡 하나 따위가 특정 순간 훨씬 더 특별하게 관객의 의식에 부과되며, 영화의 서로 다른 차원들 때문에 극도로 관객의 관심을 끈다——이 위계, 권력, '우위'의 질문과 혼동되는 것은 이해할 만한 일이다. 이는 서구 문화에서 **운명이라는 생각이 지워지면서** 통제와 권력에 대한 문제의식만 남은 시기에는 특히 더 그렇다.

출현이라는 이 시청각 효과가 크게 발전될 필요가 없다는 점을 지적해보자. 이 효과는 어떤 것을 찍을 때, 프레이밍을 해야 하고 특정 대상이 색채나 형태로 그 프레임 내부에서 관객의 주의를 확 끌게 되면 거의 자동으로 생겨나는 효과다. 이 효과는 물론 텔레비전에서 지속적으로 제조되는데, 거기서는 시청자가 다른 채널로 옮겨간다고 위협하기 때문에 끝없이 시청자의 주의를 자극해야 한다.

결과적으로 실제로 지성과 예술을 부정하는 것 ─이 말은 시청각 채널과 텔레비전을 통해 선정적이고 충격적인 것들의 무차별적이고 무분별한 쇄도를 뜻한다─에 대해 유일하게 쓸모 있는 답변은 위계적 질서, 통제권의 회복이 될 것이다. 물론 영화는 질서를 부여하는 것이지만, 이는 한 요소가 다른 요소를, 말이 영상을(아니면 그 역逆), 어떤 소리가 다른 소리를 지배하기 위해서가 아니라고 말한다. 반대로, 이 질서는 통합하고 평등하게 만드는 질서고, 이 질서는 있는 그대로의 세계를 우리에게 되돌려준다. 출현이나 단절이 있다면, 이렇게 튀어나온 것을 이후 새로운 연속성 속으로 더 매끄럽게 통합하기 위해서다.

인간의 역사는 기이하다. 인간은 성장해야 한다. 인간은 더 나아지기 위해 기호에 특권을 부여하는 법을, 중요한 것과 중요하지 않은 것을 구별하는 법을, 자연의 소음 속에 뒤섞이지 않는 소리를 만들어내는 법을, 기념물을 세우는 법을, (세계의 연속체에서 돌출하고 생채기를 내는) 길을 만드는 법을, 이것보다는 '오히려' 저것을 보고 듣는 법을 배워야 한다. 인간은 사회적으로 장소와 시간에 중요한 기능을 부여하고, 떼어내고, 위계화하고, 가장 중요한 것을 결정한다.

이와 동시에 인간은 훨씬 뚜렷한 그 반대의 기능을 위해 예술과 명상을, 기도를 만들었다. 그것은 인간을 세계의 일부로 되돌리는 것, 지각을 탈위계화하는 것, 예외적 순간을 거대한 흐름으로 되돌리는 것이다.

세계의 탈위계화에서 영화는 다른 예술처럼 자기 역할을 한다. 그리고 어떤 영화는 '그 이상도 그 이하도 아닌 것,' 감각과 정서를 매끄럽게 하는 것을 향한 긴 여정이 될 수 있다.

물론 많은 문학 작품이나 극예술 작품에서 이런 최종적 평등화를 찾을 수 있다. 예컨대 『백경』 마지막 부분에서 허먼 멜빌은 거대한 영웅 서사시를 기록하는 수백 쪽을 쓴 다음 난파로 이야기를 맺으면서 이렇게 쓴다. "그리고 바다의 거대한 수의壽衣는, 마치 5천 년 전에 그랬던 것처럼 좌우로 다시 흔들리기 시작했다." 리하르트 바그너의 「니벨룽의 반지」(네 개의 오페라, 열두 시간에서 열네 시간에 이르는 공연 시간, 서구에서 한 번도 구상된 적이 없고 실현된 적이 없는 가장 거대한 연극적 구성물) 끝부분에서 비극, 열광, 건축, 붕괴 이후 라인강은 극의 처음에 흐르던 것처럼 다시 흐르기 시작한다. 그러나 이 흐름은 더 이상 같은 의미가 아니다.

영화는 때로는 정확히 정반대처럼 보이는 것을 거쳐 이런 평등화에 도달하기 위한 고유한 수단을 갖고 있다.

우선 영화는 카메라와 마이크의 객관적 무기력증에서 엄청난 힘을 갖는다. 카메라와 마이크는 주어지는 모든 것을 녹화하고 녹음하며 선별하지 않는다. 모든 영화에서, 심지어 가장 강렬하고 액션이 가장 많은 영화에서도 이 기계적 무기력증을 느낄 수 있고, 진정한 영화작가들은 이를 이용하는 사람들이다. 소란, 영상, 희망, 다툼, 기적, 자살 따위로 가득 채워진 작품인 펠리니의 〈달콤한 인생〉 끝부분에서 일군의 사람들이 길을 잃은 채 바닷가에서 만난

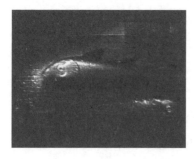

다. 여기에 방금 낚은 거대한 물고기가 나오고, 바다의 조수가 밀려오고 밀려가는 한결같은 소리가 들리는 동안 이 물고기는 차가운 눈으로 모든 것을 지켜본다. 이 시선(그것은 펠리

니의 〈카사노바〉에도 나온다)은 물론 카메라의 시선이다.

또한 영화는 또 하나의 패를 더 가지고 있다. 즉 한 영화의 시작부터 끝까지 안정적인 영상인 직사각형 프레임은 그 안에서 흘러가는 것에 대해 절대적으로 무관심하다. 영상보다 미리 존재하는 영상의 프레임은 영상이 흘러감에 따라 영상을 지운다. 이것이 경멸이나 거리를 뜻하는 것은 아니다. 자기 자신에 대한 프레임의 평등성은 테런스 맬릭의 〈씬 레드 라인〉 같은 '전쟁' 영화에서 느낄 수 있고, 이는 여기서 거대한 연민의 의미를 띤다.

따라서 영화는 때로는 프레임을 배치하는 것이고, 그 영화의 세계가 심지어 온갖 종류의 아주 작은(안드레이 타르콥스키), 또는 거대한(데이비드 린치) 대혼란으로 흔들린다고 해도 이 프레임이 영화의 처음부터 끝까지 같다는 사실을 관찰하는 것이다.

영화에 자주 나오는 영화 속 영화, 또는 영화 속 연극이라는 미장아빔은 이런 효과에 유리하다. 예컨대 영화에 수도 없이 나왔던 것처럼, 영화는 어떤 장면을 보여줄 수 있고 이 장면에서 오페라, 연극, 무대 공연을 보여주고, 이 공연에서 말하고 트림하고 소리치는 목소리가 올라가고, 여기서 서로 주먹질을 하고 서로 몸을 껴안는다. 이와 동시에 영화는 데쿠파주, 커팅, 카메라 움직임의 유희를 통해 아무 일도 하지 않는 사람들이나 무대 뒤에서 대기하는 사람들, 공연장에서 어렴풋이 윙윙거리는 소리, 얼굴들, 정신이 다른 곳에 가 있는 사람들, 아니면 단지 같은 숏에 있을 뿐인 배경이나 얼굴의 디테일을 강조해서 보여준다. 웰스의 〈시민 케인〉에서 「살람보」 공연 장면 ――수전의 날카로운 목소리가 멀어질 때, 카메라는 오페라 극장 천장으로 올라간다―― 은 그 좋은 예가 된다. 내 생각에 이를 단지 수전 알렉산더가 노래를 못한다는 사실을 환기하는 풍자 효과로만 환원하는 것은 잘못된 일이다. 또한 루키노 비스콘티의 〈애증〉도 예로 들 수 있는데, 이 영화 시작 부분에 나오는 오페라 공연의 목적이, 단지 이 공연을 보고 있는 잘생기고 무기력한 장교와 세르피에리 백작 부인 사이에 벌어지는 사랑과 파멸의 이야기에 호화찬란하고 사치스러운 반향을 주는 것만은 아니다. 거꾸로 이 공연은 클로즈업으로 찍힌 이 비극을, 이미 '평등화'되고 거리를 취한 것으로, (안락한 극장 좌석과 무거운 커튼이 소리를 죽이는 청각적 효과를 내는 것처럼) 약화된 것으로 느낄 수 있도록 우리를 이끈다.

예컨대 이야기가 전쟁이나 폭격의 맥락에서 전개될 때(피터 예이츠의 〈멋진 드레서〉, 테오 앙겔로풀로스의 〈유랑극단〉), 영화에서 연극의 힘은 다음과 같은 지점, 즉 단절과 폭음과 평등화가 번갈아 나타나는 패턴으로 인간의 연극이 외부 소음으로 상대화되고, 경보 사이렌이나 폭격 소음이 연극의 말로 상대화되는 모습이 보인다는 점에서 나온다. 이런 감정을 불러일으키고 영상을 본래의 평면성으로 되돌리며 잠시 흠집 난 연속성으로 시간을 되돌리기 위해서는, 고정 카메라가 가장 끔찍한 장면을 상당히 오랫동안 지켜보기만 해도 충분하다.

물론 전쟁은 이런 종류의 효과에 가장 큰 모티프다. 구로사와 (〈카게무샤〉 〈란〉[1985]), 맬릭, 비스콘티(〈레오파드〉 〈애증〉)의 전투를 예로 들 수 있다.

건조하고 간결하며 신중하고 '기름기 없고' 조심스러운 영화들(이들이 이런 묘사가 적합하다고 주장하는 장 외스타슈, 랑, 라울 월시의 영화들)만 옹호하고 진흥하려는 사람들이 이해하지 못한 것은, 이들이 성대하고 축축하고 '기름기 많고' 화려하고 과도하고 감정을 드러내고 멜로드라마적이라고 생각한 영화들(비스콘티, 펠리니, 브래나, 린치, 마틴 스코세이지 같은 감독의 영화들)이, 그 가장 뛰어난 영화에서 이런 평등화를 목표로 한다는 점이다.

모든 영화는 평등화를 지향하거나 평등화에 사로잡힌다. 주로 어떤 영화 양식이 노화老化되고 시대에 뒤떨어지게 되기 때문에, 스크린에 개봉될 때는 선명도 때문에 새로웠던 영상들이 때로 몇십 년 뒤에 좋든 싫든 더 제한되고 더 획일화된 것으로 나타난다. 이런 차원에서 소리가 중요한 역할을 한다는 것도 주목해보자. 즉 1940년대, 1950년대, 1960년대…의 표준적인 모노 음향으로 녹음된 영화에서 소리의 음폭은 강하게 압축되었고, 오케스트라의 웅장한 소리와 새 한 마리의 울음소리 사이에 선명도가 높지 않다는 인상을 주었다. 고전영화에서는 총소리가 그것이 산산조각 내는 조용한 인간의 대화보다 훨씬 강력한 것은 아니었고, 소리지르는 목소리가 속삭이는 목소리보다 더 큰 소리를 내지 않았다. 고전영화들에서 소리는, 실제 삶의 소리와 비교해보면 평평하게 깎인 소리다.

이 영화들이 개봉될 때, 사람들이 소리의 흐름과 관련된 이런 평등성을 강하게 느낀 것은 아니었다. 영화가 전반적으로 '돌비'라고 일컫는 것 ——이 때문에 예컨대 린치에게서 특히 훨씬 더 큰 강약 대조가 만들어지고, 소리 출처를 이동시켜 만들어낸 소리 공간을 지그재그로 움직일 수 있었다—— 으로 이행한 이래, 우리는 모노 음향으로 녹음한 고전영화들의 시각적이거나 청각적인 연속성

——여기서 소리의 갑작스러운 출현이나 폭발은 빠르게 다시 흡수된다——의 아름다움을 느끼게 되었다. 현재 영화들을, 예전 영화들이 지금 우리에게 보이는 것과 똑같은 방식으로 나타나게 하는 방향으로 영화가 진화될 것이라는 점은 의심의 여지가 없다.

또한 미적인 탈위계화도 마찬가지다. 이 책에서 나는 고의로 다른 영화들보다 '우월한' 영화(작가영화나 특정한 미적 사조)를 믿는 사람들을 놀라게 할 위험을 무릅쓰고 온갖 장르의 온갖 영화들을 가능한 한 가장 평등하게 뒤섞었다. 물론 내가 이 영화들을 똑같이 좋아하는 것은 아니다. 그러나 한 나라, 한 영역을 기술하고자 할 때 왜 위계화를 해야 하는가?

물론 내가 이 모든 영화에 대해 똑같은 애정을 느끼는 것은 아니다. 어떤 영화들 앞에서 느끼는 실망, 이 영화들이 평등화 움직임의 완수를 허용하지 않는다는 감정은, 아마도 이런 영화들이 처음부터 거리距離와 전반적 상대화를 단번에 획득한 것으로 상정하고 있다는 데 기반을 두고 있다.(이 때문에 나는 로버트 올트먼이라는 중요한 감독의 〈고스포드 파크〉[2002] 같은 영화들을 비난한다.)

또한 때로는 처음부터 끝까지 자기 인물들과 주제에 명백히 아주 큰 거리를 취하고 인간적 운명의 비장함에 아주 큰 근접성을 표현하는 영화도 있다. 내 생각에 그것이 스탠리 큐브릭의 〈배리 린든〉이다. 큐브릭은 이 작품을 그 원작인 윌리엄 새커리 책에 나오지 않는 자막으로 끝내기로 했다. "조지 2세의 지배 아래서 이 인물들은 살았고 서로 싸웠다. 선하든 악하든, 아름답든 추하든, 부자든 가난하든 이들은 이제 모두 평등하다."

"이들은 이제 모두 평등하다They are all equal now." 예술을 통해 집요하게 이루어진 세계의 탈위계화는 환상을 깨뜨리는 것이나 염세적인 것이 아니다. 반대로 그것은 우리가 세계를 재발견하게 해주고, 모든 것이 흥미롭고 어떤 것에도 등급이 매

겨지지 않았던 유년 시절을 우리에게 되돌려준다. 그러나 이는 또한 그 운명의 주체가 되기 위한 움직임이다. 자신이 죽음을 면할 수 없는 존재임을 아는 인간은, 자신을 덮게 될 수의壽衣를 스스로 벗겨내려 하며, 자신의 황폐한 몸으로 평화로운 풍경을 만들게 될 것이다.

용어 해설집

특별한 언급이 없으면, 이 용어 해설집에서 제안한 용어들은 영화 사운드에 대한 첫번째 책(『영화에서 목소리 *La Voix au cinéma*』, 1982)을 펴낸 이후, 내가 이론 작업을 하면서 만들어냈거나 정식화한 것이다. 많은 용어는 지금 이 책에 처음 나온다.

X-27 효과
effet X 27 / X-27 effect*

발성영화 초기에 이를 두드러진 방식으로 사용한 영화 〈불명예〉의 프랑스어 제목 'Agent X 27'(X 27 요원)을 따서 이름 붙인 이 효과는, 이후 데쿠파주에 따라 멀리에서와 가까이에서(즉 음악이 연주되거나 들리는 실내와 그 음악이 약한 소리로 들리는 실외)가 번갈아 나오는 아주 많은 영화에서 디제시스 음악을 들려주는 데 쓰인다. 음악의 연속성을 깨지 않고 카메라가 있는 자리가 비약할 때가 그렇다. X-27 효과는 100퍼센트 발성영화로 찍힌 첫번째 영화 〈뉴욕의 불빛〉에 잠시 나온다. 이것은 비-불연속성 효과다.

—'비-불연속성' 항목을 보라.

가리기 효과
masque / masking

어떤 소리는 다른 소리의 청취를 방해하거나, 이 소리만 없다면 (영상이 암시하지만 들리지 않는) 또 다른 소리가 들릴 것을 암시한다. 가리기 효과는 유령 같은 소리 효과와 감각의 유령들을 만들어낼 수 있고, 어떤 소리를 근본적인 소음으로 만든다. 모든 소리는 다른 소리를 가리고 있다는 의심을 받을 수 있다.

—'감각의 유령' '근본적인 소음' '유령 같은 소리' 항목을 보라.

---

*   [옮긴이] 각 용어는 프랑스어 원어를 먼저 쓰고, '/' 뒤에 영어 번역어를 첨가했다.

감각을 명명한 소리나 영상

sensori-nommé (son ou image) / sensory naming (sound or image)

영화에 나온 인물은, 자신이 관객과 함께 보고 듣는 것이 아니라, 단지 자기
감정과 다른 인물들 따위만 명명할 뿐이라고 간주된다. 그가 이것들을 [말
로] 명명할 때, 즉 자신이 듣는 것을 관객이 듣는 것과 대면하게 하며 자신이
보는 것을 관객이 보는 것과 대면하게 할 때, 여기서 특정한 효과가 나오며
이를 잉여로 보는 것은 오류다(브레송의 〈사형수 탈옥하다〉나 장-클로드 브
리소의 〈잔인한 게임〉[1982]의 탈출 장면에서 소리의 명명, 빔 벤더스의 〈베를
린 천사의 시〉[1987]에서 색채의 명명).

—'배제' '잉여(라는 환상)' 항목을 보라.

감각의 유령

fantôme sensoriel / sensory phantom

언제나 동시에 두 개의 감각[시각, 청각]에 작용할 것 같은 맥락에서 단 하
나의 감각에만 작동하는 것이 감각의 유령이다. 즉 유성영화에서 영상 속에
서 움직이는 물체나 인물이 아무 소리도 내지 않을 때[시각에만 작동]나, 출
처가 보이지 않는 디제시스적인, 아쿠스마틱한 소리[청각에만 작동]가 그
예가 된다. 아마추어 시청각 촬영(마이크가 내장된 비디오카메라)에는 감각
의 유령 두 개가 겹치는 일이 아주 흔하게 일어난다.

—'시청각 분리' '아쿠스마틱' '아쿠스마틱한 존재' '유령 같은 소리' 항목을 보라.

감각의 중복

redoublement sensoriel / sensory doubling

시각적 사건과 청각적 사건이 동시에 일어날 때 생겨나는 효과로서, 훨씬 더
확실한 감각에 이르게 된다. 감각의 중복은 문제가 되는 상황, 대상, 순간, 기
표 따위에 현실의 무게나 특별한 충격을 주려고 싱크레즈에 의존한다. 그것
은 어떤 순간, 행위, 단어 따위를 따로 떼어내서 훨씬 더 특별하게 강조하며,
이런 식으로 의미 부여 효과뿐만 아니라 동조화 지점 효과(시청각적 프레이
징)를 만들어내는 것 이외에 다른 목적은 없다. 또한 순간적인 감각의 중복
은 이보다 약간 뒤에 일어날 감각의 유령 효과에 가치를 부여하는 데 쓰일

수 있다.

—'감각의 유령' '동조화 지점' '싱크레즈' 항목을 보라.

감정이입 효과

empathique (effet) / empathetic effect

극적이거나 비극적이거나 우울함 따위와 같이 장면의 분위기와 조화를 이루거나 또는 그런 것처럼 보이는 음악이 만들어낸 효과. 비감정이입 효과와 반대다.

이 효과는 영상과 따로 떼놓고 들은 음악 자체에서 결코 나올 수 없으며, 음악과 그 장면 나머지 사이의 독특한 관계에서만 만들어질 수 있다.

—'비감정이입 효과' 항목을 보라.

'계속 노래하기' 효과

effet "Keep Singing" / "Keep Singing" effect

어떤 디제시스 음악(대개는 노래)의 존재가, 일종의 주문呪文이나 마법처럼 악惡이나 혼돈이 다가오지 못하도록 임시로 붙들어놓은 것 같은 효과. 〈사냥꾼의 밤〉(릴리언 기시가 부르는 찬송가), 〈새〉(새들이 정글짐에 날아와 앉는 동안 아이들이 부르는 노래), 〈불릿〉(추격 장면 이전에 나오는 가슴을 에는 랄로 시프린의 음악), 켄 러셀의 1970년 작 〈사랑하는 여인들〉(소들이 나오는 장면). 이 효과의 이름은 「사랑하는 여인들」의 가사에서 따왔다.

공간적 자력磁力 (영상에 의한 소리의)

aimantation spatiale (du son par l'image) / spatial magnetization (of sound by image)

하나의 심리생리적 과정으로서, 이 과정 때문에 우리가 공간상의 한 지점에서 소리의 출처(사람, 동물, 기계, 물건 따위)를 볼 때, (외벽 위의 다양한 반사, 전기적 증폭, 시청각 영사의 배치 따위) 다양한 이유로 거기서 나오거나 또는 나온다고 여겨지는 소리가 실제로는 주로 공간상의 다른 방향에서 나올 때, 출처를 보여주는 영상이 그 소리를 자석처럼 끌어당겨서 정신적으로 그 소리를 출처가 있는 바로 그곳에 놓을 수 있도록 해준다.

따라서 비행기를 타고 여행하면서 좌석 앞 작은 스크린에서 영화를 볼 때,

실제로는 배우의 목소리가 이어폰에서 나오는데도 우리에게는 그 작은 스크린에서 나오는 것처럼 들린다.

공간적 자력 덕분에 고전적인 발성영화가 가능하게 되었다. 모노트랙 영화에서 우리는 인물들의 목소리가 스크린 위에서 실제로는 이들의 시각적인 움직임에(특히 왼쪽과 오른쪽 사이 측면 축에서) 호응해 움직이지 않는다는 사실을 받아들인다. 마찬가지로 '외화면'의 소리들은, 스크린상의 시각적인 움직임을 소리에 투사하는 관객의 정신 속에서만 외화면에 있을 뿐이다.(이것이 영상 쪽에서 소리 쪽으로 가는 '추가된 가치'의 경우다.) 소리가 영화관의 실제 공간에서, 스피커와 스피커 사이에서 실제로 이동했을 때는 공간적 자력이 '흐트러지고' 막히게 되지만, 스크린 바깥에 놓인 스피커 하나에서 나오고 실제로 이동하지 않을 때는 흔들림 없이 유지된다.

—'소리의 청각적 프레임(은 없다)' '외화면 사운드' '추가된 가치' 항목을 보라.

공동 청취

co-écoute / co-audition

두 인물이, 아니면 인물과 관객이 서로 의식적이거나 무의식적으로 공유하고 있는 청취.

아직 만나지 못한 남자와 여자가 서로 상당한 거리로 떨어져 있는데도 의식하지 못한 채 같은 소리(경찰 호루라기 소리)를 듣는다. 이는 관객에게 마치 같은 별을 쳐다보는 것처럼 이들 사이에 신비스러운 관계를 만들어낸다(타티의 〈플레이타임〉).

코언 형제의 〈바톤 핑크〉(1991)에서 호텔 방에 있는 바톤 핑크나 〈사형수 탈옥하다〉의 주인공처럼, 어떤 인물은 왜 나는지 모르는 소리들을 듣고, 관객인 우리도 그와 같은 상황에 놓인다. 이렇게 아쿠스마틱하게 처리된 소리를 공유하는 것은 공동 청취를 통해 관객과 인물 사이에 공모와 동일시를 만들어낸다. 서로 같은 질문(이게 무슨 소리지?)을 던질 수 있기 때문이다.

이와 반대로 각 청취 사이에 극단적으로 칸막이를 세울 수도 있다.(고다르의 영화에서 종종 그런 것처럼, 같은 배경 속에 있는 두 인물은 같은 소리를 듣지 못한다.)

—'아쿠스마틱화' '청각의 칸막이 세우기' '청취 체계' 항목을 보라.

그려내기
rendu / rendering

그려내기란 "관객이 소리를 진짜 같고 효율적이며 딱 들어맞는다고 인지하는 것으로서, 현실에서 동일한 유형의 상황이나 원인으로 생긴 소리를 그대로 복제하는 것이 아니라 그 장면이 환기한 상황이나 원인과 결부된 감각(이것이 반드시 청각적인 것은 아니다)을 그려내는 것"(Michel Chion, *L'Audio-vision*, *op. cit.*, p. 94)이다.

1990년에 내가 정식화한 정의에서 "반드시 청각적인 것은 아니다"라는 말을 다시 강조해보자.

소리를 (복제 수단이 아니라) 그려내기 수단으로 사용한다는 것은 원인을 식별한다(내러티브적 모호성)는 면에서 소리에 유연성이 있기 때문에 더 쉬워진다. 다른 말로 하면, 소리는 그럴듯하게 들리기 쉽고, 관객은 어떤 소리가 현실에서 들릴 법한 소리와 전혀 닮지 않았다는 사실에 극도로 관대하다. 어떤 소리를 그 원인(들)과 통합하는 엄밀한 규칙은 없기 때문이다.

다른 소리가 아니라 속도, 힘 따위를 나타내는 그려내기의 예로, 영화에서 액션 장면에 구두점을 부여하는 음향효과(무술영화에서 칼이 슛슛 하는 소리가 날렵함을 나타내는 것), 누군가가 땅에 떨어지는 장면에서 (현실에서 이와 똑같은 추락이 어떤 소리도 내지 않을 수 있지만) 그 인물이 겪은 폭력을 나타내는 몸이 추락하는 소리, 권투 영화 따위에서 타격 소리 들을 언급할 수 있다. 또한 물질성이나 비물질성, 연약함이나 견고한 저항, 관능이나 엄숙, 빈 것이나 꽉 찬 것, 무거움이나 가벼움, 낡은 것이나 근사한 새것, 사치나 궁핍 따위의 인상을 만들어낼 목적으로 쓰이는 온갖 소리를 언급할 수 있다. 이것은 이런 목적으로 만들어낸 소리들이지, 문제가 되는 물체나 인물의 실제 소리를 복제할 목적으로 만들어낸 소리들이 아니다. **그려내기는 언제나 어떤 것의 그려내기다.**

또한 여기서 말하는 그려내기는 시청각 관계라는 틀 안에서 만들어진 것이라는 점을 떠올려보자. 따라서 이런 그려내기는 영상에 투사되며, 가상적으로는 스크린에서 보이는 것이 직접 표현한 것으로 느껴진다.(잉여라는 환상은 여기서 나온다.)

—'내러티브적 모호성' '잉여(라는 환상)' '추가된 가치' 항목을 보라.

근본적인 소음
bruit fondamental / fundamental noise

근본적인 소음은 연속되고 분화되지 않은 소음을 가리킨다. 상징적으로 영화의 다른 모든 소리가 여기에 삼켜지거나 용해될 위기에 놓이며, 흡수되거나 진정되는 경향이 있다. 근본적인 소음은 특정 순간에 다른 모든 소리를 덮어버리든지, 아니면 다른 소리들이 침묵할 때 유일하게 들리는 배경음으로 모습을 드러낸다. 근본적인 소음은 피에르 셰페르가 부여한 의미에서 언제나 덩어리 소리이고, 다시 말해 뚜렷한 음고音高가 없다. 그것은 영화에서 종종 영사기 소음의 은유인 동시에 삶의 배경음의 은유다. 그것은 평등화의 은유다.

─'덩어리 소리' 항목을 보라.

끼워 넣은 청취
emboîtée (écoute) / embedded listening

영상과 함께 나오든 소리만 나오든, 영화에 나오는 인물이 녹음된 소리를 듣는 것을 끼워 넣은 청취라고 말할 수 있다. 이 상황은 우리 자신이 영화를 보고 있다는 상황 때문에 두 배로 강화된다. 그 인물의 시간과 장소와 완전히 다른 시간과 장소를 작동시키는 이 청취는, 플래시백 아닌 플래시백을 이끌 수 있고, 이는 일종의 재활성화로서 영상이나 시각화를 동반할 수도, 동반하지 않을 수도 있다(〈달콤한 인생〉〈밤〉, 프랜시스 포드 코폴라의 〈컨버세이션〉, 자크 두아용의 〈퓨리턴〉[1986], 크시슈토프 키에슬로프스키의 〈베로니카의 이중생활〉 따위).

내러티브적 모호성(아쿠스마틱한 소리의)
flou narratif du son acousmatique / narrative indeterminacy (of acousmatic sound)

대부분 하나의 소리는 그 자체로 소리의 원인에 대해 모호하고 취약한 정보만을 제공하며, 경우에 따라서 아무 정보도 제공하지 않는다. 어떤 소리가 아쿠스마틱하고 식별되지 않으면, 이 때문에 아쿠스마틱한 수수께끼와 청각적인 퍼즐이 만들어지게 된다. 한편, 아주 다른 사건들이나 원인들에서 아주 비슷한, 심지어 똑같은 소리들이 생겨날 수 있다. 따라서 내러티브적 모호성은 (우리의 교육 환경이나 경험의 폭에 따라 달라지는) 소리를 탐지하는 우리의 능력이 제한된 탓으로만 돌릴 것이 아니고, 소리가 만들어지는 조건들 자체 탓으로도 돌려야 한다. 소리는 이 사건들의 '원인이 되는' 물체들의 일부에 영향을 미치는 특수한 사건들로 만들어지지 이런 물체들 자체 때문에 만들어지는 것이 아니며, 물체들의 소리는 이들의 초상을 그려낼 수 없다. 숲에서 (나무줄기들이 서로 가까이 있거나, 쓰러진 나무줄기가 다른 나뭇가지에 닿아 있을 때) 바람이 흔들어대거나 바람에 나뭇가지들이 부대끼면서 나는 삐걱거리는 소리는, 해먹이 삐걱거리는 소리와 놀라울 정도로 비슷할 수 있고, 이 중 하나의 소리가 다른 하나의 음향효과를 내는 데 아주 잘 쓰일 수 있다.

─'아쿠스마틱' '인과적 청취' 항목을 보라.

내면의 소리

interne (objectif, subjectif) (son) / internal sound

'내면의 소리'는 인물이 실제로 또는 가상으로 듣는 소리로서, 그 자리에 있는 다른 사람들은 못 듣는다고 여겨지고 바로 그 사람만 듣는 소리다.

객관적인 내면의 소리(인물의 숨소리, 심장 뛰는 소리)와 주관적인 내면의 소리(정신의 목소리, 어렴풋한 청각 기억, 〈싸이코〉에서 상상의 대화)로 구분할 수 있다.

객관적인 내면의 소리의 특성은 다른 인물들에게 그 소리가 들리는지 알 수 있는 정확한 지표가 없다는 점이다. 〈엘리펀트맨〉에서 프레더릭 박사는 복면에 갇힌 채 불안에 사로잡힌 엘리펀트맨의 숨소리를 우리가 듣는 것만큼 듣는가? 내면/외면의 구별이나 실제 세계/주관적 세계의 구별 문제로 이어지는, 청취 영역의 불확정적 범위의 적용은 영화 고유의 특성이다.

─'청각의 칸막이 세우기' 항목을 보라.

능동적 외화면 사운드

hors-champ sonore actif / active offscreen sound

이 소리들의 본성이나 인물들과 맺는 관계 때문에, 이 소리들의 출처나 이들이 불러일으키는 사건을 알아내려는 인물들의 반응과 관객의 기대를 불러일으키는 외화면 사운드(따라서 아쿠스마틱하고 디제시스적인 사운드)다.(예컨대 〈사라진 여인〉이나 〈폭력과 열정〉에서 천장에서 들리는 옥신각신하는 소리는 새로운 이웃의 존재를 알려준다.) 어떤 장면의 데쿠파주에서 능동적 외화면 사운드는 다음 숏을 이끄는데, 이 다음 숏은 앞의 숏이 제기한 질문에 답하거나 이를 또 다른 질문으로 이어가게 된다.

—'아쿠스마틱' 항목을 보라.

덩어리 소리

complexe (masse) / complex mass

어떤 소리가 식별할 수 있는 뚜렷한 음고音高를 들려주지 않을 때, 그 소리는 덩어리 소리다. 덩어리 소리는 다소간 저음과 고음 사이에 놓일 수 있지만, 이 소리들 사이나 이 소리들과 주조음향 사이에 뚜렷한 음정을 만들어낼 수 없다. 근본적인 소음은 언제나 덩어리 소리다.

—'근본적인 소음' '주조음향' 항목을 보라.

동조화 지점

point de synchronisation / point of synchronization

시청각 연쇄에서 동조화 지점은 청각적 요소와 시각적 요소의 동시적 만남에서 두드러지는 순간이다. 다른 말로 하면, 싱크레즈 효과가 훨씬 두드러지고 강화되며, 강조와 운율의 효과를 만들어내는 순간이다. 시퀀스가 지속될 때 동조화 지점들의 빈도와 배치는 이 시퀀스의 프레이징과 리듬을 부여할 뿐만 아니라 의미 효과를 만들어내는 데 이바지한다.

동조화 지점은 또한 **하나의 숏** 내부에서 영상과 소리 사이에서도 만들어질 수 있을 뿐만 아니라 시각적 커팅(숏의 변화)과 청각적 커팅 사이에서, 또는 대화 중에 의미심장한 답변의 지점에서 만들어질 수도 있다.

그러나 동조화 지점이 만들어지려면 동조성만으로는 충분하지 않다. 다른 말로 하면, 입술의 동조성이 많이 들어가게끔 촬영된 대화 장면에 그만한 수의 동조화 지점이 있는 것이 아니다. 동조화 지점은 **훨씬 두드러지고 의미심장한** 순간들로 규정되며, 지각상의 단절(소리와 영상의 동시적 커팅)의 중요성, 시각적인 강화 효과(클로즈업)와 청각적인 강조 효과(훨씬 더 특별하게 가까이에서 포착하거나 더 크고 강력한 소리)의 존재, 동시에 일어나는 디테일의 정서적이고 극적인 중요성 따위의 다양한 기준에 따라 발생한다. 맥락 또한 중요한 역할을 한다. 예컨대 동조화되지 않은 긴 시간(예컨대 말하는 사람은 외화면에 남아 있고, 듣는 사람을 길게 보여주는 숏들을 제시한 후)이 끝나고 말하는 사람을 정면에서 잡은 영상과 발음된 단어의 최초의 동시적 만남은 동조화 지점으로서 눈에 띄게 된다. 동조화 지점은 또한 종종 시간적 벡터의 최종 지점으로 준비되고 만들어질 수도 있다.

영상/소리가 만나서 특별한 시간적 충격을 준다는 생각에 기반을 두고 있는 동조화 지점이란 개념은 순수하게 형식의 효과지만, 그 자체로는 약호화되고 고정된 의미를 가지고 있지 않다. 때로는 시퀀스의 구조 수준에서, 때로는 시청각적 프레이징(음악적이고 리듬감 있는 차원) 수준에서, 때로는 의미 수준에서 적합한 것일 수 있기 때문이다. 이 세 가지 수준이 동시에 일어날 수도 있고, 이것이 심지어 가장 많이 쓰이는 경우다.

어떤 CD에서 아무거나 고른 음악과 (어떤 DVD에서 아무거나 따온) 시청각 시퀀스를 임의로 중첩시키는 아주 단순한 실험을 해보면, 우리가 관객으로서 '동조화를 갈망하고 있으며,' 최소한의 동조화 지점을 노리고 있고, 기회가 될 때마다 이 지점들을 만들어낸다는 점이 두드러지게 드러난다. 이 실험은 또한 어떤 시청각 시퀀스에서 운율과 구두점의 필요성뿐만 아니라 동시에 일어나는 시청각에서 의미와 지향성을 찾으려는 인간의 경향을 두드러지게 보여준다.

—'시간적 벡터' '시청각의 동시발생' '시청각적 프레이징' '싱크레즈' 항목을 보라.

드뷔로 효과
effet Debureau / Debureau effect
영화에서 인물이 말을 안 하거나 못하고 그의 목소리가 들리지 않다가 마침내 그의 목소리가 들리게 되면 놀람, 실망, 대조 따위의 효과가 생겨난다. 유명한 무언극 배우 드뷔로의 실제 이야기 때문에 나는 여기에 이런 이름을 붙였다. 마르셀 카르네의 〈천국의 아이들〉은 이 이야기를 각색한 영화다. 드뷔로 효과는 〈사랑은 비를 타고〉에서 코믹한 의도(무성영화 스타 리나 라몬트의 목소리)로 쓰였다.

리버스숏 피하기

contrechamp évité / avoided reverse shot

'리버스숏 피하기'는, 두 인물이 서로 마주 보거나 나란히 있으면서 말을 주고받을 때, 이 장면이 지속되는 내내, 아니면 거의 내내 다른 사람의 말을 듣는 둘 중 한 사람만 보일 때(〈페르소나〉 시작 부분에서 간호사와 의사의 대화, 키아로스타미의 〈텐〉 몇몇 장면) 생겨난다. '주관적 카메라'로 찍은 영화들(델머 데이브스의 〈다크 패시지〉 1부, 로버트 몽고메리의 〈호수의 여인〉, 미셸 드빌의 〈51번 서류〉[1978], 필립 아렐의 〈금단의 여자〉)은 대화 장면에서 철저하게 리버스숏 피하기로 이루어진 대화 장면에 기초를 두고 있다.

말-스크린

parole-écran / screen speech

오프 공간이나 외화면 공간에서 스크린 속 한 인물에게 하는 아쿠스마틱한 말로서, 때로는 반어적이거나 공격적으로, 아니면 그의 행동에 영향을 끼치려는 것처럼 이 인물을 심문하거나 논평하는 말이다.
—'말-카메라' 항목을 보라.

말-카메라

parole-caméra / camera speech

디제시스적인 청중을 매개로 해서든 아니든, 디제시스 세계 속에 등장하는 카메라를 매개로 해서든 아니든 카메라를 똑바로 쳐다보는 인물이 내뱉는 말이자, 그가 '관객인 우리에게' 하는 말이다.
—'말-스크린' 항목을 보라.

말한 것/보인 것의 대위법

contrepoint dit-montré / counterpoint (between the said and the shown)

'말한 것/보인 것'의 다섯 가지 관계 중 하나로서, 인물들이 하는 것과 이들이 말하는 것, 아니면 이들이 말한 것과 이들 주위에서 벌어지는 일이 평행하게 전개되지만, 행위들이 말한 것에 구두점을 부여하지도 않고 그 사이에 특히 대조나 모순 같은 관계도 없는 경우에 해당한다.

—'말한 것/보인 것의 대조' '말한 것/보인 것의 모순' '말한 것/보인 것의 배제'
'말한 것/보인 것의 운율' 항목을 보라.

말한 것/보인 것의 대조

contraste dit-montré / contrast (between the said and the shown)

'말한 것/보인 것'의 다섯 가지 관계 중 하나로서, 인물들이 말하는 것이 이
들이 하는 일이나 이들이 할 일과 반대되지 않은 채 대조를 이룰 때 생겨난
다. 예컨대 인물들이 서로 황홀하게 키스하면서 사소한 것에 대해 말한다
(히치콕의 〈이창〉).
—'말한 것/보인 것의 대위법' '말한 것/보인 것의 모순' '말한 것/보인 것의 배제'
'말한 것/보인 것의 운율' 항목을 보라.

말한 것/보인 것의 모순

contradiction dit-montré / contradiction (between the said and the shown)

'말한 것/보인 것'의 다섯 가지 관계 중 하나로서, 보이스오버 내레이션이나
화자가 말한 것을 스크린에 나타내는 것 ——이것은 대개 현실에서 벌어지는
대로 사태를 재현한다고 여겨진다 ——으로 부인否認하는 경우에 해당한다
(로브-그리예의 〈거짓말하는 남자〉). 이런 부인은 종종 코믹한 효과를 겨냥한
다. 한 인물이 말로는 거드름을 피우지만, 영상을 만들어내는 목소리가 불러
일으킨 영상은 그를 겁쟁이나 어릿광대로 보여준다.
—'말한 것/보인 것의 대위법' '말한 것/보인 것의 모순' '말한 것/보인 것의 배제'
'말한 것/보인 것의 운율' 항목을 보라.

말한 것/보인 것의 배제

creusement / c/omission

'말한 것/보인 것'의 다섯 가지 관계 중 하나로서, 대사(나 보이스오버 내레이
션)가 인물들의 환경에서 이들에게 일어난 사건이나 중요한 구체적 디테일
을 언급조차 하지 않는 경우에 해당한다.
—'말한 것/보인 것의 대위법' '말한 것/보인 것의 대조' '말한 것/보인 것의 모
순' '말한 것/보인 것의 운율' 항목을 보라.

말한 것/보인 것의 운율

scansion dit-montré / scansion (between the said and the shown)

'말한 것/보인 것'의 다섯 가지 관계 중 하나로서, 인물이 말하면서 한 것이나 하지 않은 것, 또는 청각적 배경(클랙슨 소리, 동물의 울음)이나 시각적 배경(자동차가 지나가는 것) 속 사건 하나가 운율을 주는 효과나 말에 구두점을 찍는 효과를 주고, 관객이 그의 말을 주의 깊게 듣도록 도와주는 경우에 해당한다. 보인 것으로 말한 것에 운율을 주는 일은 언어 중심적 영화가 선호하는 기법 중 하나다.

에릭 로메르나 마누엘 지 올리베이라 같은 감독들은 이 기법을 거부하거나 제한해서 쓴다. 어떻게 보면 장-뤽 고다르는 지나치게 이 기법을 쓰고, 지나치게 씀으로써 이 기법을 파괴한다.(예컨대 〈여자는 여자다〉에서 구두점이 과도하게 찍힌 대화가 그런데, 여기서 미셸 르그랑의 비디제시스 음악은 운율을 주는 수많은 도구 중 하나다.)

—'말한 것/보인 것의 대위법' '말한 것/보인 것의 대조' '말한 것/보인 것의 모순' '말한 것/보인 것의 배제' '언어 중심적 영화' 항목을 보라.

면회실 효과

effet-parloir / visiting-room effect

스크린에 함께 있는 것으로 보이는 두 인물이 서로를 보고(보거나) 만지기 위해 유리창, 칸막이, 담요, 창살 따위의 장애물을 넘어서 서로에게 이야기할 때 면회실 효과가 생긴다. 가장 많이 알려진 형식이 감옥의 면회실 장면이기 때문에 이런 이름을 붙였는데, 면회실 효과는 같은 공간 속에 있는 인물들을 시각적으로 분리할 수 있는 숏/리버스숏의 영화적 데쿠파주 원리를 강화시키고, 이를 통해 여기에 상징적 의미를 부여한다.

'목소리-나'

voix-je / I-voice

어떤 영화나 비디오에서 목소리가 존재하는 유형으로서, 대개는 보이스오버 내레이션이지만 반드시 그럴 필요는 없다. 이 목소리는 의도적으로 울림이 적고 반향 없는 공간에서 관객의 귀와 최대한 가까이(가까운 마이크, 반향음의 부재와 같이 소리의 특별한 특성으로 느낄 수 있는 근접성)에서 말한다. 반향으로 울리는 목소리는 사실상 "이 목소리가 포함된 어떤 공간의 느낌을 만들" 수 있지만, '목소리-나'는 마치 우리 자신의 목소리처럼 우리 안에서 울리고 "분명 스스로 자기 고유의 공간을 만든다."(Michel Chion, *La Voix au cinéma, op. cit.*, p. 48) 대개 '목소리-나'에는 목소리 뒤에 있는 몸을 느끼게 하는 소리의 물질화 지수(숨 쉬는 소리, 입에서 나는 소리)가 없다.

무대 옆 효과
coulisse (effet de) / in-the-wings effect
스크린 바깥의 왼쪽이나 오른쪽에서 영화관의 구체적인 공간에 '실제로' 놓여 있는 '절대적 외화면'에서 나오는 소리 때문에 멀티트랙(돌비) 영화에서 생겨나는 효과로서, 스크린에 청각적으로 인접한 공간이 있다는 인상을 만들어낼 정도로 길게 이어진다. 특히 프랑스의 초창기 돌비 스테레오 영화 몇몇 (알랭 코르노의 〈악의 미로〉)에서 아주 두드러진 이 효과는 그로부터 몇 년 후에는 훨씬 더 신중하게 조작된다. 한편으로는 영화관 스크린에서 너무 먼 자리에 스피커를 되도록 설치하지 않고, 다른 한편으로는 영화들의 믹싱 작업에서 청각적 배경음과 '내화면으로 입장하는' 소리(자동차가 내화면에 등장하기 전에 들리는 자동차 소리)를 길게 늘여서 들려주는 방식을 피했다. 그러나 1990년대에는 〈어머니와 아들〉 같은 영화뿐만 아니라 많은 장르 영화, 특히 공포 영화에서 여기에 아주 흥미를 느껴 무대 옆 효과가 공공연하고 체계적으로 다시 등장한다.
—'아쿠스마틱한 존재' '외화면 사운드' 항목을 보라.

반복되는 소리(피에르 셰페르, 1967)
itératif (son) (Pierre Schaeffer, 1967) / iterative sounds (Pierre Schaeffer, 1967)
소리의 점선을 그리는 것처럼, 짧고 분명한 소리들(또는 '펄스')의 빠른 반복이 특징이 되는 소리를 가리킨다.

발산의 말

parole-émanation / emanation speech

발산의 말은, 대사가 인물들이 내뱉는 일종의 분비물에 불과하고 이들이 존재하는 방식의 보완적인 측면이거나 이들 실루엣의 요소가 되는 경우에 해당한다. 대사가 이야기 진행에 이바지하지 않으며 영화적 데쿠파주를 이끌지 않는 경우에도 해당한다. 대사는 숏들의 분할, 강력한 지점들, 숏들의 연속성 따위를 보강하는 데 신경 쓰지 않으며, 이들은 발산의 말과 별개의 논리에 따라 이루어진다.

　발산의 말에서 대사는 종종 부분적으로만 알아들을 수 있지만, 반 정도만 알아들을 수 있는 대사와 다른 기법들로 발산의 말이 만들어질 수도 있다. 예컨대 펠리니나 타르콥스키의 영화에서 대사는 대개 처음부터 끝까지 이해할 수 있지만, 데쿠파주(숏의 크기, 프레이밍, 몽타주)나 배우들의 연기(장면 연기) 따위로 강조되지 않으며 이것만으로도 '언어 중심적이지 않은 영화'나 '음성 중심적이지 않은 영화'라고 일컬을 만하다.

　발산의 말에서 말은 단지 감각 세계의 여러 표현들 중 하나로 나타나게 된다. 이는 텍스트의 이해를 보강하지 않는 다른 중요한 요소들과 대사 사이에서 주의를 분산시킴으로써 주의를 흐트러뜨리는 데쿠파주, 프레이밍, 몽타주에 대한 감독의 확고한 태도 때문일 수도 있고(펠리니나 타르콥스키), 부분적으로는 알아들을 수 없거나 (결과적으로는 같지만) 여러 언어로 나오는 텍스트에서 '거리 두기'를 하는 다양한 기법 때문일 수도 있다(타티, 이오셀리아니, 오퓔스, 때로는 비스콘티). 널리 퍼져 있는 상투적 생각과는 달리, 발산의 말을 쓰는 대부분의 영화에서 발산의 말은 어떤 경우에도 입에서 나온 말들이 단지 소음에 불과하거나 어떤 중요성도 없다는 점을 뜻하지 않는다.
—'언어 중심적이지 않은 영화' '연극적인 말' '텍스트적인 말' 항목을 보라.

부조화

discordance / discordance

음색이 같지 않고 서로 어울리지 않는 피트 음악과 스크린 음악을 짧거나 길게 겹치는 효과. 〈프렌치 커넥션〉 한 장면이 그 예가 되는데, 여기서 진 해크먼과 로이 샤이더는 길거리 바깥에서 기다리고 있는 반면, 이들이 미행하는 마약 밀매상들은 세련된 레스토랑에서 점심을 먹는다. 바깥에 있는 경찰들과 이들이 감시하는 실내의 인물들을 번갈아서 보여주는 교차 몽타주에서 돈 엘리스의 날카로운 비디제시스 음악이 이 시퀀스 전체를 가득 채우지만, 레스토랑 안을 보여줄 때는 엘리스의 음악과 부조화를 이루는 술집 피아노의 디제시스 음악이 겹쳐서 들린다. 이와 비슷한 효과를 고다르의 〈할 수 있는 자가 구하라: 인생〉이나 앤서니 밍겔라의 〈잉글리시 페이션트〉(1996)에서 들을 수 있다.

이에 대한 미세한 변주는, 비디제시스 음악이 들리는 동안 누군가가 섬세하게 디제시스 음악을 피아노로 치는 것이다. 〈블레이드 러너〉에서 해리슨 포드는 손가락으로 피아노를 두드린다. 〈펀치 드렁크 러브〉에서 애덤 샌들러는 리드오르간 위에서 음계 초안을 잡는다.

〈시민 케인〉 끝부분에서 케인과 그의 부인 수전이 개최한 음울한 소풍의 경우는 약간 다르다. 이 잔치에 고용된 악단이 노래하는 블루스는 의도적으로 부조화를 이루며 도를 넘고, "그게 사랑일 리가 없어"라는 말을 되풀이하는 가수는 악기 연주와 어긋나는데 이 때문에 일종의 패러디적인 음악적 혼돈이 생겨난다. 이는 이 영화 앞부분에서 노래를 잘 못한 수전의 오페라 공연과 반향을 이룬다.

비감정이입 효과
anempathique (effet) / anempathy or anempathy effect
애처롭고 비극적인 사건이 일어나는 장면에서도, 그 장면에 디제시스적으로 있는 음악(때로는 소음)이 이에 대해 대놓고 무관심을 보이는 효과. 살인, 강간, 고문 따위가 일어나는 동안 들리는 기계식 피아노, 전축이나 카세트 플레이어에서 나오는 음악, 태연한 왈츠, 경음악, 길거리 노래, 선풍기 돌아가는 소리, 어떤 기계나 풍차에서 나온 리듬감 있는 소리, 무심하게 반복되는 바다의 파도 소리 따위가 여기에 포함된다. 비감정이입 음악이나 소음의 공통점은, 비극적인 일이 일어나기 전에도 있었지만 이 일이 일어나는 동안이나 그 후에도 마치 아무 일도 없다는 듯 지속된다는 점이다.
—'감정이입 효과' 항목을 보라.

비-불연속성

indiscontinuité / nondiscontinuity

('음성 존재'나 '탈아쿠스마틱화'처럼) 이중부정을 사용한 신조어로서, 연속성 자체의 단절로, 특히 소리에서 중단을 통해 연속성을 그려내는 것을 가리킨다.

—'X-27 효과' '〈샤이닝〉 효과' 항목을 보라.

사운드채널

piste sonore / sound channel

사운드의 기술적 기반이 완성되고 영화와 동조화가 이루어졌을 때, 그것이 어떤 것이든 그 영화 사운드의 기술적 기반을 가리키려고 도입한 용어. 시기에 따라 디스크이기도 했고, 영상을 따라 길게 늘어선 광학적 띠이기도 했으며, 필름을 따라 길게 기입된 자기적 띠이기도 했고, 필름과 함께 동조화되어 읽히는 CD이기도 했다. 대개는 멀티트랙인 사운드채널이 있다는 사실에서 사운드트랙이 있다는 점이 도출되는 것은 아니다.

—'사운드트랙(은 없다)' 항목을 보라.

사운드트랙(이란 없다)

bande-son (il n'y a pas de) / soundtrack (there is none)

'사운드트랙이란 없다'는 표현은, 영화에서 의미와 형태, 다양한 효과를 만들어내는 데 기여하는 서로 다른 소리들(말, 소음, 음악, 다양한 소리)이 소리의 세계에 속한다는 단순한 사실 때문에 그 자체로 통합되고 동질적인 단일체를 이루지 못한다는 뜻이다. 영상과 함께 있다는 사실 때문에 소리들은 분류되고 분리된다.(이것이 '시청각 분리'다.) 청각적 요소들이 각기 영상 속에 동시에 존재하는 시각적 또는 내러티브적 요소들과 [우선적으로] 관계 맺음에 따라, 영상을 앞에 두고 말, 소음, 음악적 요소들이 **자기들 사이에서** 전체적으로 가질 수 있는 의미, 대조, 일치나 불일치 따위의 관계는 훨씬 더 약해지며, 때로는 관계 자체가 없을 수 있다.

　소리의 청각적 프레임(어떤 실제 장소나 상징적인 장소에 함께 있다는 사실 때문에 소리들을 통합시킬 수 있는 프레임)이 없다는 사실 때문에 이런 상황이 생겨난다.
— '소리의 청각적 프레임(은 없다)' '시청각 분리' 항목을 보라.

〈샤이닝〉효과
effet *Shining* / *Shining* effect
이를 두드러지게 사용한 큐브릭의 영화 제목을 따서 붙인 이름으로서, 이 효과는 사람의 발걸음이나 이동 수단의 바퀴에 닿는 바닥의 질료가 달라질 때 생기는 소리의 변화에 가치를 부여하는 것이다. 예컨대 〈꿈〉의 한 에피소드에서 군인이 길 위를 규칙적인 발걸음으로 걸어간다. 그가 터널 속으로 들어가고 수백 미터를 더 가서 바깥으로 나올 때, 규칙적인 그의 발소리는 서로 다른 반향음으로 물든다.

　〈샤이닝〉에는 지금 봐도 매혹적인 장면이 있다. 소년 대니가 페달로 굴리는 장난감 자동차를 타고 오버룩 호텔의 끝없는 복도를 달리는 장면이다. 카메라가 소년의 높이에서 그를 따라간다. 그가 탄 장난감 자동차가 양탄자 위를 지나갈 때 바퀴 구르는 소리는 약해지고 달라지며, 다시 마루판 위를 지나가면 이 소리의 강도와 음색이 달라진다. 그 뒤로도 마찬가지다. 발성영화에서는 영상과 소리라는 '시간의 두 가지 선線' 때문에, 디제시스적이든 교차 몽타주에서 나오는 것이든 〈샤이닝〉효과는 X-27 효과처럼 비-불연속성을 나타내게 된다.
— '비-불연속성' 항목을 보라.

소리에 의한 영상의 벡터화
vectorisation des images par le son / vectorization (of images by sound)
분명히 움직이지만 특별한 변화나 시간 속에서 가역적인 변화 없이 어떤 행위를 보여주는 영상에 대해 소리가 '시간 속의 방향'을 각인시키고 시간성을 부여하는 청-시각 생성 과정.(눈에 보이는 많은 현상은 사실상 이런 상태에 있다. 예컨대 말[言]의 움직임은 눈에는 벡터화되지 않기 때문에, 말하는 누군가가 보이는 어떤 영상의 전개 방향을, 관객들이 알아차리지 못한 채 거꾸로 돌려서 보여줄 수도 있다.) 나무가 바람에 흔들리는 시골이 그 예가 된다. 여기서 보이는 어떤 것도 정확한 시간 감각이나 어떤 변화도 알려주지 않는다. 반면 자동차가 다가오는 소리가 들릴 때, 여기서 모든 것은 미래로 향하는 기대의 시간 속으로 들어간다. 소리는 사실상 시각적 현상보다 훨씬 더 시간 쪽으로 정향되어 있다.

—'시간화' '추가된 가치' 항목을 보라.

소리에 의한 영상의 시간적 선형화

linéarisation temporelle des images par les sons / temporal linearization (of images by sounds)

시간의 연쇄라는 감각과 관련되고 발성영화 특유의 현상을 이루는 청-시각 생성 효과. 무성영화에서 영상들의 연쇄는 연속적이라기보다는 시간과 상관없는 나열(예컨대 에이젠슈테인 영화[〈10월〉]의 집회에서 웃는 노동자들의 연속 클로즈업)로 이해될 수 있다. 그러나 현실의 소리가 함께 나오면 똑같은 영상의 연쇄가 연속으로 일어나는 행위로 지각되게 된다. 즉 두번째 숏의 인물은 첫번째 숏의 인물**보다 나중에** 그 인물을 보거나 그를 보고 웃는 것이 된다.

내가 세운 가설은, 선형화가 연쇄되는 숏들의 비시간적 지각이라는 첫번째 지각을 없애지 않고 이 지각과 겹쳐진다는 것이다. 이 때문에 시간의 이중화('이와 동시에'/'그 후에'의 효과)가 생겨난다.

—'소리에 의한 영상의 벡터화' '시간의 이중화' 항목을 보라.

소리의 고정

fixation des sons, ou sono-fixation / fixing of sounds

훨씬 더 흔하게는 녹음錄音이라고 말하지만, 고정固定이란 용어는 실제로 존재하는 소리들(콘서트 연주, 일상생활, 역사적 사건)을 고정하는 모든 과정을 가리킬 뿐만 아니라, 특수하게는 촬영할 때 저장 매체 위에 새겨 넣을 목적으로 소리를 만들어내는 모든 과정을 가리키는 데 쓰인다. 소리의 고정은 [전통적인] 음악을 뒤흔들어놓았을 뿐만 아니라, 시네마토그라프와 축음기 녹음의 동조화 체계가 개발되면서 영화 또한 뒤흔들어놓았다. 이 동조화 체계 때문에 영사뿐만 아니라 촬영 때에도 그 영화의 진행 속도를 안정화시키지 않을 수 없었고, 따라서 영화는 시간 기록의 예술이 되었다. 이 때문에

1927년부터 내가 '시-언-청각의 동조화된 시네마토그라프'라고 정의한 새로운 장르가 생겨났고, 이는 대개 발성영화란 말로 알려져 있다.
—'시간 기록의 예술' 항목을 보라.

소리의 물질화 지수

indices sonores matérialisants / materializing sound indices (MSI)

소리의 물질화 지수는, 어떤 소리이든 그 출처의 물질성과 발성의 구체적 조건을 뚜렷하게 느끼게 하는 소리의 측면을 가리킨다. 소리의 출처가 고체인지 액체인지 기체인지 아니면 또 다른 물질적 밀도를 갖고 있는지뿐만 아니라, 소리가 만들어지는 과정에서 생긴 우연한 사건이나 흠 따위도 암시할 수 있다. 어떤 소리는 많든 적든 소리의 물질화 지수를 갖고 있지만, 극단적인 경우에는 전혀 갖고 있지 않다.
—'그려내기' 항목을 보라.

소리의 청각적 프레임(은 없다)

cadre sonore des sons (il n'y a pas de) / auditory frame of sounds (there is none)

영화에서 소리의 청각적 프레임은 없다. 다른 말로 하면, 소리들을 통째로 담아내는 동시에 프레임으로서 이들의 공간적 한계를 정해주며 프레임 안에서 차지한 자리를 통해 소리들을 구조화하는 그 어떤 것도 없다. 이와 달리, (프레임 자체가 보이고 보이는 것에 대한 프레임이 있기 때문에) 영상에는 이런 일이 일어난다. 소리의 프레이밍은 경우에 따라 영상 그 자체에 의해서만 이루어진다. 영상은 (**공간적 자력**의 효과로) 소리의 위치를 정해주고, 영상에 정박시키며, 소리를 공간 속에서 유한한 물체에 결부시키거나 그러지 않거나 한다. 거꾸로 영상은 소리들을 통합시키지 않음으로써 소리들의 위치를 보이지 않는 또 다른 장면이나 인접한 외화면 공간에 있는 것으로 정해준다. 다른 한편, 영상이 프레임 속에 갇혀 있는 것과 달리 영화의 소리는 양이나 복잡성의 측면에서 다른 소리들 위로 무한하게 겹칠 수 있으며, 현실의 모든 법칙에서 자유롭다. 영화음악, 보이스오버 내레이션 텍스트, 대화, 주변 음향의 현실적 소음 따위는 영화에서 서로 겹쳐서 나올 수 있다.
—'공간적 자력' '사운드트랙(은 없다)' 항목을 보라.

수동적 외화면 사운드

hors-champ (son) / passive offscreen sound

인물들을 둘러싼 청각적 환경(도시나 공장이나 시골 따위의 소음)을 그려내는 외화면 사운드와 관련되며, 이 소리들의 출처에 대한 질문을 제기하지 않고, 인물들과 관객에게 반응과 기대를 불러일으키지 않는다. 돌비는 영화관 전체의 스피커에서 수많은 청각적 배경 요소들과 주변 음향이 나올 수 있게 해줌으로써, 능동적 외화면 사운드에 비해 종종 수동적 외화면 사운드의 몫을 늘리는 데 기여했다.

'수동적'이라는 말에 어떤 부정적 함의도 없다는 점을 알아야 한다. 수동적 외화면 사운드는 중립적이지 않다. 그것은 디제시스에 적극 기여하며 (종종 소리가 전반적인 배경의 재현을 떠맡게 해주고 영상이 더 파편적이고 더 가까이에서 찍은 숏들을 쓸 수 있게 해줌으로써) 시각적 데쿠파주의 규칙을 바꾸고, '확장'과 '정지' 따위의 효과를 만들어내는 일을 한다.

ㅡ'아쿠스마틱' '정지' '주변 음향' '확장' 항목을 보라.

수직 몽타주(의 신화)

montage vertical (mythe du) / vertical montage (myth of)

에이젠슈테인과 푸돕킨의 사변에서 나왔으며, 영상과 소리가 동시에 나올 때 만들어질 거라고 믿은 몽타주 효과에 관한 영화 이론의 신화.

뭔가를 보여주는 영상과 이와 다른 것을 들려주는 소리를 중첩시키면, 적어도 다음 세 가지 이유로 시각적 몽타주와 비슷한 효과는 만들어지지 않는다.

1. 이것은 중첩이지 연속이 아니며, 따라서 각 요소에 대한 분리된 지각은 불가능하고, 또한 한 지각으로 다른 지각의 오염이 이루어지지 않을 수 없다.
2. 영상과 소리는 부분적으로 같은 시공간 속에 흡수된다.
3. 소리와 영상의 본성은 너무 달라서 같은 단위로 잴 수 없다.

세 러시아인(에이젠슈테인, 푸돕킨, 알렉산드로프)의 선언은 보이는 것들과, 보이는 동시에 들리되 보이는 것과는 다른 것들의 대결을 옹호했다. 사람들이 이런 이념을 포기한 것이 문제가 아니라, 많은 사람이 여전히 이를 믿기 때문에 영원한 시청각적 중언부언에 갇혀 있다는 점이 문제다. 오히려 '수직 몽타주'라는 표현이 정확하다면, 반대로 이는 진부하게 너무 많이 쓰여서 더 이상 아무도 이를 알아보지 못한다. 텔레비전 드라마의 대사를 듣는 시청자 그 누구든, 배경과 배우들의 몸에 경탄하면서 이 단순한 차원에서 단 1초도 자신이 듣는 것이 자신이 보는 것에서 나올 수 있다고 생각하지 않으며, 그 역 또한 마찬가지다.

수직적 관계
verticaux (rapports) / vertical relations
전통적인 음악 어휘에서 유추한 것으로, 수직적 관계는 예컨대 어떤 소리와 영상처럼 동시에 일어나는 두 현상 사이에 들어서는 관계라고 말할 수 있다. 이와 달리 **수평적 관계**는 시간의 연속성 속에서 만들어지는 관계다. 이때 우리는 청각적이고 시각적인 연쇄가 겹치면, 어떤 경우들(예컨대 시간적 벡터에 대한 유희가 있을 때)만 제외하고, 수직적 관계(영상에 대한 소리)는 수평적 관계(청각적 연쇄와 시각적 연쇄를 따로따로 따라가면서 발견하는 관계)를 지배하는 경향이 있다고 말할 수 있다.
—'수평적 관계' '시간적 벡터' '싱크레즈' 항목을 보라.

수평적 관계
horizontaux (rapports) / horizontal relations
일정한 지속 시간 내내 바뀌고 움직이는, 소리와 영상의 지각과 관련된 시청각 관계의 측면은 (수직적인 것과 달리) 수평적일 수 있고, 이는 각 요소가 시간의 전개 속에서, 특히 시간적 벡터 속에서 고찰된다는 점을 암시한다.
—'수직적 관계' '시간적 벡터' '시간화' 항목을 보라.

스크린 음악
écran (musique d') / screen music
사람들이 대개 '디제시스 음악'이라고 말하는 것으로, 그 장면의 현재에서, 명백히 영화의 디제시스적 세계 안의 출처에서 나오는 음악이다.
  이런 조건들이 충족되었는지 의심될 경우, 예컨대 등장인물이 라디오에서 나오는 노래나 공공장소의 주변 음악에서 나온 노래를 듣는다 따위를 보여주는 명백한 표시가 없을 때, 나는 '전파상의 음악'이란 용어를 쓸 것이다.
— '전파상의 소리나 음악' '피트 음악' 항목을 보라.

시각화된 소리

visualisé (son) / visualized sound

영화에서 시각화된 소리는, 스크린에서 그 소리의 실제 출처나 추정된 출처를 부분적으로, 또는 전체적으로 보여주는 것과 동시에 일어나는 청각적 사건의 청취라고 말할 수 있다. '아쿠스마틱한 청취'와 반대.
— '아쿠스마틱' 항목을 보라.

시간 기록의 예술

chronographique (art) / chronographic art

유성영화, 이른바 '모노 트랙' 비디오, 구체 음악처럼 규칙적인 속도로 흘러가는 정해진 시간으로 작업하며, 이 정해진 시간을 표현적인 차원으로 만드는 예술들을 '시간 기록의 예술'이라 이름 붙일 수 있다. 물론 작은 변형들이 일어날 수 있다. 먼저 영화 영사에는 일정 비율의 우는 듯한 구간(옛날 영사기나 편집 테이블에서 영상보다는 소리에서 더 많이 느낄 수 있는 속도의 흔들림)이 들어 있고, 다음으로 오랫동안 영화 영사는 프랑스 텔레비전에서 방영될 때 가볍게 변화(초당 24개의 포토그램에서 초당 25개의 포토그램으로)했고, 이 때문에 움직임이 빨라지고 목소리가 높아졌으며 영화 상영 시간이 짧아졌다.

　무성영화는 규칙적이거나 표준화된 속도로 촬영되지도, 영사되지도 않았다는 점을 떠올려보자. 이런 의미에서 무성영화는 (움직임을 고정하고 복원한다는 의미에서) '움직임을 기록cinématographique'했지만, '시간을 기록chronographique'하지는 않았다.
— '소리의 고정' 항목을 보라.

시간의 거푸집 제거하기

décoffrage temporel / temporal unpacking

장면들을 하나로 묶고 이들의 시간성을 통합하는 데 쓰였던 관습적 요소들 (피트 음악, 보이스오버 내레이션, 대화와 영상을 엮기, 한 장면과 다른 장면을 연결할 때 말로 하는 '환기'의 사용)을 제거했을 때 1950년대와 1960년대 영화들에 나타난 경향. 시간성은 이런 요소들 아래서 날 것의 재료로, 고정된 채, 견고하게 나타난다.

—'엮기' 항목을 보라.

시간의 이중화

dédoublement temporel / temporal splitting

행위가 아무런 비약도 없이 줄곧 전개된다고 간주되는 유성영화의 한 시퀀스에서, 많은 숏으로 이어진 영상의 시퀀스에 비약도 중단도 없는 어떤 소리를 겹쳐놓으면 사실상 시간의 실[絲]은 하나가 아니라 두 개로 만들어진다. 영상의 시간성은 시간적 비약의 의심을 남기고 평행 몽타주로 '그동안'을 암시하지만, 소리는 비-불연속성의 연속성을 보장해준다.

—'비-불연속성' '시간화' 항목을 보라.

시간적 벡터

ligne de fuite temporelle / temporal vectorization

일정 수의 청각적 요소들과(이나) 시각적 요소들이 겹치고 이들이 다소 예측 가능한 일정 간격의 시간 속에서 교차, 만남 또는 충돌을 예측할 수 있게 해주는 방식으로 구성될 때 시간적 벡터에 대해 말할 수 있다. 이후 이 예측이 실현될 수도 있고 그렇지 않을 수도 있는데, 교차는 예상보다 더 일찍, 또는 더 늦게 일어날 수 있다. 물론 어떤 소리나 소리의 연쇄가 기대를 만들어내기 위해서는 충분히 오랫동안 지속되어야 한다. 크레셴도나 데크레셴도로 나오는 소리, 명확한 곡선을 그리는 멜로디, 점차 강화되는 리듬, 마지막 단어를 향해 나아가는 구어의 음절은 시간적 벡터를 만들어낸다.

—'시간화' 항목을 보라.

시간화

temporalisation / temporalization

'추가된 가치'의 한 경우가 되는 청-시각 생성 효과. 여기서 소리는, 그 자체로 지속 시간을 갖지 않는 영상들(크리스 마커의 〈환송대〉에서 완전히 정지된 영상들, 또는 베리만의 〈페르소나〉 시작 부분의 시체 공시장 장면에서 텅 빈 배경이나 움직이지 않는 인물들을 보여주는 영상들)에 지속 시간을 부여한다. 아니면 소리는 움직임이 들어 있는 영상 특유의 지속 시간에 영향을 주거나 이를 오염시킨다. 시간화는 특히 소리 속에 시간적 벡터가 있느냐 없느냐에 기반을 두고 있다. 특히 소리는, 자기 연쇄 속에 그 자체로 시간적 연속의 이념이 상정되어 있지 않은 영상에 선적이고 연속적인 지속 시간을 부과할 수 있다('소리에 의한 영상의 시간적 선형화'). 마지막으로 소리는 숏들을 벡터화시킨다. 다시 말해서 시간 속에서 숏들의 방향을 정해주고, 숏들 그 자체가 갖지 않는 기대, 발전, 진행, 임박 따위의 성격을 숏들에 새겨 넣는다('소리에 의한 영상의 벡터화').

〈마부제 박사의 유언〉 시작 부분에서 카메라는 물건들로 가득 찬 지하실 안을 움직인다. 소리가 없다면, 왼쪽에서 오른쪽으로 가는 패닝을 통한 탐색은 초연하고 객관적이며 임의적으로 보였을 것이다. 소리, 즉 외화면에 있는 기계의 강력한 박동 소리가 입혀지자 이 숏은 긴장감이 넘치고 즉각적인 목표, 즉 이 소리가 어디서 나는지를 찾는다는 방향을 갖게 되었다.

―'소리에 의한 영상의 벡터화' '소리에 의한 영상의 시간적 선형화' '시간의 이중화' '시간적 벡터' 항목을 보라.

시-언ᆯ-청각

audio-logo-visuel / audio-logo-visual

시청각이 글과(이나) 말의 형태로 언어를 포함할 때, 이를 더욱더 정확하게 지칭하려고 '시청각' 대신에 내가 제안한 표현. 언어는 단순히 시각적이거나 청각적인 영역을 벗어나기 때문이다. '시-언-청각'이란 용어는 상황이 십중팔구 이중이 아니라 삼중이라는 점을 떠올리게 한다. 예컨대 뮤직비디오는 영상과 음악을 결합하는 것이 아니라 말, 음악, 영상을 결합한다.

시-언-청각의 동조화된 시네마토그라프

synchrono-cinématographe audio-logo-visuel / audio-logo-visual synchrono-cinematoghraph

1920년대 말에 등장했고 이후 '발성영화'라는 이름으로 보편화된 새로운 영화를 명명하려고 내가 제안한 묘사적 표현. '움직이는 영상과 소리cinéma'뿐만 아니라 언어(영상과 소리는 대개 '언어logo'를 옮기는 수단)가, '시간상 안정적인 속도로chrono-graphie' '서로에게 동조화된synchrono' '매체graphe' 위에 기입된 영화.

시-청각 단일 지각

visu-audition / visio-audition

청-시각 단일 지각의 상황과 대칭을 이루는 시-청각 단일 지각이라는 용어는 의식적으로 청각적인 것에 주의를 집중하는 지각 유형에 적용된다. 콘서트의 경우나 음악 연주를 보여주는 영화 장면, 누군가가 말하는 것에 주의를 기울일 때도 그렇다. 여기서 청취는 **시각적 맥락**과 함께 나오고 이것으로 강화되거나 도움을 받지만, 반대로 시각적 맥락이 청취를 왜곡하거나 방해하기도 하며, 요컨대 청취가 시각적 맥락에 따라 변형된다. 시각적 맥락이 청취에 영향을 끼치고 청취에 어떤 지각들을 투사하도록 할 수도 있다.
—'청-시각 단일 지각' 항목을 보라.

시청각 분리

audio-divisuel / audio-division

시(-언)-청각 관계를 스스로 완결되는 상보성의 관점이나 자연스럽게 가상의 전체를 재구성하는 관점에서 보지 않고, 청-시각 생성 효과를 만들어내는 동시 발생의 관점에서 보려는 신조어. 이 청-시각 생성 효과에는 연상, 추가된 가치, 그려내기, 시청각적 프레이징, 장면 연출뿐만 아니라 새로운 간극과 결핍, 배제, 영상 내부와 소리의 다양한 분리까지 포함된다. 다른 말로 하면, 이는 소리가 아무리 현실적이어도 영상이 제기한 질문을 충족할 수 없다는 뜻으로, 소리는 영상을 나누고 영상 또한 소리를 나눈다. 예컨대 들린 소리는, 영상이 암시하지만 들리지 않는 소리에 더 훨씬 더 민감하게 만든다. 다른 한편, 영상은 여러 구역에서 들린 소리 전체를 나누고, 이를 통해 하나의 사운드트랙이 통합된 전체로 구성되는 것을 방해한다.

—'사운드트랙(은 없다)' '시청각의 동시 발생' '청-시각 단일 지각' 항목을 보라.

시청각의 동시 발생

concomitance audiovisuelle / audiovisual concomitance

소리와 영상이 동시에 지각되는 상황으로서, 미리 의도한 것이든 아니든 어쩔 수 없이 효과를 만들어낸다. 문자 그대로 두 개의 현상이 동시에 일어나는 것을 가리키는 이 용어는, 내 생각에는 사람들이 대개 시청각적 관계라고 보았던 것을 중립적으로 지칭하는 가장 좋은 용어인 것 같다. '시청각적 관계'라는 표현은 어쩔 수 없이 의미, 지각, 대조, 만남 따위의 의식적인 **의도**를 전제하는 용어다. 이 의도는 동시 발생 속에서 나올 수 있지만, 똑같은 효과가 만들어지기 위해서 반드시 이런 의도가 필요한 것은 아니다.

—'수직적 관계' '싱크레즈' 항목을 보라.

시청각의 불협화음

dissonance audiovisuelle / audiovisual dissonance

일시적인 소리와 일시적인 영상 사이, 또는 리얼리즘적인 주변 음향 소리와 그 소리가 들리는 틀 사이에서 일어나는 디제시스적 모순 효과. 예컨대 〈미녀갱 카르멘〉(1984)에서 고다르가 파리의 오스테를리츠 다리를 보여주는 밤의 영상 위로 들려주는 갈매기 울음소리와 바다의 파도 소리, 파트릭 슐만의 공상적인 코미디 〈내 피부를 돌려줘〉(1980)의 남녀 주인공에게 일어나는 남녀 목소리의 전도順倒가 그렇다. 아니면 텍스 에이버리가 여러 만화 영화에서 즐겨 보여준 가냘프고 아주 작은 몸과 거대하고 거친 목소리의 대조가 그렇다.(〈사람들을 증오한 고양이〉에서 작은 고양이는 거칠고 격렬한 목소리로 말한다.) 이 모순이 거대한 차원에서 이루어질 때는 불협화음 효과가 만들어지지 않는 것처럼 보이고, 괴물성과 비슷한 효과가 만들어진다.

내 생각에는 이 경우 흔히들 잘못 사용하는 '대위법'이란 용어보다는 '불협화음'이란 용어가 더 적절해 보이는데, 음악에서 대위법은 악보에서 선율을 나타내는 선들의 병치에 대한 것이기 때문이다. 주목할 것은, 시청각의 불협화음 효과가 거의 항상 미리 약호화된 수사적인 경우에 제한된다——성性의 대립, 목소리/몸의 대조, 고다르의 예에서 도시/자연의 대립, 〈파드레 파드로네〉에서 자연/문화의 대립, 〈2001 스페이스 오디세이〉에서 역사적인 과거/(「아름답고 푸른 도나우」와 함께 나오는) SF의 대립——는 점이다. 게다가 관객이 영상과 함께 나오는, 자신이 듣는 소리의 '핍진성'을 까다롭게 요구하지 않기 때문에, 또한 보이는 것과 들리는 것을 아주 쉽게 뒤섞는 강력한 심리생리적 싱크레즈 과정 때문에, 시청각의 불협화음은 획득하기 쉽지 않다는 점도 있다.

시청각적 장면 연출

scénographie audiovisuelle / audiovisual scenography

소리와 영상이 결합한 곳에서 디제시스적이고 환상적인 장면 구성과 관련된 모든 것이 시청각적 장면 연출에 속한다. 이는 인 사운드, 오프 사운드, 외화면 사운드의 유희를 통해, 특히 청각 장場에 들어오고 나가는 유희——인물이나 자동차 따위가 시각 장場에 들어오는데, 이것이 소리로써 예고된다——를 통해, 청각적 확장과 시각적 프레이밍의 대조나 동일성을 통해, 시각 장에서 인물들의 크기와, 귀에 들리는 이들의 목소리나 더 일반적으로는 이들이 내는 소리 따위의 근접성이나 거리의 비교를 통해 이루어진다.

이 마지막 사항과 관련해서 곧바로, 청각적 원근법이 시각적 원근법과 일치하는 경우가 아주 드물며 아니면 아주 대략적이거나 소심하게만 일치한다는 점을 말해보자.

여기서 잘 알려진 영화의 시청각적 장면 연출의 두 가지 예만 언급하기로 한다.

〈블레이드 러너〉에서 배경과 인물들은 시각적으로는 십중팔구 가까이에서 찍은 숏들로 제시되지만, 이들을 둘러싼 환경은 청각적으로 넓게 확장된 소리들로 묘사되고 암시된다. 따라서 시각적 클로즈업과 청각적 롱숏 사이에서 일종의 보정과 보족성을 목격하게 된다.

거꾸로 〈사티리콘〉에서는 많은 장면(예컨대 베르나치오의 연극 장면)이

빈 공간과 프레임에서 탈중심화된 인물들(이들은 종종 롱숏으로 제시되며 시네마스코프의 거대한 프레임 아랫부분에 나온다)에 기반을 둔 시각적인 장면 연출과, 이와 완전히 다른 청각적인 장면 연출을 결합한다. 청각적인 장면에서 이 인물들의 목소리는 가까이에서 들리고 확산되며 내밀하게 우리의 귀에 대고 말하며, 이 목소리들은 그 소리를 '내는' 몸과 같은 거리에 놓여 있지 않다.

—'오프 사운드' '외화면 사운드' '인 사운드' '주변 음향' '확장' 항목을 보라.

시청각적 프레이징
phrasé audiovisuel / audiovisual phrasing

영화 시퀀스 안에서 시간과 리듬의 데쿠파주와 관련되는 모든 것(호흡, 주의를 기울일 지점, 구두점, 휴지부, 시간의 결정화, 시간적 벡터, 예상, 긴장 완화)은 시청각적 프레이징이라고 부를 수 있는 것을 만들어낸다. 이 시청각적 프레이징은 특히 다음으로 결정된다.

1. 소리에 의한 영상의 시간화, 선형화, 벡터화.
2. 동조화 지점들의 결정과 분배, 소리와 영상이 서로 번갈아서 관계를 맺거나 관계를 끊는, 서로 평행하게 전개되거나 갈라지는 리듬.
3. 시간적 벡터의 구축과 예상의 유희.

시청각적 프레이징은 의미심장한 시공간을 구축하려고 시청각적 장면 연출(공간의 구축)과 결합된다.

—'동조화 지점' '소리에 의한 영상의 벡터화' '소리에 의한 영상의 시간적 선형화' '시간적 벡터' '시간화' '시청각적 장면 연출' 항목을 보라.

싱크레즈
synchrèse / synchresis

즉각적이고 반사적이며 보편적인 심리생리적 현상에 내가 붙인 이름으로서, 이 현상은 문화적 훈련이 아니라 우리 신경 체계의 구성 때문에 작동한다. 싱크레즈는 별개의 청각 현상과 별개의 시각 현상의 동시 발생을 하나의 동일 현상으로 지각하는 데 있다. 순간적인 청각적 사건과 순간적인 시각적 사건이 동시에 일어날 때 싱크레즈가 생기며, 이 둘의 동시 발생만으로도 필요충분조건이 된다.

따라서 자기도 모르게 일어나는 현상인 싱크레즈는 순식간에 상호 종속
이라는 긴밀한 관계를 확립하며, 그 본성과 출처가 전혀 다르고 현실에서는
대개 서로 아무 관계가 없는 소리와 영상을 공통의 원인과 결부시키게 된다.
영화는 이 효과를 엄청나게 많이 사용하며, 이 때문에 특히 후반 작업과 음
향 작업이 가능하게 된다.
―'감각의 중복' '동조화 지점' 항목을 보라.

아쿠스마틱 (피에르 셰페르, 1952)

acousmatique (Pierre Schaeffer, 1952) / acousmatic (Pierre Schaeffer, 1952)

아쿠스마틱한 청취 상황은, 소리는 들리지만 그 소리를 내는 원인이나 출처
는 **보이지 않는** 상황이다. 이는 전화나 라디오 같은 미디어의 본질적 특성이
지만, 영화나 텔레비전에서도 종종 일어나며, 물론 소리가 (우리 뒤쪽에 있
어서, 벽 뒤에 있어서, 안개 속에, 수풀이나 나무[보이지 않는 새]에 있어서와 같
이) 출처는 보이지 않은 채 우리에게 도달하는 수많은 일상의 청취 상황에
서도 일어난다.

물론 아쿠스마틱한 지각의 효과는 우리가 사전에 그 소리의 출처를 봤느
냐 못 봤느냐에 따라 크게 달라진다. 먼저 출처가 보였다면, 소리는 들리면
서 그 '시각적인 상'을 정신적으로 옮겨온다. 출처가 보이지 않았다면, 소리
는 더욱 추상적으로 울리며 어떤 경우에는 수수께끼가 될 수도 있다.

그러나 영화뿐만 아니라 다른 곳에서도, 아쿠스마틱한 소리의 출처는 대
부분 뚜렷하게 식별할 수 있다.
―'시각화된 소리' '아쿠스마틱한 존재' '아쿠스마틱화' '오프 사운드' '외화면
사운드' '탈-아쿠스마틱화' 항목을 보라.

아쿠스마틱한 존재

acousmate / acousmaton

어디서 나오는지 보이지 않는 소리로 이루어진 '감각의 유령'의 경우다. 소
리의 원인이 내화면 안에 있지만 그 출처가 이러저러하게 감춰진 경우든지,
아니면 출처가 외화면에 있지만 내화면에 마치 투명 인간처럼 존재하는 경

우도 해당된다. 제임스 웨일의 영화에 투명 인간으로 나오는 그리핀이란 인물은 (그가 옷을 모두 벗고 클로드 레인스의 목소리로 말하는 순간부터) 완벽하게 아쿠스마틱한 존재다.

최근의 공포 영화는 '실제 외화면 공간'[영화관]에서 아쿠스마틱한 존재를 많이 사용하며, 이들 소리가 떠다니며 움직이는 것이 영화관 공간에서 들린다.

영화 인물들이 녹음기에서 녹음된 소리를 듣는 상황은 언제나 아쿠스마틱한 존재를 만들어내며, 본래의 장소에서 추출된 아쿠스마틱한 청각적 존재들이 스크린 공기 속에 떠돌게 된다.

어떤 상징적 소리들, 어떤 존재의 활동과 그 보이지 않는 자취는 몇몇 영화에서 두드러지게 나타난다. 세르게이 파라자노프의 〈잊혀진 선조들의 그림자〉에서 보이지 않는 도끼가 그렇다.

—'감각의 유령' '아쿠스마틱' '아쿠스마틱화' '탈-아쿠스마틱화' 항목을 보라.

아쿠스마틱한 침입

surgissement acousmatique / acoustmatic intrusion

누군가가 외화면에서 자기 목소리나 자기 낸 소리로 자기를 드러낼 때 일어나는 현상이다. 이런 식으로 이 인물은, 다른 인물들이 그의 존재를 인지하지 못했는데도 이미 행위의 장소에 있었던 것으로 드러난다. 클루조의 〈까마귀〉에서 무뚝뚝한 수녀 역을 맡은 엘레나 망송의 목소리("하느님의 집에서 그런 식으로 말하지 마세요")는 성당에서 말다툼하던 두 여자와 한 남자를 놀라게 한다.

—'아쿠스마틱' '외화면 사운드' 항목을 보라.

아쿠스마틱화化

acousmatisation / acousmatization

행위의 결정적 순간에 외부의 장소 또는 멀리 떨어진 곳을 보여주거나 단순하게는 카메라 앵글을 바꿔 다른 곳을 보여주면서, 일어나는 일을 관객이 상상하게 하게끔 아쿠스마틱한 소리만 남겨두는 영화 기법이다. 다른 말로 하면, 처음에는 관객에게 보여주는 동시에 들려주다가, 이후에는 보여주지 않고 들려주기만 하는 기법이다.

언어 중심적 영화
verbo-centré (cinéma) / verbocentric cinema

이른바 고전적 발성영화의 표준 방식으로서, 여기서는 미장센, 배우들의 연기, 소리와 영상의 구상이 의식적이든 무의식적이든 (대개는 아주 많은) 대화를 들리게 해야 한다는 전반적인 목표를 지향하며, 대화의 목적은 행위를 진행하는 것이다. 이는 장면 연기, 몽타주 효과, 조명의 (종종 보이지 않는) 중심에 대화를 놓음으로써 이루어지는데 장면 연기, 몽타주 효과, 조명은 모두 대화 그 자체를 듣고 있다는 사실을 지움으로써 대화의 청취를 쉽게 해주고 들린 것을 극화하는 데 쓰인다. 언어 중심적 고전영화에 '동의하는' 관객은 자신이 지금 엄청난 양의 대사를 듣고 있으며 모든 것이 대사를 중심으로 조직되어 있다는 사실을 알아차리지 못한다. 즉 관객은, 대화가 많은 요소 중 하나에 불과하고 심지어 무시할 만한 것에 불과한 복잡한 이야기 하나를 보고 있다는 점에 확신을 가진다.

언어 중심적 영화는 종종 '엮기'와 '말한 것/보인 것의 운율'을 사용한다.
—'말한 것/보인 것의 운율' '엮기' 항목을 보라.

언어 중심적이지 않은 영화
verbo-décentré (cinéma) / verbo-decentric cinema

언어 중심적 영화에 맞서, 다음과 같은 경우들이 언어 중심적이지 않은 영화에 포함될 수 있다.

1. 겉보기에는 역설적이지만, 대사들이 아주 많고 또 중요한데도 미장센이 그 많은 대사를 숨기거나 병합하지 않고 대신 이것이 전경에서 그 자체로 지각되는 경우들이 그렇다.(여기서 영화의 다른 요소들, 특히 배우들의 동작은 대사의 청취를 쉽게 해주지 않는다.) 대사의 청취에 구두점을 찍는 '장면 연기'를 거부하는 에릭 로메르의 영화들에서부터, 펠리니 영화들의 많은 집단적 장면을 거쳐, 마누엘 지 올리베이라(〈프란시스카〉[1981]에서 고정된 타블로 숏에서 말하는 장면들)나 타르콥스키의 영화들(〈잠입자〉에서 자연 앞에서 자기들의 무능력에 직면한 인물들의 수다와 이들의

간소한 동작)까지 그렇다. 〈THX 1138〉에서 중심에 놓인 감옥 에피소드
에서도 똑같은 원리를 볼 수 있다.

2. 더욱 특수하게는 그 영화의 시각적이고 청각적인 양식이 말을 상대화
시키고, 말을 발산의 말처럼 다루는 경우들이 그렇다.

언어 중심적이지 않은 영화는 종종 '엮기'를 거부하고 의도적으로 발산의
말을 사용하지만, 반드시 그런 것만은 아니다.

—'발산의 말' '언어 중심적 영화' '엮기' 항목을 보라.

언어적인 모호성

clair-obscur verbal / verbal chiaroscuro

인물들이 하는 말을 우리가 알아들었다가 못 알아들었다가 할 때 언어적인
모호성이 생겨난다. 이 모호성은 표현 수단으로 조직되고 사용될 수도 있고,
기술적 조건이나 제작상의 결함에서 의도치 않게 생겨나 대화의 의미를 반
정도만 알아듣게 할 수도 있다.

언어적인 모호성은 또한 디제시스 구실 때문에 고의로 만들어질 수 있다.
서로 겹치는 대화들, 서로 다른 언어들의 혼합(펠리니), 인물들이 전화로 이
야기할 때 혼선이나 잡음, '가리는 소리'로 작용하는 환경 소음의 존재, 멀어
지면서 잠시 자기 목소리를 잃어버리는 인물들의 이동, 거리距離 따위가 그
렇다.

—'발산의 말' '언어 중심적이지 않은 영화' 항목을 보라.

엮기

tressage / braiding

소리의 여러 요소들 사이에, 말이나 음악 같은 소리의 요소와 영상의 전부나
일부 사이에 호응, 전이轉移가 있거나, (하나가 다른 하나를 부인하는 경우까지
포함해서) 하나가 다른 하나로 이어지거나 중계된다는 인상이 생겨날 때, 엮
기가 생겨난다. 이는 특히 말한 것/보인 것 관계의 특정 형태들 속에서 생겨
난다(운율, 대조, 나아가 모순).

언어 중심적인 고전적 발성영화는 종종 발음한 말과 장면 연기에 엮기를
실행한다. 이와 반대로 이른바 '모던한' 영화는 엮기를 피하는 것 같다(에릭

로메르, 장 외스타슈). 그러나 각각의 영화는 경우가 다르다.

　예컨대 큐브릭의 〈아이즈 와이드 셧〉은 인물들이 말로 환기한 것과 스크린에 보이는 것에 어떤 종류의 엮기도 거부하는 영화고, 말한 것에 대해 어떤 시각적이고 물질적인 지표도 제공하지 않으며 이런 지표로 말한 것을 부인하지도 않는 영화(엮지 않는 영화)다.

—'말한 것/보인 것의 대조' '말한 것/보인 것의 모순' '말한 것/보인 것의 운율' 항목을 보라.

엮지 않은 영화

détressé (cinéma) / unbraided

—'엮기' 항목을 보라.

연극적인 말

parole-théâtre / theatrical speech

연극적인 말은 영화에서 말의 세 양태 중 가장 고전적이고 널리 퍼져 있다. 관객이 전부 다 듣는 대화를 인물들이 주고받으며 ——비록 (텍스트적인 말처럼) 스크린에 나타난 현실에 영향력을 행사하지 못해도 ——, 이 대화가 행위와 관련해서 중요할 때, 인물들이 하는 말을 연극적인 말이라고 할 수 있다. 동시에 연극적인 말은, 심지어 거짓말, 침묵, 숨기는 말이라 해도 말하는 사람의 인간적·사회적·정서적 측면 따위를 드러낼 수 있다. 대부분의 영화에서 이 대화의 연결이 영화의 데쿠파주를 결정할 정도로 이 대화는 중심에 놓여 있다. 연극적인 말은 언어 중심적 영화에서뿐만 아니라 언어 중심적이지 않은 영화에서도 나타난다.

—'발산의 말' '언어 중심적 영화' '언어 중심적이지 않은 영화' '텍스트적인 말' 항목을 보라.

영상들의 장소 하나와 소리들

lieu d'images et des sons (un) / a place of images and sounds

영화 장치는 '영상들의 장소 하나와 소리들'이라는 표현으로 정의될 수 있다. 아주 간결하고 별로 화려하지도 않은 이 표현은 분명한 요인들에 대해 말해준다.

1. 여러 개 장소들이 아니라 영상들의 장소 **하나**. 다양한 영상으로 여러 장소들을 사용하는 다채널 영사나 비디오 설치는 엄밀한 의미의 영화가 아니고 멀티미디어다. 이들은 분명 납득할 만한 예술적 표현이지만, 특권화된 장소 하나에 기반을 둔 영화의 정의에 부합하지 않는다.

2. 영상들의 **장소** 하나. 요즘 아주 많이 쓰이는 이 '장소'라는 용어는 가장 많은 질문을 불러일으킨다. 상징적 개념이 아니라면, 장소란 무엇인가? 다른 사람의 몸이라는 구역들, 자기 자신의 몸이라는 구역들, 이 몸 위에서 서로 구분되는 구역들, 자신의 외부에 따라 구분되는 몸의 외부라는 개념 따위처럼, 우리가 특권적으로 어떤 구역들에 거주할 수 있고 다른 곳에 거주할 수 없다면, 혼돈과 다르지 않은 '모든 것/어디나' 안에 있는 인간에게는 장소 하나가 있다. 이것은 「창세기」가 "하늘 아래에 있는 물은 하나의 장소로 모이기를"이라는 하느님 말씀을 전할 때 상징적으로 표현한 것이고, 아니면 본래 마그마에서 출발해서 우리가 사후에, 부정적인 용어로만 규정할 수 있는 **장소들의 구분**이다… 게다가 프랑스어 사전 『로베르*Robert*』는 장소에 대해 이미 형식적인 규정을 하는데, 장소는 "일반적이고 추상적인 방식으로 고찰된, 공간의 정해진 부분"이라는 것이다. 장소는 그것이 가두는 것으로 환원되지 않는다. 따라서 어떤 영화의 장소는 자기 안에서 열을 지어 지나가는 영상들의 내용으로 환원되지 않는다.

   또한 영화의 장소는 영화가 영사되는 스크린의 물질적 공간이 아니다. 그것은 코사 멘탈레cosa mentale, 즉 정신적인 것이며, 영사의 물리적인 크기가 어떤가(휴대용 텔레비전이나 휴대폰의 아주 작은 스크린, 큰 영화관의 거대한 스크린)에 관계없이 같은 것으로 남아 있으며, 가로세로 비율(영상의 판형)로, 촬영된 실제 공간의 자르기로 규정된다.

3. **영상들**의 장소 하나지만, 마지막에는 이들이 거주할 수 없는 장소다. 검은 화면이라는 유명한 경우(마르그리트 뒤라스의 〈대서양의 남자〉[1981] 같은 영화)에서 관객에게 이 장소는 감광되지 않은 검은 필름의 프레임을 통해, 영사기 램프 때문에 스크린 위에 그려지는 영사의 직사각형으로 보인다.

ㆍ이 영상들이 반드시 움직여야 한다는 것도 필수적인 것은 아니다. 사실 상 영화에서 또 다른 극단적인 경우는, 크리스 마커의 〈환송대〉처럼 고 정된 영상들이 연속으로 흘러가는 것이다. 물론 이런 영상들이 영사의 시간, 필름이 풀리는 시간 속에 들어가야 하지만, 이것으로 충분하다. 이 것이 손에 쥔 한 장의 사진과 정해진 시간에 바로 이 사진의 영사로만 이루어진 영화의 차이다. 후자에는 단지 카메라로 촬영한 대상만 있는 것이 아니라, 정해진 시간에 이를 영사하는 행위와 상영이 있다. 더욱이 영상의 영사만큼이나 영사의 장소가 있다. 어떤 사람들은 이를 창窓이라 고 말하는데, 우리가 언제나 똑같은 것을 본다고 해도, 원칙적으로 여기 서 다른 그 어떤 것도 그다음에 즉시 나타날 수 있다.

영상들의 장소 하나란 표현에서, 장소라는 개념이 거기를 차지하는 영상 들만큼이나 중요하다는 점은 충분히 말한 셈이다.

4. 영상들의 장소 하나**와 소리들**. 여기서 나는 '…에 대해' '…와 함께' '…와 결합한' 따위의 말보다는 '…와'라는 말을 선호한다. 정확히 이 '…와'라 는 말은 확립된 관계의 유형을 미리 판단하지 않기 때문이고 무기력한 공존, 결합, 적극적인 상호 작용, 영상에 소리가 완전히 포함되기 따위 를 모두 함축할 수 있기 때문이다.

5. 영상들의 장소 하나와 **소리들**. '소리들'이란 표현은, 엄밀한 의미의 소 리 부분이 ('사운드트랙'이라는 말로 규정할 수 있을) 동질적 개체로 통합 되지 않으며 불확정적이고 열린 특성을 갖고 있다는 점을 가리킨다. 위 치 설정의 관점에서 소리는 영상에 비해 지속적으로 불안정한 상태 속 에 있다. 이는 영상이 보여주느냐 아니냐에 따라 만들어지는, 영상 때문 에 이루어지는 소리의 자력磁力에서 가변적인 유동성 때문이고, 영상과 소리의 디제시스적 연관이나 단순히 싱크레즈가 만들어내는 기본적 연 관 때문이다. 소리는 영상에 포함되든가, 소리가 영상을 포함하든가, 아 니면 세번째 가능성으로 소리는 '영상의 표면 위를 떠돈다.' 결과적으로 영화에서 소리는 '자기 장소를 찾는 것'으로 말할 수 있다.

그리고 이 탐색 과정은 각각의 소리에 대해 특수한 방식으로 이루어지 며, 동시에 들린 모든 소리들이 똑같은 장소 찾기에 참여하는 경우는 거 의 없다.

—'공간적 자력' '사운드트랙(은 없다)' 항목을 보라.

영상을 만들어내는 목소리

iconogène (voix) / iconogenic voice

영상을 만들어내는 목소리는, 발음한 말들을 '예시하는' 영상들을 (다소간 충실하게, 심지어 모순적으로) 생겨나게 하는 것 같은 목소리다. 이 효과가 보이스오버 내레이션에만 한정된 것은 아니다. 행위하고 있는 현재의 인물이 어떤 장소, 사람 따위를 명명할 때, 그리고 다음 숏이 이 장소, 이 인물 따위를 보여주는 다른 장면으로 즉시 넘어갈 때, 이 효과는 그 인물의 것으로 간주될 수 있다.

—'영상을 만들어내지 않는 이야기' 항목을 보라.

영상을 만들어내는 목소리의 부인否認

iconogène démentie (voix) / contradicted iconogenic voice

영상 자체가 영상을 만들어내는 목소리를 부인할 때, 겨냥한 효과는 대개 코믹하지만(〈사랑은 비를 타고〉) 언제나 그런 것은 아니다. 〈히로시마 내 사랑〉에서 일본인 애인이 "당신은 히로시마에서 아무것도 보지 못했어요"라고 반복해서 말할 때, 공포를 보여주는 영상들이 나온다.

영상을 만들어내지 않는 목소리나 이야기

non iconogène (voix ou récit) / noniconogenic (voice or narration)

인물이 영화에서 이야기할 때, 말하는 사람과 듣는 사람만 보여주고 (영화가 이런 가능성을 갖고 있고 이를 지나칠 정도로 남용하는 경향이 있는데도) 어떤 영상도 이 이야기를 '예시하려고' 나오지 않거나 또는 그다음에 이 이야기를 이어받아 보여주지 않을 때, '영상을 만들어내지 않는 목소리나 이야기'가 생겨난다. 영상을 만들어내지 않는 이야기는 종종 많은 영화에서 '진실의 순간'에 해당하거나 인물들에게 근본을 이루는 장면과 관련되며, 이 장면은 말만으로 전달된다.

—'영상을 만들어내는 목소리' '텍스트적인 말' 항목을 보라.

오프 사운드

off / nondiegetic sound

내가 도입한 용법에 따르면, 시청각적 관계에서 오프 사운드는 어떤 소리가 나옴과 동시에 프레임 안에서 그 소리의 뚜렷한 출처가 보이지 않을 뿐만 아니라, 현실이든 가상이든 스크린에 나타난 장면과 다른 시간, 다른 장소에 속한다고 여겨지는 소리다. 오프 사운드가 가장 자주 나타나는 경우는 보이스오버 내레이션의 목소리나 스크린에 나타난 사건이 일어난 **이후** 말하는 해설자의 목소리고, 또한 영화와 함께 나오는 이른바 '피트 음악'이다. 오프 사운드는 디제시스적이지 않고 아쿠스마틱하다.

—'아쿠스마틱' '외화면 사운드' '인 사운드' '피트 음악' 항목을 보라.

외적/내적 논리

externe, interne (logique) / logic (external, internal)

내적 논리와 다른, 시청각 연쇄의 외적 논리라고 이름 붙일 수 있는 것은 특히 소리에서, 재현된 내용에 대한 외적 개입으로서 불연속성과 단절 효과를 두드러지게 보여주는 논리다. 영상이나 소리의 흐름을 끊는 몽타주, 속도의 갑작스러운 변화나 단절 따위가 그것으로, 이는 미장센이나 내러티브 심급의 결정으로 돌릴 수 있다.

이와 반대로 시청각 연쇄의 내적 논리라고 이름 붙일 수 있는 것은 전개, 변형, 성장의 부드러운 유기적 과정에 참여하는 것으로 보이려고 구상한 영상과 소리의 연쇄 양태로서, 이 과정은 내러티브 상황 자체에서, 그 상황이 불러일으킨 소리들에서 자연스럽게 나타난다.

수많은 영화 시퀀스는 무엇보다 리듬과 프레이징 때문에 외적 논리와 외적 논리를 번갈아서 사용한다. 이런 교차가 음악에서 '레가토legato'(연결된) '스타카토staccato'(분리된) 같은 다양성과 표현적인 유연성을 몽타주에 제공하기 때문이다.

외화면 사운드

hors-champ (son) / offscreen sound

내가 도입한 용법에 따르면, 시청각적 관계에서 외화면 사운드는 어떤 소리든(목소리, 소음 따위) 나옴과 동시에 프레임 안에서 뚜렷한 출처가 보이지 않지만, 스크린에 나온 상황의 장소와 시간 속에 있다고 여겨지는 소리다. 듣는 사람이 스크린에 보이지만 외화면에서 말하는 누군가의 목소리나, 장면이 전개되는 방 바깥의 거리 소음 따위가 그렇다.

한편, 들리는 소리가 [청각적으로가 아니라] 정신적으로만 '외화면 사운드'로 인정될 때는, 이 소리가 사실상 인 사운드나 오프 사운드와 똑같은 스피커에서 나오는데도(모노트랙 영화의 경우가 그렇다) 영상 속에 출처가 없다는 단순 비교를 통해서, **정신적(또는 상대적) 외화면 사운드**라고 말할 수 있다. 이와 반대로, 소리가 실제로(청각적으로) 스크린의 경계 너머에 있는 스피커에서 나오는 것으로 들리지만 출처가 스크린 양 옆에 있는 것으로 여겨질 때는 **실제적(또는 절대적) 외화면 사운드**이라고 말할 것이다. '돌비 스테레오' 시스템, 그리고 다른 모든 다채널 시스템 때문에 이런 상황이 가능해졌다.

—'아쿠스마틱' '오프 사운드' '인 사운드' 항목을 보라.

외화면 쓰레기통

hors-champ poubelle / offscreen trash

멀티트랙 영화에서 외화면 쓰레기통은, 던지고 발사하고 쏜 어떤 것이 부딪히면서 또는 파편이나 탄피의 폭발 따위가 떨어지면서 생겨난 소음을 관객이 스크린의 양쪽 경계 바깥에 놓인 스피커에서 듣는다는 사실 때문에 순간적으로 만들어지는 실제 외화면 공간이다. 외화면 쓰레기통 효과는 1958년 구로사와의 〈숨은 요새의 세 악인〉 '퍼스펙타'판에 이미 나온다. 인물이 나뭇가지를 내화면 바깥으로 던질 때, 그것이 외화면에 떨어지면서 기이하게도 땡그랑 소리를 내는데, 이는 그 안에 금이 들어 있다는 사실을 드러낸다.

유령 같은 소리

creux (son en) / sensory phantom

시청각 시퀀스에서 **유령 같은 소리**는 영상이 암시하지만 들리지는 않는 소리로, 이 장면과 연계된 다른 소리들은 들리는 상황이다. 이 때문에 사라진 소리들을 (부재자로서) 더욱 강조할 수 있다. 예컨대 펠리니 영화들에서 걸어가면서 말하는 인물들의 목소리는 들리지만 이들의 발소리는 들리지 않는다. 타티의 영화들에서, 예컨대 〈윌로 씨의 휴가〉의 해수욕장 장면에서 배경으로 보이는 바다의 파도 소리는 수영하는 사람들의 고함 소리가 들릴 때는 들리지 않는다. 히치콕의 〈새〉에서 새들은 여주인공 뒤로 모여들지만 새들이 날거나 정글짐에 앉아 움직일 때 날갯짓 소리는 들리지 않는다.

거꾸로, **유령 같은 영상**은 소리가 구체적인 영상을 암시하지만 그 시각적 대응체가 없는 영상이다. 예컨대 위에 언급한 타티의 영화에서 놀면서 서로를 부르는 아이들의 청각적 장면이 그런데, 정작 아이들은 스크린에 나오지 않는다. 〈새〉의 다른 장면에서 (덧문을 닫은 집 안에서) 새들이 공격하는 소리가 들리지만 새들은 보이지 않는다.

유령 같은 소리들과 감각의 유령들은 시청각 분석에서 고려해야만 하고, 이런 것들이 있다는 사실은 (영상과 분리한 채 소리 그 자체만으로 모든 소리를 구성한) '사운드트랙'이 없다는 점을 확인해준다.

— '감각의 유령' '사운드트랙(은 없다)' '시청각 분리' 항목을 보라.

음성 존재
acousmêtre / acousmêtre

외화면에 있거나, 아니면 (커튼 뒤나 다른 장애물 뒤와 같이) 내화면에 있지만 출처가 보이지 않는 아쿠스마틱한 목소리를 통해 그 목소리를 듣는 인물에게 만들어지는, 보이지 않는 인물. 이 목소리가 독자적인 한 인물이 될 정도로 충분한 일관성과 연속성이 있을 때 음성 존재가 생겨난다. 이 목소리를 '가진 사람'이 언제라도 내화면에 나타날 수 있도록 단지 아쿠스마틱하게만 제시되었다고 해도 그렇다. 음성 존재는 명확히 영상 외부에 있는 보이스오버 내레이션과 구분되며, 영화 프레임 속에서 프레임 가장자리와 관련해서 규정되는 아쿠스마틱한 인물이다. 이 프레임 가장자리에서 음성 존재는 프레임 속에 끊임없이 등장하려는 존재이고, 프레임 바깥에 있다는 위치 때문에 프레임 안에 있는 것에 대해 일정한 권력을 행사하는 것으로 보인다(〈싸이코〉에서 앤서니 퍼킨스의 어머니, 〈마부제 박사의 유언〉에서 마부제). 사실상 영화의 상상계에서 어디에나 있는 존재(편재성遍在性), 모든 것을 다 보는 존재(편시성偏視性), 모든 것을 다 아는 존재(전지성), 모든 것을 다 할 수 있는 존재(전능성) 따위의 힘이 보통 음성 존재에게 부여된다.

흥미롭고 당혹스러운 경우는 음성 존재가 [모든 것을 다 보지 않고] 부분적으로만 보는 경우인데, 요제프 폰 슈테른베르크의 〈아나타한〉이나 베르나르도 베르톨루치의 〈바보 같은 자의 비극〉(1980)에서는 음성 존재가 불충분하게 알고 권력도 제한된다.

—'아쿠스마틱' '탈-아쿠스마틱화' '탈중심화된 내레이션' 항목을 보라.

음성 중심주의

voco-centrisme / vococentrism

소리 혼합체에서 무엇보다 음성이 우리의 주의注意를 끌고 우리의 주의를 집중하는 과정. 이는 영화의 숏에서 관객의 눈에 인물의 얼굴이 차지하는 역할과 같다.

소리 차원에서 음성 중심주의는 특별한 기법들로 무화되거나 완화될 수 있다. 예컨대 자크 타티의 영화들에서, 음성에 초점을 맞추는 우리의 자연스러운 경향은 청각 차원의 유동적인 처리와 대사의 가청성을 약화시킴으로써 방해받는다. 더욱이 이 감독은 대사들이 다른 차원에서는 여전히 중요하지만, 엄밀한 의미의 행위 자체에 본질적인 것이 되지 않게 하려고 애를 쓴다. 그리고 관객의 주의가 음성에 가지 않도록 카메라가 인물들을 멀리서 잡는다.

이 말은 고전적인 음성 중심주의 영화들에서 다른 소리들(소음과 음악)이 '중요하지 않다'는 뜻이 아니다. 반대로 이런 소리들도 음성만큼 중요한 역할을 하지만, 단지 훨씬 더 의식적이지 않은 차원에만 작용한다는 뜻이다. 이는 마치 현악 사중주나 보컬 네 개로 된 혼성 합창단에서 이른바 중간 성부聲部들(테너와 알토의 성부들, 다른 말로 하면 높지도 낮지도 않은 성부들)과 같다. 멜로디에는 사람들이 의식적으로 주의를 기울이는데, 그 멜로디가 같을 경우에도, 이런 성부들이 없거나 다를 때만 비로소 '뭔가가 달라졌다'고 느낄 뿐이다.

음향 처리된 영화

bruité (cinéma) / foleyed cinema

음향 처리되었다는 점이 숨겨지지 않는다는 사실에서 즐거움을 주며, 아이가 장난감 비행기, 장난감 자동차, 작은 장난감 트럭의 음향을 자기 입으로 내면서 노는 것을 떠올리게 하는 영화다. 〈스타워즈〉에서 광선검이나 우주선에 덧붙인 음향, 수많은 액션 영화에서 카메라와 줌의 움직임에 덧붙인 음향이 그 예가 된다.

의례화된 영화

ritualisé (cinéma) / ritualized cinema

단순하고 대개는 반복적인 행위(자동차 문 열기, 계단 오르기, 어딘가로 가기, 길 건너기, 어떤 일 수행하기)가 다소간 반복적인 의례의 성격을 갖는 영화 형식이며, 여기서는 행위의 구체적인 지속 시간과 템포가 중요한 역할을 한다.

의미론적 청취(피에르 셰페르, 1967)

sémantique (écoute) (Pierre Schaeffer, 1967) / semantic listening (Pierre Schaeffer, 1967)

'의미'를 파악하기 위한 청취. 피에르 셰페르는 약호화된 소리 신호가 문제가 되는 특별한 맥락——가장 흔한 예는 음성언어이지만, 모스부호나 죄수들 사이의 암호도 될 수 있다——에서 이 신호의 해독에 관심을 가진 청취를 '의미론적 청취'라고 이름 붙인다. 똑같은 것을 지칭하는 데 나는 약호 청취라는 말을 더 좋아하지만, 문제를 복잡하게 만들지 않으려고 셰페르의 용어를 그대로 쓰기로 한다.

똑같은 소리에 두 개의 청취가 동시에 작동할 수 있다는 점에 주목해보자. 예컨대 모르는 사람이 전화로 말하는 소리가 들릴 수 있다(의미론적 청취). 그 사람의 목소리를 듣고 난 후 그가 어떤 사람인지(성별, 나이, 체격, 건강 상태) 알려고 한다(인과적 청취).

유성영화는 종종 관객의 의미론적 청취와 디제시스 인물의 의미론적 청취 사이에 간극을 만드는 놀이를 한다. 후자의 인물은 모스부호, 죄수의 암호, 외계인이나 로봇의 언어를 즉시 '알아듣는다.' 〈스타워즈〉에서 작은 로봇 R2-D2의 전자신호음의 언어를 루크 스카이워커는 '알아듣고' 우리에게는 별로 다르게 들리지 않는, 털로 뒤덮인 거인 츄바카의 신음 소리를 한 솔로는 '알아듣는다.' 이것은 청각의 칸막이 세우기의 흔한 예다.

—'인과적 청취' '청각의 칸막이 세우기' '환원적 청취' 항목을 보라.

인 사운드

in (son) / onsceen sound

시청각적 관계에서 인 사운드는, 내가 이 표현에 부여한 특별한 용법에 따르면, 들림과 동시에 프레임 안에서 그 소리의 뚜렷한 출처가 보이는 소리를 가리키며, 소리와 출처 모두가 눈에 보이는 현재의 디제시스 현실에 참여한다.

—'오프 사운드' '외화면 사운드' 항목을 보라.

인과적 청취(피에르 셰페르, 1967)

causale (écoute) (Pierre Schaeffer, 1967) / causal listening (Pierre Schaeffer, 1967)

듣는 사람이 소리를 통해 그 소리의 원인을 알려줄 수 있는 온갖 지표에 관심을 기울이는 청취. 그 소리를 만들어내는 물체, 현상, 존재는 무엇인지, 그 소리가 어디서 나는지, 소리가 어떻게 작동하고 어디로 움직이는지 따위가 대상이다. 인과적 청취는 해석의 수많은 오류를 낳기 쉬운 행위다. 맥락에 따라 영향을 많이 받으며, 소리 그 자체가 그렇다기보다는, 소리를 들으며 우리가 짐작하게 되는 원인과 관련해서 소리가 대개 모호하거나 불확실하기 때문이다.

피에르 셰페르는 그가 인과적 청취라고 이름 붙인 것과 내가 이보다는 **형상적 청취**라고 이름 붙인 것을 명확히 구분하지 않는다. 이 두 청취는 같은 것으로 보이지만, 형상적 청취는 소리를 **만들어내는** 것이 아니라 소리가 **묘사하는** 것에 관심을 둔다. 따라서 신디사이저가 만들어낸 것이라고 이미 알고 있는 발소리나 파도 소리를 들으면서, 우리는 실제 원인에 속지 않고도 발소리나 파도 소리의 형태나 구조를 알아볼 수 있다.

—'내러티브적 모호성'' '의미론적 청취' '환원적 청취' 항목을 보라.

잉여 (라는 환상)

redondance (illusion de) / redundancy (illusion of)

추가된 가치가 만들어낸 환상으로서, 어떤 소리가 자기와 함께 나오는 영상의 반복에 불과하다 ——그 영상은 소리의 반복에 불과하다는 것도 마찬가지다——고 믿게 만드는 환상이다. 잉여로 언급되는 가장 진부한 예는 대화를 찍고 그 소리를 그대로 들려주는 경우인데, 이것은 절대로 잉여가 아니다. 사실상 (더빙되지 않은 영화에서 배우들의 얼굴이 정면을 보고 있는 경우에) 입술을 읽는 훈련을 받은 청각장애인을 제외하면, 어떤 경우라도 소리는 영상에서 도출될 수 없으며, 스크린에 보이는 것에서 발음된 말이 도출될 수 없다. 마찬가지로 인물들의 얼굴, 의상, 종종 이들이 나오는 프레임, 동작 따위도 소리만 가지고 알아낼 수 있는 경우는 거의 없다. 따라서 원칙적으로 진정한 시청각의 잉여란 있을 수 없으며, 감정이입 음악의 경우도 마찬가지다. 중요한 책들에서 통용되는 이 개념은 시청각이 만들어낸 환상에 불과하고, 동시에 이론에서는 시청각 관계의 복잡성과 특수성을 가리는 통념에 지나지 않는다.

—'감정이입 효과' 항목을 보라.

전파상의 소리나 음악

'on the air' (sons, musiques) / on-the-air (music, sounds)

시청각 픽션, 나아가 다큐멘터리영화 시퀀스에서 '전파상의 소리'라고 말할 수 있는 것은, 장면에 있지만 라디오, 전화, 인터폰, 전자증폭기 따위를 통해 전자적으로 전송되었다고 여겨지는 소리다. 이 때문에 이 소리들은 소리 확산의 기계적인(이른바 자연적인) 법칙에서 벗어나며, 그 장면의 실제 시간에 남아 있으면서도 공간을 자유롭게 넘나든다. 음악, 특히 노래일 경우, 스크린 음악의 위치에서 피트 음악의 위치로 자유롭게 이동할 수 있다. 자주 있는 일은, 장면이 진행되는 내내 음악의 존재감 정도를, 장면의 몽타주와 디제시스 공간에 대해 그 음악이 가진 자율성의 정도를 유희시킴으로써 관객에게 음악에 대한 가설을 세우고 변경하게 하는 것이다. 〈델마와 루이스〉에서 루이스와 지미의 전화 통화 장면이 지속되는 내내 관객은 줄곧 생각한다. 이 노래는 아마 모텔 방의 라디오에서 나온 것이다(가설 1). 아니야, 이 노래는 그보다는 오프 사운드야. 멀리서 전화로 서로에게 말하는 두 인물을 보여주는 평행 몽타주의 '양쪽' 모두에서 이 노래가 들리기 때문이지(가설 2). 그러나 혹시 제삼자인 델마가 수영장 옆에서 긴장을 풀고 이어폰으로 듣는 노래라 할 수는 없을까?(가설 3) 아니야, 이 노래는 비디제시스 음악이야. 청각적으로 전경에서 들리고 다른 어떤 디제시스 소리도 들리지 않기 때문이지(가설 4).

주목해야 할 점은, 어떤 새로운 가설도 사후에 그 전의 가설들을 무효로 만들지 않으며, 정확히 특정 순간에 이 가설들을 끌어냈기 때문에 모든 가설이 참이라는 것이다.

—'스크린 음악' '전화소' '피트 음악' 항목을 보라.

전화소電話素

téléphème / telepheme

영화의 전화 장면. '전화소'라는 말은 내가 만들어낸 단어가 아니고 20세기 초 한 잡지에서 '전화 통화의 단위'를 가리키려고 어떤 기자가 제안한 단어다.

나는 전화소의 유형들을 그 시청각적 관계에 따라 0부터 6까지 번호를 붙여 7개의 유형으로 분류했다.

0 유형: 무성영화 특유의 전화소로서 통화하는 두 사람을 번갈아 보여주지만, 이들이 하는 말은 들리지 않는다.

1 유형: 통화하는 두 사람을 번갈아 보여주고, 스크린에 이들 중 한 사람이 나올 때마다 그 사람의 말이 들린다.

2 유형: 통화하는 한 사람만 보이고(또 들리고), 우리는 전화 통화 내내 다른 사람의 말을 듣지 못하며 줄곧 스크린에 나오는 그 사람과 같이 있다. 이에 대한 변주는, 마치 우리가 방에서 듣는 사람 곁에 있는 것처럼, 상대의 목소리가 들리지만 너무 작아서 거의 알아들을 수 없는 경우다.

3 유형: 통화하는 한 사람만 보이고 그 사람의 목소리가 들리지만, 보이지 않는 다른 사람의 목소리가 필터링되어 들린다.

4 유형: 통화하는 두 사람 중 때로는 한 사람이, 때로는 다른 사람이 보이

지만, 목소리는 때로는 말하는 사람의 영상과 함께 들리고, 때로는 상대방의 수화기로 들린다.

5 유형: 스크린이 둘로 나뉜 '분할 스크린'의 효과다. 통화하는 두 사람이 보이고 들리지만, 이들 중 누구의 목소리도 필터링되지 않는다.

6 유형: 종종 앞에 나온 유형들을 교차시키면서 만든, 의도적으로 불규칙하거나 역설적인 다양한 경우다. 타티의 〈나의 아저씨〉에서 사장 아르펠이 처남 윌로에게 전화 통화하는 장소의 아쿠스마틱한 소리(대중적인 아코디언 주변 음향)가 사무실 전화의 외부 스피커를 통해 사장실을 가득 채우지만, 전화선 반대편 끝에 있는 윌로의 목소리는 들리지 않는다. 린치의 〈로스트 하이웨이〉에서 주인공은 자기 앞에 있는 사람과 똑같은 사람이라고 여겨지는 사람에게 자기 집에서 전화를 하고, 3 유형의 필터링된 목소리가 들린다.

전화소의 유형은 장면이 진행되는 동안 바뀔 수 있고, 이런 변화는 장면 구성에 이바지한다. 〈마부제 박사의 유언〉에서 수사관 로만과 호프마이스터의 전화 통화는 1 유형으로 시작했다가 3 유형으로 끝난다.

—'아쿠스마틱' 항목을 보라.

점도粘度

consistance / consistency

이 묘사적인 용어는 "영화의 서로 다른 청각적 요소들(목소리, 음악, 소음)이 전체적인 소리 반죽에 많든 적든 녹아들어간 정도나, 이와 반대로 각자 따로 아주 선명하게 들리는 정도"(*L'Audio-vision*, p. 160)를 가리킨다[전자는 점도가 높고, 후자는 점도가 낮다]. 기술적인 이유로 '소리 반죽'은 많은 초기 발성영화에서 아주 견고했고, 고전 영화에서는 미적인 이유(연속성과 혼합의 탐구)로 견고했다. 1970년대와 돌비 이후로, 기술적 차원뿐만 아니라 미적 차원에서도 사람들은 오히려 소리를 다른 소리에서 떼어내려고 한다. 물론 주목할 만한 예외들(〈블레이드 러너〉의 아주 '혼합적인' 소리)도 있다.

정지

suspension / suspension

우리의 시청각 습관으로는 (시골이나 도시 따위에 있는) 일정한 주변 음향을 전제하는 픽션 장면에서, 이런 소음들을 내는 원인이 줄곧 행위 속에, 나아가 영상 속에 있는데도 소음들을 중단시키거나 심지어 애초부터 없애는 데 놓여 있는 극적인 청-시각 생성 효과. 관객이 느끼는 효과는 종종 신비나 위협의 효과, 때로는 일종의 시적 정지나 세계에 대한 현실감의 상실이다. 예컨대 펠리니의 〈카비리아의 밤〉 끝에서 애정으로 가득 찬 산책 장면은 일몰, 탁월한 풍경과 숲으로 이루어져 있지만 여기서 어떤 새소리도 들리지 않는다. 이 장면은 암암리에 불안에 가득 찬 분위기를 만들어낸다. 이 남자는 자신이 절벽 끝으로 데려간 작은 창녀를 죽이려고 하는 것이다.

스필버그의 〈미지와의 조우〉에서 외계인이 처음으로 모습을 드러낼 때 해 질 녘 소음은 한순간 침묵한다. 구로사와의 〈꿈〉에서 기진맥진한 등산가가 자신에게 긴 머리의 여인이 몸을 기대는 환상을 볼 때 영상에 계속 보이는, 수없이 많은 눈송이가 내리는 와중에도 눈보라 소리는 들리지 않는다.

주변 음향 또는 영역의 소리

ambiant (son) ou son-territoire / ambiant sound (or territory sound)

어떤 장면을 둘러싸고 그 출처를 시각화하거나 위치가 어디인지 따위의 강박적인 질문을 제기하지 않은 채 그 공간에 거주하는 전반적인 주변의 소리. 새들이 지저귀는 소리, 벌레 떼의 울음소리, 성당의 종소리, 전반적인 도시 소음 따위가 주변 음향이다. 이를 영역의 소리라고도 말할 수 있는데, 그 소리가 계속되고 어디에나 퍼져 있어서 특정 장소나 공간을 표시하는 데 쓰이기 때문이다.

주변 음향과 달리, '청각적 배경 요소'는 특정 배경이나 장소를 보여주는 간헐적이고 순간적인 소리들로 규정된다.

—'수동적 외화면 사운드' '청각적 배경 요소' '확장' 항목을 보라.

주조음향主調音響 (피에르 셰페르, 1967)

tonique (masse) (Pierre Schaeffer, 1967) / tonic mass (Pierre Schaeffer, 1967)

이른바 '덩어리 소리'와 달리, 뚜렷한 음고音高를 들려주는 소리를 가리킨다.

　주조음향은 종종 말, 음악, 소음 사이에서 '회전축의 차원'으로 쓰인다. 그것은 또한 부조화 효과를 만들어낼 수 있다. 마지막으로 그것은 덩어리 소리가 나오는 맥락 한가운데서 특별하게 솟아 나온다.

—'덩어리 소리' '불협화음' '회전축의 차원' 항목을 보라.

청각의 칸막이 세우기

cloisonnement auditif / auditory compartmentalization

몇몇 인물이 듣는 것을 우리가 듣지 못하거나, 반대로 관객인 우리가 듣는 모든 것을 그들이 듣지 못할 때 '청각의 칸막이 세우기'가 생겨난다. 인물들 모두가 소리를 똑같이 듣지 못하거나, 우리가 관객으로서 한 인물의 청취나 비청취에 참여하거나 참여하지 못할 때도 마찬가지다.

　청각의 칸막이 세우기는 그 장면에서 전화나 개별 이어폰, 또는 소리 전파를 방해하는 투명한 장애물로서 유리창 같은 디제시스 구실을 이용할 수도 있다. 그러나 청각의 칸막이 세우기는 또한 상징적인 약호에 따른다. 많은 경우 인물들은 피트 음악이나 보이스오버 내레이션, 다른 인물들의 내면의 목소리를 듣지 못한다고 여겨지지만, 이들이 이런 소리를 듣고 있다는 점이 드러나면 '위반의 개그' 효과가 생긴다.

　〈파리의 지붕 밑〉〈밤〉 그리고 물론 〈플레이타임〉은 청각의 칸막이 세우기를 만들어내는 소리 장애물로 유리창을 아주 많이 사용한다.

—'청취 체계' 항목을 보라.

청각적 배경 요소

éléments de décor sonore (EDS) / elements of auditory setting (EAS)

시청각적 장면 연출에서 이 말은 출처가 순간적이고 고립적이며 간헐적으로 출현하는 소리들을 가리킨다. 따라서 청각적 배경 요소는 연속적이며 오래 지속되는 '주변 음향'과 다르다. 멀리서 들리는 개 짖는 소리, 사무실에서 울리는 전화벨 소리와 같이, 청각적 배경 요소는 별개의 국지적인 작은 터치들로 공간을 가득 채우고 공간을 만들어내며, 행위의 지점이나 그 주변의 위치를 정하는 데 기여한다. 영화언어의 모든 차원에서 찾을 수 있는 과잉 결정 원리에 따라, 청각적 배경 요소는 장소를 식별해주면서 멀리서 들릴 때는 확장의 효과(공간의 청-시각 생성 효과)를 가져다줄 수도 있고, 편집되는 순간을 통해 장면의 '운율'에 이바지할 수 있으며, 대사를 강조해줄 수도 있으며, 시선에 반향(프레이징의 청-시각 생성 효과)을 일으킬 수 있다 등등.

청각적 배경 요소와 주변 음향은 각기 행위의 배경들을 차별화시키고, 시각적이고 리듬적인 차이와 연관되거나 또한 연관되지 않으면서 행위의 배경들을 눈에 띄게 하는 데 기여한다.

—'시청각적 프레이징' '운율' '주변 음향' '확장' 항목을 보라.

청-시각 단일 지각

audio-vision / audio-vision

영화나 텔레비전 특유의 지각 유형이지만 종종 현실에서도 경험하는 지각 유형을 가리킨다. 여기서 의식적인 주의注意가 집중되는 곳은 영상이지만, 소리가 매 순간 영상에 일련의 효과, 감각, 의미를 가져온다. 이 일련의 효과, 감각, 의미는 **추가된 가치**라는 투사 현상 때문에 영상의 것으로 돌려지며, 자연스럽게 영상에서 나오는 것으로 보인다. 일상 현실에서도 '청-시각 단일 지각'(즉 청각이 시각에 영향을 끼치는 것)를 말할 수 있다.

영화나 텔레비전의 경우 현실에서보다 보인 것에 대해 들린 것의 투사가 더욱 놀랍고 철저하게 이루어지는데, 이는 보이는 것의 시각적 프레임, 즉 스크린이 있기 때문이고, 이는 '장면'이라는 용어로 더욱 강화된다. 스크린은 영상이 출현하기 전에 이미 있고, 영상이 사라진 뒤에도 남아 있다. 스피커가 눈에 보인다고 해도 스피커는 들리는 것의 청각적 프레임이 아니며, 이는 영사기 렌즈가 영상의 프레임이 아닌 것과 같다. 여러 개의 스피커가 서로 섞이는 소리들을 분사하는 보통의 경우는 더 말할 것도 없다.

—'소리의 청각적 프레임(은 없다)' '시-청각 단일 지각' '추가된 가치' 항목을 보라.

청-시각 생성 효과

effet audio-visiogène / audio-visiogenic effects

영상과 소리의 결합, 그리고 종종 '추가된 가치' 덕분에 만들어지는 효과로서, 대개 영상에 투여되며 영상이 가진 힘으로 여겨진다.

청-시각 생성 효과는 다음과 같이 분류될 수 있다. 1) 의미, 분위기, 내용에 끼치는 효과, 2) 에너지, 질감, 속도, 볼륨, 온도 따위의 감각을 만들어내는 그려내기와 재료(소리의 물질화 지수)의 효과, 3) 특히 '확장'과 '정지' 효과, 그리고 내화면, 외화면, 오프 공간의 조작을 통한, 가상공간의 구축과 관련된 장면 연출 효과, 4) 시간, 그리고 시간적 프레이징의 구축과 관련된 효과, 시간적 벡터를 만들어내는 소리를 통한 영상의 시간화에 대한 유희, 다소 연결이 느슨해진 부분들과 번갈아서 나오는 두드러진 동조화 지점…

—'그려내기' '동조화 지점' '소리의 물질화 지수' '시간적 벡터' '시간화' '시청각적 프레이징' '정지' '추가된 가치' '확장' 항목을 보라.

청점 聽點

point d'écoute / point of audition

나는 어떤 시청각 시퀀스에서 청점이란 용어를 다음을 지칭하는 데 사용한다.

1. 공간적인 지점으로서, 바로 이 지점을 기준 삼아 우리는 어떤 소리를 가까이에서 아니면 멀리서 듣는다고 말할 수 있다. 이 지점은 카메라가 놓인 위치와 일치할 수도 있고, 다를 수도 있다. 많은 경우 인물은 영상에서 멀리 떨어져 있지만 그의 목소리는 가까이에서 들린다. 이때는 **공간적** 의미의 청점이다.

2. 인물로서, 우리는 그의 귀를 통해 소리를 듣는다고 암시된다. 예컨대 이 인물이 전화로 말하고, 우리는 마치 그 인물이 소리를 듣는 것처럼 다른 사람의 목소리를 분명하게 듣는다. 이때는 **주관적** 의미의 청점이다.

〈불명예〉한 장면은 공간적 청점과 주관적 청점의 대립을 사용한다. 즉 고정된 카메라 앞에서 인물이 멀어지고 커튼 뒤로 이동하는 순간 옆방에서 연주되는 피아노 소리가 작아진다. 카메라가 멈춰 있으므로 우리는 공간에서 그를 따라가지 않지만, 마치 '그의 귀를 통해서' 듣는 것 같다.

청점의 이 두 가지 측면은 동시에 일어날 수도 있고 서로 다른 경우나 (특히 '전화소'에서) 모순적인 경우에 해당할 수도 있다. 이 복잡한 문제를 분석하면, 소리와 영상, 또한 시각과 청각의 근본적인 차이 때문에 청점을 '시점' 개념과 동등하게 비교할 수 없다는 점이 드러난다.

—'전화소' 항목을 보라.

청취 체계

système d'écoute / system of audition

어떤 영화에서, 한편으로는 청취들 사이의 칸막이 세우기와 다공성多孔性을 통해, 다른 한편으로는 인물들이 자기들이 냈거나 내지 않은 소리들과 맺는 관계를 통해 만들어낸 논리를 '청취 체계'로 이름 붙일 수 있다.(인물들이 소리들과 맺는 관계는 의식되고 말로 언급될 수도 있고, 능동적일 수도 수동적일 수도 있다.)

영화의 청취 체계에서 다음 요인들을 나열할 수 있다.

1. 인물들이 소리를 의식하고 소리가 이들에게 영향을 미치는 정도, 이들이 이 소리에 대해 말로 언급하는 범위('감각을 명명한 소리').

2. (말로 언급했든 안 했든) 들은 것에 대해 인물들이 가지는 의식. 이 의식은 크든 작든 이들의 목소리에서 느낄 수 있다(목소리의 톤을 통한 청취의 조정). 이들이 들었던 것을 고려하고, 아마도 속이기 위해 이를 사용하는 방식. 나아가 이들이 이런 청취를 말로 언급하는지 안 하는지.

3. 소리, 침묵, 어떤 소리에 대한 관객의 의식, 아니면 자기 자신의 청취에 대한 관객의 의식.

4. 이야기에서 소리나 소리의 부재가 갖는 역할.(소리는 북돋아주고, 속이고, 가리고, 사라지고, 또 사라지면서 그때까지 '가려져 있던' 다른 소리들을 들리게 해준다.)

5. 앞서 언급한 서로 다른 청취 사이에 영화가 칸막이를 세우거나 아니면 문을 열어주는 유희. 청각 과민증, 조용한 사람, 자기가 내는 소리를 의식하지 못하는 시끄러운 사람, 어떤-것도-들으려-하지-않는 남자와 함께 있는 청각 과민증을 가진 여자 따위로, 인물들 사이에서 청취를 통한 인물의 차별화.

6. (이들 자신이나 다른 사람들이 크든 적든 의식하고 있는) 방울 소리, 지팡이 소리, 휠체어 모터 소리 따위와 같이 어떤 인물과 그의 상징이 되는 소리를 연결하기.

7. 아쿠스마틱한 소리와 이를 시각화시키는 것 사이에서 벌어지는 다양한 유희.

8. '듣는 기계,' 청취의 중계, 동물, 소리 탐지가의 존재.

─'감각을 명명한 소리나 영상' '아쿠스마틱' '청각의 칸막이 세우기' 항목을 보라.

초감각적 지각

trans-sensorielles (perceptions) / trans-sensory perceptions

내가 **초감각적**이라고 이름 붙인 지각은, 특정 감각에 속하지 않고 그 내용이나 효과가 한 감각의 한계에 갇히지 않으면서 어떤 감각이나 다른 감각의 경로를 통해 이동할 수 있는 지각이다. 리듬과 관련된 모든 것뿐만 아니라 일정 수의 공간적 지각도 그렇고 나아가 언어적 차원도 그 예가 된다. 글로 읽거나 말로 들은 단어는, 이들의 전달 양태(글씨의 필체, 목소리의 음색 따위)가 각 감각 특유의 차원에서 평행하게 작동하지만, 모두 언어의 영역에 속한다.

리듬은 근본적인 초감각적 차원이다. 우리가 태어나기 전부터 경험하는 지각이기 때문이다. 태아는 몸의 내벽을 둘러싼 압력의 변화라는 형태로 리듬을 경험하는데, 이는 자기 심장박동과 어머니의 심장박동이라는 리듬 두 개로 이루어져 있다. 리듬은 어디나 있다. 예컨대 전기 조명이 들어오기 전에는 밤에 흔들거리는 촛불에도 있었다. 우리는 어떤 감각의 변화를 잃어버렸고, 이는 분명 다른 감각의 변화들로 대체되었을 것이다.

질감과 결은 초감각적 지각의 다른 범주다.

추가된 가치

valeur ajoutée / added value

장면에서 들리는 소리 때문에 우리가 영상에 투사하게 되는 감각적·정보적·의미론적·내러티브적·구조적 또는 표현적 가치를 가리킨다. 이는 우리가 그 영상에서 실제로는 '들으면서 보는audio-voir' 것을 단지 본다voir는 인상만 만들어내게 된다. 아주 흔하게 쓰이는 이 가치는 이를 겪는 사람에게 대부분 무의식적으로 작용한다.

추가된 가치는 부분적으로는 영상과 소리 양쪽에서 이루어지지만──거꾸로 영상은 우리가 소리에 대해 느끼는 지각에 영향을 미친다──, 영화 관객이나 텔레비전 관객은 스크린이나 보이는 것에 의식적으로 집중하기 때문에, 영상이 소리에 미친 영향의 결과가 영화뿐만 아니라 텔레비전에서도 십중팔구 결국 **영상 위로** 전반적으로 다시 투사된다.

반면 콘서트 같은 시-청각 단일 지각의 문화적 상황에서는 문화적 전통 때문에 주의注意가 의식적으로 청취 쪽을 향하며, 추가된 가치는 주로 영상이 소리에 영향을 끼치는 방향으로 작동한다. 예컨대 우리가 기악 연주자의 활기 넘치는 동작을 보면 소리를 더욱더 강력하게 듣게 될 것이다.

─'시-청각 단일 지각' '청-시각 단일 지각' 항목을 보라.

칸막이 세우기, 다공성多孔性

cloisonnement, porosité / compartmentalization, porosity

서로 다른 차원의 공간 사이에 소통이나 순환이 있을 때는, 그 영화의 실제 공간들과 가상 공간들 사이에 '다공성'이 생긴다. 예컨대, (비디제시스) 피트 음악이 (디제시스) 스크린 음악에서 들리는 테마들을 다시 취하거나, 디제시스 음악에 오케스트라 반주로 살을 붙여 풍부하게 연주되는 소리가 들릴 때 (한 사람이 피아노를 연주할 때 보이지 않는 오케스트라가 여기에 반주를 곁들이는 코미디 뮤지컬 장면)가 그렇다. 아니면 말, 소음, 음악 같은 청각적 요소들 사이에서 상대적으로 청각적 연속성을 추구할 때(하나 또는 여러 개의 '회전축의 차원'의 사용)가 그렇다.

이와는 반대 방향을 탐색할 때 '칸막이 세우기'가 생긴다. 1970년대에 태어난 병렬주의 미학은, 비디제시스 음악과 소음 사이에, 같은 영화에서 서로 다른 양식의 음악들 사이(양식적 통합이나 공통의 테마를 설정하지 않고 한쪽에는 노래, 다른 한쪽에는 오리지널 '관현악보')에 종종 칸막이 세우기를 실행한다. 이와 반대로 고전적 유성영화에서는 유동성, 연속성, 투명성을 보장하려고 최대한의 다공성을 탐색했다.

─'스크린 음악' '피트 음악' '회전축의 차원' 항목을 보라.

탈-아쿠스마틱화

désacousmatisation / de-acousmatization

일부러 부정의 형태로 만든 용어로서, 음성 존재가 내화면에서 시각적으로 탈-음성 존재(공간 속에서 유한한 몸을 가진 존재)로 바뀌어가는 과정을 지칭한다. 대개는 이렇게 바뀌면서 이전에 음성 존재에게 부여된 편재성, 편시성, 전지성, 전능성 따위의 힘을 잃는다. 아니면 〈마부제 박사의 유언〉에서처럼 탈-아쿠스마틱화는 목소리의 출처를 감추던 커튼 뒤에 기계장치가 있다는 점을 드러낸다. 이 기계장치는 탈-음성 존재의 재구성을 끝없이 미루게 된다.

폭로나 완료라는 긍정적 과정으로 볼 수 있는 것을 이렇게 부정의 형태로 규정하는 이유는, 한편으로는 이 과정에서 무언가 상실되고 실추된 것(아쿠스마틱한 상태의 특권과 연결된 권력의 상실)을 제시하고, 다른 한편으로는 구성된 것이 완전한 존재가 아니라 목소리와 몸, 소리와 영상 따위로 '시청각이 분리된' 분열적 존재이며, 따라서 결코 혼자서 완성되거나 스스로 완결될 수 없는 것으로 나타난다는 점을 떠올리게 하려는 것이다.

—'시청각 분리' '아쿠스마틱화' '아쿠스마틱한 존재' '아쿠스마틱' '외화면 사운드' '음성 존재' '탈-음성 존재' 항목을 보라.

탈-음성 존재

anacousmêtre / anacousmêtre

우리가 영화에서 보거나 듣는 한 인물이 형성하는 목소리-몸의 '복합체'로서, 특히 분리되었던 목소리-몸을 다시 통합(탈-아쿠스마틱화)하면서 만들어진다. 이는 우리가 듣는 목소리가 영상 속에서 연기하는 배우의 실제 목소리인지 아닌지(더빙, 후시녹음)와 무관하다. 탈-음성 존재는 사실 아주 흔하지만, 그 이중부정의 형식과 이 표현에 들어 있는 복잡한 외양은 이런 '목소리-몸'의 개체가 불안전하고 모순적이며 융화하기 힘든 성격을 갖고 있음을 표현하기 위한 것이다.

—'감각의 유령' '시청각 분리' '음성 존재' '탈-아쿠스마틱화' 항목을 보라.

탈중심화된 내레이션

décentrée (narration) / decentered narration

보이스오버 내레이션이 이야기하는 것이 스크린에서 보이는 것과 정확하게 일치하지 않으며, 우리가 스크린에서 보는 이야기와 아주 다르고 또한 이야기의 축에서 벗어난 사실들을 알고 있다는 것을 드러낼 때 탈중심화된 내레이션이 생겨난다. 테런스 맬릭의 〈황무지〉나 〈천국의 나날들〉에서처럼 이런 내레이션은 때로 이야기에서 부수적인 인물, 즉 일어난 일의 중요성을 파악하지 못하는 보조인물이 하는 것일 수도 있다. 때로 이런 내레이션은 스크린에서 일어나는 것을 보지 못하고 이와 독자적으로 자기 길을 가는 디제시스 바깥(행위하는 인물에 속하지 않는)에 있는 보이스오버 내레이션이 하는 것일 수도 있다. 예컨대 〈위대한 앰버슨가〉 시작 부분에서 조지프 코튼이 거울 앞에서 여러 개의 옷을 입어보는 장면.

—'영상을 만들어내는 목소리' '오프 사운드' 항목을 보라.

텍스트적인 말

parole-texte / textual speech

텍스트적인 말은 말소리가 텍스트 자체의 가치를 가지며, 단어나 문장을 발화한다는 사실만으로 이들이 그려내는 영상과 장면까지 불러올 수 있는 경우에 해당한다. 이런 유형의 텍스트는 대개 보이스오버 내레이션이기 마련이지만, 행위하는 인물의 입에서 나올 수도 있다. 이 '영상을 만들어내는 말'은 영화적인 디제시스 세계 자체의 견실성을 부정하는 경향이 있고, 이때 영화적인 디제시스 세계는 문장이나 말들이 나옴에 따라 하나씩 하나씩 넘어가는 영상들에 불과한 것이 되어버릴 수 있다. 초창기 발성영화는 텍스트적인 말에 매혹되었다가, 유명한 예외들을(기트리의 〈어느 사기꾼의 이야기〉)을 제외하면 이후에는 이를 신중하고 제한된 방식으로 쓰기 시작했다. 즉 텍스트적인 말은 영화에서 매번 몇 분 정도만 지배적인 말이 된다. 1990년대에는 텍스트적인 말이 화려하게 되돌아왔다(자코 반도르말의 〈토토의 천국〉[1991], 〈좋은 친구들〉〈유주얼 서스펙트〉, 장-피에르 죄네의 〈아멜리에〉[2001]).

—'발산의 말' '연극적인 말' '영상을 만들어내는 말' 항목을 보라.

피트 음악

fosse (musique de) / pit music

피트 음악(이른바 '비디제시스 음악')은 **스크린 음악**과 달리, 스크린에서 벌어지는 행위의 시공간 바깥에 있는 장소와 출처에서 나온 것으로 지각되는 음악이다.

　스크린 음악에서 피트 음악으로 넘어가고, 이 두 음악이 서로 협력하며, 종종 음악의 출처에 대한 관객의 해석과 유희하는 일이 일어난다. 나중에 스크린 음악 따위로 밝혀지게 되는 것을 관객이 처음에는 피트 음악으로 간주하거나, 관객이 이에 대해 여러 가지 가설을 세우고 이를 수정하는 일들이 일어난다.

—'스크린 음악' '전파상의 소리나 음악' 항목을 보라.

확장

extension / extension

장면의 디제시스 공간이 상대적으로 제한되는 정도, 그리고 깊이나 넓이 방면으로 뻗어나가는 정도와 관련된 청-시각 생성 효과. 주변 음향과 청각적 배경 요소들은 시각적 내화면을 둘러싸고 지리적·인간적·자연적 공간의 틀(시각적 내화면은 여기서 추출한 것이다)을 이루는 것처럼 디제시스 공간을 그려낸다. 행위의 배경이 어떤 장소의 내부로 제한되며 카메라가 여기서 전혀 또는 거의 나가지 않는 경우(〈이창〉〈사형수 탈옥하다〉〈패닉 룸〉)를 예로 들어보자. 여기서 들리는 소리들이 단지 이 갇힌 공간에서 나오는 소리라면 확장은 **좁아질** 것이다. 충계참이나 이웃집에서 나는 소리가 외화면에서 들리면 확장은 **더 넓어질** 것이고, 길거리 소음이 끼어든다면 더 커질 것이고, 멀리서 들리는 소리들(뱃고동 소리, 기차 소리 따위)이 있다면 더 커질 것이다. 이 모든 결정은 그 장면의 표현적 요구에 따라 감독과 사운드 편집자, 동시녹음 담당자의 선택에 달려 있다. 사실 여기서 무엇을 선택해도 관객은 이를 '자연스럽게' 받아들이지만, 각 선택은 관객이 스크린에서 보는 것을 순간순간 다소 더 큰 현실과 관련시키고 형식적·내러티브적·표현적·극적 목적으로 행위의 특정 순간을 다른 순간과 연결하는 데 도움을 준다.

—'외화면 사운드' 항목을 보라.

환원적 청취 (피에르 셰페르, 1967)

réduite (écoute) (Pierre Schaeffer, 1967) / reduced listening (Pierre Schaeffer, 1967)

『음악적 대상 논고』의 저자 피에르 셰페르가 규정한 바에 따르면, 환원적 청취는 소리 자체에 집중하려고 고의로, 인위적으로 원인과 의미 —— 나는 여기에 '효과'도 덧붙인다 —— 를 추상화시킨 청취다. 즉 고저와 리듬뿐만 아니라 입자, 재료, 형태, 덩어리, 입체감같이 느낄 수 있는 소리의 특성들 속에서 소리에 집중한다.*

우리 모두는 (특히 영화에서) 무의식적이고 야생 상태의 환원적 청취를 실행하지만, 이는 특히 다른 두 청취(인과적 청취와 의미론적 청취)에 해석과 추론의 요소들을 제공하기 위해서다. 본능적인 환원적 청취에는 말이 필요 없고, 따라서 상호주관적 엄밀성이나 발전의 일정 문턱을 넘지 않는다. 환원적 청취가 흔히 실행되는 유일한 측면은 뚜렷한 높이가 있는 소리(주조음향)에 대해 고저의 측면이다. 소리 자체의 고유 특성인 고저는 사실상 소리의 출처나 그 소리가 전달하는 의미와 별도로 파악된다.

환원적 청취는 검열 활동이 아니다. 즉 그것이 형상적이고 정서적인 우리의 연상들을 억압하거나 부정하는 것은 아니다. 단지 이런 연상들을 잠시 명명과 관찰의 영역 바깥에 놓는 것뿐이다.

—'덩어리 소리' '의미론적 청취' '인과적 청취' '주조음향' 항목을 보라.

회전축의 차원

dimension-pivot / pivot dimension

본성이 서로 다르다고 여겨지는 청각적 요소들(말, 음악, 소음)이 모두 갖고 있는 공통의 측면으로서, 이 때문에 이 청각적 요소들이 차츰 하나에서 다른 하나로 옮겨가게 하든지, 하나가 다른 하나와 닮게 하든지 할 수 있다.

진정한 회전축의 차원은 세 가지밖에 없다. 그것은 소리의 **음고**音高, **리듬**, 그리고 부차적으로는 **음역**音域이다.

---

* [옮긴이] 소리 자체에 집중하는 청취에 '환원적réduite'이란 용어가 쓰인 것은 '현상학적 환원réduction phénoménologique' 때문이다. 그 소리의 의미가 무엇인지, 그 소리가 어떤 원인에서 나왔는지 등을 '괄호 치고' 소리 자체에만 집중하는 청취다.

음고: 디제시스 소음과 비디제시스 음악을 연결할 수 있다. 이 소리들 모두가 가깝거나 공통의 주조음에 기반을 두고 '노래하기' 때문이다. 뮤지컬 코미디에 나오는 많은 연결이 여기에 기반을 두고 있다.(빈센트 미넬리의 〈밴드 웨건〉(1953)에 「나 혼자서 By Myself」라는 곡이 나올 때, 음고가 같은 철로의 삐걱거리는 소리에서 오케스트라가 시작된다.) 마찬가지로, 〈사형대로 가는 엘리베이터〉에서 잔 모로가 밤에 도시를 방황하는 장면에서 마일스 데이비스의 트럼펫 소리는 처음에는 (떨리지 않는 음으로) 자동차 클랙슨 소리처럼 울리기 시작하다가, 떨리는 음으로 줄곧 이어지고 지속음표처럼 되어서 솔로 음악이 시작된다. 이 두 예에서 음악은 모두 실재에서 나온다.

리듬: 기계의 소음이 음악과 같은 삼박자 리듬을 갖고 있기 때문에 기계의 소음에서 오케스트라 음악으로 연결할 수 있다(〈마부제 박사의 유언〉 시작 부분).

음역: 디제시스적인 소리 환경이나 음악에 속하는 몹시 날카로운 소리들이나 아주 육중한 소리들을 아주 가까운 소리, 나아가 같은 소리로 들려주기 위해 음역의 극단에 있는 소리들을 사용할 수 있다.(〈카사블랑카〉에서 막스 슈타이너의 교향곡 음악은 가장 낮은 오케스트라 소리로 빠져들었다가 비행기가 윙윙거리는 소리와 뒤섞이고, 〈싸이코〉에서 아주 날카로운 바이올린 소리는 새들 울음소리뿐만 아니라 사람의 날카로운 비명 소리도 떠올리게 하는 것으로 회전한다.)

—**'주조음향' 항목을 보라.**

간략한 참고문헌

어떤 영역들(특히 음악과 영화의 관계)에 관한 참고문헌은 이보다 훨씬 더 중요하지만, 나는 여기서 직접 거론한 책들만 기재했다. 이 책들과 내가 쓴 책들 뒤의 참고문헌 목록에서 이를 보완하는 참고문헌 목록을 찾을 수 있을 것이다. 내 고유의 접근 방식과 아래 언급된 책들의 관계를 파악하고, 이 책들에 담긴 생각과 내용과 관련해서 내 입장을 알고 싶으면 본문을 보기 바란다. 내 생각에 아래 1번에서 6번까지 관련된 영역에서 특히 올트먼, 베이블레, 고브먼, 이카르, 마리, 메츠, 피넬, 셰페르, 와이스와 벨턴의 글들은 내 고유한 접근 방식과 일치하든 아니든 근본적인 글이다. 영어를 읽을 수 있는 사람들에게는 여러 논문 모음집인 *Film Sound: Theory and Practice*와 *Sound Theory, Sound Practice* 또한 마찬가지다.

여기 언급된 몇몇 책은 안타깝게도 절판되었지만, 프랑스, 특히 파리의 영화 전문 서점이나 도서관에서 찾을 수 있을 것이다.

이 책과 내가 이미 펴낸 책들을 보완하려고 내가 세운 기획 중 하나는 이 역사의 주역들, 특히 전 세계의 '음향 기술자들' 이들 또한 자기 영역에서 예술가들이다 과 대담을 포함하는 기술사를 쓰는 일이다.

1. 소리와 청취 일반에 대해

Bailblé, Claude, "Programmation de l'écoute," in *Cahiers du cinéma*, n° 292~93, 297, 1978~79.

Chion, Michel, *Le Son*, Nathan, 1998.

———, *Le Promeneur écoutant: essais d'acoulogie*, Plume, 1993.

———, *Guide des objets sonores: Pierre Schaeffer et la recherche musicale*, Buchet-Chastel/Ina, 1983.

Jakobson, Roman, *Essais de linguistique générale*, Nicholas Ruwet(trad.), éd. de Minuit, 1963[로만 야콥슨, 『일반언어학 이론』, 권재일 옮김, 민음사, 1989].

Schaeffer, Pierre, *Traité des objets musicaux: essai interdiscipline*, éd. du Seuil, 1966.

2. 영화에서 소리에 대해

Altman, Rick, "Moving Lips: Cinema as Ventriloquism," in *Yale French Studies*, n°
　　60, 1980.

──(ed.), *Sound Theory, Sound Practice*, Routledge, 1992.

──(ed.), "The State of Sound Studies/Le Son au cinéma, état de la recherche,"
　　in *Iris*, n° 27, printemps 1999.

Bailblé, Claude, *La Perception et l'attention modifiées par le dispositif cinéma*, thèse
　　Université de Paris VIII, 1999(미출간).

Burch, Noël, *Une praxis du cinéma*, Folio/Essais, 1986[1967][노엘 버치, 『영화의
　　실천』, 이윤영 옮김, 아카넷, 2013].

Campan, Véronique, *L'Écoute filmique. Écho du son en image*, Presses Universitaires
　　de Vincennes, 1999.

Chateau, Dominique, "Projet pour une sémiologie des relations audiovisuelles dans
　　le film," in *Musique en jeu*, n° 23, avril 1976.

Chion, Michel, *L'Audio-vision: son et image au cinéma*, Nathan, 1991[미셸 시옹,
　　『오디오-비전: 영화의 소리와 영상』, 윤경진 옮김, 한나래, 2004].

Fano, Michel, "Vers une dialectique du film sonore," in *Cahiers du cinéma*, n° 152,
　　1964.

Jost, François, "L'Oreille interne: propositions pour une analyse du point de vue
　　sonore," in *Iris*, vol. 3, n° 1, 1985.

Jullier, Laurent, *Les Sons au cinéma et à la télévision: précis d'analyse de la bande-
　　son*, Armand Colin, 1995.

Metz, Christian, *L'Énonciation impersonnelle ou le site du film*, Méridiens-
　　Klincksieck, 1991.

Odin, Roger, "À propos d'un couple de concepts: son *in versus son off*," in
　　Sémiologiques, linguistique et sémiologie, n° 6, 1978.

──, "Du spectateur fictionnalisant au nouveau spectateur: approche sémio-
　　pragmatique," in *Iris*, n° 8, 1988.

Schaeffer, Pierre, "L'Élément non visuel au cinéma," in *Revue du cinéma*, vol. 1, n°
　　1~3, 1946.

Weis, Elisabeth & John Belton(eds.), *Film Sound: Theory and Practice*, Columbia
University Press, 1985.

3. 발성영화 초기의 역사에 대해

Barnier, Martin, *En route vers le parlant: histoire d'une évolution technologique,
économique et esthétique du cinéma(1926~1934)*, éd. du Céfal, 2002.

Belaygue, Christian(dir.), *Du muet au parlant*, Rencontres cinématographiques du
Festival d'Avignon, Cinémathèque de Toulouse/Milano, 1988.

Boschi, Alberto, *L'avvento del sonoro in Europa: Teoria e prassi del cinema negli anni
della transizione*, Clueb, 1994.

Icart, Roger, *La Révolution du parlant: vue par la presse française*, Institut Jean Vigo,
1988.

Marie, Michel, "La bouche-bée," in *Hors-Cadre*, n° 3, "la voix-off," 1985.

――― & Francis Vanoye, "Comment parler la bouche pleine?," in *Communications*,
n° 38, 1983.

Masson, Alain, *L'Image et la parole: l'avènement du cinéma parlant*, La Différence,
1989.

Wolfe, Charles, "Vitaphone Shorts and *The Jazz Singer*," in *Wide Angle*, vol. 12, n° 3,
1990.

4. 영화에서 사운드 기술의 역사에 대해

Belton, John, "1950's Magnetic Sound: The Frozen Revolution," in Altman,
Rick(ed.), *Sound Theory, Sound Practice*, Routledge, 1992.

Burch, Noël, *La Lucarne de l'infini: naissance du langage cinématographique*, coll.
《Cinéma et Image》, Nathan, 1991.

Chion, Michel, *Le Cinéma et ses métiers*, Bordas, 1990.

――――, *Technique et création au cinéma: le livre des images et des sons*, ÉSEC, 2002.

Coutant, Pierre-Antoine, *La Reproduction du son au cinéma*, Femis/CST, 1991.

Lerouge, Claude, *Sur cent années, le cinéma sonore*, Dujarric, 1996.

Nougaret, Claudine & Sophie Chiabaut, *Le Son direct au cinéma*, Femis, 1997.

Pinel, Vincent, *Vocabulaire technique du cinéma*, coll.《Réf.》, Nathan, 1996.

Pommier, Christophe, *Doublage et postsynchronisation*, Dujarric, 1988.

Schreger, Charles, "The Second Coming of Sound," in Rick Altman(eds.), *Sound Theory, Sound Practice*, Routledge, 1992(1978년 논문).

5. 음악과 영화에 대해

Adorno, Theodor W. & Hanns Eisler, *Musique de cinéma*, Jean-Pierre Hammer(trad.), L'Arche, 1972.

Altman, Rick, *La Comédie musicale hollywoodienne*, Armand Colin, 1992.

Chion, Michel, *La Musique au cinéma*, Fayard, 1995.

———, *La Comédie musicale*, Cahiers du cinéma, 2003.

Colpi, Henri, *Défense et illustration de la musique dans le film*, Serdoc, 1963.

Gorbman, Claudia, *Unheard Melodies: Narrative Film Music*, BFI Publishing/ Indiana University Press, 1987.

Hagener, Malte & Jan Hans(Hrsg.), *Als die Filme singen lernten*, CineGraph, 1999.

Miceli, Sergio, *La Musical nel film: arte et artigiano*, Discanto Edizioni, 1982.

Michelone, Guido, *Il Jazz-Film*, Pendragon, 1997.

6. 영화에서 목소리와 대사에 대해

Aumont, Jacques(dir.), *L'Image et la parole*, Cinémathèque Française, 1999.

Barthes, Roland, "Le Grain de la voix," in *Musique en jeu*, n° 9, 1972(*L'Obvie et l'obtus*, éd. du Seuil, 1982에 재수록).

Bonitzer, Pascal, *Le Regard et la voix*, UGE 10/18, 1976.

Châteauvert, Jean, *Des mots à l'image: la voix over au cinéma*, Méridiens Klincksieck/Nuit Blanche, 1997.

Chion, Michel, *La Voix au cinéma*, coll.《Essais》, Cahiers du cinéma/éd. de l'Étoile, 1982[미셸 시옹, 『영화의 목소리』, 박선주 옮김, 동문선, 2005].

Doane, Mary Ann, "The Voice in the Cinema: The Articulation of Body and Space," in *Yale French Studies*, n° 60, 1980(Rick Altman[ed.], *Sound Theory, Sound Practice*, Routledge, 1992에 재수록).

Dolar, Mladen, "The Object Voice," in Renata Salecl & Slavoj Žižek(eds.), *Gaze and Voice as Love Objects*, Duke University Press, 1996.

Gaudreault, André, "Narration et monstration au cinéma," in *Hors-Cadre*, n° 2, 1984.

Kozloff, Sarah, *Invisible Storytellers: Voice-Over Narration in American Fiction Film*, University of California Press, 1988.

Pons, Christophe, "Nouvelles vagues de paroles," in *Iris*, vol. 3, n° 1, 1985.

Ropars-Wuilleumier, Marie-Claire, *Le Texte divisé*, coll.《Écritures》, PUF, 1981.

Sanaker, Johan Kristian, "La Prose au cinéma ou Quand la voix off impose son rythme à l'image," in Francis Vanoye(dir.), *Cinéma et Littérature*, Université Paris X, 1999.

Silverman, Kaja, *The Acoustic Mirror: The Female Voice in Psychoanalysis and Cinema*, Indiana University Press, 1988.

Vanoye, Francis(dir.), *Iris*, vol. 3, n° 1, "La Parole au cinéma/Speech in Film," 1984.

Vernet, Marc, *Figures de l'absence*, coll.《Essais》, Cahiers du cinéma/éd. de l'Étoile, 1988.

7. 영화 작품들과 특정 작가감독들에서 소리에 대해

Bailblé, Claude, Michel Marie & Marie-Claire Ropars, *Muriel, histoire d'une recherche*, Galilée, 1974.

Bordat, Francis, *Chaplin cinéaste*, coll.《7e art》, éd. du Cerf, 1998.

Chion, Michel, *Jacques Tati*, coll.《Auteurs》, Cahiers du cinéma, 1987.

———, *David Lynch*, coll.《Auteurs》, Cahiers du cinéma, 2002[1992].

———, *Les Lumières de la ville, de Charles Chaplin*, coll.《Synopsis》, Nathan, 1989.

———, *Kubrick's Cinema Odyssey*, Claudia Gorbman(trans.), BFI Publishing, 2001(〈2001 스페이스 오디세이〉에 대한 책).

———, *Eyes Wide Shut*, Trista Selous(trans.), BFI Publishing, 2002.

Kermabon, Jacques, *Les Vacances de Monsieur Hulot, de Jacques Tati*, coll.《Long métrage》, Yellow Now, 1988.

Leutrat, Jean-Louis, *La Chienne, de Jean Renoir*, coll.《Long métrage》, Yellow

Now, 1994.

Marie, Michel, *À bout de souffle, de Jean-Luc Godard*, coll. 《Synopsis》, Nathan, 1999.

————, *Le Mépris, de Jean-Luc Godard*, coll. 《Synopsis》, Nathan, 1990.

Sammon, Paul M., *Future Noir: The Making of* Blade Runner, Orion Media, 1996(안타깝게도 사운드 후시 작업에 대한 내용이 거의 없다).

Verstraten, Paul, "Raconter sa propre tragédie: *Lettre d'une inconnue*," in *Iris*, n° 8, "Cinéma & Narration 2," 1988(오퓔스 영화에 대한 글).

Weis, Elisabeth, *The Silent Scream: Alfred Hitchcock's Sound Track*, Fairleigh Dickinson University Press & Associated University Press, 1982.

Williams, Alan, "Godard's Use of Sound," in *Camera Obscura*, n° 8~10, 1982.

Žižek, Slavoj(ed.), *Everything You Always Wanted to Know about Lacan(but Were Afraid to Ask Hitchcock)*, Verso, 1992[슬라보이 지젝 엮음, 『항상 라캉에 대해 알고 싶었지만 감히 히치콕에게 물어보지 못한 모든 것』, 김소연 옮김, 새물결, 2001].

사진 설명 글

21쪽   〈인간 오케스트라〉(조르주 멜리에스)에서 조르주 멜리에스

22쪽   〈대열차 강도〉(에드윈 포터)

25쪽   〈하숙인〉(앨프리드 히치콕)

31쪽   〈일출〉(프리드리히 빌헬름 무르나우)

36쪽   〈도심 속의 방〉(자크 드미)에서 안나 겔로르와 파비엔 기용

37쪽   〈일출〉(프리드리히 빌헬름 무르나우): "당신은 그녀를
        사랑하십니까?"

41쪽   (위) 〈군중〉(킹 비더) 중간 자막
        (아래) 〈추방자〉(빅토르 셰스트룀) 중간 자막

43쪽   〈스카페이스〉(하워드 혹스)

45쪽   〈위대한 독재자〉(찰리 채플린)에서 찰리 채플린

59쪽   〈시티 라이트〉(찰리 채플린)에서 찰리 채플린과 버지니아 체릴

61쪽   〈재즈 싱어〉(앨런 크로슬랜드)에서 유지니 베서러, 앨 졸슨, 워너
        올랜드

72쪽   〈내가 들었어〉(데이브 플라이셔)에서 베티 붑

73쪽   〈말도 안 돼〉(어브 아이웍스)에서 플립 더 프로그

74쪽   〈톰과 제리 애니메이션〉(반 뷰런)

78쪽   〈모던 타임즈〉(찰리 채플린)

80쪽   (위) 〈스카페이스〉(하워드 혹스)
        (아래) 〈1935년의 황금광들〉(버스비 버클리)

84쪽   〈라탈랑트〉(장 비고)에서 미셸 시몽, 디타 파를로, 장 다스테

91쪽   〈스카페이스〉(하워드 혹스)

95쪽   (위) 〈베를린? 여기는 파리〉(쥘리앵 뒤비비에)
        (아래, 96쪽까지) 〈즐거운 미망인〉(에른스트 루비치)

98쪽   〈불명예〉(요제프 폰 슈테른베르크)에서 마를레네 디트리히

101쪽   〈라탈랑트〉(장 비고)에서 디타 파를로와 장 다스테

124~25쪽 〈어느 사랑의 연대기〉(미켈란젤로 안토니오니)에서 루차 보세

126쪽 〈머나먼 서부〉(앤서니 만)에서 제이 플리펜과 제임스 스튜어트

128쪽 〈카사블랑카〉(마이클 커티즈)에서 클로드 레인스와 험프리 보가트

130쪽 〈안개 낀 부두〉(마르셀 카르네)에서 장 가뱅과 미셸 모르강

139쪽 〈로라〉(오토 프레민저)에서 진 티어니

145쪽 〈잠입자〉(안드레이 타르콥스키)에서 니콜라이 그린코, 알렉산드르
카이다놉스키, 아나톨리 솔로니친

150쪽 〈카사노바〉(페데리코 펠리니)에서 도널드 서덜랜드

151쪽 〈무슈 갱스터〉(조르주 로트네)에서 프랑시스 블랑슈와 베르나르
블리에

154쪽 〈마농의 샘 1〉(클로드 베리)에서 다니엘 오퇴유

167쪽 〈어느 사랑의 연대기〉(미켈란젤로 안토니오니)

170쪽 〈사형대로 가는 엘리베이터〉(루이 말)에서 잔 모로

176쪽 (위) 〈라쇼몽〉(구로사와 아키라)에서 시무라 다카시
(아래) 〈달콤한 인생〉(페데리코 펠리니)

178쪽 〈제7의 봉인〉(잉마르 베리만)에서 벵트 에케로트와 막스 폰
쉬도브

182쪽 〈2001 스페이스 오디세이〉(스탠리 큐브릭)

184쪽 〈신체강탈자의 침입〉(필립 카우프먼)에서 도널드 서덜랜드

189쪽 〈블레이드 러너〉(리들리 스콧)

191쪽 〈THX 1138〉(조지 루카스)에서 로버트 듀발과 매기 매코미

199~200쪽 〈에이리언〉(리들리 스콧)에서 시고니 위버, 야펫 코토, 해리 딘
스탠턴

203쪽 〈에이리언〉(리들리 스콧)에서 고양이 존스

206쪽 〈아브라함 계곡〉(마누엘 지 올리베이라)

208쪽 〈낡은 것과 새로운 것〉(세르게이 에이젠슈테인)

219쪽 〈스타워즈 에피소드 5: 제국의 역습〉(어빈 커슈너)에서 마크 해밀

222쪽 〈몬티 파이튼의 성배〉(테리 길리엄, 테리 존스)에서 테리 길리엄과
그레이엄 채프먼

225쪽 〈미드나잇 카우보이〉(존 슐레진저)에서 존 보이트와 더스틴
호프먼

사진 설명 글

226쪽 〈대부 1〉(프랜시스 포드 코폴라)에서 말런 브랜도와 로버트 듀발

227쪽 〈꼬마 돼지 베이브〉(크리스 누넌)

229쪽 〈스타가 아닌 사나이〉(킹 비더)에서 커크 더글러스

231쪽 〈웨스트 사이드 스토리〉(로버트 와이즈, 제롬 로빈스)에서 러스
       탬블린

234쪽 〈작은 신의 아이들〉(랜다 헤인스)에서 말리 매틀린과 윌리엄 허트

235쪽 〈베로니카의 이중생활〉(크시슈토프 키에슬로프스키)에서 이렌
       자코브

236쪽 〈비밀과 거짓말〉(마이크 리)에서 티머시 스폴

244쪽 〈밤의 제3부분〉(안드레이 줄랍스키)

252~53쪽 〈새〉(앨프리드 히치콕)에서 티피 헤드런

266쪽 〈택시 드라이버〉(마틴 스코세이지)에서 로버트 드니로와 해리
       피슐러

273쪽 〈에이리언〉(리들리 스콧): "내가 생존할 가능성은?" "계산 불가."

274쪽 〈시민 케인〉(오슨 웰스): "출입 금지."

275쪽 (위)〈일식〉(미켈란젤로 안토니오니): "평화는 취약하다."
       (아래)〈스카페이스〉(하워드 혹스): "세상은 너의 것."

278쪽 (위, 가운데)〈시민 케인〉(오슨 웰스)
       (아래)〈초원의 빛〉(엘리아 카잔)에서 내털리 우드

279쪽 (위)〈데드 맨 워킹〉(팀 로빈스)에서 수전 서랜던
       (아래, 280쪽 위)〈부도덕한 이야기〉(발레리안 보로브지크)에서
       리자 당베르

280쪽 (아래)〈침묵〉(잉마르 베리만)에서 잉그리드 툴린

281쪽 〈파리의 여인〉(찰리 채플린)에서 에드나 퍼비안스

283쪽 (위)〈M〉(프리츠 랑)에서 구스타프 그륀트겐스의 그림자
       (아래)〈스카페이스〉(하워드 혹스)

286쪽 〈한밤의 암살자〉(장-피에르 멜빌)에서 알랭 들롱

290쪽 〈나의 아저씨〉(자크 타티)에서 알랭 베쿠르와 자크 타티

308쪽 〈플레이타임〉(자크 타티)에서 자크 타티와 레옹 두아

314쪽 〈지카마츠 이야기〉(미조구치 겐지)에서 가가와 교코와 하세가와

가즈오

318쪽   〈1935년의 황금광들〉(버스비 버클리)

327쪽   〈이창〉(앨프리드 히치콕)에서 그레이스 켈리

328쪽   〈제트기 조종사〉(요제프 폰 슈테른베르크)에서 재닛 리

333쪽   〈새벽〉(마르셀 카르네)에서 장 가뱅

338쪽   〈지옥의 묵시록〉(프랜시스 포드 코폴라)에서 로런스 피시번

342쪽   〈네 멋대로 해라〉(장-뤽 고다르)에서 장-폴 벨몽도

351쪽   〈캘커타 사막에서 그의 이름은 베니스〉(마르그리트 뒤라스)

368쪽   〈러브 미 투나잇〉(루벤 마뮬리언)

373쪽   〈플레이타임〉(자크 타티)

388쪽   〈사형수 탈옥하다〉(로베르 브레송)

390쪽   〈사형수 탈옥하다〉(로베르 브레송)에서 프랑수아 르테리에

393쪽   〈사형수 탈옥하다〉(로베르 브레송)에서 프랑수아 르테리에

394쪽   〈사형수 탈옥하다〉(로베르 브레송)에서 프랑수아 르테리에와 샤를
         르 클랭슈

405쪽   〈2001 스페이스 오디세이〉(스탠리 큐브릭)

412쪽   〈꽁치의 맛〉(오즈 야스지로)

418쪽   〈혐오〉(로만 폴란스키)

421쪽   〈미스 유럽〉(아우구스토 제니나)에서 루이즈 브룩스

427쪽   〈이창〉(앨프리드 히치콕)에서 그레이스 켈리와 제임스
         스튜어트(언론용 사진)

440쪽   〈이창〉(앨프리드 히치콕)

441~42쪽 〈파티 대소동〉(빅터 히어맨)에서 치코 막스와 하포 막스

446쪽   〈못말리는 비행사〉(짐 에이브러햄스)

447쪽   〈레인맨〉(배리 레빈슨)에서 더스틴 호프먼과 톰 크루즈

450쪽   (위)〈동물원 인터뷰〉(닉 파크)
         (아래)〈세 가지 색 레드〉(크시슈토프 키에슬로프스키)

455쪽   (456쪽 가운데까지)〈너티 프로페서〉(제리 루이스)에서 제리
         루이스와 학생들

456쪽   (아래)〈나라야마 부시코〉(이마무라 쇼헤이)에서 오가타 겐

사진 설명 글

457~58쪽   〈불명예〉(요제프 폰 슈테른베르크)에서 빅터 맥라글렌

460쪽   〈아마도 악마가〉(로베르 브레송)에서 앙투안 모니에와 레지스
앙리옹

465쪽   (위) 〈컨버세이션〉(프랜시스 포드 코폴라)
(가운데, 아래) 〈마태복음〉(피에르 파올로 파솔리니)에서 마르첼로
모란테

466쪽   〈로프〉(앨프리드 히치콕)

468쪽   〈컨버세이션〉(프랜시스 포드 코폴라)에서 진 해크먼

470쪽   (위) 〈먼 목소리, 조용한 삶〉(테런스 데이비스)
(아래) 〈나의 아저씨〉(자크 타티)

471쪽   〈꿈을 꾸자〉(사샤 기트리)에서 사샤 기트리

473쪽   〈산쇼다유〉(미조구치 겐지)에서 다나카 기누요와 에나미 게이코

474쪽   〈머나먼 서부〉(앤서니 만)

476쪽   〈원스 어폰 어 타임 인 아메리카〉(세르조 레오네)에서 로버트
드니로

477쪽   〈희미한 곰별자리〉(루키노 비스콘티)에서 클라우디아 카르디날레

484쪽   〈도박사 봅〉(장-피에르 멜빌)

486쪽   〈금지된 사랑〉(클로드 소테)에서 미리암 부아예, 모리스 가렐,
다니엘 오퇴유

487쪽   〈8과 1/2〉(페데리코 펠리니)에서 장 루쇨과 마르첼로
마스트로얀니

488쪽   〈뮤리엘〉(알랭 레네)에서 완다 케리앵

490쪽   〈오셀로 메이킹 필름〉에서 오슨 웰스

499쪽   〈상하이에서 온 여인〉(오슨 웰스)에서 에버렛 슬론

504쪽   〈택시 드라이버〉(마틴 스코세이지)에서 로버트 드니로

505쪽   〈유인원 타잔〉(우디 S. 밴 다이크)에서 모린 오설리번과 조니
와이즈뮬러

506쪽   〈사랑은 비를 타고〉(스탠리 도넌, 진 켈리)에서 줄리어스 태넌

509쪽   〈알파빌〉(장-뤽 고다르)

510쪽   〈2001 스페이스 오디세이〉(스탠리 큐브릭)

515쪽   〈네이키드 런치〉(데이비드 크로넌버그)

521쪽   〈심판〉(오슨 웰스)에서 앤서니 퍼킨스, 모리스 테이낙, 오슨 웰스

523~24쪽 〈햄릿〉(로런스 올리비에)에서 로런스 올리비에

525쪽   〈다크 패시지〉(델머 데이브스)에서 험프리 보가트

528쪽   〈다이 하드 3〉(존 맥티어넌)에서 브루스 윌리스

529쪽   〈새벽〉(마르셀 카르네)에서 장 가뱅

532쪽   〈아귀레 신의 분노〉(베르너 헤어초크)에서 클라우스 킨스키

533쪽   〈대지의 눈물〉(사티아지트 레이)에서 수미트라 차터지

535쪽   〈아이즈 와이드 셧〉(스탠리 큐브릭)에서 톰 크루즈와 니콜 키드먼

536쪽   〈사형수 탈옥하다〉(로베르 브레송)에서 프랑수아 르테리에

546쪽   〈타르튀프〉(프리드리히 빌헬름 무르나우)에서 앙드레 마토니: "이
         사고의 증인인 당신! 내가 아무런 반응 없이 이렇게 떠날 거라고
         생각하지 마시오."(문자 그대로: "노래도, 소리도 없이.")

547쪽   〈사형대로 가는 엘리베이터〉(루이 말)에서 잔 모로

549~50쪽 〈북북서로 진로를 돌려라〉(앨프리드 히치콕)에서 에바 마리
         세인트, 케리 그랜트, 제임스 메이슨

551~52쪽 〈자전거 주자의 죽음〉(후안 안토니오 바르뎀)에서 루차 보세,
         카를로스 카사라비야

554쪽   〈체리향기〉(아바스 키아로스타미)에서 압돌라만 바게리, 호마윤
         엘샤드

561~62쪽 〈델마와 루이스〉(리들리 스콧)에서 수전 서랜던, 마이클 매드슨

569~70쪽 〈데드 맨 워킹〉(팀 로빈스)에서 숀 펜과 수전 서랜던

571쪽   (위) 〈어느 날 밤에 생긴 일〉(프랭크 카프라)에서 클라크 게이블과
         클로뎃 콜베르
         (아래 3장) 〈양들의 침묵〉(조너선 데미)에서 조디 포스터와 앤서니
         홉킨스

572쪽   〈자전거 주자의 죽음〉(후안 안토니오 바르뎀)에서 알베르토
         클로사스와 브루나 코라

573쪽   〈희생〉(안드레이 타르콥스키)에서 엘란드 요세프손과 토미
         셸크비스트

사진 설명 글

583쪽 〈거울〉(안드레이 타르콥스키)에서 마르가리타 테레호바

589쪽 〈침묵〉(잉마르 베리만)에서 잉그리드 툴린

592쪽 〈신체강탈자의 침입〉(필립 카우프먼)

594~95쪽 〈이창〉(앨프리드 히치콕)에서 그레이스 켈리와 제임스 스튜어트

611~12쪽 〈페르소나〉(잉마르 베리만)에서 비비 안데르손과 리브 울만

613쪽 〈인생은 아름다워〉(로베르토 베니니)에서 로베르토 베니니

617쪽 〈타임 투 킬〉(조엘 슈마허)

621쪽 〈사탄의 태양 아래〉(모리스 피알라)에서 제라르 드파르디외

634쪽 〈빅 스토어〉(찰스 라이즈너)에서 치코 막스와 하포 막스

643, 645쪽 〈사라진 여인〉(앨프리드 히치콕)에서 마이클 레드그레이브,
마거릿 록우드, 데임 메이 위티

647쪽 〈시민 케인〉(오슨 웰스)

648쪽 〈지난해 마리앙바드에서〉(알랭 레네)

650쪽 〈사랑의 블랙홀〉(해럴드 래미스)에서 빌 머리

653~54쪽 〈카사블랑카〉(마이클 커티즈)에서 잉그리드 버그먼

657쪽 〈길 위의 천사〉(위안무즈)에서 저우쉬안

664쪽 〈꽁치의 맛〉(오즈 야스지로)

669쪽 〈쾌락〉(막스 오퓔스)에서 마들렌 르노, 다니엘 다리외, 지네트
르클레르

690쪽 〈쾌락〉(막스 오퓔스)에서 다니엘 다리외, 장 가뱅

691쪽 〈미국인 친구〉(빔 벤더스)에서 브루노 간츠

692쪽 〈만인의 여인〉(막스 오퓔스)에서 이사 미란다: "마취 상태에 빠진
그녀에게 자기 인생 전체가 몽환적인 현기증 속에서 나타난다."

693쪽 〈여성의 도시〉(페데리코 펠리니)

695쪽 〈싸이코〉(앨프리드 히치콕)

696쪽 (위)〈일식〉(미켈란젤로 안토니오니)에서 프란시스코 라발
(아래)〈트윈 픽스〉(데이비드 린치)

698쪽 〈길의 노래〉(사티아지트 레이)에서 우마 다스 굽타

699쪽 〈블레이드 러너〉(리들리 스콧)에서 룃허르 하우어르

702쪽 〈카사노바〉(페데리코 펠리니)

704쪽   〈카게무샤〉(구로사와 아키라)에서 나카다이 다쓰야

707쪽   〈배리 린든〉(스탠리 큐브릭)

옮긴이 해제
청취와 관찰의 힘

이윤영 (옮긴이, 영화학자)

1. 의식하지 못한 혁명

1895년 12월 28일에 시작되어 이제 130년 가까운 역사를 지닌 세계 영화사를 되돌아보면, 영화의 기반 자체를 흔들어놓은 진정한 혁명은 사실상 한 번 일어났다. 1927년 소리의 도입이다. 영화 산업이 매번 그 효과를 얼마나 과장하든 관계없이 크고 작은 사건 ── 색채영화, 시네마스코프, 3D 입체영화, 디지털 영화, OTT와 스트리밍 방식의 영화 따위 ── 이 잇달아 일어나서 영화의 외형을 이러저러하게 바꿔놓았지만, 그 변화의 폭과 파장은 소리의 도입이 일으킨 그것과 비교하기 쉽지 않다. 영상이 없는 소리와 영상이 있는 소리는 확연히 다르다. 마찬가지로 소리가 없는 영상과 소리가 있는 영상도 확연히 다르다. 이 사실은 지극히 당연해 보이지만, 사람들이 이를 비로소 의식하게 된 것은 소리가 있는 영상이 생겨난 이후였다. 영상이 없는 소리(아쿠스마틱한 소리)의 위력을 실감하게 된 계기가 전화와 라디오의 발명 이후인 것과 같다. 소리의 도입은 영화제작 방식부터 영화관을 비롯한 영화 상영의 조건까지 영화 산업 자체를 흔들어놓았고, 말하기 능력diction을 중심으로 영화배우의 평가 기준이 바뀌면서 사실상 거의 모든 배우의 '물갈이'가 이루어졌으며, 관객이 영화를 수용하는 양상 또한 근본적으로 달라졌다. 당시 관객이 느낀 가장 큰 변화는, 일종의 시각적 에스페란토였던 영화가 언어에 따른 국가적 생산물로 뒤바뀌었다(바벨탑!)는 점이다. 소리의 도입에 그토록 격렬한 반발이 일어난 것도, 무성영화에 대한 향수가 이런저런 형태로 지금까지 이어지는 것도 그 파장 아래 있다고 할 수 있다.

　녹화된 영상과 녹음된 소리가 결합한다는 것은 단지 영화를 찍을 때 감독의 고려 사항이 한 가지 더 늘어난 데 그치는 일이 아니다. 소리의 도입은 영화의 정의 자체를 바꿔놓았기 때문이다. '무성영화'라는 말 자체가 없던 시절에 영화는 곧 무성영화였고, 무성영화가 곧 영화였다. 영화가 처음 세상에 나올 때 이 전례 없던 대상에는 '움직임의 기록cinématographe'이나 '움직이는 화면moving picture' 같은 명칭이 붙고 또 그렇게 정의되었지만, 여기에 소리(목소리, 음악, 소음)의 자리는 없었다. 잘 알려져 있듯 유성영화가 나오기 전에도 영화관에 소리가 있었다. 심지어 세계 최초로 영화를 상영한 날에도 상영 장소에 피아니스트가 있었고, 음향효과를 내는 사람들이 영화관에 직접 고용되기도 했으며, 일본이나 한국의 경우 변사 체제가 유독 오랫동안 지속되어 10년 가까이 유성영화의 도입을 거부하기도 했다. 그러나 이 모든 경우에 소리와 영상은 자의적으로, 느슨하게 결합되어 있었다. 영화관의 연주자(때로는 오케스트라)가 기분에 따라 즉흥연주를 하거나, 사실상 공연자의 성격이 강한 변사가 대사나 추임새를 넣고 영상을 해설할 때도 마찬가지였다. 그것은 특정 영상에 고정된 소리, 즉 '그 영상에 그 소리'가 아니었다.

유성영화가 도입되면서 상황은 근본적으로 바뀌게 되며, 무엇보다 영상 자체가 바뀌지 않을 수 없게 되었다. 그 가장 큰 귀결 중 하나는, 이 책(3, 7, 8장)에서 시옹이 여러 번 강조하듯 소리가 들어오면서 영화에 비로소 실제 시간이 도입된다는 점이다. 무성영화 영상들은 시간에서 비교적 자유로웠다. 움직이는 영상은 항상 시간을 전제로 하지만, 무성영화에서 시간은 추상적으로 흘러간다. 이는 하나의 숏 안에서도, 숏과 숏의 연결에서도 나타난다. 주지하다시피 움직이는 영상을 실제 시간으로 재현하려면 1초에 24개의 포토그램이 필요하다. 그러나 무성영화 시기에는 움직이는 영상을 만드는 포토그램 개수가 정해져 있지 않아서 1초에 12개에서 22개까지 다양하게 사용되었다. 그런데 영화에 소리가 들어오면서 결정적으로 1초에 24개로 고정되게 된다. 약간 빠르거나 느린 화면은 관객의 눈에 큰 저항을 불러일으키지 않지만, 관객의 귀는 소리의 왜곡에 민감하게 반응하기 때문이다. 따라서 누군가 말하는 단순한 장면을 찍는 경우에도, 소리에 맞춰 영상이 실제 시간에 맞게 바뀌지 않을 수 없었다.

숏과 숏의 관계에도 근본적인 변화가 생겨난다. 무성영화에서는 숏이 바뀌어도 같은 시간대에 일어나는, 심지어 이전 시간대에 일어난 일들이 다음 숏에서 자유롭게 이어지고는 했다. 예컨대 세르게이 에이젠슈테인의 〈전함 포템킨〉이나 〈10월〉 같은 영화에서 시간은 전체적으로 앞으로 진행되지만, 하나의 숏과 다음 숏의 관계는 시간적 선후를 판정하기 어려운 것이 많다. 그러나 영화에 소리가 도입되고 영상이 1초에 24개의 포토그램으로 고정되자 영화에서 숏과 숏의 관계는 엄격한 시간적 순서before/after에 따라 정렬되지 않을 수 없게 되었다. 극적 필요에 따라 플래시백으로 진행되는 경우나 음악이 나오면서 영상이 '리얼리즘의 족쇄'에서 벗어나 시공간을 자유롭게 넘나드는 경우를 빼면, 숏은 이제 엄밀하게 시간적 순서로 배열되고 영화의 시간은 미래를 향해 불가역적으로 흘러가는 것이라 여겨지게 된다. 움직임의 기록이었던 영화는 이제 '시간 기록의 영화cinéma chronographique'가 된다.

그러나 이 거대한 변화는 아주 오랜 시간이 지난 후에야 비로소 의식의 지평으로 떠오른다. 따라서 미셸 시옹의 책을 소개하면서 이 방대한 분량의 책이 말하지 않은 것을 말할 필요가 있을 것이다. 그것은 소리에 대한 연구가 영화의 다른 연구들에 비해 상당히 뒤처져 있다는 점이다. 다른 책에서 시옹이 지적한 대로 "지금까지 영화에 대한 이론은 대체로 소리의 문제를 교묘하게 모면해 왔다."* 영화에서 소리에 대한 연구는 대략 1980년대에 이르러서야 본격적으로 시작되었다. 영화에 소리가 도입된 지 이미 50년도 더 지났다는 사실을 생각하면 아주 놀라운 일이다. 반면, 영상에 대한 연구는 영화가 거의 처음 발명된 때부터 시작되어 이미 꽤 많은 연구 결과가 축적되어 있다. 이는 주로 다른 예술의 역사를 참조하면서 이루어졌다. 영화가 나오기 전에는 사진이 있었고, 또 아주 오랜 역사를 가진 회화가 있었다. 따라서 영화 영상에 대한 연구는, 예컨대 루돌프 아른하임의 연구 『예술로서의 영화』 (Rudolf Arnheim, *Film as Art*, University of California Press, 1957[1932]) 가 그랬듯 미술사 연구와 미술 이론에서 마음껏 양분을 끌어올 수

---

* Michel Chion, *L'Audio-vision: son et image au cinéma*, Nathan, 1991, p. 3[미셸 시옹, 『오디오-비전: 영화의 소리와 영상』, 윤경진 옮김, 한나래, 2004, p. 10]. 이 해제에서 원서와 함께 인용된 한국어 번역본의 문장은 모두 원문을 참조하여 표현을 수정했다.

있었다. 반면, 음악은 영화 연구에 거의 기여하지 못했다. 추상적인 소리에 기반을 둔 음악에서 소리 그 자체로 음악학의 중심을 옮긴 피에르 셰페르의 『음악적 대상 논고』(Pierre Schaeffer, *Traité des objets musicaux*, Seuil, 1966) 같은 저작이 나온 이후에야 비로소 상황이 바뀌게 된다.

영화에서 소리는 영상에 비해 거의 항상 부차적으로 다루어졌고 의식적 분석의 대상이 되지 못했다. 소리 분석이 쉽지 않은 것도 그 이유다. 영상의 경우, 분석의 획기적 전환점 중 하나는 정지화면arrêt sur image이다. 자크 오몽과 미셸 마리는 이렇게 쓴다. "영화작품에서 무엇보다 분석에 가장 많이 **저항하는** 것은 시간이고, 영화가 영사기에서 끊임없이 진행된다는 사실이며, 우리 마음대로 넘기는 책과 달리 우리 스스로가 영사의 흐름을 통제할 수 없다는 사실이다. 정지화면은 정확하게 이 연속적 영사란 특성을 없애버린 것이고, [⋯] 정지 가능성에서 출발해서 영화는 온전히 분석할 수 있는 것이 된다."* 그런데 영상과 달리 소리는 정지할 수 없다. 소리는 철저하게 시간 속에서만 존재하며 시간의 축을 따라서 펼쳐지기 때문에 시간이 멈추는 순간 사라져버린다. 따라서 영상처럼 특정 순간을 정지해놓고 디테일을 확대해 자세히 검토하는 작업이 애초에 불가능하다. 영화에서 소리는 순간순간 무의식적 지각의 형태로 경험되고 있었을 뿐 자기 몫에 대한 정당한 평가를 받지 못했다. 어떤 작품이나 장면이 탁월한 성취를 이룰 때도 대개 그 성과는 영상의 몫으로 돌아간다. 영화 편집자이자 유명한

---

* 자크 오몽·미셸 마리, 『영화작품 분석(1934~1988)』, 이윤영 옮김, 아카넷, 2016, pp. 57~58.

사운드 디자이너인 월터 머치는 이렇게 지적한다. "소리가 영화에 어떤 가치를 부여하든 관계없이, 관객은 대개 **시각적인** 관점에서 지각하고 평가한다. 소리가 좋으면 좋을수록 영상이 더 좋다는 것이다."*

소리가 '잉여라는 환상'도 이렇게 생겨난다. 예컨대 문이 닫힐 때 문소리가 나면 문소리는 쓸데없이 덧붙여진 것, 즉 잉여로 보인다. 그러나 이런 단순한 예에서조차 문소리는 전혀 잉여가 아니며 각기 다른 표현적 가치를 갖는다. 동시녹음의 경우, 녹음기 위치에 따라 문소리가 다르게 기록되며 그 장면에서 대사나 다른 소음의 존재 여부도 문소리의 지각에 영향을 준다. 따라서 동시녹음의 방침 자체가 감독의 선택인 것과 마찬가지로, 동시녹음의 상황에서 여기에 정확히 어떤 크기의 소리를 부여할지도 감독의 선택이다. 어쨌거나 문소리가 두드러지면서 문이 닫히는 영상과 동조화되면, 별것 아닌 문 하나가 관객의 주의를 끌게 되고 극적인 가치를 갖게 된다. 로베르 브레송 같은 감독은 동시녹음 대신, 영상에 나온 바로 그 문이 닫히는 소리를 조용한 시간대에 다시 녹음해서 영상에 붙이는 식으로 작업한다. 문이 닫히는 영상에 전혀 다른 소리를 덧붙이는 경우도 주목할 만하다. 오슨 웰스의 〈시민 케인〉 시작 부분에서 기자가 대처 기념 도서관에 방문해 케인의 어린 시절 기록을 보려고 자리에 앉을 때, 철제문이 삐걱거리면서 육중하게 닫힌다. 그런데 이 문은 실제로는 마분지에 장식을 붙여 만든 문이었다. 종이로 만든 문이 철제문으로 느껴지는 데는 영상과 동조화

---

*　　Walter Murch, "Foreword," in Michel Chion, *Audio-Vision: Sound on Screen*, Claudia Gorbman(trans.), Columbia University Press, 1994, p. viii. 강조는 원저자가 한 것.

된 소리가 결정적인 역할을 한다. 때로 문소리는 문 닫는 사람의 감정을 표현하는 매개체로 쓰이기도 한다. 요컨대, 단순히 문소리를 들려주는 것마저 감독의 선택과 표현의 영역이라는 점을 인정할 때만, 자크 타티의 〈플레이타임〉에 나오는 유명한 개그처럼, 머리끝까지 화가 나서 문을 있는 힘껏 닫았는데도 아무 소리도 나지 않는 것이 하나의 사건이 되며 표현적 가치를 가지게 된다. 잉여인 소리는 없다. 소리가 영상에 개입하는 양상이 각기 다르고, 그 효과와 의미, 표현적 가치가 각기 다를 뿐이다.

어쨌거나 소리에 정당한 몫을 되돌려주는 작업이 필요하고, 소리가 영상에 개입되는 양상을 의식의 차원으로 끌어올리는 작업이 필요하다. 이는 사실상 지난한 작업이 될 수 있다. 이를 위해 이 책의 1부「역사」에서 시옹이 한 것처럼, 소리의 관점에서 영화사 전체를 다시 쓰는 광범위한 작업이 필요할 수도 있다. 그가 직접 쓴 영화사는 시대에 따라 시청각 관계가 어떻게 변화하고, 해당 시기에 어떤 문제들이 생겨났는지를 생생하게 보여준다. 이런 문제의식을 담은 영화사는 사실상 지금까지 씌어진 적이 없었다. 나아가 영상에 소리가 개입하면서 나타나는 현상들을 객관적으로 기술하는 용어와 개념을 직접 만들어내야 할 수도 있다. 많은 경우 시청각 현상 자체를 주목하지 못해서 이를 기술하는 용어나 개념 자체가 없었기 때문이다. 시옹은 수많은 신조어新造語를 만들어내는데, 이 용어들은 무엇보다 가치판단이나 해석을 배제한 채 문제가 되는 현상을 엄밀하게 기술하기 위한 것이다. 이 책의「용어 해설집」에서 시옹은 총 110개의 용어를 제안하고 스스로 각 용어의 뜻을 정의하는데, 짧은 것은 한 문단에 그치지만 긴 것은 두세 쪽에 달한다. '왜 이렇게까지'라고도 물을 수 있는 이 책의 폭과 깊이는, 인식이 아니라 편견과 단견이 고착된 오랜 부재를 메우려는 한 연구자의 절박한 필요를 보여준다.

2. 미셸 시옹

시청각 관계에 주목하면서 영화를 소리의 예술로 접근하는 미셸 시옹의 저작들은 서구 영화 이론계에서 독보적인 자리를 차지하고 있다. 앞서 기술한 대로, 소리는 100년 가까이 영화에 있었지만 영상과 소리가 결합하여 실제로 어떤 일이 벌어지는지, 시청각 관계 속에서 소리가 영상에, 영상이 소리에 어떤 작용을 하는지는 진지한 성찰 대상이 아니었고, 여기저기서 단편적인 관찰들만 나왔을 뿐이다. 따라서 소리의 서로 다른 세 양태, 즉 말과 음악과 소음이 각기 영상과 결합하면서 생기는 현상들은 오랫동안 이론의 사각지대로 남아 있었다. 이런 주제들은 1980년대에 시옹이 영화에서 소리에 대한 저작들을 출간하면서 하나하나 성찰 대상으로 옮겨진다. 2003년 출간된 이 책『영화, 소리의 예술: 역사, 미학, 시학』은 시옹의 이런 작업들이 결정적인 형태로 제시된 것으로서, 지은이의 다양한 활동이 수렴되면서 만들어진 성과다. 따라서 이 책의 내용과 관련하여 그의 주요 활동과 경력을 돌아보는 일도 유용할 것이다.

　　1947년에 태어난 시옹은 주로 작곡가, 음악학자, 영화 비평가, 영화 이론가, 영화 교육자, 단편영화감독으로 활동했다. 여기서 영화 교육 활동 — 대표적인 것은 파리3대학(소르본 누벨) 영화학과 교수(1994~2012) — 과 몇몇 단편영화 제작 — 예컨대 〈에포닌

Éponine⟩(1984) —— 을 예외로 하면, 그의 정체성은 크게 다음 네 가지 활동, 즉 1) 작곡, 2) 음악 비평과 음악학 연구, 3) 영화 비평, 4) 소리에 중점을 둔 영화 이론 연구를 중심으로 형성된다. 그의 경력에서 두드러지는 첫번째 지점은 작곡이다. 그는 베르사유 음악원과 파리 음악원에서 음악교육을 받고, '프랑스 국영 라디오 텔레비전 방송국Office de Radiodiffusion-Télévision Française, ORTF' 안에서 피에르 셰페르가 이끌던 '음악적 탐색 그룹Groupe de Recherches Musicales, GRM'에 참여하는데(1970~76), 특히 셰페르의 조교로 일하면서 작곡가로 활동했다. 시옹은 자신이 "주로 라디오에서 일하면서 사운드 테크놀로지 분야의 온갖 다양한 경험을 했으며 녹음, 믹싱, 소리 편집과 소리 생성의 방법들을 알게 되었다"*라고 쓰는데, 이는 주로 '음악적 탐색 그룹' 경험과 관련된다. 한편, 음악교육 과정을 밟을 때 그는 문학에도 관심을 갖고 파리10대학(파리 낭테르)에서 「앙드레 지드의 저작 전체에 나타난 악惡의 문제」(1970)로 박사 학위논문을 썼지만, 이후 문학에 대한 글은 거의 쓰지 않고 작곡과 현대음악 비평, 음악학 연구에 전념한다.

시옹의 작곡은 1970년부터 2019년까지 거의 끊이지 않고 이어진다. 그가 작곡한 70여 편의 곡은 현장에서 녹음한 소음의 가치가 작품 곳곳에 살아 있는 구체음악musique concrète이 주조를 이룬다. 1948년에 생겨난 이 현대음악 사조는 현장에서 녹음한 소리 —— 시옹은 녹음enregistrement보다 고정fixation이란 말을 써야 한다고 주장한다 —— 를 기본 질료로 사용하며, 1953년부터는 소

---

*   Michel Chion, "Preface to the English Edition," *Film, A Sound Art*, Claudia Gorbman(trans.), Columbia University Press, 2009, p. x.

리의 완벽한 통제가 가능한 전자음악(특히 '전자음향음악musique électroacoustique')과 결합하여 발전한다. 『그라우트의 서양 음악사』는 구체음악에 대해 다음과 같이 기술한다. "이것은 모든 소리를 음악에 쓸 수 있는 소재로 보고, 선택된 소리들을 기계적·전기적 수단을 통해 조작한 후, 그들을 조합하여 콜라주로 만드는 것이었다."* 실제로 시옹의 곡에서는 온갖 종류의 소음뿐만 아니라 날것 그대로의 사람 목소리, 전자음, 기악 등도 음악의 질료로 이용되며, 아무 의미 없이 단지 소리의 질료로만 사용되는 사람 목소리가 때로 의미를 가진 내레이션과 결합하여 극의 형태로 발전하기도 한다. 시옹의 작곡은 다양한 형태를 띠는데, 「소리의 수인Le Prisonnier du son」(1972~91), 「강요Diktat」(1979), 「성 앙투안의 유혹La Tentation de Saint Antoine」(1984) 같은 '음악극mélodrame'으로, 「레퀴엠Requiem」 (1973), 「땅의 미사La Messe de terre」(2003) 같은 종교음악으로, 마지막 교향곡인 「계시Révélation」(2019)를 포함해서 4편의 교향곡 형태로도 나타난다.**

시옹의 스승이면서 구체음악의 창시자이자 뛰어난 이론가이기도 했던 피에르 셰페르는 이렇게 쓴다. "구체음악은 음악에 소음을 도입하는 것이 아니라, 우리가 보통 소음으로 간주했던 소리들의 잠재적 음악성을 발견함으로써 소리son와 소음bruit 사이의 기

---

*   도날드 J. 그라우트·클로드 V. 팔리스카·J. 피터 부르크홀더, 『그라우트의 서양 음악사』 제7판(하), 민은기·오지희·이희경·전정임·정경영·차지원 옮김, 이앤비플러스, 2009, p. 377.

**   시옹이 작곡한 곡들은 19개의 CD로 발매되었다. '프랑스 현대음악자료센터Centre de Documentation de la Musique Contemporaine, CDMC'에서 시옹이 작곡한 작품 전체의 목록을 볼 수 있다. https://www.cdmc.asso.fr/en/ressources/compositeurs/biographies/chion-michel-1947.

본적 대립을 의문에 부치는 것이다."* 이 문장에서 '소리'는 음악과 거의 동의어로 쓰이지만, 추상적인 소리에 기반을 둔 일반적인 음악의 지평을 넘어서는 말이다. 우리가 실제로 귀를 열고 주의를 기울여 우리를 둘러싼 소음의 음악성을 발견한다면, '사물의 언어'인 소음의 세계를 아무런 편견 없이 들을 수 있다면 음악의 지평은 놀라울 정도로 확장될 수 있다. 예컨대 마르셀 프루스트의 『잃어버린 시간을 찾아서』에는 파리에 사는 화자가 아침에 깨어나 창밖에서 들려오는 시장터의 온갖 소음과 상인들의 물건 파는 소리를 하나의 음악처럼 듣는 장면이 흥미롭게 묘사된다.** 한편, 내 생각에 다음 브레송의 문장은 다른 곳에서 출발하지만 구체음악의 문제의식을 명쾌하게 요약해준다. "소음이 음악이 되게 해야 한다."***

시옹의 경력에서 두드러지는 두번째 지점은 음악 비평과 음악학 저술 작업이다. 그는 1970년부터 프랑스 국영 라디오 텔레비전 방송국 소속 연구소의 내부 잡지 『에타프 *Étapes*』에 정기적으로 글을 쓰기 시작해서 1978년까지 『기드 뮈지칼 *Guide Musical*』 『카이에 르셰르슈/뮈지크 *Cahiers Recherche/Musique*』 같은 잡지에 100편에 이르는 음악 비평을 게재하고, 현대음악 연주회 비평뿐만 아니라 구

---

* Juliette Garrigues, l'article de 'Symphonie pour un homme seul,' *Universalis Encyclopedia*, 2018에서 재인용.

** Marcel Proust, *À la recherche du temps perdu*, t. V, *La Prisonnière*, Jean-Yves Tadié(dir.), coll.《bibliothèque de la Pléidade》, Gallimard, 1988, pp. 623~26. 한국어 번역본은 다음을 보라. 마르셀 프루스트, 『잃어버린 시간을 찾아서 9: 갇힌 여인 1』, 김희영 옮김, 민음사, 2020, pp. 187~94.

*** 로베르 브레송, 『시네마토그라프에 대한 노트』, 이윤영 옮김, 문학과지성사, 2021, p. 28(61번).

체음악, '전자음향음악' '청취학acoulogie'에 대한 논의를 전개한다. 1980년에는 음악학 저술을 시작하는데, 이는 대표적인 구체음악 작곡가 피에르 앙리를 다루는 저작(*Pierre Henry*, Fayard/Sacem, 1980) 부터 『교향시와 표제음악 *Le Poème symphonique et la musique à programme*』 (Fayard, 1993), 『낭만주의 시기의 교향곡: 베토벤에서 말러까지*La Symphonie à l'époque romantique: de Beethoven à Mahler*』(Fayard, 1994)같이 전통적인 고전음악을 다룬 저작까지 넓은 스펙트럼을 이룬다. 셰페르가 열어놓은 구체음악의 이론과 방법을 다지는 저술 또한 계속되는데, 『소리를 내는 대상들 안내서*Guide des objets sonores*』(Ina/Buchet-Chastel, 1983), 『구체음악, 고정된 소리의 예술*La Musique concrète, art des sons fixés*』(Mômeludies, 2010[1991]) 같은 저작들이 그 예가 된다.*

　질 무엘릭은 시옹에 대해 이렇게 쓴다. "영화의 사유에 대한 미셸 시옹의 기여를 이해하려면, 무엇보다 그의 작곡 작업과 이른바 구체음악에 대한 음악학자의 작업에 역점을 둘 필요가 있다. […] 작곡가 경험에서 비롯된 청취 능력 덕분에 그는 소리의 각 요소를 영상과 맺는 관계에서 사유할 수 있었다."** 시옹의 음악 비평과 음악학 저술은 자신이 들은 것을 언어를 통해 분석하고 성찰하는 작업으로서, 이런 활동의 기반은 청취 능력이다. 나는 이것을

---

*　시옹 자신이 운영하는 웹사이트에 들어가면 그의 작곡, 비평, 저술 목록 전체를 알 수 있다. http://michelchion.com. 한편, 음악이 매체와 기술의 변화에 따라 어떻게 변화해왔는지를 다룬 그의 작은 책 한 권(*Musiques, média, technologie*, Flammarion, 1994)이 한국어로 번역되어 있다. 미셸 쉬옹, 『음악: 대중매체 그리고 기술』, 유정희 옮김, 영림카디널, 1997. 이 번역자는 '구체음악' 대신 '구상음악'이라는 번역어를 썼다.

**　Gilles Mouëllic, l'article de 'Michel Chion,' *Dictionnaire de la pensée du cinéma*, Antoine de Baecque & Philippe Chevallier(dir.), PUF, 2012, p. 147.

'작곡가의 귀'라는 말로 요약하는데, 이는 '화가의 눈'에 대응하는 표현이다. 예컨대 클로드 모네처럼 놀라운 눈을 가진 화가는 똑같은 풍경 앞에서 우리가 보지 못하는 것을 본다. 물론 그는 자신이 본 것을 화폭에 옮겨내는 놀라운 능력을 갖고 있지만, 특정 순간의 풍경을 포착해서 고정하는 능력은 사실상 그의 눈에 내재되어 있다고 할 수 있다. 그날그날의 날씨와 대기의 상태에 따라 순간적으로 바뀌는 빛을 받는 풍경이 그 대상인데, 우리는 모네의 거의 모든 작품에서 그의 눈이 포착한 미세한 순간들을 느낄 수 있다. 폴 세잔의 유명한 말——"모네는 눈밖에 없다. 그러나 이 얼마나 놀라운 눈인가!"——은 정확히 이런 능력을 가리킨다. 영화에서 소리 역시 끊임없이 흘러가는 영상과 함께 순간적으로 나타났다 사라진다. 영화를 소리의 예술로 접근하는 시옹의 저서에는 소리의 미세한 양태를 날카롭게 포착한 순간들이 두드러지는데, 이는 바로 작곡가의 귀에서 비롯된 것이다. 이런 청취 행위는 수동적이거나 관습적으로나 기능적으로 듣지 않고, 끊임없이 흘러가는 영상과의 관계 속에서 소리의 작용을 섬세하게 분별하며, 나아가 스스로 자신의 청취를 의식하는 청취다. 피에르 셰페르의 구분에 따르면, 이 것은 의미론적 청취(그 말이나 소리 신호가 무슨 뜻인가?)나 인과적 청취(그 소리는 어디서, 왜 나는가?)에 머물지 않고, 환원적 청취(그 소리 자체는 어떠한가?)까지 실행하는 청취다.

시옹의 경력에서 두드러지는 세번째 지점은 영화 비평이다. 그는 자신이 1970년대에 시네필이었다고 쓰지만,* 작곡과 음악 비평에 몰두하던 1978년까지 영화에 직접 개입하지 않았다. 그러다

---

*   Michel Chion, "Preface to the English Edition," *Film, A Sound Art, op. cit.*, p. x.

1981년 『카이에 뒤 시네마*Cahiers du cinéma*』——1982년부터 1987년까지 시옹은 이 잡지의 편집위원이었다——에 영화 비평을 쓰기 시작해서 1987년까지 집중적으로 영화 비평을 전개한다. 이 시기에 그는 이 잡지에 200여 편의 영화 비평을 썼다.* 이후에는 『르 몽드 들라 뮈지크*Le Monde de la Musique*』나 단편영화 전문 잡지 『브레프*Bref*』, 1996년부터는 주로 『포지티프*Positif*』에서 영화 비평을 전개했다. 시옹이 쓴 영화 비평은 대략 350여 편에 이르는데, 주목할 만한 점은 개별 영화에 대한 비평들이 이후 저작의 내용으로 통합되거나 발전된다는 것이다. 즉 그의 영화 비평은 주요하게는 작가감독들을 다룬 저작들에 통합되고, 다른 한편으로 영화에서 소리를 다룬 저작들에 통합된다. 실제로 시옹은 자크 타티(*Jacques Tati*, Cahiers du cinéma, 1987), 데이비드 린치(*David Lynch*, Cahiers du cinéma, 1992), 스탠리 큐브릭(*Stanley Kubrick: l'humain, ni plus ni moins*, Cahiers du cinéma, 2005), 안드레이 타르콥스키(*Andreï Tarkovski*, Cahiers du cinéma/Le Monde, 2008)에 대한 개별 저작을 냈고, 이 중에서 타티에 대한 저서는 내 생각에 어떤 타티 연구서보다 탁월하다. 한편, 이 책에는 작가감독들에게 자유롭게 접근한 7개의 장——채플린(2장), 비고(4장), 타티(11장), 히치콕(17장), 웰스(19장), 타르콥스키(22장), 오퓔스(25장)——이 포함되어 있는데, 소리를 다루는 방식에 방점이 찍혀 있기는 하지만 이 영화작가들에

---

* 이 시기 시옹의 영화 비평 중에서 1984년에 쓴 두 편의 글——「운명의 암호」(히치콕의 〈사라진 여인〉), 「제4의 면」(히치콕의 〈이창〉)——은 슬라보이 지젝이 편집한 책에 수록되어 한국어로도 번역되어 있다. 슬라보이 지젝 엮음, 『항상 라캉에 대해 알고 싶었지만 감히 히치콕에게 물어보지 못한 모든 것』, 김소연 옮김, 새물결, 2001. 또한 이 선집에는 히치콕의 〈싸이코〉에 대한 시옹의 글 「불가능한 체현」도 실려 있다.

대한 시옹의 안목을 넉넉하게 느낄 수 있다.

마지막으로 영화를 소리의 예술로 접근하는 일련의 저작을 거론할 수 있는데, 시옹은 이 주제로 1982년부터 2013년까지 주요 저서들을 출간한다. 이 분야의 저서들은 시옹에게 국제적인 명성을 안겨준 작업으로서, 20여 개 언어로 번역되었다. 『영화에서 목소리 La Voix au cinéma』(Cahiers du cinéma, 1982)가 처음 출간된 이후, 『영화에서 소리 Le Son au cinéma』(Cahiers du cinéma, 1985), 『구멍 난 스크린 La Toile trouée』(Cahiers du cinéma, 1988), 『오디오-비전: 영화에서 소리와 영상』『영화에서 음악 La Musique au cinéma』(Fayard, 1995), 『영화, 소리의 예술: 역사, 미학, 시학』(Cahiers du cinéma, 2003), 『스크린에 나온 글 L'Écrit au cinéma』(Armand Colin, 2013)이 그것이다.* 이 책 『영화, 소리의 예술: 역사, 미학, 시학』은 자신의 기존 연구를 집대성한 저작으로서, 시옹은 영어판 서문에 이렇게 쓴다. "이것은 내가 30년 이상 몰두한 주제, 즉 소리의 예술로서 영화에 대해 나스스로 결정적인 책으로 간주하는 작업이다."**

요컨대 시옹이 소리의 예술로 영화에 접근할 때는 작곡가의 귀가 기반이 되며, 들은 것을 분석하고 성찰할 때는 음악 비평가와 음악학자의 안목이 교차한다고 할 수 있다. 또한 영화에서 소리를 기술적 문제나 기능적 문제로만 취급하지 않고 해당 작품의 맥락이나 감독의 문제의식과 결부시켜 폭넓게 사고하는 경향은 영화

---

* 이 저작들 중 영어로는 네 권이, 한국어로는 세 권이 번역되었다. *Audio-Vision, op. cit.; The Voice in Cinema*, Claudia Gorbman(trans.), Columbia University Press, 1999; *Film, A Sound Art, op. cit.; Words on Screen*, Claudia Gorbman(trans.), Columbia University Press, 2017. 『영화와 소리』, 지명혁 옮김, 민음사, 2000; 『오디오-비전』, 앞의 책; 『영화의 목소리』, 박선주 옮김, 동문선, 2005.

** Michel Chion, "Preface to the English Edition," *Film, A Sound Art, op. cit.*, p. ix.

비평 활동에 힘입은 바 크다.

앞서 지적한 대로, 영화에서 소리의 문제에 주목한 저작들의 출발점은 시옹 자신의 영화 비평이다. 그런데 이런 저작들에 나타나는 시옹의 글쓰기 방식은 일정한 장단점이 있다고 해야 한다. 즉 자신이 이전에 쓴 영화 비평의 결을 최대한 살리면서 구체적인 현상을 하나하나 거론하는 방식은 해당 장면을 생생하게 불러와 논의의 구체성과 글을 읽는 재미를 준다. 나아가 시옹은 비평의 방식으로 글을 썼기 때문에 '문학적인' 표현력이 강한 편이며, 이는 개념화에도 반영되어 있다. 어쨌거나 저자의 표현이 단순한 수식이나 장식에 그치지 않고 분명한 실체가 있는 저자 특유의 전달 방식이라면, 일단은 저자의 방식대로 논의를 따라가보는 것도 나쁘지 않을 것이다.* 그러나 이런 글쓰기 방식은 더 추상적이고 명쾌한 이론적 논의를 기대하는 독자에게는 답답하게 느껴질 수도 있다. 따라서 시청각 관계에 대한 시옹의 이론적 논의를 여기서 간략하게 제시하는 것도 독자에게 도움이 될 것이다.

3. 영화에서 소리에 대한 세 가지 테제

미셸 시옹의 이론적 논의는 몇 가지 핵심적인 테제를 중심으로 전개된다. 연구자에 따라 각기 다르게 요약할 수 있겠지만, 여기서는 크게 세 가지 테제로 정리해보기로 한다.

---

* 이 책의 영어판 번역자는 문학적 수사를 상당 부분 덜어내고 시옹의 논지를 간단 명료하게 제시하는 방법을 택했지만, 한국어판에서는 가급적 시옹의 표현을 살리는 방식으로 옮겼다.

영화에서 소리의 문제를 다룬 첫 저작부터 시옹이 일관되게 주장한 것은 '사운드트랙은 없다'라는 테제다. 여기서 '사운드트랙'이란 용어는 물리적 실체를 지칭하는 것이 아니라 한 영화 안에서 여러 소리를 통합하는 단위를 가리킨다. 이 논의는 추상적으로 보이지만, 영화에서 소리의 본성에 대해 중요한 성찰을 담고 있으므로 찬찬히 새겨볼 만하다. 소리의 독자성과 자율성을 강조하는 몇몇 사람은 이미지트랙과 대비되는 사운드트랙 개념을 제시하면서 소리에도 독자적인 영역이 있다고 주장했다. 그런데 이 주장이 성립하려면, 영화에서 소리가 다른 소리들과 긴밀한 관계를 형성하면서 소리끼리 '자율적인' 단위를 이루고 이를 기반으로 영상과 대등한 관계를 맺는다는 전제가 있어야 한다. 그러나 시옹에 따르면 영화에서 소리는, 예컨대 음악에서와는 대조적으로, 다른 소리와 긴밀한 관계를 맺지 못한다. 영상 안에 들어오는 모든 것을 하나로 모아주는 프레임, 숏, 상징적 카메라 같은 것이 소리에는 없기 때문이다. 즉 뭔가가 찍히기 전에도 이미 존재하는 영상의 프레임에 대응하는 것이 소리에는 없다. 따라서 영상의 외화면 영역에 대응하는 영역도 없다. 소리는 독자적인 숏을 구성하지 못하며, 이런 이유로 숏/리버스 숏 같은 구성도 이루어질 수 없다. 영화에서 소리는 자기끼리 통합적인 단위를 만들지 못하는 일종의 '콩가루 집안'이며, 다른 소리보다 영상, 나아가 디제시스와 더 긴밀한 관계를 맺는다(13장, '사운드트랙이란 없다' 절). 이 때문에 똑같은 소리가 영화에서 다르게 인식되는 일이 벌어진다. 시옹은 이렇게 말한다. "구체음악에서 어떤 소리였던 바로 그 소리가 영화로 들어가면 우주선 소리, 기계 소리, 특정 대상의 소리가 되어버립니다. 그 소리가 갑자기 모호성을 잃게 되는 것이지요."*

또한 사운드트랙이란 개념은 무성영화 특유의 '소리,' 즉 해당 영상에 분명히 내포되어 있지만 정작 들리지 않는 소리를 포괄하지 못한다. 그런데 관객은 실제로 들은 소리뿐만 아니라 영상이 암시하는 소리까지 듣는다고 말해야 한다. 시옹은 소리의 작용을 누구보다 미세하게 판별해내며 소리의 중요성을 강조하지만, 그렇다고 영화에서 소리와 영상이 동등하다는 결론으로 나아가지는 않는다. 시옹은 영화에 특징적인 지각 형태를 규정하기 위해 '청-시각 단일 지각audio-vision'이란 개념을 제시한다. 여기서 하이픈(-)은 청각과 시각을 연결해 둘이 하나로 결합된 양태를 보여주지만, 이 두 지각은 동등한 형태가 아니라 앞의 '청audio'이 뒤의 '시각vision'을 수식하는 형태로 결합한다. 따라서 무게중심은 시각 쪽으로 쏠리고 이 지각의 작용은 결국 시각으로 수렴된다. 소리의 성과가 대개 영상의 몫으로 돌아가는 일은 그래서 일어난다고 할 수 있다. 반대로, 예컨대 연주회에서는 시각이 청각을 중심으로 재편되는 일이 일어나는데, 이런 현상을 지칭하기 위해 시옹은 '시-청각 단일 지각visu-audition'이라는 개념을 제안한다.

시옹이 제시하는 두번째 테제는 영상이 소리에, 소리가 영상에 미치는 영향에 대한 것으로, 이를 요약하면 '영상은 소리를 공간적 차원으로 이끌고, 소리는 상당한 정도로 영상에 시간성을 부여한다'라는 테제가 될 것이다. 앞서 지적한 대로 하나의 소리가 다른 소리가 아니라 영상과 우선적으로 관계를 맺는다면, 영상이 소리에 어떤 작용을 하는지에 대해 질문을 던질 수 있다. 시옹은 『영화에서 목소리』에서부터 지속적으로 소리의 자리(그 소리의

---

*   "Michel Chion, théoricien, musicien et cinéaste," *Intersections* 33(1), 2012, p. 53.

위치, 그 소리가 나온 장소)라는 문제를 제기한다. 현실에서 그렇듯, 관객은 영화에서 소리가 들릴 때 무의식적으로 그 출처를 찾는다. **"소리의 출처를 보는가, 보지 못하는가? 모든 것은 여기에서 시작된다."** 소리의 출처는 프레임 안에 있을 수도 있고(인 사운드), 프레임 안에 보이지 않지만 영상에서 전개되는 것과 동일한 시공간에 있을 수도 있다(외화면 사운드). 보이스오버 내레이션이나 피트 음악처럼 영상에서 전개되는 것과 완전히 다른 시공간에 있을 수도 있다(오프 사운드). 소리의 위치를 의도적으로 모호하게 처리하면서 관객이 가정한 이전의 위치를 재설정하게 하는 방식으로 작업하는 감독들도 있지만, 어쨌거나 자신이 들은 소리를 적절한 위치에 배분하는 작업은 관객의 머릿속에서 순간순간 즉각적으로 이루어진다(15장, '삼분원' 절). 영상은 이렇게 소리를 공간적 차원으로 이끄는데, 영상이 소리를 끌어당기는 작용을 시옹은 '공간적 자력磁力'이라는 말로 규정한다. 소리의 출처는 영화관에서 실제로 소리가 들리는 곳, 즉 스피커가 아니다. 실제 소리는 그곳에서 나오지만, 관객은 자신이 들은 소리를 영상에 정신적으로 투사하면서 그 소리가 마치 영상에서 나오는 것처럼 듣는다. 영상은 강력한 자성을 지닌 자석처럼 소리를 자기 쪽으로 끌어당긴다(15장, '공간적 자력' 절).

그렇다면 소리는 영상에 어떤 작용을 할까? 앞서 지적한 대로, 소리는 영화에 실제 시간을 도입하며 숏과 숏의 관계도 시간적인 선후 관계로 바꿔놓았다고 할 수 있다. 소리에는 이렇게 **"영상**

---

*   Michel Chion, *La Voix au cinéma, op. cit.*, p. 18[미셸 시옹, 『영화의 목소리』, 앞의 책, p. 19]. 강조는 원저자가 한 것.

의 시간에 대한 지각에 상당한 정도로 영향을 끼칠 능력이 있다."*
물론 움직이는 영상은 공간성의 요소뿐만 아니라 시간성의 요소
도 갖고 있지만, 이어지는 두 개의 숏에 어떤 시간적 관계가 있는
지는 모호한 경우가 많다. 그러나 여기에 특정한 소리가 첨가되면
두 개의 숏은 시간적인 선후 관계로 정렬된다. 예컨대 어떤 소리가
끊이지 않고 들리는 와중에 주변 풍경을 여러 개의 숏으로 보여
주면, 이 숏들은 시간의 비약 없이 하나로 이어진다. 물론 각 숏에
는 시간성의 요소가 있지만, 여기서 이 숏들의 연쇄에 결정적으로
시간적 선형성을 부여하는 것은 소리다. 소리는 심지어 정지화면
에도, 크리스 마커의 〈환송대〉처럼 대부분 정지화면으로 이루어
진 영화에도 시간성을 부여한다. 이런 시간화 요소들은 본래 영상
에 없었기 때문에 소리가 만들어낸 '추가된 가치'라고 할 수 있다.
또한 점점 커지는 자동차 소리와 같이 시간적 벡터를 가진 소리는
영상을 시간의 차원으로 정렬해 기대, 긴박감과 같은 감정을 영상
에 새겨 넣는다.

　시옹의 세번째 테제는 '유성영화는 덧쓰기 예술이다'로서, 영
화에서 소리를 다룬 이전 저작들에는 나오지 않고 이 책에서 처음
제시된다. 덧쓰기 예술art-palimpseste이란 새로 기입된 것이 기존의
것을 완전히 대체하지 않고, 기존의 것이 여전히 남아 새로 기입
된 것과 공명하는 예술이다. 시옹은 이렇게 쓴다. "유성영화는 층
하나가 […] 다른 층을 뒤덮는 덧쓰기 예술이라고 말할 수 있다. 이
예술에서는 발성영화의 소리 재갈 아래서 무성영화가 계속 우렁

---

* 　Michel Chion, *L'Audio-vision, op. cit.*, p. 16[미셸 시옹, 『오디오-비전』, 앞의 책, p.
　29]. 강조는 원저자가 한 것.

찬 소리를 낸다."(10장, '과잉 결정된 노래' 절) 이 테제는 유성영화 아래 무성영화가 여전히 살아 있으며, 시옹의 역설적인 표현에 따르면 심지어 "우렁찬 소리"를 낼 정도로 강력하게 살아 있다는 뜻이다.

이 세번째 테제는 앞의 두 테제와 이어지고 또 이를 보완하는 역할을 한다. 먼저 영상에 내포되어 있지만 실제로는 들리지 않는 소리가 있으며, 이에 대한 논의는 '사운드트랙은 없다' 테제에 이미 제시되었다. "사람들은 언제나 유성영화 영상에서 나오지 않는 소리, 사람들이 절대로 구체적으로 들을 수 없는 소리를 듣는다. [⋯] 발성영화 속에 언제나 무성영화가 있고, 이 무성의 영상은 절대 들리지 않는 소리로 진동하고 있다."(10장, '과잉 결정된 노래' 절) 그런데 유성영화에서 이렇게 들리지 않는 소리가 있다면, 소리/영상의 결합체에 대해 끈질기게 의심이 생겨나 시청각은 결국 분리된다. "소리가 나오는 숏은 여기서 들리는 것이 우리가 들을 수 있는 전부가 아니라는 의심 때문에 쪼개지고 분리된다."(10장, '시청각 분리' 절) 유성영화에서는, 예컨대 영화음악이 그렇듯 영상에 온갖 소리를 첨가할 수 있고, 특정 소리를 강조하고 다른 소리를 지우거나 약하게 처리할 수 있으며, 그 영상의 소리가 아닌 완전히 다른 소리가 영상과 별다른 문제 없이 이어진다. 관객은 자신이 들은 소리가 실제 그 소리인가 아닌가에 아주 관대하며, 관객이 민감하게 반응하는 것은 영상과 소리가 동시에 나오는가 아닌가(동조화)뿐이다. 그렇지 않았다면 더빙이나 '음향 처리된 영화' '싱크레즈' '그려내기' 같은 현상은 유성영화에 발을 디딜 수 없었을 것이다.

또한 덧쓰기 예술 테제는 '소리가 영상의 시간에 대한 지각에 상당한 정도로 영향을 미친다'라는 두번째 테제를 보완하는 역할을 한다. 그는 이렇게 쓴다. "내가 세운 가설은, 연쇄되는 숏들의 비시간적 지각이라는 첫번째 지각을 선형화가 없애지 않고 이지각과 겹쳐진다는 것이다. 이 때문에 시간의 이중화('이와 동시에'/'그 후에'의 효과)가 생겨난다."(「용어 해설집」, '소리에 의한 영상의 시간적 선형화' 항목) 이에 따르면, 소리에 의해 영상의 시간적 선형화가 이루어지기는 하지만 이는 항상 불완전하며, 숏들의 연쇄에서 비시간적 지각('이와 동시에')이 완전히 지워지지 않고 선형적 지각('그 후에')과 함께 작동하기 때문에 '시간의 이중화'가 이루어지게 된다. 영상에 암시되어 있지만 들리지 않는 소리가 유성영화에서 계속 '소리'를 내듯, 시간적 순서로 정렬되었지만 숏 자체의 애매한 시간성은 유성영화에서 완전히 지워지지 않는다. 이런 현상들은 유성영화가 본래 불완전한 예술이며, 이를 유성영화의 결점으로 받아들이기보다 속성으로 받아들이는 것이 맞다는 생각으로 이어진다.

한편, 관객은 영화를 자기식으로 완성한다. 월터 머치는 이렇게 쓴다. "관객은 부분적으로 자신들이 창조해낸 영화를 보고 있습니다. 영상의 병치라는 면에서 혹은 음향과 영상의 병치를 통해서, 음향을 따라가는 영상을 통해서, 그리고 그러한 변화 모두를 통해서 영화를 창조하는 것이죠."* 그저 소리를 암시하기만 했을 뿐인데 관객은 실제로 '들었다'라고 생각하며, 소리가 영상에 추가된 가치를 만들었을 뿐인데 자신이 '보았다'라고 생각한다. 시청각 분

---

* 마이클 재럿, 「사운드 독트린: 월터 머치와의 인터뷰」, 최윤식 옮김, 『공연과 리뷰』 30, 2000, p. 172.

석의 어려움은 연구자 자신이 유성영화의 효과에서 벗어나기 힘들기 때문에 생겨난다. 현실에서와 달리, 유성영화에서 영상과 소리는 처음부터 하나가 아니다.* 따라서 완성된 영화를 분석할 때는 어느 경우에도 소리/영상의 결합체를 자연스러운 것으로 간주하지 않아야 한다.

4. 재발견의 즐거움

미셸 시옹의 글은 인지심리학이나 지각 이론, 특정 미학 이론이나 정신분석 같은 추상적 논리에서 연역된 것이 아니고, 영화사를 이루어온 온갖 영화에서 귀납적으로 도출된 것이다. 그는 이 책의 영어판 서문에서 이렇게 쓴다. "처음부터 내 방법은 관찰이었다. […] 이 책에 나온 어떤 아이디어도 엄청난 양의 예를 놓고 검토하지 않은 것은 없다."** 실제로 이 책에는 총 749편의 영화가 나오는데, 이 방대한 자료는 흔치 않은 경력과 안목을 가진 연구자가 평생에 걸쳐 자신의 귀와 눈으로 가려낸 것이다. 나는 이를 '꿀벌의 방법'으로 요약하는데, 온갖 꽃을 하나하나 찾아가 꽃가루를 모아서 꿀을 만드는 작업과 유사하기 때문이다. 이 길고 지루한 방법은 거대 이론에서 출발하지 않고 또 발견한 현상들을 알려진 명제로 환

---

*   소리가 영상에, 영상이 소리에 어떤 작용을 하는지를 확인하려면, 시옹이 다른 책에서 제안하듯 해당 장면에서 소리를 없애고 영상만 보고, 영상을 없애고 소리만 듣는 실험을 해보면 된다. Michel Chion, *L'Audio-vision, op. cit.*, pp. 158~80[미셸 시옹, 『오디오-비전』, 앞의 책, pp. 250~83].

** Michel Chion, "Preface to the English Edition," *Film, A Sound Art, op. cit.*, p. x.

원시키지 않은 채, 영상과 소리가 결합한 실제 양태에서 어떤 일이 일어나는지를 우선적으로 관찰하는 것이다. 본문에서 시옹은 구체적인 작품에서 출발해야 한다고 틈날 때마다 강조한다(13장, '어떤 이론의 소묘' 절 등). 실제로 시청각의 풍부한 작용을 보여주는 창의적 성과들은 작가영화에만 나오지 않는다. 시옹은 중요한 작가감독들의 작업을 비교적 충실하게 제시하지만, 그가 드는 예는 이른바 대중적인 '상업영화'까지 포괄한다. 이는 선입견에 안주하지 않고 영화사가 어떻게 진행되었는지를 면밀하게 검토하며, 소리를 중심으로 다시 사고했기 때문에 가능한 일이다.

여기서 시옹의 책이 쓰여진 맥락과 한국에서 읽히는 맥락 간에 큰 차이가 있다는 점을 지적할 필요가 있을 것이다. 시옹은 프랑스 작가영화가 소수의 예외 —— 로베르 브레송, 알랭 레네, 자크 타티, 마르그리트 뒤라스 등 —— 를 제외하면 소리에 대한 문제의식이 약하다고 비판하면서, 반대로 몇몇 대중적인 '상업영화'에서 소리의 사용을 높이 평가한다. 그러나 이 책이 상정한 내포 독자층은 오랫동안 어렵게 작가영화의 전통을 세우고 그것을 있는 힘껏 지켜온 프랑스 영화계, 나아가 유럽 영화계다. 이들의 영화 담론에서는 이른바 '상업영화'가 의도적으로 배제되었는데, 시옹은 소리의 창의적 사용이라는 관점에서 이러한 배제와 위계에 도전한다. 이는 '비관습적 작가영화'라는 관념에 안주한 나머지 프랑스 영화계가 정작 중요한 문제를 소홀히 하고 있는 것은 아닌지에 대한 문제 제기다. 그런데 이런 상황은, 작가영화의 전통 자체가 아주 약하고 그 대중적 기반이 취약한 한국 영화계와 완전히 다르다. 어쨌거나 시옹이 높이 평가하는 것은 몇몇 '상업영화'에서 소리의 창의적 사용이지 '상업영화' 자체가 아니며, 더욱이 대부분의 '상업영화'는 소리에 단순한 기능적 역할 이상을 부여하지 않는다. 영화사에 제시된 온갖 예를 편견 없이 검토하면서 영화에서 소리에 대해 근본적으로 다시 사고해야 한다. 작가영화든 '상업영화'든 자기가 사용하는 기본 질료를 깊이 이해하지 않으면 안 되기 때문이다.

앞에서 추상 수준이 높은 세 가지 테제를 제시했지만, 시옹의 이론적 성찰은 모든 소리와 모든 영상에 적용할 수 있는 미학적 테제의 정립으로 가지 않는다. 실제로 이런 테제가 있다면 그것은 공허한 것이기 쉽다. 이 책의 2부「미학과 시학」에서 각 장의 소제목으로 제시된 개념들과「용어 해설집」에 나오는 총 110개의 개념들은 시옹이 어떻게 구체적인 예에서 출발해 이론적 성찰로 나아가는지를 잘 보여준다. 시옹의 강점은 구체적인 사례를 섬세하게 검토하고 그 예들을 포괄하는 적절한 이론적 성찰을 끌어내는 능력에 있다. 개념화가 이루어지지만, 추상화는 대개 아주 높은 수준에서가 아니라 적정한 수준에서 이루어진다.

구체적인 사례를 가까이에서 검토하면서 이론화하는 작업은 무엇보다 사변적 논의에 맞서는 데 강력한 힘을 발휘한다고 할 수 있다. 여기서는 두 가지 예만 들어보기로 하자. 먼저 에이젠슈테인, 푸돕킨, 알렉산드로프의 유명한「유성영화 선언」(1928)이 있다. 이 선언은 단지 선언이었을 뿐 그 선언에 부합하는 어떤 실체적 대상도 없었는데도 영화 이론계에 전설로 떠돌았고, 심지어 지금까지 인용된다. 이 선언은 '대위법'과 '소리와 영상의 비동조화'라는 개념을 사용하면서 소리를 마치 영화의 숏처럼 몽타주 재료로 쓰자는 것이었다(12장, "'단지 대위법적 사용만이…'" 절). 이후 에이젠슈테인은 '수직 몽타주'라는 말로 이를 이론화한다. 푸돕킨이 든 예를 그대로 따라가서, 도시인이 사막에서 조난당해 도시를 생각하는 상황을 검토해보자. 그는 이렇게 쓴다. "무성영화에서 우리는 [그가 도시를 생각하는 장면을 표현하기 위해] 도시의 숏 하나를 삽입해야 했을 것이다. 이제 유성영화에서는 도시와 연관된 소리를 사막으로 옮겨서 자연적인 사막의 소리 대신에 이 소리를 편집할 수 있다."* 이런 '비동조화된' 소리가 소리의 '대위법적 사용'이다. 그런데 푸돕킨의 의도는 도시와 연관된 소리를 일종의 '정신적 소리'로 표현하는 것이었지만, 여기서 문제는 정작 '수직 몽타주'가 작동하지 않는다는 데서 발생한다. 관객은 이때 사막에서 들리는 도시의 소리를 단순한 외화면 사운드로 파악하기 때문이다. 다시 말해서 이 소리를 그가 도시를 생각하는 '정신적 소리'가 아니라, 화면에 보이지는 않지만 분명히 주변 어딘가에 있을 도시의 소음으로 듣는다(「용어 해설집」, '수직 몽타주[의 신화]' 항목).

다음으로 '시청각의 불협화음'이란 문제의식이 있다. 이런 시도는 다음 가정에서 출발한다. 만약 영상에 그 영상과 전혀 관계없는 소리를 입히면, 시청각의 불협화음이 생겨나서 강력한 표현이 생겨날 것이다. 비디오 아트와 설치 미술, 그리고 실험영화 등에서 시각과 청각을 급격하게 대립시키고자 했던 일군의 시도는 이런 논리를 전제로 한다. 그런데 영상이 소리에 '저항'하지 않고 모든 소리를 다 받아들인다면 어떻게 될까? 시옹은 시청각의 불협화음이 아주 드물게 일어나며, 이는 영상이 소리에 저항하지 않기 때문이라고 지적한다. 그는 10년 동안 무성영화와 현대음악을 자유롭게 결합해서 들려준 루브르 미술관의 행사('콘서트로 보는 무성

---

* V. I. Pudovkin, "Asynchronism as a Principle of Sound Film," in *Film Sound: Theory and Practice*, Elisabeth Weis & John Belton(eds.), Columbia University Press, 1985, p. 87.

영화')를 예로 드는데, 이런 행사가 열릴 수 있다는 사실은 영상이 어떤 음악에도 저항하지 않고 모든 음악을 다 받아들인다는 점을 보여준다. 실생활에서 우리가 아무 음악이나 틀어도 우리 눈앞에 보이는 풍경이 여기에 전혀 '저항'하지 않는 것과 같다(13장, '소리에 대한 영상의 무저항' 절). 따라서 미약한 효과를 과장하기보다는, 특정한 소리가 특정한 영상에, 특정한 영상이 특정한 소리에 어떤 '추가된 가치'를 부여하는가를 따지는 게 더 생산적일 수 있다. 에이젠슈테인 등의 「유성영화 선언」과 '시청각의 불협화음'이란 두 가지 예만 들었지만, 이런 시도들은 시청각 현상을 냉철하게 관찰하지 않고 사변적인 가정에서 출발했기 때문에 생겨난다. 물론 영상과 소리에 대한 실험은 당연히 계속되어야 하고, 시청각 관습에 의미 있게 도전해서 표현의 영역을 넓히는 시도들이 끊임없이 이어져야 한다. 그러나 이런 시도들이 시청각 현상에 대한 냉철한 관찰에 기반을 두지 않는다면, 관념적 자기만족과 일회적 시도에 그치게 될 것이다.

이 책에는 749편의 영화에서 뽑아낸 온갖 사례가 들어 있다. 이 책에 거론된 장면들을 최대한 찾아보면서 책을 따라가면, 시각과 청각 그리고 '청-시각 단일 지각'을 예민하게 계발하는 데 도움이 될 것이다. 독자가 직접 확인한 장면과 시옹의 서술을 비교해서 읽으면 시청각의 어떤 현상이 문제가 되는지, 어떤 현상이 이 이론가의 시선을 끄는지, 그가 이 현상을 어떻게 판단하고 이론화하는지를 입체적으로 읽을 수 있게 된다. 이것이 재발견의 즐거움이다. 이는 또한 영화에 대한 책을 읽는 방식이기도 하다. 글로 쓴 묘사가 아무리 구체적이고 명쾌해도, 책에 언급된 영화들을 보지 않고 영화책을 읽으면 일종의 난독증이 생겨난다. 장-뤽 고다르는 이렇게 말한다. "영화를 보지 않고 책을 읽을 때는 이해하기가 꽤나 힘듭니다. 마치 수학책을 읽는 것과 같지요."*

물론 이 과정에서 저자의 오류를 발견할 수도 있다. 실제로 이 책에 제시된 엄청난 양의 사례 중에는 가끔 부정확하게 기술된 것이 있다. 오류는 당연히 피해야 하지만, 영화에서 분석은 수학적 증명이 아니라는 점을 잊지 않아야 한다. 정밀과학의 증명에서는 오류 증명falsification이 아주 중요하며, 이는 주로 반례를 찾아냄으로써 이루어진다. 해당 명제가 적용되지 않는 반례를 찾으면 명제 자체가 무너지기 때문이다. 자크 오몽과 미셸 마리는 이렇게 쓴다. "어떤 영화작품 분석가가 다른 분석가가 사실적인 오류를 범했다는 점을 증명했을 때, 이는 첫번째 분석의 오류를 완벽하게 증명한 것이 아니라 이를 단지 부분적으로만 의문에 부친다. 분석은 순수하게 논리적인 구성이 아니기 때문이다."** 예컨대 시옹은 〈플레이타임〉의 한 장면을 기술하면서 오류를 범한다. 그는 사소해 보이는 두 행인의 대사 — "퀵[햄버거 가게]에서 당신을 기다렸다고요… 나는 6시까지 거기 있었어요" — 를 끌어내서 '타티의 영화에 무의미한 말은 없다'라는 점을 보여주고자 한다. 그러나 해당 장면을 확인해보면 이 행인들은 시옹이 쓴 것처럼 외화면에서 말하지 않고, 화면을 왼쪽에서 오른쪽으로 가로질러 가면서 이 대사를 말한다. 시옹은 분명 잘못 기술했지만, 그렇다고 그의 주요 주

*   Jean-Luc Godard & Youssef Ishaghpour, *Archéologie du cinéma et mémoire du siècle*, Farrago, 2000, p. 42[장-뤽 고다르·유세프 이샤그푸르, 『영화의 고고학』, 김이석 옮김, 이모션북스, 2021, p. 62].
** 자크 오몽·미셸 마리, 『영화작품 분석의 전개(1934~2019)』, 이윤영 옮김, 아카넷, 2020, p. 365.

장 ─ '〈플레이타임〉의 시나리오 전체가 약속 시간에 제때 오느냐, 아니냐의 문제를 중심으로 구축되어 있다' '자크 타티의 영화에서 말이 중요하다' ─ 이 무너지는 것은 아니다(21장, '무의미한 말은 없다' 절). 비판적인 독서 태도는 언제나 필요하지만, 작은 흠을 찾아서 전체를 매도하다 보면 정작 중요한 것을 놓치는 일이 벌어진다. 물론 이 책에 제시된 예시들, 개념들, 테제들은 토론의 대상이지 토론의 영역을 벗어난 숭배나 맹목적 추종의 대상이 아니다. 다른 모든 책이 그렇듯, 이 책은 토론의 종결점이 아니라 출발점이 되어야 한다. 저자의 사유가 멈춘 곳에서 독자의 사유가 시작되기 때문이다. 어쨌거나 시옹의 글은 독자의 사유를 추동하는 좋은 계기라고 할 수 있다.

이 번역본은 초벌 번역 상태로 2021년 1학기 연세대학교 커뮤니케이션대학원 영화전공 수업('영화사운드 연구') 시간에 학생들과 함께 읽었다. 옮긴이가 해당 수업 2주 전에 번역문을 미리 공개하고, 발제를 맡은 학생들이 이 책에 언급된 장면들을 최대한 제시하면서 발표하고 토론하는 방식으로 수업을 진행했다. 코로나 팬데믹이 한창인 상황에서 온라인으로 수업했기 때문에 강의 여건이 아주 나빴지만, 영화에서 소리를 재발견하는 일은 큰 즐거움이었다. 특히 이 책에 언급된 장면들을 최대한 확인하는 작업은, 해당 장면들을 하나하나 찾아서 제시한 학생들의 노력이 없었다면 옮긴이 혼자서는 쉽지 않았을 것이다. 영화에서 소리 문제를 함께 고민하면서 한 학기 동안 치열한 시간을 보낸 25명의 연세대학교 학생들에게 감사의 말을 전한다. 이 책의 번역을 처음 문학과지성사 측에 제안하고 출간에 이르기까지 8년 가까운 시간이 지났다. 보상은 크지 않고 제작에 손이 아주 많이 가는 이런 책의 중요성에 공감하고 제안에 응해주신 문학과지성사 식구들, 인문교양팀 김현주 편집장, 홍근철 편집자에게 감사의 말을 남기고 싶다.

월터 머치는 "시옹이 내디딘 가장 중요한 첫걸음이 영상과 소리 사이에 미리 존재하는 자연스러운 조화는 없다"*라는 인식이라고 지적한다. 이 말은 아주 단순하고 사소해 보이지만, 중요한 이론적, 실천적 파장이 있기 때문에 이 글의 마지막에서 환기할 필요가 있다. 무성영화에서 '영상이 단지 기계적 녹화의 결과가 아니'라는 바로 그 인식이 영화예술의 출발점이 되었듯, '소리가 단지 기계적 녹음의 결과가 아니'라는 바로 그 인식이 유성영화 영화예술의 출발점이기 때문이다.

---

*   Walter Murch, "Foreword," in Michel Chion, *Audio-Vision: Sound on Screen, op. cit.*, p. xvii.

찾아보기(인명)*

여기 언급된 많은 감독은 또한 시나리오작가이거나 공동 시나리오작가이며,
자기 영화나 다른 감독들 영화의 제작자이거나 공동 제작자다. 찾아보기가 너무
두꺼워지지 않을까 싶어 이를 따로 언급하지 않았다.

ㄱ

가렐, 모리스Garrel, Maurice, 프랑스 배우 486

가르델, 카를로스Gardel, Carlos, 아르헨티나 가수, 작곡가 322

가르보, 그레타Garbo, Greta, 스웨덴 출신 배우 66, 87

가뱅, 장Gabin, Jean, 프랑스 배우 70, 90, 130~31, 151, 236, 333, 346, 471, 529,
    547, 671, 675

가슬리니, 조르조Gaslini, Giorgio, 이탈리아 작곡가 166

간츠, 브루노Ganz, Bruno, 독일 배우 526

갈런드, 주디Garland, Judy, 미국 가수, 배우 615

강스, 아벨Gance, Abel, 프랑스 감독, 배우 24, 35, 65, 68~69, 84, 207~208, 325,
    456~57, 462

거닝, 톰Gunning, Tom, 미국 저자** 582

거슈윈, 조지Gershwin, George, 미국 작곡가 367, 372, 609

게디기앙, 로베르Guédiguian, Robert, 프랑스 감독 154~55

게이너, 재닛Gaynor, Janet, 미국 배우 24, 37, 86

게이브리얼, 피터Gabriel, Peter, 영국 가수, 작곡가 514

게이블, 클라크Gable, Clark, 미국 배우 570

고다르, 장-뤽Godard, Jean-Luc, 프랑스 감독, 저자 116, 128, 152, 156, 170,

---

*   [옮긴이] 인명은 성, 이름, 원어 표기, 직업과 같은 순서로 표기했다.

**   [옮긴이] 미셸 시옹은 'écrivain'이라는 단어를, 전통적인 의미의 소설가나 시인뿐
     만 아니라 학자, 연구자, 비평가 같은 사람까지 포괄하는 넓은 뜻으로 사용한다.
     이를 존중하는 뜻으로 여기서는 이 단어를 '작가'가 아니라 '저자'라고 옮기고 '책
     을 쓰는 사람들 전체'를 가리키는 말로 쓴다.

172, 191, 322, 325, 340~42, 359, 372, 426, 449, 455, 461, 479, 483, 508~509, 533~34, 543, 546, 568~69, 602, 607, 674, 712, 720, 723, 734~35, 807~808

고더드, 폴렛Goddard, Paulette, 미국 배우 51

고드로, 앙드레Gaudreault, André, 캐나다(퀘벡) 저자 32

고바야시 마사키小林正樹, 일본 감독 207

고브먼, 클라우디아Gorbman, Claudia, 미국 저자 16, 90, 100, 384, 478, 766

골드블라, 샤를Goldblatt, Charles, 프랑스 작사가 108

골드블럼, 제프Goldblum, Jeff, 미국 배우 228

구로사와 아키라黒澤明, 일본 감독 33, 172, 174, 179, 181, 215, 232, 244~47, 416, 444, 571, 698, 704, 746, 754

구피에르, 로제Goupillère, Roger, 프랑스 감독 69

굴드, 글렌Gould, Glenn, 캐나다 피아니스트, 저자 335

굴드, 엘리엇Gould, Elliott, 미국 배우 193, 477, 526, 528

그랜트, 케리Grant, Cary, 영국 출신 미국 배우 268, 298, 416, 549, 558, 594, 648

그레미용, 장Grémillon, Jean, 프랑스 감독 152, 236, 477, 666

그레이, 제임스Gray, James, 미국 감독 228

그레인저, 팔리Granger, Farley, 미국 배우 150, 269, 280, 553

그륀트겐스, 구스타프Gründgens, Gustav, 독일 배우 283

그리그, 에드바르Grieg, Edvard, 노르웨이 작곡가 667

그리너웨이, 피터Greenaway, Peter, 영국 감독 218

그리두, 뤼카Gridoux, Lucas, 프랑스 배우 120

그리피스, 데이비드 워크Griffith, David Wark, 미국 감독 29, 39~40, 141, 300, 402, 556

글래스, 필립Glass, Philip, 미국 작곡가 169

글렌, 피에르-윌리엄Glenn, Pierre-William, 프랑스 지휘자, 감독 211

기시, 도로시Gish, Dorothy, 미국 배우 40

기시, 릴리언Gish, Lillian, 미국 배우 40, 711

기타노 다케시北野武, 일본 감독 244, 502

기트리, 사샤Guitry, Sacha, 프랑스 배우, 저자, 감독 33, 122, 152, 269, 415, 470, 492, 547, 603, 607, 762

길구드, 존Gielguld, John, 영국 배우 638

길레스피, 짐Gillespie, Jim, 미국 감독 552~53

길리엄, 테리Gilliam, Terry, 미국 배우, 감독 222, 614

ㄴ

나자리, 아메데오Nazzari, Amedeo, 이탈리아 배우 478

나카타 히데오中田秀夫, 일본 감독 215, 422, 475, 698

나탕송, 자크Natanson, Jacques, 프랑스 시나리오작가 672

네굴레스코, 장Negulesco, Jean, 미국 감독 413, 564

노스, 알렉스North, Alex, 미국 작곡가 170, 183

노에팅거, 제롬Noetinger, Jérôme, 프랑스 작곡가, 편집자 96

노엘, 마갈리Noël, Magali, 프랑스 배우 487

노자老子, 중국 철학자 376

누가레, 클로딘Nougaret, Claudine, 프랑스 음향 감독 452

누넌, 크리스Noonan, Chris, 오스트레일리아 감독 227, 513

누아레, 필립Noiret, Philippe, 프랑스 배우 150

뉴먼, 앨프리드Newman, Alfred, 미국 작곡가 163

뉴먼, 폴Newman, Paul, 미국 배우 268

니컬스, 마이크Nichols, Mike, 미국 감독 612

니컬슨, 잭Nicholson, Jack, 미국 배우, 감독 462, 465, 547

ㄷ

다고버, 릴Dagover, Lil, 독일 배우 208

다르, 프레데릭Dard, Frédéric, 프랑스 저자 26

다리외, 다니엘Darrieux, Danielle, 프랑스 배우, 가수 571, 654, 672

다빈치, 레오나르도Da Vinci, Leonardo, 이탈리아 화가, 저자, 발명가 363, 580

다스테, 장Dasté, Jean, 프랑스 배우 106

다신, 줄스Dassin, Jules, 미국 감독 143, 163, 416

다캥, 루이Daquin, Louis, 프랑스 감독 151

단테, 조Dante, Joe, 미국 감독 423

달레시오, 카를로스D'Alessio Charlos, 아르헨티나 작곡가 31

달리오, 마르셀Dalio, Marcel, 프랑스 배우 346

더글러스, 마이클Douglas, Michael, 미국 배우 566

더글러스, 커크Douglas, Kirk, 미국 배우 229

던, 그리핀Dunne, Griffin, 미국 배우, 제작자 488

던, 로라Dern, Laura, 미국 배우 90

데미, 조너선Demme Jonathan, 미국 감독 481, 571, 666

데밀, 세실De Mille, Cecil, 미국 감독 40, 425, 624, 672

데 산티스, 주세페De Santis, Guiseppe, 이탈리아 감독 547

데스노스, 로베르Desnos, Robert, 프랑스 저자 106

데이-루이스, 대니얼Day-Lewis, Daniel, 영국 배우 228

데이브스, 델머Daves, Delmer, 미국 감독 525, 546, 648, 718

데이비스, 마일스Davis, Miles, 미국 트럼펫 주자, 작곡가 481, 526, 765

데이비스, 앤드루Davis, Andrew, 미국 감독 444, 469

데이비스, 지나Davis, Geena, 미국 배우 228, 233

데이비스, 테런스Davies, Terence, 영국 감독 470

데카르트, 르네Descartes, René, 프랑스 철학자 213~14

데플레생, 아르노Desplechin, Arnaud, 프랑스 감독 155, 242, 607

델 루스, 로이Del Buth, Roy, 미국 감독 64

델뤽, 루이Delluc, Louis, 프랑스 비평가, 감독 140

델보, 앙드레Delvaux, André, 벨기에 감독 25

델 토로, 기예르모Del Toro, Guillermo, 멕시코 감독 322

도넌, 스탠리Donen, Stanley, 미국 감독 48, 505, 564, 597, 616, 698

도브젠코, 알렉산드르Dovzhenko, Aleksandr, 소련 감독 78

돌토, 프랑수아즈Dolto, Françoise, 프랑스 정신분석가, 저자 578

두도프, 슬라탄Dudow, Slatan, 독일 감독 662

두아용, 자크Doillon, Jacques, 프랑스 감독 714

둘레이, 키어Dullea, Keir, 미국 배우 512

뒤라스, 마르그리트Duras, Marguerite, 프랑스 저자, 감독 31, 70~71, 104~105,
    152, 172, 351, 359, 360, 397~98, 470, 548, 619, 742, 804

뒤몽, 브뤼노Dumont, Bruno, 프랑스 감독   154~55

뒤부아, 마리Dubois, Marie, 프랑스 배우   527

뒤비비에, 쥘리앵Duvivier, Julien, 프랑스 감독   35, 69, 82~83, 95, 103, 120, 322, 413, 505, 665

뒤솔리에, 앙드레Dussollier, André, 프랑스 배우   614~15

뒤쇼수아, 미셸Duchaussoy, Michel, 프랑스 배우   226

뒤티외, 앙리Dutilleux, Henri, 프랑스 작곡가   621

듀벌, 로버트Duvall, Robert, 미국 배우, 감독   191, 627

드네, 샤를Denner, Charles, 프랑스 배우   604~605

드뇌브, 카트린Deneuve, Catherine, 프랑스 배우   211, 418, 483, 571

드니로, 로버트De Niro, Robert, 미국 배우, 감독   226, 228~29, 265, 273, 409, 476, 504

드레이어, 칼 테오도르Dreyer, Carl Theodor, 덴마크 감독   204, 553, 555

드레이퍼스, 리처드Dreyf uss, Richard, 미국 배우   649

드리용, 자크Drillon, Jacques, 프랑스 저자   331

드마르상, 에릭Demarsan, Éric, 프랑스 작곡가   622

드미, 자크Demy, Jacques, 프랑스 감독   35, 157

드뷔시, 클로드Debussy, Claude, 프랑스 작곡가, 저자   22~23

드빌, 미셸Deville, Michel, 프랑스 감독   89, 414, 501, 603, 607, 612, 718

드웨르, 파트리크Dewaere, Patrick, 프랑스 배우   609

드쿠앵, 앙리Decoin, Henri, 프랑스 감독   516

드파르디외, 제라르Depardieu, Gérard, 프랑스 배우   155, 210, 212~13, 480, 558

드 팔마, 브라이언De Palma, Brian, 미국 감독   187, 240, 416, 443, 548

들롱, 알랭Delon, Alain, 프랑스 배우, 제작자   150, 269, 500, 603

들뢰즈, 질Deleuze, Gilles, 프랑스 철학자, 저자   174, 340, 361

들리브, 레오Delibes, Léo, 프랑스 작곡가   361

디드로, 드니Diderot, Denis, 프랑스 철학자, 저자   135, 520

디외도네, 알베르Dieudonné, Albert, 프랑스 배우   84

디즈니, 월트Disney, Walt, 미국 감독, 제작자   72, 81

디킨스, 찰스Dickens, Charles, 영국 저자   41

디트리히, 마를레네Dietrich, Marlene, 독일 배우, 가수 97, 209, 458, 640

딕, 필립 K.Dick, Philip K., 미국 저자 270

딘, 제임스Dean, James, 미국 배우 482

ㄹ

라미레즈, 프랑시스Ramirez, Francis, 프랑스 저자 204

라벨, 모리스Ravel, Maurice, 프랑스 작곡가 22, 30, 175

라이너, 밥Reiner, Bob, 미국 감독 564

라이델, 마크Rydell, Mark, 미국 감독 216

라이스, 카렐Reisz, Karel, 체코 출신 영국 감독, 저자 628

라캉, 자크Lacan, Jacques, 프랑스 정신분석가, 저자 593, 668

라펠슨, 밥Rafelson, Bob, 미국 감독 547

란츠만, 클로드Lanzmann, Claude, 프랑스 저자, 감독 613~14

랄루, 다니엘Laloux, Daniel, 프랑스 배우, 감독 502

랑, 프리츠Lang, Fritz, 독일 감독 25, 35, 47, 50, 66, 69, 78, 83, 89, 119~21, 324,
    567, 622, 658, 667, 694, 705

랑글루아, 앙리Langlois, Henri, 시네마테크 프랑세즈 공동 창립자와 운영자
    102, 153

래퍼, 어빙Rapper, Irving, 미국 감독 127

랜도, 마틴Landau, Martin, 미국 배우 549

랜디스, 존Landis, John, 미국 감독 658

랭동, 뱅상Lindon, Vincent, 프랑스 배우 285

랭커스터, 버트Lancaster, Burt, 미국 배우, 제작자 150, 629

러브, 베시Love, Bessie, 미국 배우 282

러셀, 켄Russel, Ken, 영국 감독 196, 711

런던, 커트London, Kurt, 영국 저자 694

레네, 알랭Resnais, Alain, 프랑스 감독 157, 165, 174, 254, 404, 408, 488, 613~15,
    619, 647, 661, 804

레노, 이자벨Raynaud, Isabelle, 프랑스 역사가 21

레니, 파울Leni, Paul, 독일 감독 35

레드그레이브, 마이클Redgrave, Michael, 영국 배우 641

레드퍼드, 로버트Redford, Robert, 미국 배우, 감독 661

레르비에, 마르셀L'Herbier, Marcel, 프랑스 감독 99, 314

레만, 어니스트Lehman, Ernest, 미국 시나리오작가 277

레뮈Raimu, 프랑스 배우 477

레미, 알베르Rémy, Albert, 프랑스 배우 128, 487

레빈슨, 배리Levinson, Barry, 미국 감독 228, 423, 447, 696

레오, 장-피에르Léaud, Jean-Pierre, 프랑스 배우 504, 541, 544

레오네, 세르조Leone, Sergio, 이탈리아 감독 171~72, 181, 191, 226, 273, 475,
    623~24, 695

레온하르트, 구스타프Leonhardt, Gustav, 네덜란드 클라브생 연주자, 오케스트라
    지휘자, 음악학자 632~33

레이, 니컬러스Ray, Nicholas, 미국 감독 170, 469, 482

레이, 사티아지트Ray, Satyajit, 인도 감독 470, 532, 698

레이, 알도Ray, Aldo, 미국 배우 236

레이놀즈, 데비Reynolds, Debbie, 미국 배우 225

레이미, 샘Raimi, Sam, 미국 감독 207, 281

레이미스, 해럴드Ramis, Harold, 미국 감독 439, 506, 650

레인, 더글러스Rain, Douglas, 캐나다 배우 509

레인, 찰스Lane, Charles, 미국 감독 502

레인스, 클로드Rains, Claude, 영국 출신 미국 배우 268, 520, 738

레즈바니, 세르주Rezvani, Serge, 프랑스 저자, 싱어송라이터 654

레지아니, 세르주Reggiani, Serge, 프랑스 배우, 가수 269~70

렙, 피에르Repp, Pierre, 프랑스 배우 505

로네, 모리스Ronet, Maurice, 프랑스 배우, 감독 323, 481

로다-질, 에티엔Roda-Gil, Étienne, 프랑스 대사작가, 저자 157

로랑, 자클린Laurent, Jacqueline, 프랑스 배우 529

로레, 페터Lorre, Peter, 독일 출신 배우 197

로망, 알랭Romans, Alain, 프랑스 작곡가 655

로맹, 쥘Romains, Jules, 프랑스 저자, 극작가 87

로메르, 에릭Rohmer, Éric, 프랑스 저자, 감독   128, 152, 339, 431, 551, 614, 720, 739, 741

로버츠, 존Roberts, John, 미국 감독   513

로브-그리예, 알랭Robbe-Grillet, Alain, 프랑스 저자, 감독   152, 157, 332, 596, 719

로빈스, 제롬Robbins, Jerome, 미국 안무가, 감독   230, 231

로빈스, 팀Robbins, Tim, 미국 배우, 감독   279, 566, 567, 571

로빈슨, 에드워드 G.Robbinson, Edward G., 미국 배우   66

로샹, 에릭Rochant, Éric, 프랑스 감독   155, 242

로센, 로버트Rossen, Robert, 미국 감독   412

로셀리니, 렌조Rossellini, Renzo, 이탈리아 작곡가   164

로셀리니, 로베르토Rossellini, Roberto, 이탈리아 감독   149, 164~65, 339

로슈포르, 장Rochefort, Jean, 프랑스 배우   471, 529

로스, 팀Roth, Tim, 미국 배우, 감독   228

로스, 허버트Ross, Herbert, 미국 안무가, 감독   619

로지, 조지프Losey, Joseph, 미국 감독   211, 469

로치, 켄Loach, Ken, 영국 감독   168, 205, 544

로타, 니노Rota, Nino, 이탈리아 작곡가   167, 399, 636, 664

로트네, 조르주Lautner, Georges, 프랑스 감독   155, 241

로턴, 찰스Laughton, Charles, 영국 배우, 감독   667

로파르, 마리-클레르Ropars, Marie-Claire, 프랑스 저자   157, 360~61

롤랜드, 로이Rowland, Roy, 미국 감독   667

롭슨, 마크Robson, Mark, 미국 감독   197

롱스달, 미카엘Lonsdale, Michael, 영국 출신 배우   397~98

뢰트라, 장-루이Leutrat, Jean-Louis, 프랑스 저자   614~15

루멧, 시드니Lumet, Sidney, 미국 감독   320, 419, 697

루비치, 에른스트Lubitsch, Ernest, 독일 출신 미국 감독   69, 84, 95, 118, 318, 414~15

루슬로, 필립Rousselot, Philippe, 프랑스 촬영감독   162

루슈, 장Rouch, Jean, 프랑스 감독   156

루이스, 제리Lewis, Jerry, 미국 배우, 감독 325, 455, 479, 597

루카스, 조지Lucas, George, 미국 감독, 제작자 190~91, 193, 209, 220~22, 424, 482, 512~13, 649, 651

루크, 미키Roorke, Mickey, 미국 배우 236, 423, 471, 523

루트만, 발터Ruttmann, Walter, 독일 감독 95~96, 367

뤼델, 로제Rudell, Roger, 프랑스 배우 229

뤼미에르, 루이 & 오귀스트Lumière, Louis & Auguste, 프랑스 감독들, 발명가들 693

뤼키니, 파브리스Luchini, Fabrice, 프랑스 배우 279, 530

르그랑, 미셸Legrand, Michel, 프랑스 작곡가, 가수 325, 720

르노, 마들렌Renaud, Madeleine, 프랑스 배우 671

르누아르, 장Renoir, Jean, 프랑스 감독 35, 47, 83, 88, 103~104, 109, 124, 130, 151~52, 339, 345, 372, 383, 523, 547, 658

르로이, 머빈Leroy, Mervyn, 미국 감독 66, 80, 118, 698

르루주, 클로드Lerouge, Claude, 프랑스 역사가 216

르부, 폴Reboux, Paul, 프랑스 저자 529

르윈, 앨버트Lewin, Albert, 미국 감독 629

르코크, 샤를Lecocq, Charles, 프랑스 작곡가 676

르콩트, 파트리스Leconte, Patrice, 프랑스 감독 471, 529

르테리에, 프랑수아Leterrier, François, 프랑스 배우, 감독 389, 590

를루슈, 클로드Lelouch, Claude, 프랑스 감독 193, 217

리, 마이크Leigh, Mike, 영국 감독 85, 168, 205, 235, 251, 565

리, 스파이크Lee, Spike, 미국 배우, 감독 424

리, 재닛Leigh, Janet, 미국 배우 327, 534, 661

리게티, 죄르지Ligeti, Giorgÿ, 헝가리 출신 작곡가 220

리드, 캐럴Reed, Carol, 영국 감독 163, 469, 533, 661

리바, 에마뉘엘Riva, Emmanuelle, 프랑스 배우 405

리베트, 자크Rivette, Jacques, 프랑스 비평가, 감독 339

리샤르, 자크Richard, Jacques, 프랑스 감독 502

리샤르, 피에르Richard, Pierre, 프랑스 배우, 감독 155

리스버거, 스티븐Lisberger, Steven, 미국 감독 239

리스트, 프란츠Liszt, Franz, 헝가리 작곡가, 피아니스트 25

리오타, 레이Liotta, Ray, 미국 배우 542, 543

리터, 셀마Ritter, Thelma, 미국 배우 428, 438

린, 데이비드Lean, David, 영국 감독 170, 548

린치, 데이비드Lynch, David, 미국 감독 90, 205, 228, 233, 236, 239, 251, 317, 387, 462, 467, 470~71, 497, 506, 518, 527~28, 530, 535, 595, 614, 703, 705, 753, 794

링컨, 에이브러햄Lincoln, Abraham, 미국 변호사, 정치인 147

ㅁ

마레, 장Marais, Jean, 프랑스 배우 518

마레즈, 자니Marèze, Janie, 프랑스 배우 88

마르가리티스, 질Margaritis, Gilles, 프랑스 배우 106, 108

마르샹, 기Marchand, Guy, 프랑스 배우, 가수 558

마르캉, 크리스티앙Marquand, Christian, 프랑스 배우 150

마르티네스, 클리프Martinez, Cliff, 미국 작곡가 220

마리, 미셸Marie, Michel, 프랑스 저자, 역사가 16, 62, 156~57, 271, 766, 785, 808

마물리언, 루벤Mamoulian, Rouben, 미국 감독 69, 80, 134, 323, 368, 570

마사리, 레아Massari, Lea, 이탈리아 배우 150

마스네, 쥘Massenet, Jules, 프랑스 작곡가 360~61, 421

마스트로얀니, 마르첼로Mastroianni, Marcello, 이탈리아 배우 150, 177~78, 254, 481

마시나, 줄리에타Masina, Giulietta, 이탈리아 배우 478

마일스톤, 루이스Milestone, Lewis, 미국 감독 82

마지멜, 브누아Magimel, Benoît, 프랑스 배우 143

마치오네, 알도Maccione, Aldo, 이탈리아 배우 150

마커, 크리스Marker, Chris, 프랑스 저자, 감독 379, 732, 743, 800

마퀀드, 리처드Marquand, Richard, 미국 감독 198

마테스, 에바Mattes, Eva, 독일 배우 467

막스, 치코 & 하포 & 그루초 & 제포Marx, Chico & Harpo & Groucho & Zeppo, 미국 배우들, 음악가들 57, 66, 441~42, 480, 634

만, 앤서니Mann, Anthony, 미국 감독 126, 474

말, 루이Malle, Louis, 프랑스 감독 170, 172, 204, 323, 481, 526, 546

망송, 엘레나Manson, Héléna, 프랑스 배우 738

매드슨, 마이클Madsen, Michael, 미국 배우 561~63

매코너헤이, 매슈McConaughey, Matthew, 미국 배우 616

매클라클린, 카일MacLachlan, Kyle, 미국 배우 236, 472, 528, 530, 595

매클루언, 마셜McLuhan, Marshall, 캐나다 사회학자 56

매킨타이어, 존McIntire, John, 미국 배우 474

매틀린, 말리Matlin, Marlee, 미국 배우 132, 234~35, 484

맥그리거, 이완McGregor, Ewan, 영국 배우 221

맥다월, 앤디MacDowell, Andie, 미국 배우 439, 650

맥도널드, 저넷MacDonald, Jeanette, 미국 배우, 가수 84, 107, 323

맥라글렌, 빅터McLaglen, Victor, 미국 배우 97, 458

맥티어넌, 존McTiernan, John, 미국 감독 203, 207, 483~84, 528

맬릭, 테런스Malick, Terrence, 미국 감독 208, 531, 695~96, 703~704, 762

맹키위츠, 조지프Mankiewicz, Joseph, 미국 감독 147, 385

머리, 빌Murray, Bill, 미국 배우 439, 506

머스커, 존Musker, John, 미국 감독 227

머치, 월터Murch, Walter, 미국 편집자, 사운드 디자이너, 저자, 감독 8~9, 93, 192~93, 196, 219, 232, 468, 512, 786, 802, 810

머퍼티, 스티브Muffati, Steve, 미국 감독 76

멍크, 셀로니어스Monk, Thelonious, 미국 피아니스트, 작곡가 334

메도프, 마크Medoff, Mark, 미국 저자 234

메르쿠리, 멜리나Mercouri, Melina, 그리스 출신 배우 143

메릭, 존Merrick, John, 영국 '엘리펀트맨' 518

메이슨, 제임스Mason, James, 영국 출신 배우 549

메츠, 크리스티앙Metz, Christian, 프랑스 연구자, 저자 16, 39, 260, 766

메카스, 요나스Mekas, Jonas, 미국 감독 352

멘더스, 샘Mendes, Sam, 미국 감독 218

멘델스존, 펠릭스Mendelssohn, Felix, 독일 작곡가 645

멘도자, 데이비드Mendoza, David, 미국 작곡가 65

멜리에스, 조르주Méliès, Georges, 프랑스 배우, 감독 21

멜빌, 장-피에르Melville, Jean-Pierre, 프랑스 감독, 제작자 29, 181, 183, 191,
    285~86, 320, 416, 469, 481, 484, 533, 622

멜빌, 허먼Melville, Herman, 미국 저자 702

모니첼리, 마리오Monicelli, Mario, 이탈리아 감독 150, 425

모레티, 난니Moretti, Nanni, 이탈리아 감독, 배우 150, 548

모로, 잔Moreau, Jeanne, 프랑스 배우, 감독 254, 323, 324, 481, 526, 547, 765

모르강, 미셸Morgan, Michèle, 프랑스 배우 90, 130~31

모리슨, 짐Morrison, Jim, 미국 시인, 가수 426

모리시, 폴Morrissey, Paul, 미국 감독 426

모리에, 클레르Maurier, Claire, 프랑스 배우 487

모리코네, 엔니오Morricone, Ennio, 이탈리아 작곡가 169, 171, 623~24

모차르트, 볼프강 아마데우스Mozart, Wolfgang Amadeus, 오스트리아 작곡가
    335, 391, 395, 445, 503, 676, 679~80, 687~88

모파상, 기 드Maupassant, Guy de, 프랑스 저자 41, 654, 671~72, 688

몬테베르디, 클라우디오Monteverdi, Claudio, 이탈리아 작곡가 629

몽고메리, 로버트Montgomery, Robert, 미국 배우, 감독 488~89, 546, 718

몽탕, 이브Montand, Yves, 프랑스 배우, 가수 143, 146, 154, 182, 211, 481, 692

무랑, 야닉Mouren, Yannick, 프랑스 저자 142

무르나우, 프리드리히 빌헬름Murnau, Friedrich Wilhelm, 독일 감독 24, 33, 37,
    65~66, 68, 85~86, 141, 207~208, 311, 423, 450, 546

뭉크, 에드바르Munch, Edvard, 노르웨이 화가 561

뮈세, 알프레드 드Musset, Alfred de, 프랑스 저자 424

뮐, 마르셀Mule, Marcel, 프랑스 색소폰 연주자 166

뮐러, 로비Müller, Robby, 독일 지휘자 162

미넬리, 빈센트Minnelli, Vincente, 미국 감독 469, 765

미란다, 이사Miranda, Isa, 이탈리아 배우 670

미야자키 하야오宮崎駿, 일본 감독 251, 413, 520

미에빌, 안-마리Miéville, Anne-Marie, 프랑스 감독 564

미조구치 겐지溝口健二, 일본 감독 314, 384, 473, 483, 577, 656

미후네 도시로三船敏 , 일본 배우 500

민코프, 롭Minkoff, Rob, 미국 감독 513

밀러, 가빈Millar, Gavin, 영국 감독, 저자 628

밀러, 클로드Miller, Claude, 프랑스 감독 603

밀레, 티에리Millet, Thiery, 프랑스 저자 314

밀하키예프, 코스티아Milhakiev, Kostia, 프랑스 영화학교 교장 16

밍겔라, 앤서니Minghella, Anthony, 영국 감독 723

ㅂ

바그너, 리하르트Wagner, Richard, 독일 저자, 작곡가 29~30, 87, 210, 219~20,
    232, 626~27, 689, 702

바넬, 샤를Vanel, Charles, 프랑스 배우 692~93

바딤, 로제Vadim, Roger, 프랑스 감독 170

바르니에, 마르탱Barnier, Martin, 프랑스 역사가 69

바르다, 아녜스Varda, Agnès, 프랑스 감독 156, 325, 420

바르뎀, 후안 안토니오Bardem, Juan Antonio, 스페인 감독 124, 551~52, 572

바르트, 롤랑Barthes, Roland, 프랑스 저자 516

바우어, 해리Baur, Harry, 프랑스 배우 457

바이다, 안제이Wajda, Andrzej, 폴란드 감독 243, 469, 533, 637~38

바이트, 콘라트Veidt, Conrad, 독일 배우 338

바일, 쿠르트Weill, Kurt, 독일 작곡가 144

바쟁, 앙드레Bazin, André, 프랑스 저자 338

바흐, 요한 제바스티안Bach, Johann Sebastian, 독일 작곡가 169, 335, 481~82,
    579~80, 666

반도르말, 자코Van Dormael, Jaco, 벨기에 감독 762

반데라스, 안토니오Banderas, Antonio, 스페인 배우 483

반젤리스Vangelis, 그리스 작곡가 221

발랭, 미레유Balin, Mireille, 프랑스 배우 152

발로네, 라프Vallonne, Raf, 이탈리아 배우 150

배런, 루이스 & 베베Barron, Louis & Bebe, 미국 음악가들 220

배리모어, 드루Barrymore, Drew, 미국 배우 560

배리모어, 존Barrymore, John, 미국 배우 64

밴 다이크, 우디 S.Van Dyke, Woody S., 미국 감독 505

뱅상, 크리스티앙Vincent, Christian, 프랑스 감독 155, 242

버, 레이먼드Burr, Raymond, 미국 배우 486

버그먼, 잉그리드Bergman, Ingrid, 스웨덴 출신 배우 39, 268, 641, 653

버로스, 윌리엄Burroughs, William, 미국 저자 515

버르토크, 벨러Bartók, Béla, 헝가리 작곡가 30, 367, 372

버먼트, 해리Beaumont, Harry, 미국 감독 282

버치, 노엘Burch, Noël, 미국 출신 저자, 감독 32, 300, 314, 337, 359, 402

버콜, 로런Bacall, Lauren, 미국 배우 525

버클리, 버스비Berkeley, Busby, 미국 안무가, 감독 80, 82, 196~97, 267, 318, 626, 698

버트, 벤Burtt, Ben, 미국 '사운드 디자이너' 185, 198, 220

번스타인, 레너드Bernstein, Leonard, 미국 작곡가, 오케스트라 지휘자 169

베네, 카르멜로Bene, Carmelo, 이탈리아 배우, 감독 352

베니니, 로베르토Benigni, Roberto, 이탈리아 배우, 감독 150, 472, 528, 613

베랑제, 피에르-프랑수아Béranger, Pierre-François, 프랑스 작사가, 작곡가 680~81

베르거, 헬무트Berger, Helmut, 오스트리아 배우 629,

베르나르, 레몽Bernard, Raymond, 프랑스 감독 26, 80

베르뇌유, 앙리Verneuil, Henri, 프랑스 감독 146

베르디, 주세페Verdi, Giuseppe, 이탈리아 작곡가 421

베르토프, 지가Vertov, Dziga, 러시아 감독, 이론가 78, 95, 197, 313

베르톨루치, 베르나르도Bertolucci, Bernardo, 이탈리아 감독 150, 205, 748

베를레, 라스 요한Werle, Lars Johan, 스웨덴 작곡가 316

베리, 쥘Berry, Jules, 프랑스 배우 151

베리, 클로드Berri, Claude, 프랑스 감독, 제작자 154, 228,

베리만, 잉마르Bergman, Ingmar, 스웨덴 감독 25, 160, 163, 172, 174, 178, 242, 280, 284, 316, 320, 329, 407, 424~25, 445, 460, 462, 473, 475, 483, 503, 506, 589~90, 599, 611~12, 696, 732

베베르, 프랑시스Veber, Francis, 프랑스 시나리오작가, 감독 155

베사 루이스, 아구스티나Bessa Luis, Agustina, 포르투갈 저자 606

베송, 뤽Besson, Luc, 프랑스 감독, 제작자 146, 154, 243

베아르, 에마뉘엘Béart, Emmanuelle, 프랑스 배우 486

베이, 마이클Bay, Michael, 미국 감독 248

베이블레, 클로드Bailblé, Claude, 프랑스 연구자, 이론가 157, 314, 357, 766

베이커, 릭Baker, Rick, 미국 분장사, 영화에서 인공 보철물 창시자 518

베이컨, 로이드Bacon, Lloyd, 미국 감독 62, 80, 82

베케르, 자크Becker, Jacques, 프랑스 감독 170, 269, 547

베케르, 장Becker, Jean, 프랑스 감독 154

베토벤, 루트비히 판Beethoven, Ludwig van, 독일 작곡가 29, 97, 325, 397, 456~58

벤더스, 빔Wenders, Wim, 독일 감독 88, 413, 504, 526, 571, 691, 710

벨루, 레몽Bellour, Raymond, 프랑스 저자 16, 268

벨몽도, 장-폴Belmondo, Jean-Paul, 프랑스 배우 342, 534, 543, 602

벨턴, 존Belton, John, 미국 연구자, 역사가 16, 766

보가트, 험프리Bogart, Humphrey, 미국 배우 525, 648, 653

보로브지크, 발레리안Borowczyk, Walerian, 폴란드 출신 감독 279, 530

보먼, 롭Bowman, Rob, 미국 감독 215

보세, 루차Bosè, Lucia, 이탈리아 배우 552, 588

보스키, 알베르토Boschi, Alberto, 이탈리아 저자 16, 69

보위, 데이비드Bowie, David, 영국 가수, 작사가, 작곡가, 배우 530

보이트, 존Voight, John, 미국 배우 225

보일, 대니Boyle, Danny, 영국 감독 124

부뉴엘, 루이스Buñuel, Luis, 스페인 출신 감독 163, 254, 320, 483

부아예, 샤를Boyer, Charles, 프랑스 배우 571

부어먼, 존Boorman, John, 영국 감독 531, 547

브라상스, 조르주Brassens, Georges, 프랑스 가수, 작사가, 작곡가 342

브라운, 클래런스Brown, Clarence, 미국 감독 66

브라운로, 케빈Brownlow, Kevin, 미국 역사가, 감독 47

브래나, 케네스Branagh, Kenneth, 영국 배우, 감독 85, 705

브랜도, 말런Brando, Marlon, 미국 배우, 감독 225~26, 232

브레고비치, 고란Bregovic, Goran, 유고슬라비아 작곡가 31

브레송, 로베르Bresson, Robert, 프랑스 감독 111, 163, 172, 179~81, 198, 204,
    269, 320, 359, 377, 388, 390~91, 394, 396, 400, 412, 460, 469, 484, 536, 590,
    592, 606, 629, 697, 710, 786, 791, 804

브레히트, 베르톨트Brecht, Bertold, 독일 저자 144, 662

브론슨, 찰스Bronson, Charles, 미국 배우 500

브론테, 샬럿 & 에밀리Brontë, Charlotte & Emily, 영국 저자들 144

브루크너, 안톤Bruckner, Anton, 오스트리아 작곡가 639

브룩스, 루이즈Brooks, Louise, 미국 배우 68

브룩스, 리처드Brooks, Richard, 미국 감독 167~68, 697

브룩스, 멜Brooks, Mel, 미국 배우, 감독 325, 502

브뤼니위스, 자크-베르나르Brunius, Jacques-Bernard, 프랑스 배우, 감독, 비평가
    42~43

브리소, 장-클로드Brisseau, Jean-Claude, 프랑스 감독 710

브리지스, 제프Bridges, Jeff, 미국 배우 614

브토브Betove, 프랑스 음악가, 환상예술가 33

블랑샤르, 피에르Blanchar, Pierre, 프랑스 배우 413

블랭, 제라르Blain, Gérard, 프랑스 배우, 감독 526

블럼, 칼 로버트Blum, Carl Robert, 미국 발명가 65

블레신, 브렌다Blethyn, Brenda, 영국 배우 85, 235, 565

블레이그, 크리스티앙Belaygue, Christian, 프랑스 역사가 33

블레흐, 한스 크리스티안Blech, Hans Christian, 독일 배우 88

블리에, 베르트랑Blier, Bertrand, 프랑스 감독, 저자 158, 325, 479~80, 483, 603,
    607, 609, 696

비고, 장Vigo, Jean, 프랑스 감독 83~84, 97, 100, 103~104, 106, 108~11, 345, 480, 506, 523, 794

비노슈, 쥘리에트Binoche, Juliette, 프랑스 배우 232, 243, 482

비더, 킹Vidor, King, 미국 감독 41, 66, 69, 196, 625

비발디, 안토니오Vivaldi, Antonio, 이탈리아 작곡가 30

비버먼, 허버트Biberman, Herbert, 미국 감독 142

비스콘티, 루키노Visconti, Luchino, 이탈리아 감독 150, 165, 269, 425, 477, 629, 636~37, 704~705, 722

비앙, 보리스Vian, Boris, 프랑스 저자, 가수, 싱어송라이터 334

비오이 카사레스, 아돌포Bioy Casares, Adolfo, 아르헨티나 저자 548

비요크Björk, 아이슬란드 가수, 작곡가, 배우 571

비제, 조르주Bizet, Georges, 프랑스 작곡가 421

비티, 워런Beatty, Warren, 미국 배우, 감독 278~79

빌헬름손, 울프Wilhelmsson, Ulf, 스웨덴 연구자 651~52

ㅅ

사나커, 요한 크리스티안Sanaker, Johan Kristian, 노르웨이 저자 606

사르트르, 장-폴Sartre, Jean-Paul, 프랑스 철학자, 저자 30

사비앙주, 소니아Saviange, Sonia, 프랑스 배우 612

사슬라프스키, 루이스Saslavsky, Luis, 아르헨티나 출신 감독 610

사우라, 카를로스Saura, Carlos, 스페인 감독 546, 656

사이토 다카노부斎藤高順, 일본 작곡가 412, 664

사카구치 히로노부坂口博信, 일본 감독 239

사카키바라 모토노리榊原幹典, 일본 감독 239

살바토리, 레나토Salvatori, Renato, 이탈리아 배우 150

살웬, 할Salwen, Hal, 미국 감독 558

상티에, 장-피에르Sentier, Jean-Pierre, 프랑스 배우, 감독 502

새디악, 톰Shadyac, Tom, 미국 감독 514

새먼, 폴Sammon, Paul, 영국 저자 277, 698

새커리, 윌리엄Thackeray, William, 영국 저자 706

샌들러, 애덤 Sandler, Adam, 미국 배우 723

샤말란, 나이트 Shyamalan, Night, 미국 감독 215, 281,

샤브롤, 마티외 Chabrol, Mathieu, 프랑스 작곡가 665

샤브롤, 클로드 Chabrol, Claude, 프랑스 감독 270, 275, 412, 476, 665

샤이더, 로이 Scheider, Roy, 미국 배우 455, 722

섀프너, 프랭클린 Schaffner, Franklin, 미국 감독 546

서덜랜드, 도널드 Sutherland, Donald, 캐나다 배우 150, 184~85, 592

서랜던, 수전 Sarandon, Susan, 미국 배우 228, 233, 279, 561~63, 571

세르반테스, 미겔 데 Cervantes, Miguel de, 스페인 저자 610

세르베, 장 Servais, Jean, 프랑스 배우 671~73

세리그, 델핀 Seyrig, Delphine, 프랑스 배우 397~98, 488, 647

세리그, 프랑시스 Seyrig, Francis, 프랑스 작곡가 408

세웨린, 안제이 Seweryn, Andrzej, 폴란드 배우 638

세인트, 에바 마리 Saint, Eva Marie, 미국 배우 277, 549~50, 594

셀러스, 피터 Sellers, Peter, 영국 배우 558

셀린, 루이-페르디낭 Céline, Louis-Ferdinand, 프랑스 저자 28

셔먼, 짐 Sharman, Jim, 오스트레일리아 감독 514

셰로, 파트리스 Chéreau, Patrice, 프랑스 배우, 감독 337

셰리던, 짐 Sheridan, Jim, 아일랜드 감독 228

셰스트룀, 빅토르 Sjöström, Victor, 스웨덴 배우, 감독 25, 41, 208

셰어 Cher, 미국 가수, 배우 650

셰익스피어, 윌리엄 Shakespeare, William, 영국 배우, 극작가 62, 85, 232, 424, 491

셰퍼드, 샘 Shepard, Sam, 미국 배우, 저자 696

셰페르, 피에르 Schaeffer, Pierre, 프랑스 저자, 작곡가, 발명가 79, 240, 315, 714,
   721, 737, 749~50, 755, 764, 766, 785, 789~90, 792~93

셰피시, 프레드 Schepisi, Fred, 오스트레일리아 감독 228

셸, 막시밀리안 Schell, Maximilien, 오스트리아 배우, 감독 143

소더버그, 스티븐 Soderbergh, Stephen, 미국 감독 220, 517, 564

소쿠로프, 알렉산드르 Sokurov, Alexandr, 러시아 감독 22, 118, 214, 461

소테, 클로드 Sautet, Claude, 프랑스 감독 419, 486, 529

소프, 리처드Thorpe, Richard, 미국 감독 417

쇼드색, 어니스트Schoedsack, Ernest, 미국 감독 100, 621

쇼어, 하워드Shore, Howard, 미국 작곡가 169

쇼팽, 프레데릭Chopin, Frédéric, 폴란드 피아니스트, 작곡가 629

술레이만, 엘리아Suleiman, Elia, 팔레스타인 감독 248

쉬제르, 엘렌Surgère, Hélène, 프랑스 배우 612

쉰, 찰리Sheen, Charlie, 미국 배우 446

슈, 장Choux, Jean, 프랑스 감독 69, 107

슈나이더, 로미Schneider, Romy, 오스트레일리아 출신 배우 522

슈뢰터, 베르너Schroeter, Werner, 독일 감독 352

슈마허, 조엘Schumacher, Joel, 미국 감독 616,

슈발리에, 모리스Chevalier, Maurice, 프랑스 배우, 가수 84, 323

슈베르트, 프란츠Schubert, Franz, 오스트리아 작곡가 335

슈타이너, 막스Steiner, Max, 미국 작곡가 30, 86, 100, 129~30, 166, 171, 621, 654,
765

슈테른베르크, 요제프 폰Sternberg, Josef von, 오스트리아 감독 69, 97~98, 209,
327, 457~58, 505, 534, 640, 672, 748

슈토크하우젠, 칼하인츠Stockhausen, Karlheinz, 독일 작곡가 240

슈트라우스, 리하르트Strauss, Richard, 독일 작곡가 334

슐레진저, 존Schlesinger, John, 영국 감독 225

슐만, 파트릭Schulmann, Patrick, 프랑스 감독 734

스마이트, 잭Smight, Jack, 미국 감독 197

스메타나, 베드르지흐Smetana, Bed ich, 체코 작곡가 164

스카키, 그레타Scacchi, Greta, 이탈리아 출신 배우 567

스칸돌라, 알베르토Scandola, Alberto, 이탈리아 저자 9

스커릿, 톰Skerrit, Tom, 미국 배우 199~200, 273

스코레키, 루이Louis, Skorecki, 프랑스 저자, 감독 172

스코세이지, 마틴Scorsese, Martin, 미국 감독 169, 207, 218, 228, 265, 475, 488,
504, 517, 541~42, 607, 610, 705

스콜라, 에토레Scola, Ettore, 이탈리아 감독 423, 546

스콧, 리들리Scott, Ridley, 영국 감독 187, 198~99, 233, 329, 374, 517, 593, 698

스콧, 조지Scott, George, 미국 배우 546

스탕달Stendhal, 프랑스 저자 623

스태퍼드, 프레더릭Stafford, Fredrick, 미국 배우 268

스탠턴, 해리 딘Stanton, Harry Dean, 미국 배우 571

스텔론, 실베스터Stallone, Sylvester, 미국 배우, 감독 216

스테브냉, 장-프랑수아Stévenin, Jean-François, 프랑스 배우, 감독 364

스토라로, 비토리오Storaro, Vittorio, 이탈리아 촬영감독 162

스톤, 앤드루Stone, Andrew, 미국 감독 206, 698

스톤, 올리버Stone, Oliver, 미국 감독 426

스튜어트, 제임스Stewart, James, 미국 배우 236, 268, 326, 428, 432, 438, 472, 474,
     560

스트라빈스키, 이고르Stravinsky, Igor, 러시아 출신 작곡가 30, 367

스트로브, 장-마리Straub, Jean-Marie, 프랑스 감독 320, 339, 348, 631, 633

스트립, 메릴Streep, Meryl, 미국 배우 228~29

스티븐스, 조지Stevens, George, 미국 감독 163

스펜스, 랠프Spence, Ralph, 미국 자막 작가 40~41

스폴, 티머시Spall, Timothy, 영국 배우 235

스필버그, 스티븐Spielberg, Steven, 미국 감독 198, 205, 208, 422, 519, 530~31,
     622, 754

시겔, 돈Siegel, Don, 미국 감독 184

시뇨레, 시몬Signoret, Simone, 프랑스 배우 269~70

시드니, 실비아Sydney, Silvia, 미국 배우 570

시드니, 조지Sidney, George, 미국 감독 417, 564

시몽, 미셸Simon, Michel, 스위스 출신 배우 70, 88, 104~107, 110, 152, 345, 523

시버그, 진Seberg, Jean, 미국 배우 543

시아보, 소피Chiabaud, Sophie, 프랑스 수석 음향 기술자 452

시에페이謝飛, 중국 감독 661

시오드막, 로베르트Siodmak, Robert, 독일 출신 미국 감독 69, 383

시카네더, 에마누엘Shikaneder, Emanuel, 오스트리아 배우, 가극 작가 445

시프린, 랄로Schifrin, Lalo, 아르헨티나 출신 미국 작곡가 622, 711

신도 가네토新藤兼人, 일본 감독 170, 207, 503

심농, 조르주Simenon, George, 벨기에 저자 610

싱어, 브라이언Singer, Bryan, 미국 감독 218

ㅇ

아나벨라Annabella, 프랑스 배우 570~71

아노, 장-자크Annaud, Jean-Jacques, 프랑스 감독 501

아도르노, 테오도어Adorno, Theodor, 독일 철학자 313, 659

아라공, 루이Aragon, Louis, 프랑스 저자 342

아라켈리안, 아람Arakelian, Aram, 프랑스 분장사 518

아렐, 필립Harel, Philippe, 프랑스 감독 544, 546, 718

아르디티, 피에르Arditi, Pierre, 프랑스 배우 614

아르캉, 드니Arcand, Denys, 캐나다(퀘벡) 감독 612

아르테미예프, 에두아르트Artemyev, Eduard, 러시아 작곡가 220

아를레티Arletty, 프랑스 배우 153

아망갈, 바르텔미Amengual, Barthélemy, 프랑스 비평가 204

아메나바르, 알레한드로Amenabar, Alejandro, 스페인 감독 215

아미엘, 뱅상Amiel, Vincent, 프랑스 저자 615

아샤르, 마르셀Achard, Marcel, 프랑스 극작가, 시나리오작가, 감독 69, 698

아이보리, 제임스Ivory, James, 미국 감독 413

아이브스, 찰스Ives, Charles, 미국 작곡가 367

아이슬러, 한스Eisler, Hans, 독일 작곡가 313, 659

아자니, 이자벨Adjani, Isabelle, 프랑스 배우 144

아제마, 사빈Azéma, Sabine, 프랑스 배우 614

아즈나부르, 샤를Aznavour, Charles, 프랑스 가수, 작사가, 작곡가, 배우 527

아케르만, 샹탈Akerman, Chantal, 벨기에 감독 183, 426, 503

안데르손, 비비Andersson, Bibi, 스웨덴 배우 506, 611

안데르손, 하리에트Andersson, Harriet, 스웨덴 배우 473, 590

안토니오니, 미켈란젤로Antonioni, Michelangelo, 이탈리아 감독 93, 124, 163,

165~67, 178, 254~55, 312, 412, 462~63, 465, 588, 694, 696, 698

알레그레, 이브Allégret, Yves, 프랑스 감독 696

알렉산드로프, 그리고리Alexandrov, Gregory, 소련 감독 309, 728, 805

알모도바르, 페드로Almodovar, Pedro, 스페인 감독 571

앙겔로풀로스, 테오Angelopoulos, Theo, 그리스 감독 183, 233, 517, 704

애덤스, 브룩Adams, Brooke, 미국 배우 592

애버리, 로저Avary, Roger, 미국 감독 218

액스트, 윌리엄Axt, William, 미국 작곡가, 편곡자 65

앤더슨, 폴 토머스Anderson, Paul Thomas, 미국 감독 348, 589

앤드루스, 데이나Andrews, Dana, 미국 배우 134

앤드루스, 줄리Andrews, Julie, 영국 출신 배우, 가수 268

앨런, 우디Allen, Woody, 미국 배우, 감독 88, 325, 414~15, 453, 479, 546, 553, 609

야나체크, 레오시Janáček, Leoš, 체코 작곡가 233

야닝스, 에밀Jannings, Emil, 독일 배우 92, 208, 505

야콥슨, 로만Jakobson, Roman, 러시아 출신 미국 언어학자 515

얀, 장Yanne, Jean, 프랑스 배우, 감독 275

얀초, 미클로시Jancso, Miklos, 헝가리 감독 183

에드워즈, 블레이크Edwards, Blake, 미국 감독 216

에메, 아누크Aimée, Anouk, 프랑스 배우 150

에밀포크, 다니엘Emilfork, Daniel, 프랑스 배우 464

에이버리, 텍스Avery, Tex, 미국 감독 222, 497, 518, 734

에이브러햄스, 짐Abrahams, Jim, 미국 감독 325, 446

에이젠슈테인, 세르게이Eisenstein, Sergei, 러시아 감독 23, 35, 66, 68, 74, 78, 96, 121, 207~208, 241, 309, 369, 556, 726, 728, 783, 805, 807

에크베리, 아니타Ekberg, Anita, 스웨덴 배우 178

에테, 피에르Étaix, Pierre, 프랑스 배우, 감독 502

엔예디, 일디코Enyedi, Ildiko, 헝가리 감독 520

엘리나, 리즈Élina, Lise, 프랑스 라디오 아나운서 547

엘링턴, 듀크Ellington, Duke, 미국 작곡가, 오케스트라 지휘자 170, 666

엡스탱, 장Epstein, Jean, 프랑스 감독, 이론가 97, 207~208, 313~14

영, 숀Young, Sean, 미국 배우 277

예르신, 이브Yersin, Yves, 스위스 감독 533

예셴스카, 밀레나Jesenska, Milena, 체코 저자 282

예이츠, 피터Yates, Peter, 미국 감독 181, 285, 416, 424, 622, 704

오네게르, 아르튀르Honegger, Arthur, 스위스 작곡가 65

오닐, 유진O'Neill, Eugene, 미국 저자 87

오댕, 로제Odin, Roger, 프랑스 저자 209

오드랑, 스테판Audran, Stéphane, 프랑스 배우 275~76

오드랑, 에드몽Audran, Edmond, 프랑스 작곡가 676

오디아르, 미셸Audiard, Michel, 프랑스 시나리오작가, 감독 151, 153, 155

오몽, 자크Aumont, Jacques, 프랑스 저자 314, 785, 808

오몽, 장-피에르Aumont, Jean-Pierre, 프랑스 배우 570

오브라이언, 조지O'Brien, George, 미국 배우 37, 86

오설리번, 모린O'Sullivan, Maureen, 아일랜드 출신 미국 배우 505

오시마 나기사大島渚, 일본 감독 172

오우삼吳宇森, 중국 출신 감독 207

오즈 야스지로小津安次郎, 일본 감독 407, 412~13, 663~64, 695, 697

오퇴유, 다니엘Auteuil, Daniel, 프랑스 배우 154, 227~28, 486, 513, 529

오펜바흐, 자크Offenbach, Jacques, 프랑스 작곡가 71, 676, 680

오퓔스, 막스Ophüls, Max, 독일 출신 프랑스 감독 137, 346, 385, 425, 483, 571, 654, 670, 672~74, 682, 686~87, 692, 722, 794

온드라, 애니Ondra, Anny, 폴란드 출신 독일 배우 552

올드리치, 로버트Aldrich, Robert, 미국 감독 190

올리베이라, 마누엘 지Oliveira, Manoel de, 포르투갈 감독 205, 244, 424, 606, 720, 739

올리비에, 로런스Olivier, Laurence, 영국 배우, 감독 85, 523~24, 584~85

올린, 레나Olin, Lena, 스웨덴 배우 233

올미, 에르마노Olmi, Ermano, 이탈리아 감독 412

올트먼, 로버트Altman, Robert, 미국 감독 116, 193, 477, 526, 528, 566, 706

올트먼, 릭Altman, Rick, 미국 저자, 역사가 16, 27, 32, 63, 89, 345, 359, 648, 766

와이스, 엘리자베스Weis, Elisabeth, 미국 저자 16, 263, 435~36, 560, 766

와이스뮬러, 조니Weismüller, Johnny, 미국 스포츠선수, 배우 505

와이즈, 로버트Wise, Robert, 미국 감독 230~31, 456

와일더, 빌리Wilder, Billy, 미국 감독 134

와일러, 윌리엄Wyler, William, 미국 감독 460

와츠, 나오미Watts, Naomi, 네덜란드 배우 506~507

왕, 웨인Wang, Wayne, 미국 감독 236, 616

왕자웨이王家衛, 중국 감독 183, 248, 656

외스타슈, 장Eustache, Jean, 프랑스 감독 152, 426, 612, 704~705, 741

요세프손, 엘란드Josephson, Erland, 스웨덴 배우, 감독 599

우드, 내털리Wood, Natalie, 미국 배우 278~79

우에드라오고, 이드리사Ouedraogo, Idrissa, 부르키나파소 감독 523

울만, 리브Ullmann, Liv, 노르웨이 출신 배우, 감독 506, 612

워들리, 마이클Wadleigh, Michael, 미국 감독 203

워쇼스키, 라나 & 릴리Wachowski, Lana & Lilly, 미국 감독들 475

월시, 라울Walsh, Raoul, 미국 감독 705

월턴, 프레드Walton, Fred, 미국 감독 559

웨스트, 메이West, Mae, 미국 배우 76

웨이언스, 키넌 아이보리Wayans, Keenen Ivory, 미국 감독 561

웨인, 존Wayne, John, 미국 배우, 감독 327~28, 534

웨일, 제임스Whale, James, 미국 감독 385, 520, 626, 738

웰러, 피터Weller, Peter, 미국 배우 276

웰먼, 윌리엄Wellmann, William, 미국 감독 47, 422, 623

웰스, 오슨Welles, Orson, 미국 배우, 감독 33, 93, 124, 145, 226, 274, 431, 469,
     479~80, 491~98, 507~508, 517, 521, 534, 548~49, 597, 603, 607, 609, 625, 647,
     703, 786, 794

웹, 짐Webb, Jim, 미국 음향 기술자 193

웹, 클리프턴Webb, Clifton, 영국 배우 134, 478

위고, 빅토르Hugo, Victor, 프랑스 저자 42

위공, 앙드레Hugon, André, 프랑스 감독 68

위버, 시고니Weaver, Sigourney, 미국 배우 203

위안무즈袁牧之, 중국 감독 657

위어, 피터Weir, Peter, 오스트레일리아 감독 424

위예, 다니엘Huillet, Danièle, 프랑스 감독 339, 348, 631, 633

위페르, 이자벨Huppert, Isabelle, 프랑스 배우 143~44, 558

윌리스, 브루스Willis, Bruce, 미국 배우 227, 513, 528

윌리엄스, 로빈Williams, Robin, 미국 배우 227, 614

윌리엄스, 존Williams, John, 미국 작곡가 198, 219~20, 477, 622

윌슨, 둘리Wilson, Dooley, 미국 피아니스트, 가수 653

윌콕스, 프레드Wilcox, Fred, 미국 감독 220, 507

유스티노프, 피터Ustinov, Peter, 영국 배우, 저자, 감독 143

이마무라 쇼헤이今村昌平, 일본 감독 172, 207, 456

이스트우드, 클린트Eastwood, Clint, 미국 배우, 감독 500

이오네스코, 외젠Ionesco, Eugène, 루마니아 출신 저자 424

이오셀리아니, 오타르Iosselliani, Otar, 그루지아 출신 감독 722

이카르, 로제Icart, Roger, 프랑스 역사가 766

이타미 주조伊丹十三, 일본 배우, 저자, 감독 546

일레리, 폴라Illery, Pola, 루마니아 출신 배우 66

ㅈ

자무시, 짐Jarmusch, Jim, 미국 감독 183, 426, 503, 532

자브리스키, 그레이스Zabriskie, Grace, 미국 배우 471

자코, 브누아Jacquot, Benoît, 프랑스 감독 36, 285

자코브, 이렌Jacob, Irène, 프랑스 배우 235, 463, 614

자페, 샘Jaffe, Sam, 미국 배우 658

잔더스-브람스, 헬마Sanders-Brahms, Helma, 독일 감독 467

장-바티스트, 메리앤Jean-Baptiste, Marianne, 영국 배우 565

장송, 앙리Jeanson, Henri, 프랑스 저자, 시나리오작가 151

장이머우張藝謀, 중국 감독 205

잭슨, 피터 Jackson, Peter, 뉴질랜드 감독 169

저먼, 데릭 Jarman, Derek, 영국 감독 351

제니나, 아우구스토 Genina, Augusto, 이탈리아 감독 68~69, 420

제임스, 헨리 James, Henry, 미국 저자 42

조베르, 모리스 Jaubert, Maurice, 프랑스 작곡가 30, 97, 108~11, 131, 171

조스트, 프랑수아 Jost, François, 프랑스 저자 314, 357, 391, 591

조페, 롤랑 Joffé, Roland, 미국 감독 169, 188

존스, 제임스 얼 Jones, James Earl, 영국 배우 227

존스, 테리 Jones, Terry, 영국 배우, 감독 222

졸라, 에밀 Zola, Émile, 프랑스 저자 42

졸슨, 앨 Jolson, Al, 미국 가수, 배우 60~62, 76, 84

쥐네, 장-피에르 Jeunet, Jean-Pierre, 프랑스 감독 145, 450, 464, 762

주베, 루이 Jouvet, Louis, 프랑스 배우, 감독 69, 323

줄랍스키, 안드레이 Zulawski, Andrei, 폴란드 출신 감독 157, 243, 412, 507

쥘리에, 로랑 Jullier, Laurent, 프랑스 저자 209, 357

지라르도, 아니 Girardot, Annie, 프랑스 배우 150

지로티, 마시모 Girotti, Massimo, 이탈리아 배우 588

지버베르크, 한스-위르겐 Syberberg, Hans-Jürgen, 독일 저자, 감독 36

지오노, 장 Giono, Jean, 프랑스 저자, 감독 152

지젝, 슬라보이 Žižek, Slavoj, 슬로베니아 저자 16, 794

지타이, 아모스 Gitai, Amos, 이스라엘 감독 142

진네만, 프레드 Zinnemann, Fred, 오스트리아 출신 미국 감독 170, 205, 246

질루, 토마 Gilou, Thomas, 프랑스 감독 154

ㅊ

차이콥스키, 표트르 일리치 Tchaikovsky, Pyotr Ilyich, 러시아 작곡가 29, 62

채플린, 찰리 Chaplin, Charlie, 영국 감독, 배우 46~50, 52~54, 56~58, 66, 68, 78,
    141, 182, 281, 305, 556~57, 567, 794

체릴, 버지니아 Cherrill, Virginia, 미국 배우 51, 67

치미노, 마이클 Cimino, Michael, 미국 감독 337~38, 425

ㅋ

카라스, 안톤Karas, Anton, 오스트리아 음악가 661

카레, 이자벨Carré, Isabelle, 프랑스 배우 545

카레트, 쥘리앵Carette, Julien, 프랑스 배우 153, 346

카로, 마르크Caro, Marc, 프랑스 감독 145, 450, 464

카료, 체키Karyo, Tchéky, 프랑스 배우 158, 501

카르네, 마르셀Carné, Marcel, 프랑스 감독 30, 90, 124, 131, 151~52, 166, 170,
   236, 333, 424, 471, 529, 570, 661, 717

카르디날레, 클라우디아Cardinale, Claudia, 이탈리아 출신 배우 477

카르메, 장Carmet, Jean, 프랑스 배우 480

카리나, 안나Karina, Anna, 덴마크 출신 프랑스 배우, 감독 534, 602

카리에르, 마티외Carrière, Mathieu, 독일 출신 배우 398

카메리니, 마리오Camerini, Mario, 이탈리아 감독 83

카민, 댄Kamin, Dan, 미국 저자 49

카발레로비치, 예지Kawalerowicz, Jerzy, 폴란드 감독 204, 243, 458, 531, 696

카발리에, 알랭Cavalier, Alain, 프랑스 감독 501, 613

카사베츠, 존Cassavetes, John, 미국 배우, 감독 426

카소비츠, 마티외Kassovitz, Mathieu, 프랑스 배우, 감독 154, 243

카엔, 로베르Cahen, Robert, 프랑스 비디오 아티스트 16

카우리스마키, 아키Kaurismaki, Aki, 핀란드 감독 183, 502

카우프만, 보리스Kaufman, Boris, 소련 출신 촬영감독 104

카우프먼, 필립Kaufman, Philip, 미국 감독 184, 232, 412, 592, 697

카이다놉스키, 알렉산드르Kajdanovsky, Aleksandr, 러시아 배우 376

카이틀, 하비Keitel, Harvey, 미국 배우 233, 236, 616

카잔, 엘리아Kazan, Elia, 미국 감독 170, 278

카잔차키스, 니코스Kazantzakis, Nikos, 그리스 저자 144

카코야니스, 미카엘Cacoyannis, Michael, 그리스 감독 144

카트라이트, 베로니카Cartwright, Veronica, 미국 배우 199

카펜터, 존Carpenter, John, 미국 감독, 작곡가 424

카프리스키, 발레리Kaprisky, Valérie, 프랑스 배우 507

카프카, 프란츠Kafka, Franz, 독일어로 쓰는 체코 저자 145, 281, 508

칼라스, 마리아Callas, Maria, 그리스 성악가 517

캉팡, 베로니크Campan, Véronique, 프랑스 저자 349, 357~58, 382

캐럴, 레오Carroll, Leo, 미국 배우 268

캐럴, 루이스Carroll, Lewis, 영국 저자 276

캐리, 짐Carrey, Jim, 미국 배우 514

캐머런, 제임스Cameron, James, 캐나다 감독 203

캐스퍼리, 비라Caspary, Vera, 미국 소설가, 시나리오작가 134

캐시디, 조애나Cassidy, Joanna, 미국 배우 189

캐즈던, 로런스Kasdan, Lawrence, 미국 감독, 시나리오작가 124, 528

캐프라, 프랭크Capra, Frank, 미국 감독 520, 534, 570

캘러웨이, 캡Calloway, Cab, 미국 가수, 오케스트라 지휘자, 작곡가 81

캘헌, 루이스Calhern, Louis, 미국 배우 323

캠피언, 제인Campion, Jane, 뉴질랜드 감독 228

커비즐, 제임스Caviezel, James, 미국 배우 565

커슈너, 어빈Kershner, Irvin, 미국 감독 198

커티즈, 마이클Curtiz, Michael, 헝가리 출신 감독 29, 127, 131, 166, 653

케롤, 장Cayrol, Jean, 프랑스 저자 157, 614

케르마봉, 자크Kermabon, Jacques, 프랑스 저자, 역사가 16

케인, 마이클Caine, Michael, 영국 배우 147

켈리, 그레이스Kelly, Grace, 미국 배우 131, 326, 429, 438

켈리, 진Kelly, Gene, 미국 무용가, 안무가, 감독 48, 505, 597, 616, 698

코너리, 숀Connery, Sean, 영국 배우 229

코다, 알렉산더Korda, Alexander, 영국 감독 128

코르노, 알랭Corneau, Alain, 프랑스 감독 210, 212, 214, 721

코르부치, 세르조Corbucci, Sergio, 이탈리아 감독 500

코리, 웬들Corey, Wendell, 미국 배우 560

코몰리, 장-루이Comolli, Jean-Louis, 프랑스 저자, 감독 338

코뮌, 피에르 들라Commune, Pierre de la, 프랑스 발명가 65

코스타-가브라스, 콘스탄틴Costa-Gavras, Constantin, 프랑스 감독 143

코스탄티니, 구스타보 Costantini, Gustavo, 아르헨티나 저자 16

코스터, 헨리 Koster, Henry, 미국 감독 230

코스트너, 케빈 Costner, Kevin, 미국 배우, 감독 142

코언, 조엘 & 이선 Coen, Joel & Ethan, 미국 감독들 462, 712

코토, 야펫 Kotto, Yaphet, 미국 배우 202

코튼, 조지프 Cotten, Joseph, 미국 배우 608, 762

코폴라, 프랜시스 포드 Coppola, Francis Ford, 미국 감독, 제작자 29, 124, 192, 211, 225~27, 236, 337~38, 425, 442, 464, 468, 471, 506, 523, 528, 619, 626, 637, 696, 714

콕토, 장 Cocteau, Jean, 프랑스 저자, 감독 33, 152, 172, 518

콘찰롭스키, 안드레이 Konchalovsky, Andrei, 러시아 출신 감독 469

콜, 냇 킹 Cole, Nat King, 미국 가수 194, 656

콜롱비에, 미셸 Colombier, Michel, 프랑스 작곡가 36, 675

콜베르, 클로뎃 Colbert, Claudette, 프랑스 출신 배우 570

콜피, 앙리 Colpi, Henri, 프랑스 감독, 편집자, 저자 625

쿠스트리차, 에밀 Kusturica, Emir, 유고슬라비아 감독 31, 696

쿠퍼, 게리 Cooper, Gary, 미국 배우 570

쿠퍼, 머리언 Cooper, Merian, 미국 배우 100, 621

쿨레쇼프, 레프 Koulechov, Lev, 소련 감독, 이론가 354

퀘이드, 데니스 Quaid, Dennis, 미국 배우 565

퀴니, 알랭 Cuny, Alain, 프랑스 배우, 감독 509

퀸, 앤서니 Quinn, Anthony, 미국 배우 144

큐브릭, 스탠리 Kubrick, Stanley, 미국 감독 42, 86, 107, 166, 172~73, 181, 183, 220, 231, 274, 276, 286, 405, 467, 469, 506, 509, 512, 517, 535, 558, 567~68, 589, 602, 617~18, 637, 706, 725, 741, 794

큐커, 조지 Cukor, George, 미국 감독 230, 346, 483, 506, 615

크니퍼, 위르겐 Knieper, Jürgen, 독일 작곡가 675, 691

크라카우어, 지크프리트 Kracauer, Siegfried, 독일 저자 628

크레이븐, 웨스 Craven, Wes, 미국 감독 205, 559

크로넌버그, 데이비드 Cronenberg, David, 캐나다 감독 228, 276, 515

크로슬랜드, 앨런Crosland, Alan, 미국 감독 39, 64

크루즈, 톰Cruise, Tom, 미국 배우 240, 447, 469, 617

크리스텔, 실비아Kristel, Sylvia, 프랑스 배우 270

클라이스트, 하인리히 폰Kleist, Heinrich von, 독일 저자 434

클라크, 래리Clark, Larry, 미국 감독 612

클라크, 셜리Clarke, Shirley, 미국 감독 426

클라크, 아서Clarke, Arthur, 영국 저자 509

클라피슈, 세드릭Klapisch, Cédric, 프랑스 감독 242

클레르, 르네Clair, René, 프랑스 감독, 저자 40~41, 66, 68, 77~78, 103~104,
   106~107, 231, 267~68, 282, 313, 318, 626, 655

클레르, 쥘리앵Clerc, Julien, 프랑스 가수 157

클레망, 르네Clément, René, 프랑스 감독 124

클레먼츠, 론Clements, Ron, 미국 감독 227

클루조, 앙리-조르주Clouzot, Henri-Georges, 프랑스 감독 124, 163, 320, 469,
   692, 738

클뤼제, 프랑수아Cluzet, François, 프랑스 배우 665

클리프트, 몽고메리Clift, Montgomery, 미국 배우 553

키드먼, 니콜Kidman, Nicole, 오스트레일리아 배우 617

키베를랭, 상드린Kiberlain, Sandrine, 프랑스 배우 285

키아로스타미, 아바스Kiarostami, Abbas, 이란 감독 320, 553~55, 614, 718

키에슬로프스키, 크시슈토프Kieslowski, Krzysztof, 폴란드 감독 235, 239,
   243~45, 251, 450, 463, 482, 614, 667, 714

키튼, 버스터Keaton, Buster, 미국 배우, 감독 423

킨스키, 나스타샤Kinski, Nastassja, 독일 출신 배우 571

킬머, 발Kilmer, Val, 미국 배우 426

ㅌ

타란티노, 쿠엔틴Tarantino, Quentin, 미국 감독 597, 614

타르콥스키, 안드레이Tarkovsky, Andrei, 러시아 감독, 저자 116~17, 145, 183,
   204, 220, 343, 376~77, 407, 459, 475, 506, 517, 532, 574, 579~82, 596, 598,

601, 703, 722, 739, 794

타미로프, 아킴 Tamiroff, Akim, 러시아 출신 미국 배우 508

타비아니, 파올로 & 비토리오 Taviani, Paolo & Vittorio, 이탈리아 감독들 662

타티, 자크 Tati, Jacques, 프랑스 배우, 감독 110, 115, 117, 146, 181, 198, 231, 286,

291, 293~302, 304~307, 312, 319, 359, 361, 373, 396~97, 413, 423, 460~61,

470, 476, 487, 502~503, 533, 537~40, 655, 663~64, 695, 697, 712, 722, 747~48,

753, 787, 794, 804, 808~809

탠디, 제시카 Tandy, Jessica, 미국 배우 256, 260

터너, 캐슬린 Turner, Kathleen, 미국 배우 528

테송, 샤를 Tesson, Charles, 프랑스 저자 497

테시네, 앙드레 Téchiné, André, 프랑스 감독 144, 155

테세드르, 안 Teyssèdre, Anne, 프랑스 배우 614

토르나토레, 주세페 Tornatore, Giuseppe, 이탈리아 감독 423

토터, 오드리 Totter, Audrey, 미국 배우 489

톨스토이, 레프 니콜라예비치 Tolstoy, Lev Nikolayevich, 러시아 저자 41

투르뇌르, 모리스 Tourneur, Maurice, 프랑스 감독 104

투르뇌르, 자크 Tourneur, Jacques, 미국 감독 70, 134, 236, 285, 528, 666

투이, 데이비드 Twohy, David, 미국 감독 215

툴린, 잉리드 Thulin, Ingrid, 스웨덴 배우 280

트라볼타, 존 Travolta, John, 미국 배우, 무용가 443

트랭티냥, 장-루이 Trintignant, Jean-Louis, 프랑스 배우, 감독 143, 464, 502, 596

트뤼포, 프랑수아 Truffaut, François, 프랑스 감독 122, 128, 152, 156, 285, 340,

361, 403, 414~15, 432, 486, 504, 527, 541, 544, 603~604, 607, 641, 654, 696

트리에, 라스 폰 Trier, Lars von, 덴마크 감독 571, 635~36

티어니, 진 Tierney, Gene, 미국 배우 135

틸레, 빌헬름 Thiele, Whilhelm, 독일 감독 206

ㅍ

파노, 미셸 Fano, Michel, 프랑스 작곡가, 이론가, 감독 314, 357, 359

파뇰, 마르셀 Pagnol, Marcel, 프랑스 저자, 감독 128, 152~53

파라자노프, 세르게이 Parajanov, Sergei, 소련 화가, 감독 547, 738

파랄도, 클로드 Faraldo, Claude, 프랑스 감독 502

파를로, 디타 Parlo, Dita, 독일 출신 배우 103~104, 110

파브스트, 게오르그 빌헬름 Pabst, Georg Wilhelm, 독일 감독 35, 80, 82, 106, 142

파솔리니, 피에르 파올로 Pasolini, Pier Paolo, 이탈리아 저자, 감독 172, 612

파스빈더, 라이너 베르너 Fassbinder, Rainer Werner, 독일 감독, 배우, 저자 194,
  664

파스트로네, 조반니 Pastrone, Giovanni, 이탈리아 감독 31

파야, 마누엘 데 Falla, Manuel de, 스페인 작곡가 22

파치노, 알 Pacino, Al, 미국 배우, 감독 419

파크, 닉 Park, Nick, 영국 감독 450

팡크, 아르놀트 Fanck, Arnold, 독일 감독 68

퍼쿨러, 앨런 Pakula, Alan, 미국 감독 228

퍼킨스, 앤서니 Perkins, Anthony, 미국 배우, 감독 384, 522, 747

페데르, 자크 Feyder, Jacques, 벨기에 출신 프랑스 감독 24, 66, 153

페라라, 아벨 Ferrara, Abel, 미국 감독 426, 517, 613

페랭, 자크 Perrin, Jacques, 프랑스 배우, 제작자 143

페레리, 마르코 Ferreri, Marco, 이탈리아 감독 502, 697

페르낭델 Fernandel, 프랑스 배우 153

페르후번, 파울 Verhoeven, Paul, 네덜란드 출신 감독 203

페시, 조 Pesci, Joe, 미국 배우 541

페트로니우스 Petronius, 이탈리아 저자 610

펜, 숀 Penn, Sean, 미국 배우, 감독 279, 572

펠리니, 페데리코 Fellini, Federico, 이탈리아 감독 22, 29, 105, 115~16, 144, 161,
  167, 174, 177~78, 226, 254, 399, 419, 423, 426, 544, 463, 472, 481, 487, 497,
  505, 531, 533, 623, 626~27, 636~39, 664, 693, 696, 702, 705, 722, 740, 746

포, 에드거 앨런 Poe, Edgar Allan, 미국 저자 135

포글러, 뤼디거 Vogler, Rüdiger, 독일 배우 88, 504

포드, 글렌 Ford, Glenn, 미국 배우 168

포드, 존 Ford, John, 미국 감독 30, 86, 142, 147, 163, 483, 647, 666

포드, 해리슨Ford, Harrison, 미국 배우 189, 533, 723

포먼, 밀로스Forman, Milos, 체코슬로바키아 출신 감독 635~36

포시, 밥Fosse, Bob, 미국 무용가, 안무가, 감독 455

포이, 브라이언Foy, Bryan, 미국 감독 68

포이티어, 시드니Poitier, Sidney, 미국 배우, 감독 168

포크너, 윌리엄Faulkner, William, 미국 저자, 시나리오작가 152

포터, 에드윈Porter, Edwin, 미국 감독 22, 32

폰 쉬도브, 막스Von Sydow, Max, 스웨덴 배우 661

폴락, 시드니Pollack, Sidney, 미국 감독 661

폴란스키, 로만Polanski, Roman, 폴란드 출신 감독 142, 243, 418, 462, 533

퐁단, 뱅자맹Fondane, Benjamin, 프랑스 저자 141

퐁스, 크리스토프Pons, Christophe, 프랑스 비평가 345

푸돕킨, 프세볼로트Pudovkin, Vsevolod, 소련 감독 208, 309~12, 386, 569, 728, 805

푸스코, 조반니Fusco, Giovanni, 이탈리아 작곡가 165, 167

풀러, 새뮤얼Fuller, Samuel, 미국 감독, 배우 691

풀먼, 빌Pullman, Bill, 미국 배우 233

프라이, 글렌Frye, Glen, 미국 가수 564, 652

프라이스, 빈센트Price, Vincent, 미국 배우, 저자 136

프랑쥐, 조르주Franju, Georges, 프랑스 감독 280

프랑크, 세자르Franck, César, 벨기에 출신 작곡가 477

프랜시스, 케이Francis, Kay, 미국 배우 118

프레네, 피에르Fresnay, Pierre, 프랑스 배우 346

프레민저, 오토Otto, Preminger, 미국 감독 124, 134, 170, 417, 478

프레베르, 자크Prévert, Jacques, 프랑스 저자, 시나리오작가 152

프로코피예프, 세르게이Prokofiev, Sergei, 러시아 작곡가 30, 241, 267

프루스트, 마르셀Proust, Marcel, 프랑스 저자 20, 367, 378, 791

프리드킨, 윌리엄Friedkin, William, 미국 감독 205, 224, 227, 416

프리먼, 모건Freeman, Morgan, 미국 배우 666

프리어스, 스티븐Frears, Stephen, 영국 감독 205

플라이셔, 데이브Fleischer, Dave, 미국 감독 77

플라이셔, 리처드Fleischer, Richard, 미국 감독 422

플랑케트, 로베르Planquette, Robert, 프랑스 작곡가 676

플래허티, 로버트Flaherty, Robert, 미국 감독 65

플레밍, 빅터Fleming, Victor, 미국 감독 148, 510

플레 , 수잰Pleshette, Susanne, 미국 배우 256, 258

플레전스, 도널드Pleasence, Donald, 영국 배우 191

플로리, 로베르Florey, Robert, 프랑스 감독, 저자 505

플로베르, 귀스타브Flaubert, Gustave, 프랑스 저자 42, 208, 524, 606

피기스, 마이크Figgis, Mike, 미국 감독 218

피넬, 뱅상Pinel, Vincent, 프랑스 저자, 역사가 766

피농, 도미니크Pinon, Dominique, 프랑스 배우 145, 464

피슈바인, 실비오Fischbein, Silvio, 아르헨티나 감독 9

피알라, 모리스Pialat, Maurice, 프랑스 감독 242

피지에, 마리-프랑스Pisier, Marie-France, 프랑스 배우 144

피콜리, 미셸Piccoli, Michel, 프랑스 배우 150

픽, 루푸Lupu, Pick, 루마니아 출신 독일 감독 33

핀처, 데이비드Fincher, David, 미국 감독 39, 169, 566, 666

ㅎ

하네케, 미하엘Haneke, Michael, 오스트리아 감독 143

하스미 시게히코蓮實重彦, 일본 저자 697

하우어르, 륏허르Hauer, Rutger, 네덜란드 출신 배우 535, 698

하이엄스, 피터Hyams, Peter, 미국 감독 509

하조스, 조Hajos, Joe, 프랑스 편곡자 676

하트스톤, 그레이엄Hartstone, Graham, 영국 사운드 엔지니어 221

해링, 로라Harring, Laura, 미국 배우 507

해밀, 마크Hamill, Mark, 미국 배우 220

해밀턴, 치코Hamilton, Chico, 미국 작곡가 419

해밋, 대실Hammett, Dashiell, 미국 저자 570

해서웨이, 헨리 Hathaway, Henry, 미국 감독 160, 163

해커링, 에이미 Heckerling, Amy, 미국 감독 227

해크먼, 진 Hackman, Gene, 미국 배우 192, 506

허드슨, 휴 Hudson, Hugh, 영국 감독 208

허먼, 버나드 Herrmann, Bernard, 미국 작곡가 322, 409, 625, 647, 675

허우샤오셴侯孝賢, 대만 감독 426

허트, 윌리엄 Hurt, William, 미국 배우 132, 234~35, 484, 528, 616

허트, 존 Hurt, John, 영국 배우 199~200, 228, 518

헌터, 홀리 Hunter, Holly, 미국 배우 228

헤드런, 티피 Hedren, 'Tippi,' 미국 배우 256

헤어초크, 베르너 Herzog, Werner, 독일 감독 531

헤이건, 진 Hagen, Jean, 미국 배우 224~25

헤이스, 윌 Hays, Will, 미국 정치인 545

헤이워스, 리타 Hayworth, Rita, 미국 무용가, 배우 597

헤인스, 랜다 Haines, Randa, 미국 감독 132, 234, 484

헤일리, 빌 Haley, Bill, 미국 가수 168

헬프갓, 데이비드 Helfgott, David, 오스트리아 피아니스트 698

헵번, 오드리 Hepburn, Audrey, 미국 배우 506

호메로스 Homeros, 그리스 시인 610

호블릿, 그레고리 Hoblit, Gregory, 미국 감독 565

호샤, 파울루 Rocha, Paulo, 포르투갈 감독 413

호퍼, 데니스 Hopper, Dennis, 미국 배우, 감독 29, 526, 595, 691

호프먼, 더스틴 Hoffman, Dustin, 미국 배우 225, 228, 447, 482

혹스, 하워드 Hawks, Howard, 미국 감독 80, 275, 283, 413, 534, 541, 632

홈, 이언 Holm, Ian, 영국 배우 200, 276

홉킨스, 앤서니 Hopkins, Anthony, 영국 배우 481, 571

휴스턴, 존 Huston, John, 미국 배우, 감독 124, 142, 216, 658

히어맨, 빅터 Heerman, Victor, 미국 감독 66

히치콕, 앨프리드 Hitchcock, Alfred, 영국 출신 감독 7, 35, 38, 44, 69, 104, 117,
    124, 126~27, 131, 135, 174, 179, 188, 236, 254~55, 257, 259, 264, 267~68, 275,

277, 299, 312, 317, 322, 325, 372, 383~84, 416, 420, 422, 425, 432, 435~37, 450, 472, 548~49, 552, 558~59, 594, 598, 622, 639~42, 646, 648, 651, 656, 661, 665~67, 695, 747, 794

힉스, 스콧Hicks, Scott, 오스트레일리아 감독 698

찾아보기(영화명)*

〈10월 Oktyabr〉, 1927, 세르게이 에이젠슈테인/그리고리 알렉산드로프 66, 726, 783

〈13번째 전사 The 13th Warrior〉, 1999, 존 맥티어넌 483

〈1933년의 황금광들 Gold Diggers of 1933〉, 1933, 머빈 르로이 698

〈1935년의 황금광들 Gold Diggers of 1935〉, 1935, 버스비 버클리 197, 267, 318

〈2001 스페이스 오디세이 2001: A Space Odyssey〉, 1968, 스탠리 큐브릭 86, 115, 166, 173, 181, 183, 191~92, 220, 231, 273, 275, 286, 319, 405, 455, 506, 509, 520, 551, 567, 618, 735

〈2010 우주여행 2010〉, 1984, 피터 하이엄스 509

〈400번의 구타 Les Quatre cent coups〉, 1959, 프랑수아 트뤼포 340, 486, 505, 541, 544, 696

〈42번가 42th Street〉, 1933, 로이드 베이컨/버스비 버클리 80, 267

〈5시부터 7시까지의 클레오 Cléo de 5 à 7〉, 1962, 아녜스 바르다 156, 325, 420

〈51번 서류 Le Dossier 51〉, 1978, 미셸 드빌 718

〈7월 14일 Quatorze Juillet〉, 1933, 르네 클레르 231

〈8과 1/2 Otto e mezzo〉, 1963, 페데리코 펠리니 105, 116, 254, 399, 487, 627

〈E.T.〉, 1982, 스티븐 스필버그 519

〈M M., Eine Stadt sucht einen Mörder〉, 1931, 프리츠 랑 47, 69, 83~84, 88~89, 91, 93, 99, 119~20, 197, 282, 324, 622, 667

〈T 박사의 피아노 레슨 The 5,000 Fingers of Dr. T.〉, 1953, 로이 롤랜드 667

〈THX 1138〉, 1971, 조지 루카스 190~92, 512~13, 740

〈Z〉, 1969, 콘스탄틴 코스타-가브라스 143

---

*　[옮긴이] 영화명은 한국어 제목, 제작국의 영화명, 개봉 연도, 감독명의 순서로 표기했다.

ㄱ

〈가스등Gaslight〉, 1944, 조지 큐커 483

〈가을 소나타Höstsonaten〉, 1978, 잉마르 베리만 462

〈가을 햇살秋日和〉, 1960, 오즈 야스지로 664

〈가자, 항해자여Now Voyager〉, 1942, 어빙 래퍼 127

〈가족 생활Family Life〉, 1971, 켄 로치 544

〈가족 음모Family Plot〉, 1976, 앨프리드 히치콕 268

〈가족의 보물The Family Jewels〉, 1965, 제리 루이스 597

〈감사한 삶Merci la vie〉, 1991, 베르트랑 블리에 479, 603

〈강가딘Gunga Din〉, 1939, 조지 스티븐스 163

〈개 같은 날의 오후A Dog Day Afternoon〉, 1975, 시드니 루멧 419

〈갱스 오브 뉴욕Gangs of New York〉, 2002, 마틴 스코세이지 228

〈거울Zerkalo〉, 1975, 안드레이 타르콥스키 204, 506, 575~76

〈거울을 통해 어렴풋이Sàsom i en spegel〉, 1961, 잉마르 베리만 473, 483

〈거짓말하는 남자L'Homme qui ment〉, 1968, 알랭 로브-그리예 596, 719

〈검은 물 밑에서仄暗い水の底から〉, 2002, 나카타 히데오 215, 698

〈게르트루트Gertrud〉, 1964, 칼 테오도르 드레이어 553, 555

〈게임의 규칙La Règle du jeu〉, 1939, 장 르누아르 109, 124, 130, 547

〈계부Beau-père〉, 1981, 베르트랑 블리에 603, 609

〈계엄령État de siège〉, 1973, 콘스탄틴 코스타-가브라스 143

〈고스포드 파크Gosford Park〉, 2002, 로버트 올트먼 706

〈공공의 적Public Enemy〉, 1931, 윌리엄 웰먼 47, 99, 323, 422, 623

〈공포의 보수Salaire de la peur〉, 1953, 앙리-조르주 클루조 163

〈공포의 외침Cry Terror〉, 1958, 앤드루 스톤 206

〈과거로부터Out of the Past〉, 1947, 자크 투르뇌르 134

〈광란의 사랑Wild at Heart〉, 1990, 데이비드 린치 90, 205, 233, 467

〈광란자Cruising〉, 1980, 윌리엄 프리드킨 205

〈국가의 탄생The Birth of a Nation〉, 1915, 데이비드 워크 그리피스 29, 402

〈군중The Crowd〉, 1928, 킹 비더 41, 66

〈그 남자는 거기 없었다The Man Who Wasn't There〉, 2002, 조엘 코언/이선 코언

462

〈그녀에게 *Hable con ella*〉, 2002, 페드로 알모도바르 571

〈그레이스토크: 타잔의 전설 *Greystoke: The Legend of Tarzan, Lord of the Apes*〉,
   1984, 휴 허드슨 208

〈그레이트 스파이 체이스 *Les Barbouzes*〉, 1964, 조르주 로트네 241

〈그리고 배는 항해한다 *E la nave va*〉, 1983, 페데리코 펠리니 547

〈그리스인 조르바 *Zorba the Greek*〉, 1964, 미카엘 카코야니스 144

〈금단의 여자 *La Femme défendue*〉, 1997, 필립 아렐 544, 546, 718

〈금지된 사랑 *Un cœur en hiver*〉, 1992, 클로드 소테 419, 486, 529

〈금지된 혹성 *Forbidden Planet*〉, 1956, 프레드 윌콕스 220, 507, 510

〈긴 이별 *The Long Goodbye*〉, 1973, 로버트 올트먼 193, 477, 526, 528

〈길 *La strada*〉, 1954, 페데리코 펠리니 144

〈길 위의 천사 馬路天使〉, 1937, 위안무즈 657

〈길은 아름답다 *La Route est belle*〉, 1929, 로베르 플로리 99, 505

〈길의 노래 *Pather Panchali*〉, 1955, 사티아지트 레이 698

〈까마귀 *Le Corbeau*〉, 1943, 앙리-조르주 클루조 124, 469, 738

〈까마귀 기르기 *Cría cuervos*〉, 1976, 카를로스 사우라 546, 656

〈꼬마 돼지 베이브 *Babe*〉, 1995, 크리스 누넌 227, 513

〈꽁치의 맛 秋刀魚の味〉, 1962, 오즈 야스지로 664

〈꽉 찬 하루 *Une journée bien remplie*〉, 1972, 장-루이 트랭티냥 502

〈꿀단지 *Honeypot*〉, 1966, 조지프 맹키위츠 385

〈꿈 夢〉, 1990, 구로사와 아키라 244~47, 698, 725, 754

〈꿈을 꾸자 *Faisons un rêve*〉, 1936, 사샤 기트리 470

ㄴ

〈나, 흑인 *Moi, un Noir*〉, 1958, 장 루슈 156

〈나는 결백하다 *To Catch a Thief*〉, 1955, 앨프리드 히치콕 127, 594

〈나는 고백한다 *I Confess*〉, 1952, 앨프리드 히치콕 553

〈나는 네가 지난여름에 한 일을 알고 있다 *I Know What You Did Last Summer*〉,
   1997, 짐 길레스피 553

〈나는 비밀을 알고 있다 *The Man Who Knew Too Much*〉, 1934, 앨프리드 히치콕
   559

〈나는 비밀을 알고 있다 *The Man Who Knew Too Much*〉, 1956, 앨프리드 히치콕
   450, 623

〈나는 살고 싶다 *I Want to Live*〉, 1958, 로버트 와이즈 456

〈나는 집으로 간다 *Je rentre à la maison*〉, 2001, 마누엘 지 올리베이라 424

〈나는 탈옥수 *I am a Fugitive from Chain Gang*〉, 1932, 머빈 르로이 80

〈나라야마 부시코 楢山節考〉, 1983, 이마무라 쇼헤이 456

〈나무 십자가 *Les Croix de bois*〉, 1931, 레몽 베르나르 26, 80, 82, 91, 142

〈나의 20세기 *Az én XX. századom*〉, 1989, 일디코 엔예디 520

〈나의 성생활: 나는 어떻게 싸웠는가 *Comment je me suis disputé... (ma vie
   sexuelle)*〉, 1996, 아르노 데플레생 155, 607

〈나의 아저씨 *Mon oncle*〉, 1958, 자크 타티 231, 302, 470, 533, 540, 753

〈나의 왼발 *My Left Foot*〉, 1989, 짐 셰리던 228

〈나이트메어 2: 프레디의 복수 *A Nightmare on Elm Street*〉, 1985, 웨스 크레이븐
   205

〈나이트폴 *Nightfall*〉, 1957, 자크 투르뇌르 236, 528

〈나폴레옹 *Napoléon*〉, 1925-27-32, 아벨 강스 84

〈낡은 것과 새로운 것 *Staroye i novoye*〉, 1929, 세르게이 에이젠슈테인 78, 96, 208

〈남성, 여성 *Masculin-Féminin*〉, 1966, 장-뤽 고다르 116

〈남편들 *Husbands*〉, 1970, 존 카사베츠 426

〈낯선 사람에게서 전화가 올 때 *When a Stranger Calls*〉, 1979, 프레드 월턴 559

〈내가 속인 진실 *La Vérité si je mens*〉, 1996, 토마 질루 1996

〈내겐 너무 이쁜 당신 *Trop belle pour toi*〉, 1989, 베르트랑 블리에 603

〈내 사랑 시카고 *Pennies from Heaven*〉, 1982, 허버트 로스 619

〈내쉬빌 *Nashville*〉, 1975, 로버트 올트먼 193

〈내 피부를 돌려줘 *Rendez-moi ma peau*〉, 1980, 파트릭 슐만 734

〈냉혈한 *In Cold Blood*〉, 1967, 리처드 브룩스 697

〈너티 프로페서 *The Nutty Professor*〉, 1963, 제리 루이스 455, 479

〈널리 퍼지는 소음 *Un bruit qui court*〉, 1983, 장-피에르 상티에/다니엘 랄루 502

〈네 멋대로 해라 À bout de souffle〉, 1959, 장-뤽 고다르 128, 156, 170~71, 340, 342, 426, 543~44, 602

〈네이키드 런치 The Naked Lunch〉, 1991, 데이비드 크로넌버그 276, 515

〈노래의 탄생 A Song is Born〉, 1948, 하워드 혹스 632

〈노래하는 바보 The Singing Fool〉, 1928, 로이드 베이컨 62

〈누벨 바그 Nouvelle Vague〉, 1990, 장-뤽 고다르 509

〈눈은 더러웠다 La Neige était sale〉, 1954, 루이스 사슬라프스키 610

〈뉴욕의 불빛 Lights of New York〉, 1928, 브라이언 포이 68

〈뉴욕의 왕 A King in New York〉, 1957, 찰리 채플린 50~52, 54

〈늑대와 춤을 Dance with the Wolves〉, 1990, 케빈 코스트너 142

〈늑대의 시간 Vargtimmen〉, 1968, 잉마르 베리만 546

〈늑대인간의 습격 Wolfen〉, 1981, 마이클 워들리 203

ㄷ

〈다운 바이 로 Down by Law〉, 1985, 짐 자무시 532

〈다이얼 M을 돌려라 Dial M for Murder〉, 1954, 앨프리드 히치콕 44, 433

〈다이하드 1 Die Hard〉, 1987, 존 맥티어넌 528

〈다이하드 3 Die Hard 3〉, 1995, 존 맥티어넌 528

〈다크 코너 Dark Corner〉, 1946, 헨리 해서웨이 160, 666

〈다크 패시지 Dark Passage〉, 1947, 델머 데이브스 525, 546, 648, 718

〈닥터 스트레인지러브 Doctor Strangelove(or, How I Learned to Stop Worring and Love the Bomb)〉, 1964, 스탠리 큐브릭 558

〈닥터 지바고 Doctor Zhivago〉, 1965, 데이비드 린 548

〈단순한 경우 Prostoy sluchay〉, 1930, 프세볼로트 푸돕킨 386

〈달의 목소리 La voce della luna〉, 1990, 페데리코 펠리니 472, 528

〈달의 장 Jean de la lune〉, 1931, 장 슈 69, 107

〈달콤한 인생 La dolce vita〉, 1959, 페데리코 펠리니 29, 161, 174, 176~77, 182, 254~55, 419, 426, 454, 463, 469, 531, 533, 696, 702, 714

〈담포포 タンポポ〉, 1986, 이타미 주조 546

〈대부 1 The Godfather〉, 1972, 프랜시스 포드 코폴라 225, 425, 637

〈대부 2 The Godfather Parti 2〉, 1974, 프랜시스 포드 코폴라 226

〈대서양의 남자 L'Homme atlantique〉, 1981, 마르그리트 뒤라스 742

〈대열차 강도 The Great Train Robbery〉, 1903, 에드윈 포터 22

〈대지 Zemlya〉, 1930, 알렉산드르 도브젠코 78

〈대지의 눈물 Ashani Sanket〉, 1973, 사티아지트 레이 532

〈대지진 Earthquake〉, 1974, 마크 롭슨 197

〈더 게임 The Game〉, 1997, 데이비드 핀처 566

〈더러운 이야기 Une sale histoire〉, 1977, 장 외스타슈 612

〈더 록 The Rock〉, 1996, 마이클 베이 248

〈데니스는 통화 중 Denise Calls Up〉, 1995, 할 샬웬 558

〈데드 맨 워킹 Dead Man Walking〉, 1995, 팀 로빈스 279, 571

〈델리카트슨 사람들 Delicatessen〉, 1991, 마르크 카로/장-피에르 죄네 450

〈델마와 루이스 Thelma & Louise〉, 1990, 리들리 스콧 228, 233, 561, 563, 651,
   751

〈도둑의 고속도로 Thieves Highway〉, 1949, 줄스 다신 163

〈도리안 그레이의 초상 The Picture of Dorian Gray〉, 1945, 앨버트 르윈 629

〈도망자 The Fugitive〉, 1993, 앤드루 데이비스 444, 469

〈도박사 봅 Bob le flambeur〉, 1956, 장-피에르 멜빌 183, 484

〈도살자 Le Boucher〉, 1970, 클로드 샤브롤 275

〈도시의 거리 City Streets〉, 1931, 루벤 마물리언 134, 570

〈도심 속의 방 Une Chambre en ville〉, 1982, 자크 드미 35~36, 157

〈도어스 The Doors〉, 1991, 올리버 스톤 426

〈독일영년 Germania anno zero〉, 1947, 로베르토 로셀리니 339

〈독일, 창백한 어머니 Deutschland, bleiche Mutter〉, 1980, 헬마 잔더스-브람스
   467

〈돈 L'Argent〉, 1983, 로베르 브레송 697

〈돈 조반니 Don Giovanni〉, 1980, 조지프 로지 211

〈돈 주앙 Don Juan〉, 1926, 앨런 크로슬랜드 64~65

〈동경 이야기 東京物語〉, 1953, 오즈 야스지로 412

〈동물원 인터뷰 Creature Comforts〉, 1992, 닉 파크 450

〈동백꽃 없는 숙녀 *La signora senza camelie*〉, 1953, 미켈란젤로 안토니오니 165

〈동정 없는 세상 *Un monde sans pitié*〉, 1990, 에릭 로샹 155

〈동지애 *Kameradschaft*〉, 1931, 게오르그 빌헬름 파브스트 35, 80, 82, 533

〈뒤로 가는 연인들 *The Rules of Attraction*〉, 2002, 로저 애버리 218

〈디 아더스 *The Others*〉, 2002, 알레한드로 아메나바르 215

〈디어 헌터 *The Deer Hunter*〉, 1978, 마이클 치미노 337, 425

〈딜린저는 죽었다 *Dillinger è morto*〉, 1969, 마르코 페레리 502

〈떠오르는 태양 *Rising Sun*〉, 1993, 필립 카우프먼 697

〈또 아빠래? *Les Compères*〉, 1983, 프랑시스 베베르 155

〈똑바로 살아라 *Do the Right Thing*〉, 1989, 스파이크 리 424

ㄹ

〈라디오 데이즈 *Radio Days*〉, 1987, 우디 앨런 415

〈라쇼몽 羅生門〉, 1950, 구로사와 아키라 174~75, 698

〈라임라이트 *Limelight*〉, 1952, 찰리 채플린 57

〈라탈랑트 *L'Atalante*〉, 1934, 장 비고 84, 100, 102~109, 111~12, 122, 153, 319,
      345, 506, 523

〈란 乱〉, 1985, 구로사와 아키라 704

〈랑주 씨의 범죄 *Le Crime de Monsieur Lange*〉, 1936, 장 르누아르 151

〈랑페르 *L'Enfer*〉, 1994, 클로드 샤브롤 665

〈러브 미 투나잇 *Love Me Tonight*〉, 1932, 루벤 마물리언 80, 107, 323, 368

〈러시아 방주 *Russkiy kovcheg*〉, 2002, 알렉산드르 소쿠로프 22, 118, 461

〈런던의 늑대인간 *An American Werewolf in London*〉, 1981, 존 랜디스 658

〈럼블피쉬 *Rumble Fish*〉, 1983, 프랜시스 포드 코폴라 124, 236, 471, 523, 528

〈레오 더 라스트 *Leo the Last*〉, 1970, 존 부어먼 547

〈레오파드 *Il gattopardo*〉, 1962, 루키노 비스콘티 425, 637, 704

〈레이더스 *Raiders of the Lost Arch*〉, 1981, 스티븐 스필버그 205, 208, 215

〈레이디 킬러 *Gueule d'amour*〉, 1937, 장 그레미용 236

〈레인맨 *Rain Man*〉, 1988, 배리 레빈슨 228, 447, 452, 469, 482, 696

〈레인 오브 파이어 *Reign of Fire*〉, 2001, 롭 보먼 215

〈로드 하우스*Road House*〉, 1948, 장 네굴레스코 413

〈로라*Laura*〉, 1944, 오토 프레민저 124, 134, 139, 417, 478

〈로보캅*Robocop*〉, 1987, 파울 페르후번 203

〈로스트 패트롤*The Lost Patrol*〉, 1934, 존 포드 30

〈로스트 하이웨이*Lost Highway*〉, 1997, 데이비드 린치 233, 535, 753

〈로즈*The Rose*〉, 1979, 마크 라이델 216

〈로코와 그 형제들*Rocco e i suoi fratelli*〉, 1960, 루키노 비스콘티 269

〈로프*Rope*〉, 1948, 앨프리드 히치콕 118, 280, 420, 433, 466, 553

〈록키*Rockey*〉, 1976, 존 아빌드센 209, 216

〈록키 2*Rockey 2*〉, 1979, 실베스터 스탤론 209, 216

〈록키 호러 픽쳐 쇼*The Rocky Horror Picture Show*〉, 1975, 짐 셔먼 514

〈롤라 몽테스*Lola Montès*〉, 1955, 막스 오퓔스 346, 670

〈롤리타*Lolita*〉, 1962, 스탠리 큐브릭 183

〈루는 '아니요'라고 말하지 않았다*Lou n'a pas dit non*〉, 1994, 안-마리 미에빌
   564

〈룰루*Loulou*〉, 1980, 모리스 피알라 558

〈르브로트*Rebelote*〉, 1983, 자크 리샤르 502

〈리베라 메*Libera me*〉, 1993, 알랭 카발리에 501, 613

〈리벨라이*Liebelei*〉, 1933, 막스 오퓔스 670

〈리스본 스토리*Lisbon Story*〉, 1995, 빔 벤더스 504

〈리틀 시저*The Little Caesar*〉, 1930, 머빈 르로이 66

〈리틀 오데사*Little Odessa*〉, 1994, 제임스 그레이 228

〈리피피*Du rififi chez les hommes*〉, 1955, 줄스 다신 416

〈링リング〉, 1998, 나카타 히데오 422

□

〈마농의 샘 1*Jean de Florette*〉, 1986, 클로드 베리 154

〈마농의 샘 2*Manon des sources*〉, 1986, 클로드 베리 228

〈마담 드…*Madame de...*〉, 1953, 막스 오퓔스 571, 682

〈마돈나 거리에서 한탕*I soliti ignoti*〉, 1958, 마리오 모니첼리 425

〈마리아에 경배를*Je vous salue Marie*〉, 1985, 장-뤽 고다르 533, 568

〈마리우스*Marius*〉, 1931, 알렉산더 코다 128

〈마부제 박사의 유언*Das Testament des Dr. Mabuse*〉, 1933, 프리츠 랑 25, 29, 50,
     79~80, 88~89, 120~21, 315, 561, 694~95, 732, 747, 753, 761, 765

〈마빈 가든스의 왕*The King of Marvin Gardens*〉, 1971, 밥 라펠슨 547

〈마술피리*Trollflötjen*〉, 1975, 잉마르 베리만 445

〈마약에 대한 약탈*Razzia sur la chnouf*〉, 1955, 앙리 드쿠앵 516

〈마음의 자리에서*À la place du cœur*〉, 1998, 로베르 게디기앙 154

〈마음의 저편*One from the Heart*〉, 1982, 프랜시스 포드 코폴라 619

〈마이너리티 리포트*Minority Report*〉, 2002, 스티븐 스필버그 422

〈마이키 이야기*Look Who's Talking*〉, 1989, 에이미 해커링 227, 513

〈마이 페어 레이디*My Fair Lady*〉, 1964, 조지 큐커 506

〈마지막 웃음*Der letzte Mann*〉, 1924, 프리드리히 빌헬름 무르나우 33, 85, 92,
     208, 450

〈마지막 황제*The Last Emperor*〉, 1987, 베르나르도 베르톨루치 205

〈마태복음*Il vangelo secondo Matteo*〉, 1964, 피에르 파올로 파솔리니 465

〈마티니*Matinee*〉, 1993, 조 단테 423

〈만신절의 여행자*Le Voyageur de la Toussaint*〉, 1942, 루이 다캥 151

〈만인의 여인*La signora di tutti*〉, 1934, 막스 오퓔스 483, 670, 692

〈망향*Pépe le Moko*〉, 1937, 쥘리앵 뒤비비에 120, 322, 665

〈매그놀리아*Magnolia*〉, 1999, 폴 토머스 앤더슨 589

〈매드 맥스*Mad Max*〉, 1979, 조지 밀러 209

〈매트릭스*Matrix*〉, 1999, 라나 워쇼스키/릴리 워쇼스키 475

〈맨해튼*Manhattan*〉, 1979, 우디 앨런 609

〈맨해튼의 두 사람*Deux hommes dans Manhattan*〉, 1959, 장-피에르 멜빌 183

〈머나먼 서부*The Far Country*〉, 1955, 앤서니 만 126, 474

〈먼 목소리, 조용한 삶*Distant Voices, Still Lives*〉, 1988, 테런스 데이비스 470

〈멀홀랜드 드라이브*Mulholland Drive*〉, 2001, 데이비드 린치 236, 239, 317, 506

〈멋진 드레서*The Dresser*〉, 1984, 피터 예이츠 424, 704

〈멋진 인생*It's a Wonderful Life*〉, 1946, 프랭크 카프라 520

〈메트로폴리스 *Metropolis*〉, 1926, 프리츠 랑 66, 78, 567

〈멜로 *Mélo*〉, 1986, 알랭 레네 614~15

〈모니카와 지낸 여름 *Sommaren med Monika*〉, 1953, 잉마르 베리만 590

〈모던 타임즈 *Modern Times*〉, 1936, 찰리 채플린 48~50, 53, 57, 78, 122, 182, 567

〈모든 것은 사랑만 한 가치가 없다 *Tout ça ne vaut pas l'amour*〉, 1930, 자크
투르뇌르 70

〈몬티 파이튼의 성배 *Monty Python and the Holy Grail*〉, 1974, 테리 길리엄/테리
존스 222

〈못 말리는 비행사 *Hot Shots*〉, 1991, 짐 에이브러햄스 446

〈몽블랑의 폭풍 *Stürme über dem Mont-Blanc*〉, 1930, 아르놀트 팡크 68

〈무대 공포증 *Stagefright*〉, 1950, 앨프리드 히치콕 135, 325

〈무도회의 수첩 *Un carnet de bal*〉, 1937, 쥘리앵 뒤비비에 97, 413

〈무방비 도시 *Roma città apeta*〉, 1945, 로베르토 로셀리니 149

〈무분별 *Indiscreet*〉, 1958, 스탠리 도넌 564

〈무서운 아이들 *Les Enfants terribles*〉, 1949, 장-피에르 멜빌 29, 183, 469, 533

〈무서운 영화 *Scary Movie*〉, 2000, 키넌 아이보리 웨이언스 561

〈무성영화 *Silent Movie*〉, 1976, 멜 브룩스 502

〈무셰트 *Mouchette*〉, 1967, 로베르 브레송 180

〈무슈 갱스터 *Les Tontons flingueurs*〉, 1963, 조르주 로트네 241

〈물속의 칼 *Nóz w wodzie*〉, 1962, 로만 폴란스키 243

〈뮈리엘 *Muriel ou le temps d'un retour*〉, 1963, 알랭 레네 157, 488, 613

〈미국인 친구 *Der Amerikanische Freund*〉, 1977, 빔 벤더스 526, 691

〈미녀갱 카르멘 *Prénom Carmen*〉, 1984, 장-뤽 고다르 734

〈미녀와 야수 *La Belle et la bête*〉, 1946, 장 콕토 518

〈미드나잇 카우보이 *Midnight Cowboy*〉, 1969, 존 슐레진저 225

〈미드웨이 *Midway*〉, 1976, 잭 스마이트 197

〈미션 *The Mission*〉, 1986, 롤랑 조페 169, 188

〈미션 임파서블 *Mission: Impossible*〉, 1996, 브라이언 드 팔마 240, 416

〈미스 유럽 *Prix de Beauté*〉, 1930, 아우구스토 제니나 69, 80, 420~21

〈미스터 굿바를 찾아서 *Looking for Mr. Goodbar*〉, 1977, 리처드 브룩스 697

〈미스터 아카딘 *Confidential Report/Mr. Arkadin*〉, 1955, 오슨 웰스 491, 496~97, 534

〈미제국의 몰락 *Le Déclin de l'empire américain*〉, 1986, 드니 아르캉 612

〈미지와의 조우 *Close Encounters of the Third Kind*〉, 1977, 스티븐 스필버그 198, 530, 754

〈미지의 여인에게서 온 편지 *Lettre d'une inconnue*〉, 1948, 막스 오퓔스 137

〈미치광이 피에로 *Pierrot, le fou*〉, 1965, 장-뤽 고다르 534, 602, 607

〈미친 노래 *Croon Crazy*〉, 1933, 스티브 머퍼티 76

〈밀고자 *The Informer*〉, 1935, 존 포드 86, 647

〈밀레니엄 맘보 千禧蔓波〉, 2001, 허우샤오셴 426

ㅂ

〈바나나 공화국 *Bananas*〉, 1971, 우디 앨런 479

〈바다의 침묵 *Le Silence de la mer*〉, 1947, 장-피에르 멜빌 183

〈바람 *The Wind*〉, 1928, 빅토르 셰스트룀 25, 208

〈바람과 함께 사라지다 *Gone with the Wind*〉, 1939, 빅터 플레밍 148~49, 272

〈바보 같은 자의 비극 *La tragedia di un uomo ridicolo*〉, 1980, 베르나르도 베르톨루치 748

〈바이 바이 버디 *Bye Bye Birdy*〉, 1963, 조지 시드니 564

〈바톤 핑크 *Barton Fink*〉, 1991, 조엘 코언/이선 코언 712

〈반지의 제왕 *The Lord of the Rings*〉, 2001~2003, 피터 잭슨 169

〈밤 *La notte*〉, 1961, 미켈란젤로 안토니오니 166, 178, 254, 463, 698, 714, 755

〈밤과 안개 *Nuit et brouillard*〉, 1956, 알랭 레네 614

〈밤의 제3부분 *Trzecia czesc nocy*〉, 1971, 안드레이 줄랍스키 243

〈배드 캅 *Bad Lieutenant*〉, 1992, 아벨 페라라 517, 613

〈배리 린든 *Barry Lindon*〉, 1975, 스탠리 큐브릭 42, 706

〈백만장자 *Le Million*〉, 1931, 르네 클레르 106~107

〈백만장자와 결혼하는 법 *How to Marry a Millionaire*〉, 1953, 장 네굴레스코 564

〈백설 공주와 일곱 난쟁이 *Snowwhite and the Seven Nains*〉, 1937, 월트 디즈니 81

〈밴드 웨건 *The Band Wagon*〉, 1953, 빈센트 미넬리 765

〈뱀의 알 *The Serpent's Egg*〉, 1977, 잉마르 베리만 425

〈벌거벗은 섬裸の島〉, 1961, 신도 가네토 170, 503

〈범죄와 비행 *Crimes and Misdemeanors*〉, 1989, 우디 앨런 553

〈범죄자 *The Criminals*〉, 1960, 조지프 로지 469

〈베로니카의 이중생활 *La Double vie de Véronique*〉, 1991, 크시슈토프
    키에슬로프스키 235, 463, 714

〈베를린―대도시 교향곡 *Berlin― Die Sinfonie der Großstadt*〉, 1927, 발터 루트만
    367

〈베를린? 여기는 파리 *Allô Berlin? ici Paris!*〉, 1932, 쥘리앵 뒤비비에 82, 95,
    141~42, 505

〈베를린 익스프레스 *Berlin Express*〉, 1948, 자크 투르뇌르 666

〈베를린 천사의 시 *Der Himmel über Berlin*〉, 1987, 빔 벤더스 710

〈베어 *L'Ours*〉, 1988, 장-자크 아노 501

〈베일 속의 여인 *La Discrète*〉, 1990, 크리스티앙 뱅상 155

〈베토벤의 위대한 사랑 *Un grand amour de Beethoven*〉, 1936, 아벨 강스 325, 456

〈병사의 낙원 *Gardens of Stone*〉, 1987, 프랜시스 포드 코폴라 227

〈봄 이야기 *Conte de printemps*〉, 1990, 에릭 로메르 614

〈부도덕한 이야기 *Contes immoraux*〉, 1974, 발레리안 보로브지크 279, 530

〈부드러운 살결 *La Peau douce*〉, 1964, 프랑수아 트뤼포 415~16

〈부부의 거처 *Domicile conjugal*〉, 1970, 프랑수아 트뤼포 504

〈부상을 입은 남자 *L'Homme blessé*〉, 1983, 파트리스 셰로 337

〈북북서로 진로를 돌려라 *North by Northwest*〉, 1959, 앨프리드 히치콕 126~27,
    268, 277, 298, 322, 416, 422, 549, 558~59, 594, 648

〈북호텔 *Hôtel du Nord*〉, 1938, 마르셀 카르네 30, 323, 570

〈분노의 주먹 *Raging Bull*〉, 1980, 마틴 스코세이지 207

〈불릿 *Bullitt*〉, 1968, 피터 예이츠 181, 285, 416, 622, 711

〈불명예 *Dishonored*〉, 1930, 요제프 폰 슈테른베르크 97~98, 457, 640, 757

〈붉은 10월 *Red October*〉, 1990, 존 맥티어넌 484

〈붉은 살의 赤い殺意〉, 1964, 이마무라 쇼헤이 172

〈브레에서의 약속 *Rendez-vous à Bray*〉, 1971, 앙드레 델보 25

〈브로드웨이 멜로디 *Broadway Melody of 1929*〉, 1929, 해리 버먼트 282

〈브론테 자매 *Sœurs Brontë*〉, 1979, 앙드레 테시네 144

〈블레이드 러너 *Blade Runner*〉, 1982, 리들리 스콧 187, 189, 217, 221, 277, 314,
　　329, 374~75, 469, 517, 535, 567, 698, 723, 735, 753

〈블로우 업 *Blow-up*〉, 1966, 미켈란젤로 안토니오니 412

〈블루 *Blue*〉, 1993, 데릭 저먼 351

〈블루 벨벳 *Blue Velvet*〉, 1987, 데이비드 린치 595

〈비밀과 거짓말 *Secrets and Lies*〉, 1996, 마이크 리 85, 235, 565

〈비열한 거리 *Mean Streets*〉, 1973, 마틴 스코세이지 542

〈비열한 견습생 *L'Apprenti salaud*〉, 1977, 미셸 드빌 607

〈비행사의 아내 *La Femme de l'aviateur*〉, 1981, 에릭 로메르 431

〈빅터 빅토리아 *Victor, Victoria*〉, 1982, 블레이크 에드워즈 216

〈빗나간 동작 *Falsche Bewegung*〉, 1974, 빔 벤더스 88

〈빗속의 방문객 *Le Passager de la pluie*〉, 1970, 르네 클레망 124

〈빨간 비둘기 *Palombella rossa*〉, 1989, 난니 모레티 548

ㅅ

〈사구 *Dune*〉, 1984, 데이비드 린치 236, 472, 527~28

〈사기꾼 *The Cheat*〉, 1915, 세실 데밀 40

〈사냥꾼의 밤 *The Night of the Hunter*〉, 1955, 찰스 로턴 667, 711

〈사라진 여인 *A Lady Vanishes*〉, 1938, 앨프리드 히치콕 640, 716, 794

〈사랑 이야기 *À nos amours*〉, 1983, 모리스 피알라 424

〈사랑과 슬픔의 볼레로 *Les Uns et les Autres*〉, 1981, 클로드 를루슈 217

〈사랑은 비를 타고 *Singin' in the Rain*〉, 1952, 스탠리 도넌/진 켈리 48, 224, 445,
　　505, 597, 616, 698, 717, 744

〈사랑의 블랙홀 *The Groundhog Day*〉, 1993, 해럴드 레이미스 439, 506, 650

〈사랑의 아이 *L'Enfant de l'amour*〉, 1930, 마르셀 레르비에 99

〈사랑하는 여인들 *Women in Love*〉, 1970, 켄 러셀 711

〈사랑한다면 이들처럼 *Le Mari de la coiffeuse*〉, 1990, 파트리스 르콩트 471, 529

〈사이드워크 스토리즈 *Sidewalk Stories*〉, 1989, 찰스 레인 502

〈사탄의 태양 아래 *Sous le soleil de Satan*〉, 1987, 모리스 피알라 242, 621

〈사티리콘 *Fellini Satyricon*〉, 1969, 페데리코 펠리니 399, 735

〈사형대로 가는 엘리베이터 *Ascenseur pour l'échafaud*〉, 1958, 루이 말 170, 323,
481, 526, 546, 765

〈사형수 탈옥하다 *Un condamné à mort s'est échappé*〉, 1956, 로베르 브레송
179~80, 198, 388, 392, 395, 412, 414, 469, 484, 536, 590, 710, 712, 763

〈산쇼다유 山椒大夫〉, 1954, 미조구치 겐지 384, 473, 483, 656

〈살로 소돔의 120일 *Salò o le 120 giornate di Sodoma*〉, 1975, 피에르 파올로
파솔리니 612

〈살인의 해부 *Anatomy of a Murder*〉, 1959, 오토 프레민저 170

〈삼바 트라오레 *Samba Traoré*〉, 1992, 이드리사 우에드라오고 523

〈상하이에서 온 여인 *The Lady from Shanghai*〉, 1947, 오슨 웰스 492, 494, 497,
597

〈새 *The Birds*〉, 1963, 앨프리드 히치콕 7, 124, 179, 254~56, 264, 268, 356, 403,
622, 711, 747

〈새로운 탄생 *The Big Chill*〉, 1983, 로런스 캐즈던 124

〈새벽 *Le Jour se lève*〉, 1939, 마르셀 카르네 151, 236, 333, 471, 529

〈생일파티 *The Birthday Party*〉, 1930, 월트 디즈니 73

〈샤이닝 *The Shining*〉, 1980, 스탠리 큐브릭 469, 725

〈샤인 *Shine*〉, 1997, 스콧 힉스 698

〈서바이벌 게임 *Deliverance*〉, 1972, 존 부어먼 531

〈서부 개척사 *How the West Was Won*〉, 1962, 존 포드/헨리 해서웨이 163

〈서부전선 1918 *Westfront 1918*〉, 1930, 게오르그 빌헬름 파브스트 142

〈서부전선 이상 없다 *All Quiet on the Western Front*〉, 1930, 루이스 마일스톤 82

〈서브웨이 *Subway*〉, 1985, 뤽 베송 146

〈서커스 *Circus*〉, 1928, 찰리 채플린 66

〈서푼짜리 오페라 *Die Dreigroschenoper*〉, 1931, 게오르그 빌헬름 파브스트 106,
144

〈서피코 *Serpico*〉, 1973, 시드니 루멧 697

〈석양의 갱들 *Duck you Sucker!*〉, 1972, 세르조 레오네 171

〈성냥 하나에 세 사람 Three on a Match〉, 1932, 머빈 르로이 118~19

〈성의 The Robe〉, 1953, 헨리 코스터 230

〈세 가면 Les Trois Masques〉, 1929, 앙드레 위공 68

〈세 가지 색 레드 Trois couleurs. Rouge〉, 1994, 크시슈토프 키에슬로프스키 450,
   614

〈세 가지 색 블루 Trois couleurs. Bleu〉, 1993, 크시슈토프 키에슬로프스키 243,
   482, 667

〈세 면을 가진 얼음 La Glace à trois faces〉, 1927, 장 엡스탱 208

〈세 부인에게 보낸 편지 Letter to Three Wives〉, 1949, 조지프 맹키위츠 147

〈세브린느 Belle de jour〉, 1967, 루이스 부뉴엘 483

〈세븐 Seven〉, 1995, 데이비드 핀처 169, 666

〈세상의 소금 Salt of the Earth〉, 1954, 허버트 비버먼 142

〈세상의 종말 La Fin du monde〉, 1931, 아벨 강스 69, 84, 462

〈섹스, 거짓말, 그리고 비디오테이프 Sex, Lies and Videotape〉, 1989, 스티븐
   소더버그 564

〈센과 치히로의 행방불명 千と千尋の神隠し〉, 2001, 미야자키 하야오 413, 520

〈셜록 주니어 Sherlock Junior〉, 1924, 버스터 키튼 423

〈소매치기 Pickpocket〉, 1959, 로베르 브레송 180

〈소피의 선택 Sophie's Choice〉, 1982, 앨런 퍼쿨러 228

〈솔라리스 Solaris〉, 1972, 안드레이 타르콥스키 25, 145, 220, 517

〈솔라리스 Solaris〉, 2002, 스티븐 소더버그 220, 517

〈쇼 보트 Showboat〉, 1936, 제임스 웨일 626

〈쇼아 Shoah〉, 1985, 클로드 란츠만 613

〈수집가 La Collectionneuse〉, 1967, 에릭 로메르 128, 152

〈순례자 The Pilgrim〉, 1923, 찰리 채플린 56

〈숨은 요새의 세 악인 隠し砦の三悪人〉, 1958, 구로사와 아키라 215, 746

〈쉘부르의 우산 Les Parapluies de Cherbourg〉, 1964, 자크 드미 35

〈스모크 Smoke〉, 1995, 웨인 왕 236, 616

〈스미스 씨 워싱턴에 가다 Mr. Smith Goes to Washington〉, 1939, 프랭크 캐프라
   147

〈스카라무슈Scaramouche〉, 1952, 조지 시드니 417

〈스카페이스Scarface〉, 1932, 하워드 혹스 80, 92, 99, 196, 275, 283, 413~14, 541

〈스크림 1Scream〉, 1997, 웨스 크레이븐 559~60

〈스크림 2Scream 2〉, 1998, 웨스 크레이븐 560

〈스크림 3Scream 3〉, 2000, 웨스 크레이븐 560

〈스타 탄생A Star is Born〉, 1954, 조지 큐커 230, 346, 615

〈스타워즈〉(연작) 198, 219~20, 222, 272, 484, 749

〈스타워즈Star Wars〉, 1977, 조지 루카스 209, 220, 223, 227, 749~50

〈스타워즈 에피소드 1: 보이지 않는 위험Star Wars: Episode 1 — The Phantom
   Menace〉, 1999, 조지 루카스 221

〈스타워즈 에피소드 5: 제국의 역습Star Wars 5 — Empire Strikes Back〉, 1980, 어빈
   커슈너 198, 219

〈스타워즈 에피소드 6: 제다이의 귀환Star Wars 6 — Return ot the Jedi〉, 1983,
   리처드 마퀀드 198, 221

〈스튜어트 리틀Stuart Little〉, 1999, 롭 민코프 513

〈스트레이트 스토리The Straight Story〉, 1999, 데이비드 린치 462, 614

〈스트롬볼리Stromboli, terra di Dio〉, 1950, 로베르토 로셀리니 164~65

〈슬픔이여, 안녕Bonjour, la tristesse〉, 1958, 오토 프레민저 135

〈승리의 탈출Escape to Victory〉, 1981, 존 휴스턴 216

〈시계태엽 오렌지Clockwork Orange〉, 1971, 스탠리 큐브릭 637

〈시골에서의 하루Une partie de campagne〉, 1946, 장 르누아르 109

〈시네마 천국Cinema Paradiso〉, 1988, 주세페 토르나토레 423

〈시민 케인Citizen Kane〉, 1941, 오슨 웰스 124, 271, 274, 277~78, 469, 497, 534,
   625, 647, 703, 723, 786

〈시티 라이트City Lights〉, 1931, 찰리 채플린 46~48, 51, 53, 57~58, 66, 305, 402

〈신의 간섭Intervention divine〉, 2002, 엘리아 술레이만 248

〈신체강탈자의 침입Invasion of the Body Snatchers〉, 1956, 돈 시겔 184

〈신체강탈자의 침입Invasion of the Body Snatchers〉, 1976, 필립 카우프먼 184~85,
   592

〈실베스터Sylvester〉, 1923, 루푸 픽 33

〈실신한 사람Knock ou le triomphe de la médecine〉, 1933, 루이 주베/로제 구피에르 69

〈실종자Frantic〉, 1988, 로만 폴란스키 533

〈심판Le Procès〉, 1962, 오슨 웰스 145, 226, 431, 469, 491~92, 497, 507~508, 510, 521

〈십계Ten Commandments〉, 1956, 세실 데밀 624

〈싸우는 보스코Battling Bosko〉, 1930, 휴 하먼 76

〈싸이코Psycho〉, 1960, 앨프리드 히치콕 275, 384, 455, 486, 661, 667, 695, 715, 747, 765, 794

〈싸인Signs〉, 2002, 나이트 샤말란 215, 281

〈쓰디쓴 쌀Riso amaro〉, 1949, 주세페 데 산티스 547

〈씬 레드 라인The Thin Red Line〉, 1998, 테런스 맬릭 531~32, 703

ㅇ

〈아귀레 신의 분노Aguirre, der Zorn Gottes〉, 1972, 베르너 헤어초크 531

〈아나타한The Saga of Anatahan〉, 1953, 요제프 폰 슈테른베르크 672, 748

〈아마도 악마가Le Diable probablement〉, 1977, 로베르 브레송 377, 396, 460, 629

〈아마코드Amarcord〉, 1973, 페데리코 펠리니 423, 505, 531

〈아메리칸 뷰티American Beauty〉, 1999, 샘 멘더스 218

〈아멜리에Fabuleux destin d'Amélie Poulain〉, 2001, 장-피에르 죄네 762

〈아브라함 계곡Valo Abraão〉, 1993, 마누엘 지 올리베이라 205, 244, 606~607

〈아빠는 출장 중Otac na sluzbenom putu〉, 1985, 에밀 쿠스트리차 696

〈아스팔트 정글Asphalt Jungle〉, 1950, 존 휴스턴 323, 416, 658

〈아시아의 폭풍Potomok Chingis-Khana〉, 1928, 프세볼로트 푸돕킨 208

〈아이즈 와이드 셧Eyes Wide Shut〉, 1999, 스탠리 큐브릭 107, 274, 467, 506, 517, 535, 589, 602, 617~18, 741,

〈악마의 등뼈El espinazo del diablo〉, 2001, 기예르모 델 토로 322

〈악의 미로Le Choix des armes〉, 1981, 알랭 코르노 210~12, 721

〈악의 손길Touch of Evil〉, 1957, 오슨 웰스 93, 226, 496~97, 517

〈안개 낀 부두Quai des brumes〉, 1938, 마르셀 카르네 30, 90, 130, 132, 166

〈안개 The Fog〉, 1980, 존 카펜터 424

〈안나-막달레나 바흐의 연대기 Chronik der Anna-Magdalena Bach〉, 1968, 장-마리
    스트로브/다니엘 위예 631~33

〈안나 크리스티 Anna Christie〉, 1930, 클래런스 브라운/자크 페데르 66, 82, 87

〈안젤라 Angèle〉, 1934, 마르셀 파뇰 153

〈알라딘 Aladdin〉, 1993, 존 머스커/론 클레먼츠 227

〈알렉산더 네프스키 Aleksandr Nevskiy〉, 1938, 세르게이 에이젠슈테인 241, 267

〈알파빌 Alphaville(une étrange aventure de Lemmy Caution)〉, 1965, 장-뤽 고다르
    508~10, 520

〈암캐 La Chienne〉, 1931, 장 르누아르 35, 47, 83, 88, 99, 345, 372, 383, 523, 658

〈암흑가의 세 사람 Le Cercle rouge〉, 1970, 장-피에르 멜빌 181, 286, 416, 481, 622

〈애니홀 Anny Hall〉, 1977, 우디 앨런 88, 546

〈애정과 욕망 Carnal Knowledge〉, 1971, 마이크 니컬스 612

〈애증 Senso〉, 1954, 루키노 비스콘티 150, 269, 704

〈앨리스 혹은 마지막 가출 Alice ou la dernière fugue〉, 1977, 클로드 샤브롤 270,
    412, 476

〈야간열차 Pociag〉, 1959, 예지 카발레로비치 531, 696

〈약혼녀 I fidanzati〉, 1963, 에르마노 올미 412

〈양들의 침묵 Silence of the Lambs〉, 1991, 조너선 데미 481, 571, 666

〈어느 날 밤에 생긴 일 It Happened One Night〉, 1934, 프랭크 카프라 570

〈어느 사기꾼의 이야기 Le Roman d'un tricheur〉, 1936, 사샤 기트리 122, 269,
    492, 547, 607, 762

〈어느 사랑의 연대기 Cronaca di un amore〉, 1950, 미켈란젤로 안토니오니 124,
    165, 167, 588

〈어느 시골 사제의 일기 Le Journal d'un curé de campagne〉, 1951, 로베르 브레송
    172, 269, 606

〈어느 시인의 사랑 Storie di ordinaria follia〉, 1981, 마르코 페레리 697

〈어둠 속의 댄서 Dancer in the Dark〉, 2000, 라스 폰 트리에 89, 571, 635~36

〈어둠 속의 외침 A Cry in the Dark〉, 1988, 프레드 셰피시 228

〈어머니와 아들 Mère et fils〉, 1997, 알렉산드르 소쿠로프 214, 721

⟨엄마와 창녀 *La Maman et la putain*⟩, 1973, 장 외스타슈 152, 426

⟨엉클 톰스 캐빈 *Uncle Tom's Cabin*⟩, 1903, 에드윈 포터 32

⟨에이리언 *Alien*⟩, 1979, 리들리 스콧 199~203, 273, 485, 508, 593

⟨에이리언 2020 *Pitch Black*⟩, 2000, 데이비드 투이 215

⟨에이스 벤츄라 *Ace Ventura, pet detective*⟩, 1994, 톰 새디악 514

⟨엑소시스트 *The Exorcist*⟩, 1973, 윌리엄 프리드킨 224

⟨엘리펀트맨 *Elephant Man*⟩, 1980, 데이비드 린치 90, 228, 455, 506, 518, 715

⟨여름의 빛 *Lumière d'été*⟩, 1942, 장 그레미용 666

⟨여성의 도시 *La città delle donne*⟩, 1980, 페데리코 펠리니 431, 481, 531, 623,
    693, 696

⟨여자는 여자다 *Une femme est femme*⟩, 1961, 장-뤽 고다르 546, 720

⟨여자들을 사랑한 남자 *L'Homme qui aimait les femmes*⟩, 1977, 프랑수아 트뤼포
    122, 604, 607

⟨여행자 *Professione*: reporter⟩, 1975, 미켈란젤로 안토니오니 93, 312, 462, 465,
    694, 696

⟨역마차 *Stagecoach*⟩, 1939, 존 포드 483

⟨연인들 *Les Amants*⟩, 1958, 루이 말 172, 204

⟨열광 또는 돈바스 교향곡 *Entuziazm(Simfoniya Donbassa)*⟩, 1930, 지가 베르토프
    78, 95, 197

⟨열정 *Passion*⟩, 1982, 장-뤽 고다르 116

⟨열차 위의 이방인 *Strangers on a Train*⟩, 1951, 앨프리드 히치콕 174, 665

⟨염소좌 아래 *Under Capricorn*⟩, 1949, 앨프리드 히치콕 641

⟨옛날 옛적 서부에서 *Once upon a Time in the West*⟩, 1968, 세르조 레오네 181,
    623, 695

⟨오데트 *Ordet*⟩, 1955, 칼 테오도르 드레이어 204

⟨오만한 사람들 *Les Orgueilleux*⟩, 1953, 마르크 알레그레 696

⟨오명 *Notorious*⟩, 1946, 앨프리드 히치콕 39, 268, 594

⟨오셀로 메이킹 필름 *Filming Othello*⟩, 1978, 오슨 웰스 493

⟨오즈의 마법사 *The Wizard of Oz*⟩, 1938, 빅터 플레밍 510

⟨오케스트라 리허설 *Prova d'orchestra*⟩, 1978, 페데리코 펠리니 636, 638

〈오케스트라 컨덕터 *Dyrygent*〉, 1979, 안제이 바이다 637~38

〈오통 *Othon*〉, 1969, 장-마리 스트로브/다니엘 위예 348

〈올 댓 재즈 *All That Jazz*〉, 1979, 밥 포시 455

〈외로운 빌라 *The Lonely Villa*〉, 1909, 데이비드 워크 그리피스 556

〈외로운 이방인 *The Lonesome Stranger*〉, 1940, 텍스 에이버리 223

〈외침 *Il grido*〉, 1957, 미켈란젤로 안토니오니 165, 174

〈요요 *Yoyo*〉, 1965, 피에르 에테 502

〈욕망이라는 이름의 전차 *A Streetcar Named Desire*〉, 1951, 엘리아 카잔 170

〈우리는 그토록 사랑했네 *C'eravamo tanto amati*〉, 1975, 에토레 스콜라 546

〈우리들은 그 노래를 알고 있다 *On connaît la chanson*〉, 1997, 알랭 레네 619

〈우리들의 이야기 *Notre histoire*〉, 1985, 베르트랑 블리에 603, 696

〈우리에게 자유를 *À nous la liberté*〉, 1931, 르네 클레르 77~78

〈우연한 방문객 *Accidental Tourist*〉, 1988, 로런스 캐즈던 528

〈원스 어폰 어 타임 인 아메리카 *Once upon a Time in America*〉, 1984, 세르조
　레오네 273, 475

〈원 플러스 원 *One plus one*〉, 1968, 장-뤽 고다르 449

〈웨스트 사이드 스토리 *West Side Story*〉, 1961, 로버트 와이즈/제롬 로빈스 169,
　230~31

〈위대한 독재자 *The Great Dictator*〉, 1940, 찰리 채플린 50~55, 57~58

〈위대한 앰버슨가 *The Magnificent Ambersons*〉, 1942, 오슨 웰스 480, 493~94, 548,
　607, 762

〈위대한 침묵 *Il grande silenzio*〉, 1968, 세르조 코르부치 500

〈위대한 환상 *La Grande illusion*〉, 1937, 장 르누아르 109, 345~46

〈윌로 씨의 휴가 *Les Vacances de M. Hulot*〉, 1953, 자크 타티 231, 413, 538, 655,
　747

〈유랑극단 *O thiasos*〉, 1975, 테오 앙겔로풀로스 517, 704

〈유인원 타잔 *Tarzan the Ape Man*〉, 1932, 우디 S. 밴 다이크 505

〈유주얼 서스펙트 *Usual Suspects*〉, 1995, 브라이언 싱어 218, 762

〈유하 *Juha*〉, 1999, 아키 카우리스마키 502

〈율리시즈의 시선 *Le Regard d'Ulysse*〉, 1995, 테오 앙겔로풀로스 233

〈은밀한 여행 Le Voyage en douce〉, 1980, 미셸 드빌 607

〈음악 살롱 Jalsaghar〉, 1955, 사티아지트 레이 470

〈응답기는 메시지를 받지 않는다 Ce répondeur ne prend pas de messages〉, 1979, 알랭
    카발리에 501

〈의혹의 그림자 Shadow of a Doubt〉, 1943, 앨프리드 히치콕 667

〈이레이저 헤드 Eraserhead〉, 1977, 데이비드 린치 387

〈이별 Abschied〉, 1930, 로베르트 시오드막 69, 99, 383

〈이블 데드 1 The Evil Dead〉, 1981, 샘 레이미 207

〈이블 데드 2 The Evil Dead 2〉, 1987, 샘 레이미 281

〈이상한 빅토르 씨 L'Étrange Monsieur Victor〉, 1938, 장 그레미용 477

〈이웃집 여인 La Femme d'à côté〉, 1981, 프랑수아 트뤼포 361, 403, 546

〈이웃집 토토로 となりのトトロ〉, 1988, 미야자키 하야오 520

〈이유 없는 반항 Rebel without a Cause〉, 1955, 니컬러스 레이 469, 482

〈이중배상 Double Indemnity〉, 1944, 빌리 와일더 134, 137

〈이중의 남자들 Double Messieurs〉, 1986, 장-프랑수아 스테브냉 364~65

〈이지라이더 Easy Rider〉, 1969, 데니스 호퍼 29

〈이창 Rear Window〉, 1954, 앨프리드 히치콕 131, 174, 236, 267, 312, 326, 372,
    383, 408, 428, 430~31, 433~34, 438, 472, 486, 548~49, 560, 594, 651, 656, 719,
    763, 794

〈이카루스의 비밀 I… comme Icare〉, 1979, 앙리 베르뇌유 146

〈인간 군상 Gli uomini, che mascalzoni…〉, 1932, 마리오 카메리니 83, 87

〈인디아송 India Song〉, 1975, 마르그리트 뒤라스 31, 360, 397~98, 521, 548, 619

〈인생은 아름다워 La vita è bella〉, 1998, 로베르토 베니니 613

〈인터뷰 Intervista〉, 1987, 페데리코 펠리니 116, 242

〈일곱번째 하늘 Le Septième Ciel〉, 1997, 브누아 자코 285

〈일식 L'eclisse〉, 1962, 미켈란젤로 안토니오니 178, 254, 274, 696

〈일출 Sunrise〉, 1927, 프리드리히 빌헬름 무르나우 24, 37, 66, 86, 141, 311

〈잃어버린 아이들의 도시 La Cité des enfants perdus〉, 1995, 마르크 카로/장-
    피에르 죄네 145, 464, 520

〈잊혀진 선조들의 그림자 Tini zabutykh predkiv〉, 1965, 세르게이 파라자노프

547~48, 738

ㅈ

〈자니 기타Johney Guitar〉, 1954, 니컬러스 레이 170

〈자백L'Aveu〉, 1973, 콘스탄틴 코스타-가브라스 143

〈자전거 주자의 죽음Muerte de un ciclista〉, 1955, 후안 안토니오 바르뎀 124,
    551, 572

〈작은 도당La Petite Bande〉, 1983, 미셸 드빌 501

〈작은 병정Le Petit soldat〉, 1963, 장-뤽 고다르 607

〈작은 신의 아이들Children of a Lesser God〉, 1986, 랜다 헤인스 132, 234, 484

〈작은 푸가Les Petits fugues〉, 1979, 이브 예르신 533

〈잔느 딜망Jeanne Dielman, 23, quai du Commerce, 1080 Bruxelles〉, 1975, 샹탈
    아케르만 426, 503

〈잔인한 게임Un jeu brutal〉, 1982, 장-클로드 브리소 710

〈잠입자Stalker〉, 1979, 안드레이 타르콥스키 25, 145~46, 376, 413, 475, 517,
    532, 553, 739

〈재즈 싱어The Jazz Singer〉, 1927, 앨런 크로슬랜드 39, 60, 62, 64, 66, 84, 94, 141

〈전함 포템킨Bronenosets Potyomkin〉, 1925, 세르게이 에이젠슈테인 121, 783

〈정신 나간 사랑L'Amour braque〉, 1985, 안드레이 줄랍스키 157

〈정원사Le Jardinier〉, 1980, 장-피에르 샹티에 502

〈제3세대Die dritte Generation〉, 1978, 라이너 베르너 파스빈더 194

〈제3의 사나이The Third Man〉, 1949, 캐럴 리드 163, 469, 533, 661

〈제7의 봉인Det sjunde inseglet〉, 1957, 잉마르 베리만 174, 178

〈제트기 조종사Jet Pilot〉, 1957, 요제프 폰 슈테른베르크 327, 534

〈좋은 친구들Goodfellas〉, 1990, 마틴 스코세이지 218, 517, 541, 543, 610, 762

〈죠스Jaws〉, 1975, 스티븐 스필버그 622

〈주말Weekend〉, 1967, 장-뤽 고다르 116, 533

〈주말Wochenende〉, 1930, 발터 루트만 95

〈죽은 시인의 사회Dead Poets Society〉, 1989, 피터 위어 424

〈죽은 자는 체크무늬를 입지 않는다Dead Men Don't Wear Plaid〉, 1982, 칼 라이너

479

〈중국 여인 *La Chinoise*〉, 1967, 장-뤽 고다르 533

〈쥴 앤 짐 *Jules et Jim*〉, 1961, 프랑수아 트뤼포 122, 361, 607, 610, 654

〈즐거운 미망인 *The Merry Widow*〉, 1934, 에른스트 루비치 84, 95, 318

〈증오 *La Haine*〉, 1995, 마티외 카소비츠 154

〈지난해 마리앙바드에서 *L'Année dernière à Marienbad*〉, 1961, 알랭 레네 157,
191, 408, 647

〈지상 최대의 쇼 *The Greatest Show on Earth*〉, 1952, 세실 데밀 425, 672

〈지옥의 묵시록 *Apocalypse Now*〉, 1979, 프랜시스 포드 코폴라 29, 196, 210, 232,
337, 626~27, 696

〈지카마츠 이야기 近松物語〉, 1954, 미조구치 겐지 314

〈지하수도 *Kanal*〉, 1957, 안제이 바이다 243, 469, 533

〈진저와 프레드 *Ginger e Fred*〉, 1985, 페데리코 펠리니 275

〈진홍의 여왕 *The Scarlet Empress*〉, 1935, 요제프 폰 슈테른베르크 209, 272

〈짓밟힌 꽃 *The Broken Blossom*〉, 1919, 데이비드 워크 그리피스 141

〈찢어진 커튼 *Torn Curtain*〉, 1966, 앨프리드 히치콕 268

ㅊ

〈차가운 찬장 *Buffet froid*〉, 1980, 베르트랑 블리에 480

〈책 읽어주는 여자 *La Lectrice*〉, 1988, 미셸 드빌 89, 607, 612

〈천공의 성 라퓨타 天空の城ラピュタ〉, 1986, 미야자키 하야오 251

〈천국과 지옥 天國と地獄〉, 1963, 구로사와 아키라 416, 444, 571

〈천국의 길 *Die Drei von der Tankstelle*〉, 1930, 빌헬름 틸레 76

〈천국의 나날들 *Days of Heaven*〉, 1978, 테런스 맬릭 208, 532, 696, 762

〈천국의 말썽 *Trouble in Paradise*〉, 1932, 에른스트 루비치 118

〈천국의 문 *Heaven's Gate*〉, 1980, 마이클 치미노 425

〈천국의 아이들 *Les Enfants du paradis*〉, 1945, 마르셀 카르네 124, 424, 661, 717

〈천사들의 수녀 요안나 *Matka Joanna od Aniolów*〉, 1961, 예지 카발레로비치 204,
243, 458

〈철로의 백장미 *La Roue*〉, 1923, 아벨 강스 24, 65, 208

〈청년 링컨 Young Mister Lincoln〉, 1939, 존 포드   147, 425

〈청춘낙서 American Graffiti〉, 1973, 조지 루카스   193, 424, 513, 649, 651

〈청춘의 샘 The Fountain of Youth〉(텔레비전), 1958, 오슨 웰스   491

〈청춘의 양지 Diner〉, 1982, 배리 레빈슨   423

〈체리향기 Ta'm e Guilass〉, 1997, 아바스 키아로스타미   553~54, 614

〈초원의 빛 Splendor in the Grass〉, 1961, 엘리아 카잔   278

〈최초의 자동차 The First Auto〉, 1926, 로이 델 루스   64

〈최후의 수호자 Soylent Green〉, 1973, 리처드 플라이셔   422

〈추방자 Berg-Ejvind och Hans Hustru〉, 1917, 빅토르 셰스트룀   41

〈축제일 Jour de fête〉, 1949, 자크 타티   423, 549

〈친절한 적 La Tendre ennemie〉, 1935, 막스 오퓔스   385

〈침묵 Tystnaden〉, 1963, 잉마르 베리만   25, 160, 280, 329, 589, 696

〈침실의 표적 Body Double〉, 1984, 브라이언 드 팔마   548

ㅋ

〈카게무샤 影武者〉, 1980, 구로사와 아키라   232, 704

〈카비리아 Cabiria〉, 1914, 조반니 파스트로네   31

〈카비리아의 밤 Le notti di Cabiria〉, 1957, 페데리코 펠리니   478, 754

〈카사노바 Il Casanova di Federico Fellini〉, 1976, 페데리코 펠리니   531, 703

〈카사블랑카 Casablanca〉, 1942, 마이클 커티즈   29, 90, 127, 129, 132, 166, 272,
  653~54, 656, 765

〈카지노 Casino〉, 1995, 마틴 스코세이지   218, 610

〈캘리포니아 갈등 California Split〉, 1974, 로버트 올트먼   193

〈캘커타 사막에서 그의 이름은 베니스 Son nom de Venise dans Calcutta désert〉,
  1976, 마르그리트 뒤라스   351, 470

〈캣 피플 Cat People〉, 1942, 자크 투르뇌르   285, 528

〈컨버세이션 The Conversation〉, 1974, 프랜시스 포드 코폴라   192, 442, 464,
  468~69, 506, 714

〈케드마 Kedma〉, 2002, 아모스 지타이   142

〈케이프 피어 Cape Fear〉, 1991, 마틴 스코세이지   228

〈콘돌 Three Days of the Condor〉, 1975, 시드니 폴락 661

〈콜 노스사이드 777 Call Northside 777〉, 1948, 헨리 해서웨이 160

〈콰이강의 다리 The Bridge on the River Kwai〉, 1957, 데이비드 린 170

〈쾌락 Le Plaisir〉, 1952, 막스 오퓔스 425, 654, 671

〈쿤둔 Kundun〉, 1997, 마틴 스코세이지 169

〈쿨레 밤페, 혹은 세상은 누구의 것인가? Kuhle Wampe oder: Wem gehört die Welt?〉,
    1932, 슬라탄 두도프 662

〈크렘린 레터 The Letter from Kremlin〉, 1970, 존 휴스턴 124, 142

〈크로크 앤 대거 Cloak and Dagger〉, 1946, 프리츠 랑 658

〈크림슨 리버 Les Rivières pourpres〉, 2000, 마티외 카소비츠 243

〈클론의 습격 Attack of the Clones〉, 2002, 조지 루카스 240

〈키스 미 데들리 Kiss Me Deadly〉, 1955, 로버트 올드리치 190, 194

〈키즈 Kids〉, 1995, 래리 클라크 612

〈킬링 The Killing〉, 1956, 스탠리 큐브릭 183

〈킬링 오브 썸머 L'Été meurtrier〉, 1983, 장 베케르 154

〈킹콩 King Kong〉, 1933, 어니스트 쇼드색/머리언 쿠퍼 100, 621

ㅌ

〈타락 천사 El ángel exterminadtor〉, 1962, 루이스 부뉴엘 254

〈타르튀프 Herr Tartüff〉, 1926, 프리드리히 빌헬름 무르나우 208, 423, 546

〈타부 Tabu〉, 1931, 프리드리히 빌헬름 무르나우/로버트 플래허티 65

〈타임 코드 The Time Code〉, 2001, 마이크 피기스 218

〈타임 투 킬 A Time to Kill〉, 1996, 조엘 슈마허 616

〈탐정 Détective〉, 1985, 장-뤽 고다르 509

〈택시 드라이버 Taxi Driver〉, 1976, 마틴 스코세이지 265, 409, 475, 504

〈택시 Le Taxi〉(연작), 1998, 제라르 피레 154

〈터미네이터 Terminator〉, 1984, 제임스 캐머런 203

〈테레즈 라캥 Thérèse Raquin〉, 1928, 자크 페데르 24

〈텐 Ten〉, 2002, 아바스 키아로스타미 553, 718

〈템록 Themroc〉, 1973, 클로드 파랄도 502

〈토미 *Tommy*〉, 1975, 켄 러셀 196

〈토스카 *Tosca*〉, 2001, 브누아 자코 36

〈토토의 천국 *Toto le héro*〉, 1991, 자코 반도르말 762

〈토파즈 *Topaz*〉, 1969, 앨프리드 히치콕 268

〈토프카피 *Topkapi*〉, 1964, 줄스 다신 143

〈투 로드 투게더 *Two Rode Together*〉, 1961, 존 포드 666

〈투명인간 *The Invisible Man*〉, 1933, 제임스 웨일 385, 520

〈트래픽 *Trafic*〉, 1971, 자크 타티 198, 291, 298~99, 301~302, 304~306, 487, 697

〈트레인스포팅 *Trainspotting*〉, 1996, 대니 보일 124

〈트론 *Tron*〉, 1982, 스티븐 리스버거 239

〈트윈 픽스 *Twin Peaks*〉(텔레비전 연속극), 1990~91, 데이비드 린치 470

〈트윈 픽스 파이어 워크 위드 미 *Twin Peaks Fire Walk With Me*〉, 1992, 데이비드
   린치 233, 530

〈특근 *After Hours*〉, 1985, 마틴 스코세이지 488

〈특급비밀 *Top Secret!*〉, 1984, 데이비드 주커/제리 주커/짐 에이브러햄스 325

〈특별한 날 *Una giornata particolare*〉, 1977, 에토레 스콜라 423

ㅍ

〈파드레 파드로네 *Padre padrone*〉, 1977, 파올로 타비아니/비토리오 타비아니
   662, 735

〈파르지팔 *Parsifal*〉, 1982, 한스-위르겐 지버베르크 36

〈파리의 아메리카인 *An American in Paris*〉, 1951, 빈센트 미넬리 469

〈파리의 여인 *A Woman of Paris*〉, 1923, 찰리 채플린 281, 556~57

〈파리의 지붕 밑 *Sous les toits de Paris*〉, 1930, 르네 클레르 66, 84, 91, 104, 133,
   153, 231, 267, 319, 655, 755

〈파리, 텍사스 *Paris, Texas*〉, 1984, 빔 벤더스 571

〈파업 *Stachka*〉, 1925, 세르게이 에이젠슈테인 23, 556

〈파이널 환타지 *Final Fantasy: The Spirits Within*〉, 2001, 사카구치 히로노부/
   사카키바라 모토노리 239

〈파이브 데이즈 원 서머 *Five Days One Summer*〉, 1982, 프레드 진네만 205, 246

〈파티 대소동Animal Cracker〉, 1930, 빅터 히어맨 66, 441

〈패닉 룸Panic Room〉, 2002, 데이비드 핀처 39, 763

〈패튼 대전차군단Patton〉, 1970, 프랭클린 섀프너 546

〈퍼블릭 우먼La Femme publique〉, 1984, 안드레이 줄랍스키 412, 507

〈펀치 드렁크 러브Punch Drunk Love〉, 2002, 폴 토머스 앤더슨 348, 723

〈펄프픽션Pulp Fiction〉, 1994, 쿠엔틴 타란티노 597, 614

〈페널티 킥을 앞에 둔 골키퍼의 불안Die Angst des Tormanns beim Elfmeter〉, 1971,
빔 벤더스 413~14

〈페르소나Persona〉, 1966, 잉마르 베리만 284, 316, 460, 475, 506, 599, 611, 694,
718, 732

〈펠리니의 로마Roma〉, 1972, 페데리코 펠리니 531, 693

〈편집광The Collector〉, 1965, 윌리엄 와일러 460

〈편협Intolerance〉, 1916, 데이비드 워크 그리피스 141

〈폭력 교실Blackboard Jungle〉, 1955, 리처드 브룩스 168

〈폭력과 열정Gruppo di famiglia in un interno〉, 1974, 루키노 비스콘티 629, 716

〈폭주기관차Runaway Train〉, 1985, 안드레이 콘찰롭스키 469

〈폭풍 속의 고아들Orphans in the Storm〉, 1921, 데이비드 워크 그리피스 40

〈폭풍우의 날씨Stormy Weather〉, 1943, 앤드루 스톤 698

〈폴리Paulie〉, 1998, 존 로버츠 513

〈폴리-베르제르Folies-Bergères〉, 1935, 마르셀 아샤르 698

〈푸른 천사Der blaue Engel〉, 1930, 요제프 폰 슈테른베르크 69, 82, 97, 99, 505

〈품행제로Zéro de conduite〉, 1933, 장 비고 83, 97

〈퓨리턴La Puritaine〉, 1986, 자크 두아용 714

〈프라하의 봄L'Insoutenable légèrté de l'être〉, 1988, 필립 카우프먼 232, 412

〈프란시스카Francisca〉, 1981, 마누엘 지 올리베이라 739

〈프레데터Predator〉, 1988, 존 맥티어넌 203, 207

〈프렌치 커넥션French Connection〉, 1971, 윌리엄 프리드킨 416, 722

〈프리퀀시Frequency〉, 2000, 그레고리 호블릿 565~66

〈플라이The Fly〉, 1986, 데이비드 크로넌버그 228

〈플레쉬Flesh〉, 1932, 존 포드 142

〈플레이어 The Player〉, 1992, 로버트 올트먼 566

〈플레이타임 Playtime〉, 1967, 자크 타티 146, 181~82, 231, 286, 294, 297~98, 306,
　312, 373~74, 396, 460, 471, 476, 537~38, 697, 712, 755, 787, 808~809

〈피그 앨리의 총사들 The Musketers of Pig Alley〉, 1912, 데이비드 워크 그리피스
　300

〈피셔 킹 The Fisher King〉, 1990, 테리 길리엄 614

〈피아노 The Piano〉, 1993, 제인 캠피언 228

〈피아니스트 La Pianiste〉, 2001, 미하엘 하네케 143

〈피아니스트 The Pianist〉, 2002, 로만 폴란스키 142, 462

〈피아니스트를 쏴라 Tirez sur le pianiste〉, 1960, 프랑수아 트뤼포 128, 156, 340,
　527

〈필로우 북 The Pillow Book〉, 1996, 피터 그리너웨이 218

〈필사의 추적 Blow Out〉, 1981, 브라이언 드 팔마 443

ㅎ

〈하나비 花火〉, 1997, 기타노 다케시 244, 502

〈하숙인 The Lodger〉, 1927, 앨프리드 히치콕 25

〈하워즈 엔드 Howards End〉, 1992, 제임스 아이보리 413

〈하이 눈 High Noon〉, 1952, 프레드 진네만 170

〈한 남자의 머리 La Tête d'un homme〉, 1933, 줠리앙 뒤비비에 69, 83, 87, 99

〈한 살인자에 관해 Pleins feux sur l'assassin〉, 1961, 조르주 프랑쥐 280

〈한밤의 암살자 Le Samourai〉, 1967, 장-피에르 멜빌 285

〈할 수 있는 자가 구하라: 인생 Sauve qui peut(la vie)〉, 1980, 장-뤽 고다르 455,
　479, 533, 723

〈할렐루야 Hallelujah〉, 1929, 킹 비더 69, 83, 92, 99, 196, 625

〈해리가 샐리를 만났을 때 When Harry met Sally〉, 1989, 밥 라이너 564

〈햄릿 Hamlet〉, 1948, 로런스 올리비에 523, 584

〈허슬러 The Hustler〉, 1961, 로버트 로센 412

〈헤어 Hair〉, 1979, 밀로스 포먼 635

〈현금에 손대지 마라 Touchez pas au grisbi〉, 1954, 자크 베케르 170, 547

〈혐오 *Répulsion*〉, 1965, 로만 폴란스키 418~19

〈협박 *Blackmail*〉, 1929, 앨프리드 히치콕 35, 38, 69, 552

〈호수의 랜슬롯 *Lancelot du Lac*〉, 1974, 로베르 브레송 180, 396

〈호수의 여인 *The Lady in the Lake*〉, 1948, 로버트 몽고메리 488, 494, 546, 718

〈홍당무 *Poil de carotte*〉, 1932, 쥘리앵 뒤비비에 35

〈홍등 紅燈〉, 1991, 장이머우 205

〈화니와 알렉산더 *Fanny och Alexander*〉, 1982, 잉마르 베리만 242, 424

〈화양연화 花樣年華〉, 2001, 왕자웨이 248, 656

〈환송대 *La Jetée*〉, 1962, 크리스 마커 379, 732, 743, 800

〈황금 강 *O Rio do Ouro*〉, 1998, 파울루 호샤 413

〈황금 투구 *Casque d'or*〉, 1952, 자크 베케르 269

〈황무지 *Badlands*〉, 1973, 테런스 맬릭 532, 762

〈후난에서 온 여인 湘女蕭蕭〉, 1986, 시에페이 661

〈훔친 키스 *Baisers volés*〉, 1968, 프랑수아 트뤼포 285, 504

〈휴머니티 *L'Humanité*〉, 1999, 브뤼노 뒤몽 154

〈흑기사 *Ivanhoe*〉, 1952, 리처드 소프 417

〈흔들리는 대지 *La terra trema(Episodio del mare)*〉, 1948, 루키노 비스콘티 150

〈희미한 곰별자리 *Sandra, Vaghe stelle dell'Orsa*〉, 1965, 루키노 비스콘티 477

〈희생 *Offret*〉, 1986, 안드레이 타르콥스키 145~46, 459, 467, 475, 553, 596, 599, 601

〈히로시마 내 사랑 *Hiroshima mon amour*〉, 1959, 알랭 레네 157, 165, 174, 254, 404, 661, 744